ミネルヴァ・アーカイブズ

自由の科学 I

ヨーロッパ啓蒙思想の社会史

ピーター・ゲイ 著

中川久定/鷲見洋一/中川洋子/永見文雄/玉井通和 訳

＊

ミネルヴァ書房

今度もまた、
ルースに

Peter Gay
THE ENLIGHTENMENT :
An Interpretation
Volume Ⅱ : The Science of Freedom
New York : Alfred・A・Knopf 1969

啓蒙とは、人間が自分のせいで落ちこんでいる未成年的状態から脱出することである。未成年的状態とは、他人の指導なしには自らの悟性を使用することができない状態をいう。このような未成年的状態に対して、人は自ら責任をとらねばならない。というのは、人がこの状態にとどまっている原因は、悟性の欠如にあるのではなくて、むしろ他人の指導を待たずに、進んで自らの悟性を使用してみようという決意と勇気を欠いている点にあるのだから。「あえて理性的たらんとつとめよ」、「自らの悟性を使用する勇気をもて」——これこそがだから啓蒙のスローガンである。

イマヌエル・カント『啓蒙とはなにか』

なぜ広域におよぶ共和制の実験が拒否されねばならないのだろうか。その実験が今まで存在していなかった新しい要素を含んでいるかもしれないというただそれだけの理由で。アメリカ人は、これまで過去の人びとと他国の人びとの意見に対して相応の尊敬を払ってきてはいたが、だからといって、自己の良識が指示するもの、自己の状況に対する知識、自己の経験から引きだした教訓などを無視してまでも、古代や慣習や偉人たちに盲目の崇拝を抱くことはなかった。その点こそが彼らアメリカ人の偉大な点ではないだろうか。このような男らしい精神が存在していたおかげで、アメリカ人の子孫は、個人の権利と公共の幸福とをすべてに優先させるというアメリカを舞台にくりひろげられた数多くの改革を現実に共有することになり、他方全世界はそのような改革の歴史的実例を持つことになるのである。

ジェイムズ・マディソン『フェデラリスト』*第一四号

*アレクザンダー・ハミルトン、ジェイムズ・マディソンらによって、米国憲法批准促進のため八五の論説を集めた論文集（一七八七―一七八八）。

諸帝国の歴史は人類の悲惨のそれである。諸学問の歴史は人類の偉大さと幸福のそれである。

エドワード・ギボン『文学研究試論』

序

　一九六六年に出版した『近代的異教の台頭』(*The Rise of Modern Paganism*) のなかで私は、啓蒙主義を定義しようとする試みに着手した。その試みはこの第二巻で完結する。第一巻と同じく、この巻もそれ自体で独立している。『近代的異教の台頭』のなかで、私はキリスト教的世界に対するフィロゾフたちの反抗と古典的な異教思想の援用を分析した。一言でいえば、私はフィロゾフたちの知的形式を取り扱った。この巻で私が分析するのは、まずフィロゾフたちの環境、すなわち、啓蒙思想をその時代に適合させ、かつ事実上不可欠なものにした経済的、文化的な変化、ならびにフィロゾフたちの要求と期待に具体的な肉づけを与えた作家や芸術家の状況であり、ついでフィロゾフたちの具体的な計画、つまり進歩、科学、芸術、社会、政治に対する彼らの見解である。私は、フィロゾフたちの方法と目標を暗示することを意図して、この巻を『自由の科学』(*The Science of Freedom*) と題したのであるから、この巻はしたがってフィロゾフたちの哲学の社会史としてこれだけを独立に読むこともできよう。けれども同時に、この二巻は互いに関連し合ってもいるのであって、私は『啓蒙——その一つの解釈』(*The Enlightenment: An Interpretation*) という共通の表題のもとにこの二巻を包含し、それを弁証法的三部作として構成し、それによって全体の一体性を強調した。つまり第一巻は最初の二部、テーゼとアンチ・テーゼによって構成され、第二巻は第三部「近代性の追求」(The Pursuit of modernity) から成り、そのなかで前二部の綜合、つまりフィロゾフたちの哲学を叙述している。

　この二巻の構成の原則は狭い意味での啓蒙主義——フィロゾフたちの啓蒙主義——である。私は、これら三部とそれらの弁証法的な相互の影響を、フィロゾフたちの経験の原型的定義として示すことを志した。ただし、私が最初から気づいていて、第一巻でできるだけ早目にふれ、かつまたこの巻でも繰り返し強調したひとつのことがある。それは、フィロゾフたちの狭い意味での啓蒙主義は、より広い、より包括的な環境、つまりことばの充全な意味において「啓蒙の時代」と呼ぶことのできる十八世紀の精神的環境に根ざしているということである。フィロゾフたちが、自分たちの着想をえるとともに自分たちへの支持をえたのはこの時代からであった。自分たちが半ば導き、半ばその本質的特徴を集約し、かつ半ば拒否したこの時代からである。私は特にこの巻において、二つの啓蒙〔主義・時代〕の関係を明確にしようとした——哲学的運動としての啓蒙主義とその環境としての啓蒙時代である。これらの関係は非常に複雑であって、今私が述べたように、両者は半ば敵対しており、半ば友好的なものであった。しかし複雑であるとはいえ、啓蒙〔主義・時代〕の全面的定義のためには両者の理解は不可欠である。言い変えれば、サミュエル・ジョンソンとヴォルテール、ポープとヒューム、さらにはウェズレイとレッシングは、相反する点も多いが共通点も多い。私はこれらの巻のなかでヴォルテール、ヒューム、レッシングを主に扱ったが、他の作家を忘れたのではない。

私の試みは二つの誤解を招いているので、ここでその誤解をといておきたいと思う。私は、集合的歴史を書くことは可能であり、必ずしも個人の伝記に縮小する必要はないという命題を確信している者である。しかし同時に、私は、啓蒙主義は、狭い意味でのフィロゾフたちの啓蒙主義ですら、豊かで、変化にとみ、時には矛盾しているということを知っている。第一巻とこの巻で、私はフィロゾフたちを呼ぶのに「家族《ファミリイ》」という言葉を使ったが、それはこの言葉が、フィロゾフたちの間に認められる類似点や相違点を同時に表現するのに適切だと思われたからである。ディドロとレッシングの美的理念は同じではないということ、ヒュームとヴォルテールはその政治哲学において異なるということ、フィロゾフたちの進歩、科学、教育、その他に対する考え方は多岐にわたっているということを書きとめておくことは確かに重要である。私はそれらの相違点を記録した。こういう理由で——そしてそれが実は最大の理由であるが——私の二冊の本はこのように長いのである。またこういう理由で、私は、「フィロゾフ」に対して与えた一般的定義のなかで、政治的理念あるいは美的理念に特に言及していないのである。私はこのような方法で、啓蒙主義をかくあらしめた歴史の豊かさ、ニュアンス、特質と、そしてまた同時に人間のさまざまな姿《ゲシュタルテン》を公正に扱おうと試みたのである。

狭義と広義の啓蒙主義を区別する場合——これが第二の誤解を招いているのであるが——私はフィロゾフたちのクラブのなかに十八世紀のある人たちは入れ、ある人たちは拒否した。そうすることによって、私は評価の行為ではなく、定義の行為を試みた。私はヴォルテールがジョンソンよりいくらか「良い」と主張しているのではない。このクラブの会員になることは優秀さの印ではない。それに、このクラブには結構つまらない人物や凡庸な人物が入っているし、その時代の最も注目に価する人物の何人かは排除されている。はっきりと「一つの解釈」と題した本を書く場合でも、私は歴史家として、その種の価値判断を避けることを主義としてきた。その代わりに私は、ある時代の主流となった理念と情熱、信念と迷信が相互に織り成す様と、理念と理念の衝突とをできるだけ明確に定義しようとした。

そうは言っても、それは私がある種の共感を感じていないと言っているのではない。はっきり分かっていただけると思うが、私が共感をおぼえるのは十八世紀の世俗的な精神に対してである。しかしながら、それが啓蒙時代にたいする私の評価に影響を及ぼすべきではないし、また及ぼしてはいないと思う。事実、そうした共感とは裏腹に、私はある特定の広い範囲にわたる評価を、それがいかに重要であるとはいえ、避けてきた。それは啓蒙主義とわれわれの時代との関連の可能性ということである。明らかに、この関連性は少なからぬものがあると私は考える。それは啓蒙主義の批判者や礼賛者までもが認めるよりはるかに大きい。啓蒙主義の人間的な目的と批判的方法を切実に必要とする時代があるとすれば、それはまさにわれわれの時代なのである。しかし私はこの教訓をここで指摘することをあえて避けた。啓蒙時代をまず定義することがより重要だと思ったからである。というのは、啓蒙主義を利用することが可能になるには、その前にそれがなんであるかをまず知る必要があると思うからである。本書では啓蒙主義の定義に全力が注がれている。

しかしながら、私はこの問題をここでそのままにしているのではない。この二十年間私は啓蒙の時代を研究してきており、それはいつも変わらぬ喜びを私に与えてくれた。私の研究は現在他の分野に移っていっているので、歴史家としてではなく政治的人間としての私の信念を、たとえこの本のなかではなくてもどこかで、表明することは適当であると思っている。したがって私は、啓蒙主義弁護のために一つの短い論争的対話篇を書いた。『批判の橋』(*The Bridge of Criticism*)という題で、この本とは別に出版される。読者が、前記対話篇をこの長い歴史書の政治的エピローグとしてうけとってくださることを希望する。

第一巻と同じく、この巻に関しても多くの人びとのお世話になった。一九六七―八年グッゲンハイム基金の奨学生であったのは主として他の目的のためであったが、その奨学金のおかげでこの巻の必要な書き直しをすることができた。アメリカ学会審議会からは研究旅費が与えられ、それでスコットランドのセント・アンドルーズで開催された学会に出席し、十八世紀の専門家と話す機会を持つことができた。コロンビア大学の大学院研究科長は、私の論文をタイプするための資金の申請を寛大にも支持してくれた。この資金は、この巻のぼう大な原稿量を考えると特にありがたいものであった。これに関連して、しばしば困難な状況のもとで、この原稿を迅速かつ正確にタイプしてくれ、常に忍耐づよく私を助けてくれたイーネ・サーヴェットさんに特に感謝の念を表明したい。また一九六七―八年と一九六八―九年に私に与えられたプロクター・アンド・ギャンブル社の学術奨励金によって、どうしても必要な本を買うことができ、また奨学金の負担が軽くなった。

私の現在と昔の幾人かの学生、特に、ジェラルド・J・キャヴァナー、ヴィクター・ウェックスラー、ウィリアム・ケイラー、ロナルド・I・ボス、スティーヴン・カーン、ジョアン・カール、セオドー・ブローデクなどは、好意にあふれた態度で私に対する助力を惜しまなかった。エディンバラ大学、ヴァージニア大学、ヴァッサー・カレッジ、エール大学、ケンブリッジ大学、その他の私を好意的に受け容れてくれた幾つか大学では、好意的な批評者をえることができた。その多くは私の知らない人たちであったが、彼らの批評によって、私はなん度かにわたって自分の論理を整理し直したり、意見を変えるべきであるという結論に達した。アメリカ歴史学会とフランス歴史学会の二つの学会も同様に、寛容な態度で私の仕事を見守っていてくれた。

これらの読者に加えて、コロンビア大学の「十八世紀ヨーロッパ文明に関する大学セミナー」において、私の考えをためす機会をえた。これは非常に役に立った。私のうけた援助に対して特定の人びとの名前をだす事は不公平であるので、会員すべての方にその忍耐と寛大さに対してお礼を申しあげたい。ハーバート・ディークマン、ヘンリイ・F・メイ、メリー・ピーター・マックとは非常に有益な手紙のやりとりがあった。科学についての困難だった第三章では、ローレン・グラハムからの批判をよろこんで受け容れた。チャールズ・C・ギリスピーとはこの数年十八世紀の科学について話し合ってきたが、彼からは、素晴らしく詳細で、非常に有益な二通の手紙を送ってもらった。その手紙によって私は第三章を少なからず変更した。更に、リチャード・ホッフスタッターにその助言を感謝したい。

最後になったが、私が最も大きな恩恵をうけた人たちについて述べておきたい。アーサー・M・ウィルソン、ロバート・K・ウェッブ、私の妻ルースは（いつものことであるが）、私の原稿を注意深く読んでくれた。忙しい時間を心よくさいて意見をきかせてくれ、またこの長い私の計画について私を励ましてくれたこの人たちに感謝の意を表明したい。

一九六九年二月

ニューヨーク市にて

ピーター・ゲイ

用語についての二つの注

第一巻と同じく、私は「フィロゾフ」という言葉をイタリック体にすることをあえてしなかった。この語はもちろんフランス語であり、完全な英語としての市民権をまだもっていないものである。しかし、この語は国際語として通用する種類の語であり、英語にはこれに正確に対応する言葉はない。「フィロゾフ」を「哲学者」と訳すことは、正しい判断を示しているとは思うが、この二つの言葉の意味の違いは大きく、別の独立した訳語を必要としている。私がこの「フィロゾフ」という言葉を使うことによって、この外国語が英語化することの役に立てばうれしいと思う。

括弧の手紙の日付（年月日）の部分は原稿にはなかったものであるが、編集者によって加えられ、それを私はそのまま踏襲した。

省略と略称

第一巻で述べたことは本書についても当てはまる。フィロゾフたちの著作物は、不思議なことに書誌学的には全く手つかずな状態である。その全作品を全く利用できないフィロゾフたちがいるし、ヴォルテールの作品集のように今では古くて、主要著作と書簡の校訂版によって取って代わられつつあるフィロゾフたちもいる。結果として私は様々な版からの引用を余儀なくされた。これらのうちもっとも重要なものを以下に掲げる。書名はそれと分かる場合は略称を用い、またよく引用される雑誌についても誌名を略記したものが若干ある。

Jean Le Rond d'Alembert: ***Mélanges de littérature, d'histoire, et de la philosophie***, 5 vols. (1757). ***Mélanges*** として引用。

——: *Œuvres complètes*, 5 vols. (1821–2). ***Œuvres*** として引用。

American Historical Review (1895—): ***AHR*** として引用。

Annales de la Société Jean-Jacques Rousseau (1905—): ***Annales*** として引用。

Francis Bacon: ***Works***, eds. James Spedding, R. L. Ellis, and D. D. Heath, 14 vols. (1854–74), これはラテン語の著作 (vols. Ⅰ–Ⅲ), 英語の翻訳と英語の著作 (vols. Ⅳ–Ⅶ), 書簡と Spedding による伝記 (vols. Ⅷ–ⅩⅣ) を含む。

James Boswell: ***Boswell's Life of Johnson, Together with Boswell's Journal of a Tour to the Hebrides and Johnson's Diary of a Journey into North Wales***, ed. George Birkbeck Hill, rev. by L. F. Powell. 6 vols. (1934–50). ***Life of Johnson*** として引用。

Étienne Bonnot, abbé de Condillac: ***Œuvres philosophiques***, ed. Georges Le Roy, 3 vols. (1947–51). ***Œuvres*** として引用。

Marie-Jean-Antoine-Nicolas Caritat, marquis de Condorcet: *Œuvres*, eds. A Condorcet O'Connor and M. F. Arago. 12 vols. (1847).（コンドルセの ***Esquisse d'un tableau historique des progrès de l'esprit humain*** という長たらしい題名は ***Esquisse*** と略記した)。

Denis Diderot: ***Correspondance***, ed. Georges Roth, 13 vols. まで刊行。今までのところ1774年までである。(1955–)〔現在全16巻を刊行済み〕

——: *Œuvres complètes*, eds. Jules Assézat and Maurice Tourneux, 20 vols. (1875–7). ***Œuvres*** として引用。

——: *Œuvres esthétiques*, ed. Paul Vernière (1959).

——: *Œuvres philosophiques*, ed. Paul Vernière (1961).

——: *Œuvres politiques*, ed. Paul Vernière (1963).

——: *Œuvres romanesques*, ed. Henri Bénac (1951).

——: *Salons*, eds. Jean Seznec and Jean Adhémar, 4 vols. (1957–67). Vol. Ⅰ (1957) は1759年，1761年，1763年のサロンを，vol. Ⅱ (1960) は1765年のサロンを，vol. Ⅲ (1963) は1767年のサロンを，vol. Ⅳ (1967) は1769年，1771年，1775年，1781年のサロンをそれぞれ収録している。

The Encyclopédie of Diderot and d'Alembert: Selected Articles [in French], ed. John Lough (1954). ***The Encyclopédie*** として引用。

Edward Gibbon: *Autobiography*, ed. Dero A. Saunders (1961).

——: *The History of the Decline and Fall of the Roman Empire*, ed. J. B. Bury, 7 vols. (1896–1902). ***Decline and Fall of the Roman Empire*** として引用。

——: *Miscellaneous Works of Edward Gibbon, Esq., with Memoirs of his Life and Writings, Composed by Himself: Illustrated from His Letters, with Occasional Notes and Narrative*, ed. John, Lord Sheffield, 5 vols. (2d edn., 1814). ***Miscellaneous Works*** として引用。

Johann Wolfgang Goethe: *Gedenkausgabe der Werke, Briefe, und Gespräche*, ed. Ernst Beutler, 24 vols. (1948–54). ***Gedenkausgabe*** として引用。

Friedrich Melchior Grimm: *Correspondance littéraire, philosophique et critique par Grimm, Diderot, Raynal, etc.*, ed. Maurice Tourneux, 16 vols. (1877–82). ***Correspondance littéraire*** として引用。

David Hume: *Dialogues Concerning Natural Religion*, ed. Norman Kemp Smith (2d edn., 1947). ***Dialogues*** として引用。

——: *The Letters of David Hume*, ed, J. Y. T. Greig, 2 vols. (1932). ***Letters*** として引用。

——: *New Letters of David Hume*, eds. Raymond Klibansky and Ernest C. Mossner (1954). ***New Letters*** として引用。

——: *The Philosophical Works of David Hume*, eds. T. H. Green and T. H. Grose, 4 vols. (1882 edn.). ***Works*** として引用。

Journal of the History of Ideas (1940—): ***JHI*** として引用。

Journal of the Warburg Institute (1937–9); 1939年4月以降 *Journal of the Warburg and Courtauld Institute* に変更。***Warburg Journal*** として引用。

Immanuel Kant: *Immanuel Kants Werke*, ed. Ernst Cassirer, with Hermann Cohen *et al.*, 11 vols. (vol. XI はカッシーラーの *Kants*

Leben und Lehre), (1912–22). *Werke* として引用。

Gotthold Ephraim Lessing: *Sämmtliche Schriften*, eds. Karl Lachmann and Franz Muncker, 23 vols. (1886–1924). *Schriften* として引用。

Charles de Secondat, baron de Montesquieu: *Œuvres complètes*, ed. André Masson, 3 vols. (1950–5). *Œuvres* として引用。

Publications of the Modern Language Association of America(1884—): *PMLA* として引用。

Jean-Jacques Rousseau: *Œuvres complètes*, eds. Bernard Gagnebin, Marcel Raymond *et al.*, 3 vols. まで刊行。(1959—). 〔現在第4巻まで刊行〕 *Œuvres* として引用。

Studies on Voltaire and the Eighteenth Century, ed. Theodore Besterman (1955—). 第1巻は *Travaux sur Voltaire et le dixhuitième siècle* というタイトルで出版。*VS* として引用。

Anne-Robert-Jacques Turgot, baron de l'Aulne: *Œuvres de Turgot et documents le concernant*, ed. G. Schelle, 5 vols. (1913–23). *Œuvres* として引用。

Voltaire (François-Marie Arouet): *Voltaire's Correspondence*, ed. Theodore Besterman, 107 vols. (1953–65). *Correspondence* として引用。

——: *Lettres philosophiques*, ed. Gustave Lanson, 2 vols. (1909).

——: *Voltaire's Notebooks*, ed. Theodore Besterman, 2 vols., 2巻通しページ (1952). *Notebooks* として引用。

——: *Œuvres complètes*, ed. Louis Moland, 52 vols. (1877–85). *Œuvres* として引用。

——: *Œuvres historiques*, ed. René Pomeau (1957).

——: *Philosophical Dictionary*, ed. and tr. Peter Gay, 2 vols., 2巻通しページ (1962).

Vorträge der Bibliothek Warburg, 1921–1922 (1923) to *1930–1931* (1932): *Warburg Vorträge* として引用。

Christoph Martin Wieland: *Sämmtliche Werke*, ed. J. G. Gruber, 50 vols. (Vol. L は Gruber による Wieland の伝記), (1824–7). *Werke* として引用。

目次

自由の科学

——ヨーロッパ啓蒙思想の社会史——

第一章　神経の回復

I　近代性への前奏曲——神経の回復

1

啓蒙の世紀において、教育あるヨーロッパ人は新しい生命感に目覚めた。彼らは、自分たちが自然とおのれ自身とを支配しているというのびのびとした気分を味わった。疫病、飢饉、危険にみちた生活と早死、破壊的な戦争と不安定な平和——すなわち人間存在という永遠の足踏み状態——の容赦ない繰り返しが、批判的知性の適用によってやっとくずれはじめるかに見えた。それまでほとんど普遍的だった変化への恐れが、沈滞への恐れに取って代わられつつあった。改革という言葉は、従来は効果的な悪口であったが、今やほめ言葉になってしまった。保守思想の台頭そのものが、逆にいえば人びとが進歩に取りつかれていることへの賛辞であった。停滞している社会なら保守主義者を必要としないものである。自然に対する人間の戦いのなかで、力関係が人間に有利な方向に動いているのは疑問の余地のほとんどないことのように思われた。

もちろん、人間は以前にも自分たちの力を信じたこともあったが、今ほどその自信が正しかったことはない。歴史上初めて十八世紀において、その自信が、ユートピア的空想の徴候であるというより、現実主義の分かちがたい友となったのである。自然科学者、商人、役人——そして哲学者——の自己の力への信頼は、無能をかくす空威張りではなく、活動的な行動の有効性に対する理性的な信頼であった。フィロゾフたちは、この新しい雰囲気をつくりあげるのに戦略的な役割を果たした。彼らは無秩序を制限するよりも、むしろ自由を擁護するために、さまざまな制度——社会的・倫理的・政治的・美的な一つの具体的な計画——をつくりあげようとした。啓蒙主義は人びとの心の中に起こった革命の結果でありその表現であったかもしれないが、それはまた革命の主要な原因の一つでもあった。

以前ほどの恐ろしい形ではないにしても、昔からの災害は依然として続いていた。戦争、病気、飢餓、不安定、不正が、人間の生活を暗たんたるものにし、希望をくじき続けた。進歩すらもが新しい犠牲者をつくり出した。多くの人びとの生活の重荷を軽くしたもろもろの改革が、他の人びとの苦しみを増した。大多数の人びとにとって(サミュエル・ジョンソンも言っているように)十八世紀というのはまだ、楽しいことはほとんどなく、耐えなければならないことばかり多い時代であった。思想の新しい様式は、主として生まれの良い人、自己を表現することのできる人、また幸運な人のためのものであり、農村・都市の一般大衆は、この新しい秩序のもとではほとんど恩恵に浴することがなかった。思想と同様、生活様式においても、西欧社会では数世紀が同時に共存していた。一七五〇年にフィロゾフのデュクロはこう書いた。「首都から一〇〇マイル離れた所に住む人たちは、その思考と行動において、一世紀遅れている」(1)。貧乏人は、イギリスでもスウェーデンでも、またフランスでもナポリでも、貧乏であった。母親は依然として私生児を殺し、プロシアとロシアの農奴は、啓蒙思想に導かれていると称する支配者のもとにおいて、原始的で、事実上非人間的な状況のなかでかろうじて生き続けていた。世界で最も文明化された国であると自認しているイギリスにおいても、貧乏人は、ジンを浴びるように飲んで悲しみを紛らわし、命を縮めていた。ヴォルテールは一七七一年になってこう書いた。「人間世界の約半分には、原始状態に近い悲惨な状況の中で生きている二本足の動物が住んでいる。彼らは食べる物、着る物もろくになく、しゃべる能力にもほとんどめぐまれず、自分たちの悲惨な状態にもほとんど気づかず、それと知らずに生きて死んでいく」(2)。

だから、多くの人びとにとっては、この進歩の時代は、絶望的な、権利を奪われた生活が予期しない形を帯びるようになったということを意味したにすぎなかった。服従の形は、徐々に変わっていったが、服従そのものは依然として存在した。有産階級は、下層階級に対して人道的配慮を怠ったり、搾取することを正当化する新しい理由を見つけだした。だが一方慈悲深いキリスト教徒と人間的なフィロゾフたちの抗議にもかかわらず、人道的配慮の欠如と搾取は生き残り続けたのであった。結核が疫病に取って代わり、人道主義的精神の持ち主たちは、農村の貧困から都会の貧困に目を向け始めた。食糧暴動の頻度は少なくなったが、依然としてヨーロッパ全土で不安定な公共の秩序を乱し続けていた。進歩の犠牲者たちは、欲求不満とやり場のない怒りを、無防備なカトリック教徒やユグノー、あるいは貪欲な雇い主に対してますます頻繁にぶちまけるようになった。囲い込み運動は、農業を合理化し、長期的には人口の大部分に――貧しい者に対してすら――利益をもたらした。しかし飢えた人間は長く待つ事はできない。イギリスにおいては、職を失った公有地の無断居住者が悪臭を放つスラム地域に集まり、また新たにスラム街を作り出した。一方フランスでは、農村の失業者たちは、乞食や泥棒の集団となって地方を徘徊した。悲惨は経済的発展のあとに影のようにつきまとった。十八世紀のほとんどすべての進歩は、それが産業、農業、教育行政のどの領域においてであれ、うさん臭い恩恵であった。しかしながらそれが恩恵であったことは事実であり、消極的な態度と悲観主義は、フィロゾフたちの間にさえ依然として残ってはいたが、他方では、時代の流れから利益をえることのできる有利な立場に置かれた人びとは、楽しい、かつてなかった将来に対する見通しによって活気づけられていた。

私は「かつてなかった」といったが、それというのも、そのような精神状況はあらわれ方が微妙で、察知しにくく、おそらく証明する事は不可能なものであるとはいえ、私が今説明している十八世紀全体を覆うこの精神的雰囲気は、人間の生活のなかで、本物の、しかも広範囲に広がっていった新しい経験であったということだけは確かだからである。それは単に昔の状態を取りもどしたという以上のものであり、古代の最も自信に満ちた合理主義者の想像さえをもはるかに越えていた。ただし断っておくが、これは古代において人間が常に不幸であったとか、すべてを運にまかせたという意味ではない。古代人も医学を勉強し、道路を建設し、領地を治めた。彼は理性的な生活にあこがれた。しかし彼は、のがれる事のできないきびしい現実の前では、この願望がむなしい希望に過ぎないことを知っていた。ローマ帝国初期には、人間の無気力はさらに深まり、広がりを増してきた。キリスト教がそれ以前の世界観に取って代わったが、しかしキリスト教は、それよりもさらに悲観的な世界観の原因であると同時に徴候でもあった。ギルバート・マレーは、この人間の活力と合理性の枯渇を歴史に書きとめた。彼は、有名な一節の中でこの現象を次のように描写している。「禁欲主義と神秘主義、ある意味ではペシミズムの台頭。自信・現世に対する希望・正常な人間の努力に対する信頼感などの喪失。忍耐強い探求への絶望、無謬の啓示を求める声、国家の幸福への無関心、魂の神への回心」。マレーは、「これらのある種の精神的感情の高まり」を記述し、それを「神経の衰弱」[3]と名づけた。十八世紀の経験——それに対して私は「神経の回復」という名前を与えたのであるが——、それはこの「神経の衰弱」という現象とはまさに対極をなすものであった。この世紀は、神秘主義の衰退、生への希望の増大、努力に対する信頼の回復、探求と批判への積極的参加、社会改革への関心、世俗主義の増大、あえて危険に立ち向かおうとする意志の増大を特徴とする世紀であった。

　繰り返すに値いすることだが、これは新しい事態であった。ルネサンスを通して、人間は、歴史を衰退の物語、あるいは容赦ない循環運動の場として描くことによって、人間の無力を強調してきた。人文主義者たちは、一方の新プラトン主義的諦念と他方の練金術師の果てしない力に対する夢想との間を、いまだに行ったり来たりしていた。運命の輪というのが、彼らの重要な隠喩であった——すべては変化する、国家の盛衰、家族の興亡もしかりである。マキャヴェリの説によると、活力と激しいエネルギーがあれば、運命《フォルトゥナ》の女神の気紛れから生の半分くらいは何とかもぎ取ることができるかもしれないが、残りの半分だけはどうしてもこの移り気な女神の手に握られてしまっている、と。この歴史的宿命主義から離脱したのはベーコンとデカルトであった。『方法叙説』(*Discours de la méthode*)の末尾の感動的な一節のなかで、デカルトは、人間を「自然の主人であり所有者」にする実際的な科学について語っている。デカルトはこう考えた。この科学が「望ましいものであるのは、大地の産物とそれがもたらすすべての快適さを、人間が骨折ることなく楽しむことができるようにする無数の仕掛けを発明してくれるからだけではない。この科学は、とりわけ健康の維持のために望ましいものであるが、健康こそが、疑いもなくこの世のすべての善の最初のものであり、またその他のすべての善の基礎をなすものなのである」[4]。そのすこし前に、ベーコンは、「人間は自己の運命の建築家である」という殆んど忘れられかけたローマの格言を見事によみがえらせ、穏健さを装いながらその実きわめて野心的な計画に、この格言を具体化した[5]。

　啓蒙の時代までには、この自信に満ちた態度は、新しい哲学の信奉者の間にあまねく広がっていた。ロックは日記のなかでこう書きとめた。「人間が利用し、人間の利益になる広い領域の知識」がある。その領域とは、「つまりわれわれの労働を短縮したり、軽減するために新しい発明をするとか、あるいは幾つもの新しい生産手段とそれに適したなまの原料とを賢明に結合して、新しく有益な生産を確保し、それによってわれわれの富の蓄積（それはわれわれの生活を便利にする有用なものである）を増大するか、あるいはよりよく保存することである」。ロックはさらに、「人間の心はこのような発明のためにふさわしいものである」と意味深くつけ加えている。(6) ロックの弟子で、ロックよりもずっと内向的なシャフツベリ卿は、人間の自己完成を昔の諺になぞらえてこう書いた。「賢明で有能な人間は、自己の内部に、秩序、平和、調和の永続的で確固たる基礎を築くことによって」、「自己の生と運命の建築家」(7)になる、と。この諺とこのような精神傾向とが共にイギリスのアメリカ植民地に広がっていったのは驚くに及ばない。一七七〇年にトマス・ジェファソンは「各人は己れの運命の作者なり」を彼のお気に入りの格言のなかに加えたが、そのなん年か前にベンジャミン・フランクリンは、自然の神秘を解決し、「物質に対する」人間の力を増大し、「生活の便宜と快適さを倍増する」(8)ための科学的な協力態勢を植民地同士の間につくる計画を立てた。ドイツの文学界では詩人は、キリスト教徒が何世紀もの間信仰の上から再解釈して来た壮大なプロメテウス神話のなかに新しい意味を見い出して、その神話を、知は力なりというベーコンの誇り高き宣言の象徴として解釈し直した。若きカントは幾らか慎重にこう書いた。「私は、自己自身の力にある種の高潔な信頼を置くのも時には無駄ではないと考えている。この種の信頼は、われわれのすべての努力に生命を与え、ある種の活力を与えるが、そのことは真理の探求に非常に役立つことである」(9)。後に『純粋理性批判』（*Kritik der reinen Vernunft*）のなかで、カントは、もっと自信のある言葉を使ってこう書いている。知性はこの世では積極的な力である。理性は、一方の手に原理を、他方の手に実験を持ち、自然に近づきそこから学ぼうとするが、それは生徒の受動的な態度ではない。理性はむしろ、「自分が提出した質問に対して証人が答えるのを強いる」(10)裁判官のように行動する、と。行動する人間は皆同じ種類の精神の持ち主であった。一七八〇年に、バーミンガムの印刷屋で郷土史家のウィリアム・ハットンは、この時代特有の魅惑的な自己主張によってベーコンと同じ声をあげる。「すべての人間は、自己の運命をその手中に収めている」(11)と。

（1） *Considérations sur les mœurs de ce siècle* (1750 ; edn. 1939), 13.

（2） "Homme," *Questions sur l'Encyclopédie*, in *Œuvres*, XIX, 384.

（3） *Five Stages of Greek Religion* (end. 1935), 123.

（4） *Discours de la méthode*, part VI. *Œuvres*, eds. Charles Adam and Paul Tannery, 12 vols. (1897–1910), VI, 62.

（5） ベーコンの先駆者の一人は、十六世紀のフランスの歴史家ラ・ポプリニエールであるが、彼はルネサンスの哲学をあえて拒否して、こう主張した。「私は人間の行為のなかに、運、不運、偶然、あるいは運命などというものをまったく認めることができない。自分の運命というものは、よかれあしかれ自分で作り出すものだと、はっきり主張したい」。G. Wylie Sypher による引用 "Similarities Between the Scientific and the Historical Revolutions at the End of the Renaissance," *JHI*, XXVI, 3 (July–September 1965), 359.

（6） Maurice Mandelbaum : *Philosophy, Science, and Sense Perception*

(1964), 50中の引用。

(7) "The Moralists," *Characteristics of Men, Manners, Opinions, Times, etc.*, ed. John M. Robertson, 2 vols. (1900), II, 144.

(8) Jefferson : *The Literary Bible of Thomas Jefferson*, ed. Gilbert Chinard (1928), 4 ; Franklin Brooke Hindle : *The Pursuit of Science in Revolutionary America* (1956,) 1 中の引用。

(9) "Gedanken von der wahren Schätzung der lebendigen Kräfte," ——Ernst Cassirer : *Kants Leben und Lehre* (1918), 29. 中の引用。

(10) *Kritik der reinen Vernunft*, in *Werke*, III, 16.

(11) T. S. Ashton : *The Industrial Revolution, 1760–1830* (1948), 17. これより少し前に、アダム・ファーガソンは次のように書いていた。「われわれは芸術《アート》を、自然とははっきり区別されたものとして話している。しかし芸術《アート》そのものは人間にとって自然なものである。ある意味では、人間は自己の運命と気質とを自分の手で作りあげるのである……」。*An Essay on the History of Civil Society* (1767), ed. Duncan Forbes (1966), 6.

2

神経の回復は、多方面にあらわれたさまざまな力の産物であった。自然科学の目をみはるような歩み、医学の進歩、礼儀作法の向上、人道主義的感情の発達、伝統的社会階級制度の緩慢な崩壊、食糧生産・産業組織・人口構成における革命的変化——これらすべてが同一の方向を指し示していた。その時代には、哲学者が——そのほとんどはフィロゾフたちであったが——新しい科学を発明し、そのすべてが環境を征服しようとする人間の力に役立つものであった。啓蒙時代は、デイヴィッド・ヒュームが「道徳科学」と呼んだ社会学、心理学、政治経済学、近代教育学の時代であった。

時代がこれら新しい科学を要求していた。この時代は、行政上の大変動の時代であり、改革を行っている行政官自体が既存の行政機関と伝統的な慣例に対立した時代であった。合理的行政と合理的統計はまだ揺籃期にあったが、それらはすでに近代的福祉国家を予告していた。ギルドの崩壊と修道会の衰退は、主として産業・商業資本主義の利益となってはね返る一方、自由貿易主義《レッセ・フェール》の人びとの群れがまず行進するあとを、行政規則を作る役人が追っかける形であった。中世の福祉社会は、管理可能な規模の集団、確固とした社会階級、そしてまたキリスト教的慈善の理想に基づいていた。十八世紀において、少なくともヨーロッパ大陸では、これら慈善団体は、その経済基盤と人びとの気持に訴える力をほとんど失った。無秩序と、時には全く意図しない非人道的行為の時期がしばらく続いたあと、世俗的良心が徐々に生まれ始めた。ハプスブルグ家の支配者たちは、追放したイエズス会士の財産を没収し、それを大衆の救済に使い、また他の国々では絶対君主が、教会の管理下から救貧院、病院、孤児院、学校を取りあげ、それらを直ちに買いあげるか、あるいは公共の監理下に置いた。ヨーロッパ大陸を通じて、救済の部分的国営化は、教育の部分的国有化とともに実現した。

この社会の運営技術は、まだ初歩的な段階を出てはおらず、こりかたまった習慣の頑強な抵抗に出あってゆっくりとしか進歩しなかったが、産業と農業に合理的原則を適用することによって革命的な結果が生じた。事実、一七六〇年代までに、主としてイギリス本国とアメリカ大陸のイギリス植民地においては、進歩のリズムは目もくらむばかりのペースで加速されたので、喜んだ人も多かったが、また同時に危惧を抱いた人も多くいた。フィラデルフィアにおいて、ウイリアム・スミス師はこう不平をいっている。「建築は計算することもできない程の費用をのみこんでしまう。追加、変更、内部装飾はきりがない。こわしたり、また建てたりの永遠の繰り返しだ」[1]。進歩を前にして戸迷ったのはスミス師だけではもちろんなかった。サミュエル・ジョンソンは反動家では決してなかったが、それでもこう不平をこぼした。「この時代は気違いのように改革のあとを追っかけている。世界のすべてのことが新しいやり方で実行されなければならないのだ。絞首刑も新しいやり方でなされねばならない。タイバーン〔ロンドンのハイド・パークのマーブル・アーチの近くにあった公開処刑場〕だってこの改革の嵐のなかでは安泰ではなかろう」。しかし他の人たちは大喜びであった。一七七〇年代に『ブリタニカ百科全書』(*Encyclopedia Britannica*)は誇らしげに読者にこう告げた。十八世紀の発明家の「発明と改良」は「征服や支配では達成不可能な栄光をこの国にくまなく行き渡らせた」[3]と。

栄光の広まりは、それが組織化され、自覚的であっただけに一層急速であった。信頼できる科学情報の交換と普及を促進するために十七世紀に設立されたさまざまな科学アカデミーは、十八世紀のモデルとなった。啓蒙の時代はアカデミーの時代でもあった。――医学アカデミー、農学アカデミー、文学アカデミー。それぞれが賞金や機関誌をつくり出し、会合には大勢の人が出席した。アカデミーの内外で、また工場、作業場やコーヒー店で、伝統のきずなから自由になった知識人は、しばしば美的なためらいや宗教的抑制を無視して、実利的な結果の追求に没頭した。彼らは科学者と連携を保ち、科学技術の改良に貢献した。一六六〇年から一七六〇年の一〇〇年間に、イギリスで許可された特許の件数は、一〇年につき平均六〇件の割合だったが、一七六〇年から一七九〇年の三〇年間には、その一〇年平均値は三二五件に増加した。ロマン主義的な神話に反して、特許保持者のなかで、霊感をうけた機械いじりの好きな人や、孤独な天才は数少なかった。この時代の代表的な発明家ジェイムズ・ワットは、理論と実際、科学と技術の統合を完全な形で実現したのであるが、この両者の統合こそ当時のフィロゾフたちの説教のお気に入りのテーマであった。一七五三年といえば、ワットはまだ青年であったが、この年にディドロは『自然の解釈に関する思索』(*De l'interprétation de la nature*)のなかでワットのいわば肖像画というべきものを書いた。ベーコンの隠喩〔「自然の解釈」という隠喩。*Novum Organum*, I, XXVI〕を繰り返し使うことによって、ディドロのこの小さな本は、十七世紀の幻想と十八世紀の現実との関係、またさらには哲学と社会変化との関係を明白にしたのである。ディドロが強く主張するところによれば、理論的思想家と実際的思想家は「自然の抵抗」に対して一致団結しなければならない。ふざけ半分の思弁は根気強い、系統だった実験の隣りでそれなりの役割があり、その両者が一緒になると、自然の哲学者を、傍観者ではなく征服者にする、つまり取り入れたものを全く別のものに変化させる蜂にするのである、と[4]。ディドロの書物のなかでは、理論《アート》が現実《ネイチャー》を予告している。産業革命の決定的な発明であるワットの蒸気機関は、ディドロの理想を見事に例証したものに過ぎない。この蒸気機関は、フック、ニュートンの業績、および同時代のヨーロッパ中の科学者の仕事なくしては考えられないものである。また蒸気機関のアイデアは、ワットがやかんの沸騰するのを見て突如として思いついたのではない。彼は、精密な実験と系統だった思考ののちにこのモデルを作製したのである。

機械の改良を産み出したのと同じ技術哲学が、それらの改良の広範囲な利用を可能にし、かつその利用が利益をもたらすような制度を作りあげた。工場、細分化された分業、労働者と監督者に対する産業活動の規律、信用取り引き、運輸の改良などはすべて、蒸気機関や飛梭《とびひ》と同じように、よく考えられた合理的な発明なのである。それらは、まさに啓蒙主義でいうところの哲学的なものであった。アダム・スミスの観察するところによれば、彼の時代のいくつかの改良は、「何もしないで、ただすべてを観察することだけが仕事の哲学者、あるいは思弁的人間と呼ばれる人たちの創意(5)」によってなされたものである。またサミュエル・ジョンソンは、その幼稚な経済学上の見解にもかかわらず、アダム・スミスが政治経済学について哲学的考察をする権利を弁護して、こう主張した。「通商ほど、哲学によって説明されることが必要なものはないのだ(6)」。

神経の回復は、あらゆるところに存在していたし、不可避的な事態でもあった。一七九八年に、トマス・マルサスは、狂信者ではなく、いわんやフィロゾフではなかったが、波瀾に満ちた世紀を振り返り、革命的な力として「自然哲学の分野で近年になされた偉大で予想もしなかった発見、印刷技術の進歩による一般的教養の普及・拡大、知識階級のみならず教育をうけていない一般大衆の間にすら行きわたった熱心で自由な探求心、人びとが理解に苦しんだり驚いたりする政治的な事柄の上に投げかけられた新しい驚くべき光(7)」をあげている。このリストですら完全というには程遠い。食糧生産、政治・教育制度の近代化、高度な学問の普及、啓蒙の時代の人びとが歩いた町の照明・衛生・治安の向上、さらには道路までもがその時代の人びとの哲学的思考を満足させる材料となった。一七八九年にアーサー・ヤングは、重い荷物の運搬を可能にし、流通に「全般的な刺激」を与えたロンドンへの新しい有料道路を賞賛した文章を書いた。公道は、「新しい人間と、新しい考えと、新しい努力と、新鮮な活動とを産業のすべての分野にもち込み」、さらに「ぜいたくというものの活気、活動力、生命感、エネルギー、そして消費、勤勉(8)」ももたらした、と。この散文で書かれた狂想曲は世俗的な事柄に対する熱烈な傾倒、生に対するあふれんばかりの愛、そしてみなぎる力の自覚を特徴とするこの時代の新しい精神を見事に捕らえている。われわれの観点からすれば、十八世紀の科学技術は粗削りなものであり、都市生活は快適ではなく、社会福祉は積極的になされてはおらず、運輸・通信は煩雑だったし、栄養は十分ではなく、薬はやってみるまでもない賭のようなものであった。フィロゾフたちですら、その急進主義にもかかわらず、前産業革命時代の精神構造を捨て去ってはいなかった。近代性はまだ生みの苦しみの最中であった。しかし人びとは、生活が十年毎により良く、より安全に、より容易に、より健康的に、より予想可能に——つまり、より合理的に——なって行くのを目のあたりにしていた。だから人びとは、すでに起こったことよりも起こりつつあることに、さらに言えば、将来起こるであろうと信ずるに足ることに基づいて自分たちの夢想の家を建設していた。

食事すら、単なる牛飲馬食から芸術・科学に昇格した。かなりの食通だったサミュエル・ジョンソンは、一七七八年に、自分はそれまでに書かれたどんなものよりもすぐれた料理の本を書くことができると自慢している。「それは哲学的原理についての本となろう」(9)。これは半分は冗談、半分は高尚な言葉を料理という取るに足りぬ事柄に使ったのであるが、しかしそのこと自体がまた、文化的進歩のシンボルでもあった。一介の平民が食事を哲学的問題として取り扱うことができるようになった時、神経の回復は確かにかなり進んでいたのである。

(1) Carl Bridenbaugh : *Cities in Revolt : Urban Life in America, 1743–1776* (edn. 1964), 14 中の引用。
(2) Boswell : *Life of Johnson* (under 1783), IV, 188.
(3) Dorothy George : *England in Transition* (edn. 1953), 107を参照。
(4) *De l'interprétation de la nature*, in *Œuvres philosophiques*, ed Paul Vernière (1961), 178ff. この二巻からなる論考の第一巻のなかで、私は、フィロゾフたちの哲学においては実践が思考よりも重要であるということを考察した。拙著 *The Enlightenment : An Interpretation*, I, *The Rise of Modern Paganism* (1966), 127–59 を参照されたい。今後この第一巻をその副題で呼ぶ。
(5) *An Inquiry into the Nature and Causes of the Wealth of Nations* (1776), ed. Edwin Cannan (1937), 10.
(6) Boswell : *Life of Johnson* (under March 16, 1776), II, 430.
(7) *An Essay on the Principle of Population* ...(1798), in *On Population*, ed. Gertrude Himmelfarb (1960), 5.
(8) H. L. Beales による引用。"Travel and Communication," in *Johnson's England : An Account of the Life and Manners of His Age*, ed. A. S. Turberville, 2 vols. (1933), I, 128.

(9) Boswell : *Life of Johnson* (under April 15, 1778), III, 285.

Ⅱ 啓蒙——医学と治療

1

神経の回復の最も強力な要因は明らかに科学革命である。それは伝統的な考え方を根本から攻撃し、科学技術と道徳科学に目もさめるような衝撃を与えた。しかしながらフィロゾフやその他の人びとなど、するどい観察力をもった十八世紀の人間にとって、自分たちの自信の最も明白な根拠は医学——ニュートン力学を中心とする自然学の体系のなかで確かに最も繁栄した分野——である。医学は一般的進歩のなかでもっとも目につきやすく、最も人びとを力づける指標であった。結局のところ、人生に対する気持をふるい立たせるには、生命への希望を増大させること以上に合理的なやり方はない。

啓蒙主義にとって、医学は身体にとって重要なだけではなかった。フィロゾフたちが自分たちの哲学を経験によって試してみたのは医学においてだったからだ。医学は新しい哲学のモデルであると同時に、その有効性の証明でもあった。またそれ以上に、医学は、フィロゾフたちが、自分たち以前の人間が形のない、不確かな幻想としてかいま見るしかなかったものを、現実的な要求として押し進めることを可能にした。一七四八年にディドロは、有名な外科医ソーヴール＝フランソワ・ド・モランにこう書いている。「私は人生を愛しています。だから、少なくとも自分が幸福でいられる間は生きていたいと思います。だが、健康でない人間にとっては真の幸福は存在しません」[1]。これはプラトンと同じほど古くからの考えである。神経の回復という事態において目新しく特徴的な点は、自分は健康と幸福を同時に希望する権利がある、とディドロが主張したことである。

医学は最初から科学革命――それは根本的には哲学革命なのであるが――に密接に結びついていた。その革命の先駆者たちは、自分たちを病んだ文明の医者とみなしていた。ベーコンは、彼のユートピア的共和国ニュー・アトランティスのなかで、健康の維持と病気の治療に絶えず注意を払っている。またわれわれの知る通り、デカルトは、健康の維持を「すべての善の最初のもの」と位置づけている。デカルトはこう主張した。精神ですら「素質と身体器官の状況に大幅に依存しているのであるから、もし人間を現在までよりも賢明で、有能にする方法を見つけることができるとすれば、その方法は医学のなかに求めなければならないであろう」と。デカルトの医学に対する期待は限りないものであった。「現在われわれが知っている事柄は、まだ知らない事柄に比較するとほとんど無に等しい。もし、病気の原因と、自然がわれわれに与えてくれているすべての治療法についての十分な知識をもてば、われわれは、無数の身体・精神の病気、さらには恐らく老齢に由来するもろもろの病気からさえも解放されるだろう」[2]。ここには新しい哲学にふさわしい将来計画があった。

ロックの時代までに、ベーコンとデカルトの野心的な主張――それは確信に満ちた予測という形をとった大胆な希望だったが――に対して、現場の科学者たちからのはっきりした反響が返って来始めた。医学は、中世的神秘、すなわち錬金術と占星術のひそかな協力者から、完全に哲学的な科学へと変容を遂げつつあるように見えた。新しい哲学と治療技術とのこの結合は、当時の思想家にとっては、両者の効力を証明するものであった。ライプニッツは、自然哲学における新しい発見と新しい精密器械は、何よりもあの「重要な科学」である「医学における進歩」[3]をもたらすだろうと予言していたし、他方ジョン・ロックは、実生活と思想の両面で医学と哲学の結合を体験し、またその結合について発表した。ロックは哲学者である以前に内科医であったし、また彼が哲学者であったのは主として彼が内科医だったからであった。医学はロックの最も哲学的な思索をうながした。彼はモリヌーにこう書いた。「私は一般理論に関してはあなたにまったく賛成です。これらの一般理論は学問に対してよりもこの生身の体に対してはるかに不幸をもたらす現代の呪いであり、それらの大部分が人びとの頭を興奮させていた白昼夢にすぎないのですが、この白昼夢が、今や疑問の余地のない真実とみなされてしまうのです。これはいわば間違った端から始めるようなもので、勝手な幻想のなかに立脚点を求め、そのあとで病気という現象とその治療法を先の幻想に適合させるのに等しいのです。よりよい方法についてサイデンハム博士がつくりだした範例にならって、人間は再び自然学のこのロマンチックな方法に戻るべきではないでしょうか。自然の働き、特に健康の仕組みと体の機能における自然の働きを知るのは、ただその影響をわれわれの感覚が知る時だけであって、自然が使う道具や自然が働く方法については何も確かなことは分かっていないのです」。(4) この手紙が示すように、トマス・サイデンハムがロックの模範であった。彼はまたロックの友人でもあった。ロックが、科学を革命的に改革した少数の「棟梁」のリストを作った時、彼は「イギリスのヒポクラテス」であるサイデンハムをそのなかに加えた。ロックが「経験」を最終審の裁判官の座につけた時、彼は自分とサイデンハムの臨床医としての経験を一般化していたのである。サイデンハムの方もロックと協力し、彼と同じように考えた。サイデンハムの主張によれば、内科医は「思弁」を避けなければならず、「われわれの唯一の教師である経験によって示される通りに、病気の歴史、治療の効果を根気よく調査すること」(5)に専心すべきである。サイデンハムは医学を哲学的原理に基づいて教え、ロックは哲学を医学的原理に基づいて教えた。

他の多くの場合と同様に、ここでもまたロックは啓蒙主義的立場のモデルとなった。フィロゾフたちが医学に託した気持ちは、彼らのキケロ崇拝と同様、今日では評価しがたいものであるが、それは同時に彼らの状況をはっきりと示してもいる。彼らのなかの幾人かは医者である。博物学者のドーバントンと重農主義経済学の創始者ケネーは共に医者であった。この世紀の人びとのひんしゅくをかい、ヴォルテールとアダム・スミスに影響を与えた悪名さくさくたる自由思想家バーナード・マンデヴィルは内科の開業医であった。『百科全書』のなかに膨大な項目を執筆し、ディドロのなくてはならぬ協力者だったシュヴァリエ・ド・ジョクールは、ライデン大学にいって、卓越した才能の持ち主ブールハーフェのもとで勉強し、医学の学位をとった。もっとも彼は哲学のために本業をおろそかにしたようではあるが。ブールハーフェのもう一人の弟子であるラ・メトリは、自己の哲学的唯物論を医学の原理から取ってきており、哲学的著作のなかでは常に医学上の実地の経験にそれとなく言及している。彼の最も悪名高い本『人間機械論』(*L'homme machine*)のなかで、ラ・メトリは、「治療という偉大な技術」は人間の最も高貴な活動であることを理解させようとしている。

他のフィロゾフたちは知識豊かな素人であった。若き文学者としてディドロは、ロバート・ジェイムズの膨大な『医学辞典』(*Medicinal Dictionary*)の翻訳者の一人であった。後年になっても彼は、医学がすべての真実の知識にとって戦略上不可欠であるという以前からの確信を再確認している。「解剖学者、博物学者、生理学者、そして医者でなければ、形而上学や倫理学に関して適切に思考することはきわめて困難である」(6)と彼は書いている。ディドロは『百科全書』のために二〇人以上の医者の協力を得た。そのなかで特筆に値する人物は、彼の友人だったテオフィル・ド・ボルドゥーとテオドール・トロンシャンである。二人ともそれぞれ彼らなりの、ただし二流のフィロゾフたちであった。ボルドゥーは都会的で懐疑的な治療家で、医者としての仕事でも有名であったが、同様に通説に異を唱えた才気あふれる論争的な医学史によってもよく知られていた。ボルドゥーは、自分が書いた『百科全書』中の項目を利用して、医学情報を広め、当時の医学制度にかかわっている人たちの見せかけの権威を暴いた。ディドロの最良の対話作品のうちの一つ『ダランベールの夢』(*Rêve de d'Alembert*)のなかではボルドゥーに重要な役割が与えられているが、このことは啓蒙時代における医学と哲学との密接な結びつきを雄弁に証明するものである。トロンシャンはよくはやっていたジュネーヴの内科医で、患者はパリにもいる程であったし、多くの著名な患者のなかにはヴォルテールも名を連ねていた。トロンシャンは〈種痘〉について熱烈な確信を込めた項目を書いたが、それは新しい科学を支持し、古い医学的迷信を打破する宣伝になった。

フィロゾフのなかの唯物論者たちが医学を真剣に考えたが、それには勿論十分な理由があった。彼らにとって、精神病も含めた病気全般は人間という機械のなかのたんなる故障にすぎなかった。しかし、理神論者と懐疑論者の方もまた無神論者と同じ程の尊敬を医学に対して払っていた。ヒュームは高名なイギリス人医師を輩出した偉大な世紀の最も偉大な人びとと親交があり、そのなかにはイギリス王立協会会長〔学士院院長〕で軍医学の先駆者であるジョン・プリングル卿や解剖学者ウィリアム・ハンターなどがいた。アダム・スミスとエドワード・ギボンはハンターの解剖学の講義に出席した。何にでも興味をもっていたベンジャミン・フランクリンは医学にも関心を示し、特に医学会設立に熱心であった。ヴォルテールは八四年間健康であったことがなく、他のすべてのことと同様に医学についてもよく(つまりそれは非常によくということにほかならないが)知っていた。彼は医者を信用せず、いつもからかっていたが、それでもいつも医者とつきあっており、それも患者としてだけではなかった。彼はライデンに行き、ブールハーフェの講義をきき、スグラーフェサンデとニュートンを論じた。彼は一生を通じて医学の問題について広範囲な読書をした。彼の言葉によると、ドン・キホーテが騎士道について読んだのと同じ位大量に医学の本を読んだ。彼は種痘の弁護活動をし、いんちき医者を激しく攻撃した。また薬の秘密の調合などという秘法を嘲笑し、薬の処法に良識をはたらかせることと病院の設立を強く主張した。彼は、この主題について書いたすべての著作のなかで、進歩的で理性的な科学的意見を代弁していた。

このように医学的な問題に熱心になるのは、心気症的原因からというよりは哲学的関心から出たものであったが、その結果フィロゾフたちは何ら異和感なしに医学用語を論争のなかで使うようになった。フィロゾフたちは、建設するために破壊しなければならないと主張することを好んでいたが、彼らの戦闘的な隠喩――攻撃的な隠喩――は彼らの破壊的な活動を強調するものであった。[7] また逆に彼らが使う医学的隠喩がこの破壊性を正当化した。ほとんど単調ともいえる繰り返しによって、フィロゾフたちは、キリスト教に対する反対運動を病気撲滅運動という形にして示した。キリスト教は伝染病である。「聖なる伝染」であり、「病人の見る夢」、時には潜伏しているが常に危険をひめた細菌であり、いつも狂信と迫害という疫病の潜在的な病源である、と彼らは書いたのである。啓蒙主義のレトリックでは、自然を征服することと啓示宗教を征服することとは同じこと、つまり健康を求める闘争であった。フィロゾフたちを宣教師にたとえれば、彼らは医学の宣教師であった。

このレトリックは、他のほとんどのレトリックと同じように、たんなる言葉以上のものであった。時には笑いをさそうような言葉で表現されているが、それでもやはりフィロゾフたちの思考のスタイルを正確に反映していた。ロンバルディア地方の神秘主義的天啓派《イルミニスタ》のジュゼッペ・パリニは神父であり肺腑をえぐるような諷刺家であったが、一七六五年に、ワクチンについて詩を書き、それを著名なイタリアの医者ジョヴァマリア・ビチェッティに捧げた。その頌歌《オード》は次のようなものである。――凡庸な精神は、いつも偉大な新しい考えを間違いだと否定する。しかし今やイギリス、フランス――そしてイタリア――の大胆な知識人の一群が勇敢にも多数意見に立ち向かっている。恐ろしい病気に対して武器を執り、治療の技術をもって小さな子供の生命を守り、冷酷な運命に挑戦している。

人殺しの武器に対して幼児を守る
もはや無力で無防備のままでなく、
堅牢な楯のもとに
その子を注意深く横たえて、
かくてこそ無慈悲なる運命を取り押さえたり。(8)

この詩句はその真面目くさった調子がこっけい感を誘うかも知れないし、事実こっけいである。しかし哲学的文学は、近代医学と近代哲学の類似性――極度の親近性――に関する真剣な主張に満ちている。これらの主張のなかで最も際立っているものは啓蒙主義の時代の終わり頃、一七九八年にドイツの内科医ヨハン・カール・オスターハウゼンによって書かれた医学的啓蒙についての驚くべき論文であろう。その論文「医学的啓蒙とはなにか」(*Über medizinische Aufklärung*) は、その内容と同じく表題に関しても、カントの『啓蒙とはなにか』(*Was ist Aufklärung?*) の意識的な模倣である。模倣をできるだけ際立たせるために、オスターハウゼンはカントの有名な啓蒙の定義を医師という職業に効果的に借用している。彼はこう書いた。医学的啓蒙とは、「人間が肉体的幸福に関して物質に依存することから脱出すること」(9)である、と。これほど明白なことはない。医学は実践の場における哲学であった。哲学は、個人と社会にとって薬であった。

(1) (December 16, 1748). *Correspondance*, I, 59.
(2) *Discours de la méthode*, part VI, *Œuvres*, VI, 62.
(3) Dr. Cabanès : *L'Histoire éclairée par la clinique* (n. d., c. 1920), 30を参照。
(4) G. S. Brett : *A History of Psychology*, II (1921), 257 中の引用。
(5) Locke on Sydenham : "Epistle to the Reader," *An Essay Concerning Human Understanding* ; Sydenham on method : Maurice Cranston : *John Locke: A Biography* (1957), 92.
(6) *Réfutation de l'ouvrage d'Helvétius intitulé l'Homme* (1773–4), in *Œuvres*, II, 322. この重要な箇所は、Arthur M. Wilson : *Diderot: The Testing Years, 1713–1759* (1957), 93 中にも引用されている。
(7) 建設に対する破壊の関係、またフィロゾフたちの攻撃的隠喩については *The Rise of Modern Paganism*, 130–2 を参照。
(8) *L'innesto del vaiuolo*, in Giuseppe Parini : *Poesie e prose* (edn. 1961), 197. 同じように、ケネー(フランスの経済学者・外科医)は一七五八年の末頃に、ミラボーにあてて次のように書き送った。「われわれは勇気を失ってはいけない。恐るべき危機がやってきて、医学的知識に頼ることが必要になるからだ」。Ronald L. Meek : *The Economics of Physiocracy* (1963), 108.
(9) Alfons Fischer : *Geschichte des deutschen Gesundheitswesens*, 2 vols. (1933), II, 8 中の引用。

2

これらすべては異様にきこえるが、しかし事実十七世紀の終わりまでには哲学的な近代医学の理想は、医学校のなかで最も進歩的な所に浸透しはじめていた。ライデン大学はその中の最高のものであり、何十年もの間、途方もない幅の広さとエネルギーを持った哲学的な内科医ヘルマン・ブールハーフェの支配的影響力のもとにあった。彼は臨床医、方法論研究者、化学者、植物学者、そしてその当時最も有名で、最も影響力をもった医学部教授であった。彼はアメリカ植民地も含む西欧全域から集まってくる何世代もの若い内科医を教育した。彼は、入学はしないまでも彼の講義をきくためにやって来たフィロゾフたちに強い感銘を与えた。彼は医学におけるニュートン主義を教えた。ニュートンについて講義し、ニュートンの経験主義的方法を彼の理論的な仕事と臨床に取り入れることを試みた。彼の教科書は、即座に広く翻訳されたが、ニュートン的思考法のモデルであった。それらはほとんど聖書に等しい権威をもち、彼の講義をきくためにやって来られない人びとによっても読まれた。なるほどブールハーフェの野心はその業績にさき走り、また医者としての手腕はその説教に及ばなかった。また彼は自分で自覚している以上に教条的であった。しかし啓蒙的な彼の教説は、ヨーロッパ、アメリカを通じて激しい反響を巻き起こし、一方国内では彼の同僚であり後継者たち——スグラーフェサンデ、ニュウェンティット、ミュッセンブルーク——が、彼の医業と哲学的教説を引きついだ。この人たちはイギリスに渡り、わざわざニュートンと会い、イギリスの科学や医学と接触した。帰国して教授の地位につくと、ベーコン、ロックの哲学について講義し、オカルト的な原理について学生に警告した。そして仮説を控え、現象を注意深く観察し、臨床経験を重視し、正確な実験を構想するよう強く促した。感謝の念を表わすために、十八世紀の内科医たちは、この時代にこのオランダ人先唱者の名前をつけた。一七八〇年あるイギリス人が書いたものによると、「ブールハーフェの時代は、医学史のなかで記念すべき時期である。それ以前にはまったくの臆測にすぎなかった理論が、今やより説得的で、科学的な装いをまとっている」[1]。科学的な装いというのは、つまりニュートン的装いということである。ウィリアム・カレンは、恐らくイギリスで最も有名な外科医であり生理学者であったが、「仮説を避け」[2]たことを誇りにしているのは彼一人だけではなかった。

経験——臨床的研究と実験——の重要視が医学を革命的に変革した。だがなおそれでも、十八世紀においては、医者にかからなかった病人の方がかかった病人よりも、生き残る機会が多かったと見積もっておいた方が確実である。自分たちが犠牲にする病人から金を取り、あげくの果ては彼らの命を縮める多数のいかさま医師がいたのである。それよりもひどいのは、責任感もあり知性もある医者が、しばしば判断力に欠け、また驚くほど無知だったということである。医者のギルドは、動脈硬化に陥っていて、独断的で、特権をもち、排他的であり、新しい考えが入ってくることや新しい器具を使うことに反対した。正規の教育はうけていないが、良識があり、冒険心に富んだにせ医者たち——いわば科学の密輸入業者《ブートレガー》——の手で、多数の薬と外科的処置法が一般大衆の間にもたらされた。彼らの方がかえって人間味あふれる治療者である場合が多かった。体温計とか血圧計などの器具は、席次争いに忙しくて本業をなおざりにする正規の医者の間では無視されていたのである。いかさま医師の横行は、一般大衆のだまされやすさを示す尺度というよりは、むしろ医学界の保守主義に対する批判を示していた。この職業のあり方を改良することは緊急に必要な課題であった。フランスでは、外科医は一七三一年にやっと理髪業者ギルドから分離した。イギリスの外科医は一七四五年にこれに続いたが、この改革の後でさえ、外科医と内科医はなおも長期にわたって反目していた。ディドロは、病人の頭上で、苦しんでいる当の病人にはおかまいなしに、論駁しあっている二人の医者を描くことで、この敵対する医者の二つの派閥の実態をあざやかに戯画化したのであった。

　ディドロの皮肉たっぷりなこの短い場面は、懐疑的な気持ちの一人のフィロゾフを示している。医者は、患者というものが存在するようになって以来、常にからかいの対象であったが、フィロゾフたちはこの辛辣なユーモアの宝庫にたくさんのものをもたらした。ディドロは、医者の治療効果のなさに関する嘆かわしい評言を、ボルドゥー医師の口を借りて語らせた。またヴォルテールはノートのなかにこう書き入れた。「宗教はもたねばならないが、神父を信じてはならない。それはちょうど食餌療法はしなければいけないが、医者を信じてはいけないというのと同じことだ」。デイヴィッド・ヒュームは友達に忠告した。「もし君が、自分の健康に留意し、あるいは君を愛している人たちの願いに耳を傾ける気があるのなら、どうか医者の言うことはきかないようにしてほしい。君の病気の大部分は、医者の言うことをきくことから起こったものなのだ。医者に対しては、ほどほどの敬意を払うことさえできない。君の身の安全は、ひとえに彼らを完全に無視することにかかっているのだから」(3)。

　この懐疑主義には真実がこもっている。人口動態調査はほんのわずかしかなされておらず、また信頼できるものではなかったが、それにしてもそこから判明した事柄は、われわれを安心させるようなものではなかった。ルソーは『エミール』(*Émile*) のなかのあるページで、生まれる子供の約半分が八歳以前に死亡すると推定しており、またその数ページ後にはそのうちの約半分だけが青年期に達すると書いていた。これは、寿命に対するペシミズムが依然として続いていることを示しているのみならず、正確な数字に対する確信のなさが続いていることをも表わしている。一七六〇年代後半、ヴォルテールは、人間は平均して二二歳まで生きることができると計算し、その数年前にはディドロが、生まれ故郷のラングルから愛人にあてて、「自分たちと同じ年にこの世に生をうけた人びとの短い寿命」についての暗膽たる思いを述べている。――昔の級友のほとんどはすでに死亡していたが、ディドロがこの手紙を書いた時、彼はまだ四六歳であった(4)。フィロゾフたちは皆、早く訪れる気紛れな死について痛恨の思い出をもっていた。ルイ十四世の世継ぎが次々と全部亡くなった時、ヴォルテールはまだ青年であった。年老いた国王の一人息子が一七一一年に、最年長の孫ブルゴーニュ公爵とその妻、および彼ら二人の長男がいずれも一七一二年に、また国王の一番若い孫ド・ベリー公爵が一七一四年に亡くなった。「この悲嘆に満ちた時期は皆の心に余りにも深刻な印象を残したので、ルイ十五世の未成年時代に、私は大勢の人間がこれらの人びとの死を涙なしでは語れないのを目にした」とヴォルテールは、後年回想している。(5)

十八世紀においては家族はすべてそれぞれ悲しい話をもっていた。ゲーテは自分の幼年時代を回想する時、弟や妹が何人幼児期に亡くなったか思い出せない程だった。エドワード・ギボンは幼年期を追想して、「新しく生まれた子供が両親より早く死ぬのは、不自然かもしれないが、ごくありうることである。というのは、兄弟が何人生まれようとも、大部分は九歳になる前にこの世からいなくなるからである」と冷静に観察している。ギボンはまたつけ加えて、自分は幼年期に非常に体が弱かったので、「私の弟たちが洗礼をうける度に、用心深い父はエドワードという洗礼名を繰り返しつけていた。それというのも、長男がかりに死亡した場合でも、この父の名をとった名前が家族の中で絶えることなく残るだろうからである」(6)と書いている。この話はギボンの記憶違いとして信用されていないが、しかしこの世紀における、すべてに優先していた関心事についての感動をそそる証言となっている。(7)幼児殺し、孤児や私生児の虐待、病気、そして何にもまして極度の貧困が依然としてどん欲に人びとの命を奪っていた。アダム・スミスは重苦しい口調でこう書きとめている。「私がしばしばきかされた所では、スコットランドの高地では母親が二〇人の子供を生んでも、そのうち二人しか生き残らないことが珍しくないということである」(8)。貧乏人は大量に死に、その数の記録すらないが、資産家でさえもが、長命を予期しない幸運と考えていたのである。

しかしそれだけではなかった。医学はフィロゾフたちの軽蔑とペシミズムの的にされただけではなかった。それは同時に彼らの賞讃の対象でもあった。フィロゾフたちは、確かな、そしてしばしば強い印象をあたえる医学上の成果の兆しに勇気づけられた。将来の進歩に対する希望は、すでに達成された結果に対する満足よりも、はるかに人を元気づけるものであった。ヨーロッパの人口が顕著な増加を見せ始めていることが徐々に明らかになってき始めた。デイヴィッド・ヒュームは彼の試論「古代国家の人口について」(Of the Populousness of Ancient Nations) のなかで次のことを証明した。すなわち、通説に反して、自分が生きている時代のヨーロッパは、古代ヨーロッパよりはるかに人口密度が高い。そしていまわしい程の公平さで王室とブルジョワの家庭を荒廃させ、村の大家族を痛め続けてきた大量破壊の三大要因――「戦争、疫病、飢饉」――が今やついに抑制されることになるかもしれない、ということである。(9)

ヒュームの主張は妥当なものであった。イギリスでは一七五〇年に人口六五〇万であったのが、一八〇〇年には九〇〇万に増加した。フランスでは十八世紀の間に四〇〇万の人口増加を記録しており、信頼できる人口動態調査の統計を最初に集めた国スウェーデンでは、一七二〇年から一八一五年の間に人口が七〇パーセント増加したことが報告されている。(10)マルサスはこの人口の劇的増加に警告を発したが、それは人口増加への皮肉な賛辞となり、また医学の進歩への皮肉な賛辞となった――あるいは少なくとも十八世紀後半までには人びとはそう考えたのであった。この世紀の終わりまでにフィロゾフたちが、ベーコンとデカルトの希望がほとんど実現しかかっていると考えたとしても驚くにあたらないことである。[11]

十八世紀における医学の進歩の歴史は、めざましいものではあったが、皮肉な事態を伴わなかったわけでもなかった。一七五〇年頃になるまでは、医学界における多数の自称ニュートンたちが、病気の唯一つの原因を探求しようとして、つまり健康に関するすべての問題に対する唯一・最終的な理論的解答を出そうとして、かえって進歩を阻害した。十八世紀も半ばになって、フィロゾフたちの影響が最大になった時に、それはまた一部には彼らの宣伝活動の結果でもあったのだが、ようやく複眼的な経験主義が医学研究の方向を変えるようになったのである。しかし医学の進歩の歴史は何度も後退に苦しんだ。厳密性と柔軟性との間の永遠の葛藤、現状維持の欲求と革新の必要性との間の絶えざる争いはなおも続いた。しかし結果はすばらしかった。少なくともある統計——特に十八世紀最後の数十年の統計——は楽観主義的になる十分な理由を提供してくれた。その一例としては、イギリス産科病院の報告によると、一七四九年から五九年の十年間、新生児の一五人に一人は生まれてすぐ死亡したが、一七九九年までにこの暗澹たる比率は一一八人に一人の割合に減少している。同じ時期、同じ病院で、母親の死亡率は、一〇〇〇人につき二六・七人から二・四人に好転した。チフスや天然痘などの疫病はほとんど姿を消した。ジョン・ハンター、ウィリアム・ハンターなどの外科医が外科技術を大幅に改良した。生理学、産科学、薬物学《マテリア・メディカ》、予防医学、解剖学も長足の進歩を遂げた。したがって、一八〇一年一月一日、「十九世紀の第一日目」に、アメリカの著名な内科医デイヴィッド・ラムゼイ博士は、「十八世紀医学の改良、進歩、および現状」を検討して、まじり気のない誇りをもつことができた。彼はこう書いた。十八世紀は、「すべての近代科学の父」である「ベーコン卿」の原理とブールハーフェ博士の教説に基礎を置いた近代医学の誕生の世紀である。この世紀は、医学理論の主要な革新、解剖学の驚くべき進歩、適切な助産術、目をみはるような実験、疾病の合理的な分類、独立の専門分野としての外科学の確立、新鮮な空気と健全な食品が健康に対して果たす役割についての認識の高まり、そして恐らくなににもまして素晴らしいのは、迷信に対する攻撃の時代であった。「一般に流布している数々の謬見が打破された。庶民が医学の問題について考え、理性的に判断を下すことにやっとなれてきた」。そして彼は最後の結論を下す。「三〇年、四〇年、あるいは五〇年を振り返るゆとりのある方があれば、そういう方々におききしたい。これら個々の項目に関する重大な改革が、実際にご自身で観察できる時期のうちに、成就しなかっただろうか。より慎重な治療が可能になったおかげで、これまでよりずっと多くの女性が、妊娠・出産という危険な時期を無事に切り抜けられるようにならなかっただろうか。また現在では、以前に比べて生まれつきの身体障害の例は減少し、ずっと多くの子供たちが生き延びられるようになっていないだろうか。家族の数にしても、われわれの先祖の時代には四人か五人だったのに、現在では七人か八人である。われわれの学校も街路も家庭も、まっすぐに背の伸びた、五体満足な子供たちで満ちあふれている。彼らの大部分は幸運にも天然痘に打ち勝ち、祖母たちの顔を醜くいものにしていたあばたの跡さえないのである」。神経の回復は人びとの顔そのものにもはっきりと認められたのである。

（1） Henry Manning: *Modern Improvements in the Practice of Physic,* Richard Harrison Shryock: *The Development of Modern Medicine* (1947), 74*n* 中かの引用。

（2） Ibid., 37 の中の引用。

（3） Voltaire. *Notebooks,* 352. ヒュームからジョン・クローフォードへ（一七六七年七月二〇日）。*New Letters,* 175.

（4） Rousseau: *Émile* (1762; ed. Garnier, n. d.), 20, 61; Voltaire: "A. B. C," in *Philosophical Dictionary,* II, 590–1. ディドロからソフィー・ヴォランへ（一七五九年八月四日または五日）。*Correspondance,* II, 202.

（5） Voltaire: Siècle de Louis XIV, chap. XXVII. *Œuvres historiques,* 944.

（6） Goethe: *Dichtung und Wahrheit,* in *Gedenkausgabe,* X, 44–5; Gibbon: *Autobiography,* 53.

（7） D・M・ロウはパトニイ教区教会の記録を調べ、ギボン家の七人の子供のうち、「エドワード」は一人しかおらず、あと一人は「エドワード・ジェイムズ」であり、家族の中で最も好まれていた名前は実は「ジェイムズ」（ギボン夫人の父親の名前）であって、これが三人の子供に付けられていたことを発見した。(Low: *Gibbon's Journal to January 28th, 1763* (n. d.), xxix.

（8） *The Wealth of Nations,* 79.

（9） *Works,* III, 383.

（10） 正確な統計が神経の回復に重要な役割を果たしたのであるから――それに、結局のところ正確さということが、人間が環境を支配する際に決定的な重要性をもっているのだから――ヴォルテールがスウェーデンの記録保存法に興味を示したというのは示唆的である。一七六四年一〇月の『ガゼット・リテレール』(*Gazette littéraire*) に発表した公開書簡のなかで、ヴォルテールは、「自国の資源を完全に知るための有効な企て」を実行したという点で、スウェーデン人を賞賛している。*Correspondence,* LVI, 100.

（11） Richard Harrison Shryock: *Medicine and Society in America: 1660–1860* (edn. 1962), 100, 115. 不完全で矛盾する資料を理解しようとする現代の経済史学者は、医学の進歩が人口増加の原因の一つであるという考えには、おしなべて懐疑的である。しかし十八世紀の人びとは、死亡率は低下しており、それは大部分当時の医学の進歩のためであると考えたがる傾向があった。この時点ではまさにそのことが問題なのである。

（12） David Ramsay: *A Review of the Improvements, Progress, and State of Medicine in the Eighteenth Century* (1801), *passim.* 意味深いことに、この論文は「アメリカのサイデンハム」ベンジャミン・ラッシュに捧げられている。

III 時代の精神

1

一七二六年か二七年のイギリス滞在中のある時、ヴォルテールは、新しく習ったばかりの英語でノート・ブックにこんな観察を書きとめた。「良心の自由がない所には、ほとんど貿易の自由もない。宗教に対するのと同じ圧制が商業の上にものしかかってきている」[1]。それから数年後、有名なイギリス見聞記『哲学書簡』(*Lettres philosophiques*) を出版して恐らくそれ程たっていない頃、今度はフランス語で彼はこうしるしている。「共和制のもとでは、寛容は自由の結果であり、幸福と豊かさの基礎である」[2]。『哲学書簡』は多面性を備えた本である。――たとえば、フランスの宗教的偏狭さに対する批判書であり、ニュートンの思想の一般向けの概説書であり、理神論のひそかな宣伝文書であった。しかしなににもましてそれは今引用したような社会学的警句についての広範囲な注釈書なのである。「イギリスの市民を豊かにした商業は、彼らを自由にするのを助け、その自由が、今度はまた商業を振興した。この事実がイギリスの偉大さをつくり出したのだ」(3)とヴォルテールは結論を下している。

これらの観察の言わんとしているのは、単にイギリスが豊かで、幸福で、自由であるという点ではなく、これらの特徴が互いに依存しあい、強化しあっているという点なのである。したがって他のフィロゾフたちの場合にもそうであったが、ヴォルテールにとっては、イギリスかぶれと社会学とは事実上同義語だったのである。他の国々に比して、より早く、より完全な形で神経の回復を実現したという点のほかに、イギリスはこの回復を可能にしたいくつかの条件の幸福な結びつきを見せてくれたのである。ヴォルテール以外のフランスのフィロゾフたちとドイツの啓蒙主義者《アウフクレドラー》たちは、みな独力でヴォルテールと同じ発見をなし遂げた。モンテスキューはヴォルテールがイギリスを去ってから程なく、一七二九年の後半にイギリスに渡ったが、その地における自由と平等の共存に非常な感銘を受けた。ドイツの詩人フリードリヒ・フォン・ハーゲドルンは、自由な国際都市ハンブルクで生まれ育ち、イギリス生活の特質の価値を認める下地のある人間であったが、一七二〇年代にイギリスに二年間滞在し、物質的な豊かさを理性の追求に使う国民に深い印象を受けて帰って来た。彼はそのことを主題とする詩さえ書いている。この詩によれば、イギリスにおいては、自由と権力が勤勉な人間を保護し、惜しみなく報酬をあたえ、またそこでは資産家が学問を支援する、というのである。

まことのイギリス人の振舞いのなんと高貴なことよ！
彼らは物質的な豊かさによって精神を富ませる。
商業のもうけと彼らの冒険で勝ちとられたすべては
精神的な喜びをもたらすものへとすぐさまつぎ込まれる。
精神的な営みは厚くもてなされ、力と自由で保護される。
富めるものこそ学問の最大の支持者なのだ。(4)

イギリスがフィロゾフたちに与えたものは一体何かといえば、それは神経の回復は伝染するものであるという教訓であった。ある分野での進歩は他の分野の進歩を招いた。新しい気力が科学者、医者、商人、役人の間にみなぎり、文明全体におよんでいるようであった。社会は相互に依存しあい、相互に作用しあっている諸部分によって構成された織物であるというフィロゾフたちの認識にはなんら新しい点はないが、彼らがなし遂げたことで新しい点は、この認識を自分たち自身の重要性の正当化の根拠として使用したことである。結局のところ、もし進歩が伝染するものであれば、真実を教え、誤謬を明らかにし、自信を教え込むこと――もちろんフィロゾフたちはこれら一切を自分たちが実際に行なっていると確信していたのであるが――こうしたことを実行するということは、広い地域にわたって、時には思いもよらない場所にさえも理性を広め、光を投げかけることであった。フィロゾフたちはこのようにして、時代の啓蒙的な雰囲気を自分たちの運動を推進するために動員したのである。

世紀の半ばまでに、フィロゾフたちは、自分たちのイギリスかぶれを社会学的法則の形に一般化した。『百科全書』の「序論」(***Discours préliminaire***) のなかでダランベールは、芸術と科学は鎖のように結びついていて、共に進歩する、と主張した。[5] また項目《ジュネーブ》(Genève) のなかでは、彼はこの言明を「自由と商業によって」[6] 豊かになった社会にあてはめている。ディドロもまた、政治と社会は分離できない、と確信しており——ソフィー・ヴォランに、「政治と習俗は互いに手を握りあう」と書いている——、この精神に基づいて『百科全書』の諸項目を執筆した。項目《バラモン》(Bramines) のなかで、彼はこう述べている。「人間の知性のなかでは、すべてが密接に結びついている——"すべてが手を握りあう"」。「一つの考えが曖昧だと、それは隣に伝染する。一つの誤謬は周囲の真実に影を投げかける」幸運にも——と彼は付け加える——「影の中心が今ほど小さく、その数が今ほど少ないことはなかった。哲学は巨大な足取りで前進し、光がそれに伴い、その後に従っていっている」。[7] 人びとは毎日新しい、有用なことを始め、古い、時代おくれのやり方を捨て去っていた。『百科全書』は、美術と工芸、哲学と政治、神学と言語に関するおびただしい数の項目と、巧妙で有益な相互参照の指示を記載しているが、この『百科全書』それ自体を、十八世紀文明の神経の回復と、その文明の多様性、豊かさ、エネルギーの顕著な発露と見るのは決して奇異なことではない。

一七五二年、デイヴィッド・ヒュームはこの文明の構成要素を列挙し、そのあり方を定義した。ヒュームの主張によると、彼の時代の生活の向上と幸福が生み出されたのは、政治の自由と産業の発明との結びつきのおかげである。「産業」と「機械技術の改善」は、一般に「基礎的学問の洗練を生み出す。またそのどちらも、他方がある程度伴うのでなければ、完成の域に達することはできない。偉大な哲学者や政治家、有名な将軍や詩人を生み出す時代は、一般に熟練した織工や船大工を大勢輩出もしている。天文学の知識がなかったり、あるいは人倫が無視されているような国で、一枚のウールの布が完璧に作られるということは、合理的に考えて期待できないことだ。時代の精神はすべての技術に影響を及ぼす。そして一たん無力感から揺り起こされ、発酵状態に置かれた人間の心は、すべての方向に注意を向け、技術・科学の全分野で改革を実現する」。洗練が生まれると、次に社交性が生まれ、その二つが公共生活に恩恵をもたらす。「このようにして、産業、知識、人間愛は、ほどけぬ鎖で互いにつながれている」。[8] あまり幻想を抱かない人間であったヒュームは、この鎖がしばしばもつれがちになることを知っていた。知識は非人間性に導くことがあるかもしれない。人間愛は非合理な（つまり宗教的な）根をもっていたし、産業はある時には幸福を促進しもするが、またある時には妨害もする。これらはやっかいな問題であった。しかしフィロゾフたちはそれらを処理できると考えた。時代は結局、彼らの目指した方向に流れていかなかっただろうか。

（1） *Notebooks*, 43.
（2） Ibid., 126.

(3) Lettre X, *Lettres philosophiques*, I, 120.
(4) Hans M. Wolff : *Die Weltanschauung der deutschen Aufklärung in geschichtlicher Entwicklung* (2d edn., 1963), 179 中の引用。
(5) *Mélanges*, I, 12.
(6) *The Encyclopédie*, 87.
(7) ディドロからソフィー・ヴォランへ（一七六〇年一〇月一一日）。*Correspondance*, III, 120 ; "Bramines," in *Œuvres*, XIII, 511.
(8) "Of Refinement in the Arts," *Works*, III, 301–2.

2

敬虔なキリスト教徒が好むと好まざるとにかかわらず、知識の進歩は理性の進歩を意味した。十八世紀の流れのなかで、世界——少なくとも教育を受けた人たちの世界——からは次第に神秘が消えつつあった。えせ科学が科学にとって代わられ、奇跡による聖なる力の介入に対する信仰は、懐疑主義という酸によって腐食され、科学的宇宙論によって圧倒されつつあった。聖なるものは、宗教的熱狂の枯渇、良識への要求、アウグスティヌス的神学からの脱却、「狂信」に対する反対運動、さらにあらゆる宗派の聖職者の間に見られる合理主義の浸透などによって内部から空洞化されていった[1]。スウィフトは初期の風刺のなかで、宗教的ヒステリーをからかっている。『スペクテイター』(*Spectator*) 紙で、発行者アディソンは広く信じられている迷信を嘲笑した。ドイツでは、トマジウスが魔女裁判を非合理的で残酷な娯楽《スポーツ》だといって非難した。他方アメリカのマサチューセッツでは一七〇〇年に、理性と真のキリスト教の名においてロバート・カフレが、魔女裁判に対して、怒りと嘲笑の声を浴びせかけている。「理性」という言葉は、むしろ「科学」と同じように、強力な賞賛の言葉になった。建築と、さらには詩さえも（詩にとっては害をなしたのであるが）理性主義の大砲で侵略され、理性主義の足かせを強いられた。以前にもまして、キリスト教徒の政治家は、自分たちの政策を国家的理由に従うものであるとして正当化し、他方キリスト教徒の哲学者は、理性的で理性主義的な人生哲学を精緻に作りあげた。一七二一年に出版されたヴォルフの『人間の社会生活についての理性的な考察』(*Vernünftige Gedanken von dem gesellschaftlichen Leben der Menschen*) はこの時代の特徴をはっきりと示す作品である。——哲学者たちが同意しはじめたのは、もし社会秩序について考えるとすれば、その考えは合理的なものであった方が良いだろう、という点についてであった。幻想からの目覚めは教会とその教義の上だけに見られたのではない。生活のすべての面に痕跡をとどめたのである。

国王の按手治療《タッチング》〔国王が患者の体に触れて治療する儀式〕というずっと昔から驚く程執拗に続いた迷信がたどった道は、この新しい精神状況を示す顕著な一例である。国王は神秘的な意味において、聖なる属性を与えられており、普通の医者以上の力をそなえているという信仰が、十一世紀のある時期に急速にヨーロッパ全土に広がった。国王が触れることによって色々な病気、特に「国王の病い」という名のついている瘰癧が治るといわれてきた。国王に触れてもらうことは、やがて人びとに畏敬の念を起こさせ、人びとが有難がる儀式となって、長く続いた。それは絶対王朝時代にも国王の威厳を保つための小道具の一つとして存続した。しかしながらニュートンとロックの時代になると、この儀式に対する信仰は、占星術と錬金術に対する信仰と同じように急速に消滅していった。「懐疑的な錬金術師」ロバート・ボイルは、国王の接手の効果についての確信を依然として公言していたし、十八世紀の初頭イギリス中部リッチフィールドの著名な内科医ジョン・フロイヤー卿は、若きサミュエル・ジョンソンの色々な病気の治療のために、アン女王に触れてもらうべく彼を女王のもとにやった。しかも明らかに本心からそうしたのである。しかしまもなく政治学者が国王を普通の人間扱いし始め（それはちょうどスピノザが聖書を単なる普通の本として扱う説得的な理由を提出したのと同じであるが）、懐疑主義が勝利を得た。モンテスキューは『ペルシア人の手紙』(*Lettres persanes*) のなかで、フランス国王は、「接手によってあらゆる病気」が治せると称して、それをだまされやすい臣民に信じ込ませている「大魔術師」だと大胆にもほのめかしている。[2] 彼の辛辣な皮肉は政府当局を当惑させたが、しかしアカデミー・フランセーズからは除名されなかった。というのも、あまりにも多くの貴族や高官たちがこの言葉に同意したからである。三〇年後、ディドロの『百科全書』のなかでは、合理主義は愛国主義の形をとって誇示されている。項目《瘰癧》のなかで、編集長ディドロと同じくキリスト教徒ではなかったシュヴァリエ・ド・ジョクールは、イギリス国王の病気治癒能力について疑義を呈し、フランス国王のそれについては読者の想像にゆだねている。ブルボン王朝はこの儀式を依然として続けていた。――一八二五年に王位についたシャルル十世はもう一度この昔の儀式を復活させたが、ほとんど確信もなかったし、その効果もなかった。

ルイ十五世は依然として「病気治癒能力のある国王」として行動していた。ヴォルテールは、例によって不遜で、底意をむき出しにした冗談をとばし、そして――また例によって――イギリスの例をもち出しては見習うように言っている。とりわけイギリス人の哲学的性格を賞賛しているノートで、ヴォルテールは突如として話を中断してこう書いている。「国王たるものは、無知の時代には瘰癧を治さなくてはならない。しかし今日ではそんな治療法はもう効果がない」[3]。後に、『百科全書についての疑問』(*Questions sur l'Encyclopédie*) のなかで、ヴォルテールは、ウイリアム三世がこのいかがわしい特権を放棄していたことを読者に思い起こさせた。「理性が出現すると」――つまりそれはフランスにおいてということであるが――「この神聖な習慣は消えるだろう」[4]と。アン女王が、前王の放棄したものを再び始めたというのは真実だが、それはあまり気乗りのしないままにであった。一七一四年ハノーヴァー家の王位継承によりこの儀式は最終的に廃止された。デイヴィッド・ヒュームは『イギリス史』(*The History of England*) のなかで、「この習慣は最初に現王室によって廃止されたが、それは、この儀式がもはや人民を驚嘆させることができず、理解力ある人びとには嘲笑をもって迎えられているということを、王室が知ったためである」[5]と書いた。これはヒュームが極端に楽観的になっためずらしい時である。迷信から解放されることは、一般的に啓蒙という事態がそうであるように、主として教育の問題、したがって階級の問題であった。貧しい人びと、特にプロテスタント諸国の貧しい人びとの多くが、もはや教会に行かないようになったからといって、それは彼らが迷信から解放され、神話を超越したことを意味するものではない。長い間一般大衆は、知識人が嘲笑的に扱ってきた現象に驚き続けてきた。理性は繁栄したが、どこでもそうであったわけではない。

（1）その個所で私が「牧師の反逆」と呼んでいる事件をめぐる論争については、次を参照。*The Rise of Modern Paganism,* 336–57.

（2）"Lettre XXIV," *Lettres persanes. Œuvres,* I, 51–2.

（3）Notebooks, 98.

（4）"Écrouelles," in *Œuvres,* XVIII, 470.

（5）*The History of England,* 8 vols. (edn. 1780), I, 189. マルク・ブロックは、王の接手治療《タッチング》の歴史に関する権威ある著書のなかでこの文を引用して、ヒュームが下層階級の間に広まっていたこの迷信の根強さをこの時点で過小評価していると論評した。「一般大衆の心は、長い間この信仰を捨てようとしなかった」。*Les rois thaumaturges* (edn. 1961), 395.

3

十八世紀における理性の隆盛は、体系化された合理主義の勝利というよりむしろ日常生活における合理的な考え方の勝利であった。理性と人間愛は混同されやすく、一方の例がしばしば他方の例と取り違えられた。ディドロの感傷的なドラマ『私生児』（*Fils naturel*）のなかで、ディドロを代弁する人物の一人は、合理性、洗練、礼儀正しさを、上きげんで同じ容器のなかに流し込んでいる。「もちろんまだ野蛮人はいる。いなくなる時などあるだろうか。しかし野蛮の時代は終わった。この世紀は啓蒙されたのだ。理性は洗練され、この国の書物はその教えで満ちあふれている。人間の心に博愛心を呼び起こす本が、人びとが読むほとんど唯一の本である」(1)。これはすこしばかり非現実的であり、ディドロが言うほど、事態は単純ではないし、人間もそう礼儀正しいわけではない。だが、この批判の時代が人間愛の時代でもあったということだけは真実である。「人道的原理がいかなる点で厳格さや苛酷さにまさるかを人びとに教育してやれば、国家統治の技術にかんする知識はおのずから寛容と節度を生みだす」とデイヴィッド・ヒュームは指摘している。したがって反乱の可能性は減少し、かりに起こったとしても、絶望的な人間たちによって長びく可能性も減少する。「人間の気質がおだやかになり、また同時に知識が増加してくるのに比例して、この人間愛はさらに顕著になる。これは文明化された時代を野蛮と無知の時代から区別する第一の特徴である」。反乱が以前ほど「悲劇的」でなくなったように、外国との戦争も以前ほど狂暴ではなくなる。兵士たちは戦闘が終わると、もう一度人間に戻るのである(2)。これは単なる希望的観測ではなかった。フィロゾフたちと同じように「各時代において、一切が関連している」ことを確信していたゲーテは、この進歩の時代を後年なつかしく思い出して、回想のなかでこう語る。若い弁護士や年輩の判事にまでも人間的な信念が染み込むようになり、礼節を説教するだけでなく、実行するために互いに競争しあった。職人組合《ギルド》、医学界、宗教団体の非寛容な態度は効果的に打ち破られた。「ダムが次から次へと打ち壊されていった」(3)。法廷においても、政治の世界においても、また同様に戦場においても、理性が人間愛を生んだのである。

もちろん、この時期より前にも人間は慈善の心をそなえてはいた。貧しい人には慈善をほどこし、不幸な人には同情を覚えていた。だが十八世紀の人間愛の新しい点は、それが全般的な神経の回復の一部を形成していたということである。その楽天的な折り目正しさは、宗教的な約束事に基づいてはいたが、同様に科学的進歩という合理的な基礎に根ざしてもいた。寛大さは進歩している社会がもつことのできる一つのぜいたくであった。

　理性と同様に、人間愛も敬虔なキリスト教徒の間に積極的な支持者をもっていた。フィロゾフたちとキリスト教徒が共通点をもちうるのは礼節という土壌の上においてであった。それぞれ異なった動機からではあるが、彼らは共に、奴隷制度が廃止され、私生児が救済され、残酷な刑罰が廃止され、悲惨な人間が救済されるべきであるという点について意見が一致していた。「キリスト教的慈善」は宗教的美徳のなかで最も崇高なものであるとヘンリー・フィールディングは主張したが、彼はそのような主張をする多くの近代的キリスト教徒の一人にすぎなかった。一方また、自己不信に苦しんでいたにもかかわらず非常に宗教的な人間であったアルブレヒト・フォン・ハラーは、「できることなら、後世の人が私を真実の友であると同様に人間の友であると考えてほしいと思う」[4]と告白している。ジョンソンとヴォルテール、この水と油のように相い容れない二人は、それぞれ独自に、相反する理由から、しかし同じように精力的に、ビング提督〔イギリスの軍人。七年戦争の際の失敗により銃殺刑に処せられたが、政府の責任転嫁として物議をかもす〕の裁判・処刑を非難した。ヴォルテールの弁護は、「人びとを鼓舞するためには」将軍の銃殺もたまには悪くない、というあの極め付きのせりふで頂点に達し、ジョンソンのそれよりも名声を博した。けれども、十八世紀を理解するうえでは、より散文的であったジョンソンの弁護の方が重要である。結局の所、ヴォルテールは事件のあとで今引用した冗談を言って人を小馬鹿にする人間ではないかと疑われたのだが、ジョンソンの方が、より健全な判断力の持ち主だった、あるいは少なくともそのように見えたのである。ジョンソンは急進的な人間ではなく、平均的人間を代表するような人物であり、ヴォルテールとは違って彼が尊敬されるべき人であるという資格には疑問の余地がなかった。[5]

　サミュエル・ジョンソンの人道主義的熱意は、事実フィロゾフたちのそれと非常によく似ている。彼らと同様に、ジョンソンもまたすべての人間に対して、べたべたした、見境のない同情心をおぼえることはなかった。彼は共感すると同時に反対し、愛すると同時に憎んだ――それもすべて強烈に。彼は奴隷制度を憎み、不幸な人間、迫害されている人間、貧しい人間に対しては揺らぐことのない同情心を抱いていた。確かに感傷に対する不信感と昔風な権威へのノスタルジアがあるため、ジョンソンの人間愛は、相反する感情と戦わねばならなかったが、少なくとも、いくつかの点で彼の控え目な態度はきわめて妥当なものであったといえよう。十八世紀の人道主義は矛盾に悩まされていたし、また独特の言い回しによってゆがめられてもいた。感動的な言葉を口にすることと搾取を実行することとが同時に並存していた。海外の奴隷の運命を信心深い気持ちで悲しむ人間が、国内では子供を炭坑に送って平然としていた。にもかかわらず皮肉な態度は、時代を超えたものであり、少なくともこの時代のイギリスにおいてはっきり認められた。この近視眼的な人間愛は、これまでに前例を見ない社会変化への手探りの対応であり、またそれは、生まれ出ようとしてもがいている新しい社会にふさわしい、首尾一貫した態度をつくり出すための、断片的で、しばしば苦痛に満ちた試みであった。

　人間愛は不完全で、しばしば非論理的であったが、それにもかかわらず広く行きわたっていった。古い明確な社会階級制はまだその威信の多くを保ってはいたが、強い社会参加への志向とますます増大していく社会的流動性への欲求に直面して、守勢に立たされていた。特に西ヨーロッパ社会の中産階級においては、子供に対する父親の、妻に対する夫の権威の失墜が目立った。父権中心家族は十七世紀にはまだ典型的な形態であったが、それは核家族に席を明けわたしつつあった。後者は地域共同体とは明確な一線を画し、家庭内での水いらずの親密性と平等性は次第に増大していった。依然として厳格ではあったが、ある範囲内で、若い女性による配偶者の選択がかなり許されるようになっていった。十八世紀の小説を読むと、親の側の服従の要求と若い恋人たちの自由への要求との間の緊張は解決されていないが、――リチャードソンの小説が証言するように――親の名声や利益のために、気乗りしない結婚を女性に強いるのは、軽蔑すべきこととまではいかないにせよ、時代後れになってきた、ということが分かる。親は世間のならわしに通じていると思われていたから、彼らのもとに相談に行くべきであり、また彼らの拒否権は尊重されなければならない。だが、それにもかかわらず、ある作家が一七三九年に書いたように、「夫あるいは妻の選択は、両親より当事者の幸福により密接に関係しており、この選択の結果を甘受しなければならないのは若いカップルであるから、したがって彼ら自身が選択すべき」なのである。家庭という世界も自由の方向を目指して変化を遂げつつあった。

　この変化が可能になったのは、主として自由が理性によって保護されていたからであった。理性的な愛、つまり冷静で、熟慮された男女の相互尊重は社会的な理想にまで高められた。一七四九年、この時代を的確に表現してあるモラリストはこう書いている。「知的で、自然で、良識ある、理性的な愛があり」、この愛は、狂気じみた盲目的な情熱や、抑制のきかない好色な情熱とは違って、一生の伴侶を選択するための適切な道案内である、と。イギリス人が最初に、最も明確にこの教えを説き、やがてそれはもっとおずおずとであったかもしれないが、フランスやさらに進歩したドイツ諸邦でも同じように登場した。理性的な愛は、感傷小説のなかで理想化され、教訓的人生雑誌〔新興中流階級の読者を対象に、社会・人生道徳を論じた随筆を掲載した雑誌〕のなかで細かく分析された。それはイギリス貴族院においてすら論議された。軽率な結婚を防止するために作られた一七五三年の婚姻法に触れて、ヒルズボロー卿は、「婚姻を結ぶ両者の相互的な愛」は、確かに「きわめて当然の要素」ではあるが、しかしその相互愛とは「冷静で不変の愛」であって、理性を曇らせる一時的な情熱のほとばしりではない」ということを明確にしている。[6] このようにして、愛という微妙な問題においてもまた、他の事柄におけると同様に、理性に対する信頼が増大し、それが人間愛の増大を生み出したのである。

　その結果、十七世紀には神聖な社会制度であり、財産管理と相続規制のための法的仕組みであった結婚は、啓蒙の時代には共同関係《パートナーシップ》であり契約として、すなわち名誉あり厳粛なものではあるが、宗教とかかわりのない世俗的な事柄として話されるようになった。長い間キリスト教の理想であった一夫一婦制が、多くの人にとって居心地のよい現実となったのである。そして自分の結婚の経験が不幸なものであるフィロゾフたちまでもが、結婚を一つの制度として賛美するのは自分たちの哲学のおかげであると感じていた。妻と一緒にいることが他の誰といるにもましてみじめであった（それこそ本当にみじめなことであるが）リヒテンベルクは、しかもなお、こんな反省をしている。――友情、「さらには結婚の幸福な絆」を喜ばしいものにするのは、両者が互いに、「いかなる個人が覆いつくせるよりも広い範囲にわたって」、自我の広がることを許容する点にある。二つの魂が結ばれても、両者はそれぞれの個性を失うことなく、しかも一緒に生活することを楽しいものにするような「有益な相違点」は保っている。自分の苦しみを嘆く人は、「自分を助けてくれるかもしれない、いやその同情によって事実すでに助けてくれているもう一つの自己の前で嘆いているのだ。また自分の長所が賞賛されるのをききたがる人は、馬鹿なことをしているのではないかと恐れる心配もなく自分に自慢させてくれる、もう一つの自己のなかに聴衆を見いだしているのだ」と。(7)

以前に比べて、より澄んだ抑圧の少ないこの空気のなかで、女性と子供が新しい尊敬と権利を獲得した。十七世紀には、ミルトンの描いたアダムとイブが万人に明らかにしたように、女性が男性に劣ることを疑うものは誰もいなかった。しかし一六九〇年代の終わりに、常に先駆者であったダニエル・デフォーは、女性に対する卑しむべき取り扱いについて同国人を鋭く非難した。『もろもろの提案について論ず』(*Essay upon Projects*) のなかで彼はこう主張した。女性が男性と同等の教育を受ければ、彼女たちがもっていると思われている劣等性はすぐ消えうせるであろう、と。十八世紀が従うことになったのはデフォーであって、ミルトンではなかった。

フィロゾフたちは知的な女性とは自由に意志を通わせることが可能であるという感情をもっていた。――ディドロのソフィー・ヴォラン、ヴォルテールのデュ・シャトレ夫人、その他世界中から集まってくるフィロゾフたちの話し相手をつとめた教養あるパリの上流階級の女性たちが思い浮かぶ。フィロゾフたちは、女性を、改革綱目の一条項であると同時に、自分たちと同等の存在として扱おうとした。しかしフィロゾフたちは、彼らなりに女性解放論者ではあったが、懸念をもちながらの解放論者であった。彼らの伝統的な女性恐怖、女性は神の怒りを被るべき人間であり、堕落の根源であるという古くからの迷信は、あっさりと捨て去るにはあまりに根深いものがあった。デイヴィッド・ヒュームは、まことに進歩的な言葉で、「結婚は両者の相互承諾によって結ばれる契約である」と主張し、「男性の横暴」に対しては、それが「両者の間に自然が作った、平等とまでは言わないにしても、きわめて近い順位を破壊するものである」として反対した。女性との交友を非常に高く評価していたヒュームは、人を魅了せずにはおかない口調で、「女性との自由な交際は他のいかなる発明にもまして、社会を美しくし、生き生きとさせ、洗練させるものである」と書きとめている。(8) だがしかしヒュームでさえも、伝統的な偏見から完全に逃れることはできなかった。明らかに女性向けに書かれた彼のエッセイは、いつになく口ごもった口調を見せており、女性というものは「ほとんど理解するに値しない」主題であるという、手垢のついた常套句をまだ使ったりしている。(9)『百科全書』もまた同じように両義的な傾向を示している。『百科全書』によると、女性的なものの理想は、敬虔で、倹約家で、優しく、きちょうめんで――そして従順な――主婦として描き出されている。すなわちむしろヒュームが描いたように、女性とは男性のもっていないすべての属性からなる存在、つまりいじらしく、魅力的で、かけがえのない程貴重で――そして神秘的な――存在として描かれている。しかしそれと同時にこの辞典は、女性が法的に無能力者扱いにされているのを厳しく非難し、そのような扱いは、すべての人間がそなえている生まれながらの平等を壊し、女性はしばしば男性よりも精力的で、有能で、聡明であることが証明されているという確固たる事実を無視するものであると主張している。一般的に信じられている女性の劣等性の多くが、単に男性支配の不幸な結果にすぎない、と『百科全書』は主張した。ディドロは鋭敏な感受性に満ちた論文「女性について」(Sur les femmes) のなかで同じ意見を表明した。

古い態度は、フィロゾフたちの間ですらなかなか消滅しなかったかもしれない。しかし啓蒙された一般大衆は、教育を受けた女性を、人間の奇形、もの笑いの種、あるいは才知という不自然な資質をえさに男性をおびき寄せる性的な罠、といったものとは異なる存在とみなし始めた。この時代の感傷的なエロティシズムさえもが、一般的に言えば確かに俗悪だったが、女性のいわゆる「神秘性」――実際にはそれは女性の性的能力に対する隠された恐怖であったのだが――のベールをはぎ取るのに貢献し、女性を一個の人間として描き出した。ラクロの描く壮麗なまでに邪悪なメルトゥイユ侯爵夫人は、何世紀にもわたる抑圧への復讐のために男性に対して宣戦を布告するのであるが、彼女は、女性が完全に人間であることを男性が認めるまでには、まだまだ多くの事がなされなくてはならないことを示唆している。だがしかし彼女の性的革命は、他の多くの革命と同じように、被害者の間の士気の高まりを示すひとつの兆しであった。

農場や工場で子供たちが搾取されていたまさにその世紀に、彼らもまた人間としてそれなりの権利をもつことが発見された。中世、十六世紀、十七世紀を通して、大人は子供をおもちゃとして、不思議な動物として、あるいは小さな大人として扱ってきた。子供は大人の世界に仲間として加わり、子供向けに作り直された大人のゲームをして遊び、子供用に小さくした大人の服を着て、最も卑猥な性的なほのめかしを耳にし、おおっぴらな性的遊戯に加わっていた。子供の正確な年齢は誰も知らなかった。たとえ分かっていても問題とはされなかった。子供は経済面では労働源として、また法的には相続という鎖の中の輪として主に問題にされただけだった。これらすべてが非常にゆっくりと変化していった。モンテーニュといえば、彼自身特にきわだって残酷な男ではなく、むしろ子供を優しく扱うように提案していた人なのであるが、その彼でさえ十六世紀の終わり近くに「子供を二、三人幼児の時に」なくしたが、「それは残念でないことはないが、非常に悲しいという気持ちではなかった」(10)と追想している。モンテーニュが悲しまなかったことより、子供が何人死んだのかその正確な数を思い出せないという事実の方がよほどショッキングである。十八世紀にはそのような事実がショッキングなことになり始めていた。放浪者の原型であるルソーは、自分の子供を孤児院に捨てたが、少なくとも彼は捨てた子供の正確な数は知っていた——五人である。ロックの『教育論』(*Some Thoughts Concerning Education*)は一六九三年に出版され、イギリスおよびヨーロッパ大陸で息の長い影響を及ぼし続けたが、この本はすでに新しい態度を示していたし、また一七二〇年代のドイツの教訓的人生週刊誌は子供への無関心と虐待に対する反対運動を起こし、良識ある人間的な教育改革を支持し宣伝している。しかし子供に対する近代的な見方を最初に全面的に表明したのはルソーの『エミール』であった。

多くの知的改革者と同じように、ルソーは、多くの人が漠然と真実であると感じていたこと——子供には子供なりの欲求があり、自分の権利をもち、自分自身の成長のリズムがあるということ——を明確に言語化したにすぎなかった。感傷的な空想物語として広く読まれた『エミール』は、少なくともグルーズの風俗画を愛好する人たちの間には、子供礼賛の風潮を呼び起こした。確かにこの風潮には、この時代の多くの人道主義的な考えと同じく、矛盾がないわけではなかった。信奉者の多くは、彼らの人道主義の範囲を自分の子供、あるいは自分と同じ階級の子供だけに注意深く限定した。社会が複雑化するにつれて、近代化が課した代償の一つである階級間の障壁はますます高く立ちはだかった。炭坑や工場は子供の労働力を貪欲にむさぼり、上の階層は下の階層の願望に強く抵抗した。したがって多くの政治的急進主義者は、労働力不足と服従心の低下を憂慮して、社会的保守主義の傾向を示し始めた。ヴォルテールが労働者の子供の教育に反対したのは広く知られたかんばしくない事実である。他方、イギリスにおいても思いやりのあるキリスト教徒によって設立された慈善学校は、子供たちに彼らの社会的義務を教えることを慎重に避け、むしろ教育の力点を宗教の祝福や服従の必要性などに置いた。建て前と本音を使い分けることは一般的なことで、例外的なことではなかった。サミュエル・ジョンソンは、なぜ子供が好かれないのか完全に理解できると主張し、少なくとも自分は子供など欲しくなかったとにべもなく述べた。これらの発言を記録したのはボズウェルであるが、彼は同時に、ジョンソンは「小さな子供に対する愛情」を「あらゆる機会」に示したと報告している。ボズウェルはこの愛を「ジョンソンの性格の真の人間性と優しさのまぎれもない証拠」[11]を特徴的に示す事実として引用している。モラリストで批評家ヨハン・クリストフ・ゴットシェトの知的で野心的な妻であったルイーゼ・ゴットシェトは、知識人になるよう夫に念入りに教育され、またその教育を楽しんだ女性であるが、彼女は自分に子供がいないことを幸運に思ったと率直に告白している。なぜなら、母親は子供を生み育てなければならず、子供は女性の学問研究の妨げになるからだ、と彼女はいう[12]。ここでは本音と建て前の使い分けのなかでさえも、子供の存在が認められてきたことを証明している。子供のもつ要求（モンテーニュにとってそれは理解不可能なものであったろう）そのものが、まさに子供を学者の家庭の厄介者にしたのであった。未来は明らかに、この子供をとるか、他のものをとるかという二者択一を子供の利益になるよう解決することにかかっていた。さらに未来は、国民義務教育計画を主張して揺らぐことのなかったコンドルセのような首尾一貫した急進派にかかっていた。

一般的にいって、人間愛は実生活上の徳目としての地位を獲得しつつあった。絞首刑あるいは残酷たっぷりな拷問を見物したり、宗教的異端者や性的倒錯者に対する苛酷な処置に拍手かっさいする風習は、十七世紀の終わりまで事実上いたる所で見られたものである。処刑は、セヴィニエ夫人〔一六二六—九六。フランスの文人、特に娘に与えた手紙で有名〕やモリエール喜劇のなかの心優しい人物たちの楽しみであった。十八世紀になるとこの種の楽しみは格が下り、下層階級と特殊な趣味の持ち主だけの娯楽となった。一六九九年、『テレマック』(*Télémaque*) のなかでフェヌロンは戦争と残虐行為を非難した。一七二二年には、デフォーが『ジャック大佐』(*Colonel Jack*) のなかで、若い泥棒を環境の犠牲者として同情的に描いている。これらの作家は、他人に対する思いやりに関しては先駆者であった。わずか数十年後には彼らの考え方はあたり前のこととなる。一七四六年は、イギリス人が反逆者たちの首を公開処刑場テンプル・バーの上に串刺しにし、行商人が携帯用望遠鏡を一回半ペンスで見物人に借した最後の年であった。一七八三年には、公開処刑が秘密裡に刑務所内で執行される処刑に取って代わられた（公開処刑を、見せしめとしての効力をもつものとして高く評価していたサミュエル・ジョンソンにとってはむしろ残念な改良であった）。プロシアでは、フリードリヒ大王は、彼のシニシズムと身分意識にもかかわらず、刑罰の残酷性を抑制し、彼の社会政策のなかに人間的な思いやり《フマニテート》を慎重な配慮のもとに浸透させることを目指した。法律、特に財産保護の法律は、ヨーロッパ全土で依然として厳しく、いくつかの国では以前にもまして苛酷になりさえした。しかしイギリスでは陪審団がしばしば有罪判決を下すことを拒み、フランスでは高等法院《パルルマン》が——時としてヒステリーじみた厳格さに逆もどりしたことはあったにせよ——全般的には穏当な判決を下した。

飲酒と犯罪の原因を社会環境のうちに求めること、また貧困を天の摂理とか怠惰に対する正当な罰としてではなく、不運や社会の欠陥として説明することなどが可能になりまた流行にすらなってきた。だがしかし、そのような人間的で実利的な社会学は、依然として論議を巻き起こしていた。フランスでは、疲れを知らぬ計画の立案者であるサン・ピエール師は、ビヤンフザンス (bienfaisance)〔善行、慈善〕という言葉を造り、ヴォルテールに賞賛された。しかし慈善の世俗化をきらった敬虔な保守主義者たちはその造語に首を横に振った。イギリスでは、ヘンリー・フィールディングは裁判官として、彼の前に出頭してくる被告たちに同情を示し、「心の善良さというあのはやり文句」[13]を発明したといって非難された。プロシアでは、裕福なユンカーで、稀に見る程の思いやりに恵まれたフォン・ロホフ卿は、領地内の貧しい農民に対して配慮を惜しまず、学校を設立し、教科書を作り、普通教育を支持する文書を執筆した。それにこたえて、フリードリヒ大王の大臣フォン・ツェトリッツ卿は——自らは決して時代後れの古くさい人間ではなかったが——農民が服従以外のことを学ぶ必要が本当にありうるのかと、声高に疑問を表明した。「農民にはあまりむつかしいことは教えない方がよい」[14]。「熱狂的なコスモポリタンたち《コスモポリット・アントウジアスト》」だけが、「農民を哲学者に変え」ようとするのだ、と彼は抗議した。

事実、十八世紀には多くの影響力をもった熱狂的コスモポリタン《コスモポリット・アントウジアスト》がいて、彼らの影響力はその数が増えるとともに増大した。モンテスキューは、彼一流の警句風の言い方で彼らを代弁した。「あることが自分には役に立っても家族には不利だと知っていれば、私はそのことを心から追い出すだろう。家族には役立っても国家には有害だと知っていれば、そのことを忘れようと努力するだろう。国家には有益であるが、ヨーロッパには不利だと知っていれば、あるいはヨーロッパには有益だが、人類には不利だと知っていれば、それを犯罪とみなすだろう」[15]と彼は書きとめた。

社会のすべての階層が新しい人間愛から利益を得ていた。犠牲者を生み出すよりも、それを救済する方が、はやりになってきた。役人ですら、彼らの失敗に対する懲罰が以前ほど厳しくなくなってきたことに気がついた。十七世紀には、失脚した大臣は処刑されるか投獄されるのが普通だった。十八世紀になるとこんな大臣でも生命も財産も失わなかった。せいぜい自分の領地から追放されるか、貴族に列せられるか、あるいは政治の現役から引退させられるかのいずれかであった。ホレース・ウォルポールの書いたものによると、理性（この言葉で彼は良識ある人間愛を意味していた）は「この世の事柄のなかでふさわしい地位にまで引き上げられ」始めたが、そのためにこそ理性は人間に賦与されていたのである。偏見も圧制もなくなったわけではないが、少なくともそれらは新しい「迫害者や殉教者」をつくり出すことだけはなくなった。確かに、「総理大臣で断頭台の露と消えた者は一人もいなかったし、異端者で火あぶりの刑に処せられた者も一人もいなかった。ロシアの王女も、自分の競争相手の命を奪わなかったし、トルコにおいてさえ絞首刑の適用は緩和された」のである。ウォルポールは、スカンジナヴィアの独房で鎖につながれている政治犯、飢えで死んでいくロンドンの私生児の捨て子、一七四五年のプラハの大虐殺で拷問された上、追放されたハプスブルグ家領地内のユダヤ人のことは忘れている。しかし忘れたのは、彼が無情だったからではない[16]。これら不幸な人たちの運命は過去においては多数者の運命であったが、それが少数者の運命になりつつあったということである。後になって批評家は、十八世紀の人間がなぜ楽観主義者でありえたのか不思議がるが、われわれとしてはむしろ彼らがなぜそれ以外でありえただろうかと不思議に思う。

貧しい労働者たちでさえ、本当の感情と生きる権利をもった人間としてみなされ始めた。アダム・スミスの「労働に対する十分な報酬」擁護は急進的ではあったが、決して革命的なものではなかった[17]。ジョサイア・ウェッジウッドやデイヴィッド・デイルなどの製造業者は、モデル村を建設し、労働者に対して初歩的な形の社会保障を提供した。彼らの抜け目のない家族主義的経営方針は人間愛を採算のとれるものにしたが、それらは少なくとも、伝統的に人間的関心の埒外にあった階層の人びとに対する、新しい態度を示唆するものであった。デュクロは「労働の犠牲者《ヴィクティム・デュ・トラヴァーユ》」[18]について同情をもって書き、読者の理解を期待することができた。他の国ではそれほどではなかったが、イギリスとフランスでは、何百という上級聖職者、製造業者、田舎領主、文学者が、奴隷制度反対運動のために時間とエネルギーと情熱とを注ぎ込んだ。エドワード・ギボンは、冷ややかで、皮肉屋で、自己中心的な人物ではあったが、自分の同類《メ・サンブラーブル》、つまり自分と同じ人間であるポーターたちによって、アルプスの峠を運んでもらうことに嫌悪を感じていた。彼はまたチューリッヒの金ピカの宮殿の中をそぞろ歩きしながら、「サヴォワのある村の住民全員が飢えと寒さと貧困で死にかけている」という幻影につきまとわれた。(19) 同様に、ギボンが豪奢のうちにひそむ貧困をかいま見て暗澹となっていたのとほぼ同じ時期に、ディドロもまたマルリーの離宮を歩きながら、奢侈に対する人間的な反撥を覚えていた。彼はソフィー・ヴォランにあててこう書いた。「庭園の真中にたって、ル・ノートル――この庭園はル・ノートルの作で、彼の傑作だと思うが――に対する抑え切れない賞賛を感じながら、私はアンリ四世とルイ十四世とをこの世に再び呼びもどしてみた。ルイがこの素晴らしい宮殿をアンリに見せると、アンリはルイに言った。『息子よ、そなたの言う通りだ。これは非常に美しい。だが余は余の農民たちの家をゴネスの村〔ディドロがしばしば滞在したドルバックの別荘地〕に見たいものだ』と。これらの広大壮麗な宮殿の周り一帯に、そう、屋根のある住みかも、口にすべきパンもなく、むき出しの藁の上に住んでいる農民を見たとしたら、アンリは何と思っただろうか」。(20) このくだけた、それでいて当惑したような、ひとり言のなかにも、世俗的な社会的良心が生まれてきているのが認められるのである。

人道主義者たちは知識が人間愛を生み出したと確信していたので、無神経さの実例を、人間のもつ生得的な残忍性の証拠ではなく、まだ残っている無知の証拠であるとみなした。五体健全な乞食に対しては同情心をまったくもたなかったヘンリー・フィールディングの考えによれば、当然保護の対象になるべき貧しい人たちの欲求は、誰にも知られていないがゆえに放置されているのである。彼は、議員や責任ある人びとによってスラム街の視察が建設的な形で実施されるように提案する。「もしわれわれがこの町の郊外を歩き、貧しい人びとの住宅を見れば、そこでは、人間の名に値するすべての心に同情心を呼び起こさずにはいないような悲惨な情景を目にするはずだ。家族全部が生活必需品を何ひとつもたず、飢え、寒さ、裸、不潔、病気に苦しめられ、さらにはこれらのすべてがもたらす必然的な結果に打ちひしがれているのを見た人の気持ちは実際どんなものだろうか。このような情景を見ながら、たとえば、鼻をクスンとさせるだけの人間の気持ちとはどんなものだろうか」とフィールディングは書いた。彼は「このような悲惨さ」は、「ほとんど知られていない」ために、「ほとんど同情されていない」と確信していた。(21) これは新しい語り口、しかも世俗にうとい人間ではなく、すぐれた観察者、経験を積んだ判事によって生みだされた語り口であった。

新しく、より優しい精神、つまりフィールディングのいう「善行にたいする栄光にみちた欲求」からは、何ごとも逃れることはできなかった。アベ・プレヴォーは、戦争を「理性と人間愛」の堕落であるといって非難した。そして戦争が続いているさなかに、プレヴォーは一群の支持者を獲得したのである。平和主義はまだユートピア的な理想であったが、戦争に対する憎しみは尊敬に値する感情となった。フリードリヒ大王の大臣ヘルツベルクは、少なくとも平時には、人は愛国心に関して節度をもたねばならないと主張した。一方、サミュエル・ジョンソンはイギリスを非常に愛してはいたが、常に人類の利益を国家の利益の上に置いた。[22] たとえそれが自分の祖国であってもそうであった。重商主義は、政治的――あるいはむしろ軍事的――必要性に従属した経済政策であった。それは富、人口、繁栄する通商を、国際社会で権力を獲得するためのあくなき闘争の武器として扱った。自由貿易主義《レセ・フェール》の黎明期には、商業における競争は、知識層によって戦争と同等のものとみなされていた。「通商上の嫉妬について」(Of the Jealousy of Trade)という意味深長な題をつけた論文のなかで、デイヴィッド・ヒュームは、「人間としてだけではなく、イギリスの臣民としてさえも、私はドイツ、スペイン、イタリア、さらにはフランスの商業の繁栄を願っている」と断言した。[23] この世紀最大の探険家クック船長は、第二次世界探険航海記の最後で、自分が示した勇気ある行為や、自分が実現した地理的発見に対してではなくて、むしろ、「多数の乗組員の健康を維持する諸手段を発見した」ということに対して、栄光が与えられることを要求した。「南の大陸オーストラリアに関する論争がもはや人びとの関心を引かなくなり、それについての哲学者の意見の分裂もなくなった時に、すべての心優しい人びとには」、この発見があるからこそ「この航海がすばらしいものに見えてくることだろう」と彼は書いている。[24] 保守主義者が自分の周囲を見回し、ちょうど神話時代の昔を懐かしむローマ人と同じように、古き良き時代を名残り惜しんだのは無理もなかった。サミュエル・ジョンソンの友人で、最初の彼の伝記作家になったジョン・ホーキンズ卿が一七八七年、腹立たしげに書きとめた感想によれば、囚人は並外れた寛大さで扱われ、被告は法廷で敬意をもって扱われ、犯罪者は刑罰を免れることが多くなってきた。「われわれは人間愛が流行の時代に住んでいるのだ」[25]。ホーキンズのような気質の人間にとっては、それは残念至極な成り行きであった。

十八世紀には、限られた上品な社会階層を越えて礼儀作法が広まり、その結果生まれた人道主義は、首尾一貫しない曖昧な部分を含みつつも、なおかつ結果的には勝利を収めたのである。礼儀作法(manners)とか習俗(mœurs)(翻訳者を絶望させる言葉だが)などの言葉の意味、あるいはそれらが使われている言語地図上の地域そのものは確定できない。礼儀にかなった振舞いの基準を普及させるのは困難な戦いだったし、依然としてそうあり続けた。礼節の名のもとに絶えまなく禁止命令を出し続けていたということ自体が、礼節が行きわたっていないこと、しかしにもかかわらず新しい社会的理想としてそれが重要視されていたことを示唆している。多くの人にとって上品さは、目新しいものであったがゆえに、まばゆいものであったことは確かである。洗練が極度の粗野をかろうじて隠している、といったことがしばしばあった。啓蒙主義の最初の中心地であったイギリスとフランスは、近代的な礼儀作法に関してもまた、革新的な国であった。旅行者は、これらの国を離れてプロシアに達する頃には、まるで未開の国に近づいているように思ったものであった。プロシアの王位にある軍曹といわれたフリードリヒ・ヴィルヘルム一世が、世期の初頭に粗野な野蛮人のように振舞うのを見てもなんら驚くべきことではなかった。むしろ文化人と思われていた息子フリードリヒ大王が、実際は父親の野獣性を粗野な悪ふざけに変えているにすぎないのを見る方が、もっと人を愕然とさせた。

礼儀作法は、人間を人間らしくする誘い水をすべての階級に振りまいた。何世紀にもわたって尊大で、我が強くて粗野だった貴族たちが、出自に由来する傲慢さを自制し、「貴族の義務《ノブレス・オブリージュ》」の行動原理を実行し、またそれをひけらかすようになった。下層階級、特に都市の貧困な労働者階級もまた、恥ずかしくない礼儀作法を身につけることにあこがれた。十九世紀初頭、苛酷な現実に対する生き生きとした感覚を失ったことは決してなかった有名な進歩的思想家フランシス・プレイスは、自分の知っている過去のロンドンを振り返って、少なくとも礼儀作法に関してだけは産業革命はすべての階級に利益をもたらしたということを認めた。すべての人びとを評価の対象に入れて、彼は書こういた。「礼儀作法と道徳の洗練の分野における進歩は、芸術、製造業、商業の進歩と同時並行的に実現されているようである」(26)と。礼儀作法は、生活という機械の働きを滑らかにする潤滑油であった。古い貴族の家庭に生まれた退廃的な人物シュヴァリエ・ド・ロアンは、一七二六年、ヴォルテールによって侮辱を与えられたと思い込み、復讐するために、従僕を使って彼を公共の場で袋だたきにさせたのだが、これはもっと粗野な時代の名残りであった。多くの場合、論争が決闘に取って代わり、議会においても、法廷においても、また街頭においてすらも、人びとは実際の闘いよりも話しあいの方を好むようになった。若いサミュエル・ジョンソンがロンドンに来た頃は、壁側を歩く権利を争って生じた、あまり教育的とはいえない取っ組み合いを目撃したものである。何十年か後にこの種の争いには結着がついた。「皆が右側通行を守ること、あるいはもし一方がすでに壁側を歩いていれば、あとから来た者は譲ることに決められた。だからもう争いは起こらない」(27)とボズウェルは一七七三年に記録している。

新しいというまさにその理由によって、十八世紀の礼儀作法は、ひずみや行き過ぎが生じ、傷つけられた。この時代は、チェスターフィールドが、上品な集まりの時には笑うところを絶対に人に見られてはいけないと息子に忠告してやるような時代だった。またにわか成金は頭の空っぽなことを抜目のない気取った言動で隠し、おそれおおい君主は、社交的礼節の新しい時代に率先垂範すべきことを忘れて、胸の悪くなるようなお世辞を求め、そのお世辞にどっぷりと身をひたしていたような時代だった。グリムはロシアのエカテリーナ女帝に、私は陛下の犬の一匹に加えていただき幸福に存じております、と書いていた。馬鹿げたうぬぼれやごまかしの繊細さが正しい礼儀作法という理念自体を広範囲にわたって矮小化した。「少しでも教育を受けた人間は誰でも、優雅さに欠けているといって非難されるくらいなら、悪漢と呼ばれるほうがましだと思っている」とサミュエル・ジョンソンは書きとめている。(28)この種の辛辣な感想は十八世紀の自己批判の基本的な主題であった。

今あげたような感想は、誰もが耳にしたものであるが、同時にそれはまったく正当なものであり、ルソーのような文明批評家がたいていそれを行なった。だがしかしながら、行き過ぎた礼儀作法の煩雑さと不自然さは、広範囲におよぶ社会変化の避けられない副産物であり、節度ある立居振舞いの教化的効果にくらべれば、それ自体としてはまったくささいなことであった。サミュエル・ジョンソンは、「躾の良さ」を「虚構の思いやり」[29]とうまく定義したが、虚構のという言葉によって、彼はにせのということではなく、意識的な、意図的なということを意味していた。彼は、躾というものが「社会では非常に重要」であることを知っており、またそのことを強く主張した。何と言っても偽善は不愉快なものであり、終局的にはほとんどの人が支持しえない。はじめは一時的流行への追随にすぎなかったかもしれないものが、永続的な行動様式として存続しがちである。まねごとが習慣になってしまうのだ。

この世紀の半ばまでに礼儀作法の面で多くのことがすでに起こっていたことは、シャルル・デュクロの都会風に洗練された『習俗についての考察』(*Considérations sur les mœurs*)に目を通せば明らかである。デュクロの考えによれば、「礼儀作法の科学」――社会的振舞いの忍耐強く批判的な観察――によって、十八世紀が、人間の振舞いに恩恵をもたらす革命を目のあたりにしつつあることが、疑問の余地なく証明された。彼は、もっと原始的な時代への郷愁に対しては全然共感を示さなかった。彼は礼節が乱用されるかもしれないということは認めたが、しかし本物の野獣性よりも偽の礼節のほうがまだましだと思っていた。礼節は犯罪を減らし、政治生活を向上させ、全体として人間をより文明化した。「文学、科学、芸術に対する趣好が、知らず知らずに増し、その趣味をもっていない人間は、それをてらうまでになった」と彼は結んでいる。[30]

半世紀後、イマヌエル・カントは、礼儀作法が啓蒙時代においてどれだけの領域を征服したかを、感動的な情景のなかで立証した。死の一週間程前、八〇歳になって、すでに非常に弱っていたカントは、医者の往診を受けた。カントは立ち上って、とぎれとぎれの言葉で、忙しい時間をさいて往診してくれたことに感謝した。医者はカントに向かって座るようにと言ったが、彼は医者が座るまで待ち、そして力を振り絞って、苦しげに「人間らしくありたいという気持ちはまだ残っています」と言った。目撃した人の話によると、医者は涙を流さんばかりに感動したという。[31]

それは感動的な瞬間であった。というのはカントの慇懃な態度は空虚な形式以上のものだったからである。その事実は、彼の時代では、礼儀正しさは、人間らしさの一部をなしており、その表現であると認められていたことの証拠であった。ディドロは、政治と習俗は互いに手を握りあう、とソフィー・ヴォランに言っているが、彼は正しかった。

人間愛を普及させるための十八世紀の伝達手段――小説、お涙頂戴喜劇、家庭向きの牧歌風恋愛物語、風俗画など――が、すべて新しい大衆の嗜好――悪趣味な嗜好――に余りにも迎合しすぎている、と普通はいささか厳しい調子で、しばしば指摘されてきた。中途半端な教育を受けたブルジョワ階級の人たちは、安っぽい情緒的満足と好色な性的スリルを求めており、プレヴォーの小説に登場するマノンを可哀想に思って泣くシュヴァリエ・デ・グリューのような主人公たちに拍手かっさいを送ったり、グルーズの何ともいいようのないほど下らない家族団欒の場面の絵を買い込んだり、リチャードソンの小説にたっぷり涙を流したりした。感受性はあまりにしばしば感傷性に堕し、たやすく出る涙は、自分たちの時代、あるいは自分たちの生活の現実を直視するのに耐えられない男女の目を、都合よくくらませてくれた。

この時代の感傷性とメロドラマに対する批判の多くは、美的、社会的観点から正当なものではあった。しかしそれにもかかわらず、この時代の感傷的な作品でさえ人間を人間らしくする原動力であった。感傷性とは、無価値な対象に対する価値ある感情の消費であるが、それは価値ある対象に導くような働きをするかもしれないのである（十八世紀ではこういう働きをしたと私は思う）。ドイツ人作家の感傷主義《エンプファイントザームカイト》は、読者に対して、心気症に身を任せるか、それとも人生で受け身でいるようにと勧めたのであるが、しかしそれは間接的にせよ、同情、哀れみ、愛の価値を教えたのであった。これらの作家は恐らく、「真の人間らしさ」《ヴァーレ・メンシュリヒカイト》と彼らが呼ぶものについては余り高尚な考えはもっていなかったが、しかしこの「真の人間らしさ」という観念は、その陳腐さのなかにおいても、残虐性と果てしない攻撃性の野放しから、人びとを方向転換させたのであった。当時広く読まれていたヘンリー・マッケンジーの小説『感情の人』（*The Man of Feeling*）の主人公は、ほとんどどのページでも泣いており、その小説の教訓調のお説教と病的なメランコリーには、現代の読者ならうんざりするか、いらいらしてしまうに違いない。しかし主人公の流す涙は的はずれのものに向かって流されることはめったになかった。その涙は、合理的で人間的な社会政策の前触れなのである。マッケンジーの主人公は、悲惨な売春婦（実際には彼女たちのすべてが純真な魂の持ち主ではないが）を哀れみ、ベッドラム精神病院の可哀想な狂人の運命を嘆いている。冷酷な看護人は日曜日の午後狂人たちを屋外に連れ出して暇な見学者の慰みものにしたのである。マッケンジーの『感情の人』やディドロのお涙頂戴劇は、人間を人間らしくするために支払った高価な代償だったと不満を言ってみても意味はないだろう。ヘーゲルの有名な表現をもじっていえば、人間性は狡知を弄する。人間性は目的を遂げるために多くの道具を使うが、道具のあるものは感動的であり、あるものはグロテスクであり、またあるものは薄汚くさえあるのだ。

（1）　Act IV, scene 3. *Œuvres*, VII, 68.
（2）　"Of Refinement in the Arts," *Works*, III, 301-2.
（3）　*Dichtung und Wahrheit*, in *Gedenkausgabe*, X, 618-19.
（4）　Fielding——David Owen : *English Philanthropy*, *1660-1690* (1964), 11参照。Haller——次の本の九八ページの次に掲載されたハラーの写真のうちの、一枚の下に一七六二年に自身で書いた見出し。Stephen d'Irsay : *Albrecht von Haller : Eine Studie zur Geistesgeschichte der Aufklärung* (1930).
（5）　私は以前に *The Rise of Modern Paganism* のなかで、この正反対の二人の親近性について、簡単ながら検討したことがある。ジョンソンの奴隷制度反対については、本書、第八章第Ⅱ節参照。
（6）　これらの引用は、J・ジーン・ヘクトによって書かれた十八世紀における理性的な愛に関する未刊行の論文に負うものである。
（7）　Aphorism L 308, in *Aphorismen*, *1793-1799*, ed. Albert Leitzmann (1908), 66-7.
（8）　"Of Polygamy and Divorce," *Works*, III, 231, 234, 234 *n*.

(9) ヒュームからカルドウェルのウィリアム・ミュアへ，一七四二年一一月四日。*Letters*, I, 45.

(10) "Que le goust des biens et des maux dépend en bonne partie de l'opinion que nous en avons," in *Œuvres complètes*, eds. Albert Thibaudet and Maurice Rat (1962), 61.

(11) Boswell : *Life of Johnson* (under April 10, 1776), III, 29; and ibid., IV, 196 を参照。本書，第十章第II節を参照。

(12) Karl Biedermann : *Deutschland im achtzehnten Jahrhundert*, 2 vols. in 4 (1854–80), II, 520*n* を参照。

(13) Sir John Hawkins——Dorothy George : *England in Transition*, 74中の引用)。

(14) Biedermann : *Deutschland in achtzehnten Jahrhundert*, II, 1145–9.

(15) *Pensées*, in *Œuvres*, II, 221–2.

(16) *Memoirs of the Last Ten Years of the Reign of George II*, 2 vols. (1822), II, 111–12. ほとんど必要のないことであるが，あえて付け加えるとすれば，啓蒙の時代は完全さからはほど遠かった。広く浸透していた希望に満ちた感情は，進歩しているという皆の気持ちから生まれていた。結局のところ，フィロゾフたちの態度でさえ完全だったとは言い切れない。たとえば，モンテスキューとレッシングはユダヤ人擁護派だったが，他のフィロゾフたちは，ヴォルテールを始めとして，誰ひとりとしてユダヤ人に対する偏見を克服していなかったし，しようとすらしなかった。フィロゾフたちの「反ユダヤ主義」は，少なくとも一部分キリスト教の神父に対する敵意だったが，大部分はまったくの偏狭さそのものであった。

(17) Adam Smith : *The Wealth of Nations*, 78–9. 本書，第七章III節4を参照。

(18) *Considérations sur les mœurs*, 13.

(19) これらの注目すべき感情は，次の本のなかに書きとめられた。H. R. Trevor-Roper : "Edward Gibbon after 200 Years," *The Listener*, LXXVII (October 22, 1964), 618.

(20) 一七六二年九月二三日。*Correspondance*, IV, 164.

(21) George Sherburn : "Fielding's Social Outlook," in James L. Clifford, ed. : *Eighteenth Century English Literature* (1959), 271. 著者による引用。

(22) ヘルツベルクに関しては，Hajo Holborn : *A History of Modern Germany, 1648–1840* (1964), 241 を参照。「愛国主義は悪漢の最後の避難所である」というジョンソンの言葉が有名なのも当然である。Boswell : *Life of Johnson* (under April 7, 1775), II, 348を参照。

(23) *Works*, III, 348.

(24) *Captain Cook's Voyages of Discovery*, ed. John Barrow (edn. 1941), 228.

(25) Dorothy George : *England in Transition*, 73中の引用。

(26) Dorothy George : *London Life in the Eighteenth Century* (2d edn., 1930), 4中の引用。

(27) James Boswell : *Journal of a Tour to the Hebrides with Samuel Johnson*, LL. D., 1773, eds. Frederick A. Pottle and Charles H. Bennett (1962), 192.

(28) Boswell : *Life of Johnson* (under May 1776), III, 54.

(29) Boswell : *Tour to the Hebrides*, 57.

(30) *Considérations sur les mœurs*, 135.

(31) Cassirer : *Kants Leben und Lehre*, 440.

4

マックス・ウェーバーが，有名なプロテスタンティズムの倫理に関する論文のなかで主張しているところによれば，資本主義の精神（ヒュームのいう「勤勉」もそのなかに含まれるかもしれない）の特徴は，口を固く結んだ禁欲主義であり，物質的な事柄に対する集中であり，破廉恥なこともしばしばあるが，通常は冷酷無情な利潤の追求であり、また単純な俗物根性などであって、この精神は、啓蒙主義の笑いにあふれた快楽主義とは相容れないものである。ウェーバーの論考は、説得的ないくつかの批判の対象になっているが、この論考の永続的な価値いかんという問題はさておくとしても、指導的な立場の資本家を特徴づけた生活様式が、ヴィーラントのロココ風の優雅さ、ディドロの自由奔放な文学的創意、あるいはデイヴィッド・ヒュームの典雅な古典的教養などからはほど遠かったことは確かである。それと同時に、マックス・ウェーバーが十八世紀の資本主義的精神の典型として好んであげたベンジャミン・フランクリンは、秘密結社フリー・メーソンの支部「三人姉妹《レ・トロワ・スール》」においてヴォルテールの仲間であり、この二人はその他の点においてもまた仲間であった。資本主義の精神は、慣習的なやり方に対して疑問を提出し、伝統を軽蔑し、このようにして、ちょうど『百科全書』と同じように、一般的な考え方を変化させ、直ちに人道主義の方向にではなかったにせよ、少なくとも生活の合理化の方向に向かって考え方を転換させるのに役立った。

西欧全域で、すなわち新大陸のフィラデルフィアでも、イギリスのロンドンでも、哲学者は、自分の意見を明確に述べる実業家に協力して、絶え間のない活動を賞賛し、より高邁でより永続的な充足をうるために、目先の満足をむさぼることを先に延ばすよう呼びかけた。実用主義を布教する宣教師として、フィロゾフたちがいつも引用したお気に入りの文句は「行動の美徳」であった。まずロックが、そして彼の後ではコンディヤックが、落ち着きのなさ、あるいは不安《アンキエチュード》を、生の原動力とみなしたことは重要である。他のフィロゾフたちも彼らに従った。ヒュームは活動を幸福にとって不可欠な要素とみなした。「仕事なくして幸福はない」[1]。ディドロは、極めて美的な存在アンティノオスと比較して、行動の男ヘラクレスを賞賛しており、自らのヘラクレス的業績のなかでも特にお気に入りの、不滅の名声を勝ち得る根拠となった作品『百科全書』を、「二〇年間私の人生の苦しみの種であった労働」[2]と皮肉を込めて呼んでいた。ヴォルテールは、人間を生産的な労働から遠ざける宗教的な祭日のおびただしさに文句をつけて、エネルギーの哲学――「われわれはそんなにたくさんの休日はいらない」――を説き、愛人である姪にあてて、自分の人生は「働くこと、そしてあなたを思うこと」であると書いた[3]。

この活動第一という原理は、労働力の搾取の上にあぐらをかく新興ブルジョワ階級の理想であるとしてこれまで鋭く批判されてきた。この批判にはいくらかの真実が含まれている。「新興ブルジョワ階級」に対する安易な当てこすりは人気を失っていったが、その反面、商人、実業家、銀行家、法律家、医者、文学者、社会的に認められた小売店主、金利生活者《ランティエ》――要するにわれわれがブルジョワ階級と呼んでいる階層を構成する諸集団――は、最も熱烈にこの原理を実行する人たちやひたむきな信奉者を擁していて、新しい勤勉さの実例を示していたことは否定できない。だが、この「新興ブルジョワ階級」という言葉は満足すべきものではない。フィロゾフたちはこの原理を自分たちにもあてはめ、他の人と同じようによく働いた。さらに、進取の気性に富んだ貴族と精力にみちあふれた下層階級の人間とが、最もがむしゃらに働く製造業者と肩を並べて、成功を目指して努力した。プロテスタンティズムの倫理を実践するローマ・カトリック教徒もいれば、またブルジョワ階級より上層あるいは下層の階級の人間でも、ブルジョワ的価値観を抱いてブルジョワ的生活を送った人もいた。そしてすべての勤勉な人間がブルジョワ階級の人間というわけでもなかったし、またすべてのブルジョワ階級の人間が勤勉というわけでもなかった。ヨーロッパの中産階級の大部分は、小作農民のように無気力であり、貴族のように伝統にしがみつき、自分たちが昇って行きたいと思っている社会階級の梯子を破壊するにはあまりにも俗物でありすぎ、立身出世志向が強すぎた。十八世紀は、ブルジョワ階級が、自分の立場に目覚めていくと同時に自分の立場を固定化していく時代であった。「そんな風にわれわれの先祖はやったのだ」(Lo hicieron asi mis padres) という言葉は、スペインの大貴族だけが口にしていた標語ではなかった。

ヨーロッパ中の町から町へと、階級差は緩和されるどころかむしろ固定化し始めていた。寡頭政治は、プラハでもアムステルダムでも、より寡頭性の度合いを強めていた。貴族は、用心深く操作した憲法、巧妙にお膳立てされた(しかしもはや強制されたのではない)政略結婚、各社会階級のもつ特権の間の境界を定める奢侈禁止法、などによって抜け目なく自分たちの権利を守った。新しく獲得、あるいは相続した地位の受益者として、貴族は、自分自身あるいは祖父たちが上昇してきたその道をあとから来る者に対しては塞いでしまおうとした。彼らは自己防衛のために、昔の封建貴族以上に反動的だった。ジュネーブは、十六世紀初頭にこの小さな共和国に亡命してきたユグノー【フランスの新教徒】の移民の子孫によってずっと支配されていたが、十七世紀の終わりになると、ルイ十四世の迫害の手を逃れてきたフランスのプロテスタントの亡命者の入国を妨害したり、彼らに重税を課したり、市民権を法外な値段で売りつけるなど、汚いやり方で彼らを迎えたのである。貴族は貴族同士で結婚し、一握りの家族が、この政治的被差別者集団の共和国を支配していた。ゲーテの町のフランクフルトでは、入念に微妙な差異を表現した服制《クライダー・オルドヌング》が、社会の諸階層を厳格に分離していた。オランダの都市では、密接に結びついた商業貴族の小派閥が自分の集団の新しい会員を投票によって選び、連合州政府にぴったりと密着していた。彼らの視野はあまりにも狭隘であったし、また快適な生活と人民に対する支配を、あまりにも貪欲にむさぼろうとしすぎたため、ついには祖父たちが営々と努力した結果十七世紀に獲得した経済的・外交的特権を大部分剝奪されてしまった。ストラスブールでは、政府の立法機関はまるで「兄弟、従兄弟、義兄弟などからなる討論グループのようであった」。ストラスブールはこの点で典型的な町であった(4)。

資本主義的精神そのものであるようなこの活力は、したがって少数派の特質であり、またきわめて印象的なまでにアウトサイダーの特質であった。イギリスでは産業革命は、ほとんど諺の種になる程にまで富を追い求めた反国教派プロテスタントとスコットランド人の手中に握られていた。フランスでは、財政と産業の改革は、主として外国人プロテスタント——スコットランド人とジュネーブ人——および一六八〇年代の大量国外追放を生き延びたユグノーの家族の仕事だった。プロシアはこれらの追放によって莫大な利益を得た。プロシアの選帝侯が、ユグノー亡命者を賢明にも自己の領地に招き寄せて、有能な行政官や創意に富んだ職人を獲得したのである。ドイツ帝国内にある多数の自由都市の一つ、大港湾都市ハンブルクは、あらゆる国籍をもった外国人を歓迎し、彼らを市の政治と商業活動に参与させることによって、他のほとんどすべての自由都市がたどった衰退の運命をまぬがれた。一七一二年のハンブルク憲法は、この時代としては寡頭政治的色彩が恐らく最も少ない都市憲章であって、この都市の自由な精神を反映し、またそれを助長したのであった。そして多くのヨーロッパの都市では、この新しい精神が要求し、古い宗教が非難している金融業にユダヤ人とロンバルディア人とが従事した。

しかしこの勤勉の精神を代表するのが誰であれ——そしていうまでもなく、このように強力で広く人びとの間に浸透している精神態度はアウトサイダーの独占物ではありえなかったが——問題は次の点にあった。すなわち、この精神は、キリスト教徒によって行使されている理性と、彼らによって実行されている人間愛と同じように、フィロゾフたちのひそかな同盟者だったという点である。プロテスタンティズムの倫理の信奉者たちは、労働を美化することによって古い理想を新しい理想に置きかえた。すなわち英雄的な理想を商業的な理想に、中世的な理想を近代的な理想に——貴族的な理想をブルジョワ的な理想に——置きかえた。そしてこの後者のものこそがまさにフィロゾフたちの理想であった。

道徳と経済の問題に関する十八世紀の著作中にかくも顕著に見られる勤勉の礼賛は、このようにして倫理の伝統的な価値序列に対する根本的な批判にほかならなかった。この批判はもちろん新しいものではなかった。誇り高く、自我意識の強い商業貴族は、たとえばルネサンス期のフィレンツェの商業・金融貴族のように、啓蒙時代に先立つ何世紀も前に商人精神の美徳を証明しており、また十七世紀の終わりまでには、伝説中の英雄や中世の堂々たる軍人貴族が悪漢として非難されることがもはやまれではなくなった。ドライデンは、ホメロスの英雄を「神を汚す殺人者」、「全世界から平和をなくしてしまうまでは、自分の心の中で平和を楽しむことのできない人種」[5]と呼んだ。啓蒙主義の平和愛好精神には、すでに威厳のある先人がいたのである。

この平和愛好精神は、商業的心性に典型的にあらわれる陋劣や貪欲や俗物根性を単に合理化するだけのブルジョワ精神ではなかった。あるいはまだそうではなかった。これはむしろ、銀行家と地主、実業家、詩人、および物分かりの良い貴族なども参加できる精神であった。ブルジョワではないシャフツベリ卿は、一七〇五年名声欲を肯定する手紙を友人に送ったが、その中で次の警告も付け加えている。「すべての名声が同じというわけではありません。それらの間には、騒音と音楽ほどの差があります。単なる名声は子供を喜ばせる騒音にすぎず、したがって、世界で最も名声ある人たちは、名声ある馬鹿者にすぎません。しかし賢明で善良な人間の同意と一致から生まれた名声は音楽であって、英雄的な魂の持ち主にとって逆らいがたい魅力をもっています。貴族の名声、高い地位、戦争の武勲あるいは征服などは、交響楽のなかでは一つの音さえも作り出しません。これらのものが、どのような愛を人の心に生み出したでしょうか。このような功労が、どのような心を捕らえたでしょうか」(6)。

こうした感情が次第に一般的になっていくにつれて、商人階級を美化する道が開かれはじめ、十八世紀初頭にイギリスの政治評論家がこの道をたどっていった。ダニエル・デフォーが、「純血の商人」に関して、臆面もなく記述している特徴によれば、この商人は、「辞書なしで外国語を理解し、地図なしで地理が分かり」、自らの外国航海とその通信文のなかに全世界とすべての国々を包含し、したがって「国内のいかなる職業にも従事する資格のある」「世界的な学者」(7)なのである。『スペクテイター』は、何号にもわたって、デフォーの先の言葉をこだまの如く繰り返した。編集者アディソンは重々しく読者に告げた。「怠惰によって滅ぼされた国の数は、剣によって滅ぼされた国の数よりも多い」。さらに彼は言う。「国家のなかで商人以上に有用な人間はあまり存在しない。商人は、善意にみちた相互取り引によって人類を結びつけ、自然の産物を分配し、貧しい人には仕事を見付け、富める人には富を増やし、社会的権勢のある人には勢威を加える」。これら商人の政治家・博愛主義者は、自分自身の金もうけ以外のことならなんでもやってのけたように見える(8)。先の発言からみると、アディソンによって書かれたロンドン証券取引所の叙情的な描写は何ら驚くに当たらない。「私は人間を非常に愛しているから、幸福で繁栄した群衆を目にすると、心は自然に喜びで満ちあふれてくる。壮厳な儀式の数々に参列した際、思わず頬をぬらす涙によって心の喜びを表明することを押さえられないが、ちょうどそれと同じことだ。こんな訳だから、かくも多くの人間が、それぞれの私有財産を増やしつつ、しかも同時に公共の資本を増大させている有様を見ることは、言い換えれば、欠けている物は何であれ国内に輸入し、余分なものは何であれ国外に輸出して、家族のために資産を増やすようにはかっている有様を見ることは、私にとってすばらしい喜びである」(9)。ここではアディソンは、金もうけ、株式売買と人間愛とを大喜びで結びつけて、楽しく感傷的でいささかうんざりするような一つの理想に仕上げている。

一七三四年ヴォルテールは、この理想をヨーロッパ大陸に適用した。『哲学書簡』は商業精神に対する賛辞に満ちているが、この精神というのは、栄光よりも平和を好み、能力のある人間に高い地位を開放し、すべての商人がそれぞれ相手を許容しあうような市場に、この世界を変貌させる精神である、という。ヴォルテールは、アディソンを言い換えて、さらに詳しく次のように書いた。「ロンドンの証券取引所に入って見るがいい。そこは多くの法廷以上に尊敬に値する所である。そこではあらゆる国の代表者たちが人類に奉仕するために集まっているのが見られるだろう。そこではユダヤ教徒、マホメット教徒、キリスト教徒が、同じ宗教に属しているかの如く、互いに取り引きを行ない、異教徒の名で呼ばれるのは破産した人間だけである。取引所では、長老派教徒は再洗礼派教徒を信用し、国教徒はクエーカー教徒の約束手形を引きうける。これらの平和で自由な集会を出て、ある者はユダヤ教礼拝堂に行き、ある者は一杯飲みに行く。この人が父と子と聖霊のみ名のもとに洗礼を受けに行くかと思うと、あの人は息子に割礼をほどこし、自分にも分からないヘブライ語で子供の上でもぐもぐとお祈りをしてもらう。また別の人たちは自分たちの教会に行って、帽子をかぶったままで神の啓示を待っている。そしてみんなが満足している」[10]。このくだりはしばしば引用されているが、商取引の描写ではない。株式仲買人のありかたについてのヴォルテールの個人的な確信ですらもない。彼は仲買人たちとは交渉があり、彼らが人類に奉仕するために集まったりするものではないことぐらい、十分承知の上だったのだから。いうまでもなく、先の文章は宗教儀式に対する当てこすりであり、商業界が宗教界よりずっと合理的であるというほのめかしであった。だがさらにまたそれ以上のことも意味していた。「そしてみんなが満足している」(et tous sont contents) というこの鮮やかな、手際よい結びは、根底的なところから近代化された精神態度の水準の高さを――つまり社会的有効性には正当な報酬を与え、平和と繁栄の建設者を最上の市民として大切にする文明を――思い起こさせる。ヴォルテールはこの文章のなかで反語的にこう問いかけているのである。二人のうち、社会に役立っているのは、どちらの方だろう。複雑な宮廷儀式に精通した、髪粉を振ったかつらをかぶっているおべっか使いの宮廷人か、あるいは大海原に船を送り出して、国を豊かにする商人か、と[11]。答えは明らかであり、また明らかであるように意図して書かれていた。一七三五年、ヴォルテールは友人にあてた手紙のなかで、啓蒙主義の価値観の変化を次のように要約していた。「人類に役立つこと、あるいは人類を快適たらしめることに卓越した人物を、私は偉大な人間と呼ぶ。植民地を略奪するような人物は単なる英雄にすぎない」[12]。

　だから、啓蒙主義の最初から、そしてそれが発展していくなかで、この新しい理想は、積極的で批判的な精神態度を構成要素としていた。一方においてこの理想は商人――ヒュームの意見では「人類のなかで最も役に立つ種属の一つ」――に高い社会的価値を与え、他方において、軍人、つまり戦争と荒廃を作り出す人間を嘲笑した。「屠殺人の親方」というのが、ディドロによって彼らにつけられた名前だった[13]。世紀の半ばまでには、商人と軍人につけられたこれら二つのあだ名は、進歩派の間では一般的になっていた。フィールディングは、「偉大な人物」の上に、「町の略奪者、植民地の強奪者、王国の征服者」などと次々に皮肉を積み上げた。「私は英雄や征服者の血生臭い企てを擁護するつもりなど毛頭ない」[14]。一七五四年に発行され、これらの確信を最も格調高い口調で述べた彼の厳かな一章はこうした言葉で書かれている。「そして私は、彼らの失敗の汚名をそそぐくらいならむしろ、成功の名声を弱めたいと思っている。なぜなら、都市を焼き、国家を荒廃させ、世界を恐怖と破滅で満たした人間が、ほんの悪の第一歩を犯しただけで殺された人間よりも、人類によって好意的な目で見られるということが私には理解しがたいからである。なぜ実際に悪をなした人間が栄光につつまれ、悪をなそうと試みただけの人間が犯罪者なのか。私はカエサルとカティリナ、クセルクセスとアレクサンドロス、カールとピョートルを一まとめにして、忘却と憎悪のなかに押しやってしまいたいものだ」。この哲学的な発言は、平和主義者ヒュームの著作から引用したか、それとも熱狂的なヴォルテールの毒舌の一節を、力強く響きわたる英語に翻訳したもののようにきこえるかもしれないが、実は雑誌『アドベンチャラー』のなかのサミュエル・ジョンソンの言葉なのである[15]。

(1) ヒュームからジョン・クレフェイン博士へ、一七五三年一月五日。*Letters*, I, 170.

(2) ディドロからゲノー・ド・モンベヤールへ(一七六五年六月三〇日)。*Correspondance*, V, 46.

(3) ヴォルテールからドニ夫人へ(一七五三年九月三日)。*Correspondence*, XXIII, 166. *The Rise of Modern paganism*, 69を参照。

(4) Franklin L. Ford : *Strasbourg in Transition, 1648–1789* (1958), 15.

(5) Reuben A. Brower : *Alexander Pope : The Poetry of Allusion* (1959), 89. 本書、第八章第I節を参照。

(6) シャフツベリからソマーズ卿へ(一七〇五年一〇月二〇日)。*Life, Unpublished Letters, and Philosophical Regimen*, ed. Benjamin Rand (1900), 340.

(7) James Sutherland : *Defoe* (2d edn., 1950), 46-7中の引用。

(8) *Spectator*, No. 2, ed. Donald F. Bond, 5 vols. (1965), I, 10 ; ibid., No. 69, I, 296.

(9) Ibid., No. 69, I, 294.

(10) Lettre VI, *Lettres philosophiques*, I, 74.

(11) Lettre X, ibid., I, 122を参照。

(12) ヴォルテールからティエリオへ(一七三五年七月一五日)。*Correspondence*, IV, 94. これは無意識のうちに古典が想起されたもう一つの例かもしれない。セネカは英雄を、単なる殺人者で人類の苦しみの種と呼んだ。このヴォルテールの言葉は、それと気付かずになされたセネカの引用ではないにせよ、少なくとも彼と同種の世界観を表明している。

(13) Hume : "Of Interest," *Works* III, 324 ; Diderot : *Pages contre un tyran* (1771), in *Œuvres politiques*, 147.

(14) Sherburn : "Fielding's Social Outlook," 266.

(15) No. 99, ——Donald J. Greene : *The Politics of Samuel Johnson* (1960), 151中の引用。

5

当時支配的だった新しい精神、すなわち理性、人間愛、勤勉は、立派なキリスト教徒によって世に広められ、それがまた彼らのためにもなったのである。その精神を最も雄弁に表現したものの一つが、十八世紀初頭に、最初にイギリスで、ついでヨーロッパ大陸で隆盛をきわめた定期刊行物である。これらの週刊誌あるいは日刊紙は、どこにおいてもしばしば軽薄で、時には真面目な世俗的説教のたぐいだったが、何千人もの購読者を擁し、人気という点では印刷された説教集とほとんど肩を並べる程だった。『スペクテイター』の発行部数は数千で、一部ごとに、女性も含めた数人の読者によってコーヒー店で読まれた。製本されたこれらの定期刊行物は、十九世紀に入ってからも買われたり、展示されたり、また愛読されたりした。デフォーは一七〇四年から『リヴュー』(*Review*)を始めているから、彼がジャーナリスト兼教育者第一号だったと主張することができるかもしれない。けれども、実際にこの形式をヨーロッパ全土にわたって確立したのは、『タトラー』(*Tatler*)と『スペクテイター』の発行者アディソンとスティールであった。この二つの定期刊行物は、一七〇九年から一七一四年の間断続的に発行され、わずか五年間しか続かなかったとはいえ、その当時としては最も華々しい筆致で書かれ、最も知的な各種の話題に富み、したがって最も熱心に模倣された雑誌であった。模倣誌は何ダースもあらわれた。後年アディソンとスティールはもっと小規模な定期刊行物を出して、自分たちの模倣を試みるといった有様だった。一七五〇年代に入るとサミュエル・ジョンソンが、『スペクテイター』をモデルにして『ランブラー』(*Rambler*)と『アイドラー』(*Idler*を)発行し、そのなかに寄稿した。ヨーロッパ大陸では、何ダースもの教訓的人生週刊誌が『スペクテイター』と同じ論調と気分のもとに書こうと努めていた。スウェーデンではこの種の雑誌は一七三二年に始められた。一七六〇年よりあとでは、イタリア人は、カスパール・ゴッツィ伯爵の『オセルヴァトーレ・ヴェネト』(*Osservatore Veneto*)を読んで道徳の向上を目指すことができるようになったが、この新聞は控え目ながらも、明白にアディソンとスティールを模倣したものであった。フランスでは、マリヴォーが『ル・スペクタトゥール・フランセ』(*Le Spectateur français*)を発行し、アベ・プレヴォーは、『ル・プール・エ・ル・コントル』(*Le Pour et le contre*)で『スペクテイター』紙を模倣した。これらの高級な定期刊行物は、長くは続かなかったが、その短い寿命の間ですら、世間に広く瀰漫していた教訓的だが宗教の臭味のない読み物に対する渇望を紙面に反映し、またある程度その渇望を満足させたのであった。『スペクテイター』とその亜流紙は、徳を教えることは可能であるというソクラテスの格言を、ただし彼が教えこもうとした徳よりもずっと低い次元においてではあったが、証明しようとする試みであった。

　言うまでもないことであるが、これらの定期刊行物が大衆教化の手段となりえたのは、まさにその平明さのゆえであり、常識を難解な哲学的思索のなかに混ぜたゆえであり、政治的な過激さを避けながら、ひたすら礼儀作法の向上と趣味の洗練だけに専念したゆえであった。アディソンは、自分の読者の性格について全く率直に語っている。彼は『スペクテイター』の有名な第一〇号のなかにこう書いた。「彼らが受ける教育を楽しいものにし、彼らの気晴らしを有益なものにするために、私はいかなる努力も惜しまないつもりだ。そのために私は、道徳を機知でピリッとさせ、逆にピリピリした機知を道徳で和らげるように努力している」。時として彼は、最初のモラリストであるソクラテスの名前をもち出したりして、本質的には近代的な自分の計画に古典的な祖先の名声を援用している。「ソクラテスについては、哲学を天上から引き降ろし、人間の間に場所を与えたといわれている。私は自分については、哲学を書棚と図書館、学校と大学から引っぱり出し、クラブや集会、お茶のテーブル、そしてコーヒー店にもち込んだ、と言われたいものだと心から願っている」。他の教育者と同様、アディソンもまた、社会の新しい層の教化は、こちらから身をかがめていかなければ不可能であることを知っていたのである。

　しかしながらこのことは言っておかなければならないが、アディソン、スティールおよび彼らの模倣者たちは、品位を失うことなく程度を落としたのであった。彼らの口調そのもの――気持ちよく説得してくれるもっともな道理、品位のある言葉、おだやかな機知――が、粗野に対する非難であり、党派的精神を捨てるようにという呼びかけであり、紳士にふさわしい振舞いをするようにといういざないであり、案内であった。彼らの定期刊行物の内容は、彼らの口調と完全に一致していた。彼らは表現を選択し、計算して、専門的、あるいは哲学的用語は使わないようにしたので、ほんのわずかしか学問のない男女でも読むことができた。少数の読者はアディソンとスティールによって作り出されたが、大部分の読者は彼らによって見いだされたのである。それぞれの国が、それなりにさばける部数の定期刊行物をもっていた。

一般読者の層がまだ薄く、しかもこの層が自分たちの生き方に確たる自信をもてないでいたドイツ諸州では、教訓的人生週刊誌《モラリッシェン・ヴォッヘンシュリフテン》が、ブルジョワの読者層に自信と自尊心を吹き込もうとしていた。これらの定期刊行物は、勤勉に働き、貪欲によってではなく、禁欲的生活によって資本を蓄積したドイツのブルジョワの楽しげなプロフィルを描いた。これらの理想化された商人は、資本蓄積のための機械である以上に、善良なキリスト教徒であり、従順な臣民であった。週刊誌は、神に対する無条件の信仰と、既成の権威に対する無条件の従順を説くことに専念していた。啓蒙主義《アウフクレールング》の最盛期には、ニコライとヴィーラントなどドイツの著名なフィロゾフたちによって編集され、芸術と文学に関する論争を進んで掲載した雑誌があった。教訓的人生週刊誌はそれまでにすでにその使命を終えていたのであった。しかしながら、これらの週刊誌のなかで最も成功した『パトリオット』(*Patriot*)は、繁栄している進歩的な自由都市ハンブルクで、詩人、評論家、学者のグループによって一七二四年に創刊されたものであるが、初期の頃には世俗的、商業中心的な禁欲主義の教訓を繰り返し説くようなことはやめて、もっぱら上品な礼儀作法だけを教えていた。読者の媚態や気取りを叱責し、女性を教育し家庭生活を浄化するよう勧めた。『パトリオット』の執筆者たちが構想していた教養《ビルドゥング》という理念は、ほぼ一世紀後にゲーテやフンボルトが彼らの読者の心のうちに理想として抱懐させることのできた洗練された人文主義という理念に比べると、確かに取るにたりない、弱々しいものではあったが、しかしそれはありのままの姿で——つまり他の人びとがすでに確固として所有している教養をまだ手探りしている人びとの間に生まれた新しい精神の最初の兆しとして——受けとめられるべきものなのである。

ドイツとは対照的に、イギリスの定期刊行物は、少なくとも部分的には自己形成への準備を終えており、自信を持つことを教えられていた読者層をあてにすることができた。『スペクテイター』は、すばらしい思いつきである架空の「スペクテイター・クラブ」を設立して、多様な潜在的読者を獲得したのであるが、その巧妙な手腕に気がつかなかった読者はほとんどいなかった。もちろんこのことは後のすべての批評家が指摘しているところである。「スペクテイター・クラブ」なるものは第二号の誌上に最初に登場し、その虚構の活動状況は、都会的に洗練され、感受性豊かで寛大な一つの声「人類の観察者《スペクテイター・オブ・マンカインド》」によって報告された。このクラブの最も著名な会員は、ロジャー・ド・カヴァリイ卿であった。彼は敵というものをもたない愛すべき変人で、教会にはまじめに出席するが、いつも居眠りをしている保守党員《トーリー》で、このクラブのすべての会員と同じように、快活で人間的思いやりのある田舎領主であった。仲間としては次のような人たちが加わっていた。勇敢で人格高潔な船長、女性経験豊かな通人、自由主義的な敬神の篤さで有名な牧師(「幅広い学識、高潔な生活、最も厳格な育ちの良さをもった、非常に哲学的な人間」)、本ばかり読んでいるが機知に富んでおり、古典主義者であるというまさにその理由から自分の時代を理解する能力を身につけるようになった弁護士（「古代人の風俗、習慣、行為、書物に精通していることが、彼を現在世界で起こっている事柄の非常に俊敏な観察者にしている」）、および――これは著名な人物である――商業を営むアンドルー・フリーポート卿などである。このグループは、賢明に選択された成員からなっている。学識と温和な気質、世間通と仕事に対する勤勉、理性的な敬神、育ちの良さ、確固たる自信――これらすべてが集まると一つのまとまった人物像が浮かびあがってくる。その像とは、思いやりがあり、活動的で、近代的で、理性的なキリスト教徒、つまり神経の回復という状況の申し分ない代弁者である。

スペクテイター氏の話題の多くはありふれた事柄であり、話の狙いとするところの多くは危険のないものであったが、批評のいくつかは、特に女性に関するものには、見下したような恩着せがましさがつきまとっていた。彼は心気症をやんわりとからかったり、虚栄心の強い女や嫉妬深い男をばかにして楽しんでみるかと思えば、悪意のある言葉遣いを非難して、その代わりに「美徳と人間愛で和らげられた」機知を推奨してみたりする。さらにまた、あらゆる形の狂躁と熱《い》狂を激しく攻撃する。各号をかざるモットーのほとんどが、中庸の詩人ホラティウスから引用されているというのも意味深長である。スペクテイター氏は、平静な快活さをまるでよく効く薬のように勧めている。だが、この生ぬるい道徳的お説教ですら、真剣な狙いをもっていた。それは人間の行動を洗練されたものにし、行為の動機を浄化するということであった。『スペクテイター』の理想的人間像は、徳を実践し、自分の義務を正しくわきまえた、文明化された人間、つまり「無知な人に忠告を与え、困っている人に援助を惜しまず、苦しんでいる人を慰めること」を天職と考えるような人間である。人間らしい人間とは、人間らしい思いやりをもった人間なのである。

理想的人間像とはまた、勤勉で理性的な人間でもある。『スペクテイター』は、アンドルー・フリーポート卿という人物を作り出して資本家の徳をたたえている。彼は、「ロンドン市の傑出した商人で、疲れを知らぬ勤勉、力強い理性、および多くの経験の持ち主」である。「商業に対する見方は、高貴で寛大であって」、「真の力は、武器によってではなく、「技術と勤勉」によって「獲得すべきものである」と考えていて、また「不断の努力は、武力に頼るよりも、もっと永続的な獲物を手に入れさせる」と主張している。(1) このようにして、『スペクテイター』は、商業は哲学的考察に値するというサミュエル・ジョンソンの断言と、後になってデイヴィッド・ヒュームとアダム・スミスによって唱道された商業的平和主義を予告しているのである。

この理性的な人間愛は、宗教――自由主義的神学に立つ人びとの穏やかで上品な宗教――に満たされており、この点においてもまた『スペクテイター』は、時代精神を適切に代弁している。『スペクテイター』は、清教徒の禁欲主義を嘆き――明らかに『スペクテイター』の評価する唯一の禁欲主義は世俗的なものであった――文学と機知に関する先駆的な論文をいくつか掲載した。だがそれと同時に『スペクテイター』は、自由思想家たちの無責任で、悪意に満ちた反宗教を慨嘆し、その代わりとして、神学には欠けるが哲学的崇拝心に満ちあふれた、冷静な宗教を説いたのである。『スペクテイター』は、平均的人間にとってはニュートンであった。創造主の恩恵を説く論拠として、それは新しい物理学と天文学とを提供した。それはまた、神への信仰心によく似ていて、ほとんど劣ることのない「魂のなかの理性的な感嘆の念」を生み出すために、望遠鏡と顕微鏡をのぞくことを勧めている。アディソンの有名な賛美歌「われらが上なる広大な蒼穹」は、合理主義的キリスト教と建設的理神論とが合流したものであるが、これは最初は『スペクテイター』に掲載されたのであった。教養ある読者にとって、人生は明らかに良いものであった。神は天にましますが、しかしほとんどそこをお離れになることはない。『スペクテイター』を手にした人間は、啓蒙された存在である。フィロゾフたちの啓蒙主義は、このような人間にとっては決して衝撃ではなかったであろう。

（1）先の引用に関しては*The Spectator*, Nos. 10, 2, 23, 93, 2; I, 44 10–13, 99, 395, 10を参照。

第二章　進歩——経験から計画へ

啓蒙主義の代弁者たちにとっては、進歩は一つの計画となる以前に既に一つの経験であった。神経の回復は具体的な、往々にしてごく身近に見られ直接感得される様々な現実の問題だった。フィロゾフたちは職業的な経験主義者として、実用性にほれこんだ理論家として、この回復を進んで根本原則に転化し、行動への呼びかけとするのにやぶさかでなかった。ちょうど芸術家が自然からよりは他の芸術家たちからより多くを学ぶことがあるように、改革者たちも自分たちの社会の諸問題を定式化するすべをもっぱら書物から学ぶことはよくあることである。戦争の風聞や都市の景観、そのざわめきや雰囲気といったものが一つの社会哲学に直接転換されることは滅多にない。けれどもフィロゾフたちは経験に恵まれたのであり、自分たちの計画を実験室、仕事場、政治の舞台から練り上げた点で、彼ら以前の観念論者たちに比べて遙かに一層進んでいた。時として観念は鏡あるいは仮面以上のものではない。啓蒙主義の時代にはそれが俳優になったのである。

フィロゾフたちは結局のところ、この世界で具体的なものを渇望する観念家であった。現実というジャングルに分け入る彼らの冒険のうちいくつかは（彼らの仲間の一人ローレンス・スターンがそれを不滅の暗喩で表現したように）あまりにもランプのにおいが強すぎた〔あまりにも頭の中で考えたという印象が強すぎた〕。たとえば教育に対するエルヴェシウスの信仰、あるいはフリードリヒ大王に対して外交官の役割を演じたいというヴォルテールのナイーヴな野心などは、正当な分別に対して希望的観測が勝利を収めたものであった。だが大抵の場合フィロゾフたちはコーヒー店のおしゃべりやにせアレクサンダーを教育するにせアリストテレスよりはましな何かだった。彼らはテュルゴーのように感傷的なところのない公僕だったし、アダム・スミスのように現実的な経済学者であった。ディドロのようにあらゆる経験を貪欲に消化したし、カントのように実践理性の理論家だった。ルソーでさえ——「でさえ」と私が言うのは、誰かフィロゾフで夢想家として切捨てられる者がいるとすればそれはルソーだからであるが——しばしばジュネーヴの政治の舞台の周縁に、時にはその中心にいたのである。彼の『社会契約論』(*Contrat social*) は抽象的思弁の訓練のように読めるというのに、ジュネーヴの大法官はこの著作を治安を乱すものとして断罪したのだった。それもその理論的表現のゆえというより、半世紀にわたってジュネーヴ共和国で活動していた中産階級の改革者たちの言葉の響きを伝え、彼らの計画を反映していたそのまったく具体的に過ぎる批判ゆえだったのである。そしてルソーがたんなる空想的社会改良家という評判に相応しくないのとまさしく同様に、キボンもまた読書好きの隠棲家では決してなかった。『自伝』(*Autobiography*) の中で彼は人生との遭遇に率直な、また当然の感謝の言葉を捧げている。「ハンプシャーの近衛歩兵第一連隊大尉という経験は（読者はお笑いになるかも知れないが）ローマ帝国の歴史家〔ギボン〕にとって無駄になってはいない」[1]。読者は笑う必要などいささかもない。現実に至る道は多様なのである。

（1） Gibbon: *Autobiography*, 134.

I　文芸共和国

1

フィロゾフたちは現実に至る大抵の道は辿ったが、しかしもっとも通い慣れた道は、詩人、小説家、編集者、論争家としての経験であった。彼らは神経の回復を改革家としても文学者としても経験した。それというのも十七世紀以来文学者は彼ら自身の神経の回復を享受し始めていたからである。ベールは自分の雑誌を『文芸共和国通信』(*Nouvelles de la république des lettres*) と呼ぶことによって文学を業とする者たちへの敬意を要求していた。四半世紀の後、アディソンは哲学をお茶のテーブルやコーヒー店に運ぼうという意図を公言したが、これは作家がある尊重され影響力を持った一つの立場を社会の中で確立したことを示唆するものであった。これこそフィロゾフが享受し、称揚し、利用した立場だった。

前例を見ない文学者の威信と隆盛を目の当たりにしたフィロゾフたちは、神経の回復をしみじみと悟り、活動の揺るぎない基礎を手に入れた。作家としても改革家としてもフィロゾフは広範な聴衆と自由な表現と尊敬すべき身分とを要求した。十八世紀はこれら三つ全部を与えたのだった。文学的職業の強まりつつある自立的性格は、近代社会の教師たらんとするフィロゾフがみずからに課した仕事を大いに助けた。文芸共和国と啓蒙主義の利害は一致していたのである。

2

花咲ける文芸共和国の第一の前提条件は広範囲な一般読者層の存在だった。それだけでも作家は気紛れで尊大なパトロンから解放されたし、テーマを選択し自分自身の声の調子を見出す自由を手に入れることができた。読書習慣は周知のようにそれを測定するのが難しい。統計は貧困で解釈に耐えるものではない。けれどもそのような大衆が啓蒙主義の時代に形成されつつあったことは明らかなことのように思われる。ジュネーヴやオランダのようなカルヴィニストの国家は教育に飢えていたし、イギリスはその力強いピューリタンの気質からすでに十七世紀に、かなりの読者大衆を育成していた。これらの国々ではヒュームやヴォルテールの時代になると読書習慣がますます広範囲のサークルを捉えた。一七八一年にサミュエル・ジョンソンがイギリス国民を「読書人の国民」と呼んだ時[1]、彼の誇張は大目に見ることができた。なぜならそれはまだ控え目なものだったからである。一年後、スイスの旅行家で大のイギリスびいき、カール＝フィリップ・モリッツは、イギリスの古典が多くの廉価な版で再刊されつつあり誰にも読まれている、と喜んで記した。彼の宿のおかみで仕立屋の未亡人はミルトンを読んでいた、しかもモリッツの見るところでは独自の判断力を持って、読んでいたのである[2]。

読み書きの能力は他の諸国でも同様に向上した。フランスでは（婚姻証明書の署名から判断すると）読み書きできる成人のパーセンテージは、一六八〇年にほぼ四割であったのが一世紀後には七割以上まで上昇した。教養があるというブルジョワの自負はモリエールに絶好の喜劇の題材を提供したが、それはもはや疑問の余地のないものとなるに至ったのだった。貸本屋は——十八世紀の発明であるが——フランスの地方都市でもパリ同様繁盛した。ルイ十六世の治世下、リヨンの公共図書館は五万五千冊以上の蔵書を誇らしげに陳列した。他の都市では野心的な町の指導者たちが莫大な個人蔵書を購入し、公共の便宜に供した。大学と地方のアカデミーはその図書館の扉を週に何日か開けて、読みものに対する飽くことのない要求を満たした。文芸協会は、ことに一七六〇年代以降、にわかに増大した。教養ある田舎人士は読書室を借り、進歩的な新聞を予約購読し、ディドロの『百科全書』（*Encyclopédie*）一揃いを購入した。ドイツの教養の一般化はもっと重苦しい動きを示した。しかし動きはあったのだ。「読書人の数」は「着実に増加しつつ」あるとヴィーラントは一七六二年に楽観的に観察した。[3] 世紀が押し詰まってもまだロシアとロンバルディアには文盲の貴族が幾分かいたが、しかし西ヨーロッパでは文盲はより下層の階級に限られていたのである。

なるほど読み書きの能力はしばしばあまり意味がなかった。自分の名前の書ける何百万というフランス人はその他のことは往々にしてほとんど書けなかったのであり、哲学的プロパガンダはもちろんのこと、民間の定期刊行物さえ滅多に読むことはなかったのだ。一七六二年に——ルソーの『エミール』（*Émile*）と『社会契約論』の年であるが——公教育に関する匿名のある作品（多分ディドロの手になるもの）は次のように推定した。すなわち、七歳から一八歳までのフランスの全少年の一〇パーセントにも満たない一八万人の学齢期の少年だけが何らかの学校教育を受けているに過ぎず、他方残りのうちの僅かの人数はまともな文学的素養の範囲外に彼らを永続的においやるようなごく初歩的な教育しか受けていない、というのである。ドイツではハンブルクやライプツィヒのような少数の繁栄する商業都市が、何らかの考慮に値する読者大衆を有しており、その控え目な需要を小出版社の出版物で満たしていた。しかしこれらの都市は例外的なものであった。他のドイツ諸邦では、読書人はたとえ社会的には傑出した少数者ではあっても、数の上では取るに足りないものに留まった。ドイツの出版者は料理の本、暦、フランス語の文法書で財を成したが、歴史や科学や哲学の書物を五百部以上刷ることは滅多になかった。一般向け百科辞典の類が何十万部と売れたのに対し、一七八〇年代後期のゲーテ作品集の初版はたかだか六百人の予約購入者を見出したに過ぎなかった。ドイツの作家たち自身が最初に強調したように、チュートン人を文明化することは時間のかかる、人を落胆させる仕事であった。

イギリスの状況は幾分幸運な方だった。とは言え、多数のイギリスの貧困階級は文盲だったし、他方慈善学校に通った人びとももっぱら宗教的パンフレットか感傷小説類を進んで読むぐらいのことに過ぎなかった。あれほどコーヒー店や貸本屋があったにもかかわらず、ほんの僅かのイギリス人しか新聞を見たり本を読んだりしなかった。フランス大革命当時バークは、本ものの読者層は八万人をさほど出ないのではないかと推定した。ジョンソンの言う「読書人の国民」の大部分は主として教訓劇あるいは通俗劇をむさぼり読んだように思われる。

しかし十八世紀の読書の質がいかなるものであったにせよ、その量は増大したのであり、一般読者層はその構成と趣味を変化させたのであった。学者と一般読書人との争いは最初イタリア・ルネサンスで演じられたのだが、今やそれは西ヨーロッパ全域とその文化的前哨地、すなわちアメリカの植民地に拡大した。そして学者が敗北したのだった。平明な文体が——ピューリタンとメソジストの印でもあり哲学の伝道者の印でもあったが——飾り立てた時代後れの衒学的文体に勝利を収めた。道理にかなって明解であることがすぐれた書き方の正当と見なされる基準となった。イギリス及びフランスの詩人、劇作家たちが古典としての高い地位を獲得した。十八世紀を通じて文学関係の学者たちはこの人びとの作品を、古典学者たちがかつてギリシア・ローマの作家に対し惜しみなく示しまた今も示し続けているのと同じ敬虔さをもって、編集した。同じ世紀に英語とフランス語は洗練と複雑さの完成段階に達したので、権威ある辞書の編纂はたんに望ましいばかりか、実際上必要不可欠となった。

これらの後戻りできない発展の一つの苛酷な結果（そして隠された原因）はと言えば、それはラテン語の衰退であった。十六世紀初期にはフランスで出版された本のうち三冊に二冊はラテン語で書かれていたが（ドイツではそれに該当する数字は幾分高かった）、一七八〇年代までにこの比率は逆転した。フランスでは二〇冊に一冊、そしてドイツでは一一冊に一冊だけが相変らずラテン語で書かれるに過ぎなかった。博識《エリュディ》家たち自身がこうした転換に貢献した。十六世紀には歴史家や哲学者たちは大部分限られた学識ある聴衆に語りかけていたのに対し、十七世紀になるとホッブズやデカルトはそのもっとも重要な著作を自分たちの国の俗語を用いて美しく書き上げた。フィロゾフたちはこうした言語上の革命を完成した。クリスティアン・トマジウスはライプツィヒ大学でドイツ語で講義を行ない、一六八八年に同時代の世論に衝撃を与えた。そして後に彼の文学的・教訓的人生雑誌『モナーツゲシュプレッヘ』(*Monatsgespräche*) でドイツのジャーナリズムを創建することによって、その異端性を増した。トマジウスはフランス語や衒学的な構文であばたのできた醜いドイツ語を書いたが、しかし一つの本質的な始まりを印したのであった。トマジウスの後継者たち、すなわちドイツの啓蒙主義《アウフク》者《レーラー》たちはイギリスやフランスの仲間と同様、まるでそうすることを楽しむかのように彼ら自身の言葉で著作した——恩着せがましい態度を取ることもなく、またレッシングの時代ともなれば傑出したところをもって、である。

一般読者層の成長とその変化して止まない輪郭と、そして皮肉なことだが、相変らず存在し続けるその限界とが、挙げてフィロゾフたちに大いに役立った。彼らはその成長を喜んだし、また喜ぶだけの権利を立派に有していた。ヴォルテールはジュネーヴの職人たちが——彼の傍で——本に熱中しながら昼食を取るのを見て大喜びだった。これこそフィロゾフたちが近代語の勝利を歓迎した理由であった。彼らは近代語を精力的にまた優雅に用いたので、自分たちの論争に興味を示す新たな聴衆を見出した——社会の中流の階級に属する教育ある読者、ホッブズの英語は読んでもラテン語の作品は読もうとせず、学者ほど博識ではないがつまらぬ著作の消費者よりは見識のある人間を、である。最後にまともな読者が限られているお陰で、フィロゾフたちは過度の単純化や粗雑さといったものに訴えることなく読者を教化することが可能になった。彼らはサミュエル・ジョンソンが「精神の共同体」と呼ぶものをあらかじめ想定することができた。(4) 彼らの「通俗化」は滅多に通俗的ではなかったのである。

読者共同体のこの限定された貴族的性格はその利点を種々有していたが、フィロゾフたちはそれを純粋に有難いことだとは思わなかった。つまらぬ小説類、架空旅行記、中傷的政治ゴシップに対する大衆の好みは——それが彼らの主要な日々の糧であって、より洗練された素材のためにそれを捨て去る気はさらさらなかったのであるが——フィロゾフたちが獲得する希望を持てない何千という読者が存在することを意味した。そこで彼らは教養ある人間がいつもそうしてきたように、またいつもそうするであろうように、世間の趣味を嘆いた。ヴォルテールはフランスのジャーナリストたちのことを文学の「ごろつき」だとして軽蔑して語ったし、他方ディドロは『百科全書』の中で、大部分の定期刊行物は「無学な連中の飼い葉、読こむとなくしゃべり判断したがる人たちの暇つぶしの種」だと不満を述べた。(5) 読むことなく、とはすなわち、フィロゾフたちの著作を読むことなく、の謂である。

おそらくフィロゾフたちをもっとも苛立たせたのは、難解な神学や学問的な説教から具体的な教理問答、あるいは華やかに挿絵の入った聖者伝に至るまで、あらゆるレベルの宗教文学の持つ揺るぎない人気だった。ピョートル大帝はロシアを「西欧化し」ようというその大いに宣伝され、また非常に過大評価されたキャンペーンにおいて、ロシアの出版社を指導して技術入門書を少しばかり出版させたが、しかしロシアの本の大半は宗教的パンフレットに留まっていた。フランスでは十六・七世紀に出版された本全体の四分の一が神学関係のものだったし、十八世紀にはその比率はまだ六分の一だった——本当の低落とはほとんど言えないほどである。非宗教的文学が花開いたイギリスでさえ、その世紀のベストセラーは主教シャーロックの『最近の地震に際してロンドンの主教からロンドンの聖職者と住民に宛てた手紙』(*Letter from the Lord Bishop of London to the Clergy and People of London on the Occasion of the Late Earthquakes*) だったのであり、一〇万部以上が売れたり寄贈されたりした。(6) 説教書と信仰手引書は年ごとに版を重ねていた。けれども、十八世紀が、徹底してとは恐らく言えないまでも、一般に宗教的な世紀のままであったのに対して、フィロゾフたちはそれに対抗していよいよ多くの反宗教的プロパガンダを浴せかけたし、それに対する需要が供給に後れをとらないことを知ったのであった。「無知は信仰の母である」というのは——ヒュームが読者に思い出させているのであるが——ヒュームの時代にはすでに格言的なものとなっていた言い習わしである。(7) それと対照させれば、フィロゾフたちは心から希望であろう——あるいはそのように、フィロゾフたちは心から希望した。文盲が少なくなることに対する啓蒙主義の利害の関わりは、従って大きかったのである。

十八世紀の一般読者層は文学者たちが好んでそう思ったほどには数の点でも多くなかったし、趣味も洗練されてはいなかったが、とは言えそれは広範囲に渡っており、裕福で見識も備っていたから、幾つかの国で既成の文壇を支援するには十分だった。一七六〇年代にオリヴァー・ゴールドスミスは——他の時なら苦々しい調子なしには決して済まないところだが——作家はもはや貴顕の士に依存して糊口を凌ぐ必要はないと、陽気な観察を下した。「彼らには今や一般読者層以外のいかなるパトロンもおりません。しかも一般読者層は全体として見れば、善良で寛大な主人なのです」(8)。彼の楽天的見解はイギリスについてさえ少しばかり時期尚早に過ぎた。けれども大陸でもイギリスでも、作家たちは本を買ってくれる男女を通して独立を得ようと求めていた。それと言うのも、収入が増えれば増えるほど威信も増したからだ。確かに作家の社会的地位は向上した。それは一つには文学生活に参与しようという思い上った特権意識をますます多くの貴族が放棄したという理由があったからだし、また一つには商業上の価値基準が広がったために自分の才能で生活の資を得ている人間の株が上ったという理由があったからである。しかし、文学者たちが私的なサロンでもまた王侯の宮廷でも何度も繰返し発見したように、彼らの社会的地位は主に彼らの富と共に、またそれを通して、高まるように思われた。ヴォルテールは言った。大部分の作家たちは貧窮している。そして貧窮が「勇気を弱めさせるのだ。宮廷ではどの哲学者も国王の側近の廷臣と同じ位奴隷になってしまう」と。彼自身についてはどうかと言えば、魅力ある率直さでこうつけ加えた。「貧困な上に蔑まれている作家たちを余りに沢山見てきたので、私は大分以前に〔自分がそうした作家の列に加わることで〕そうした作家の数を増やすことだけはすまいと決心した」(9)。ヴォルテールの証言は真面目に受取るに値する。サミュエル・ジョンソンと共にヴォルテールは十八世紀における作家の利害をもっとも情熱的に、またもっとも実質的に代表したのである。

文学者たちに社会的に尊敬すべき地位と十分な財政上の報酬を提供した最初の国はイギリスだった。醒めた非感傷的職人であるアレクサンダー・ポープは、その才能に報いをもたらす様々の方法を探し求めた。そして終に予約支払によって自分の本を売るという案を思いついた。彼はこの方法で『イーリアス』(*Iliad*)と『オデュッセイア(*Odyssey*)の翻訳を売って九千ポンド以上——当時としては大変な額——の収入を得た。少し下って一七二〇年代になるとジョン・ゲイは——彼の『乞食のオペラ』(*Beggar's Opera*)はその十年間にあきれるほど大当りしたのであるが——その続篇『ポリー』(*Polly*)を舞台にのせる許可を得ようとして拒否された。その代わりに彼はそれを印刷して一二〇〇ポンドも稼いだのだ。サミュエル・ジョンソンは文学という職業に関してポープと並ぶほど現実的だった。そして一層雄弁であった。彼はポープが始めたことを完成させた。ジョンソンは自分の、また彼の考えるところ誰にしても、著作の唯一の動機は金であると認めた——事実自信をもってそう主張したのであった(10)。しかし彼は粗野ではあったが執念深いということはなかった。彼があの偉大な『辞書』（*Dictionary*）――三年で完成する計画が九年もかかった仕事――とひきかえに僅か一六七五ポンドしか受取らなかったことについてジェイムズ・ボズウェルが彼に同情した折、ジョンソンは出版業者を非難するのを拒否して、こう述べた。「本屋は寛大で心の広い人たちだよ」(11)。事実、出版業者たちは平素は破廉恥だったが、時にはいちかばちかやってみることもあった。若くてまだ無名のデイヴィッド・ヒュームは『人性論』（***Treatise of Human Nature***）で五〇ポンドを得た。取るに足らぬ額に見えるかも知れないが、しかし著作は完全な失敗だったのでこの僅かの前渡し金でさえ出版業者の金を浪費させる結果になった。後に有名になるとヒュームはより多くの見返りを要求した。『イギリス史』（***History of England***）の各巻に対し千ポンド、そしてそれ以上が支払われたのであった。

出版は世俗的な商売だったし、十八世紀には主として世俗的な著作家に利益をもたらしたが、しかし大衆向け説教書の著者たちは自分たちの報酬を要求するのに天国を待つ必要はなかった。ヒュームの友人でエジンバラ主教会の牧師ヒュー・ブレアは説教集四巻で一七〇〇ポンド以上の収入があった。彼の版元であるウィリアム・ストローアンは第一巻に対して百ポンド支払ったが、その売れ行きの結果、後続巻に対してライバルの出版業者からより高い値が持出されたのでストローアンは急拠ブレアとの契約を改めた。自由な企てはひとり商人にのみ利益をもたらすものではなかったのである。一七七〇年代までにギボンは――彼はひと財産を期待することができたし、〔版元にとっても彼は〕もうけのたねになるように見えたのであるが――彼自身の契約条件を押しつけて出版者の利益から分け前を要求した。多くの作家たちはそれまでと同じ状態に留まっていた――すなわち情け容赦のない書籍商の犠牲者たる無一文の下請け文士である。この上なく人気のある著者たちもまたしばしば犠牲者だった。ただし失敗の、というよりはむしろ成功の犠牲者である。秘密の書籍産業がヨーロッパ中で新思想のために大いに役立ちはしたが、しかし出版者たちは、税関吏の裏をかいたり検閲官を買収したりするのに必要な大胆不敵さと無節操さを著者たちに向けたのだった。秘密の出版業者たちは原稿を盗み、海賊版を作り、支払い義務を怠った。しかしながら、十八世紀においても（現代同様）著作だけで安楽な暮しを営む作家はごく僅かしかいなかったとは言え、少なくともそうすることは可能になっていたのであり、そしてその可能性こそ行動への誘因、自立に至る里程標となったのである。

イギリスの文学者たちはこの道を最初はためらい勝ちに、後には自信をもって歩んだ。彼らは好意的な貴族たちに、またストローアンやアンドルー・ミラーのような一部の選ばれた信頼できる出版業者たちに、その歩みを促された。「私は、閣下、ミラーを尊敬しております」とサミュエル・ジョンソンは言った。「彼は文学の価値を高めたのです」(12)。追従的な献辞を通じて裕福な貴人たちの財政的援助を懇請することが習慣となっていた。ドライデンでさえへつらいを逃れることは適わなかった。けれども十八世紀の初めにアレクサンダー・ポープは『イーリアス』の翻訳をわざと仲間の作家で一平民に過ぎないコングリーヴに捧げたし、（これはこれまでしばしば復唱されてきた言葉であるが）自分は「馬車なしの自由」が好きだと述べた。明らかにデイヴィッド・ヒュームもそうだった。青年の頃、彼はその後「堅実にしかも首尾よく追求することになった」生活のプランを描いた。すなわち「非常に厳格な倹約に自分の財産の不足を補わせ[13]」、かくして「自らの独立を損わないようにする」というのである。サミュエル・ジョンソンがチェスターフィールド卿への不滅の書簡（間違いなくかつて平民から貴人に宛てられたもっとも傲慢不遜な書簡のひとつ）によってパトロン制度を斥けた時、彼は自分の先輩たちが守りつづけてきたことを述べたのだ。パトロンというものは、とジョンソンは書いた、「水の中で命を失うまいともがいている人間を平気で眺め、岸にたどり着いてしまった時になってやたらと援助の手を差しのべる」人間のことである、と[14]。貧困状態の人間には冷淡で、成功した人間にはおべっかを使うパトロンは、その社会的有用性を喪失しつつあった。

サミュエル・ジョンソンの手紙は賛嘆すべき勇壮な作品だった。もっともそれはパトロン制度を完全に消滅させることはなかったのであるが。ジョンソン自身ジョージ三世から年金を受領した。だが作家のパトロンに対する関係は逆転してしまっていた。国王の年金は、とビュートはジョンソンがそれを受けることを決めた後で彼に言った、「君がこれからやる予定の何かに対してではなく、君がなしてきたことに対して与えられるのだ」と[15]。

大陸では作家たちはイギリスの同僚をうらやましく思った。そして彼らの後に続こうと試みた。ヴォルテールのイギリスに関する著作はイギリスの文人たち――アディソン、コングリーヴ、プライアー、スウィフト――が皆公的な地位を有しており、世間の尊敬を享受し、併せて私的な財産に恵まれてきたと報告している。ヴォルテールは作家の地位について非常に敏感だったので、コングリーヴが彼に、自分は自分自身の文学上の仕事とそして一般に文学という職業を軽蔑していると（何気なく、多分冗談のつもりで）言ったのに対して、コングリーヴを敢えて批判しようとしたほどである[16]。話が文学者の状況に及ぶと機知の人ヴォルテールも全くユーモアをなくしてしまうのであった。

彼が真剣になるのもある意味ではもっともだった。それと言うのも大陸では作家の置かれた立場は心もとないままだったからである。ロンバルディア、トスカナ、それにハプスブルク家の全領地における文学生活は貴顕の援護なしには考えられなかった。ドイツ社会は、尊敬される順風満帆の文筆業が発達するには不向きだった。一七五〇年代を通じて、著作家たちは一般に貧困にあえぐ哀れなへぼ文士か論争の趣味を持つ聖職者か、さもなくばモラリストを兼ねる大学教授かのどれかだった。ゲーテの回想ではクロプシュトックの時代までドイツの文人たちは自分たちの社会で「ほんの僅かの名声さえ享受することがなかった。彼らは庇護も受けなければ社会的身分もなかったし、尊敬も払われなかった」のであり、「道化並びに寄食者」として、世の中でもの悲しい役割を演じていた。彼らが何らかの威厳を獲得し始めるのは、たかだかハーゲドルンのような貴族たちとハラーのような学者たちの著作によってだけなのであった[17]。次いで彼らの威信がゆっくりと上向くにつれて収入も増大したが、しかし大衆の数にしろ母国の政治制度にしろ彼らにイギリスやフランスの作家たちのような富と影響力を与えることは決してなかった。啓蒙主義者《アウフクレーラー》たちの誰一人として、論争にも劇作にさえも専念する余裕はなかった。カントとリヒテンベルクは教授だったし、ニコライは出版業者であった。ヴィーラントとレッシングは（前者はいつもおべっかを使い、後者は誇り高く謹厳だが）その著作を通じて自立を求めた。そして失敗した。人間的というよりは高踏的で超然としたところがあり、そして少し現実離れのした老ゲーテに対するドイツ人の崇敬は、ドイツの文学者たちの社会における力をではなく、その無力さを象徴していたのである。

フランスでは作家の自立と自尊への努力はワイマールよりは成功した。けれどもその闘いは長引いたし、消耗させるものだった。十七世紀には独立は財政的及び社会的な理由の双方からして望むべくもなかった。デカルトは『方法叙説』(*Discours de la méthode*)を二百部ただでもらったのと引換えに原稿を譲り渡してしまったし、生活は大部分国王の気前のよさに依存したのだった。モリエールは『タルチュフ』(*Tartuffe*)で二千リーヴルというたっぷりした額を受取ったが、しかし彼の主人たる国王と貴族の観客たちは卑しい生まれを忘れることを決して彼に許さなかった。下って十八世紀初頭になると、大いに尊敬されていた詩人J＝B・ルソーは上流社交界に足繁く出入りしたのだが、しかしパトロンたちは彼に親切にすること芸人に接するが如くだったし、彼が小市民の出であることを意地悪く思い出させたのである。

こうした蔑みはなかなか消えなかった。そして古いパトロン制度はルイ十五世の長い治世の後までも残った。イギリスの貴族たちが詩人に敬意を表して自ら詩をかじってみたちょうどその頃、文学に情熱を持つフランスの貴顕の士はまるでそれが一つの悪徳でもあるかのように、そうした情熱を一般にこっそりと満足させた。文学には何か卑俗なものがあるように思われた。王侯たちが詩を書いたフランス・ルネサンスの時代は遠い過去のこととなっていたのだ。グリムは平均的な作家の生活の気の滅入るようなスケッチを描いてみせた。「しばらく前から」と彼は書いた、「機知がパリで大いに流行しているので、この上なくつまらない徴税請負人の邸宅でさえ、アカデミーの会員かあるいはそこに入りたくてたまらない連中でいっぱいになっているほどです。こうした熱心さにもかかわらず徴税請負人は相も変わらず愚かですし、そして作家は以前に劣らず貧乏です。後者の役割はまごう方なき拷問です。もし彼が自分の地位を保持したかったら、主人の面白くもない会話や令夫人の悪い趣味を誉めちぎらない訳にはいきません。頭の中と口先とを全く別人のように使い分けなければなりません。前者の傲慢さと後者の気紛れを耐え忍ばねばなりません」。更に悪いことには、「彼は誰かれ構わず、この上なく下賤な召使いにさえ、へつらわねばなりません。門番には食事時に邸宅の内へ入れてもらうために、従僕には何か飲物を頼んだ時食卓で待たされないためにですし、侍女にもへつらわねばなりません。なぜなら一冊の本の運命は往々にして、彼女の奥様の身ごしらえの間に彼女が読んで抱く見解にかかっているからです。これが実はパリの優雅な邸宅に足繁く通う著作家の状況なのです」[18]。

ヴォルテールはこれを大いに改めた。けれども彼自身多大の犠牲を払ったのだ。彼は裕福なブルジョワや勢威ある貴族とつきあいのある上層の家系の出であったが、しかし父の意向を無視して文学の道を選んでからというもの、世に認められるまで彼独自の道を手探りして進まねばならなかったし、常に彼の払った労苦の傷跡が残っていたのである。フィロゾフたちが概ね俗物を好まず卑屈な振舞に眉をしかめたのに対し、ヴォルテールは三文文士たち——彼の同僚たち——を鼻の先であしらい、貴顕の士を心から愛した。それは余りよい眺めではなかったし、その上他の作家たちはそれにショックを受けたとはっきり述べたが、それは第二世代が前の世代に示しがちなこの上なく恩知らずな態度であった。ヴォルテールがアカデミー・フランセーズ入会のための無節操なキャンペーンを始めた時、俗物そのものといった人たちでさえ、彼のへり下りようは不快なものに見えるとはっきり断言したのであり、彼がロシアの宮廷と自分のつながりを強化しようと試みて、歴史に擬された純然たるお世辞の集大成たる『ピョートル大帝』(*Pierre le grand*) を著した時、その著作は吐き気を催させるとダランベールは言ったのであった。

けれども、ヴォルテール流の戦術を回避するよりはそれを遺憾に思う方が容易だった。彼を批判する人たちの多くはそれを偽装した形で実行したのだ。ダランベールは自らの独立を公言し自分自身を「自由の奴隷」とみなすのを好んだ。[19] 一七五三年に彼はこうした感情を、攻撃的な『文学者とお偉方との交際についての試論』(***Essai sur la société des gens des lettres et des grands***) で表明した。もっともそれは超一流の貴族にも卑しい文学者にもさほど歓迎されなかったのであるが。そして事実ダランベールは彼の質素な生活様式、デイヴィッド・ヒュームの称賛を勝ち得るに十分なほど際立った生活様式によってある程度の自立を守ったのであった。しかしダランベールは彼の収入をいくつかの国王からの年金で補ったし、その上(この有名な事件はヴォルテール流のやり方が十八世紀のフランスに一番ふさわしいことを強調して見せてくれるのであるが)、ダランベール自身のジュネーヴに関する項目のために『百科全書』が非難を浴びるに至った時、ダランベールはあっさりその持ち場を放棄してしまったのである。同じようにルソーは官憲から自分を保護し家賃を払ってくれる身分の高い人たちにへつらうことを潔しとしなかった。けれども彼は、感謝の意を示すのをこれ見よがしに熊のように〔不作法に〕拒むことがお世辞のもっとも精妙な形態になると考えたのかも知れなかった。彼はまたこうも考えたかも知れない。自分の著作の幾冊かでもうけたとしても——出版業者デュシェーヌは彼の『音楽辞典』(***Dictionnaire de la musique***) に対して五千五百リーヴルと年金六六〇リーヴルを支払ったし、他方『エミール』は彼に七千リーヴル以上もたらした——それ位の額は彼の嫌悪する当の作家たちがこれまで一所懸命得ようと求めてきたものではないか、と。文学者たちにはヴォルテールがした以上にうまく振舞うことは確かに可能だった。豊かではなかったし大エカテリーナにかなり借りがあったとは言え、ディドロは裕福なヴォルテール以上に元気よく、誠実に、彼女に呼びかけたのだ。しかしフランスの作家たちを卑屈な態度から解放し、彼らが政治的・宗教的問題に関して少なくともある率直さをもって語ることを可能にしたのは、やはり当代のどの文学者にも増してヴォルテールであった。一七五〇年にデュクロは「あらゆる帝国の中で知識人――才《ジャン・デ》人《スプリ》――のそれこそ、目には見えないがもっとも広大である」と記した。[20] 一二年後にヴヮズノン師はアカデミー・フランセーズに対してその入会演説の際次のように述べた。「宮廷人は推論することを、文学者たちは歓談することを学びました。前者は退屈することを、後者は退屈な人間であることを、やめたのであります[21]」。自己憐憫を催す折など作家たちは、一七六〇年代においてさえ、その危険に満ちた運命を嘆き続けた。『哲学辞典』(*Dictionnaire philosophique*) の中でヴォルテールは文学者を飛魚に譬えた。「もし彼自身が少し飛び上れば鳥が彼を飲込んでしまう。もし彼が潜れば魚が彼を平らげてしまう[22]」。しかしこれは正確なというよりは絵に描いたような、哀れを誘うような表現だった。確かにヴォルテールは潜ったのだが、それは浮き上るために潜ったのだし、生き延びたのである。ヴォルテールが不平の声をあげていた頃ヒュームはパリを訪問した。そして文学者の地位が揺ぎないのを発見して、彼が他人を妬む人間ではないにもかかわらず、一時は嫉妬の念が湧き起ったほどであった。ヒュームによればロンドンでは作家は殆ど尊敬されていない、しかしパリでは「文学で名を上げる人間はたちまち尊敬され注目されるのです[23]」。こうした社会的優遇は多くの才能を育てたが、また多分それと同じほど多くの才能を誤らせた。ディドロの『ラモーの甥』(*Le neveu de Rameau*) のラモーはそうした寄生虫的存在である。真に自由なのは対話の中の孤独なモラリストたる「私」の方なのだ。だが結局のところ本当に問題だったのは、文学者の社会的戦略でもなければ、彼ら自身のために孤独を選ぶかそれとも社交性を選ぶかということでもなく、むしろその結果の方だった。富、華やかな社交界、一般の評価がそれ自体目的となった時、それらは文学者をきらびやかな鎖につないだ。手段として使われると、それらは解放の道具となった。「第一歩は」と『ラモーの甥』の「私」は言う、「隷属なくして生活の手段を確保することだ[24]」。そしてこれがヴォルテールのより大きなねらいであった。「私は他の何よりも常に自由を好んできた[25]」と彼は『回想録』(*Mémoires*) の中で主張した。そして彼の主張に異議を唱える理由はいささかもないのである。ヴォルテールが嘘をついたり、他人におもねったり、金を貯めたりしたのは、生まれつき嘘つきだったり、おもねり屋だったり、けちだったりしたからではない。彼の動機は、動機というものが常にそうであるように、複合的なのだ。けれども幾分かは彼は彼の職業上の威厳のために自分の個人的誇りを犠牲にしたのだった。まさしくその作品に感心したがゆえにヴォルテールに対していささか厳しくなりがちだったゲーテは、このことを鋭く見抜いた。彼は言った。「独立のためにこれほど自分を他に依存させた人は滅多にいるものではない[26]」。これは一つの批判と受取れるかも知れない。が、それ以外の何かでもあった。それは一人の作家がもう一人の作家に、作家たちが何にも増して必要としていたもの――自由――を探し求めたことに対して送った賛辞だったのである。

(1) Johnson : *Lives of the Poets*, Ian Watt : *The Rise of the Novel* (1957), 37 に引かれている。

(2) James Sutherland : *A Preface to Eighteenth Century Poetry*

(1948), 47.
(3) Friedrich Sengle : *Wieland* (1948), 166.
(4) Boswell : *Life of Johnson* (under May 8, 1781), Ⅳ, 102.
(5) "Hebdomadaire," *Œuvres*, XV, 77.
(6) これはデイヴィッド・ヒュームがあの皮肉な喜びを浮かべて言及した一七五〇年の名立たる主教書簡である。この敬虔なパンフレットが巷間に氾濫していた時、ヒューム自身の論叢は出版社に止められていたのであった。Peter Gay : *The Rise of Modern Paganism*, 253-4を参照。
(7) "Natural History of Religion," *Works*, IV, 363.
(8) Letter LXXXIV, *The Citizen of the World*, in *Collected Works of Oliver Goldsmith*, ed. Arthur Friedman, 5 vols. (1966), II, 344.
(9) *Mémoires*, in *Œuvres*, I, 39, 44.
(10) Boswell : *Life of Johnson* (under April 5, 1776), III, 19を参照。
(11) Ibid. (under 1756), I, 304.
(12) Ibid. (under 1755), I, 288.
(13) "My Own Life," *Works*, III, 2.
(14) Boswell : *Life of Johnson* (under February 7, 1755), I, 261.
(15) Ibid. (under 1763), I, 374を参照。
(16) Lettre XIX , *Lettres philosophiques*. II, 108-9.
(17) *Dichtung und Wahrheit*, in *Gedenkausgabe*, X, 436-7.
(18) David T. Pottinger : *The French Book Trade in the Ancien Régime, 1500-1789* (1958), 89-90を参照。
(19) Ronald Grimsley : *Jean d'Alembert, 1717-83* (1963), 126.
(20) *Considérations sur les mœurs*, 136.
(21) Roger Picard : *Les salons littéraires et la société française, 1610-1789* (1943), 150に引かれている。
(22) "Letters, Men of Letters, or Literati," *Philosophical Dictionary*, II, 349.
(23) ヒュームからヒュー・ブレア師他へ(一七六五年四月六日)。*Letters*, I, 497-8.
(24) *Le neveu de Rameau*, ed. Jean Fabre (1963), 44.
(25) *Mémoires*, in *Œuvres*, I, 39.
(26) *Dichtung und Wahrheit*, in *Gedenkausgabe*, X, 531-2.

3

貧困と依存からの脱出は作家の自由にとって不可欠ではあったが、しかしそれだけでは十分ではなかった。文芸共和国は、新思想の氾濫と批判的論評の範囲を統制して特権と権力の立場を守る寡頭政治の世界に存在していた。当局は多くの場所で意義のある公の議論を完全に抑圧した。ヴォルテールはディドロに不平を洩らした。「まったく残念なことに、形而上学について、あるいは歴史についてさえ、われわれがそれにふれる時必ずしも真理を述べられるというわけではないのです」。作家たちは「嘘をつかざるを得ません。しかもその場合彼らはやはり迫害されているのです。なぜなら彼らは十分に嘘をついたわけではなかったからです」(1)。ヴォルテールはフランスについて不平を述べたてているのだが、しかし彼の不平はある程度まで大陸全体に当てはまった。検閲官たちはいたるところで作家たちを悩ませ、屈辱を感じさせ、怖気付かせていた。

ハプスブルク家に支配される広大な領土においては、抑圧は滑稽な段階にまで達した。一七六五年にウィーンの政府は『禁書目録』を公表した。そして定期的にそれを改訂し時勢に後れをとらないように努めたが、一七七七年に至ってついにその当の〔一七六五年の〕

『目録』を政府の『目録』に含めざるを得ないと感じるほどであった。大胆な精神の持主はハプスブルク家の索引を興味ある読書の案内役として用いていたらしい。一七八〇年にヨーゼフ二世が即位するとなるほどしばしの間事態は改まった。「良いドイツの本は」と、ニコライは一七八三年にウィーンから報告した、「今やここでは全て認可されています」。モンテスキューの『法の精神』(*De l'esprit des lois*) に少しばかり親しんでいることをついうっかり洩らすだけですでに危険なことであった一七五〇年代に比べて、これは大変な進歩だった。[2] しかし一七九〇年になると、間もなく死を迎えるヨーゼフはその自由主義から後退したのであり、後継者たちの時代ともなれば、ヨーロッパに出没するフランス大革命という妖怪と共に抑圧が昔の力とやり方をたずさえて戻ったのであった。そして昔と同じ結果をもたらした──すなわち文学の持っている豊かな力の麻痺をである。

　大部分のヨーロッパの国家は政治と宗教、それに支配階級の名門家系を、扱うことの許されないテーマと見なした。フランチェスコ・ダルマッツォ伯爵が「英雄」と仰ぐモンテスキューの『法の精神』を勇敢にも翻訳した時、ピエモンテの当局は残酷に彼を追い回した。他方ナポリの歴史家ジャノーネのようなその他の啓蒙主義者《イルミニスティ》たちは破門されるか、追放されるか、あるいは投獄されるかした。ドイツ諸邦では政治的検閲は非常に苛酷だったので、レッシングは一七五一年に新聞が退屈で面白くないと思ったほどだった。[3] ジャーナリストたちの内もっとも優れた者はある程度影響力を及ぼした。そして彼らの新たな武器──世論へのアピール──をかなり巧みに駆使した。けれどもドイツの地図の上では最高に自由な拠点であるハノーヴァーとハンブルクで発行される新聞でさえ、概して無害なものであった。教師で政治ジャーナリストのA・L・フォン・シュレーツァーはゲッチンゲンで定期刊行物を発行し、君主たちはそれを恐がっているふりをした。しかしながら、シュレーツァーは確かにドイツ語でものを書く、もっとも歯に衣をきせないジャーナリストではあったが、彼の批判の対象は、もっぱら改革が声高に叫ばれている行政の様々な弊害や、あるいは反撃しそうもないつまらぬ小君主たちだった。シュレーツァーは自らの支配者への服従と他の全ての支配者へのこの上なく深い尊敬の念とを上品に公言した。そして自分の犠牲者を注意深く選択しまた厳しい自己検閲を行なうことによって、検閲官の手を逃れたのであった。プロシアのフリードリヒ二世は自由な表現に拘束を課すことに嫌悪を感ずるとはっきり述べたし、彼の統治の初期には検閲官の筆を抑えた。けれども伝統的統制を復活した一七四九年以降、プロシアにおける思想の自由は、(レッシングが無力な者のユーモアをもって述べたように)反宗教的な冗談を言うのが関の山ということになった。現実によって外見が偽りであることが示されたのだ。ニコライは書いた。「われわれはドイツで言論の自由を享受しているかの如く見える。そして自分たちの書いたものが何らかの影響力を有していると考えたがる学者たちは、それを自ら信じ込もうと努めている。しかし実際はそんなことはないのだ」。[4]

　啓蒙主義者《アウフクレーラー》たちはニコライの観察の間違っていないことを証明することができた。ライマルスの理神論の論説からその断片を敢えて公刊した時レッシングは沈黙させられたし、数年後に同じくカントも屈辱的な状況の下で沈黙させられた。フリードリヒ大王の長い治世の間作家たちが享受していたどんな制限つきの自由も、彼の気まぐれではあるが信心深い後継者の下で息の根を止められてしまったのであり、一七九四年にはフリードリヒ＝ヴィルヘルム二世自身が『単なる理性の限界内における宗教』(***Religion innerhalb der Grenzen der blossen Vernunft***) に関してカントを叱責したのだった。カントはなるほど国王を刺激した宗教的見解を決して撤回しなかったのだが、しかしこの事件の後彼は反響を呼びやすいこのテーマについてはもう何ひとつ発表しなかった。八年前、フリードリヒ二世の死んだ一七六八年にカントは、思想の自由がなければ天才の開花は終ってしまうであろうと警告していた。さて一七九三年、宗教に関する小冊子出版の年に彼はそのことを一層鋭く述べた。彼は強調した。「ペンの自由は人民の諸権利を守る唯一の手段である」(5)。カントは正しかった。けれども彼自身悲しくも了解したように、ドイツにはどこにも、自称自由の天国ハノーヴァーやプロシアにさえ、ペンの自由は存在していなかったのである。

とは言え他のドイツ諸邦に比較すれば、ハノーヴァーあるいはプロシアは作家の天国であった。大方の君主たちはヴュルテンベルクのカルル・オイゲーン公爵と同様だったし、あるいはそうありたいと望んだのだ。公爵は一七七七年にシュヴァーベンのジャーナリスト、シューバルトを自分の領地に誘い出し、一〇年の間裁判も告訴もなしに投獄しておいた。若い頃シューバルトは南ドイツのシュレーツァーになりたいと臆病ながら考えたことがあったが、無駄であった。その用心と追従的態度にもかかわらず彼は当局の追及から逃れることはできなかった。一七七四年にシューバルトはアウグスブルク自由都市で『ドイチェ・クロニク』(*Deutsche Chronik*) なる新聞を始めた。そして創刊号でイギリス人が享受する自由についてうっかり論評してしまった。市政府は直ちにその新聞を廃刊させた。シューバルトは別の場所に移った。そして小君主たちをからかい、「大貴族」に捧げられる追従的な「駄文」を皮肉ることを、前よりもう少し大胆にやり始めた(6)。しかし彼は投獄を経験していたため彼がかつてあれほど痛烈に非難した奴隷状態に、少なくともしばらくの間は、追い込まれたのだ。自分を投獄した公爵のおかかえ文士になったのである。彼を責めることはできない。孤独な監禁状態、じめじめした独房、書物や著作道具もない何年間かは、独立不羈の精神が花開く土壌ではないのである。

自由はどこでも心もとない状態にあった。一七六二年六月、ジュネーヴ政府はルソーの『エミール』と『社会契約論』を禁止し、書店での市販本の差押えを命じ、それ以上本を輸入することを禁じた。そして万一ジュネーヴ領土に敢えて足を踏み入れることがあればルソーを逮捕すると呼号した。その自由を巡って大陸の哲学者たちが快い神話を作り上げていたイギリスでさえ、作家たちに自制するよう勧めていた。ジュネーヴその他の地でルソーの著作が禁止されていると聞いた時ヒュームは何の驚きも示さなかった。ルソーは、と彼は書いた、「自分の考えをあえて隠しませんでした。そして彼は世間一般に確立している見解に対する軽蔑を隠すことを潔しとしないのですから、あらゆる熱狂的な連中が彼に反対して武器を取っても驚くわけにはいかなかったのです。言論の自由はどの国でもそれほど確かなものではなく、この国においてさえ滅多にお目にかかれるものではないのですから、一般の偏見に対するあのようなあけっぴろげの攻撃が何かしら危険なものにならないわけはありません」[7]。

自分自身の著作においてヒュームもそれほど自分の考えを隠したわけではなかったが、確かにいくつか予防措置は講じていた。彼の『宗教の自然史』を原稿で読んでもらっていたアダム・スミスに対してヒュームは一七五七年に、印刷に付される版では「慎重さという点で幾分修正が施される」のが分るだろうと述べた[8]。そして『自然宗教に関する対話』(*Dialogues Concerning Natural Religion*)ではより一層の慎重さを発揮したのであった。ヒュームは『対話』を一七五〇年代初期に完成していた。そしてそれを少数の親しい人たちの間に回し読みさせていたのであるが、彼らは皆ヒュームががっかりしたことには、その著作を公表しないようにとしつこく彼に勧めたのだった。ヒュームは不承不承それに従った。一七六三年に彼は友人ギルバート・エリオットに剽軽に訴えた。「僕の対話の出版を許してくれないなんて君は無情で圧制的、スチュアート朝のどんな布告よりも圧制的じゃないかね。ねえ、適当な献辞があればあの中の好ましくない部分の埋合せになるかも知れないと思わないかい」[9]。ヒュームの友人が勝ちを収めた。『対話』は彼の死後まで出版されなかった。長びく病の最後の床にあってヒュームは彼の出版業者ウィリアム・ストローアンと精力的に手紙のやりとりをした。そして何度も彼の希望を繰返し書いたが、それは原稿をアダム・スミスの手に委ねることであった。結局死の二日前になって彼は最後の手紙を口授し、『対話』を甥である若い方のデイヴィッド・ヒュームに委託した。彼の相続人は指示に従った。そして一七七九年『対話』は世に出たのであった。それはどんな醜聞も惹き起こさず批評もほとんど受けなかった。平穏な生活を送りたい、そして「騒ぎ」を避けたいと願ったデイヴィッド・ヒューム、その彼を気苦労から守ってやりたいと考えたアダム・スミス、彼との契約を間際になって破棄したウィリアム・ストローアン——全ての人が時代の傾向と当局の意図の判断を誤っていたのである。

これらは臆病とは言えない人たちだったのだから、彼らが払った注意はイギリスにおいてさえ作家たちを悩ましていた不確実な種々の状況を立証するものである。紛れもなくイギリスは、ヒュームがそう主張した最初の一人であったように、ヨーロッパでももっとも自由な国であった。フランスおよびドイツの作家たちのイギリスの自由に対する賛辞は根拠のないものではなかった。それと言うのもイギリスでは作家たちはいかなる恐れも持たずに大いに主張することができたからである。ロバート・ウォルポール卿は、多くの三文文士がそうされるに値したにもかかわらず自分は誰一人として牢獄送りにしたことはなかったと自慢した。正式の検閲制度は存在しなかった。政府は出版許可法が一六九五年に失効するのを容認していた。けれども当局は抑制を加える他の手段を有していたのである。作家と出版者は允許破棄のために両院の法廷に召喚されることがあり得たのだった。厳しい名誉毀損の法律は法廷によっていい加減に解釈されるので、非正統派の見解の表明はかなり危険なものとなっていた。演劇は侍従長の許可権限に属していた。さらし台、科料、あるいは投獄は滅多に用いられることはなかった。けれどもそれらは厳として存在していたのだし、イギリスの著作家たちは進んで自己検閲することによって賢明に身を守り、それがあれば実際上何らかの変化が生じていた筈の自由を、度を越した自由だとして嘲笑ったのである。ヘンリー・フィールディングは一七四七年に書いた。「自由な国では国民は彼らに影響のあるどんな不平の種についても不満を述べる権利がある。そしてこれこそイギリス人の特権なのだ。しかしながら確かに、文字通り国王の大権に只々帰属する事柄、すなわち国家の至上の機構を動かすあの申し分なき諸点について詮索することは、この上なく失礼なことであり、言論の自由のはなはだしい乱用である」(10)。しかしイギリス政府が検閲制度を用いなかったのは検閲すべき対象が余りに少なかったからだと言えば、冷笑的に過ぎるということになろう。結局のところデイヴィッド・ヒュームは『対話』を除けば宗教上の過激な見解の出版に際して束縛をほとんど感じなかったのであり、またギボンにいたっては全然感じなかったのだ。状況は完璧とは言えなかった。だがイギリス海峡の向こう側から、分けてもフランスからはそれは完璧なものに見えたのである。

フランスの作家たちとフランス当局の間の闘いはヨーロッパでもっとも派手でもっとも長期にわたり、またもっとも結着のつかないものであった。一方では、全ての検閲官が検閲したわけでも全ての刑罰が直ちに適用されたわけでもなかった。そのうちのいくつかだけが急進派を促して一層の努力に向かわせたのである。検閲官たちは権限領域を越えて互に不仲に陥っていた。そして彼らは冒瀆的、異端的、扇動的な著作に対して苛酷な法律を適用するには余りに気紛れでまた余りに買収され易く、しばしば余りに怠惰であった。加えて、作家に何人かの有力な友人でもあれば、バスチーユが比較的居心地のよい住居であることに気付くことになるかも知れなかったのだし、一般にわいろと縁故とは作家の負担を軽減するのに与って大いに力があった。一七五〇年から一七六三年に向かう危機の時代、『百科全書』の大部分とエルヴェシウスの『精神論』(*De l'esprit*)、それにルソーの主要作品が刊行された時代を通じてマルゼルブが検閲の任にあった。そして礼儀正しく教養ある公僕たるマルゼルブは見解を抑えるよりは才能を励ますことを自分の義務と考えたのだった。彼は政府を作家たちから守るより、作家たちを政府から守る方により多く尽力した。もしフランソワ一世に遡る古い法令が文字通り施行されていれば、いささかの害もないお伽話や信仰説教集の類を除く一切が息の根を止められていたろう。この上なく重要な論文からこの上なく軽薄なちらしに至る迄、あらゆる書きものはことごとく政府の検閲官の公の承認を得ることになっていたし、また宗教、国家あるいは道徳に対する攻撃的な言葉が一つとして含まれていない場合に限ってそれは「国王の允許により」という出版許可を得ることになっていたのだ。だがそれは施行されていなかった。実際は出版者たちは検閲官と非公式の協定を結んでいた。彼らは著作が訴追を免れるためにある非公認の約束――「黙許」――をとりつけるのが常であったし、たとえ検閲官が見逃すわけにはいかないような事柄を含んでいる場合でもそうだったのである。十八世紀フランスのもっとも良く知られた著作の大部分——ヴォルテールの大部分、モンテスキューの大部分——は半ば合法という曖昧な形で「黙許」のもとに一般読者の手に届いたのであった。しかし、と付け加えてもよいかも知れないのだが、それは結局のところ一般読者の手に届いたのだ。

全てこれは事実である。がしかしそれは事実の全てではない。政府の握る検閲官の小さな一群は——一七四一年に七六人、一七八九年には一七八人いたのであるが——上司を喜ばせたいと思っている愚かで臆病な職員から成っていた。全ての検閲官がだらしなかったわけでも堕落していたわけでもなかった。幾人かは人を抑圧する仕事に熱心だった。その上、寛大に失するよりは厳格に失する方が危険は少なかった。どんなほのめかしが、司教や大臣あるいは国王の寵姫に対して攻撃的なものに見えるかも知れなかった。従って検閲官たちはしばしば原稿を何ヵ月も手元に留めておき、出版人たちを長たらしく消耗させる交渉に引込んだ。ヴォルテールは一七四四年に幾分苛立ってこう述べた。「私にとっては作品を出版させるよりそれを著す方が容易なほどです(11)」。

検閲官たちは喜ばすべき、あるいは懐柔すべき唯一の当局者ではなかった。それが作家の生活を更に一層予測不可能なものにしていた。教会や高等法院《パルルマン》のような有力な機関は検閲制度の王権による独占を完全に容認するということは決してなかったのであり、「允許」を得た本でもまだ司法官や大学あるいは司教から断罪される可能性があった。これら既得権を有した団体はしばしば政府よりもっと油断を怠らず、検閲官に義務を果すよう強制した。ルソーの『エミール』が世に出るのを許す暗黙の了解を政府に破棄させたのはソルボンヌとパリ大司教、それにパリ高等法院の一致した抗議だった。四年前の一七五八年にはある国王の検閲官がエルヴェシウスの功利主義的な論策『精神論』に認可を与えた。しかし油断を怠らないキリスト教徒たちはこの著作を読んで震え上り、やっかいな国家機構を目覚めさせ、いつになく精力的に奮闘させたのだった。検閲機関に火が点けられた。パリ大司教、検事総長、それに法王さえも断罪のコーラスに加わった。エルヴェシウスには大したことは何も起らなかった。実入りの多い宮廷の地位を失い、しばらく沈黙していた。しかし全てこうした不確実さと無力さと気紛れとは作家の間に当惑と不安を、そしてしばしば恐れを生んだのである。

新たな思想を押し留めるいかなる手だてもなかった。禁書は夜の内に地方の町で印刷されたし、あるいは国外からフランスに秘かに持込まれた。けれどもこれらは多くの犠牲を払って得られた勝利であった。海賊版は稀少で高価なものだった。それはその神秘的な雰囲気と相まって読者層を増加させはしたが、しかしその流通は限られたものに留まっていた。法律上の検閲は事実上経済上の検閲となった。一七六八年にディドロは怒ってファルコネにこう語った。「政府の不寛容は日に日に大きくなっています。この国で文学を根絶し、本の売買を破滅させ、われわれを赤貧と愚鈍に陥れるのは意図的な企みであると考えてもよさそうです。あらゆる原稿がオランダに逃れていっていますし、著者たちもそれに合流するのに長くは手間取らないでしょう。そこでは綿、タバコ、塩の十倍も利益を上げられる禁制本の商売を行なっているのです。馬鹿げた値段で本を買わせるために莫大な金が消費されています。――これこそ国家と市民を破滅させる確かなやり方です。『キリスト教暴露』(*Le Christianisme dévoilé*) は四ルイもの値段で売られています」――大変な値段である。[12] 作家たちはある本が――そうした運命は法によって定められるのだし、それは見物人のお気に入りの気晴らしだったのであるが――公衆の面前で火中に投ぜられてもせいぜいその宣伝になる位に吹聴していた。だが怒りが高まると作家たちにも状況のもつおかしみではなくその危険が見えた。公に卑猥あるいは瀆神的だと宣言された本の出版人は警察の手入れに悩まされ、払いきれない科料に破産させられた。そして時としてガレー船送りとなった。有力な後立てがなければ著者の栄達――法曹界、政府部内、大学における――の道は絶えず危険にさらされた。ルイ十四世とルイ十五世のもとで千人以上の書籍商と作家がバスチーユに投獄され、別の数百人にはもっと痛ましい拘留の場所があった。これらの多くはヴォルテール言うところの「文学ゴロ」であって、原稿剽窃者かポルノグラフィーの供給人だったのではあるが、しかし中には真面目な文学者たちもいた。一七四五年にデュブール某なるある諷刺新聞の無名の編集者はモン・サン・ミッシェルのちっぽけな獄舎に投げ込まれ、そこで狂気の発作を起こして死んでしまった。下って一七六八年の十月になるとディドロはこう報告した。レキュイエという名の書籍行商人《コルポルトゥール》がドルバックの『キリスト教暴露』とヴォルテールの『四〇エキュの男』(*L'Homme aux quarante écus*) を何部か売り捌いて細君と徒弟ともども捕まってしまった。そして三人ともさらし台に晒され、笞打たれ、焼き印を押され、男たちはガレー船送り、細君の方は投獄と相なった。[13] デュブールとレキュイエは今では忘れられている。彼らは唯もっと有名でもっと運のよかった同時代人の書簡の中で歴史の闇から浮かび上るだけだ。だが著名な作家たちも同じように酷い侮辱を受けた。一七四九年、すでに哲学者として名声を博しつつあったディドロはその『盲人書簡』(*Lettre sur les aveugles*) でヴァンセンヌの監獄の孤独な禁固刑の宣告を受けた。彼の部屋は風通しがよく食事は食べられないものではなかったが、しかし孤独と事件の処置についての心配が重なって虚脱状態となってしまった。大いに安堵の胸をなでおろしたことにはその数週間後に自由の身となったのであったが、しかし釈放の事情は投獄がうんざりさせるものであったのと同じほど屈辱的だった。彼は惨めにもその大胆な小冊子を書いたことを認め、彼の出版人たちの影響力を利用した。そして当時出版監督官だったダルジャンソン伯爵に『百科全書』の第一巻を捧げることに同意したのだった。確かに、特に世紀も半ばを過ぎてからは、もっとも著名な作家たちは当局となれ合っているのに気がついた。その無類の文体によってまごう方なく明らかに彼のものである著作の執筆をヴォルテールが否認する限り、政府は彼を起訴しそうにもなかった。けれども神経質な司教たちや何をするか予測のつかない役人たち、それに意地悪な廷臣どもの時代にはヴォルテールと言えども全く安全というわけにはいかなかった。彼の突然の恐怖の発作を全てヒポコンデリアだと片付ける訳にはいかない。一七六六年七月にフランス政府が青年シュヴァリエ・ド・ラ・バールを瀆神行為のゆえに火あぶりにした時、彼と共に炎の中に投げ込まれた本の一つはヴォルテールの『哲学辞典』だったのだ──後にディドロが述べているが、それはラ・バールの所有していなかった本なのである。ヴォルテール一人が心配したわけでもなかった。臆病でもヒステリックでもないディドロにしてからが一七六八年にソフィー・ヴォランにこう述べた。「あらゆる尊敬、彼の享受するあらゆる庇護、類まれなその才能の一切、その全ての素晴らしい作品にもかかわらずあの連中が我らの気の毒な長老〔ヴォルテール〕に何か悪さを仕掛けるのではないかと私は恐れています」(14)──そして「悪さ」によってディドロが言おうとしたのは火刑のことに他ならなかったのだ。フィロゾフたちがフランス当局との戦いに勝利したと述べることは戦いが血を見なかったと述べることでも、勝利が容易であったと述べることでもないのである。

この戦争でフィロゾフたちは手に入るあらゆる武器を用いた──彼らの縁故関係、巧みに金を使うこと、そして何よりも嘘をつくことをである。これらの戦術はおなじみのものだ。私はただそれがフィロゾフたちの良心を悩ますことはなかったとだけ付け加えることにしよう。彼らは遠慮なく思いのままに、そしてわたしの見るところしばしば楽しみながら、嘘をついた。けれどもより深い動機が何であれ、フィロゾフたちは自分が正しいことをしているということを決して疑わなかったのである。孤独な例外の人ルソー一人が虚言の行使を認めた。自分の書いたもの全てに署名したルソーは生涯の多くを隠れ家から隠れ家へと放浪して過したのだった。すでに一七〇九年にはシャフツベリが、フランスのフィロゾフたちよりは遥かに自由な環境にいたにもかかわらず次のように書きとめていた。「もし人びとがある事柄について真面目に自分の心の内を語ることを禁じられていれば彼らは皮肉をもってそれを行なうであろう。もしそうした事柄について全くしゃべることを禁じられるか、あるいはそうすることが実際危険だと思えば、その時彼らは偽装を強め、自分を神秘のヴェールの中に包み込んで、殆ど理解されないように語るであろう」(15)。これはもちろん、正《まさ》しくフィロゾフたちが望んだところというわけではなかった。彼らは何を措いても先ず一般読者層に理解されることを望んだのである。しかし彼らはシャフツベリが感じたように、自分たちが謎めいているとすればそれは当局によってそうすることを余儀なくされているのだと事実感じたのだった。十八世紀にはダランベールやコンドルセ、ビュフォンやディドロのような正直な人たちは嘘をつくことを正当防衛を根拠として擁護した。「嘘はそれが害を及ぼす時に限って悪徳となるのです」というのが一七三六年のヴォルテールの断言であった。「それが人のためになる時には誠に大きな美徳です。だから以前に増して徳高くなるが宜しい。諸君は悪魔のように嘘をつかねばならない。おずおずと、僅かの間、ということではなく、大胆に、永続的にです。……ねえ君たち、嘘をおつきなさい、嘘をつくのです。機会があったら私が諸君に報いてあげましょう」(16)。

後にヴォルテールは、一七五〇年代とその後のことであるが、小国の最高の戦略家に自らおさまって、いかにまた誰に嘘をつくべきかについてフェルネーから指示を与えた時、友人たちに報いたのだった。一七六四年に彼はその『哲学辞典』についてパリの文通相手ダミラヴィルに書いた。「この著作が私のものだとは決して言われたくありません。最近の手紙でそれについて私に語ったマラン氏に私はそういう調子でそれについて書こうと思います。それに本当の友人たちは私を助けてくれるだろうと心中秘かに期待しているのです。この作品は多くの著者の手になるもので、オランダの一出版者が編集したものだと見なさなければなりません。私の名が挙げられるのは全く残酷なことです。それは私から今後人のために尽す自由を奪うことになります。フィロゾフたちは真実を公にし、自分の姿は隠さねばなりません」[17]。もちろん、これこそまさしく肝心な点だった。フィロゾフたちは真実を告げるために嘘をついたのだ。彼らは批評に自由な領域を認めない社会においては二枚舌は避け難いということを発見した。別けてもそうした社会における文学者たちが、殉教に対する伝導者的趣味は持たないものの改宗者をつくり出そうという伝導者的熱意には身を燃えたたせている場合にはである。

（1）ヴォルテールからディドロへ（一七五八年六日二六日）。*Correspondence*, XXXIII, 278.
（2）これが少くともゾーネンフェルスの回想であった。Biedermann : *Deutschland im achtzehnten Jahrhundert*, I, 128–38 を参照
（3）レッシングから父ヨハン・ゴットフリート・レッシングへ（一七五一年二月八日）。*Schriften*, XVII 24を参照。
（4）Biedermann : *Deutschland im achtzehnten Jahrhundert* I, 153.
（5）Cassirer : *Kants Leben und Lehre*, 393.
（6）これらの引用はセオドア・ブロデック氏 Theodor Brodek のシューバルトに関する未刊行資料に負うている。
（7）ヒュームからブーフレール伯爵夫人へ（一七六三年一月二一日）。*Letters*, I, 374.
（8）ヒュームからアダム・スミスへ（一七五七年二月または三月）。Ibid., I, 245.
（9）ヒュームからギルバート・エリオットへ（一七六三年三日一二月）。Ibid., I, 380.
（10）Laurence Hanson : *Government and the Press*, *1695–1763* (1936), 2 に引かれている。
（11）ヴォルテールからシュヴァリエ・デスピナスへ（一七四四年五月一日頃）。*Correspondence*, XIII, 221.
（12）ディドロからファルコネへ（一七六八年五月）。*Correspondance*, VIII, 44–5.
（13）ディドロからソフィー・ヴォランへ（一七六八年十月八日）。Ibid., VIII, 186–7.
（14）Ibid., 187
（15）"An Essay on the Freedom of Wit and Humour," *Characteristics*, I, 50.
（16）ヴォルテールからティエリオへ（一七三六年一〇月二八日）。*Correspondence*, V, 286–7.
（17）（一七六四年九月一九日）。Ibid., LVI, 31–2.

4

多くの場合文芸共和国は親しげな夕食会や居酒屋・コーヒー店での寛いだクラブの会合、また広範囲に及ぶ文通などによって維持される一時的な集りだった。しかしフランスではそれはアカデミー・フランセーズへと厳格にまた合理的に組織されたのであり、従ってそれを支配することはある重要性をはらんだ一つの政治的問題となった。フランス語の純粋さを守りその発達を管理するためにリシュリューがアカデミー・フランセーズを創設した一六三四、五年以来、文学者たちはその排他的な集団に所属したいと熱望してきた。それは輝かしい時期も迎えれば、またさえない時期も通過してきた。そ

れは立派な文学者たちやおとなしい廷臣たちに支配されてきた。けれども順調であったにせよ平凡であったにせよ、アカデミー・フランセーズは尊敬の象徴であったし、従って権力の源であった。そこに選出されるということは選り抜きの団体、不滅の四〇人に加わることであり、公爵であれ枢機卿であれ他のメンバーと対等の立場で発言することであり、パトロンである王自身の拒否権以外のいかなるそれにも従わないことを意味した。十八世紀の流れの中でフィロゾフたちはこの組織の攻略に取りかかった。と言ってもあらかじめ打合わせた計画があったわけではなく——彼らは一つの家族ではあったが結社ではなかった——社会的・政治的現実に対する鋭い感覚が文学的野心とない混ぜになってそうなったのである。

　人は自分が手に入れる望みのないものに対してしばしば軽蔑するふりを装うというのは少くともイソップと同じほど古い陳腐な言い草であるが、そこでフランス啓蒙主義時代の初期に、フィロゾフたちは自分たちを選出するのを渋り勝ちなアカデミーを嘲笑したのだった。一七二一年にモンテスキューがそれを誰一人として尊重していない法廷、そのメンバーが唯ひたすらおしゃべりすることだけを目的としているクラブとして特色づけた時、彼自身の立候補ほど彼の心からほど遠いものはないかの如く見えた。ところがモンテスキューは、事実上あらゆる自尊心をもつ作家と同じように、それに憧れていたのだった。[1] 実際一七二七年以後、彼のアカデミーに対する警句は止んだ。彼は選出されていたのである。数年後ヴォルテールは、その諷刺の才能を新会員が終身在職権を行使し始める際に行う伝統ある演説の為に用いた。この挨拶は厳格な習慣によってその会員の前任者とアカデミーの最高のパトロンに向けられる華麗な賛辞とされていた。そしてそれは嘲笑するのにもってこいだったのだ。「新選出会員は自分の前任者が偉い人だったこと、枢機卿リシュリューが非常に偉い人だったこと、大法官セギエがかなり偉い人だったこと、ルイ十四世が偉い人以上だったことを請合います。すると会長も同じことを言って、新選出会員もまた一種の偉い人となられるでしょう、と付け加えるんです」。ヴォルテールはこんなほめ言葉〔新選出会員の入会演説〕は印刷されないようにと提案していた。開会演説の臆病な性格は機知に富んだ人たちをさえ滑稽に見せたのだった。[2] これは一七三四年のことであった。一七三六年になるとヴォルテールは華麗な演説をいくつか行なっていた。それと言うのも、敢えて候補者として打って出ていたからである。それは長く困難な候補者時代だった。そしてヴォルテールは昔の不敬の言行の罪滅しを行なった。彼は即座に選出されるには余りに多数の著名な敵を作り過ぎていた。そして国際的な名声と争う余地のない卓越性にもかかわらず無視されたのである。彼の試錬は一七四六年まで止まなかった。そしてその後無事不滅の人の仲間入りをしてからは、以前あれほど無慈悲に諷刺したその組織に長所を認め始めたのであった。

　ヴォルテールの選出と共にアカデミーはその構成を変えその知的スタイルを改善し始めた。デュクロが同じ年に、ビュフォンは一七五三年に、ダランベールは一七五四年に選出された。最初新会員たちはただ忠実で知性的なアカデミー会員として振舞った。ビュフォンは称賛を博した『文体論』（*Discours sur le style*）を、ヴォルテールは広く称揚された『フランス語の普遍性』（*Universalité de la langue française*) についての演説を、またダランベールは様々の興味ある論文を、それぞれ発表した。そうして、こうした仕事によって新たな不滅の人びとはアカデミーの声価を教養ある人びとと共に高めたのであった。しかしながら一七五〇年代も押しつまると、次々と会員が代わりフィロゾフたちが評判を得るにつれて、アカデミーはフランスの知性のためのイデオロギー闘争に不可避的にひき込まれることになった。

争いは一七六〇年に突発した。三月一〇日、法服貴族で司教の兄弟、かつどうみても二流のへぼ詩人ルフラン・ド・ポンピニャンは、その開会演説を不信仰の脅威を弾劾する裁きの場として利用した。彼は弁じ立てた。「真の哲学者は賢明で有徳なキリスト教徒であります」。自分たちこそ真の哲学者だと考えていた不信心者たちに対する攻撃的断言であった。ルフランは警告した。現代の文学者たちは生まれに基づく伝統ある階級制度の土台を徐々に掘り崩し、玉座と祭壇に対する尊敬を破壊しているのだ、と。

これは刺激的な発言であった。それと言うのも時代は一七六〇年だったし、エルヴェシウスの『精神論』を巡る論戦と政府の『百科全書』禁圧によって状況はすでに険悪化していたからである。不幸にして――ルフラン・ド・ポンピニャンにとってであるが――彼は若い頃哲学的な軽はずみを幾つか犯しており、理神論的見解を公の記録に残していた。そこで今やヴォルテールはフィロゾフたちの名においてアカデミーの聖なる境界を越えて論駁を行なうことを進んで引受けた。その短い論争文『その時』(***Les qnand***) の中でヴォルテールは「ルフラン・ド・ポンピニャンの若い頃の軽はずみを」思い出させる事柄を矢継ぎ早に述べ立てた。「文学者の尊敬すべき団体に受け容れられる名誉を得た時は、入会演説が文学者に対する諷刺になってはいけません。……ポープの手になる理神論者の祈りを翻訳し〝誇張さえし〟た時には、その理神論者のきまり文句を翻訳しそれに毒をもり込んだおかげで六カ月も地方の役職を解かれた時には……宗教について語って偉そうなふりをすることはどんな礼節をも侮辱することです。一日か二日しか人びとの話題にならないとは言え、時には玉座の元にまで伝えられることさえある演説の一つをアカデミーを前にして行う時には、その演説の中で現代の哲学が玉座と祭壇の基礎を掘り崩していると敢えて言うのは、同朋市民に対し罪を犯すことです……」等々と『その時』の目録のいたる処で続くのだが、それは効果的で抗弁し難いものであり、またその鋭さの点で誠に翻訳し難いものなのである。

『その時』は賞賛を博し広範に模倣された。モルレは『なぜ』(***Pourquoi***) を、他の連中は『誰が』(***Quis***) と『何を』(***Quois***) を書いた――ヴォルテールはしばしば文学的流行の仕掛人だったのだ。ルフラン・ド・ポンピニャンは愚かにも応戦することを選んだ。五月、彼はルイ十五世に自惚れた挨拶を送り、無信仰に打勝ったこと、自分こそ国王お気に入りの読書の対象であると公言した。これは挑発的なものだった。そしてヴォルテールには耐え難いものであった。六月、彼は多くの諷刺で答えたが、そこにポンピニャンはみじめな男、尊大さと心得違いの情熱で慢心した凡庸な人物として登場する。

「してポンピニャンの大将は

ひとかどの人物と思ってござる！」

それで終りであった。ポンピニャンは決してアカデミーに戻らなかったし、引き続く歳月の間に彼の仲間たちは徐々に少数派となった。(3) ダランベールが一七七二年に終身幹事に選ばれた時、アカデミー・フランセーズは確実にフィロゾフたちの手に握られていたのである。

全てこうした論戦は真面目な政治の領域に属すには余りに取るに足らぬ、実際余りに馬鹿げた道化戦争中の一模擬戦のように見える。けれどもちょっとした手段によって一層容易ならぬ結果が揺ぎないものとなったのである。アカデミーを支配したいというフランスのフィロゾフたちの渇望は改革家のだまされ易さについての一つの注釈として片づけるわけにはいかない――利害関係は大きかったのだ。不穏な六〇年代にあってはアカデミー・フランセーズの支配は迫害から相対的に免れることを、そして新たな未だ不可思議とも言うべき力――世論――に特権的に近づくことを意味したのであった。迫害はより散発的となっていたが、しかしそのとげを全く失っていたわけではなかった。若いラ・バールが首を刎ねられその死体が火あぶりにされた時、ヴォルテールはフェルネーからジュネーヴに逃れた。そしてフランス人の作家の租界を外国に建設しようと試みたのであった。彼はモルレに書いた。「パリで起こったばかりの光景は、同志が互にその秘密と名前を注意深く隠さねばならぬということをよく証し立てています。……かくも不幸な状況にあっては、賢者は沈黙し時を待たねばなりません」(4)。ディドロは亡命するよりは待つ気になっていた。だが、警戒すべき理由があるという点ではヴォルテールと同意見だった。一七六六年八月、ラ・バールの処刑から一月ちょっと後に、彼はファルコネに書いた。「文学者たちは君が考えるほど自由ではない。彼らにも暴君がいてその許可がなければ姿を現すことも成功することもかなわないのだ」(5)。そして彼はまた、フランスにおいて最近起こったイエズス会の解散は迫害勢力を弱めるどころか反イエズス会系の狂信者たちの力を増すばかりであったという点、そして彼らが新思想に対して怒りを集中させるのを許す結果になるであろうという点でも、ヴォルテールと同意見だった。一七六六年十月、ディドロはヴォルテールの言葉を借りながらヴォルテールに述べた。この「獰猛な獣たちは」――高等法院勢力のことだか――「えさを欠き、そして今やもう食べるべきイエズス会士どもがいなくなったので、フィロゾフたちに襲いかかってくるだろう」ということを自分は知っている、と。(6) そして一年後、ラ・バール事件の興奮が薄らいだ後でもなおディドロは昔ながらの圧迫を感じていた。「文学は苦しんでいる」と彼は書いた。作家たちは「政府、宗教、道徳について」論じることを禁じられている。「他の何で食べていけばいいのか。他のものは努力するに値しないというのに」(7)。

しかしながらこうした不安の只中にあって、フィロゾフたちは次第に進歩の諸勢力の象徴となりそれを支配するに至ったのであった。一七八七年、フランスの歴史家リュリエールは自分を迎え入れるアカデミー・フランセーズに対して次のように述べた。すなわち、哲学が純文学から自らを解放し、そしてパリが「ヴェルサイユの」宮廷から自らを解放したのは一七四九年であった、一年前でも一年後でもない、まさしく一七四九年であったのだ、と。「われわれが〝世論の帝国〟と呼ぶに至ったところのものがわれわれの間に現れたのはその時でした」(8)。フィロゾフたち自身、変りゆく雰囲気を鋭く感じとっていた。世論がフランスを治め始めているまさにその時フィロゾフは世論を治め始めているのだと、ヴォルテールは確信をもって主張した。そして他のフィロゾフたちもダランベールが確信を抱いた通り、世紀中葉こそ思想の歴史の上で一時期を画したのだと復唱してやまなかった(9)。

それは一時期を画したのだった。なぜなら啓蒙主義のいや増す急進主義と増大する自由とは、西ヨーロッパの政治・経済・社会における、しばしば地下に隠れていたとは言えもとに戻すことのできない諸変化を反映し、またもたらしたからである。フィロゾフの一族の中で民主主義者と無神論者が先頭に立った時、急進派は西ヨーロッパ世界のいたるところで当局に叛逆した。産業上の訓練と手工業・農業・医学また統治における新技術の案出とがいや増す速度で進んでいた時、ヴォルテールは「恥ずべきものを粉砕する《エクラゼ・ランファーム》」ためのキャンペーンをひっさげて表面におどり出てきた。ルソーは二冊の革命的著作、『社会契約論』とその姉妹篇たる『エミール』を世に送った。ディドロはその『百科全書』を完成して出版しなかったとは言え、もっとも破壊的な対話を幾篇か書いた。レッシングは文学評論を刊行し、ベッカリーアは『犯罪と刑罰』(*Dei delitti edelle pene*)を出し、ドルバックはその最初の唯物論的攻撃を放った。世紀中葉が思想史上一時期を画したのだとすれば、それを画したのはフィロゾフたちの思想であった。そして不安であったにせよなかったにせよ、フィロゾフたちはその事実に気が付いて幸せだった。啓蒙主義とその世界とは相たずさえて近代的なるものへと、扇動し指導するフィロゾフたちと共に一歩を、しかし決定的な一歩を、進めたのである。

(1) *Lettres persanes*, in *Œuvres*, I. part 3, 152-3 を参照。
(2) Lettre XXIV, *Lettres philosophiques*, II, 173-4.
(3) 事件の全体については、Voltaire : "Les Quand," *Œuvres*, XXIV, 111-13, and 111 ***n*** を参照。
(4) ヴォルテールからモルレへ(一七六六年七月七日)。*Correspondence*, LXII, 14-15.
(5) *Correspondance*, VI, 259.
(6) Ibid., 334.
(7) ディドロからファルコネへ(一七六七年五月一五日)。Ibid., VII, 56.
(8) アーサー・M・ウィルソンは *Diderot : The Testing years*, 94-5 でリュリエールの演説から長い一節を引いている。
(9) これまでしばしば引用されてきたダランベールの発言については、Ernst Cassirer : *The Philosophy of the Enlightenment*. (1932 ; tr. Fritz Koelln and James P. Pettegrove, 1951), 3-4 を参照。

II 過去から未来へ——大転換

1

フィロゾフたちは神経の回復を自らの計画に取入れることによって、その古代に対する相反する感情を解決し、自らの解放を完成した。古代人たちは自然の力と人間の非合理性の前に無力さを感じたし、古代の哲学者たちは深いペシミズムに浸された体系のうちにこの無力を合理化していた。哲学することはいかに死ぬべきかを学ぶことであった。歴史を研究することは、無垢と名誉と男らしさのある種の黄金時代からの、人類の下降の跡をたどることであった。人間は自分のことは自分で処理できるという仮定に基づくプラトンやアリストテレスの野心的な政治的構築物でさえ、遍在する圧制の恐れ、あるいは情念の野蛮な力といったものに対する防衛手段として、もっぱら企てられたものであった。古代の思潮に対するその賞賛にもかかわらず、フィロゾフたちはこのような諦めの哲学的営為に満足したままでいることはできなかった。代わりに彼らはその行動主義と実用主義とによって、ルネサンス以来進行中だった人間の人生観における一大方向転換を完成したのである。

啓蒙主義がひいきにする古代の哲学者の間にさえ、陰鬱な気分が支配的だった。フィロゾフたちが攻撃の一つの範例、「恥ずべきものを粉砕する」キャンペーンの一案として好んで読んだルクレティウスの『事物の本性について』(*De rerum natura*)は十八世紀が分け持つことのなかった、そして見ることさえなかった憂鬱に支配されていた。それは陰気な気分であって、二〇世紀の読者なら実存主義的絶望とでも形容したくなるものだ。ゲーテにはそれが分った。彼は一八二一年にフォン・ミュラーに語った。ルクレティウスは広くゆき渡っている迷信に憤慨して極論に陥ったのだ、と。彼は言った。「その教訓詩全体を通じてわれわれは暗く無気味な精神に気付くのです」[1]。ずっと最近になってジョージ・サンタヤナはその詩の中に憂鬱以上のものを発見した。彼はルクレティウスの死の恐怖に対する攻撃を生の恐怖として描く。「第三巻末尾の死の恐怖に反対する偉大な一節の持つ力は……もっぱらそれが描く生の狂気の図に由来している」と彼は書いている[2]。

サンタヤナの逆説は探ってみる価値がある。古代の哲学者たちは人びとを死の恐怖から解放しようと努めた。それと言うのも、一旦この恐怖から解放されれば人びとは迷信の恐怖と病的な先入見を越えるであろうから。暴君と言えどもこうした自由を享受する人に対してはいかなる手だても持っていなかった。と言うのも脅し、ゆすり、拷問は彼にとって何を意味したであろう。古代ローマの政治状況に照らせば——そしてフィロゾフたちが古典古代の知的滋養をもっぱら得たのは結局ローマからであってギリシアからではなかったのだが——死の恐怖からの解放は道理にかなった哲学的目的であった。なぜなら哲学者たちの政治的自由は一般に耐え忍ぶ自由と殆ど異なるところがなかったからである。退廃的な政府と気紛れな独裁の、時として共犯者、より多くは犠牲者たる哲学者たちは、破滅を招きかねない危険な世界に、そして全く文字通りどんなことでもしかねない無情な世界に生きていた。人間の自殺する権利を彼らが執拗に主張するのはかくして、威厳ある生など往々にして不可能な恐るべき現実を認識したからであった。ヴォルテールが指摘したように、カエサルは「犯罪人を殺すことは罰することではない」という理由で友人カティリナの死刑に反対したのであった。つまるところ死は「何ものでもない」。それはわれわれの災難の終りであって、「恐ろしい瞬間と言うよりは幸福な瞬間」なのだ[3]。古代人にとってはこの世を去る瞬間を選択する権利は神聖にして否定し難いものであった。彼らは格言風に言った。自由な人間には扉が開いているのが常に判るであろう、と。

　古代の哲学者たちは教義上の和解し難い意見の相違によって分裂していた。彼らは互に軽蔑の悪罵を投げ合った。互に衒学者、狂信者、偏屈者、好色家などと呼び合った。しかしこの問題一つに限っては、彼らの意見は一致していた。すなわち死の恐怖は生のこの上ない敵である、というのである。哲学上の諸体系を調停することを自分の仕事と考えたキケロは、ソクラテスの考えをそのまま繰返している『トゥスクルム論議』(*Tusculan Disputations*)の第一巻でこの一致を明日なものにする。彼は論じる。人がたとえどの哲学学派を選ぼうとも死は悪ではない。(ストア派の哲学者たちが教えまたキケロが好んでそう信じたようにもし魂が不死であるなら)、それは下界で永遠の苦しみを受けることはないであろう。黄泉《ハデス》の国は迷信深い人間たちの馬鹿げた思いつきなのだ。(エピクロス派の哲学者たちが不信仰という非難に勇敢に立向って主張したように)、もし魂が死すべきものであるなら即座に起こる消滅は完全な無感覚を意味する——そして、感じないものを誰が恐れる必要があろう。

　ソクラテスを異教古代の民間英雄にしたて上げたものは、この至るところに遍く見られる〔死に対する〕関心であった。ソクラテスは死と対峙しそれを打ち負かすことによって生の諸問題を克服したのだった。ソクラテスの最後の数時間の物語が近代の人びとを畏敬へと突き動かしたように、それは古代人を英雄的行為へと突き動かしたのである。死はそれがソクラテスの死に似ていさえすれば賞賛するに値したのだ。そのような死の一つがローマの貴族ユリウス・カヌスの死であって、その最後の数日はセネカによって広く世に喧伝されたのであった。カリグラとの諍論の後、皇帝はカヌスの処刑を命じた。死を宣告された男は宣告が実行に移される前の十日間、全く案ずる風もなく友人たちとラトルンクリス latrunculis すなわち古代のチェスをして過した。彼がゲームに興じているそのさ中に「刑の宣告を受けた連中を死へと導きつつあった百人隊長が、カヌスにも召喚されることを命じた。召喚されると彼は駒を数えて仲間に言った。『僕の死んだ後で嘘をついて君が勝ったなんてまちがっても言い張らないでくれよ』。それから百人隊長にうなずいてこう言った。『君は僕が駒ひとつリードしていることの証人だよ』。このような男を失うことを彼の友人たちが嘆いた時、カヌスは彼らに悲しまないでくれとしきりに頼んだ。そして霊魂が結局不死だと判ったら死後の魂の状態について報告に戻ってくると約束したのだった。彼は彼のストア派的勇気を正しく最後まで持ち続けたのである。セネカはこう叫んでいる。「嵐のさ中にありながらここには静穏がある！　ここにこそ不死に値する精神がある！」こうした物語はラテン文学ではありふれたものとなった——たとえばタキトゥスの『年代記』(*Annales*)も二人のストア派の自殺者の話で終っている——だがセネカはカヌスの運命に深く引き込まれていたように思われる。彼は結論する。「このように偉大な人間は性急に見捨てられてはならない。そしてわれわれは必ず彼について語らねばならないのである。私はあなたをあらゆる時代の人びとの記憶へと伝えるであろう！」(4)。

古代の哲学的精神にとって死は生の冠石《かむりいし》であった。それは自分の哲学が本物であること、そして最後のもっとも苛酷な試錬に耐え得るものであることを証明するまたとない好機だった。そして死は(死後の伝記と埋葬の記念物を通して)生をちらと返り見て、なされた栄えある功績を数え上げる一つの機会であった。キリスト教は死についての関心を保持したが、しかしその精神的意味合いを変え、その意味するところをひっくり返した。死は人が自分の能力を十全に保有したまま死ぬほど運がよい場合は、悔い改めの良い機会となった。そしてそれは誰にとっても未来の生への入口であった。キリスト教徒は死を英雄的なドラマの最後の一幕としてではなく、至福あるいは苦悩の来世の第一幕と考えたのであり、この世の生活はその単なるプロローグに過ぎなかった。千年以上にもわたって聖職者たちは迷える信徒たちに生を余りに愛し過ぎると小言を言い続けた。良きキリスト教徒は神を愛し救済を祈らねばならぬ、というわけだ。記憶に留められ回想のうちに誉め称えられる価値のあるこの世で唯一の行為は、聖人たちの殉教であった。

ルネサンス期と十七世紀には、キリスト教の死に対する考えは古代思想がますます混入して複雑なものとなるに至った。念入りに作られた記念碑は人類の偉大さを誉め称え、一門の虚栄心をくすぐり、そして死を真に恐るべきものと——人間の解放者としてではなくその敵としてであるが——思わせた。死は今やそのかき立てる恐怖そのものによって生の新たな価値を強調する、見るだに恐ろしい骸骨として描かれた。偉大な伝統を心にとめている厳格なキリスト教徒たちにとっては、十七世紀の死の様式は異様に不純なものと映った。恐怖を抱いて死ぬことは神の計画に対する批判のように見えた。恐怖を抱かずに死ぬことは余りにしばしば世界の異教的、哲学的な受容に見えたのであった。ヨーロッパ中の信心家たちは死の技術についての古い荒っぽい教えがキリスト教的生活技術に関するより穏やかな教えに取って変えられたと考えた。キリスト教徒たちは死ぬことが(ニューマン枢機卿が十九世紀によく言っていたように)「わが家に帰る」ことであることをまだ理解していた。けれどもキリスト教の言う永遠の家庭の輪郭は、アルミニウス派の牧師たちや近代の聖職者たちの優しい指導のもとに信者たちが神への義務と世俗の社会への義務を和解させようと努めるにつれて、次第に曖昧なものとなったのであった。

とは言え、ルネサンスの王侯たちに捧げられた豪壮な記念碑やあるいはイギリス国教会の牧師たちの物柔らかな説教が生への熱烈な執着を示しているのに対し、宗教的回りくどさを抜きにして新たな世俗性をもっとも明瞭に表現したのはフィロゾフたちであった。例の如くフィロゾフたちはキリスト教から離れて古代思想に訴えた。そうして、論争のポイントを押さえてしまうと現世に対する近代的な信頼によって彼らの古典古代への信奉を和らげたのだった。

そこで古代の活用は、フィロゾフたちの過去に対する特徴的な態度のもう一つの例に過ぎないということになる。ディドロはカヌスの英雄的行為についてのセネカ自身の話を繰返し、更にセネカ自身の哲学的自殺について彼の評価をつけ加えている。かくしてディドロは古代の哲学的営為の威光を彼自身の論争的目的のために借用するのだ。セネカはカヌスについて「語らねばならない」と言った。カヌスについて語ることによってセネカはカヌスを忘却から救うであろう。証人となることによって哲学者セネカはその勇気ある人間カヌスに不死性を与え、こうした勇気を他の人びとに吹込むのだ。今やディドロはセネカを長々と引用することによって、カヌスが長く記憶に留められるであろうというセネカの確信を正当化する。そしてセネカ自身の勇敢な死を称揚することによってディドロは立派に死んだもう一人のローマ人セネカを永遠に伝えるのである。ディドロはそれとなくほのめかす。他のいかなる学問にも増して哲学は時のもたらす破壊を償い、暦に抗うのだと。彼は叫ぶ。「おお、セネカよ。君はソクラテスと共に、あらゆる不幸な著名の士と共に、古代のあらゆる偉人と共に、私の友人たちと私の間を結び、あらゆる時代の教育ある人びととその友人たちの間を結ぶこの上なく甘美な絆の一つであり、またそうあり続けるであろう。君は依然としてわれわれがしばしば交した会話の主題であったし、また彼らの会話の主題であり続けるだろう」(5)。こうしたテーマに心安らかではいられないわれわれの世紀、そして勇敢な死を哲学よりは幸運あるいは気質のせいにしがちなわれわれの世紀は、こうした熱狂を幾分不自然なものと、また当惑させるものとさえ、思うかも知れない。しかし哲学の自律性および他の全ての生の案内者に対するその優越性を擁護しようと努める人びとにとっては、死に逆らう哲学的勇敢さは宗教を求めることに反対するいま一つの議論に他ならなかったのである。

そこで死は十八世紀においては言葉のもっとも広い意味において一つの政治的論争点であった。死すべき良き異教的方法があったとすれば、これがキリスト教の信仰のうちでもこの上なく大切にされていたものの幾つかに疑問を投げかけたのであった。聖ヒエロニムスがルクレティウスを気違い、自殺者として片づけることによって彼の信用を失墜させようと企てたのとまさしく同様に、十八世紀のキリスト教徒たちはヴォルテールの最後の瞬間に関して品位のない論争をしかけた。証拠は不十分であったし、不十分なままに留まらざるを得ないが、しかし信心深い人たちは二つの可能性を考えた。すなわち彼らはヴォルテールが悔い改めたカトリックとして死んだのだと陽気に報告するか、あるいは老いぼれめは恐ろしい苦悩のうちに死んだのだとこれまた陽気に告発するかの、どちらかだったのである。大分たってからフローベールは昔の話を蒸し返した。『ボヴァリー夫人』(*Madame Bovary*)の中でブールニジャン師は隔週の日曜にヴォルテールの最後の苦悶の話をすることで信者たちを教化するのだ。その敵たちに劣らず無情なフィロゾフたちの側では、ヴォルテールは今はの際にイエスの悪口を言ったということを証明しようとして詳密な話を作り上げた。論争はわれわれには無情でしかも一向に要領を得ないものに見える。しかしそれは十八世紀の人びとが情熱を傾けて議論したことだったのである。

ヴォルテールの最期の様子に関してはどこか疑問があったのに対して、ヒュームのそれに関してはいささかの疑問もあり得なかった(6)。十分に報告されたので論争の余地を残さなかった。ヒュームは彼がそうして生きたのと同じように、冷静で皮肉な勇気をもって完璧な不信心者として死んだ。しかも彼は孤立したケースではなかった。ルソーがその諸著作においてあのように執拗でやっかいな基調低音となっているいかめしいスパルタ風の流儀を採用しながら、現代では人びとはもはやいかに死すべきかを知らないのだと宣言した時、彼はいわれなき郷愁に屈していたのである。

　他のフィロゾフたち同様ヒュームは人間の自殺する権利を擁護した。そして古典古代の作家たちに同調し、キリスト教の禁制を明るみに出した。しかしながら、ついでに述べておくに値することだが、フィロゾフたちは自殺のテーマをかなり詳細に探究し原則としてそれを承認しながら彼らのうちの誰一人として——どんな事件においても確実な死と向き合っていたコンドルセというまさかと思われるような例外もあるにはあったが——その個人的な苦しみがどんなものであったにせよそれに訴えることはなかったのである。生はその単調さ、その当てはずれや悲惨さにもかかわらず生きるに値するものだった。死のような陰気なテーマを扱いながらもヒュームは陽気さを失わなかった。そして疑いなくヴォルテールは彼がいかように死んだにせよ生を愛する人間の執拗さで生に執着していたのであり、それを越えたいかなるものにも期待を抱かなかったのである。セネカはその論策『人生の短かさについて』(*De Brevitate Vitae*)の中で、ギリシアとローマにおける殆ど全ての思慮深い古代人の信ずるところを金言風に明言していた。「いかに生きるかを学ぶことはいかに死ぬかを学ぶことである」と。彼の先駆者たちは存在の空しさについての、死の平静な状態についての、そして喜んで迎えるべきものを恐れることの馬鹿らしさについての対話によって、このストア学派の格言を準備したのであった。それはディドロのような古典古代信奉者の評価し得る種類の格言であった。ディドロはそれを引用した。彼はそれをひっくり返して、その過程でいくらか調子を明るいものにした。彼は書いた。「いかに死すべきかを学ぶことは、いかによく生きるかを学ぶことである」と。[7] しかしながらディドロの他の作品はその多様性、その豊かな生命力、失望と時おり襲う倦怠のただ中になお見られる頑固な希望とによって、いかに死すべきかを学ぶことに対する彼の関心がもっぱら古典古代の追想に他ならないことを示唆している。十八世紀にとっては一般に、そして啓蒙主義にとっては特に、よく死ぬことはそれほど問題ではなく——最後にはできる限り最善を尽してそうしたのではあるが——要を得て生きることが問題だったのである。

(1) ゲーテからフォン・ミュラーへ（一八二一年二月二〇日）。*Gespräche*, in *Gedenkausgabe*, XXIII, 121-2.
(2) *Three Philosophical Poets* (edn. 1953), 53.
(3) "Atheist, Atheism," *Philosophical Dictionary*, I, 101-2.
(4) *De tranquillitate animi*, XIV, 7-10.
(5) *Essai sur les règnes de Claude et de Néron*, in *Œuvres*, III, 12.
(6) ヒュームのストイックな死のかいつまんだ話に関しては、*The Rise of Modern Paganism*, 356-7 を参照。
(7) *Essai sur les règnes de Claude et de Néron*, in *Œuvres*, III, 339.

2

　現世に対するフィロゾフたちの愛にはある皮肉な側面があった。すなわちその愛は未来に向けられており、かくしてやや奇妙なことだが、キリスト教の救済に対する関心に類似していたのである。だがこの類似は、目立つものとは言え本質的と言うより修辞的なものである。十八世紀のキリスト教徒は、ともかく彼の思いつく範囲で天国に値するように生きたいと望んだ。他方フィロゾフは後世の称賛に値するように生きたいと望んだのだ——ともかく本人が思いつく範囲内においてであるが、それと言うのもフィロゾフたちが死後の評判を大いに気にかけていたという証拠は余り見られないからだ。けれども彼らが後の時代の人びとの眼に映る自分たち自身の姿をありありと心に描く時はあったのであり、その時彼らは人類の利益のためをはかる彼らの仕事のゆえに記憶に留められたいと望んでいたのである。

啓蒙主義運動の中ではきわめてしばしばそうであったように、その問題をもっとも精力的に探ったのはやはりディドロであった。一七六五年遅くに開始され翌年中続けられた文通で彼は友人の彫刻家ファルコネと一二通の手紙を交わしたが、その中で彼は後の世代の称賛に値したいという人類の憧れを分析しかつ擁護した。長い手紙であって、そのうちの幾つかは相当に大きなパンフレットになるくらい長大なものである。博識に富み弁舌さわやか、かつ途方もないものだ。けれどもその繰返しの多さ、時折見られる大言壮語や耳障りな古典への言及にもかかわらず、それはキリスト教徒をフィロゾフたちから隔てている距離に関する貴重な証拠を提供するものである。ディドロはそうした距離をある警句において明瞭なものにした。彼は書いた。「哲学者にとっての後世、それは信仰心篤き人の来世なのです」(1)。ディドロはファルコネに語った。後世と天国とは同じ心理的目的に役立つ精神的構築物である。両者とも死後のある種の生存に対する熱望、「不死の感情と後世の尊敬」に対する熱望を満足させるのだ、と(2)。とは言え二つの観念は異なる起源を持っており、そしてまたきわめて異なった行動形態を産み出すものである。

事実ディドロの議論は始めから終りまで徹底して非宗教的であり、猛烈に反キリスト教的である。彼は論ずる。人間は本来栄光に対する野心が余りに強いのでとても地球上の名声では満足しきれない。「もしわれわれの作品が土星まで届くのであればわれわれは土星でも称賛されたいと思うでしょう」(3)。この称賛に対する熱望は未来への訴えかけによってもっともよく満足される。同時代人の称賛は他人の嫉妬と野心とによって歪められるからだ。来るべき世代の称賛は歴史に名高い行為やあるいは偉大な芸術作品に対する私心なき賛嘆にまで昇華するかも知れない。それと言うのも、至高の審判者たる良き趣味は決して死ぬことのない存在だからである。確かに——ディドロはこのことを強調する——後世は未来のではなく現にある現実なのだ。自分に不死をもたらしてくれると期待する行為を人びとが遂行している時、それは想像のうちに姿を現す。人びとは立派な演説や見事な彫刻作品、あるいはたとえばカラス一家の為をはかったヴォルテールの努力のような度量のある行為といったものを後の世代がいかに評価することになるか、ありありと心に描いてみるのを好むのだ。「後世とは経験によって正された現在の反響に他なりません」(4)。そして後世が謂わば現に生きている人びとの中にのみ有形化するのとちょうど同じように、それはもっぱら彼らのためにのみ存在する。人びとはひとえに思い出される作品を通してのみ不死性を実現するのであって、決して彼らの肉体や霊魂の中に実現するわけではない。ディドロは書いた。大部分の人間はもの言わぬ獣のように滅びる。美貌と才能をそなえた少数の人間だけが栄光に包まれて死ぬ。そしてそれは「後世の感謝の上に期待すべき、彼らのこの上もなく甘美な報酬なのである」、と。[5]

ディドロはこの報酬の心理的効果を固く信じていたので、たとえ万一それが幻想であると判ってもそれを支持する覚悟ができていた。彼はそれを幻想とは考えなかった。しかし彼の強調したように、たとえ幻想だとしても、人びとはそれによって生きるべきなのだ。と言うのもそれは彼らの精神を高めるであろうし、父親が子供を眺めあるいは芸術家がその作品を眺める時しばしば彼らを苦しめるあの失敗とはかなさの感覚に抗して精神を強化するだろうからなのである。数年前信仰告白の社会的効用を擁護したルソーとよく似て、ディドロは一つの神話をその有用性ゆえに進んで推奨していた。だがディドロの神話は非宗教的なものであった。それはいかなる超自然的神秘もまたいかなる宗教的是認も求めなかった。人びとに後世の尊敬を期待させることは彼らに徳高き行為への動機を与えることであった。だからこそディドロの他ならぬ神話は有効性に対する啓蒙主義の情熱の特徴的な表現となるのである。

（1）ディドロからファルコネへ（一七六六年二月一五日）。*Correspondance*, VI, 67.

（2）ディドロからソフィー・ヴォランへ（一七六五年一一月二一日）Ibid., V, 190, その他参照。——こうした言い回しは明らかに彼のお気入りのものである。

（3）ディドロからファルコネへ（一七六六年一月一〇日）。Ibid., VI, 15.

（4）ディドロから同人へ（一七六六年二月一五日）。Ibid., VI, 84.

（5）ディドロから同人へ（一七六六年一月二七日）。Ibid., VI, 37.

3

啓蒙主義は実現をみていない様々の可能性をはらむ領域としての未来に執着した結果、その分だけ過去を軽視する結果となった。フィロゾフたちは歴史を拒絶はしなかった。彼らはそれが面白いものであり、教訓に富み、また非常に興味深いものだと考えた。けれども彼らはそれを権威ある導き手とは思えなかったのである。過去は——わけても古典古代の過去は——特に文学と倫理学における栄光に満ちた凌駕し得ない業績の宝庫であり、魅力ある人物たちの博物館であった。しかしながら過去はまた、しかも大抵の場合は、過ちと犯罪の悲劇的な堆積物であり、模倣すべき範例のためではなく避けるべき誤りと償うべき不正のためにこそ研究されて然るべきものであった。ある思想なり行為なりのためになされる一切の議論のうちで、伝統を拠り所にした議論はフィロゾフたちにはもっとも当てにならぬ説得力の乏しいものに見えた。ロックはそのことを断固主張した。「どんなにうまくいったところで、かつてあったところのものを拠り所にする議論は当然あるべきものに対して何ら大きな力を有しないのである」[1]。そしてフィロゾフたちは彼に同意したのである。

ロックに同意することによって、フィロゾフたちはこの点で古代人たちと対立していた。古代人たちは、生の確認として死に目を向けたのと同じ様に、自分たちの理想のために過去に目を向けたのであった。古代の人びとに自分たちの古代人がいなかったのだというディドロの感じ入った評言は機知に富んだものであったかも知れない。がそれは間違っていた。事実ローマ人たちは、また彼らに先立つギリシア人たちも、ある程度までは郷愁に浸っていたのだ。都市の文明化した人間として彼らは田園の英雄たちと牧歌的な羊飼いたちを誉め称えたのである。

郷愁は人間の心に底深く流れている。それは殆ど抗し難いほどである。それは一般に現在（そこにはつねに批判すべき点が多々ある）に対する理性的な批判を装うし、また過去（そこにはつねに称賛すべき点が多々ある）に対する理性的な称賛を装うだけになおさらそうなのである。だが郷愁は理にかなった批判と称賛とを理不尽なところにまで押し進めてしまう。郷愁は健全な不満足を、一層単純な状態への、先祖返り的熱狂に転化してしまう。すなわち、まさしく決して存在しなかったがゆえに全く透明な純粋さのままに回想される無垢で幸福な幼年時代への熱狂にである。郷愁は退行が取り得るこの上なく詭弁的で人を欺き易い形態なのである。

ギリシア人たちは田園詩——都市の文明のみが産み出し得た単純質朴なジャンル——を創案することによってこうした退行を創案した。ローマ人たちはそれが頭から離れなかった。「おお時世よ、おお風俗よ！」（O tempora, O mores!）と叫んだのは、俗事に通じた人間で恐らくは感傷的なところなどなかった政治家キケロであった。初期の共和主義者たちによって実践された簡素な作法、彼らの質素な食事と飾らない衣服、男たちの伝説的勇気と女たちの汚れなき美徳、といったものほど深く彼の心を、あるいは彼の後ではセネカの心を、動かしたものはなかった。約束を違えるよりは待ちうける拷問と死に立ち向かおうとしてカルタゴへ戻ったレグルスは、何世紀も以前に人びとの心を揺り動かした。しかもルソーよりは遙かに感傷的でない人びとの心をなのだった。都会風に洗練された、しかも醒めた人間であるホラティウスは心を打つ頌詩《オード》をレグルスに捧げたし、名声と快楽の只中でまた別の頌詩を書いてローマ的美徳の衰微と彼自身の時代の堕落を嘆いた。ユヴェナリスでさえ、いつもは同時代の野卑と退廃を告発するのに忙しくて過去を振り返る暇などなかったのであるが、その第二諷刺詩において、彼の時代のローマに出没しその統治を誤またせている香水をつけたダンディーやみだらな婦人たちを、カンネーで倒れたスキピオ一族と若く勇敢な兵士たちはどう思うだろうかと、大げさにいぶかって見せたほどだったのである。

かくの如き神話作り——時間的な原始主義——にはローマの近隣諸国に対する称賛——空間的な原始主義——が伴っていた。高貴なる野蛮人はローマの過去のみならずローマの辺境にもいたのである。ギリシア人とローマ人の英雄伝説はゲルマン人やペルシア人の上に投影された。タキトゥスはその『ゲルマニア』（*Germania*）の中で単に原始主義的ユートピアを描いていたのではなかった。そうではなく、そこでは理想化の調子が紛れもないものなのである。そしてその他のローマの作家たちも自分たちを取巻く部族と民族の間に、奢侈あるいは空しい哲学的営為によって損なわれていない善良な人間を見出すと公言したのだった。

こうした原始主義の全てが真面目に受取るに値するとは限らない。そのあるものは政治的プロパガンダだった。それはアウグストゥスのような皇帝の目的に役立ったのであり、彼は（ギボンがいずれ認めるように）復古の名において革命を行ない古い国家という修辞を用いて新しい国家を建設したのだった。それは階級関係の改革と社会的習慣の改善とに対する反動家たちの抵抗を威厳ある言葉で包み隠すのに役立った。その上古代においては郷愁はしばしば批判的機能をそなえていた。それは普通、抑圧的政府が許容した唯一の批判の形態であった。この郷愁自体もまた批判されずには済まなかった。ギリシア人もローマ人も常識を健全に働かせて等しくそれに対抗した。詩人たちは現在の中で生きるよう読者に勧めたし、その試論が原始主義的説教で満ち満ちていたセネカはそれでも、退廃に関する大部分のおしゃべりは単に文学上の約束ごとに過ぎないのだということを認めていた。タキトゥスはローマの衰退に関する長大な批判のさ中に、自らを押し留めて驚くほど客観的に次のような観察をすることができた。すなわち、「過去は全ての点で勝っていたわけではない。われわれ自身の時代も後世が模倣すべき多くの優れた文化的見本を産み出したのだ(2)」と。同じ気持からペトロニウスは彼の時代の修辞家たちによって詩的才能が窒息させられていることを嘆いたのであり、エウリピデスの時代を憧れると公言した。だが彼は若い詩人たちに、過去を入念に学び次いでその貴重な重荷から自由になって自分自身の天才に語らせるよう忠告していた。好古熱が教養ある人びとを捉えたのは文化的衰退あるいは少くとも文明化された倦怠がもはや留まるところを知らなくなったアントニウス一族の時代になってからに過ぎなかった。彼らは長らく無視されていた英雄たちの偉業を誉め称え、古代のヴィンケルマンさながら廃墟を参拝して回った。そして老いゆく世界帝国の中にあって共和主義的風習の純粋さを回復しようと大いに骨折った。

郷愁はローマ帝国の後まで残った。そして何世紀にもわたって詩人、小説家、随筆家たちは原始主義の多くの形態を試みた。彼らは幸福なインディアン、賢明な中国人、上品な原住民、また情愛豊かな動物たちをさえ、理想化した――それらはみな善良で純粋で勇敢であり、そして都市文化の人為的諸手段から遠ければ遠いほど一層善良、一層純粋、一層勇敢となる、というわけである。食人種に対するモンテーニュの皮肉たっぷりの称賛、そしてドライデンの「高貴なる野蛮人」という適切な言葉は啓蒙主義の時代にもその人気を失っていなかった。大方の哲学者とフィロゾフたちが文明化を誉め称えていたのに対し、文化を批判する少数の人たちは文明というものに対する彼らの嫌悪を雄弁に口に出して言った。そして洗練された人たちがもっとも評価する当の学識こそまさしくもっとも有害なものであるという逆説を活用したのだった。

しかしながら少なくともフィロゾフたちの間にあっては、この文化批判はそのねらいにおいてではなくもっぱらその装飾物において原始主義的であった。他の急進派と同じように、フィロゾフたちもまた時として郷愁に満ちた空想を楽しんだ。彼らは夜想にふけった詩人たち、あるいは想像上の文化を構想した小説家たちを共感をこめて読んだ。けれども彼ら自身の「原始主義的」著作――ルソーの最初の二つの『論文』（*Discours*）とディドロの『ブーガンヴィル航海記補遺』（*Supplément au Voyage de Bougainville*）――は感傷的というよりは批判的なものであった。なる程ルソーは長い間原始主義者という評判を得てきたし、その評判はフィロゾフたち自身の間にそもそもの起源を持っていた。ディドロはルソーの名高い『学問芸術論』(*Discours sus les sciences et les arts*)を「文明国家に対して野蛮人を」称揚した「古い新味のない喧嘩」、「無知の弁明」と評した[3]。またヴォルテールはルソーが彼に『不平等起源論』(*Discours sur l'origine de l'inégalité*)を、すなわちあの「人類に反対する新たな著作」を贈ってくれたことに対し当意即妙に感謝したのだった[4]。しかしディドロの酷評もヴォルテールの機知もしばしば非常に的を射たものではあったが、ここでは共に見当違いだった。修辞上の行き過ぎと逆説好き、現今の文化のへりくつと嘘偽に対する彼の心からなる反感にもかかわらず、ルソーは文化のない自然状態を発見することにではなく、人間の真の本性を実現するような文化を発見することに精力を注いだのである。彼は強調した。「人間の本性は後戻りすることはないし、一旦そこから離れてしまえば無辜と平等の時代へ遡ることは決してない[5]」。ルソーは簡素さと情愛の深さ、家族生活、牧歌的祝祭、伝説的なローマの、また同じく伝説的なスパルタの英雄たち、といったものを理想化した。しかし彼の郷愁は決して原初の自然状態へは向かわなかった。ルソーの言う自然の野蛮人は人好きのする、道徳とは無関係の、そして本質的に面白くもない動物であった。

このように分析すれば、ルソーは文明に対する一つの批判として自然を援用した大方の作家たちと一致していたわけだ。本当の原始主義者は殆どいない。そして明らかに――ディドロのルソーへの反応が示しているように――一方の原始主義は他方には文明主義なのだ。ディドロの『ブーガンヴィル航海記補遺』を彼のルソー批判に照らして読むのは愉快である。それと言うのもディドロは理想化されたタヒチの一部族を提示しているのであって、その年長者たちは理神論の生まれながらの哲学者であり、またその部族の人たちは生を肯定し、セックスを楽しみ、そして常に真理を語っているからだ。しかし『補遺』は大体のところ原始主義的論文ではない。それは幾つかの点で少数派の報告書なのであって、西洋文明の洗練ぶりに誰もがのぼせ上っていることに対する異議提出である。その上それは、ディドロの実験的方法に極めて特徴的な、二者択一的な道徳的立場のいたずらっぽい探究である。それはまた私が比較文化的対話と呼んだところのものであって、性的関係についてのキリスト教的偽善の有害な結果を暴露するために意図されたものなのだ。だがこうしたことにもかかわらず『補遺』はルソーの『論文』とまさしく同様に、西洋文明を破壊するのではなく純化し完全なものにしようと努めているのである。ドライデンの高貴なる野蛮人はいかなる法にも従わず、またいかなる束縛も知らない。

私は自由だ、自然が初めて人間を作った時さながら、
隷従の下劣なる掟が現われる前、
高貴なる野蛮人が森深く無軌道を極めていた頃の如く[6]。

しかしルソーの政治前的人間とディドロのタヒチ人の肝心な点は、まさしく、彼らが高貴であるにもかかわらず野蛮人ではないということであり、また彼らは無軌道を極めていないということである。

彼らはルールに従って生活しその衝動の幾つかを抑制する。それはもっぱら彼らの技術が自然においてよいとされるところのものと一致しているからである。ディドロにとってと同様ルソーにとっても、文明の病の治療法はより多くの、そして正真正銘の文明化なのだ。フィロゾフたちの原始主義は一言で言えば逃避の目的にではなく、改革のそれに役立ったのである。

フィロゾフたちは一般に郷愁を疑わしく思っていた。そしてそれに対してもっとも持続的な批判の幾つかを向けた。十七世紀の古代派と近代派との間の論争の影響下に著作をしていたモンテスキューは、相対立する二つの感情をまだある程度のぞかせている。彼には古代人の文学上の偉大さとその経済的繁栄とについての古代人自身の評価を受け容れたいとする気持があった。けれども同時に彼は、自然自体が衰微しているのであり、夏は昔ほど暑くなく、冬は昔ほど寒くなく、鉱山は昔ほど産出しないし、また友情は昔ほど厚くないというあの聖キプリアヌスのよく引かれる嘆きをあざ笑った。そしていささか辛辣に愛する古代人を批判しさえすることができたのである。「ホラティウスとアリストテレスは祖先の美徳と自分自身の時代の悪徳とについてすでにわれわれに話していた。そして何世紀にもわたって作家たちは同じように語ってきた。これが全て真実だとすれば、われわれは今日熊のようなものということになってしまうであろう」[7]。ヒュームは、「現代に激しく抗議し遠い祖先の美徳を賛美する」よう人びとを駆り立てる「謬見」に注意を促した。そしてそれを「ほとんど人間の本性に固有の傾向」と考えた[8]。教養ある人びとでさえそれを免れることはまれだった。「現在を非難し過去を賛美しようとする気質は人間の本性に強固に根づいている。そしてこの上なく深い判断力とこの上なく該博な知識を備えた人びとにさえそれは影響を及ぼすのである」[9]。またヴォルテールは「現在に不平を言い過去を自慢する人間の生まれながらの傾向」、消え失せた黄金時代を追想し現にある鉄の時代を告発する傾向に、ある辛辣さをもって反対した。彼は言った。こうした郷愁は最良のローマ人たちにさえ影響を及ぼしていた。ホラティウスは「あれら野蛮人たち」すなわちタタール人たちのために思いやりのこもった言葉を見出したのだ。だがこれは多分当然のことに過ぎなかった。諷刺詩人たちにとっては自分の国を犠牲にして外国人を賞揚するのは容易なことなのだから、と。タキトゥスはなお一層悪かった、とヴォルテールは考えた。タキトゥスは「ゴール人を略奪し人類を忌わしい神々のために犠牲にしたドイツの野蛮人たちを誉めちぎることで精力を使い果たしている。タキトゥスとクイントゥス、クルティウスとホラティウスは、自分の生徒を刺激して競争心を煽り立てるために他人の生徒を、それがどんなに野蛮な連中であっても、惜しげもなく誉めそやすあの教育家たちに似ている」[10]。「人びとが常に現在を嘆き過去を誉め上げてきた」その理由は、自分たちの悲惨から逃れたいという人びとの慾望にあった。仕事の負担にあえぎ自分たちの運命の巡り合わせに意気銷沈すると、人びとは想像上の幸福な怠惰の時代を考え出すのを好む――「そこから黄金時代という考えが生まれ」、そこからパンドラの匣の話のような、「そのうちの幾つかは面白いがそのどれ一つとしてためにはならない」あの古い物語が生まれるのである[11]。確かに――ヴォルテールはそのことを主張した最初の人であったが——世界は「恐るべき災難と罪悪」に満ちている。しかしその時、「不平を言う喜びは非常に大きいので、ほんのちょっとひっかかれただけで諸君は世界が血を流して駆けていると叫び立ててしまう」[12]。ヴォルテールにとっては郷愁とは不平の叙情的な持続的様態に他ならず、そして不平は批判とは異なって人間の行動への意志を痲痺させるのである。だからこそ郷愁はあれほど危険だったのであり、それがたとえ人間の本性に深く根づいたものの如くフィロゾフたちの眼に見えたのであったにせよ、彼らがそれを暴露することに執着したのはそのためなのである。郷愁を容赦なく分析すればその心理的根をむき出しに示すことになり、その効力を中和することになったであろう。かくして人びとのエネルギーを解放し進歩へと向かわせることになったであろう。

(1) John Locke : *Second Treatise of Civil Government*. para. 103

(2) *Annales*, III, 3.

(3) *Essai sur les règnes de Claude et de Néron*, in *Œuvres*, III, 95.

(4) ヴォルテールからルソーへ(一七五五年八月三〇日)。*Correspondance*, XXVII, 230. こうしたルソーの読み違いが極めて一般的であったということに注意するのは興味深いことである。かくしてイギリスの小説家フランセス・ブルック夫人はルソーの第二『論文』についてこう述べた。「もっとも未開の民族がもっとも徳高いということを証明するのにルソーは大いに骨折った。私はこの哲学者に全くしかるべき敬意を抱いており、その著作の熱烈な賛美者である。しかしながら私は真理にもっと大きな敬意を抱いているのであって、この場合真理は私の信ずるに、彼の側にはないのである。……私がこれらの国民について観察しまた耳にした全ての点からして、もっとも文明化されたインディアンの民族がもっとも徳高いということは私には疑う余地のない事実のように思われる。それはルソーの理想の体系に直接反する事実なのである」。Lois Whitney : *Primitivism and the Idea of Progress in English Popular literature of the Eighteenth Centry* (1934) 124-5に引かれている。

(5) *Rousseau Juge de Jean-Jacques*, in *Œuvres*, I, 935. ルソーのだとされている原始主義をそこに観察すべきもう一つの有益な作品は *Considérations sur le gouvernement de Pologne* (1772) であって、その中で彼はポーランド人に農業の一層の重視、簡素な風習の助長、および健全な趣味を勧めている——つまり全ての目標が文明の枠組の中で達成されるべきものなのである。

(6) *The Conquest of Granada*, part I, act I, scene I.

(7) *Pensées*, in *Œuvres*, II, 153.

(8) "Of Refinements in the Arts," *Works*, III, 307.

(9) "Of the Populousness of Ancient Nations," ibid., III, 443.

(10) *Essai sur les mœurs*, I, 51.

(11) "Genesis," *Philosophical Dictionary*, I, 294.

(12) "Evil," ibid., II, 380.

Ⅲ 希望の地理学

1

ギボンはその『ローマ帝国衰亡史』(*The Decline and Fall of the Roman Empire*)に書いた。「われわれは人類がその完璧さを目指した前進においてどの程度のものを望めるか決めるわけにはいかない。だが自然の表面が変化しない限り、いかなる国民といえどもその原初の野蛮に再び陥ることはあるまいと考えても間違いとはなるまい」。ギボンは人類についていかなる幻想も抱いていないと考えた。しかし彼は、野蛮人たちの間にまで広められた文明の測り知れない贈り物は「決して失われることはあり得ない」と確信していた。それゆえ人びとは「世界の各時代が人類の真の富、幸福、知識、そして多分美徳までも増大してきたし、また未だに増大し続けているという快い結論に同意し」てよいことになる。(1)そして空しい楽天主義に対する啓蒙主義の時代の産んだ恐らくもっとも辛辣な批判者であるジョン・アダムズは、人類が近年なし遂げた前進を十分誇らしげに指摘した。彼は一七八七年にこう書いた。「過去三・四世紀の間に芸術と学問は概して規則正しい前進的向上の道をたどってきた。機械技術における諸発明、自然哲学・航海術・通商における諸発見、そして文明と人間性の進歩は世界の条件と人間の性格に変化をもたらしたが、それは古代のもっとも洗練された民族さえも仰天させたことであろう。同様の努力の継続は日々ヨーロッパをますます一つの共同体、あるいは単一の民族の如きものにしつつある」。(2)これは単に勝利の陶酔というのでもなかった。フランス大革命の精神的ショック、ナポレオン戦争、新国家建設の労苦の後でもなおアダムズはこう書くことができた。「過去四〇年の間われわれが経験してきた戦慄すべき出来事は、終局的には市民的、宗教的自由の進展と人類の条件の改善のうちに終わることを私は疑いません。それと言うのも私は、人間のことに関しては蓋然的向上可能性と向上を、改善可能性と改善を、信ずる者だからです」。(3)このような楽天主義がエルヴェシウスの平等主義的夢想とルソーの自己完成能力の理論を冷笑した現実主義者ジョン・アダムズをさえ捉えたのだとしたら、進歩の観念は実際彼の時代には抗しようのないものとなっていたに違いないのである。

ギボンとアダムズの希望は十八世紀の教養ある人びとの共有するところであった。そして時が経つにつれてそれは一層親しいものとなった。楽天主義は十年ごとにますます明白になったのだ。けれども進歩に対する確信が世に広まっていたとは言え、人類が当然期待する権利を有する進歩についてのフィロゾフたちの予言――進歩の速度、範囲、性格――は彼らの人間観、歴史の読み方、また世の中についての経験に伴って変化した。進歩はこの上なく望ましいものであり大いに可能であって、実際フィロゾフたちの時代にあっては一つの重要な政治的現実であるという点では、確かに彼らは意見が一致していた。「世界は智恵に向ってゆっくりと歩みを進める」――このよく引用される一行にヴォルテールは小集団の間の一致した意見を要約した。(4)フィロゾフのうちのある人びとは動いているという事実の方を強調したし、またある人びとはその緩慢な速度を強調した。だが殆ど全員が世界は良識に向って規則正しく動いているのを見たのである。

フィロゾフたちは大いに期待する気になった。歴史の研究は幾世紀にもわたる進歩を明らかにしてくれるとギボンやジョン・アダムズらは論じ、あるいは世界がある行動計画――彼らの計画――を採用すれば進歩が生じるであろうとベンサムやディドロらは主張した。フィロゾフのうちの少数の人びとは生物科学の発達に魅了されて、人類がより高度な形態へと進歩する可能性を進んで夢見ようとさえした。しかしこうした主張と思弁とは、その表現が時としてどんなに空想的なものであったにせよ、現実の中に根拠を得ていたのである。それらは経験に由来する期待であって、高度な道徳を明確にし持続させるために企てられた計画の中に組織され、また根絶し難いペシミズムの調べに統御されたものであった。

これは強調するに値することであるが、進歩のための計画は進歩に関する理論ではない。神学者と歴史家と哲学者たちは啓蒙主義の時代以前にも、その時代を通じても、またそれ以後にも、進歩に関する真の理論を発展させたのであるが、しかしテュルゴーのような例外にもかかわらずフィロゾフたちの心理はそうしたものに好意的ではなかった。キリスト教徒の楽天主義者たちは何世紀にもわたって地上での人間の人生行路を罪から清浄へと至る人類の教育として描いてきた――われわれはレッシングの『人類の教育』(*Erziehung des Menschengeschlechts*)の世俗的法悦のうちにその痕跡を見る。キリスト教徒の熱狂家たちは何世紀にもわたって彼らの至福一千年の予言の中で進歩の理論の黙示録的翻案を説ききかせてきた。啓蒙主義の後になるとヘーゲルとランケ、また彼らの思想を通俗化して普及する者たちがこれらキリスト教的思弁の現代版を提出することになった。彼らは向上を宇宙の要素をなすものと見ていたのであって、それは生物学的進化の作用を通じて実現されるにせよ、歴史の巧みな操作によってもたらされるにせよ、あるいは神の摂理によって定められるにせよ、いずれにしてもその本性からして不可欠なものであり、従って不可避的なものなのだった。これら進歩の予言者の間には理性論者たちもいたのであるが、しかし少なくとも十九世紀までは、進歩の理論を構築するのはフィロゾフよりもキリスト教徒の方が容易だった。キリスト教徒たちはいつも念頭を離れない至福一千年のユートピア的理想に頼ることができた。ところがフィロゾフたちは楽天的空想へと落ち込むことはあっても、この世の切迫した事情に縛られていたのである。巡礼者の進歩〔天路歴程〕はフィロゾフたちの進歩より一層直進的であったように思われる。

そこでフィロゾフたちは楽しい確信に浸るどころか、彼らの希望を留保をつけて限定した。彼らは捨て去ったと思った古めかしい暗喩に絶えずつきまとわれていた。文明を衰微と死で終わりを告げる明瞭な生活環を備えた個人として描いた。文明の進行そのものを疑った。ヴォルテールの『この世の人』(*Le Mondain*)は奢侈と十八世紀という驚嘆すべき「鉄の時代」への熱烈な賛歌であったが、明らかに時代にそぐわないものだったし、ヴォルテールの思想を表すものですらなかった。大部分のフィロゾフは奢侈を文明化の進展に伴う暗い影として懸念した。彼らは富裕を説き勧めながらそれを信用しなかった。『ペルシア人の手紙』(*Lettres persanes*)の中で早くから人間の本性に関するペシミズムを表明していたモンテスキューは、文明の周期と奢侈の脅威についての二つの古めかしい常套句を一つの文に収めてみせた。「この世の殆ど全ての民族は次のような周期を移動します。先ず最初彼らは野蛮である、次いで征服者となり、秩序ある民族となる。秩序のおかげで彼らは成長する。そして彼らは洗練される。洗練は彼らを弱体化する。そこで彼らは野蛮状態に戻るのです」(5)。ダランベールはモンテスキューに対するその賞賛の言葉の中でかなり適切にこの見解を言い換えた。「諸帝国は人間と同じように成長し、衰微し、そして死滅するのです」。これは、とダランベールは強調した、諸国家の歴史における「必然的な周期的運動です」[6]。コンディヤックは「奢侈は民族の中にこっそり入り込んでしまうと遅かれ早かれこれを滅ぼすものだ」ときっぱり断言した[7]。またデイヴィッド・ヒュームは、「どんな政府も末期を迎えねばならないし、そうした死は動物の肉体にとってと同じ様に政治体にとっても避け難いものである」[8]ということを政治学の「周知の」法則として述べた。人間の諸事は抗し難い潮のようなものだ。ヒュームは考察する。「宗教の諸原理は人間の心の中に一種の潮の干満を持つということ、そして人びとが偶像崇拝から有神論へと上り、また再び有神論から偶像崇拝へと沈み込む自然の傾向を持っているということは注目すべきことである」[9]。そして宗教について言えることはおよそあらゆる文明についても言えたのである。高度の文化は一つの頂《いただき》であって、文明化した人間はそこから自分たちがこれまでたどってきた長い登り坂と、そして将来たどらねばならない長い下り坂とを共にかい間見るかも知れない。「どんな国家においても芸術と学問が完成の域に達すると、その瞬間からそれは自然に、あるいはむしろ必然的に、衰微する。そしてそれが以前栄えた当の国民の間には滅多に、あるいは決して、よみがえることはないのである」[10]。ヒュームは文明の様々の極みと、そして一つの極みとしての現代文明とを称揚する点においてはいささかも躊躇しなかった。けれども彼の哲学には、未来が人間により高い頂を保証するという主張を受け容れる余地はなかったのである。

事実フィロゾフたちは進歩を限定された一時的なものと見たばかりか、またそれをせいぜいのところ、極めてうさんくさい恩恵と見たのであった。彼らは強調した。あらゆる進歩はその代償を取り立てる、と。ヒュームは断言した。「この世のいかなる利益も純然たるもの、混じり気のないものではない」。「現代の上品さは本来非常に装飾的なものなのであるが、しばしば気取りやおめかし、見せかけや不誠実にまで至ることがある」。それと全く同様に、「古代の簡素さは本来非常に愛想のよい、心を動かすものなのであるが、しばしば武骨と乱暴、下劣さと卑猥さにまで堕落する」[11]。進歩のはらむ危険は必ずしも眼に見えるわけではないが、しかしそれは常に存在する。一つだけ例を引けば、「産業と諸技術と通商は事物の自然の成り行きに従って臣民の幸福のみならず君主の権力をも増大させてしまう」。人びとが隆盛を誇る文学の代償を隷属によって支払うようになるために、というわけだ[12]。ダランベールはこの償いの法則を幾分冷厳に「人間の条件の悲惨さ」と呼んだ。彼は論じた。われわれ人間は「新知識を獲得すると必ずある心地よい錯覚から眼醒めるものである。啓蒙は殆ど常によろこびを犠牲にしてなされるのだ。われわれの素朴な祖先たちは多分、今日われわれがこの上なく洗練された芝居に心を動かされるより遙かに強烈に、昔の演劇のひどい出し物に心を動かされていた。われわれほど啓発されていない民族がわれわれほど幸福でないということはない。それと言うのも欲望が少なければそれだけまた彼らの必要も少なくなるからであって、粗野な、あるいはそれほど洗練されていないよろこびも彼らには十分よいものなのだから。にもかかわらずわれわれは、われわれの啓蒙というものをそうした民族の無知や祖先の無知と、交換したいという気にはどうしてもなれなかった。この啓蒙がたとえわれわれのよろこびを少なくするとしても、同時にそれはわれわれの虚栄心をくすぐってくれる。われわれは自分たちが純真でなくなったことを、まるでこのことがある種の手柄ででもあるかのごとく喜んでいる」[13]。これは啓示的な一節である。彼の仲間〔ヒューム〕と同様、ダランベールは進歩を幸福と同等のものとして扱うことを拒否した。けれども彼はまた文明が人びとを不幸にするという理由だけでそれを放棄することも拒否した。文明自体は、常に当てにならないものであるとは言え、一つの価値なのである。

啓蒙主義の歴史家としてのヴォルテールの気持の変化は特に教訓に富んでいる。なるほどヴォルテールは長く生きて多くの著述を行なったし、矛盾したことを言う機会も多々あった。また勇気を奮い起こすのも早ければ絶望するのも早かった。しかしヴォルテールは気紛れで無責任なジャーナリスト以上の人間であった。彼は自分の時代ならびに運動の底を流れるものに極度に敏感だったし、従って全体としての啓蒙主義を誰よりもよく代表していたのである。フィロゾフ一門の自ら任ずる後見人としての資格において、ヴォルテールは年季の入った楽天主義者であった。彼はフェルネーからの希望に満ちた定期便で仲間を、また自分自身を励ました。横溢する元気を高揚するにまかせる瞬間が何度もあった。一七六四年の名高い書簡で彼は書いた。「私の眼にすること全てが、必ず訪れるに違いない革命の種子を蒔いております。そして私はその証人になる喜びにあずかれないでしょう。フランス人は何事にも到達するのが遅い。ですが結局彼らは到達するのです。啓蒙の光は次第に大きく広がっていった。その結果は、機会のあり次第爆発することになるでしょう。そしてその時は、素晴らしい大騒ぎになるでしょう。若い人たちは全くもって幸福です。彼らは素敵なことに遭遇するでしょう」[14]。同時にヴォルテールはしばしばフィロゾフたちの諦めと沈鬱のコーラスに加わった。彼にはひどい、冷笑的なペシミズムの瞬間があった――彼の短篇がそれを証明している。しかしながら更に彼は、悪は広くゆき渡って絶えず存在し打ち勝ち難いものであるということ、人間は運命の気紛れに対し無力であるということ、そして進歩を目指すこの上なく猛烈な人間の努力も発展と衰微の周期によって押えられてしまうのだということを、全く真面目に、しばしば主張した。「物事にはすべて限度があるのだ」と『ルイ十四世の世紀』(***Le siècle de Louis XIV***)のよく知られた一節で彼は書いたが、これは今以上によく知られるに値する一節である。「偉大な悲劇的情熱、偉大な感情が新たな際立ったやり方で無限に多様化され得ると考えてはならない。物事にはすべて限度があるのだ」。喜劇、説教壇の雄弁、すべてがある完成に到達し、それから陳腐な言葉になってしまう。「その後で人は模倣や奇嬌さに落ち込むのである」。一旦ラ・フォンテーヌが寓話を書いてしまえば、後の寓話作者たちはすでにラ・フォンテーヌが説いてしまった教訓を説くことができるに過ぎない。「だから天才はたかだか一世紀を有するだけである。その後では一切が堕落せずには済まない」[15]。文化の没落はヴォルテールに絶えずつきまとって離れないテーマであった。そしてそれは彼のもっとも楽天的な発言にさえストア派的な諦めの感触を添えたのだった。コルネイユとモリエールの世紀は気の遠くなるような大成功を収めたので、それに引き続く世紀には銀の時代が残されたのだと彼は確信していた。ルイ十四世の時代は広大な領域を切り開いた。それが余りに広大な領域だったので、ルイ十五世の時代はそのうちほんの僅かの部分しか耕すことができなかった、というわけである。啓蒙主義時代のあれほど大きな自信の源泉であった人口の増加でさえ、幾つかの憂鬱な観察の機会をヴォルテールに与えた。「ここ数年来、人口が大いに話題に上っています」と彼は、まさしくあの名高い楽天主義的発作に身を任せた年である一七六四年に書いた。「ある考察を敢えて述べてみたいと思います。われわれの大いなる関心は、現に存在する人びとが、人間の本性および様々な生活状態の間の極度の不均衡が許す範囲内において、できる限り幸福になるのを見ることであります。しかしわれわれがまだこの幸福を人びとに保証することができていないとすれば、一体なぜ人びとの数を増やしたいとあれほど望むのでしょう」。政府はなるほど人口の増加を望んではいる。けれども「大部分の父親は子供が余り多くなり過ぎるのを恐れているのです」(16)。『カンディッド』(*Candide*)はヴォルテールの気分の下降を明示している。そして彼はそれに完全に打ち勝つことは決してなかった。「こここそあり得る最良の世界だとしたら、一体他はどうなっているというのだろう」(17)というカンディッドの絶望的な叫びはヴォルテール自身のものであり、またあり続けたのであった。

これらの発言は一貫した立場には還元し難いものである。人生を難破船として、世界を惨めな泥の堆積として酷評した当の男、歴史を気の滅入るお話として、文明の貴重な頂を滅多に見られぬ不安定な瞬間として描いた当の男はまた、広範囲に影響を及ぼす恵みに満ちた革命と、そして哲学の必然の勝利とを予言したのである。けれどもヴォルテールの予言が揺れ動いていたとは言え、それはある信念の堅い核の回りを巡るものだった。人生は困難なものであり、これまでも常にそうであったし、これからも常にそうであろう。人間には兎も角生き残る勇気と忍耐とそして幸運が必要だ。けれども、理性は往々にして馬鹿にされ、往々にして敗北させられたとは言え、この世の不屈の積極的な力であって、今やそれは終にゆっくりと、苦難に満ちた前進を遂げている。つまずきも多々経験したが、終局の成功もまた予想しつつ。ヴォルテールは一七六三年に、立場を十分考え抜いた上での声明の中で書いた。人間精神の歴史は「誤謬と偏見が互にかわるがわる続いて起り、そうして真理と理性を追放するのをわれわれに見せてくれる。われわれは賢い者たち、幸運な者たちが愚かな者たちを奴隷にし不幸な者たちを押しつぶすのを見る。しかしながらこれら賢く幸運な人びと自身も、自分たちが支配している連中と同じくらい、運命に弄ばれているのである。結局人びとは彼らの不幸と愚行のこうした決算書を通して僅かばかり自らを啓発することになる。時がたつにつれて社会はその思想をどうにか改める。人びとは考えることを学ぶのである」(18)。ここに近代の異教的哲学者たちが評価し得た逆説があった。苛酷な真実の真摯な認識によってのみ人びとは未来をそれほど苛酷でなくすることができるかも知れぬ、というわけだ。抜かりなく注意を払って到達したペシミズムは感性豊かな楽天主義を予知するものであった。「こここそあり得る最良の世界だとしたら、一体他はどうなっているというのだろう」——機械的進歩の理論に与したいかなる人間、いかなる運動もこのような問いを考え出すことはできなかったであろう。

イギリスの哲学の世紀とフランスの啓蒙主義時代《シエークル・デ・リュミエール》を支配した混合状態——あからさまなペシミズムに統御された不屈の、一定の計画に従った楽天主義——はドイツの啓蒙主義《アウフクレールング》をもまた支配した。カントは歴史に関する幾つかの試験的、仮説的論策において人間能力の必然の開花を仮定したが、その際人類は、個人を押し潰しはするが人類には益するような見えざる手によって前方へと導かれる、とした。進歩は単に起こらねばならない。それは否定されるには余りに重要であって、人間の生存そのものに余りに深く関っている。摂理への信仰を自分らの安寧に必要なものとしてヴォルテールの懐疑主義に抗しつつ擁護した彼の賛嘆するルソーと同じ様に、カントは進歩を絶望的に望みつつその哲学的超然を信仰への意思に引き渡したのであった。だがそれも長い期間ではなかった。世界の条件を考察して彼は書いた。「人類の救済とそのよりよきものへの進歩とに関して絶望し始め」ねばならないとしても、「私は誰をも非難すべきではないのである」。進歩の予言者ということばでカントは次のような医者を思い起こした。その医者はもっぱら患者が毎日よくなっていくのを発見して彼らを励ましていた。ところがある日自分自身が病気になり、ある友人の訪問を受けた。「病気の方はどうだい」と友人は楽天的な医者に尋ねた。そこで医者は答えた。「一体どうなっているんだろう？　全くよくなっているのに死にそうなんだ」[19]。そして病気の回復は錯覚ではなかったのにもかかわらず、ひどくゆっくりしたもので、とても目に見えるほどではなかったのである。カントは正当にも見抜いていたのだが、進歩の信仰は近代の信仰であって、それは文明の進歩にもっとも正確に当てはまったのである。道徳上の進歩は全く別のものであった。もしある人が道徳上の進歩が事実起こったと主張するようなことがあれば、人は彼がその主張を経験から演繹したのではない、と答えねばならない。「あらゆる時代の歴史は余りに強力にそれに反対の証言を行なっている」[20]。道徳的善の獲得はなるほど不可能ではない。それは大いなる義務でさえある。だがそれは内奥の革命を必要とする。そしてこの革命はただ「絶えざる活動と成長において」のみ起こり得るのだ[21]。人間の邪悪さ、愚かさ、子供じみた虚栄心、そして全くの破壊性は、自惚と安易な自信に対する解毒剤なのである[22]。

カントの仲間の啓蒙主義者《アウフクレーラー》たちは彼よりもっとはっきりしていた。そして大抵は、未来の進歩についての思弁で悩むことはなかった。リヒテンベルクは、自分がもっとも必要としているものに反対しようとする人間の自己破壊的な熱狂を嘆いた。「人びとは啓蒙主義について大いに語っている。そしてより多くの光を求めている。困ったことだ！　もし人びとが眼を持たないか、眼を持っている人びとが断固として眼をつぶったままにしているかのどちらかだとすれば、この光も一体何の役に立つと言うのか！」[23]。ヴィーラントも同様の意見を執拗に述べた。人間は「愚かな動物」である。理性の発動は進歩への道かも知れない。だがそれが仮りに行なわれるとしても、ゆっくり行なわれるのだ。啓蒙は「殆ど感知できない光の増加」を伴って、ただ「ゆっくりと一歩一歩」訪れるであろう[24]。その上進歩がそれ程困難でまたゆっくりしたものであるのは何ごとにつけ代償を払うからであり、この世ではとりわけ進歩は高くつくからである。「人類に文化の諸利益を植えつけるに際し、どんな技術にも欠陥ひとつ与えることなく、どんな真理にも誤謬ひとつ与えることなく、またどんな美徳にも悪徳ひとつ与えることなく植えつけるのは、諸君が黒人を洗ってやることによって白人に変えるのと同じくらい容易なことであろう」。理性の絶えざる拡がりとその「無知、精神的怠惰、気紛れ、利己主義」に対する最終的勝利を口にする予言者たちがいる。だが彼らは空想家なのだ。「最高の洗練の時代はまさしくもっとも極端な道徳的腐敗の時代であるということ、この上なく輝かしい啓蒙の時期は常にあらゆる種類の思弁と狂気と熱狂が繁茂した時期であるということは、常に明らかなことではなかったであろうか(25)」。ヴィーラントはこの代償の法則を歴史の機械的法則や天の配剤とは考えなかった。その起源はただ余りに人間的なのである。それは力ある人たちの忌わしい利害と無力な人たちの愚かな抵抗に由来するのだ。「まあ考えてもみたまえ。真の啓蒙を積極的に促進させる一人の人間に対して、全力を尽してそれに反対して働く人間が百人、彼の奉仕を願いもしなければそれがなくて寂しいとも思わない人間が一万人もいるものと」。万人の啓発は「決して行なわれない」であろうということは疑いようもないのである(26)。世界は一つの劇場であって、そこでは俳優も観客も等しく馬鹿で悪者である。世界は悲惨と不条理に余りに苦しんでいるのだから、人は万人の幸福についての哲学的夢を夢見ることによって気の滅入るような光景から注意をそらすのがよい。大方の人間はアブデラの伝説的市民たちのようなものなのだ。そしてヴィーラントは彼らについてそのもっとも皮肉な物語の幾つかを書いた。彼らは信じられぬ位愚かであり、過度の熱狂と言えるほど衒学的であって、まぬけで不正直である。ヴィーラントはその『アブデラ人の物語』（*Geschichte der Abderiten*）をホラティウスからの一節、愚を欠くは知の第一歩なり Sapientia prima est stultitia Caruisse という一節で結ぶ。けれどもその忠告はこれほど多くの白痴的行為の記述の後ではもの欲しそうに、当てこすりに、聞こえてしまう。愚かさを脱ぎ捨てる努力は――これが結局物語の主旨なのであるが――決してなされることはないであろう。疑いもなく、多くの人びとによってなされることはないのである。

こうした憂鬱の幾分かは確かに、都会のエピクロス派哲学者の下劣な同朋に対する見事な軽蔑である。その幾分かは文学的許容〔文学的効果のために許容された用法〕である。つまり痴愚礼賛はヴィーラント以前の何世紀にもわたって作家たちと読者たちを楽しませてきたのだ。それはまたフランス大革命の成行きについてのヴィーラントの失望をも反映している。しかしながらたとえその悲観的表現が文学上の範例に由来し、また一時的失望を映しているのだとしても、その全体的な調子とその伝えるところはヴィーラントの人生についての観念を表わしているのである。彼の皮肉そのものが、文学的訓練とユーモアを解放することとを通して絶望を統御し、あるいはそれを覆い隠す努力のように思われる。「われわれの啓蒙主義ですって」と彼は問う。「ああ、われわれが〝啓蒙主義〟にいかにのぼせ上っていたかを百年後にわれわれの子孫が読み取ったら、どんなに笑うことだろう――つまり、嘆き悲しむ代わりに笑うことができれば、の話だが」。ヴィーラントは一七九八年に彼の世紀を振り返りながら、十六世紀以来いかなる本質的な点でも人類が進歩したとは認めなかった。「もし君が啓蒙主義という言葉で、諸学問の永遠の発展から徐々に生まれてくる薄明のことを言うのだとしたら」、それなら実際「私は平均して事物は十六世紀にそうだったよりは幾分明るく見えてきていると喜んで認めもしよう」。けれどももし人が「啓蒙主義」を「人びとが理性的に、しかも首尾一貫して思考し行動することを可能にする」真の光と理解するなら、その時は、「大部分のヨーロッパの国々では神の一層大きな栄光のために魔女も異端者ももはや焼かれることはないという多分唯一の例外はあるとしても、もし先立つ全ての世紀に対するほんの小さな現実の優越でもわれわれがわれわれの世紀のために主張しようものなら、われわれは恥ずかしいことにわれわれの世紀にへつらっていることになってしまうのだ」。なるほど学問が大いに発達したことも事実である。われわれはつまり「優雅でより巧みな言語」を話し、「より多くの書物を著し、より多くの本を読んでいるし、自分自身に嘘をつく技術を果しもなく洗練させてきた。しかし全体から見てわれわれが一層賢く、一層善良で、一層幸福になったとは——私は思わない。現代の方がわれわれの祖先の時代よりも顕著でないような悪徳、愚行を一つでも挙げてみたまえ。われわれがその点で彼らよりも勝っている美徳、われわれが彼らよりも多く享受している人生の快楽、そしてわれわれが彼ら以上の代償を払わずに分をわきまえて手にしている人生の快楽を一つでも挙げてみたまえ」。ヴィーラントは問う。人びとが以前以上に手厚く看護され、抑圧されることより少なく、力ある人びとから強奪されることよりひどくなくなったというのは、本当に事実であろうか。今や戦争はより少ないであろうか。以前の戦争に比べてそれはひょっとしてより正義にかなった、より必要なものであろうか。それは以前以上に人間的に行なわれているであろうか。(27) これは修辞的な疑問なのである。

(1) *Decline and Fall of the Roman Empire*, IV, 167–9.

(2) これは ***A Defence of the Constitutions of Government of the United States of America*** (1787–8), in *The Works of John Adams*, ed. Charles Francis Adams, 10 vols. (1850–6), IV, 283の序文の冒頭の言葉である。

(3) アダムズからトマス・ジェファソンへ(一八一四年七月一六日)。*The Adams-Jefferson Letters*, ed. Lester J. Cappon, 2 vols. (1959), II, 435.

(4) *Les lois de Minos*, act III, scene 5. *Œuvres*, VII, 213. この行の強調が「ゆっくりと」に置かれるべきであることはヴォルテール自身のその使い方から明らかである。その人生の最後の年一七七八年に *Essai sur les mœurs* に幾つか最終的に手を入れた際、彼はこの行を再び引用した。そしてまさしくこの年にもフランスにはいまだ「奴隷」がいること、そして何よりも馬鹿げたことには、「修道僧の奴隷」がいることにぞっとする気持で思い及んだのであった。進歩は実際骨の折れる仕事であった!(*Essai*, I, 777 を参照。)

(5) Henry Vyverberg: *Historical Pessimism in the French Enlightenment* (1958), 155 に引かれている。

(6) *Éloge de M. le Président de Montesquieu*, in *Mélanges*, II, 103.

(7) Vyverberg: *Historical Pessimism*, 129.

(8) "Whether the British Government Inclines More to Absolute Monarchy or to a Republic," *Works*, III, 125–6.

(9) *The Natural History of Religion*, ibid., IV, 334.

(10) "Of the Rise and Progress in the Arts and Sciences," ibid., III, 195.
(11) Ibid., 191.
(12) "Of Commerce," ibid., 292-3.
(13) "Réflexions sur l'usage et sur l'abus de la philosophie dans les matières de goût," *Mélanges*, IV, 318-19.
(14) ヴォルテールからベルナール・ルイ・ショーヴランへ（一七六四年四月二日）。*Correspodence*, LIV, 231. しかし同じ日に彼はこうも書くことができた。「紳士たるもの、悪人どもがお互同士行なっている戦争を利用せねばなりません。私を悩ます唯一のこと、それは兄弟たちの無為です。……兄弟たちはお互同士少しも理解し合っていませんし、全然集らない。同盟しないのです。彼らは孤立し、散らばっているのです」。ダミラヴィル宛て。Ibid., 232.
(15) *Œuvres historiques*, 1016-17.
(16) ヴォルテールから『ガゼット・リテレール』誌へ（一七六四年一〇月）。*Correspondence*, LVI, 102.
(17) *Candide*, chap. 6. *Œuvres*, XXI, 149.
(18) *Remarques pour servir de supplément à l'Essai sur les mœurs* (1763), in *Œuvres* XXIV, 548.
(19) *Der Streit der Fakultäten*, in *Werke*, VII, 406-7.
(20) *Religion innerhalb der Grenzen der blossen Vernunft*, in *Werke*, VI, 158.
(21) Ibid., 188.
(22) 私はカントの手厳しい言葉を用いている。*Idee zu einer allgemeinen Geschichte in weltbürgerlicher Absicht* (1784), ibid., IV, 152.
(23) このアフォリズムはグリムのドイツ語辞典中で「啓蒙主義《アウフクレールング》」という言葉の実例として引かれている。Jacob and Wilhelm Grimm : *Deutsches Wörterbuch* (1854) I, 675 参照。
(24) *Gespräche unter vier Augen*, in *Werke*, XLII, 32.
(25) Sengle ; *Wieland*, motto に引かれている。
(26) *Gespräche unter vier Augen*, in *Werke*, XLII, 32-3.
(27) Ibid., 333-5を参照。

2

啓蒙主義のためらい、そのペシミズムと諦めの抑え難い噴出はテュルゴーの『人間精神の連続的進歩に関する講演』(*Discours sur les progrès successifs de l'esprit hamain*) とコンドルセの『人間精神進歩の歴史的概観』(*Esquisse d'un tableau historique des progrès de l'esprit humain*) にまで影をおとしている。秘密を露わに見せてくれるとは言え、これらの試論はフィロゾフたちの精神の典型的創造物というよりむしろ例外的なものであるという点は、もう一度強調しておく価値のあることである。実際もっと平静な時であったら、テュルゴーとコンドルセ自身これら劇的な産物の明らかに単純すぎる点を和らげていたろう。けれどもこうしたことは別にしても、その希望の形而上学にもかかわらず二人もまた現実主義と紛れもない不安とに刻印されているということは、注目すべきことなのである。

一七五〇年に二つのラテン語演説の一つとしてその『講演』をソルボンヌで行なった時、テュルゴーは二三歳の末頼もしい早熟な知識人であった。ちょうどソルボンヌの副修道院長に選ばれたばかりであって、それは彼の才気か縁故関係かのどちらかに対する贈りものであった。しかしこの当時の今に伝わる僅かばかりの書簡は、自らの知的能力を自覚しているとは言いながらその宗教的適性について の疑念に苦悩している一人の青年を見せているのである。講演を行なら前数ヵ月にわたって彼は動揺と意気銷沈の餌食となっていた。そして成功裡にやってのけた後ほどなくして聖職を捨てて公務を取り、思弁的哲学から一地方総監、また国王の大臣としての実践的活動へと移った。そしてその歴史理論の概略に手を入れて完成させることは決してなかった。名高い精神発展の三段階の法則は彼の手稿の間に隠されたままだったのである(1)。

テュルゴーは「常に同一の変転の周期の中に収まった」自然の現象を、「世紀から世紀へと常に変化して止まない光景を指し示す」人間の諸文明から区別することによってその『講演』を始める。人間は自然の周期を破ることができる。それと言うのも人間には「理性と情熱と自由」があるからであり、そしてしっかりと自らの知識を把みそれを他人に伝達することを可能にする言語という非常に貴重な天賦の才があるからである。しかしながら文明にはそれ自体の周期がある。状況は場所が代わり時が移れば大いに変化する以上、野蛮と文明は交互に現れ、帝国は勃興しては滅びる。法律、政府の形態、芸術、学問は向上する。しかし「それらは進歩の過程で代わる代わる抑制されてはまた加速されるので、情勢から情勢へと移り変る」。悪徳は美徳と同時に存在する。「私利私欲、野心、自惚は絶えず世界の表面を変化させ、地上を血で覆う。そしてそれらが猛威を振うまっさい中に習俗はより穏やかとなり、人間の心は啓発され、孤立していた民族は互に接近する。最後に通商と政治が地上の全ての部分を結びつける。そして人類全体は平穏と騒乱、善と悪の交代を通して、ゆっくりした足取りではあるが、間断なくより大きな完成へと向って歩むのである」。すると、進歩は代償を要求する——それはフィロゾフたちにはなじみの考えであるが、しかしここでは、つまり必然的な進歩についての論述の中では、驚かせるに足るものだ。進歩は緩慢で、犠牲が多く、不確かなものである。悪はしばしば善を産みはするが、しかしそれはやはり悪のままである。全般的進歩の哀れな道具はそれにもかかわらずやはり哀れなままなのだ。事実、真理と誤謬の大いなる闘いにおいて生き残るのはしばしば誤謬であり、押し潰されるのは真理である。学問でさえ、制度上の保守主義を発達させることによって時として進歩に抗うのである。

これらの留保にもかかわらずテュルゴーの語調は自信に満ちている。彼は自分の見取図の暗鬱な側面を平静に描いている。だがその側面は際立っている。野蛮状態において人びとは平等である。文明は通商・芸術・旅をもたらし、諸文化を結び合わせる。しかしそれはまた不平等を産み出し、野心的な人びとの抑制されることのない情念を育くむ。書くこと——「貴重な発明！」——は人類に翼を与える。けれども人間の様々な意見を見渡すとやはりぞっとさせられずにはいられない。「私はそこに人間精神の進歩を探し求める。そしてその誤謬の歴史以外、事実上何も見られない」。数学の場合、進歩は確実である。しかしその他の場合、進歩は間断なく脅かされている。人類は前進しているとは言え、賢明さと愚かしさの間を揺れ動く。人間のどうしようもない不安はゆっくりと保守主義・盲目の情念・愚劣さを征服するのだ。「常に不安で真理以外のいかなるところにも落ち着きを見出すことができず、思い描き手を触れると眼の前から逃れ去るその真理のイメージに常に刺激されて、人間は好奇心から疑問と論争を増加させる」。テュルゴーの知的師であるロックとコンディヤックは不安を人間の弁別的な特性として選び抜いていた。今やテュルゴーはそれが信頼し得る科学的知識へと向かう人間の歩みの秘かな原動力であることを見抜いている。

しかし、とテュルゴーは提言する。不安はそれだけでは十分でない。それは批判精神と探究の体系的方法とに利用されねばならない。それが、ギリシア人たちが精神の歴史においてあれほど重要な理由である。彼らは哲学を発明したのだ。エジプト人たちのようなもっと早い時期の文化は迷信によって損われていた。フェニキア人たちは少なくとも貿易を促進し、彼らの道筋に沿って新思想を広めた。しかしギリシア人たちは進歩のために作られた言語を発達させた最初の人たちであった——それは心地よく響き、豊かで変化に富んでいた。彼らは市民的自由、道徳律、高い文化、体系的思考を創出した。「幸福な時代！　その時、あらゆる芸術があらゆる方向にその光を注いだのだ！　その時、気高い競争心の火が都市から都市へと速かに伝わった。絵画・彫刻・建築・詩・歴史はあらゆるところで、しかも同時に発達したのである」。こうした後ではローマは一つの急激な落下であった。キリスト教が何世紀にもわたる気の滅入るような文化的衰微の中で大きくなり勝利を収めた。とは言えキリスト教徒たちは彼らの聖なる信仰を高く維持し、再生の種を育くんだのであった。「人びとは滅びるためにのみ興隆するのであろうか」。そう見えるかも知れないが、しかしそれは真実である筈がない。ローマ帝国の時代以来人類を苦しめてきたペストを治療するには多くの世紀を要した。しかしメディチ家・レオ十世・フランソワ一世の不滅の手に委ねられた諸芸術の復活とそして印刷術の発明と共に、遂に治癒はなったのだ。しかしながら「どんな領域にしろほんの僅かに進歩するだけでも何と時間のかかることであろうか！」この事実を観察して、テュルゴーは強い印象に打たれる。進歩が紛れもないもの、否も応もないものとなったのはつい最近のことに過ぎない——ガリレオとニュートンの、必ずしも真理を見出したわけでないとは言え少なくとも誤謬の暴虐を破壊はした「偉大なデカルト」の栄光に満ちた世紀、「偉大な人びとの世紀、理性の世紀」たる「ルイ十四世の栄光に満ちた世紀」のことである。

これら「ルイ大王」の時代への言及の示す抜け目のない愛国心は、テュルゴーの演説の締めくくり部分の持つ巧妙な阿《おもね》りへの移行過程に過ぎない。今や遂に人びとは光の中に生きている、というわけである。闇は一掃されてしまった。ルイ十五世の治世はあらゆる文化にその光輝を振りまいている。もはや偉大な人びとは稀などころか互にひしめき合っている。そして常に純粋で常に完璧な真の宗教が惜し気もなく進歩に貢献しているのだ。「おおルイよ！　何という威厳があなたを取り巻いていることでしょう！　何と輝かしい壮厳さをあなたの情け深い手はあらゆる芸術に振りまいたことでしょう！　あなたの幸福な人民は文明の中心となりました。ソフォクレス、メナンドロス、ホラティウスの好敵手たちがその玉座の回りに集《つど》っているのです！　学識あるアカデミーが聳えています。その治世の栄光のために諸君の労苦を結び合わせるがよい！　何と多くの公共の記念碑・天才の産物・新たな芸術が創造され、古い芸術が完成されたことでしょう。誰がそれらを描くのにふさわしいでしょう！

眼を開けて見てごらんなさい！　ルイ大王の世紀よ、あなたの光がその後継者のかけがえのない治世を美しく飾りますように！　それが永遠に続き、全世界に広がりますように！人びとが真理の道において着実に新たな歩みを進めますように！　その上彼らが着実に、より良くより幸福になりますように！」(2)テュルゴーは必然の進歩を信じていたし――私はそれを疑おうとは思わない――少なくとも一人の青年として時代の進歩的性格を信じていた。けれども彼の結論部のご気嫌取りの修辞は彼の希望に関する皮肉な注解のように読めてしまう。テュルゴーの言葉使いは当時広く通用していた言葉使いであったし、そのお世辞は教会と国家の権力に対して一文学者が振りまくことを期待されていたお世辞であった。しかし、楽天主義の大胆な試作の最後に位置しながら、その結論部分は自立した理性と自由な批判の時代が来てはいなかった――まだ来てはいなかったことを思い出させるものとして役立ったのである。

コンドルセはジャコバン派から身を隠しながら書いた。余りに慌てていたのでペンが滑ったのが明らかでも訂正するゆとりはなく、優れた記憶力と信頼のおける仲間たちによって密かに持ち込まれた僅かの本に頼る他なかったのであった。死の恐怖の中で書きなぐっているコンドルセは耳のこえた聴衆に演説を行なうテュルゴーに比べれば遙かに胸を刺す姿に見える。テュルゴーと違ってコンドルセは進歩について書きながら自分自身を除けば喜ばせなければならない人は一人としていなかった。「私は死滅するであろう」と彼は、お気に入りの古代と現代の哲学の殉教者それぞれ一人ずつに同時に訴えながら書き留めた。「私はソクラテスとシドネイのように死滅するであろう」(3)。コンドルセはその経歴を数学者として始めた。どちらかと言えば彼のメントール〔師〕であるテュルゴーより早熟でもっと光輝いていた。その科学に関する並外れた才能のお蔭で指導的アカデミーの扉が開かれることになったが、その中には一七八二年のアカデミー・フランセーズも含まれていた。そしてフィロゾフたちの大義に対する彼の疲れを知らぬ献身ぶりを見てヴォルテールは彼に友情を抱いたのであった。けれども一七八〇年代になると彼の時間を奪ったのは科学上の才能よりはむしろ献身の方だった。そして大革命の進行する間は、立憲上、教育上の諸改革の計画を立案しようと熱中するあまり、彼は政治家たちから疎遠になるばかりであった。コンドルセは時代後れの人物だった。大革命がその名において仕事を続行していた巨人たち――ヴォルテール、ダランベール、テュルゴーといった人たち――と知り合っていた一フィロゾフだった。その思い出とその知性のゆえに尊敬されたが、しかし革命暦二年の血なまぐさい党派闘争には惨めなほど不向きだった。原則的で人間的、また彼独自のやり方で俗事を超越していたコンドルセは大革命の無理からぬ犠牲者であった。一七九三年に法の保護を奪われると彼は身を隠した。そして大革命が狂暴な道をたどり、殆ど確実な死が彼自身の道の上を静かに覆うのを見つめながら、一七九三年七月から一七九四年三月の間に進歩に関する試論、人間精神の広大な歴史の案内書を書いた。『概観』を命運尽きた男の自暴自棄の余興として片づけるのは正しくないであろう。それはコンドルセの信念と希望を要約しているのである。けれどもそれは冷静に論じられたものではないし、あるいは慎重に限定されたものでもない。それは急いで書かれたものなのだ。熟慮せずにというわけではないが、手遅れになる前に全てを書き終えてしまおうと不安に駆られて焦り、細かい点や手加減すべき点を見るゆとりがないほどせき立てられて書かれたものなのである。

コンドルセはその『概観』を十の時代に区分した。その時代区分は、恣意的なものに見えるとは言え無意味なものではない。各時代に彼が当てた空間と、時代と時代を区分するのに用いた事件とは、共に彼の中心的なテーマ、すなわち世界史における人間精神の展開の劇的説明として役立っている。かくしてコンドルセは時代を始めまた閉じるに際して王の治世をもってするのではなく、アリストテレスがした哲学への分業の導入とか異教に対するキリスト教の勝利、印刷術の発明といった文化的諸事件をもってする。同じ理由からコンドルセはその試論の主要部分を人間の精神がそのもっとも壮大な前進を遂げた近代史と、そして理性的探究とあらゆる文化科学・自然科学を産んだ古典古代のギリシア、アレクサンダー大王のヘレニズム、そして古代ローマの時期に割り当てる。コンドルセは先史時代さえ──部族の形成、田園の定住の発展、そして農耕文明の初期段階のことであって、それについては彼の知識は非常に思弁的なものだと自ら認めているのであるが──全体的な図式の中に無理に押し込んでしまう。これら最初の三つの時代は短いけれども結局一つの序章となっていて、『概観』の二つの主要関心事を述べることになる。すなわち特権の反動的な力と進歩の弁証法的な性質である。

世界が常に批判者と信者に、哲学と迷信に分かたれてきたということ、そして理性と非理性の争いが葛藤の場と進歩への刺激を同時に用意してきたということは、哲学史家たちの間では常套語であった。(4) けれども、そうしたい誘惑に強く駆られていたとは言え、フィロゾフたちは聖職者たちを単に理性に対するこの上ない障害と認定しただけではなかった。コンドルセが誰よりも敬服したテュルゴー、そしてレッシングもまた、キリスト教に人間の進化のドラマにおける進歩的役割りを割り当てた。ギボンでさえ十分客観的だったのであり、異教徒の侵入と長い平和と帝国の広大さと、そして習俗と諸制度の腐敗をローマ帝国の衰微と没落の原因として宗教の勝利と結びつけたほどだ。ギボンとヴォルテールとヒュームとはコンドルセと同じくらい反教権的かつ反キリスト教的であった。そして彼らの歴史は宗教的事柄を扱う時はいつでも共感の気持が少なくなり、視角が歪むという弊を蒙る。しかしこれら三人の歴史家たちは過去の持つ多様さ、複雑さ、その純然たる価値に対する歴史家としての感覚を持っていた。そしてその結果彼らの歴史はその政治的立場が期待させる以上に豊かであり、より偏見が少なく、より客観的である。ギボンとヴォルテールとヒュームとは論争的目的のために歴史を利用することをためらわなかったが、しかし彼らは腹立ちを抑えた。つまり歴史を書いたのであった。

コンドルセはこの点で疑いもなく『概観』において彼の師たちに従わなかった。彼は論争を書いた。歴史をではなかった。そして『概観』は歴史的試論、それも野心的なそれを意図している以上、弱点は避け難いのである。コンドルセはただ反教権主義を歴史哲学に高めただけだった。哲学者たちとその他の世俗のエリートたちの特権階級が人類の向上に反対するかも知れないとは、彼も認める。けれども真の反動、大いなる敵について彼の考える理念型は、聖なる組織の保護された聖域から働きかける宗教的人間なのである。彼は書く。われわれは第一の時代に、「科学的諸原理あるいは手工業的手順を、秘蹟あるいは宗教的儀式を、迷信の習慣を、そしてしばしば立法と政治の秘訣をさえ預っている人びとの階級」の「最初の痕跡」を観察するかも知れない。こうした「二つの部分への人類の分離、一方は教えるべく運命づけられ、他方は信ずるべく作られている、一方は自分が知っていることを誇らしく思いながらそれを堂々と隠しており、他方はひとから見せられるものを恭しく受け容れている。一方は理性の上に自らを高めようと望み、他方はその理性をへり下って放棄している」(5)――このような記録された歴史以前に確立された分離は十八世紀にもなお存在しており、当然のことながらあらゆる宗教の聖職者たちによって今もなお擁護されているのだ。

予想されないことではないが、コンドルセは聖職者と俗人による特権的諸組織の、時代を通じての活動に大きなスペースを割く。人間社会の極めて早い時期、第二の時代に、幾人かの目先のきく観察者たちは天文学を巡る手堅い思想を発達させた。だが「同時に」彼らは「人びとから略奪するために人びとを欺く技術」を完成させたのであった(6)。第三の時代になって再び農耕諸国民の支配者たちは博物誌にいくらか通じた。けれども彼らは「諸学の進歩を単に二義的な目標、単に彼らの権力を永続させあるいは拡大する一手段と」みなした。彼らは「ただ誤謬を拡めるためにのみ真理を探した」。そしてある程度の知識を発見しはしたが、「彼らが真理を見出すことは滅多になかったということに驚くべきではない」(7)。栄光に満ちた第四の時代、古典古代ギリシアの時代でさえ迷信による理性の迫害という悲劇的な光景を見せる。これはあの哲学の最初の殉教者ソクラテスが「説教者たち」によって死に至らされる時期であって、支配者たちは人びとが自立した理性を完成するのを見てびっくりし、哲学を検閲し必要とあらば哲学者たちを殺すことによってこの危険な進歩を破壊しようと決意する(8)。ここに聖職者の卑劣さは明らかであり、かつまた予言的なのだ。コンドルセはソクラテスの死を哲学とそしてまだ猛威を振っている迷信との間の大戦争の始まりを告げる小衝突として呈示するのである。かくして遠い出来事も教示と警告として現在に役立つかも知れない。第四および第五の時代が事実顕著で殆ど阻まれることのない進歩を示したとすれば、それは聖職者たちが圧制を確立するに十分なほど強力でなかったからに他ならなかった。ギリシア社会およびヘレニズム社会は聖職者たちにとっては余りに世界主義的であり過ぎたし、新たな経験を余りに熱望し過ぎていたし、余りに開かれ過ぎていた。しかしキリスト教の興隆は長く探し求めていた権力を終に聖職者たちに与えたのだった。それは彼らが徹底的に利用せずにはおかなかった権力であった。キリスト教の至福一千年は、精力的な反動家たちが迷信を広め、知識人の地位をおとし、停滞を長引かせ、圧制を堅固にし、推論する存在としての人間を卑しめ、かくして精神の歩みを何世紀も引き止めるために何をなし得るかを印象深く説明するものである。そして第七の時代に入って彼らのこの上もない権力の時代が終った後でさえ、諸学が復活し始めたのにつれて、砦を固めた反動家たちは彼らの策謀を継続したのである。これで終りではなかった。第八の時代に、傷ついてはいたがまだ手ごわい巨人たる教会は恐ろしい一連の迫害を開始した。壮大な科学上の諸発見と修養一般における前例を見ない向上のさなかにありながら、それは寛容の諸原則に対して、更にはコペルニクスの天文学のような科学上の真理の中でももっとも明らかなものに対してさえ、はっきり異を唱えたのであった。コンドルセは結論する、今や第九の時代に入っても、新たな体制は手の届くところとなり、人びとは自分たちをかくも長きにわたって圧制と迷信に縛りつけていた鎖りを終に断ち切ったというのに、反動諸勢力はいまだ生きており、かなりの力を保持しているのだ、と。

しかしながら――そしてこの歴史的原則もまた第一の時代からすでに観察することができるとコンドルセは主張するのであるが――組織された聖職者の有害な制度は人間精神にとって驚くほどためになる結果を伴ってきた。誤謬をまき散らすと同時にそれは「啓蒙の進歩を加速した」。一般の民衆を「無知と宗教的隷属」に投げ込むと同時にそれは「新たな真理によって諸学を豊かなものにした」[9]。換言すれば、歴史的諸原因は弁証法的法則に従うのである。歴史は意図せざる諸結果の戦いの場である。悪の諸勢力が善に導くかも知れない。善の諸勢力が悪に導くかも知れない。推論することはそれ自体善であるが、それは真理を産むのと同じくらい容易に誤謬を産むかも知れない。反対に誤謬はそれ自体悪であるが、知らないうちに進歩の道具となるかも知れない。文明には諸々の不満が伴うのであって、その不満はすでに先史時代に明らかとなる。そこでは原始的な諸文化は文明化された同時代の諸文化を価値の疑わしい範例――「自分たちよりも力があり裕福で情報も豊かで活動的だが、しかしまた邪悪でなかんずくより不幸な」[10]――範例とみなすのであり、しかもそれはある程度正当なのである。後に啓蒙は搾取へと導いた。古代ギリシアでは啓蒙された人びとはまた豊かな人びとでもあったが、彼らは自らの優越を貧困なままでありかつ貧困なままに留った人びとを抑圧するのに利用したのである。もっと後になると迷信は不本意ながら自らの敗北を招来した。ローマ帝国におけるその確立の時以来、この嘆かわしい迷信の体系たるキリスト教は「悲惨な時代」を産んだのであるが、「その時人間精神は、それが上りつめた最高の高みから急速に下降し、無知が或る所では獰猛さを、また別の所では洗練された残忍さを、そして至る所腐敗と不実をひきずることになる」[11]。何世紀にもわたってキリスト教の指導のもとに習俗と習慣は「その腐敗と獰猛さ」を維持し、宗教的不寛容は歴史上かつてないほど酷くなり、戦争は小さなものも大きなものも絶え間なく続いた[12]。しかし終に聖職者の権力欲、彼らの不寛容、破廉恥な貪欲さ、いかがわしい品行、平然たる偽善が「純粋な魂、健康な精神、勇敢な性格を目覚めさせて彼らに反対させ」、それらの人びとが聖職者の支配に対する全体的反抗を指導したのであった。同様にして宗教的熱狂の見るも恐ろしい所産たる十字軍は十字軍戦士たちの地平を拡げた。そして「迷信のために企てられながら」それは「唯迷信を破壊するのに役立っただけであった」。最後にスコラ哲学者たちは敵対する大義に、彼らが認識することさえなかった大義に奉仕した。「スコラ哲学は真理の発見に導かなかった。それは議論にさえ、あるいは科学的証拠を完全に認めることにさえ、役立たなかった。そうではなくそれは人間の精神を鋭くしたのだ。そして、あの微妙な区別を立てる趣味、あの思想を無限に再分割してその移ろい易いニュアンスを捉え新たな用語でそれを表現する必要、論争で相手を困惑させあるいはその罠から逃れるために考案された装置——すべてこれらのものはその時以来われわれの進歩の豊かな源となったあの哲学的分析の最初の起源であった」(13)。科学的方法の母としてのスコラ哲学の理性主義。これ以上見事な歴史的弁証法の皮肉は殆どあり得なかったのである。

そこで歴史はコンドルセの観点からすれば奇妙に結論的でない事態となる。実際進歩の予言者にしてはコンドルセははなはだ元気がなかった。彼の『概観』は高揚と陰鬱と静穏の際立った混合物なのだ。進歩の道具は両義的であるという議論は別にして、である。コンドルセはまた一般に歴史は単に進歩の記録ではなく苦悩の、それも輝かしい文明とあっと言わせる革新のさ中の苦悩の物語であることを強調する。進歩は間断なく続いてきたのではなかった。文明は「時に前進を、時に衰退を」見せる(14)。事実少なくとも過去に二度、理性の大義ははなばなしい敗北を喫したことがあった——一度目はヨーロッパでキリスト教が異教を追い出した時、もう一度目はアラブ人たちの間で、独立した哲学的営為の幾つかの弱々しい試みを許していた宗教的専制君主たちが結局はその息の根を止めた時である。原始の時代にあっては——コンドルセは当然のこととしてこれに言及する——、そしてキリスト教的中世の闇の中では、悲惨は大部分の人間の宿命であった。しかしそれは野蛮状態の栄光に満ちた一時休止の時代においてさえ、依然として重大で広くゆきわたった経験であった。ギリシアは領土拡張主義、搾取、奴隷制、女性に対する軽蔑を眼のあたりに見た。驚嘆すべき十六・七世紀は「大変な残虐行為によって他のいかなる世紀よりも汚されていた」。これは「宗教的虐殺・宗教戦争・新世界の住民絶滅の時期」であった。そしてあの古代の制度、奴隷制のアメリカにおける再確立は、かつてあったより「もっと野蛮で自然に対する罪をもっと多く産むもの」であった。「商業的貪欲が人びとの生命を売買した」。人間が「裏切り、略奪、殺人を通して」買われた後で、あたかも商品であるかのように売られた。その間ヨーロッパでは偽善者たちが「火刑と刺客」で次々と国を覆い尽した。「狂信という怪物がその傷に苛立って残虐さをつのらせるように見えた。理性が犠牲者たちをその手から正に奪い返そうとしていたがゆえに狂信は急いで犠牲者をうず高く積み上げたのであった」(15)。第九の時代——科学上、道徳上、政治上、宗教上の啓蒙の時代、ニュートンとロック、アダム・スミスとヴォルテールの時代、新たな社会科学、近代人の古代人に対する勝利、偉大なアメリカ革命の時代、科学の応用を通じた人間の運命の改善のさ中の、実際に行なわれつつある進歩の歴史におけるもっとも偉大な証明の時代——でさえ、コンドルセに「しかし」と言わせずにはおかない——ヴォルテールが創造したこの上なく表現の適切な、最も楽天的なところの少ない人物の一人、ザディグのように。「しかし」とコンドルセは書く。「たとえ一切が、人類はもはや以前の野蛮状態に落ち込むべきではないとわれわれに告げているのだとしても、たとえ一切が、人類を真理と誤謬、自由と隷従の間の永遠の揺れ動きへと運命づけるあの臆病な腐敗した体系に対してわれわれを心強くしてくれているのだとしても、同時にわれわれには光が地球の僅かの部分しか占有していないということが、そして現実に光を保有している人びとの数も、偏見と無知に委ねられた多くの人びとの前では消え失せてしまうということが見えるのである。われわれには広汎な国々が隷従の中でうめき苦しんでおり、そしてそうした国々が、或る所では腐敗によって歩みをゆるめられた文明の種々の悪徳によって卑しめられた民族の光景を、また或る所では今だにその最初の時代の幼年期にあって植物のような生活を送っている民族の光景を、提示しているのが見える。われわれには、ここ最近の数時代の労苦が人間精神の進歩に大いに寄与しはしたが、しかし人類の完成には殆ど寄与しなかったのが見える。人間の栄光には大いに寄与し、その自由には幾分か寄与したが、しかしその幸福にはまだ殆ど全然寄与しなかったのである。若干の領域ではわれわれの眼はまばゆい光に打たれた。けれども重くたれ込めた闇がまだ広大な地平線を覆っている。哲学者の魂は少数の対象の上に慰めを感じて憩っている。だが愚劣、隷従、無節制、野蛮の光景はなお一層しばしば彼を苦しめる。そして人類の友は未来の甘美な希望に屈伏することによってのみまじり気のない愉悦を味わうことができるのである」(16)。

力強く教えるところの多い一節である。同じ時期のもう少し以前に、コンドルセの考えるところでは哲学者たちの誇りと虚栄心から生まれたところの現代諸哲学、文化の邪悪さと知識の無益さを教えた諸哲学を口を窮めてののしったことがあった。けれどもここでは、眼を開けて世界を見ているコンドルセはそのもっとも批判的な時にはまるでルソーのように、そのもっとも皮肉な時にはまるでヴォルテールのように聞こえてしまう。終わりの一句は露わに示している。楽天主義は治療法の一形態なのだ。未来の甘美な希望に屈伏することは人生を耐え得るものにする唯一の道なのだ、ということを。

とは言え未来――最後の、第一〇番目の時代――についてのコンドルセの想像図は治療法以上のものである。コンドルセは予言のために人間精神の歴史を書いていた。彼はヴォルテールのように語った。そうした歴史の研究そのものが人びとの顔を厳しいものにし、また頼もしい真理をも同様にする、そしてそれはかくして進歩の道具となることであろう、と。「文明の進歩に必然的に付帯する種々の悪徳」が存在するということは、なるほどあるかも知れない(17)。幾つかの文明は救いようもなく初期の段階に留められたままになっているということは、なるほどあるかも知れない。最後に、大部分の進歩の代行者たちは頼みにならないということも、なるほどあるかも知れない。しかしながら無知と悲惨と野蛮を少なくするために多くのことが起こったのであり、人びとに希望への権利を与えた多くのことがあったのである。フランス大革命自体、未来への一跳躍のようなものであった。それは僅かの時間にいかに多くのことを人びとがなし得るかを証明した。社会科学と平和的工業技術と近代的教育が将来完璧になれば、あとはそれがやってくれるであろうと期待してよいかも知れないのである。

コンドルセはその予言にある戦慄を覚えつつ着手した。単に「幾つかの大よその説明を敢えて行ない」、これまでなされたところからの推定に基づく考察を「ある蓋然性をもって」提供したいだけだと彼は謙虚に述べた。[18] 人びとは何を希望してよいのであろうか。諸民族の間の不平等が消えること、各民族内部で平等が増大すること、そして人類が本当に自らを完成することである。歴史を醒めた眼で研究すれば、「自然はわれわれの期待にいかなる限界も説けなかったということを信じてよいこの上なく強力な理由」を人びとは得る。自然は——これをコンドルセは著作の冒頭から強調してきたのであったが——「人間能力の完成にいかなる限界もおかなかった」[19]。「人間の自己完成能力」は無限定の拡大が可能なのである。われわれの世界が終りになる迄いかなる後退もないであろう。「そこで、太陽がこの世の自由な人間、自分の理性以外のいかなる主人も認めようとしない人間の頭上にのみ輝くような時代、暴君と奴隷、僧侶とその愚かなあるいは偽善的な道具たちが歴史の中にのみ、あるいは舞台の上にのみ存在するような時代、過去を特徴づけた努力と苦悩とを人びとがただ迷信と圧制のいかなる再来をも油断なく警戒するためにのみ研究し」、そうして——万一それが敢えて再び姿を現すようなことがあれば！——それを理性の重みで圧し潰してしまうような時代、「そういう時代がやってくるであろう」[20]。道徳科学、政治学、なかんずく社会科学は進歩し、幸福への道を指し示すであろう。植民地は解放され、奴隷は自由の身となり、女性は終に男性と同等となり、未開諸民族は自らを文明化するであろう。土地の生産性が増大し医学が進歩するにつれ人口も同じように増大するだろうが、しかし世界はそれを快く迎えるであろう。人びとはより情深く、正しく、徳高くなるであろう。家族生活はより幸福となろう。戦争は時代後れのものとなるであろう。芸術と文学は全般的再生に参与するであろう。人間の能力そのものが洗練され、完璧になるであろう。より健全な食物と住居、分別ある鍛練、高い生活水準、予防医学によって人びとはより長く健康な生活を送るであろう。人類のこのような完成は無限に進歩が可能なものとみなされるべきだということ、死は異常な事故か生命力のますます緩慢になる破壊と異なるところがなくなるであろうということ、そして最後に誕生とそうした破壊の間の平均的期間自体、いかなる定めらるべき限界も持たなくなるであろうということを想定するのは、今や馬鹿げたことであろうか。疑いもなく「人間は不死になることはないであろう」。だが生命の長さは「絶え間なく大きくなる」ことが可能でないであろうか。「この世が今だにそれで汚されており、そして哲学者がしばしばその犠牲者となる（！）誤謬と罪と不正とについて慰めをもたらしてくれるような光景を哲学者に提示する」のはこのような瞑想であり、主人となった人間、事故と迷信の双方の圧制から共に解放された人間についての瞑想なのである[21]。

コンドルセは請け合った。未来は人間の様々の可能性を実現するであろう。それは人間の自己完成能力を存分に働かせるであろう、と。けれどもこれら性急な予想を前にしながらコンドルセは依然として慎重であった。「自己完成能力」という言葉を彼は自由奔放にまた曖昧に用いたが、それはジョン・アダムズやマルサスの懐疑的な気持を掻き立てた。だがコンドルセにとっては自己完成能力は完成の保証というよりはむしろ成長の能力を意味していた。彼は自明なことを繰り返すことが必要だとは考えなかった。すなわち人間は相変らず単なる一個の死すべき存在に留まろうし、人間の条件の持つ限界に従うのだし、進歩が必然的にこの世にもたらした諸問題の犠牲者であるだろう、という点である。栄光に満ちた未来においてさえ人間はただ「宇宙の一般的諸法則の必然的結果たる苦悩と欠乏と損失のただ中において彼に許された範囲内で幸福に」なるに過ぎないであろう。(22) 向上の限界に関するコンドルセの自信に満ちた予言における「無限の」という用語でさえ不確実と曖昧さの雰囲気の中に存在したのであり、そうした雰囲気を彼は追い払わないように注意したのだった。コンドルセの楽天主義は現実を無視する人間の安易な明かるさではなく、苦悩をまともに見てそれを自分の哲学に取り込んだ人間の断固たる、殆どローマ的な決意だったのである。

コンドルセの立場——自らの置かれた悲惨な状況に遠回しながら言及するこの世の不正の犠牲者、すなわち迫りくるギロチンの陰におびえながら予言する進歩の予言者——の持つ哀切さをくどくど述べ立てる必要はない。コンドルセの希望の多くは結局見当違いであったというのは完全に明らかなことである。その後に続く歴史は『概観』の一つの皮肉な注釈の様に読めてしまう。コンドルセが人びとに得て欲しいと願ったもの——自由、長い寿命、豊かさ——を人びとが得た今もそれなしでいた頃より決して幸福になってはいないということを殆どまるで大変な皮肉をもって示しでもするかのように、未来は『概観』の予言の多くを裏切り、別の予言を実現させようとしていた。けれども『概観』の限界はその哀切感にあるのでもなければ（コンドルセの未来に対するドン・キホーテ的信頼はそれなりに賛嘆すべきものだ）、またその楽天主義に、すなわち私の強調したように、コンドルセの世紀に特有のものに思われたある感情、そしてコンドルセのもっとも断固とした批判者にさえ影響を及ぼしたある感情にあるのでもない。『概観』の限界はむしろコンドルセの歴史的因果関係の生硬な概念のうちにあるのである。

コンドルセは上品な人間であった。苦悩の光景に悩まされた人道主義者、人類が幸福であることを願う正義の信奉者であった。そうして、知的で学問のある男であった。その仕事の条件を思えば『概観』におけるコンドルセの言及の範囲は全く感動的と言う他ない。しかし既に述べたように彼はその歴史的想像力を歴史的訓練で統御し損ったのである。進歩の道具は反動の道具に、また反動の道具は進歩の道具になるかも知れないというその弁証法的原則でさえ、無邪気で機械的なからくりである。なお悪いことには、コンドルセはフィロゾフたちの論争好きな心理とでも呼んでよいものをとてつもないところ迄身につけてしまった。啓蒙主義は世界を英雄と悪人に分割し、その悪人たちが自らの悪辣さをかなりの程度洞察する力があるものと思っていた。教皇たちやスコラの神学者たちはさておくとしても、コンドルセの言う部族長・初期段階の僧侶・蛮族の王たちは、迷信を奨励する時自分たちがしていることを正確に知っている。彼らは自らが権力の座にあることを望むのである。彼ら自身の理性は明晰で醒めている。彼らはその信じ易い臣民たちに言いふらす秘密を信じていはしない。コンドルセの悪人どもは従って単純な形容詞で特徴づけられる単純な人びとだ——彼らは暴君であり、偏屈者であり、迫害者であり、冷淡な破廉恥漢である。そして過去の悲惨が主として利害の衝突として説明され得るのとちょうど同じように、未来の驚異は、人びとの真の利害を明らかにしかくしてその衝突を少くしあるいは除去するのに役立つような向上した教育と社会科学、理性的諸勢力に発するものとして、つつがなく予言され得るのである。われわれは結論づけねばならないのであるが、『概観』は啓蒙主義の遺書であるのと同じ程度にその諷刺画でもある。それは科学技術の進歩を美徳と幸福の向上と繰り返し混同して止まないような科学に対する無邪気な信仰によって支配された理性主義の、ほとばしり出たものなのである。

とは言えこれは『概観』の周到な読み込みではあっても、完璧なものではない。『概観』はコンドルセがその最後の代表者に数えられる運動の成熟した自信を遠回しにではあるが証《あかし》立てている。『概観』は人間精神の進歩を歴史における中心テーマとして選択し、かつ十八世紀をそうした歴史における戦略的重要性を備えた時期として選択する。これはフィロゾフたちが過去における哲学者たちや自分たちの時代の商人や将軍たち以上に歴史的推移の特権的代行者であることを意味した。もっと早い世代のフィロゾフたちを特徴づけた自己不信と偽りの謙虚さはなくなっていた。コンドルセの『概観』の中に、われわれは啓蒙主義が進歩の重荷をその肩に負うのを見ることができるのである。

（1）年代を確定することの不可能な未刊行の草稿のある部分でテュルゴーは、人類がその歴史において通過してきた三段階を定式化した。第一は宗教的段階であって、人びとはそこで彼らの支配者たちと擬人化された自然の諸事件とを神として祭った。第二は形而上学的段階であって、フィロゾフたちの体系づくりに対する攻撃からよく知られているところであるが——これは哲学者たちが真に自然を理解することなく宗教的寓話の仮面をはがした段階であった。もっとも彼らは「本質」とかあるいは「能力」などという抽象的概念、つまり古い神性に代わる新たな神性によって世界を説明することができたのであるが。そして第三は最近の段階であって、そこでは人びとは肉体の機械的働きを観察し、理にかなった仮説をたてる——実証的あるいは科学的段階というわけである。（「人間精神の進歩に関する第二の論のプラン」*Œuvres*, I, 315–16 を参照）。この上昇のはしごは大いに批判されてきたし、正当にそうされたのであったが、しかしそれは神経の回復の一つの反映として、世界に対する人間の支配感覚への賞賛のしるしとして、読まれるべきなのである。ニュートンの『原理《プリンキピア》』（*Principia*）第二版へのロジャー・コーツの序文にはテュルゴーの諸段階を予想させるものがあって興味深い。「幾つかの種類の事物には種に特有の超自然的な特性があるとして、幾つかの物体の働きをある未知の仕方でそうした特質に依存させる」ような自然哲学者たちがいる、とコーツは論ずる——これはアリストテレス派の人びとである。ところでこれに反抗した哲学者たちがいる。彼らは物質を同質のものとみなし、世界の単純な基礎について思索する。「仮説から自分の思弁を打立てる根拠を引き出す人びとは、実際巧妙な夢物語をまとめ上げるかも知れない。だがそれはやはり夢物語のままであろう」。そして最後に「実験哲学を公言する」哲学者たちがいる。テュルゴーの発見は世に広まっていたのである。*Newton's Phiosophy of Nature*, ed. H. S. Thayer (1953), 117.

（2）*Discours sur les progrès successifs de l'esprit humain*, in *Œuvres*, I, 214–35 *passim*.

（3）彼の生涯の最後の日々からの断片。*Œuvres*, I, 608.

（4）*The Rise of Modern Paganism*, 31–8 を参照。

（5）*Esquisse*, in *Œuvres*, VI, 30.

(6) Ibid., 34-5.
(7) Ibid., 54.
(8) Ibid., 66-7. *The Rise of Modern Paganism*, 82を参照。
(9) Ibid., 29-30.
(10) Ibid., 37-8.
(11) Ibid., 109.
(12) Ibid., 137. コンドルセがキリスト教に進んで認めようとしていた恐らく唯一の曖昧でない積極的な価値は、それの持つ人間の兄弟愛の教えであった。この教えは背かれたし往々にして全く無視されたとは言え、近代になって確かに奴隷制の廃止のための運動に寄与したのであった。(ibid., 111).
(13) Ibid., 125, 130, 133.
(14) Ibid., 281.
(15) Ibid., 157-8.
(16) Ibid., 231-4.
(17) 第四の時代のために予定された未刊行の断片から。Ibid., 463.
(18) Ibid., 24, 236.
(19) Ibid., 237-8, 13.
(20) Ibid., 244.
(21) Ibid., 275-6.
(22) 第十の時代のために予定された未刊行断片から。Ibid., 595.

3

その溢れるばかりの天真爛漫さにもかかわらずコンドルセは進歩の様々なタイプの間に区別を認めていた——彼は善良な人びとの労苦が「人類の栄光のためには大いに、その自由のためにはかなり」貢献したが、「しかしその幸福のためにはまだ殆ど何ら」貢献していないと主張しなかったであろうか。「美徳の進歩は常に啓蒙のそれに付随してきた」と彼は主張したかった。[1] けれども彼自身の歴史はより悲観的な結論を裏づけた。人びとは他人を支配し搾取するために科学を利用するかも知れないし、またしばしば利用してきた、というわけである。

他のフィロゾフたちも同じ様に区別を設けていた。ある領域での進歩が自動的に他の全ての領域での進歩を産むわけではないということを、彼らは見知っていた。徳高いことと啓蒙されていることは同じことではないとディドロははっきり書いた。そして誤謬は常に悪いものであるが、啓蒙は悪用され得るものだ、ということも。[2] ヴォルテールは慎重にも賛嘆する十七世紀を「啓蒙の世紀と言わんよりはむしろ遙かに偉大な才能の」世紀と呼んだ。[3] そしてその歴史作品の中に美徳も幸福ももたらさない偉大な芸術、偉大な富、偉大な文明化の痛ましい諸例をばらまいたのであった。[4] 私は既に、文明化は人を惑わす議論と不毛なわざとらしさをもたらすというルソーの確信とヴィーラントの代償の法則とを記述した。ギボンは『文学研究試論』(*Essai sur l'étude de littérature*) の冒頭の言葉の中で中心的区別を殆ど痛ましいまでに明瞭にした。「諸帝国の歴史は人間の悲惨のそれである。諸学の歴史は人間の偉大さと幸福のそれである」。[5]

一切のものが悪用され得た。科学でさえそうであった。けれども進歩に関する多くのことが不確かさに包まれたままであったのに、フィロゾフたちが依然として確信していたことが二つあった。もし進歩が確かであるような人間経験の領域が一つあるとすれば、それは科学である。そしてもし人類にとって現実に何らかの希望があるとすれば、それは希望を実現するであろう科学なのだ、ということである。テュルゴーは彼ら全員に代わって述べた。論理的諸範疇を定義するいつもの才能を発揮して、彼は科学に、文化の中で占めるべき独特の地位を与えた。「自然および真理に関する知識はそれらと同じほど無限である。その目的がわれわれを喜ばすことであるる諸芸術は、われわれと同じほど有限である。時は間断なく諸学におけ新たな発見を孵化させる。しかし詩・絵画・音楽には言語の特質、自然の模倣、われわれの諸器官の限られた感度といったものによって限定された一定の限界点がある。それらはゆっくりした足取りでこの限界点に到達するが、それを越えて先に進むことはできない。アウグストゥスの世紀の偉大な人びとはそこに到達した。そして彼らは今だにわれわれの範例である(6)」。

神経の回復を自らの計画に取り込むことによってフィロゾフたちは崇敬する古代人たちから自らを解放したと私は述べた。この解放は、科学においてはもはやアウグストゥスの世紀の偉大な人びとが適切な範例ではなくなったがゆえに、まさしく可能だったのである。十七世紀の古代派と近代派の間の論争において近代人たちはその正当な論拠をまさしく古代の科学に対する近代科学の優越性の上においたのだった。スプレイトは一七六七年に『王立協会の歴史』(*History of the Royal Society*) の中で書いた。「自然の美わしい胸が我らの眼に晒されることになろう。我らはその園に入り込み、その果実を賞味し、その豊かさに満ち足りるであろう。その実りなき影の下で怠惰なおしゃべりをし、彷徨い歩く代わりに。ペリパトス学派の連中が自分たちの最初の施設で行ないその後継者たちが以来ずっと行なってきたように(7)」。またウットンに反対して古代人を擁護したウィリアム・テンプル卿は近代人が進歩に賛成する論拠を得たのは「新哲学」の興隆にあると認めたのであった(8)。十八世紀になるとフィロゾフたちは留保するところなく、そして新たな論拠をもって、近代派の立場を採用した。ヴォルテールは書いた。古代人たちは全ての点で素晴らしく、事実卓絶している。全く馬鹿げているとしか言いようのない彼らの自然学を除けば、と(9)。従って「古代の全ての本以上に有益でないような自然学の本は今日一冊もない(10)」。なるほど諸学派の野蛮な習慣の中であれほど長い間苦しんだ後で人びとが健全な古代に戻るのを見るのは胸のすくようなことだった。だが人びとは娯楽と僅かばかりの思想以上のもののために古代の科学に戻ったのではなかった。ヴォルテールは書いた。少なくとも自然諸科学にあっては、古代人と近代人の間の論争は近代人に有利な方向で決定的に決着がついたのだ、と。これには多少奇妙な結果が伴った。「最近の実験以外何も知らないノレ師のような単純な職人の方がまだデモクリトスやデカルトよりましな物理学者である。彼は彼らほど偉大な人物ではないが、しかし彼の方がより多く知っており、またよりよく知っているのだ(11)」。私は啓蒙主義を古典古代の信奉と不信仰と科学の混合物として、またフィロゾフたちを近代的異教徒として、定義したことがあった。異教徒が近代的になり彼らが未来への希望を抱いたのは、彼らが科学を利用することができたからであり、その結果として、彼ら自身の時代、すなわち第二の批判の時代が第一の時代に対して優越することを明らかにすることによって自らの古典古代の信奉を統御し、かくして祖先に対する尊敬をしかるべき範囲内に留め得たからだったのである。

(1) Ibid., 78.

(2) ディドロからソフィー・ヴォランへ(一七六一年九月二二日)。*Correspondance*, III, 313 を参照。一七六九年五月にも再び彼はモー夫人Madame de Maux に書いた。「なるほどわれわれはわれわれの祖先ほど野蛮ではありません。われわれはより啓蒙されています。われわれはより善良でしょうか。それは別問題です」。Ibid., IX, 61. そしてヴォルテールが偉大な人間として出発し、次いで善良な人間になったとディドロが考えたのもこうした気持からであった(ファルコネへ〔一七六七年五月一五日〕ibid., VII, 63.)。ディドロの書簡はフィロゾフたちの精神における進歩の観念の錯綜ぶりの勇弁な証言である。一方でディドロは厳しくこう言うことができた。「啓蒙された国民が野蛮状態に戻るのは、野蛮な国民が文明の方にたった一歩踏み出すより千倍も容易なことだと私は確信しています」。また他方希望に満ちてこうも言ったのである。「啓蒙主義は国から国へと移ることがあり得ますが、しかし消滅することはあり得ません」。ディドロからダシュコフ公妃へ(一七七一年四月三日)ibid., XI, 21;そしてファルコネへ(一七六六年二月一五日)ibid., VI, 65.

(3) ***Épître à Boileau, ou mon testament*** (1769), in ***Œuvres***, X, 398.

(4) たとえば、*Essai sur les mœurs*, II, 865を参照。

(5) *Micellaneous Works*, IV, 15.

(6) *Discours sur les progrès*, in *Œuvres*, I, 214-15.

(7) Richard Foster Jones: "The Background of 'The Battle of the Books,'" in Jones *et al.*: *The Seventeenth Century*, 17に引かれている。

(8) Ibid., 33を参照。

(9) "Philosopher," *Philosophical Dictionary*, II, 420を参照。

(10) "Job", in ibid., II, 336.

(11) *Notebooks*, 221.

第三章　自然の利用

啓蒙主義の科学とのからみあいはいわくつきのものである。フィロゾフたちは科学革命を祝い、そのさまざまな発見を受けいれ、方法を模倣した。彼らは科学の哲学的意味あいをつきつめたあげく、科学者の側が妥当と考えていたであろう線をはるかに越えてしまった。つまり科学的思考様式を美学的、社会的、政治的理論の分野にまで適用しようとしたのである。だが、神の問題を排除したために、古い難問におとらぬほど厄介な新しい難問を背負いこんでしまったことに気がついた。

発見と統合とはなばなしい普及の偉大な時である啓蒙時代においては、科学革命をとほうもない出来事として認めるのに人並みはずれた明察などべつに要らなかった。この革命が宗教改革このかた西欧の経験したもっとも大規模な変動であることは明白であった。いやそれどころか、これはさらに大規模な変動であった。ガリレオやボイルやニュートンの諸発見は世界を根底から変えつつあり、それはルターやカルヴァンの教義によって世界が変えられたのと同日の比ではなかった。天文学者や物理学者たちのめざましい知的制覇のおかげで、科学は、フィロゾフのみならず多くの人びとの関心を集めるところとなった。フィロゾフはじぶんたちこそ別格の賛美者であると考えていたかもしれないが、じっさいのところ科学は啓蒙時代にほかにもあまたの追従者を作りだしたのである。それが証拠に、ルソーが第一論文で諸学問《スィヤンス》〔＝諸科学《スィヤンス》〕をけなしたとき、この雄弁な中傷家に反論して諸学問を擁護したのはイエズス会の『ジュルナル・ド・トレヴー』(*Journal de Trévoux*)だった。

フィロゾフはあまねく広がる科学熱――難解な理論のおびただしい一般むけ解説書や新しい科学雑誌――を歓迎したが、文学者としては、それをすこし不安に感じてもいた。一七三五年ヴォルテールは、シレーから短期間パリを訪れた際、「詩はもうほとんど流行りません」と嘆いた。いまや「だれもが幾何学者や物理学者を気取りはじめ」、その結果、「感情や想像や洗練は駆逐されてしまいました。ルイ十四世の治下に生きていた人がよみがえってきたとしたら、もはやフランス人を認めないでしょう。ドイツ人がこの国を征服したと思うでしょう。文学はわれわれの目の前で滅びかかっているのです[1]」。どう見ても文学は滅びかかっているというにはほど遠かったし――ヴォルテールもなんとかそれを生かしておこうとしていたのだ――洗練もいまだ健在ではあったが、それでもヴォルテールのおどけた慨嘆ぶりは、科学によせられている、あまねく普及した、ときには本腰ですらある関心というものの所在を証しだてている。

むしろ科学革命は詩に挑むどころか詩を豊かにさえした。科学革命は固有の用語、隠喩、主題などによって西欧の言語と文学に浸透したのである。新しい学問の批判者たちも、賞賛者たちにおとらず、科学言語が病みつきになっていた。十八世紀初頭ではポープとスウィフトが、世紀末ではブレークが、新しい「機械論哲学」をやっつけようとして、専門用語をもじったり、信奉者を冷やかしたりした。むだであった。いかにも人文主義者らしい彼らの科学に対する恐れも、科学を支持する人びとの自信にはかなわなかった。ジェームズ・トムソンの『四季』(*Seasons*) は新しい科学の形而上学的、美学的な美点に対してよせられた理解ある礼賛であるが、自然哲学への数多い詩的賛辞のなかでもっともよく知られているものにすぎない。科学は十八世紀の詩人たちを狼狽させるどころか、詩人たちの思想を揺ぎないものにし、語彙を広げ、彼らの才能に未踏の領野を拓いた。コンドルセは述べている。「物理学の素養があったおかげでヴォルテールは詩的才能を豊かなものにすることができた」。彼の「科学研究は詩的想念の領域を拡大し、詩句を新しいイメージで富ませた」(2)。ヴォルテールに言えることは他の詩人たちについても同様だった。神学的引喩や形而上学的表現はいわゆる「哲学的」言語に道を譲ったが、それは詩に損失どころか多くの利益をもたらした。一部の詩人たちがみずからくやしげに認めているように、十八世紀においてたしかに詩は凋落はしたが、それは科学のせいというわけではなかったのである。

　フィロゾフたちは抗いがたい力としての新しい科学にとびつき、論争に際しては科学をじぶんの陣営に引き入れて、堅実な方法と進歩と成功と未来の側についた。フィロゾフたちには貪欲になるそれなりの権利があった。われわれはフィロゾフのなかにいる科学者を科学を道楽にしている文学者という程度に考えがちだが、それどころかじっさいは、科学に対して本腰の関心をいだくフィロゾフはそのことごとくが――モーペルチュイ、ビュフォン、ダランベール、リヒテンベルク、フランクリン、カント、コンドルセ――哲学に向から前にまず科学を手がけていたし、そのなかでも優秀なアマチュアや普及者たち――なかんずくヴォルテールとディドロ――は専門家に意見を求めるのにわざわざ遠くまで足を運ぶ必要はなかったのである。この人びとの最良の友人の幾人かは数学者であり、物理学者であり、天文学者だったからである。

　しかしながらフィロゾフによる科学の奪取はとうてい無事にはすまなかった。諸科学が成長してより技術化し職業化してくると、それらは自律して発展をはじめ、そのおかげでフィロゾフは、知識をなんとか実際に役立てようとしても、予期しない、しかもほとんどの者にそなえのないような言語的、倫理的、形而上的な難題に直面せざるをえなくなったのである。ヒュームとダランベール、コンディヤックとカントは、科学の哲学的意味あいを建設的に考えて成果をあげていた。この人びとが規定した用語にもとづいて、科学とは何かという議論が今なお行なわれているのだ。けれどもフィロゾフによっては、十八世紀が進むにつれて、科学を下僕や盟友ではなく邪魔者とみなす人びともいたのである。

(1) ヴォルテールよりシドヴィルへ(一七三五年四月一六日)。*Correspondence*, IV, 48–9.

(2) *Viede Voltaire*, in Voltaire: *Œuvres*, I, 214. ギュスターヴ・ランソンを含む一部の学者は根拠のない主張であるとして異論をとなえているが (Lanson: *Voltaire* [1906], 73–4 を参照)、まったくとりえがないわけでもない。

I　啓蒙主義のニュートン

1

科学革命は抽象化と専門化をめざす旅であるにはちがいなかったが、都合のよいことに、フィロゾフたちは革命家の一人を神格化すれば革命を効果満点にできるということに気がついた。科学が古い奥義をつぎつぎと放棄しているかたわらで、啓蒙主義の人びとは新しい神秘崇拝を作りあげた。彼らはアイザック・ニュートンをかつぎだすことで、象徴的存在への欲求、英雄への願望を満たしたのである。

ニュートンはフィロゾフたちにとってまさにうってつけの英雄だった。ヴォルテールがニュートンをかつて存在したもっとも偉大な人間と呼んで啓蒙主義の先鞭をつけたとき、ニュートンを、過去のもっと物騒な時代に奉仕した英雄たちと対比したことは意味がある。「もしほんとうの偉大さが、天から非凡な天才を授けられ、これをじぶんや他人を啓発するために使用することにあるなら、千年にひとり出るのもおぼつかないニュートン氏のような人物こそ、ほんとうに偉人と言える。そして、どの世紀にもざらにいるあの政治家や征服者のたぐいは、だいたいが名の通った悪人でしかないのだ」[1]。

すべてが力を合わせてニュートンを神秘崇拝にぴったりの対象に祭り上げた。ニュートンは変人でそそっかし屋だったから語り伝えられる奇談には事欠かなかった。ヴォルテールがイギリスから持ち帰った、庭の樹から落ちる果物について思案するニュートンをめぐるあの不滅の逸話がそうだ。他の人びとがなにも見なかったところに鋭い洞察を働かせ、その達成においては空前にして絶後、論証の運びにおいては同時に熱中と散漫の度がすぎるという、そんな人物であったニュートンは、異質な現象を統合し、いにしえよりの秘密を暴露し、ほとんど信じがたいような知的努力を払って自然に対してこの世界を支配するように強要したのである。ニュートンは経験によって訓練された幻視者であり、深遠なヴィジョンに啓発された経験主義者であり、科学の武器庫にあるあらゆる武器――数学、実験、観察――をいずれもやすやすと使いこなす工兵《パイオニア》であった。かかる巨人は自己の理論への同意をうながすだけではすまなかった。服従を強要した。世紀半ば、ダランベールはしるしている。ニュートンの体系は「あまねく受け容れられたため、人びとは本人からそれを発見した栄誉を奪おうとしはじめた」。また一七七六年にヴォルテールが「いまやわれわれはみなニュートンの弟子である」とごくあっさり述べても、だれも驚きはしなかった[2]。デカルト主義者ですら賞賛者の仲間に否応なく引きずりこまれた。フォントネルはニュートンの死に際して、まるでなにかすさまじい自然の力でも見せつけられているかのように、科学アカデミーのための頌辞を書いた。なんと驚くべき数学者であろう、とフォントネルは叫んだ[3]、宇宙のえたいの知れぬ錯雑をときほぐしてみせたとは！

当然のことながら、哲学者たちによるニュートン礼賛はことごとく身内のように似かよってきた。ベッカリーアは友人がじぶんを

「小ニュートン」と呼ぶのを聞いて喜んだ。ダランベールとジェファソンはニュートンの肖像で著書を飾った。ヴォルテールによれば、この人びとはみな、ニュートンをベーコンおよびロックか、もしくは（もしドイツ人なら）ロックおよびライプニッツと並べて、歴史上の偉人のいわゆる三位一体に加えた。ヒュームは『イギリス史』でニュートンに熱烈な文章を捧げ、まさに思索する人間の権化としてニュートンをえがいた。「わが島国は、人類の栄誉と教化のためにかつて出現したもっとも偉大で稀有な天才をニュートンという人物の中に生みだしたことを誇りにしてもよいであろう。ニュートンは慎重な人で実験にもとづく原理しかけっして認めなかったが、そのような原理であればたとえ新しくて見慣れないものでもすべて採用する覚悟があった。謙遜から他の人びとに対するじぶんの優越に気がつかず、それゆえ、じぶんの論証を一般の理解力に合わせて手加減することには無頓着だった。また名声を得ることよりも名声に値することに心を砕いていた。こうした理由でニュートンは長いこと世に埋もれていた。しかしながら彼の名声はいかなる作家もそれまで生涯にまずかちえたことのないような栄光にようやく輝いたのである。ニュートンは自然の神秘のいくつかからベールを剝いだかに見えるが、同時にまた機械論的哲学の不備を指摘もした。そうすることによって、自然の究極の秘密を、それらがこれまでにもこれからも永遠に宿るべきあの闇のなかに戻したのである」[4]。カントがその主要な哲学著作で礼賛し師事しようとしたのも、この立派な啓蒙主義者のお手本、すなわちカント本人がそうありたいと念じていた理想化され、純化されたフィロゾフだったのである。またカントがルソーこそ道徳世界のニュートンと呼ばれる資格があると述べたとき、カントは啓蒙主義の知的状況の中にニュートンを位置づけると同時に、ルソーに対して考えうる限り最高の賛辞を捧げたのであった。

ニュートンを神格化するという点では、フィロゾフの啓蒙主義と啓蒙時代とは一致していた。フィロゾフのラディカルな思想とは縁もゆかりもないはずの信心深い文学者や哲学者が、フィロゾフのニュートン崇拝を分かちあったばかりか、フィロゾフに先んじすらしたのである。ニュートンの死に際して、ジェームズ・トムソンは『アイザック・ニュートン卿の思い出に捧げる詩』をものしたが、その誇張法は同時代人たちに穏当で真実な報告とみなされた。いや、同時代人だけからそうみなされたわけではない。トムソンはたまたまニュートンに関する自作の詩句を考えなおし、頌辞に手を入れる機会があったが、結局なに一つ変えなかった。二五年後にレッシングも、トムソンの『アイザック・ニュートンの思い出に』は、かりにトムソンがほかになにも書かなかったとしても、それあるのみで「詩人のなかの格別な地位」を彼に保証したことだろう、とすることになる[5]。ニュートンについてのポープの有名な二行連句《カプレット》は、ニュートンを光をもたらす神の霊感を受けた人間とみなし、支配的な暗喩、一種の支配的な紋切型にさえなった。そして「神々しい《ディヴァイン》」と「不滅の《イモータル》」という形容詞はほとんど有無を言わさぬものになった。一七三〇年ごろ、ヴォルテールもいかにも彼らしい見解をノートに書きつけた。「ケプラー以前はみな目が見えなかった。ケプラーには片眼があり、ニュートンは両眼があった」(6)。一七五〇年になっても、評論家のベンジャミン・マーチンは『ニュートン哲学賛』を書き、「自然哲学」のことを「幾時代、幾世代にわたって隠されていたが、不滅のアイザック・ニュートン卿の神々しい著作によっていまやすべての人間にとって明らかにされた秘密」と述べた(7)。

　この文学的常套の元祖が詩人ではなくて科学者だったことはきわめて興味ぶかい。天文学者のエドモンド・ハレーはニュートンの『原理《プリンキピア》』〔『自然哲学の数学的原理』*Philosophiae naturalis Principia mathematica*, 1687〕を新聞・雑誌を通じて知るや、折を見てラテン語の六歩格の序詩をものして感嘆の意を表明し、こう結んだ。「これ以上神に近づくことは人間には許されない nec fas est proprius Mortali attingere Divos」。事実、イギリスの科学界は、ニュートンの晩年を乱した職業上のいさかいにもかかわらず、またイギリス王室は、その知的凡庸さにもかかわらず、ニュートンを第一級の国宝に祭り上げたのである。一七〇三年、長いこと貴族の愛好家の掌中にあった王立協会はニュートンを会長に選出し、一七〇五年、アン女王はニュートンをナイトに叙した。一介の科学者が科学業績でこのような栄に浴するのはどうやらイギリスの歴史でもはじめてのことだった。ニュートンが死ぬと、彼は国家の偉人たちに伍してウェストミンスター寺院に鳴り物入りで埋葬された。その場にいあわせたヴォルテールの言によれば「さながら臣下に慈悲をほどこした国王の観があった」(8)。

　宣伝頭ヴォルテールとともに、ニュートン神話はほどなくイギリスから大陸に渡った。一七三〇年代、自然科学に無我夢中になっていたヴォルテールは、ニュートンを称える刺戟的な詩をいくつか書き、また一七三八年、モーペルチュイ＝クレローの探険旅行が地球は両極が扁平であるというニュートンの主張、すなわちデカルト主義者が否定した主張の数学的証明をつぎつぎに提出していたころ、ヴォルテールは、じぶんの学説の経験的確証を提出するようにと忠実な信奉者たちにむかって天上界からしきりとうながすニュートンの霊をえがいてみせた。また十八世紀後半、ニュートンの死から半世紀近くも後になって、ジャック・ドリール師はポープの有名な詩をフランス人読者のために翻案した。

おお偉大な人間と神々しい魂の力よ！
神のみが成しとげられたことを、ニュートン一人が想像し、
そして天の星々は二人の名を呼びながら復唱する。
世界とニュートンを創りたもうた神に栄光あれ！と(9)。

おなじやりかたで——創意のなさもおどろくべきだが、イギリスモデルべったりという点でもそれにおとらずひどいものである——エルヴェシウス、マルモンテル、サン＝ランベールも、万有引力と真の色彩理論の発見者である半神ニュートンに捧げる礼賛詩を発表した。イギリスではニュートンの『光学』(*Optiks*)は刊行当初から詩人たちの関心を呼んだが、フランスでは、数十年たってヴォルテールがわれこそは「光の屈折から比喩をえた最初の詩人である」(10)と主張し、ほかならぬヴォルテールが比喩をえたとなると、ほかの者たちもそれに倣った。

　ドイツの文学者たちもこれまたイギリスとフランスの修辞を従順

に模倣した。アルブレヒト・フォン・ハラーは、同学の数学者で物理学者のヨハネス・ゲスナーに捧げる適当な頓呼法を求めているうちに、相手がニュートンの歩んだ道を辿ろうとしていること、つまり想像力を正しく制御するニュートンの測定法にみちびかれて自然の奥義をきわめようとしていることをあらためて思いださせるべきだと考えた。

　まもなく君は自然のなかのひそかな助言者である
　ニュートンの小径を登ることになる、
　君の測定法が君をそこへみちびいてゆくのだ。
　おお、測定法よ、想像力を制御する者よ！
　汝に従う者は道を迷うことがない。
　汝なしで進もうとする者は道を踏みはずすのだ。(11)

　レッシングはニュートンをホメロスと比較し、ニュートンに古代人に対して近代人を代表するという重荷を負わせて、定着したパターンにいくらか変化をもたらした。もしニュートンのような超人が詩においてホメロスと肩を並べようという気をおこしていれば、彼は成功したであろう、というものである。だが変化はとるに足らないものであった。蔓延した流行に準じて、レッシングも引力理論をもじり、天来の人というニュートンのイメージを引きだしたにすぎないからである。

　真理は光につつまれて私たちのもとへ舞い降り
　人類をニュートンのほうにやすやすと引きよせた。(12)

国が変り時が移ってもニュートンへの賛辞はまず変ることがなかった。それらの賛辞はつねに熱烈でいつも真摯であったが、結局のところ千編一律で単調だった。とはいえまさしくこの単調さこそが——詩人はおおむね事情につうじているというよりは善意にみちているだけであり、べつな詩人の作品を焼き直すにすぎなかった——ニュートンの文学的な神格化に文化的意義をあたえたものなのである。詩人たちは、ようするに、科学的難問を解決しようとも、また科学的情報を提供しようともしなかった。詩人たちの仕事というのは、自然に対する、知識に対する、世界に対する新しい態度を反映し、かつ普及させることだったのである。

（1）Lettre XII, *Lettres philosophiques*, I, 153. また、アベ・ドリヴェ宛のヴォルテールの手紙（一七三六年一〇月一八日）を参照。ヴォルテールはそこで書いている。ニュートンは「かつて存在したもっとも偉大な人間」である。*Correspondence*, V, 281.

（2）D'Alembert: *Discours préliminaire*, in *Mélanges*, I, 137. Voltaire: to the *Académie française*, in *Œuvres*, VII, 335.

（3）フォントネルをたんにデカルト主義者と呼んではもちろん彼の思想を割り切りすぎることになろう。フォントネルはデカルトの物理学とその有名な渦動説をけっして見捨てはしなかったが、ニュートンの方法には好意的であり、頌辞が明瞭に示しているように、ニュートンの偉大さをよく知っていた。

（4）*History of England*… (edn. 1780), VIII, 326.

（5）"Leben des Herrn Jacob Thomson," *Theatralische Bibliothek* (1754), in *Schriften*, VI, 61.

（6）*Notebooks*, 63.

（7） Brook Hindle : *The Pursuit of Science in Revolutionary America, 1735–1789* (1956), 80 に引用。
（8） Lettre XIV, *Lettres philosophiques*, II, 2.
（9） Delille : *Œuvres*, (1824), IX, 7. Ruth T. Murdoch : "Newton and the French Muse," *JHI*, XIX, 3 (June 1958), 324 に引用。
（10） Murdoch, 326 に引用。
（11） Haller : *Versuch schweizerischer Gedichte* (11th edn., 1777), 157.
（12） "Aus einem Gedicht an den Herrn Mxxx" (fragment of 1748), *Schriften*, I, 243, 245.

2

ニュートンの詩的礼賛は、ニュートンの業績の本格的検討がそれにともなって行なわれなければ不可能であったろう。その検討はまずはイギリスで、ついでいたるところで数学者や物理学者や化学者によって企てられたが、この人びとはじぶんたち自身のために、専門の研究者のために、それからまたニュートンの数学を学ぶ手間をはぶいてニュートンの体系を把握したいと願うジョン・ロックのような、理解力はあっても途方にくれているアマチュアのために、ニュートンの体系をわかりやすく説明しようと努めていたのである。

この探究はきわめて重要なものであった、というのもニュートンは、いくつかの遠大な解答をあたえるなかで、いくつかの遠大な問題を提起してしまったからなのである。ニュートンは化学に関する絶妙なヒントをいくつか残したが、それらが本当はなにを意味しているのか、はたしてどれほど豊かな可能性を秘めているのかということについてはまだ検討の余地があった。また力学におけるニュートンのもっとも興味ぶかい思想も曖昧にしか述べられていないか、不完全な答しか出ていなかった。ニュートンは一つの方法を説き、それを実地に堂々と証明してみせたが、この方法の人文科学にとっての、いや自然科学にとっての意味あいですらけっしてかたがついてはいなかったのである。ヴォルテールのようなむこうみずな喧伝家はニュートンの方法論上の難題にわりあい単純な解決策をあたえたが、この単純さは見かけだおしだった。単純といっても科学的思考の機能というよりも論争技術上の機能を果たしているにすぎなかったからである。じじつ、科学がニュートン亡き後どの方向に進むべきかということはまだ不確かだった。ニュートン本人の態度は明確で一貫していた。ニュートンは引力の本性などなにも解らないと言い、「巨人の肩にのって」という中世の言いまわしをむしかえしてじぶんの業績を謙虚にもこきおろしてみせた。晩年、ニュートンはじぶん自身を「真理の大海がまったく発見されぬままわたしの眼の前に横たわっているのに」海辺できれいな小石を見つけている少年になぞらえた。フィロゾフたちがこれらの言葉を好んで口まねしたのは、体系構築に反対し「哲学的謙遜」を掲げる啓蒙主義運動の有効な支えになるからであった。[1] しかしながら、ニュートンの弟子たちがニュートンの謙遜を称えている一方で——ダランベールとヒュームとカントはその点でニュートンの教えを復唱しなかっただろうか？——ニュートンのより性急な信奉者たちの一部はニュートンの業績そのものをニュートンの自己抑制に対する反証としてもちい、普遍的知識というものをめざすあの古来よりの要求を復活させてしまった。十八世紀の科学史とは、ニュートンの思想を吸収するとか、その推論を確証するとか、ニュートンの考えを本人自身の予想を超えて一般化するとか、ニュートンの哲学的難問と格闘したりするとかいった程度の歴史をはるかに超えたものである。とりわけ力学の分野において、ベルヌーイ、オイラー、ラグランジュ、ダランベールといった人びとは独力で実り豊かな仕事を成し遂げた。しかし「ニュートン主義」は新しい未踏の小径に迷いこんだ者たちをすら支配したため、ニュートンの業績とはまず無関係な科学的探究をも、そのもちまえの包容力ある威光によって抱きこんでしまったのである。

ニュートンの残した難問がどうであれ、またニュートンの影響をうけない研究者たちの仕事がどうであれ、内輪でまとまりのない一団をなしたニュートンの普及者たちはイギリスにおいても大陸においても迅速かつ効果的な仕事ぶりを見せた。解説や注解への欲求はとどまるところを知らぬように見えた。アルガロッティの『御婦人のためのニュートン主義』(*Newtonianismo per le dame*)はたちまち英語に翻訳された。まるでイギリス人が自家製の概説書をまだじゅうぶんに刊行していないとでもいうかのようだった。世紀半ばともなれば、その手の書物は西欧世界にくまなく行き渡った。

ニュートン思想の大陸における急速な伝播だけでもニュートンの絶大な権威がうかがわれる。大陸の科学者の多くは英語の心得があり、ニュートンやその門下生に会うためにイギリスを訪れた。ニュートンの解説者が書いたラテン語の評釈を読み、英語を知らないままでニュートン主義者になる者もいた。大陸におけるニュートン主義の吸収と普及のための一つの――当面は唯一の――中心がライデン大学だった。当地の医学界に君臨していた偉大な化学者、植物学者、哲学者、物理学者であるブールハーフェはニュートンのもっとも忠実にして有力な盟友の一人だった。一七一五年の講義録『物理学における確実な比較論』(*Oratio de comparando certo in Physicis*)で、ブールハーフェはじぶんおよび弟子たちが当面歩むべき針路を示した。ニュートンの引力理論こそは森羅万象の真の説明であり、また引力の原因と本性とに関するニュートンの謙虚な無知の表明こそは科学研究というものの真の方法である。他の偉大な自然哲学者たちは、とブールハーフェは主張した、同国人のホイヘンスですらもが体系の精神《エスプリ・ド・システム》によって誤った理論におちこんでしまった。ただし断わっておくが、とブールハーフェは言う、そのことでニュートン精神に固執するあまり、この手の徹底した抑制が「物理学における絶対懐疑主義《ピロニズム》」にゆきつくようなことがあってはいけない。出発点としての、またたえざる統御としての実験と、理性および数学とに対する適度の信頼、これこそが研究者を自然界の確実な認識へとみちびくべきなのである、と。(2)

ブールハーフェは説得的な体系に魅せられた教育者らしいしつこさでこれらの論旨を繰りかえし述べた。ブールハーフェの若い同僚たち、研究者と普及者とからなる際立ったグループもじぶんたち自身の講義や著作において彼らなりにそれらを繰りかえし述べた。スグラーフェサンデはニュートンと会い、イギリスの科学者仲間と緊密な接触を保ったおかげで王立協会会員に選ばれた人だったが、「本書でわたしが従ったニュートンの方法を補足するために」、一七一五年『物理学の数学的原理《エレメンタ・マテマティカ》』(*Physices Elementa Mathematica*)という論文を出版し、(3)その後の著作においても補足しつづけた。ミュッセンブルークとニュウェンティット、ブールハーフェとスグラーフェサンデの若い同僚たちは、先輩同様、イギリスの科学者と文通し、ニュートンの理論を確証せんものと実験を重ね、じぶんたちの発見や方式を広く世間に公表した。

この人びとの影響はまことに目ざましいものがあった。一七三六年、ミュッセンブルークは、「かつてオランダで物理科学が今日ほど奨励されたためしはない」と当然の誇りをこめてしるしたが、その物理科学とは、言うまでもなく、そもそもがニュートン的なものであった。物理学は、とミュッセンブルークは言い添える、「日々新たな征服を重ね、いつの間にかほとんどの職業に広がっている」。その結果、科学の新しい消費者たちは「主要な都市のいくつかにおいて研究会を結成し、高価な道具をふんだんにもちいて実験に没頭し、ありとあらゆる類いの物体の特性と活動を研究して快適に時間をついやしている」[4]。このニュートン主義への熱中はオランダ連合州に限られなかった。ライデンはハラーやラ・メトリを含む外国人学者や、ヴォルテールを含む外国人訪問者のための寄合所であった。オランダ人科学者の書物はイギリス人科学者の書物とおなじぐらい気楽に翻訳され、おなじメッセージを伝えておなじ感化をおよぼした。一七三八年、ブールハーフェの死に際し、フォントネルは頌辞で感謝して述べている。「ヨーロッパのすべての国が彼に弟子を供給した。とりわけドイツと、そして、諸科学の隆盛を自慢にしてよいはずのイギリスでさえもが」[5]。

フォントネルが名簿からフランスを除外しなければならなかったのは偶然ではなかった。というのも一七三八年ごろはニュートンのフランスに対する影響はまだ影がうすかったからである。だがそれはじゅうぶんに現実のものとなりはじめてはいた。一七三二年、ニュートンの『原理《プリンキピア》』からほぼ半世紀後、王立協会の会員で長いこと科学アカデミーを刺戟しつづけたモーペルチュイが、『天体の諸形状に関する論文』(***Discours sur les différentes figures des astres***)をついに刊行したが、これはニュートンの引力理論を完全に受け容れ明快に解説したフランス人による最初の書物だった。一七五六年、この理論はフランスですでに成功をかちえていたが、モーペルチュイの死の二年前、そしてモーペルチュイと事を構えてから数年後にあたるこの年、ヴォルテールはじぶんこそ「ニュートンの発見を説明したフランスで最初の人物」だったと主張した[6]。モーペルチュイが『哲学書簡』のニュートンをめぐる章に関してヴォルテールにあたえた援助を考えると、この主張はこのうえなく無礼なものであった。ヴォルテールがフランスにおけるニュートンの威光にあやかりたいと躍起になっていたのは、一つには文学的虚栄からであり、一つには難解ではあるが流行の研究に有能なところを見せようという魂胆からでもあった。しかしながらこのことは、また、ニュートン神話が宣伝者たちをとらえていた力がいかに強かったかということを、いま一度証明してみせたのである。

(1) *The Rise of Modern Paganism*, 127–59を参照。

(2) Pierre Brunet : *Les physiciens hollandais et la méthode expérimentale en France au XVIIIe siècle* (1926), *passim*.

(3) E. W. Strong: "Newtonian Explications of Natural Philosophy," *JHI*, XVIII, 1 (January 1957), 68.

(4) Brunet : *Les physiciens hollandais*, 93.

（5）Ibid., 103.
（6）彼の *Épître à la Madame du Châtelet sur la philosophie de Newton* (1736), *in Œuvres*, X, 302 *n* に付加された一七五六年の注のなかにある。はなはだ面白いことに、ヴォルテールのモーペルチュイに対する意地の悪い評価はモーペルチュイの、さらにヴォルテールの死すら越えて生き残ってしまった。一七八七年に刊行されたヴォルテール伝のなかで、コンドルセはモーペルチュイのことを聡明な人物ではあるが「凡庸な科学者で、さらに輪をかけて凡庸な哲学者」と呼び、昔ながらの中傷を後世に伝えた。In Voltaire : *Œuvres*, I, 231.

3

ヴォルテールの主張はおおげさだったが、ヴォルテールが当時の啓蒙的風潮からニュートンをかすめとってフィロゾフたちの啓蒙主義に役立てるのにすくなからず貢献したことは察しがつく。ニュートン理論の使いみちをフィロゾフのなかでもいち早く会得したのは、頭の回転の早いヴォルテールだった。ヴォルテールのニュートン主義がことごとく駆け引きの方便であった訳ではけっしてない。ライデンへの旅、科学論文の一途な読破、フランスの科学者たちとの会話、シャトレ夫人を相棒に夫人の館で行なわれたものものしい物理の実験、これらのすべては科学知識に対するヴォルテールの情熱の欲得を離れた側面を示しているのである。それと同時に、まずは『哲学書簡』で、ついで四年後、すなわち一七三八年の『ニュートン哲学の原理《エレマン》』(*Éléments de la philosophie de Newton*) で、ヴォルテールは文化的英雄が政治的にも有用であることを証明してみせたのである。ニュートンは正しかった、それゆえ啓蒙主義も、ニュートンの方法と諸発見にみずから基礎をおいている以上、同様に正しいにちがいない——それはかくのごとく単純なものだった。

『哲学書簡』では、ヴォルテールはまだ爪を隠していた。ここでは、ヴォルテールのニュートンは魅力ある立派な歴史上の人物であり、逸話の源泉であり、英雄崇拝にうってつけの存在である。しかし、フランスにおいて支配的なデカルト主義とおそらくはじぶん自身の確信のなさとに対する最後の譲歩として、ヴォルテールはニュートンの引力理論に深入りするのを拒み、気のきいた比較で逃げている。「フランス人がロンドンにやってくると、ほかのいろいろなことでもそうだが、哲学においても、だいぶ様子がちがっているなと思う」、とヴォルテールはたびたび引き合いに出される特徴的な一節で書いている。「充実した世界をあとにした彼は、世界が真空なのを発見する。パリでは微細物質の渦動からできている宇宙を人は見るのであるが、ロンドンではそんなものにはすこしもお目にかかれない。われわれのところでは、潮の干満を引き起すのは月の圧力なのだが、イギリス人のところでは、海のほうが重力によって月へと引き寄せられるのである」。なるほど、「デカルト哲学の信奉者にあっては、ほとんど理解しがたいある衝撃によっていっさいが行なわれる。ニュートン氏においては、その原因が同じく不明の引力によって行なわれるのである。パリでは、地球はメロンみたいな形をしているとあなたがたは想像しているが、ロンドンでは、地球は両極が扁平である。光はデカルト派哲学の信奉者にとっては空気中に存在するが、ニュートン派にとっては、それは六分半かかって太陽からやってくる。あなたがたの化学は、酸、アルカリ、微細物質でもってそのすべての作用を行なうのだが、イギリスでは、化学の領域に至るまで引力の支配が及んでいる」[1]。ヴォルテールはあいまいに述べているが、実際のところこれらの体系同士の矛盾はどうしようもないほどである。しかし科学上の厄介な事柄はさておいても、一つだけヴォルテールにとって完全に明白なことがあった。そして彼はすこしもためらうことなくそのことをフランスの読者に指摘するのだった。デカルトはじぶんの国から罵られ、脅され、迫害されたが、ニュートンはなにもされず、叙爵され、報償を受けた。これこそ啓蒙主義のためにニュートンを利用できる手立ての一つだった。ニュートンとは自由のさまざまな利点の、そして逆に言えば弾圧というものの愚劣さの、生きた証拠だったのである。

しかしながらこの初期段階においてさえも、ヴォルテールにとってニュートンとは知的自由のための闘争におけるたんなる象徴的存在ではなかった。『哲学書簡』のいくつかの先駆的な文章で、ヴォルテールはニュートンのきたえられた経験主義の強味を指摘した。強味とはすなわち、キリスト教の教義と独断的形而上学とに対するフィロゾフの攻撃にとって実戦的なスローガンとなる例の「哲学的謙虚」である。ヴォルテールは書いた。デカルトの物理学はあまりにもお手軽で独断にすぎ説得力がないが、ニュートンはその反対に事実を尊重し、理解しがたい現象を堂々と直視し、体系を作ることを拒んだのだ、と。

かかる全般的な是認から断固たるニュートンへの肩入れまではほんのわずかな距離だった。そして、数年間にわたる研究と熟考、それにモーペルチュイのような説得上手のニュートン主義者たちとの会話に鼓舞されたヴォルテールは、『ニュートン哲学の原理《エレマン》』においてその肩入れを行なったのである。この書物には遁辞がなく、逸話もほとんどない。ニュートンとはまごうかたなく世界の真の体系の発見者であり、まごうかたなく、デカルトの渦動説と微細物質と充満の破壊者である。ヴォルテールはシャトレ夫人への献辞で書いた。「この哲学者はその生涯のあいだにじぶんが値する栄誉はことごとく身に集めた。他人を羨ましがらせることなどまずなかった、というのもライヴァルのもちようがなかったからである。学問ある人びとはニュートンの門に下り、それ以外の人びとはあえてニュートンを理解しようなどとはせずにただ賞賛した[2]」。

『原理《エレマン》』はニュートンを理解させようとする試みだった。ヴォルテールは書物の刊行後一年して書いている。「『原理《エレマン》』の著者はこれらの新しい真理をこうした問題にどれほど暗い人びとにも解ってもらうように努めたのである[3]」。この書物は、ニュートンの宗教ではじまり、ニュートンの光学がつづき、ニュートンの物理学で結ぶという、三つの部分を通じて、古典的な手堅い論理に従い、このうえなく明晰に書き進められている。数学をもちださずとも、ヴォルテールは知覚の本性とか色の性質とか惑星の軌道とか引力の法則とかの厄介な事柄を説明しようとして、上々の首尾をあげている。

それゆえヴォルテールの『原理《エレマン》』は高度な通俗化の実践であるが、それはまた大きな論争の一翼をになうものとして、より広汎な文化的コンテクストにおける役割をはたしてもいるのである。ヴォルテールが注解をニュートンの宗教的信念をめぐる一連の章ではじめ、全体をニュートンの「哲学」に関する書物と呼んでいるのは偶然ではない。十七世紀末において、そして十八世紀を通じて、諸科学の性格、方法、本来の領域がまだ定かならぬとき、科学についての論争とは宗教についての論争であり、そして宗教は各人が命がけで取りくむ主題だったのである。それゆえ、ヴォルテールの『原理《エレマン》』は、十八世紀において教育ある男性を、またヴォルテールのシャトレ夫人がそれを証拠立てるただ一人の存在ではないのだが、教育ある女性を、それぞれつき動かしていたいくつかの争点にすくなくとも触れているのである。ニュートン主義者とライプニッツ主義者とのあいだの、またニュートン主義者とデカルト主義者とのあいだの論争にしても、舌戦には目のないヴォルテールからすれば、物理学の法則をめぐってのたんなるいさかいなどではないとわかっている論争だった。それらの論争は、ニュートン科学の勝利は啓蒙の世紀における宗教的信仰の輪郭を変えつつあるということを、多くは暗黙のうちに、ときとして公然と認めるものであった。

（1）Lettre XIV, *Lettres philosophiques*, II, 1. 早くも一七三〇年に、ヴォルテールは叙事詩『アンリヤッド』の改訂版にニュートン風の詩句をいくつか書き足したが、脚注ではおよび腰になって煙幕を張った。「われわれがニュートン氏の引力を認めようが認めまいが、天体がつぎつぎと近づいたり遠ざかったりしてたがいに牽引し反発しあっているようにみえることに変わりはない」。*Œuvres*, VIII, 170. Murdoch : "Newton and the French Muse," 325 に引用。

（2）*Éléments de la philosophie de Newton*, in *Œuvres*, XXII, 402.

（3）"Réponse aux objections principales qu'on a faites en France contre la philosophie de Newton" (1739), in *Œuvres*, XXIII, 72.

II　ニュートンの神を捨て去ったニュートン物理学

1

十七世紀の科学革命はキリスト教の世界観と断絶してはいなかった。自然哲学者たちの諸発見はもっとひどいさまざまな迷信をおびやかし、自然主義的説明の範囲を広げ、人間に話しかける神の御言葉よりもむしろ自然における神の御業をよりどころとする、あの数々の神の存在証明に論拠をあたえた。それにおびえたのは一握りの例外的な人びとだけだった。信仰において篤く科学の探究において大胆なロバート・ボイルは書いている。「神はすべてのものを作るにあたいするとみずからお考えになったのであるから、おなじ被造物である人間がそれらの被造物のことを知るにあたいしないなどと考えるべきではない」。それどころか、「もしも全能の創造主が、人間たちは主の御業を研究すると主の存在や属性を信じなくなりがちであると知っていたなら、主は人間たちに対して自然を研究し熟視するようにとあれほど熱心にお勧めになりはしなかっただろう」[1]。ボイルとニュートンの時代にあって、真の宗教と真の科学とはいつか戦をまじえることになると予言した科学者はほんのわずかしかいなかった。科学者のほとんどは宗教と科学とが敵対するやもしれぬ二つの陣営にそれぞれ属していようなどと認めることさえしなかったのである。辺境での小ぜりあいはあったが、それ以上のものにはならなかった。そしてそれらの小ぜりあいにしても、神学と科学のあいだというよりは、神学と、科学の発見からみちびかれたいくつかの極端な哲学的帰結とのあいだのことにすぎなかった。

なるほど聖職者たちは若干の科学的見解を異端として非難した

が、これはいつもの伝であり、それに十七世紀のキリスト教徒は、そもそもキリスト教徒がいつでも意見の一致を見ることがなかったように、個々の非難の当否をめぐって意見の一致を見ることがなかったのである。ガリレオに組みしても無信仰に組みすることにはならなかった。ガリレオは十七世紀をつうじて神や奇蹟をたとえ遠まわしにせよ否認したまれな科学者だった。ガリレオの激烈な論難は、法王庁をおびやかしはしたものの、もっぱらアリストテレスの形而上学、聖書の幼稚な直解、そして神学こそ最良の科学という主張に対して向けられていた。のちの科学者たちの論難もおなじ標的に狙いをさだめた。[2] こうしてニュートンは聖書の年代記に関する調査を選りぬきの科学者仲間とともに進めたのである。おしなべて革命家であったにもかかわらず、自然哲学者はじぶんたちの発見をば、キリスト教が真実であるばかりか神聖なものであることの例証として、厳粛かつ真剣に公表した。キリスト教が実際はあまりにも人間的でまやかしであることを証明しようとして十八世紀のフィロゾフたちがこれらの発見を濫用するさまを見たら、自然哲学者たちの大部分は憤慨したことだろう。

ニュートンにとって、神とは活動する存在だった。神は創造者で油断のない主人であり、賢く、正しく、善にして神聖だった。ニュートンは述べた。この「存在は世界の魂としてではなく、万物の主として、すべての物を支配している」。神は——ことによったら自然の、あるいは奇蹟の方法で——恒星がおたがいに衝突するのを防ぎ、惑星の偏心軌道や彗星の侵入によって太陽系にもたらされるさまざまな異常をときおり修正する、「強力にして無窮の作用因」なのである。[3] 自然の法則とは、それ自体が神の被造物なのであり、神の摂理の特別な働きによって補なわれなければならない。当時の他の近代的キリスト教徒とおなじく、ニュートンもモーゼの五書を字義どおりの報告としてではなく、天地創造を納得させようとする記述、聞き手の貧しい理解力に語り手があわせた人類最初の物語として読もうとしていた。だがニュートンは、モーゼがメタファーやイメージをもちいる一方で、本質的真実を語ったことを疑わなかった。神の所業の厳密な手順がなんであれ、神が宇宙をつくるのに要した正確な日数がどうであれ、神は世界とすべての生きとし生けるものとを創造した、とニュートンは信じていた。無信仰の脅威に敏感な時代と国にあって、ニュートンはケンブリッジにおける特別研究員の資格を保持し、公務員として栄位を享受していた。ニュートンはユニテリアン派〔三位一体とキリストの神性を否定し、唯一の神格を主張する新教の一派〕だったが、理神論者ではなかった。どれほどすぐれた理神論者でもニュートンの栄達はかなわなかったろう。

しかしながら、科学と宗教との関係になんとか水をさそうとする二世代にわたるフィロゾフたちは、ニュートン個人の宗教上の信念がどうであれ、そんなものはぬきにしてもやっていけることに気がついた。ヴォルテールは一七三〇年代に述べている。「言葉のもっとも厳密な意味において有神論者でないようなニュートン主義者など見たことがない。ニュートン哲学は、万物を創造し自由に配列した至高の存在の認識へと必然的にみちびくのだ[4]」。しかしヴォルテールは、ニュートンの思想からあきらかにそれとわかるキリスト教的要素を排除した第一の世代を代弁しているにすぎない。第二の世代はさらに先へ進んで宗教的要素をまるごと排除するだろう。

ヴォルテールが真の自然宗教の唯一の基盤としての安定した法則的宇宙に固執したため、折りあえないと考えていた偉大な折衷家ライプニッツに組みするようになったのは、大きなアイロニーのわく組みのなかの小さなアイロニーの一つである。一七〇五年のはじめ、ライプニッツはニュートンと――というよりはむしろ、ニュートンがかかわりあいになることを拒んだのでニュートンの代弁者たちと――まずは微分法の考案をめぐって、ついで重力の特性をめぐって、そして最後には、一七一五年のはじめ、ニュートンの神の神学的帰結をめぐって事を構えた。論争は、有能で博学な論争家のサミュエル・クラーク――ヴォルテールはクラークのことを「まさしく思考機械[5]」とよんだ――がニュートンを代弁するかたちで行なわれ、ニュートンの体系が提起した多くの神学的・形而上学的問題に広くおよんだが、フィロゾフたちにとっては神の本性と、自然宗教のありように対してニュートンの信仰のおよぼす影響とが依然として重大な問題だった。ライプニッツはその攻撃をつぎのようにはじめている。「自然宗教自体が（イギリスにおいては）きわめて衰退しているように思われる」。そしてその大半がライプニッツにはロックとニュートンの学説のせいに思われるのだった。ライプニッツは主張する。「アイザック・ニュートン卿とその追随者たちは神の御業に関してじつに奇妙な意見を」抱いている。「この人びとの学説によると、全能の神はときどきその時計のねじを巻きたがる。さもないと時計は動くのをやめてしまうからである。神は時計を永久に動かしておくに足る見通しをおもちではなかったように見える」。ライプニッツのしんらつな戯画において、ニュートンの神とは、「ときおり大災害をおこして」被造物を「清掃したり、また修繕したりしなければならない」無器用な時計職人なのである。その反対に、ライプニッツは力説した。「世界において力と強さはつねにおなじままであり、ただ自然の法則とみごとな予定調和とにしたがって物質のある部分から他の部分へと移動するだけなのである」。神のなしたもう奇蹟は修復ではなく恩寵の業なのだ。「そのように考えない者は、神の英知と力量についてまことにみすぼらしい観念を抱いていなければならない[6]」。

ライプニッツへのいやがらせに、クラークはその反論で険呑な自然宗教という非難を攻撃者に対して浴びせかけた。「世界が時計師の助けなしで動きつづける時計のように、神の介在なしで動く巨大な機械であるという観念は、唯物論と宿命論の観念であり、（神を超世界的英知［supra-mundane intelligence］にするという口実のもとに）現実界における摂理と神の支配とを世界から駆逐しようとするものである[7]」。かっとなったライプニッツは返書を送り、往復書簡は論争のさまざまな領域を渡り歩くことになった。ライプニッツは、ニュートンがそのわけのわからぬ重力理論によってスコラ的、神秘的な質に関する古くて信用のおけぬ観念をむしかえしたこと、ニュートンが世界の物質的なりたちを奇蹟の連続に改変したこと、ニュートン（そしてニュートンとともにクラーク）が充足理由の原理をつかまえそこなったこと、を非難した。この充足理由の原理さえつかまえていれば、神は「ただ可能な事物のなかで最上のものをつくりだすことだけを望んでいる」ということがこの二人にもわかったことだろう。(8)ヴォルテールが一七五〇年代半ばにもなってから『カンディッド』でふたたびとりあげることになるあの原理のことである。

往復書簡は一七一七年に刊行され、一七二〇年にはドイツ語とフランス語に翻訳され、広く読まれた。ヴォルテールが『原理《エレマン》』の第一部でこの往復書簡を使ったとき、空間と時間の本性、真空、そして物理的宇宙における神の役割をめぐるその議論はおなじみのものとなっていた。ヴォルテールは述べている。「これはわれわれのもちえた学術論争でおそらくもっともみごとなモニュメントである」(9)。ヴォルテールは奇妙な立場に身をおいていた。彼は躊躇なくライプニッツを敵にまわしてクラークとニュートンの側についた。神は作るべく選んだ世界を作る自由があり、またなにがおころうともニュートンの思想は自然宗教を破壊するどころかそれを保証するものだった。しかしながらヴォルテールは、譲歩したというわけでもなく、おそらくはそれに気がつかないままに、ライプニッツの論点の核心を受け容れざるをえなくなっていた。すなわち、宇宙は法則に従っており、奇蹟を必要としない、という論旨である。

ヴォルテールの立論のぎこちなさは、この偉大な学術論争の当事者たちが誤った立場にいたことを暗示している。当事者たちは十八世紀における自然宗教の動向によって部分的には弁護されるが、また部分的には否定されることになった。ライプニッツは、宇宙の規則性を弁じた点では正しかったが、じぶんの見解が自然宗教を守ると考えた点でまちがっていたことが証明された。クラークは神の介入を主張した点ではまちがっていたが、ライプニッツの見解を唯物論への誘いとみなした点で正しかったことが証明された。そしてヴォルテールはといえば、ニュートンの論拠をふまえて規則性を主張した点では正しかったが、無神論の波をくいとめられると考えた点ではまちがっていたのである。もっとも数十年間にわたって啓蒙思想を支配したのはニュートンの理神論に対するヴォルテール特製のお墨つき《ブランド》であった。

うたがいもなくヴォルテールは科学を、宗教一般とまではいわずとも、キリスト教と戦わせることによって、この複雑な展開に寄与したのだった。科学者たち本人がなにを信仰していようとも、ニュートン物理学が啓蒙時代に支配を確立した以上、フィロゾフたちとしても満足して当然であった。科学の諸発展はフィロゾフたちにとってはすくなくともじぶんたちの世俗哲学のための確証を提供してくれたのである。科学界それ自体はながいこと宗教的性格を保持していた。十八世紀においては科学と宗教のあいだに多少の緊張はあったにせよ、葛藤は百年後のダーウィンまでは死闘の様相を呈するほどではなかった。神の業の敬虔な研究は、キリスト教徒を幾世紀にもわたって鼓舞してきたが、啓蒙主義の時代をつうじても、多くの、おそらくはほとんどの科学者にとって、その活力を保持していた。イギリスの著名な化学者で生理学者のステファン・ヘールズはイギリス国教会の牧師だった。おそらく十八世紀最大の数学者レオンハルト・オイラーは終始信心深いカルヴァン派の信者で通した。多才で創意にとむ科学者であり、哲学上は唯物論者のジョゼフ・プリーストリも、自己の過激な意見をユニテリアン派のキリスト教と折りあわせ、キリストの再来が真近いという固い信念をいだいていた。アルブレヒト・フォン・ハラーはたびたび無信仰の発作におそわれて苦しんだものの、ヴォルテールやその他の不信心な哲学者たちからキリスト教を守ることをけっしてやめなかった。

とはいえ、信心深い科学者たちがどれほど抗弁しようとも、神が世界を構築したさいのさまざまな不規則性は、神の崇高なる解釈者ニュートンが考えたよりはすくないことが明らかになった。ダランベールが指摘したごとく、機械論的法則を神学的に説明することはまちがっているばかりか筋ちがいであることがわかった。だがほとんどのフィロゾフたちはそれらがとりわけまちがっているものと断じ、科学者たちはその立論をうらづける格好の証拠をフィロゾフに提供した。ニュートンが主張するところの、宇宙の運行に対して神の介入を必要とする天文学上の不規則性にしても、それまで理解不能だったより大きな規則性の一部であることが証明された。一七七〇年代と一七八〇年代、ラグランジュやラプラスといったすぐれた数学者は惑星の変動に対して自然科学的説明をあたえ、太陽系が本来安定したものであることを立証した。カントを感動させ、当時の自然哲学の健在ぶりを賞賛せしめたのはこういった科学者たちだったのである。一六九二年、ニュートンはリチャード・ベントリに、じぶんは「神への信仰のために人間を考察することを研究対象とするような原理」を確立せんものと仕事をしたのだ、と語った。(10) 百年後、キリスト教徒の科学者は多かったが、彼らの諸発見はもはやおなじ目的に奉仕はしなかった。科学者の仕事とフィロゾフのイデオロギーとはけっしておなじものではなかったが、少なくとも科学の進む方向は理神論者や無神論者をおおいに元気づけ、この人びとがもとめていたもの、すなわちニュートンの神を捨て去ったニュートン物理学を供給してくれたのである。

(1) *"Some Considerations Touching the Usefulness of Experimental Philosophy"*(1663). Martha Ornstein : *The Role of Scientific Societies in the Seventeenth Century* (3rd edn., 1938), 58-9に引用。
(2) *The Rise of Modern Paganism*, 314-17 を参照。トマス・スプラットはかの有名な *History of the Royal Society* (1667) で新しい哲学を果敢に擁護したにもかかわらず、のちに主教になった。ロバート・ボイルは遺言でキリスト教を擁護する講義に対してあたえられる三五〇ポンドを残した。ジョゼフ・グランヴィルと彼につづいてコットン・マザーとは、同時に近代科学の旗手であり、王立協会の特別会員であり、そして魔法を信じてもいる。
(3) *Newton's Philosophy of Nature*, 41 を参照。
(4) *Éléments de la philosophie de Newton*, in *Œuvres*, XXII, 403-4.
(5) Lettre VII, *Lettres philosophiques*, I, 72.
(6) ライプニッツからウェールズ王妃キャロラインへ（一七一五年一一月）。*The Leibniz-Clarke Correspondence*, ed. H. G. Alexander (1956), 11-12.
(7) クラークのライプニッツに対する最初の反論（一七一五年一一月二六日）。Ibid., 14.
(8) ライプニッツの五番目の書簡。Ibid., 81.
(9) *Éléments de la philosophie de Newton*, in *Œuvres*, XXII, 408.
(10) *The Rise of Modern Paganism*, 316 を参照。

2

この展開のなかで、デカルトはライプニッツ以上に奇妙な役割を演じた。公然たるニュートンの信奉者として、じぶんたちの世俗的な科学哲学を、そして科学をとおしてじぶんたちの世俗的な哲学を構築していたフィロゾフたちは、これみよがしに反デカルト派の陣営についた。というのも十七世紀末このかた科学論争の主要な責務はデカルト主義者とニュートン主義者のになうところとなっていたからだった。たしかにデカルトの思想は、そしておそらくはそれ以上にデカルトの文学的、知的スタイルは、一部のフィロゾフに対して依然力をもっていた。とりわけフランスにおいては、モンテスキューにしろ、ディドロにしろ、他の人びとにしろ、もっとも感じやすい年頃に学校で古典作家を学んだのとおなじようにデカルトを学んだのである。だがこのフィロゾフたちは感謝どころかその感化をやっきになって見くびろうとした。デカルトは啓蒙主義の師父に数えられるとともにその犠牲者にも数えられるのである。

啓蒙主義がデカルトを犠牲にしたといってもそれはどこまでも首尾一貫したものではなかった。デカルトの思想は豊かすぎたし、また彼は名目上の主役としても、さらによりしばしば名目上の敵役としても実にうってつけだったので、フィロゾフたちは彼の本当の力量については意見の一致をみることがなかった。デカルトは、ダランベールが正当にも看破したように、評判が「一世紀たらずでおおきく変ってしまった尋常ならざる人間」[1]だった。十七世紀の、つまり時間的にはデカルトに近い読者たちですら、スピノザやニュートンについてはけっして論じなかったような具合にデカルトについて論じたものであった。

デカルトの最初の賞賛者たちはデカルト自身の自己評価にしたがって彼のことを認めた。すなわち『方法叙説』(*Discours de la méthode*) の孤独で独立独歩の主人公、同輩への手本として先頭に立つために伝統的哲学と硬直した神学との桎梏からみずからを解きはなつ大胆にして不屈の懐疑主義者、としてである。のちに、デカルトが死んでだいぶたってから、複雑な状況を単純化したがる歴史家たちは、経験主義者ベーコンと理性主義者デカルトとのあいだの闘争をでっちあげたが、同時代の人びとにとってこの二人は堅く結ばれた味方同士であり、人間の運命を改善する新しい科学の時代の予言者だった[2]。じじつ、十七世紀中葉において、デカルトのもっともすぐれた信奉者はフランスよりもむしろイギリスにいた。ケンブリッジの神学者たちは深い賛嘆の念をこめてデカルトを読んだ。ヘンリー・モーアは、一六四八年に師と文通をはじめる際、デカルトのことを、やや大仰に、他のすべての哲学者、偉大な哲学者すらもたんなる小人に見せてしまうような巨人と呼んだものである。モーアも彼の同僚たちも手放しのデカルト主義者ではけっしてなかった。この人びとは、自分たちの属するきわめて独特なイギリス国教会の流儀にしたがって、プラトン主義者だったのである。しかしながら当座は彼らもデカルトの思想に強い刺戟をうけ、それに対して安心をおぼえていた。ヘンリー・モーアは断言した。「じっさい、おそらくプラトン主義をのぞいて、無神論に対してかくも堅く戸を閉ざす哲学はない」[3]。数年後、モーアとカドワースはじぶんたちの熱中を悔い、デカルト哲学を神なき唯物論への誘いとして非難した。しかしそれはもっと後の、一六六〇年代のことだった。デカルトは、ケンブリッジの支持者たちが反対者にまわるずっと前の、一六五〇年に死んだ。一方、フランスにおけるデカルトの名声はほぼ完全に死後のものであった。デカルトの哲学がカトリックの学説に同化するまで待たなければならなかった。というのもそもそものはじめからパスカルのような批判者たちがいて、生けるキリスト教の神への信仰を人びとにすてさせる饒舌な誘惑者としてデカルトのことを恐れていたからである。だがデカルトは上流社会でもてはやされ、高位の護教論者たちにとって重要な存在になった。マルブランシュやフェヌロンのような哲学者やバイエのような伝記作者の手で、敬虔で安全な、近代的だがどこまでも信頼できるデカルト、若いヘンリー・モーアにとってのデカルト——無神論への誘いではなくて無神論に対するとりでで、そんなデカルトがしだいに、姿をあらわしてきた。

ニュートンの『原理《プリンキピア》』の刊行にともない、デカルト思想の他の側面、その物理学と科学的方法とが論争にまきこまれるようになり、後者〔科学的方法〕はフィロゾフたちの論戦を単純にも複雑にもした。単純にしたというのは、軽率な形而上学者の典型たるデカルトをフィロゾフたちにでっちあげさせたからであり、複雑にしたというのは、デカルトについて複合的判断をくだすようにフィロゾフたちに強要したからである。物理学者デカルトは批判哲学者デカルトとは同一人物ではないように思われたし、またこの哲学者の業績も仕事によって出来ばえにひどくむらがあった。

ニュートン自身も、デカルトをじぶんの最大にしてほとんど唯一の対立者とみなすことによって、デカルトの戯画化に貢献した。それゆえニュートンはデカルトに負っている恩義を、たとえじぶん自身に対してすら認めることができなかった。少なくとも認めようとはしなかったのである。「まちがいだ、まちがいた、こんなものは幾何学じゃない」(Error, error, non est Geom)、と彼はデカルトの『幾何学』の写しの余白に何度も書きしるしているし、一方公けにも、『原理《プリンキピア》』で、デカルトをその誤謬ゆえに叱りつけ、デカルトの新しい科学への数々の貢献のほうは黙過している。

こうした狭量さは、嘆かわしいとはいえ、おそらくは避けられぬものであった。論争というものは相手の真価について公正な判断をくだすのに適した雰囲気ではないからである。そのうえ、単純化したデカルトを捏造するということは、ニュートン主義をいやがうえにも引きたてるような教えを奨励して、新しい科学の愛好者層が拡大する結果を生んだ。一六九七年、サミュエル・クラークは、ジャック・ロオーの手になる絶大な影響力をもつデカルト派の教科書で、一六七一年に初版の出た『物理学概論』(*Traité de Physique*)の新しいラテン語訳をぬけめなくイギリスの一般読者に提供し、本文にニュートン派の立場からの評注や脚注をつけて、多くの読者をたのしませるとともに教化し、原典を滑稽なものにしてみせた。[4]

たしかに、本文の多くは滑稽とはいわぬまでもまったく支持できないものだった。宇宙は充満であり、諸惑星は渦動状態で太陽の周囲をまわっていることを立証するデカルトの論理的証明は、ニュートンやその信奉者たちの手にかかると、厳密な科学的検討にたえることができなかった。またフィロゾフたちもみな、デカルトの真空に対する敵意や重力への無知を嘲笑できるぐらいには、物理学や天文学の知識があったのである。しかしあきらかにフィロゾフたちにとって本当に重要なことは、デカルトの天文学に関するさまざまな概念の内容よりも、デカルトをそれらの概念へとみちびき至らしめた方法なのであった。啓蒙主義におけるデカルトの問題とは、それゆえ、二つの関連した問いに帰着するのである。デカルトの懐疑哲学の神学に対する影響はなにか。そしてデカルトの科学的方法の本質とはなにか。啓蒙主義は、キリスト教を反駁する論証と確実な知識のための基礎とを同時に模索しており、それゆえデカルトの受けいれかたもまちまちであった。ディドロは、それなりにデカルトをよく理解していたが、デカルトのことを「ひとを迷わせかつみちびくために生まれたおどろくべき天才[5]」と警句的に評したときは、フランス人の同胞を代弁したわけである。

フィロゾフたちがデカルトの意味をめぐってこまかい議論をかさねているあいだに、彼らがデカルトについていだくイメージはニュートンについて詩人のいだくイメージとおなじぐらい型にはまったものになった。ヴォルテールは、啓蒙主義の多くの思想のために文学的お手本を供給してきたが、取巻き用に一連の便利なメタファーを提供した。ヴォルテールは書いている。「デカルトは眼の見えない人びとに光をあたえた。そこで人びとは先人たちの誤りはいうにおよばず、デカルト自身の誤りにも気づいてしまった」。換言すれば、デカルトの極端な懐疑主義は、スコラ哲学者の有害な形而上学を破壊する役にたち、またデカルト自身をふくむ十七世紀の哲学者たちのより害の少ない形而上学をも破壊しうる方法を提供したのである。「デカルトが切りひらいた小径は、彼の時代このかた、広大なものになった」。われわれはすべての先駆者に対して捧げるべきもの、すなわち一番乗りへの敬意をデカルトに対しても捧げなければならない。なるほどたしかに、とヴォルテールは考える、デカルトは「思いちがいをしたかもしれない。しかし少なくとも方法的に、一貫した精神で思いちがいをしたのだ。デカルトは若者たちの心を二千年ものあいだ満たしてきた馬鹿げた幻想をうちこわした。彼は同時代の人びとに推論すること、彼自身の武器を彼に対して使うことを教えた」。それゆえ、「デカルトはその誤謬においてすら尊敬にあたいするといってもいいすぎではないのである[6]」。

他のフランスのフィロゾフたちもこの評価を文句なく受けいれた。デカルトが中世的妄言への攻撃においてどれほどすばらしくても、彼の方法は新しい妄言の豊かな源泉であることにかわりはなかった。ニュートンはデカルトの幾何学と創意の精神《エスプリ・ド・ジェオミトリ・エ・ダンヴァンシオン》などにけっしてわずらわされはしなかった。そのすぐれた『体系論』(*Traité des systèmes*)で、コンディヤックはデカルトを十七世紀の四人の偉大な体系構築者にふくめ、その「誤謬以外のなにものも生みださなかった」演繹的方法と、物質と運動で世界を作れるというその自負との両面からデカルトを批判した。ニュートンは世界を観察するにとどめた。「デカルトのそれにくらべれば見栄えのしない、というよりもむしろ、大胆ではないが、よりかしこい企てである[7]」。ダランベールも同意見だった。『百科全書』への『序論』(*Discours préliminaire*)で、彼はデカルトの波乱にとんだ生涯と勇敢な哲学を好意的に書きしるした。ダランベールは述べている。デカルトは果敢であり、迫害の犠牲者であり、じぶんの方法をさまざまな科学に適用してめざましい成果をあげた創意にあふれる哲学精神の持主だった。とりわけ天文学においてそうだったように、かりにデカルトがまちがっていたとしても、彼が人間精神の解放における指導者であることにかわりはない。デカルトは人びとに「世論や権威のスコラ的拘束をたつ」方法を示し、身をもって反抗を教えることにより、「おそらくは後継者のだれよりも哲学に対して大きな貢献をなしとげた」。デカルトは、じっさい、「独裁的かつ専横的な権力に対してたちあがり、またじぶん本人が生きているあいだには見ることのできなかったより正しくて幸福な政体の」基礎をかためようとする、「勇気ある陰謀団の指導者と」[8]みなされてよいのである。

不承不承とはいえ、フィロゾフたちはデカルトを迷信に対する長い闘争における洗礼者ヨハネとして、立派ではあるが悲劇的な先駆者として認めた。フィロゾフのなかの唯物論者たち、ラ・メトリ、ドルバック、そして晩年のディドロはさらに先まで行った。この人びとはとりわけてもデカルトの神についての幾何学的概念と動物の存在に関する唯物論的解釈とに負うところがあった。機械の組みたてがすむと退場する神と魂のない自動人形にすぎない被造物とを描くことによって、デカルトは過激な後継者たちが完全に唯物論的な世界観をうちたてることを可能にしたのである。迷いからさめたケンブリッジのプラトン主義者たちと同様に、フィロゾフのなかの理神論者たちも無神論への道を準備したといってデカルトを非難した。ヴォルテールは書いている、「デカルト主義にみちびかれて事物の広大さ以外の神を認めなくなった人びとを、私はたくさん知っている」[9]。フィロゾフのなかの唯物論者はこの非難を賞賛に変えただけの話である。啓蒙主義におけるデカルトの役割はさまざまであったが、このことだけはあきらかである。フィロゾフたちは、じぶんたちの世俗主義のためにニュートンを利用したようにデカルトを利用したのである。科学革命の反宗教的な意味あいはどうみてもフィロゾフを悩ませることなどなかった。科学は啓蒙主義にとって一つの問題になりえたが、本当の問題はほかにあったのである。

（1）***Discours préliminaire***, in *Mélanges*, I, 130. 少なくとも、一人の著名な科学者、アルブレヒト・フォン・ハラーは異論をとなえた。彼は述べている。ニュートンやロックがデカルトからなにかを学んだとか、デカルトが「真の哲学への道をひらいた」とかいうことは疑わしい。*Tagebuch*, 2 vols. (1787), I, 112, 381–2.

（2）本書、第1章–I節1、および ***The Rise of Modern Paganism***, 310–13を参照。

（3）John Tulloch : ***Rational Theology and Christian Philosophy in England in the Seventeenth Century***, 2 vols. (1872), I, 373 ; また ibid., II, 369 を参照。

（4）Alexandre Koyré : *Newtonian Studies* (1965), 54 ***n.***, 79 ***n.***

（5）*Œuvres*, XIII, 371. 題辞として以下に引用。Aram Vartanian, ***Diderot and Descartes : A Study of Scientific Naturalism in the Enlightenment*** (1953), 2.

（6）Lettre XIV, ***Lettres philosophiques***, II, 1–6.

（7）*Œuvres*, I, 199–200 (*The Rise* ***of Modern Paganism***, 139–40を参照)。

（8）***Discours préliminaire***, in *Mélanges*, I, 130–6.

（9）***Éléments de la philosophie de Newton***, in *Œuvres*, XXII, 404.

III 自然のおぼつかない栄光

1

一七五三年の末、断章形式の『自然の解釈に関する思索』(*Pensées sur l'interprétation de la nature*)において、ディドロは多少あいまいであるとはいえおどろくべき予言を行なった。「百年もたたぬうちに」、とディドロは書いた、「ヨーロッパには大数学者が三人とは残っていないだろう」。数学は「ベルヌーイ、オイラー、モーペルチュイ、クレロー、フォンテーヌ、ダランベール、ラグランジュがそれをやり残した地点で行きづまるだろう。彼らはヘラクレスの柱をたてたことになるだろう。われわれは彼らより先には進めないだろう(1)」。時がたつにつれディドロの予言は価値のないことが証明された。ディドロ自身の時代においてすら数学者たちは意義ぶかい仕事をしつづけていたのである。だがその予言は暗々裏にではあるが新しい関心の芽ばえをほのめかしていた。世紀なかばに、博物学者たちは比較的未開拓の領野をいくつか発見しつつあった。どこにおいても、フランスにおいてすら浸透したニュートンの物理学、天文学、光学によって、野心ある若い世代は地球や生命や物質の研究にエネルギーのはけぐちを見いだした――それもしばしばニュートンの名において。

ニュートンの威光は健在だった。ニュートンをめぐる美辞麗句が陰をひそめだしたのは、詩人たちがおよそ人間について語られうることはすべてニュートンについて語りつくしたからにすぎなかった。かつてないほどにニュートンの名前は魔力をおび、ニュートンの思想は君臨した。そしてニュートンと特別にゆかりの深い科学は広く共同戦線を張って進軍をつづけた。一方、より新しい科学――地質学、生物学、化学――も新しい難題を生みだしつづけた。新しい科学は世の中を騒がせてはみずからの権威のなさをおぎなっていた。アイルランド人でもイエズス会士でもないのにヴォルテールから「アイルランドのイエズス会士」と嘲笑まじりにかたづけられた司祭のジョン・T・ニーダムは、自然発生の存在を「証明した」が、イタリア人司祭のラッツァロ・スパランツァーニはニーダムの実験をやり直し、緻密に行なって、ニーダムの発見を失墜させた。二派の生物学者たち――一派は前成説論者で、胚は受胎時で完全に形成されると主張し、もう一派は、胚の初期にはたんなる未分化の可能性があるのみで、それらが発生の過程で実現されると主張する――はおたがいに不完全で決め手を欠いた証拠をつきつけあった。一七四四年、アブラアム・トランブレーは、実験者に分断されても新しい完全なポリプとなってよみがえる淡水ポリプに関する考察を出版し、長つづきはしないにせよ即時の名声をかちえた。トランブレーの業績は、外部からの助けなしで自己回復するという自然の能力に対する、いくぶんおぼろげながらも大胆な見通しを切りひらき、唯物論者に知的支持をあたえた。植物の分類、地球の年令、動物種族の相互連関といった主題が自然哲学者の、とりわけてもフィロゾフたちの真剣な注目をあつめた。

これら生物学者たちのめざすところはあきらかであった。生きとし生けるものについてのニュートンになることである。モーペルチュイは、物理学者であるとともに有能な博物学者でもあり、彼の生物学への数々の寄与はヴォルテールからの意地の悪いおどけた攻撃のまばゆい光に隠れて見落されていたが、遺伝の本質と種の特質に関するみごとな、先見の明ある仮説によって論議をまきおこし、大きな反響をよんだ。モーペルチュイの著作にはニュートンの名前がよく見られることでもわかるように、ニュートンの理論と方法はいつもモーペルチュイの念頭を離れなかった。彼はニュートンの引力理論が生物学でも対応するものをもちうると考えた。モーペルチュイの遺伝学の研究はその手の科学的関心を示すお手本のようなもので、十八世紀の科学者たちがこれをニュートンの名前と結びつけたのもあながち不当なことではなかった。

ニュートンの跡目をねらう人びとのなかで、この人こそはとみなが考えていた人物がビュフォンだった。一七五一年、浩瀚な『博物誌』(*Histoire naturelle*)のわずか数巻が出ただけで、ダランベールはビュフォンをプラトンやルクレティウスにも匹敵する賢者と呼んで称えた。(2) ビュフォンはダランベールの評価に反対する気はなかった。人柄は円満だったが、壮大な野心をもち、王立植物園長の地位や彼のもとで喜んで仕事をする同業者仲間の一団を利用したり、さまざまな栄達への機会に乗じたりすることをためらわなかった。だがビュフォンの生涯はみずからのためと同時に科学のために捧げられた生涯であった。ビュフォンの壮麗にして広大な『博物誌』は、世界の伝記を書かんとする叙事詩的力業である。これは、練達の数学者で細心の文体家、思想においてニュートン主義者で明晰さにおいてデカルト主義者、包容力ある方法学者で篤実な経験論者、学問の自立を奉じる大胆な論客で、当局との軋轢を回避すべく腐心する廷臣でもあった、そのような人物にしてはじめてなしうる業績だった。ビュフォンの仕事は自然に関心をよせる者すべてにとってなにごとか意味をもっていた。そしてその人びととは、十八世紀フランスにおいて学問のある成人すべてをほぼ意味していた。ビュフォンは地球の歴史を、それがまず彗星によって灼熱の状態のまま太陽からもぎとられた瞬間から、凍結した惑星となって万物が死に絶えるときまで包括した。彼は諸大陸の形成や人間の本性について、動物、植物、岩石について書きしるした。彼の仕事の豊かさは自然の豊潤な富の反映であった。

ビュフォンの浩瀚にして多様な著作は彼の自然に対する深く、熱烈な愛情を証しだてている。ビュフォンは自然に対してほとんど宗教的ともいえる情熱をいだいており、ただ方法の尊重と文体の配慮のみがそれを抑制していた。彼は一七四九年に書いている。「博物誌とは、その全容においてみたばあい、一つの巨大な歴史であり、世界がわれわれに提示するあらゆる事物を包含している。このおびただしい数の四足獣、鳥類、魚類、虫類、植物、鉱物などは人間精神の好奇の眼に広大な眺めをあたえてくれる。その眺めは全体があまりにも巨大なので、その細部のすべてにわたって無尽蔵のようにみえるし、また現に無尽蔵なのである」。ビュフォンはつづけて、「存在しうるものはすべて存在しているように思われる。神の手はある限られた数の種に存在を賦与するために開かれたわけではないようにみえる。むしろ神の手は、一切を、おたがいに関係があったりなかったりする存在から成る一つの世界を、調和したりしなかったりする無際限の結合を、そしてたえざる破滅と再生を、一挙に投げだしたように思われる」(3)。自然とは一個の事物、あるいは一個の生物などではない。それは「神の御力」によってつくりだされ、進行の手順をさだめられている、「すべてを包括し、すべてを動かす巨大な生きた力」とみなすべきである。自然は「たえず活動する働きであり、万物を使いこなしてたゆまず働く働き手なのである」。自然は尽きることがない。「時間、空間、物質がその手段であり、宇宙がその対象であり、運動と生命がその目標である」(4)。

ビュフォンは主張した。かかる広大さ、かかる多様性、かかる無尽蔵のエネルギーと向いあった博物学者は、一見相容れない二つの資質、すなわち「ただの一瞥で万物を眺め渡してしまう燃えるような天才にそなわる広い視野と、一点にこだわる勤勉な資質の発揮するこまやかな注意とを、あわせそなえていなければならない」(5)。芸術におけるファルコネ同様、ビュフォンは洞察と忍耐をともに欠いたアマチュアをただ軽蔑した。そして科学的方法を確実にわがものとして思弁を統御し、ただ事実の十全な把握のみがうみだしうる想像にとんだ直観によって知識を生きたものにする専門の科学者のために弁じた。「分別ある人びとなら唯一にして真実なる学問とは事実の認識であるといつでも認めるだろう」(6)。みずから著名な文体家であり、文体の研究者でもあったビュフォンは、明晰さを十八世紀のまぎれもない寄与の一つと考えていた。彼は書いている。十八世紀以前の時代の膨大な読みづらい文献に関して、その文体上の欠陥は「われわれの世紀において是正された。今日われわれは秩序正しく的確に書くので、諸科学はずっと快く容易なものになった」。そして彼はつけくわえた。「私はこの文体の差異こそが、当節流行の探究精神におとらず、諸学問の進展におそらく寄与したものと信じている」(7)。ビュフォンの自然への愛は情趣あふれるものであったが、彼は情念が思考を乱すのを許さなかったのである。

この明晰へのこだわりは自然科学におけるめざましい進歩のときにあってきわめて重要な意味をもっていた。ビュフォンが考えていたように――そして彼の死後ロマン主義の科学者たちの数々の気まぐれが証明しているように、ビュフォンの考えは正しかったのだが――正確な科学的理解に対する最大の脅威とは、客観的探究を主観的願望から分離しそこなうことであり、科学的探究に倫理的または美学的考察をあくまでも導入しようとすることであった。当時としてはまれな寛大さで、ビュフォンは古代ギリシア人が最初の博物学者であったとして称えた。彼は書いている。自然物の「忠実な歴史」を提供したことにおいては、古代人はおそらく近代人よりもすぐれていた。しかしながら古代人は科学的探究の後半部分、「万物の正確な記述」をなしとげるのに失敗した、というのも彼らは思索することの有用性に固執して、「むだな好奇心」を軽蔑したからである(8)。それゆえ古代人は植物学と物理学をともになおざりにしたのである。以上の意味するところはあきらかだった。真理の追究をもっぱらめざす探究のみが科学者が解答を捜しもとめている課題にふさわしいものでありうるのだ。

だが真理とは、ビュフォンがこれも認めているように、複雑な言葉であり、さまざまなまぎらわしい意味で使われていた。目的がちがうとはいえ、ヒュームとおなじように、ビュフォンも認識の対象を二つの部分に分けた。定義をよりどころとし、それゆえ抽象的で知的で恣意的である数学的真理と、その反対に、すこしも恣意的ではない「物理学的真実」である。「物理学的真実は少しもわれわれをよりどころとしてはいない。それらは事実のみをふまえている」。われわれがたてた仮説にもとづくかわりに、それらは事実のみをふまえている[9]。こう述べたからといって、べつに論理学や数学を軽蔑しているのではなく、両者の固有の役割を限定し、それらの濫用をいましめていたのである。「学問研究におけるもっとも微妙にして重要な点がここにある。ある対象のなかに本当に存在するものを、われわれがその対象を検討するさいにそれに付加した恣意的なものから明瞭に区別し、その主題に付随する特性とわれわれが賦与した特性とを明瞭に識別するすべをこころえていることこそ、諸学において精神をみちびくための真の方法の基礎であるように私には思われる[10]」。

こうした方法論上のさまざまな用心は理論に対するビュフォンの幅広い関心をいささかも弱めるものではなかった。ビュフォンは地球および天界に関する理論を展開し、人間という動物――なぜなら人間は、彼のいうには、動物として認識されねばならないから――の組織体について思いをこらし、十八世紀における知覚や発生や種に関する論議にはなばなしく参加した。ビュフォンの精力たるや精力的な人物にはこと欠かなかった時代においてなおおどろくべきものであり、生物界および無生物界にわたる彼の博識は広大なものであった。

それはまた既成のキリスト教信仰をくつがえすものでもあった。ビュフォン本人はフィロゾフと呼ばれることには異論があっただろう。彼のヴォルテールとの、ダランベールとの、ディドロとのつきあいは、おおむね友好的だったとはいえ、どちらかといえばひかえ目だった。だが百科全書派の人びとはなんのためらいもなくビュフォンを正義の味方とみなしていたし、ホレース・ウォルポールやデイヴィッド・ヒュームといった外国人の訪問者たちも、ちゅうちょなく、また申しぶんない根拠をもって、ビュフォンをフィロゾフの仲間に入れた[11]。一方、ビュフォンは既成権力に恭順の意を示した。彼は自分の仕事の完遂をなんとしてでも望んだのである。一七五一年、ソルボンヌ神学部が、ビュフォンの地質学に関する著述が不信心な人びとの容喙を助長し、聖書の記述に疑念を投げかけるといって苦情を述べたとき、ビュフォンはただちに自説の撤回文を草し、聖書へのゆるぎなき信仰を表明した。「私は言明する」、とビュフォンは敬虔にも書いている、「私は聖書の原文に反駁するつもりなど微塵もなかった。年代に関してであれ、事実の細目であれ、およそ天地創造について述べられていることはすべて、私はかたく信じるものである。また本書のなかで地球の形成を論じている箇所、またおしなべてモーゼの叙述と矛盾するところは一切これを放棄する。私は、ようするに、たんなる哲学上の仮定として、諸惑星の形成に関する仮説を提示したにすぎないのだ[12]」。どんな撤回文もこれ以上にぬけめなく、つまり不誠実ではありえない。ビュフォンは、信仰者であれば受け容れざるをえない日付を完全に無視して、地球の形成に関する探究をつづけた。彼は記述においても、たんなるほのめかしにおいても、また著作の一般傾向においても、過激な人間だった。ビュフォンはヴォルテールがイギリス贔屓だったのとおなじ理由からイギリス贔屓であり、フィロゾフたちとおなじ理由からおなじレトリックをもちいて、ロックを崇拝し、実験を唱道し、形而上学を批判した。はたせるかな、ビュフォンが公表にふみきった世界の年齢に関する算定数字は、正統派キリスト教徒にとっては物騒な代物だが、ビュフォンの内証の推定にくらべれば無難なものであった。その推定はキリスト教徒を激怒させたにちがいなかった。「惑星の形成以来経過した時間をたった七四〇〇〇年か七五〇〇〇年にしか数えなかったのも、なるべく既成概念にさからわないように自粛すべく気をつかったからなのである」[13]。ビュフォンは、地質学上検証可能な事実の説明には、千年単位どころか百万年単位の齢を地球にあたえなければならないと確信していた。おなじように、ビュフォンの地質学上の考察はキリスト教の天地創造神話にとってかわるものを提供したし、生物学上の考察はキリスト教の人間観にとってかわるものを提供した。そうしたことのすべてにもまして、ビュフォンの著作には絶大な権威というものがそなわっていて、どんな読者に対しても彼の哲学的傾向をゆるぎないものにしてみせた。ビュフォンの博物誌はこれみよがしな一途さで創造者よりは創造そのものをもっぱら論じているのである。ご本人の宗教観はどうであれ、ビュフォンの気質は啓蒙主義の気質であった。天文学的、地質学的、考古学的、生物学的現象にビュフォンがあたえた説明は徹頭徹尾自然科学的なものであり、彼の思考様式は徹頭徹尾世俗的なものであった。

（1） *Œuvres*, II, 11.
（2） *Discours préliminaire*, in *Mélanges*, I, 158.
（3） Buffon : *Histoire naturelle*, in *Œuvres philosophiques*, ed. Jean Piveteau (1954), 7, 9.
（4） Ibid., 31.
（5） Ibid., 7.
（6） Ibid., 15.
（7） Idid.
（8） Ibid., 22.
（9） Ibid., 24.
（10） Ibid., 26.
（11） ホレース・ウォルポールはビュフォンを愛想がよくて感じのよい唯一のフィロゾフと考えていた（*The Rise of Modern Paganism*, 10 を参照）。幾たびかのパリ訪問に際して、デイヴィッド・ヒュームは、ダランベール、エルヴェシウス、ドルバック、スュアール、マルモンテル、ディドロ、デュクロ、ガリアーニをふくむ哲学者の友人グループのなかにビュフォンを数えていた（ヒュームよりヒュー・ブレアへ〔一七六三年一二月〕を参照。*Letters*, I, 419. それにヒュームよりモルレへ〔一七六九年七月一〇日〕。Ibid., II, 205）。
（12） 一七五一年三月一二日。in Buffon : *Œuvres*, 108.
（13） Francis C. Haber : "Fossils and the Idea of a Process of Time in Natural History," in *Forerunners of Darwin, 1745–1859*, ed. Bentley Glass *et al.* (1959), 236.

2

一七五三年ごろにはどちらも広く知られていたビュフォンの雄大な努力とモーペルチュイの先駆的な研究とにてらして考えると、ディドロが数学に未来をあたえることを拒んだのもあるていどはうなずける。しかしながら、うなずけようがうなずけまいが、そのことのもっとも深い意味はここにあるわけではない。おおくの予言同様、ディドロの予言も一つの願望を隠していた。ディドロは滅びようとしている理想を生かしておこうと躍起になっていた。ディドロの心配が示唆しているのは、フィロゾフによっては科学に対する鳴物入りの情愛とはうらはらに、ニュートンの研究が開示してみせた世界に安住するどころか、それにひどく当惑している者が少なくとも何名かはいるということなのである。科学的世界観の探究はそれにまともに取り組もうとする人びとの一部にどうみても緊張を強いたのである。ディドロは、なんといっても、数学については本格的な学識をもつアマチュアの能力をそなえており、ディドロの数学に対する疑いは、じぶんがどうしても使いこなせない知的道具に対して門外漢が抱く怨念とはべつのなにかであった。

ディドロが感じている居心地の悪さの一つは表面上のものである。それは科学の専門化に対する多才な文学者の抵抗であった。数学とは、過激なフィロゾフたちが科学を喧伝したあげくわれとわが身に招いてしまった脅威を象徴していた。じぶんたちの大義名分が通るのはいいとしても、それがためにじぶんたちのような型の人びとが絶滅するおそれがあったのである。

フィロゾフたちは科学的進歩がその代償を要求していると知ってもおどろきはしなかっただろう。ただ、おどろくにしろおどろかないにしろ、フィロゾフの一部には代償を支払いたがらない者がいたのである。科学者たちは正確で客観的だが抽象的な数学言語にしだいに依存しはじめ、分業というものの利点を発見するようになったが、分業のせいで科学的操作への聡明な参加はますますむつかしくなった。十七世紀においては科学者は「自然哲学者」だった。ボイルは同時に化学者、物理学者、神学者、文学者であり、またアマチュアが気がねすることなく専門家と交わえるような国際的な共同体に属していた。ボイルの多才ぶりは彼の同僚たちの特質を示している。十八世紀においては、「自然哲学者」は科学者になり、総合科学者は専門科学者になった。「物理学」は一七一五年に化学と生物学を排除するその近代的意味ではじめてもちいられ、新しい語法それじたいは定着するまでに時間を要したにもかかわらず——世紀なかばでもダランベールは化学現象は電気現象同様物理学者《フィジシアン》の領分であると(1)まだ言うことができた——究極の勝利は動かぬものであった。天文学が占星術からはじめて明確に分離したのも、ハートリーが心理学《サイコロジー》という語を現在われわれが使っているような意味ではじめて使ったのも、化学《ケミストリー》や化学《シミー》が限定された今日の意味をもったのも、この時期のことである。用語についてこのように正確さが増してきたことは、科学者の専門化が進んできたことの反映だった。

こうした新しい職業的気運のなかでも、素人科学者は生きのびた。すでに述べたように科学熱はかつてないほどの普及をみたのである。ただし、素人科学者はじぶんの城にたてこもるか、かりに専門家と張りあったにしても気色ばむのをやめた。一七六四年においてなお、イギリス国教の牧師リチャード・ワトソンは、のちに認めているように、「化学のことなどなにも知らず、この学問について一行も読んだことがなく、実験一つ見たことがなかった」(2)にもかかわらず、ケンブリッジの化学の教授に任命されえたのである。しかしながら、そのように非専門的な経歴はイギリスの大学においてさえ時代錯誤になりつつあった。普遍的知識の時代は終った。フィロゾフたちはいくら科学好きとはいえ、普遍的知識の終焉を嘆くしかなかった。ヴォルテールは書いている。「みんなが哲学をやるからというので怒っているわけではありません。ただ哲学が他のすべてを排除するような暴君になってほしくないのです」(3)。ヴォルテール自身も内心では認めざるをえなかったように、これは理解はできるがもはや守りとおすことのできない立場だった。ヴォルテールは少しばかり悲しそうにしるしている。「学芸は広大なものになり、書物の数もおびただしく、普遍的知識——科学——は不可能になった」(4)。ヴォルテールがこの失望をノートブックに吐露しているころ、ヴィーラントも諸科学が「無数のセクト」に分裂してしまったとこぼし(5)、またディドロも、昔のわかりやすい科学の文体に望みのない思いをはせながら、ニュートンの『数学的原理《プリンキピア・マテマティカ》』(*Principia mathematica*)の厳正な数学言語を、「巨匠たちの衒《てら》い」、科学者たちが「一般の人びとと自然とのあいだに勝手にひいた幕」(6)だとして非難した。そしてディドロは普遍的教養人という古い理想をなつかしそうにくりかえし述べるのだった。「抽象科学に精をだしすぎて美術の鑑賞力が低下してしまわないような幾何学者、ニュートンに親しむのとおなじくらいホラティウスやタキトゥスにも親しめる幾何学者、曲線の性質を発見することも詩の美しさを味わうこともできる幾何学者はなんと幸いだろう」(7)。ディドロには、ヴォルテールやヴィーラント同様、新しい、そしてフィロゾフにとっては望ましい理想、すなわち自然を理解し、理解することによって自然を支配する人間という理想の実現は、古い、おなじように望ましい理想、すなわちルネサンス的人間を駆逐しつつあったことがわかっていたのである。

これだけでもじゅうぶんに具合の悪いことだったが、ディドロの不安はそれ以上に深かった。和睦のときがきたと思えるまさにその瞬間、新しい哲学は人間の自然に対する関係をいま一度おぼつかないものにするおそれがあった。十八世紀思想は人間を子としての神への従属から解放して自然の一部としたが、フィロゾフの哲学的人間学は、人間を隷属状態から格上げしておきながら、皮肉にも同時にひどく格下げしたのだった——天使よりやや低い地位から知性をそなえた動物の仲間の地位へと。人間がその批判的知性を行使して現世の領土をいままさに征服するかにみえたとき、人間は地上の楽園からの二度目の追放という憂き目にあった。しかも今度の復讐の天使とは人間自身だったのである。

すでに述べたように、この脅威は周囲の世界に対する人間の美的享受にもっぱらむけられていたわけではない。ニュートンの宇宙に不安をおぼえるどころか、詩人はそれで商売が繁昌したぐらいである。ヴォルテールは旧師アベ・ドリヴェに書いている。「ニュートンやモーペルチュイ、デカルトやメランとつきあってはおりますが、それだからといってクインティリアヌスやドリヴェに始終思いをはせないわけではないのです」。じぶんにはわからない、とヴォルテールは力説する、「どうして科学研究——物理学——が詩歌の花々を踏みにじらねばならぬかということが。真実とは装飾を我慢できぬほど貧しいものなのでしょうか」。堅実な思考と雄弁な弁舌、深い感情と巧みな表現は科学の敵ではない。「とんでもないことです。そんな風に考えるのは野蛮人のように考えることです」。ようするに、ヴォルテールは辛辣にもイエズス会士の師に思いおこさせているのだ、「わたしの父の家にはたくさん住居がある」〔新約聖書ヨハネ福音書第一四章第二節〕。「ニュートン、ヴェルギリウス、タッソー」がわかるシャトレ夫人のような人物は、奇人または遺物であるどころか、いかにも時代にふさわしかったのである。(8)

ヴォルテールの主張には弁解の調子が弱くはあるが聴きとれる。ここでは、なんといっても、生徒がかつての教師に、理神論者が聖職者に、戦闘的文学者がべつの戦闘的文学者に語りかけているのだ。またヴォルテールは科学と詩歌とが相容れないことを否認しているが、それは科学と宗教とが相容れないことが十七世紀末に信仰のある科学者たちによって否認されたのとおなじで、両者のあいだの戦いはまさしく現実に行なわれていることを示しているにすぎない。しかしヴォルテールとその愛人〔シャトレ夫人〕は、たしかに問題を見いだしもしたが、またその解決を身をもって示してもいた。仕事のなかで、生活様式全体のなかで、二人は科学と芸術、科学と文化とのあいだに生じそうな分離を人格の統一をとおして繋ぎとめたのである。科学が生活に対してあたえる脅威はべつなところにあった。科学の中立性、冷たい客観性のなかにあった。

近代科学研究はとどまることを知らぬ躍進をつづけ、実証主義のほうへ、形而上学を排除する方向へとむかっていた。近代科学研究がめざしていたのは事実と価値とをはっきり分離することだったが、これはベーコンが予示し、ニュートンがほのめかし、ヒュームが誇らしげに告知し、十八世紀後半の主導的な科学者たちが容認したものであった。科学的思考は、ギリシア人以来科学の構成分子とされてきた神学的、形而上学的、美学的、倫理学的混合物を除去せよと要求した。十八世紀の科学哲学者たちは、正当にも、これらの混合物を不純物として、意識の初期段階からの遺物とみなした。科学的発見の一つ一つが、神学的説明、形而上学的本質、美学的考察の効力を減じた。惑星の軌道は美しくも醜くもなかった。引力の法則は残酷でも優しくもない。天空に見られる不規則性は神の活動についてなにも証明しはしない。また科学用語や数学公式がことごとく改良された結果、科学者は世界に関する古い擬人的概念から解放され、哲学者が自然に対して発した古い問いはその多くが見当ちがいなものになってしまった。

それはつらつとした発展ぶりだった。千年にもわたる幻想の支配につづいて、事実の支配が近づいていた。とはいえ、フィロゾフの自然に対する処遇が示すように、それはまた混沌としていると同時にときとしておそろしくもなるような発展だった。自然とはつねに励ましをあたえてくれるようなさまざまな連想を生む単語であり、豊饒な、無尽蔵ともいえる比喩であったが、フィロゾフはこれら励ましのすべてをみすみす手放すのにしのびなかったのである。啓蒙主義の時代においては、それゆえ、自然はあいかわらず美の規範と行動の規準を供給していた——少なくとも一部のフィロゾフに。そしてフィロゾフは自然を、気前のいい母として、出入り自由な宝の家として、命令を待つ従僕として、つねに油断のならぬごわい敵として、巧みに論じつづけた。理神論者は自然を教訓の宝庫として、神の巧みの明証として崇めた。唯物論者は自然を万物の起源として称え、このため神学によるもろもろの達成はまったく不要なものになってしまった。フィロゾフのなかの楽観論者と悲観論者とのあいだで、自然は支配されることを覚悟しているとか、いやその抵抗が狡猾で性悪であるとかについて議論がかわされたが、人間の自然に対する関係が協力とみられるべきか闘争とみられるべきかはさておくとして、その関係が密接で必至で、かけがえのないものであることを認める点で、両者は一致していた。そしてフィロゾフたちは、なかでもディドロが傑出した存在だったが、自然を科学からの逃避場とみなしたのである。

その結果、科学に対する矛盾した奇妙な一連の態度が生まれ、フィロゾフの思考の明晰を乱したばかりか、彼らが科学研究の過程で感じる喜びに水をさしたのである。人間を彼自身の家の主《あるじ》にしてやったというのに、一部のフィロゾフはそこにいても居心地の悪さをおぼえ、昔の稚拙な考えに対する憧れをおさえきれなかった。この郷愁はフィロゾフのあいだに蔓延していたわけでは少しもない。おしなべて、科学に通じたフィロゾフほどそれをおそれることは少なかった、とはいえるだろう。ヒューム、ダランベール、カントは三つの異なった近代科学哲学の祖――一人目は経験主義の、二人目は実証主義の、三人目は批判的観念論の――であるが、科学に対する彼らの一般的態度は暖い歓迎のそれであった。めいめいがじぶんなりに科学の認識論的、形而上学的意味づけをもとめ、「自然」という言葉にまつわるもろもろの意味の複雑なもつれの外側に倫理学的、美学的判断のための信頼できる規準を確立しようとした。だがめいめいはその仕事を、おそれることなく、ニュートンの名で遂行したのである。同様に、ヴォルテールは数々の名高い大衆化の活動をつうじて、じぶんがいかに奥深くニュートン世界のなかに分け入り、いかにおそれげもなくその哲学上の結果を引きだしてくる覚悟があったかを示した。それと同時に、ヴォルテールの科学哲学は科学以前の自然観からのちょっと意外な遺物、すなわち目的因というものを隠していた。ヴォルテールは、「岩石は家をたてるために作られた」、「蚕はわれわれがヨーロッパで絹をうるように中国で生まれた」といった主張を稚拙であるとして笑った。しかし、目的因を形而上学的抽象として断固しりぞけたビュフォンとちがって、ヴォルテールは結果が一定のとき、自然の目的は目的因の観念をとおして認められうると主張した。われわれが「胃は消化するために、眼は見るために、耳は聞くために作られたことを否定すればそれは狂気の沙汰であろう」。これはヴォルテールが論駁の必要を感じた稚拙な説明よりほんの少し稚拙でないだけの、古い擬人的観念を気のきいたものにしたにすぎない[9]。それは、ヴォルテールの精神における収拾のつかぬ混乱と、そして科学と目的とのあいだのはっきりした連関に対するヴォルテールにしてなお振りはらいきれない憧れとを示す、一つの徴候であった。とはいえそれは徴候の域を出るものではなく、ヴォルテールの自然哲学の形状を決定することも、従って破壊することもなかった。

ディドロはいま少し妥協的な立場にいた。彼はニュートン科学の苛酷な判決をうけいれる気になれかった。冷たい無色の微少物質がひしめき、道徳問題には一切無関心なだだっ広い自然など信じるのは御免だった。ディドロは項目「百科全書」のなかで冷静に申し立てている。「人間こそ、唯一の出発点であり、また一切を帰着させるべき唯一の到達点である」。「私の存在と同胞の幸福を抜きにして、それ以外の自然がどんな意味をもつのだろうか」。人間は万物の中心にいるし、またいなければならない。「人間あるいは思惟し観察する存在を地表から駆逐してしまったら、自然のこの感動的で崇高な眺めも索莫とした光景と化するほかはない。世界は口をつぐみ、沈黙と夜が支配するだろう。すべてが広大な孤独へと帰したなかで、もろもろの現象は人目につかぬままおぼろげに音もなく生起する。諸存在のたたずまいが興味あるものになるのは、そこに人間が立ち会っているからなのである」(10)。人間が重要であることはフィロゾフがみな認めるところだった。いや、それどころかフィロゾフはそれを強調しさえした。ヒュームとダランベールは、近代の科学的客観性を予見する醒めた先駆者だったにもかかわらず、つむじまがりにも、なるほど人間とは自然の傑作であるにはちがいないということを進んで認めた。しかしディドロはそれ以上を望んだ。彼は人間が自然の懐に入りこみ、もっとも切実な問い——私はなにをすべきか？　さらにもっと意味深い、私とはなにものか？——に対する答をそこから引きだすことを欲した。ディドロは、ニュートンがほのめかし十八世紀の学者が仕上げた教えを守って生きるのは無理であると気がついた。その教えとは、科学は現にあるものを明示するがあるべきものについてはなにも語らない、真と美、真と善とはまったく別個だ、というものである。ディドロは『自然の解釈に関する思索』、『百科全書』の主だった項目、『ダランベールの夢』(*Le rêve de d'Alembert*)で主張した。自然とは相互に連関をもつ一つの巨大な有機的全体の謂で、そこにおいては物質から生命、科学から倫理学、観察から嘆賞への諸段階はたんに可能であるのみならず、固有な、いやそれどころか本質的なものである。こうしてディドロは、ストア派の哲学者を振りかえり、ドイツ・ロマン派の自然哲学《ナトウールフイロソフイー》にさきがけて、科学哲学が分離しつつあったものを統合し、科学哲学に対してないものねだりをしたのである。彼は運命論者ジャックについて、つまり彼自身についてこう書いている。「物理世界と道徳世界とのあいだの区別は、彼には意味のないものに思えた」(11)。

(1) "Expérimental," in *The Encyclopédie*, 79. デカルト主義者たちは、どうやらニュートン主義者たちより新しい語法を採用するのがこころもち遅かったようである。
(2) Richard Watson: *Anecdotes of the Life of R. W. written by himself at different intervals, and revised in 1814* (1817). 以下に引用。F. Sherwood Taylor: "The Teaching of the Physical Sciences at the End of the Eighteenth Century," in *Natural Philosophy Through the 18th Century and Allied Topics*, anniversary number of the *Philosophical Magazine* (1948), 162.
(3) ヴォルテールからシドヴィルへ(一七三五年四月一六日)。*Correspondence*, IV, 49.
(4) *Notebooks*, 361.
(5) Sengle: *Wieland*, 41.
(6) *Pensées sur l'interprétation de la nature*, in *Œuvres*, II, 38.
(7) Ibid., 11.
(8) ヴォルテールからドリヴェへ(一七三八年一〇月二〇日)。*Correspondence*, VII, 412.
(9) "End, Final Causes," *Philosophical Dictionary*, I, 271. ヴォルテールだけではない。アダム・ファーガソンも自然における目的因の証拠は明白でうむをいわせぬものと考えていた(Gladys Bryson: *Man and Society*, 36-7)。ビュフォンの否認については、*Œuvres*, 258 を参照。
(10) "The Encyclopédie," 56.

(11) Charles C. Gillispie : *The Edge of Objectivity: An Essay in the History of Scientific Ideas* (1960), 181 を参照。

3

こうした狼狽や逃避のため、科学哲学が道徳的中立へと向かう風潮はフィロゾフのあいだにいくばくかの不安をひきおこしたが、恐慌をきたすというほどではなかった。ディドロの数学に対する疑念は進歩陣営からの比較的穏健な少数意見というにとどまった。

科学はそれ以後身につけることになるとほうもない化物じみた形姿をおびるにはいたらなかった。というのも、まずなによりも、科学技術の本当に破壊力をもつさまざまな可能性はまだ遠い未来のものであり、理性をそなえた人びとの想像をほとんど超えていたからなのである。そんなことよりも、フィロゾフ――すべてのフィロゾフ――は宗教との闘争における盟友としての科学に莫大な投資をした。科学が進めば迷信は退くというのは彼らの合言葉のようなものだった。またそれ以上に、フィロゾフたちは科学がそれ自体でも掛値なしにすばらしいということを発見した。科学は、類例のない方法によって、人びとがそれまで考案してきた知識を探究する二通りの道――神学と形而上学の方法――をはるかに凌駕していた。むろん新しい発見のすべてが、とりわけ生物科学において、議論にたえたわけではない。だがそんなことはたいしたことではなかった。それらの発見は提議の吟味、理論の確証と洗練を可能にするもろもろの規則に従っていた。科学の進歩が論争を沈黙させた。十年きざみで、ときには一年きざみとみえることもあったが、支持する人びとの範囲は広がっていった。

哲学者と神学者とがとりかわす怒号を聞いて育った教育ある人びとにはまさに青天の霹靂であった。思想の歴史とは、この人びとがよく知っているように、無謬の真理はわれにありとこぞって主張し、相手を狂人か悪魔の使いのようにののしる、さまざまな流派や徒党を代表する論客のあいだの、反目とはてしなく実りない口論の歴史だった。古代アレクサンドリアの懐疑派の人びとは、勇気の要る判断中止を説く自派の宣伝のために、これらの無意味な論争を行なってみせた。数世紀のち、キリスト教神学者も哲学諸派のいさかいに乗じて、理性のむなしい遊びをやめてキリストの確実な教えを奉じるように人びとに求めた。しかし、教義の歴史がいくたびとなく証明しているように、神学者もしょせんは異端哲学者とえらぶところがなかった。論争と憎しみあいはどこにでもあるのに、知識の進歩と知識の確実性はどこにもなかった。そしていま自然科学が、理性をそなえた人間がこぞって同意しうるような知識への方途を、また知識の蓄積を約束してくれたのである。

それゆえにこそ科学的方法はそのまことにすばらしい効力において前例をみない発明として十八世紀を圧倒したのである。ヴォルテールは言いだした。この新しい気運のなかで、「デカルト派」とか「ニュートン派」などという呼称がまかり通っているのはお門ちがいである。科学の集団は憎悪にみちた神学者どものあい争う党派とはちがう。「名前がなんだろう。真理の発見される場所がなんだというのだろう。われわれに関係があるのは実験と計算であり、徒党の首領ではない」[1]。

科学的方法の重大な表明――啓蒙主義の世界におけるもっとも意義深くてもっとも心強い現実の一つ――は重大な結果を約束した。科学的方法なるものが天界の現象から植物界の現象にまでおよぶ広く多様な文脈から知識を獲得するために信頼しうる唯一の方法であるのなら、人間に深くかかわる他の領域にこれを転用してもおかしくないばかりか、見込みがありそうに思えるのだった。それは、一世紀前の物理学とおなじで、現在知識が未発達で見解の相違も激しい領域、すなわち人間と社会の研究である。よしんば事実と価値とが別個のものであり、また科学が過去の諸価値すべての源泉ではないにしても、事実と価値とのあいだに橋はかかるだろうし、科学的方法は未来の価値を創出するための道具になりうるかもしれないのである。

啓蒙主義の人びとは知っていたことだが、ニュートン自身この幻惑的な可能性を予見していた。その『光学』（*Optiks*）をしめくくる有名な疑問の最後のもののなかで、ニュートンは「もし自然哲学が、この方法を追求することによって、そのすみずみまでやがては完成されるものなら、道徳哲学の境界もまた広げられよう」と書きしるしていた。師の口から発せられたのはヒントにすぎなかったが、フィロゾフは本気でこれを探究した。ニュートンの一般化に一役買ったJ・T・デザギュリエは、ニュートンの死後まもなく『ニュートンの世界大系、政体の最上のモデル』という意味ありげな題をつけた詩の中で、ニュートンの業績の壮大な可能性を宣言した。(2)ヴォルテールも、おどろくべき先見の明をもって、諸科学の方法を歴史に転用しようとした。「たぶん、ほどなく」、と彼はまだ少しおよび腰で書いている、「物理学においてすでにおきていることが歴史の記述にもおこるだろう。新しい発見は古い体系を放逐させた。われわれは現在自然哲学の根幹をなしているこの興味深い現象をとおして、人類を知りたいと思うだろう」。(3)ルソーは『不平等論』（*Discours sur l'inégalité*）でじぶんの思弁的な文化史を近代物理学で行なわれている受け容れやすい仮説になぞらえることによって、みずからの方式を擁護した。リヒテンベルクは科学的方法は特定の科学的発見よりも重要ですらあるという意味深長な所見を述べた。「真理を探究するにあたってわれわれは、いつの日か、より啓蒙された時代においてすら、われわれの信念ではなくて方式が模範とされるようにつねに心がけるべきである」。(4)その方法論上の綱領が啓蒙主義の思惟の中枢をなしていたコンディヤックも、ダランベールと同様に、自然科学をモデルにした哲学の再建を提唱した。コンディヤックは書いている――一七四九年のことである。「今日、若干の自然科学者、とりわけ化学者はさまざまな現象の収集にもっぱら専念している。というのも彼らは自然の諸結果を説明する原理をうちたてる前に、まずそれらの全体を把握して相互の連関を明らかにしておかなければならないことに気がついたからなのである。先人の範例がよい教訓になった。化学者は体系癖がもたらした誤謬だけはせめて回避しようとしている。(5)他の哲学者たちもみな化学者に倣ってくれさえすればよいのだが！」。コンディヤックにとって、科学的思考は他のあらゆる種類の思考にとってのモデルといましめであり、またもっとも効果的ですぐれた機能を発揮する批判精神であり、有能な人びとが使用すればよい結果のえられる有効で客観的な道具だった。

きわめて意義深いことに、事実と価値とのあたうる限り厳密な分離を主張し、また科学研究の社会への関連を主張したのは、生粋の哲学者であるデイヴィッド・ヒュームだった。よく知られていることだが、ヒュームはその『人性論』（*Treatise of Human Nature*）を「実験的推論法を道徳的主題に導入する試み」であると告示した。また彼が『人性論』によせた序文は啓蒙主義の批判的実証主義の宣言であり、客観的知識を人間的目的に奉仕させようという呼びかけだった。ヒュームは主張する。「明らかなことであるが、すべての学は人間の本性に多少なりとも関係があり、またそれらのいずれかが人間の本性からどれほど隔っているようにみえようともそれらはなんらかの経路をとおってやはりそこに立帰るのである」。結局、「数学、自然哲学、自然宗教」ですらもがあるていどまでは「人間の学に依存する」。それらは「人間の管轄下におかれ、その力量や能力によって判断される」。もしこのことが以上の難解な学問に当てはまるものであるのなら、「人間の本性との結びつきがさらに緊密で密接な」論理学、倫理学、美学、政治学といった「他の学問」になおのこと当てはまる道理ではないか。人間の本性は哲学的諸学の枢軸または中心であり、「ひとたびこれをきわめてしまえば、われわれは他のいずこにおいても容易な勝利を期待できるのである。ここを拠点にしてわれわれは人間生活により密接なかかわりをもつすべての学問に征服の手を広げることができよう」。人間についての信頼できる学の確立が容易な業ではないことはヒュームも認めていた。それは「経験と観察」の蓄積如何にかかっており、また自然科学とちがって、人間の学は実験によって人為的に観察を重ねることができなかった。とはいえ、「この学における実験を人間生活の綿密な観察から収集し、しかも人と交わり業務にはげみまたは遊び戯れる人間の挙動をとおして、人生に現われるままに実験を行なう」ことは可能だった。近代哲学者は自信をもってよい当然の権利があった。「この種の実験を手際よく収集し比較するとき、われわれはじめてそれらにもとづいて人間が了解しうる範囲における他のいかなる学とくらべても、確実性において遜色なく有用性においてはるかにすぐれた一つの学を樹立できる望みがある」(6)。言いたいことを必ずしも表現しえたわけではないが、ヒュームが表現したことはつねに彼の意図したこと以外ではなかった。それは、人間の学は可能であり、このうえなく役にたつだろう、ということである。それだからこそ啓蒙主義の人びとは結局は科学をおそれなかったのである。彼らにとって科学は人間に豊饒と自由とをともにあたえてくれる知識をうるための、最良であるばかりか唯一の頼みの綱なのであった。フロイト——世に知られるもっとも偉大な人間科学者でありフィロゾフの今世紀における著名な弟子——より一世紀以上もまえから、フロイトがのちに述べるように、フィロゾフたちも信じていた。「いや、科学は幻影などではない。だがもし科学があたえることのできないものをわれわれは他のどこかで手に入れることができると仮定するなら、それは幻影ということになるだろう」。

（1） "Réponse aux objections principales qu'on a faites en France contre la philosophie de Newton," in *Œuvres*, XXIII, 74.

（2） W. K. Wimsatt, Jr. : *Philosophic Words* (1948), 100 を参照。

（3） "Nouvelles considér ations sur l'Histoire" (1744). in *Œuvres historiques*, 46.

（4） J. P. Stern : *Lichtenberg : A Doctrine of Scattered Occasions* (1959), 37.

（5） *Traité des systèmes*, in *Œuvres*, I, 127. この気分こそがヨーロッパにおける（そして、マディソンの著作が示すように、アメリカにおいても）フィロゾフたちに道徳科学や政治科学について語らしめたのである。本書、第七章および第九章第I節を参照。

（6） *A Treatise of Human Nature* (1739-40 ; edn. 1888), xix-xxiii.

第四章　人間の科学

I　啓蒙主義の人間

「人間の科学は」、とデイヴィッド・ヒュームはその『人性論』(*Treatise of Human Nature*)で書いている、「ほかの学問にとっての唯一の基礎である」。そして「唯一の人間の科学」とは「人間の本性」である。しかし、重要であるにもかかわらず、この学問は「これまでもっともないがしろにされてきた」。それゆえ、とヒュームは考える、「これをいま少し時流にのせてやること」こそが自分の特別な務めであり、また自分の時代の務めなのである。(1)

この点についてヒュームはいつもながらに謙虚であるとともに正当でもあった。過去数世紀にわたって人間の科学とみなされてきたものは、興味ぶかい、しばしば透徹した思弁だった——情念についての哲学的考察、さまざまな気質の整然とした分類、人間の行為をめぐるしゃれた警句風の名言、またはざっくばらんな自叙伝。ルソーとリヒテンベルクは一つの長い伝統を十八世紀において継承していたのである。だが啓蒙時代は人間研究を一つの科学にした。ヴォルテールは書いている。ロック以前は「大哲学者たちは確信をもって」——ということは大胆に、そして誤って——「魂の本性を決めていた」。彼らは魂の「小説」——*le roman de l'âme*——を書いたのだ。しかしそこへ真の賢者ロックが現われて、「謙虚にもその歴史を書いたのである」。(2) フィロゾフたちがめざしたのはロックの発見した領野にただ住みつくだけのことであった。

啓蒙主義は心理学を一科学にするだけでは物足りず、それを人間の科学のなかにおける戦略的科学に仕立てあげた。それは、フィロゾフたちの宗教に対する攻撃に格好な「科学的」地盤を提供するがゆえに戦略的だった。それは、ほかの人間の科学のほうへ、教育的、美的、政治的思惟のほうへとおよぶ広い意味において戦略的だった。デュゴールド・スチュワートは書いている。「一般心理学とは思惟する人間がそこから出発して人間知識の周辺へとおもむくところの中心」である。(3) それはまた、最後に、啓蒙主義の哲学的人間学、その人間理論の土台であり経験的基礎であるがゆえに戦略的だった。(4)

キリスト教を否認したおかげで、フィロゾフたちは人間の本性をめぐる問題に新しい刺戟をあたえた。なるほどキリスト教徒もおたがいに完全な意見の一致をみていたわけではない。楽観主義者のキリスト教徒がいれば悲観主義者もいたし、合理主義者のキリスト教徒がいれば非合理主義者もいた。だがキリスト教徒の人間観のおおよその輪郭は創世記劈頭の神話によって否応なく規定されてしまっていた。天使より低く動物より高い人間の地位は、神が設けかつ統べている諸存在の大階梯に則して決定されたものだが、人間が不服従の罪を犯したため、人間の神のような理性は曇らされ、その性格も堕落したというものである。だが、フィロゾフたちの主張するように、父なる神ならびに人間の失寵の神話がまったく無意味であるなら、人間の真の本性と自然における地位とはまことにおぼつかないものになる。古い答えではだめなら、古い問いはますます切実なものとなる道理である。

こうした気持でフィロゾフたちは人間の本性を探求し、それが時間と空間を通じて単一であり、古代人と近代人において同一であるかどうかとたずねた。フィロゾフたちの用語はあいまいだったし、奇想天外な旅行記を引きあいに出してはあれこれ憶測をめぐらせるきらいはあったが、彼らはおしなべて、そのような本性（＝自然）は存在すると考えた。そしてまた個々人の性質や環境の差異が幅広い、しばしばおどろくべき多様性を生みだしているにもかかわらず、自然は人間の成長や行動の基本的パターンに一定の単一性をうちたてた、と考えた。教育は人間をまず何にでもつくりかえることができると考えたエルヴェシウスのような極端な環境論者ですら、すべての人間はおなじ分量の可能性を付与されているとみなしていたのである。デイヴィッド・ヒュームは有名な一節で書いている。「あまねくみとめられていることだが、国や時代を問わず人間の行為にはきわ立った単一性があり、人間の本性はその原理と活動においてたえず同一でありつづける。おなじ動機はつねにおなじ行為を生みだすのである」。「野心、貪欲、利己心、虚栄心、友情、寛大、公共心」といった情念は、「さまざまな割合で」調合され「社会にくまなく分配されているが、世界の始まりこのかた、人類にみとめられるあらゆる行為や企図の源泉であったし、現に今なおそうである」。じっさい「人類はあらゆる時と場所を通じてまったく同一であるため、歴史はことこの問題についてはなんら耳新しいことや見知らぬことをわれわれに教えてくれはしないのである」(5)。それと同時に、ヒュームは人間の多様性のあらわれにおどろいてもいる。彼はしるしている。「こと人間に関しても巨大な変化はいくつもおきている」。そして「歴史に述べられているような人類の種々の時期や変化を注視する者は、喜びや変化に富んだ光景に目を奪われ、またおなじ種族の風俗、慣習、意見が時代に応じてかくもめまぐるしく変化するのを見てびっくりするのである」(6)。ほかのフィロゾフもヒュームと同意見のようだった。人間の本性の単一性のおかげで、人間をめぐるいくつかのまっとうな思索がなされ、いくつかの根拠ある予言すら生まれたが、その単一性は観察者や研究者を退屈させるほど融通のきかないものではなかったのである(7)。

この人間の本性という概念はかなりあいまいであり、じゅうぶんに議論の余地を残していた。スコットランド学派が人間には寛大さや社交性の本能がそなわっていると主張すれば、功利主義者は人間とは生まれつき利己的なのだとやり返した。同様にフィロゾフたちのあいだでも情念――それを高く評価することについてはほぼ一致していたにせよ――の力について完全な合意に達したことは一度もなかった(8)。そして彼らの論議の背後には、哲学者が人間の本性にいかなる価値をあたえるべきかという根本的な問いが横たわっていた。ディドロは謎めいた戯曲『この男善人なのやら？　悪人なのやら？』(*Est-il bon? Est-il méchant?*) の標題にこの問いを要約してみせた。ディドロは一人の人間を、明らかに彼自身とおぼしきぱっとしない戯曲の主人公を分析しているのだが、しかしまたこの分析は人間一般の本性をめぐるディドロの揺れ動く、かつまた他人を揺れ動かす問いを、ほとんど隠しきれていないのである。「人間の心は」、とディドロはべつなところで勿体ぶって、とはいえ真剣に述べている、「かわるがわる聖域にもなり下水にもなる」[9]。

この警句は、比喩の仕方がきわ立っているだけで、ありふれた十八世紀のお説教調だが、それでもフィロゾフたちがその異教精神ゆえに人間の本性に関して楽観思想を奉ずることなど少しもなかった、という印象を裏づけてくれる。論議の焦点はいっこうにはっきりしなかった。ある者にとっての悪徳はべつな者にとって美徳だった。功利主義者たちはおしなべて希望の側に賭けたが、エルヴェシウスはときとして人間は動物よりも下等で残忍であると考えたし、いっぽう筋金入りの現実家ベンサムも人間は理性的というよりも好戦的な動物であることをみとめた。エルヴェシウスのよく知られる教育万能信仰は、人間の本性に関する楽観思想ではなく、彼の出発点、すなわち本性に関する純然たる悲観思想を反映している。『フェデラリスト』(*Federalist*) の醒めた現実主義は啓蒙主義独自の態度だった。人間の本性をめぐるドルバックのとほうもないシニシズムは、ディドロのたまにとはいえ心暖い信頼などよりもはるかに一般的であった[10]。たしかに、一部のフィロゾフは人間の生まれつきの自己中心主義を認めるばかりか称える気にすらなりきっていたが、しかしながらこの自己中心主義を潔白で豊饒なものにとどめおくために、いわば反対の力を、すなわち拘束する制度かもしくは社交的感情を当てにしたのであった。ヴォルテールはしるしている。「どうやら自然はわれわれが自己を保持できるように自己愛《アムール・プロプル》を、また他人の保持のためには親切心《ビヤンセアンス》をわれわれに賦与したらしく、おそらくはこれら二つの原理（二つのうちでは前者のほうが強い）なくして社会は存在しえないもののように思われる」[11]。フィロゾフたちは人間が生まれつき罪のないことを確信していた。ディドロはソフィー・ヴォランに向って叫ぶ。「ちがいます。親しい女《ひと》よ、われわれを性悪にしたのは自然ではありません。悪い教育が、悪い手本が、悪い法律が、われわれを堕落させているのです」[12]。とはいえフィロゾフも、人間の悪をなしうる能力について思案しがちであった。ルソーですら、人間の本源的善性をくりかえし説いて多くの読者をおどろかせもし喜ばせもしたのに、その善性をたんなる一連の可能性として、原罪の欠如として、さらに正しい状況のもとで正しい教育と社会があれば人間はまともな市民になるやもしれぬという、たんなる希望——むしろかすかな希望——として考えていたのである。

しかしながら、こうした留保条件にもかかわらず、フィロゾフは人間がもともとは罪のない存在であることを力説したため、キリスト教の人間観と決定的に袂をわかつことになった。キリスト教徒にとって、人間とは、パスカルのすばらしいイメージを借りれば、失墜した王であり、ガレー船の奴隷である。はじめは創造主そっくりだったのに、人間は神の助けがなければ現世の幸福も来世の救済も手に入れることができない。ヴォルテールはパスカル相手の論戦で人間の本性は善と悪との混合物であり、人間の生活は苦と楽との混合物であることをいさぎよく認めた。しかし、とヴォルテールは主張した、人間の諸困難がその本性を原因としているように、その解決策も本性の働きから生まれてくる道理である。(13)組織としての宗教に従属することは人間の真の身分に対する裏切りであり、ありうべき救済を期待することは子供じみた夢である。人間は、しばしばそれがどれほどやりきれなく思えようと、ひとり立ちしてゆくものなのだ。

この反抗的な異教精神は人間の尊厳をめぐるフィロゾフたちの誇らしげな言明のなかにみなぎっている。むろんキリスト教徒の悲観主義者でもこの尊厳を認めることは認めていた。いまや人間は堕落した身とはいえ、神の子であることに変わりはないし、神の独り子であるキリストが人間を人間自身から救うために降臨したことは重大な問題であった。よしんば、パスカルにとって、人間は罪に汚れた存在であるにせよ、人間はまた失墜した王でもあった。すなわち失墜はしても、かつての高い地位をまざまざと記憶にとどめているのである。しかしながらフィロゾフたちは、人間の愚劣さや残忍さをめぐる暗い諸諦をその著述にたびたび差しはさんだフィロゾフたちもふくめて、人間の尊厳に関するキリスト教の主張を無価値なたわごと——現世や自然に対するキリスト教の憎悪も人間の卑賤と隷属についてのキリスト教の教説も実際にはなんら是正しようとしない口先だけの譲歩とみなした。フィロゾフたちがもちいた言語はしばしば彼ら以前に信仰ある人びとによって使用ずみの言語だったが、フィロゾフたちの著述においては言葉が新しい意味を有していた。人間の主たる務めは宇宙における人間固有の場所、人間「独自の座」を発見し、おのれの本当の位置より上りたいとか下りたいというあらゆる誘惑を克服することだ、とカントが述べる時、カントは人間とは天使よりも低く動物よりも高いと昔ながらのキリスト教の流儀で論じていたのではなく、むしろ啓蒙主義特有のあの世俗的自信と哲学的謙虚とが混じりあった思想を表明していたのである。(14)人間が犯しがちな諸悪は人間のみが防止し矯正することができる。ヴォルテールは、人間の性悪を否定し、短い極端な命令の形で書きつけた。「人間一人ひとりに向ってこう言うべきだ。人間としての尊厳を忘れるな、と」。(15)

キリスト教徒もフィロゾフもともに啓蒙主義の人間学が革命的なものであることを認めていた。『単なる理性の限界内における宗教』(***Religion innerhalb der Grenzen der blossen Vernunft***)で、カントが人間の邪悪に向かう「生来の傾向」を主張した時、ゲーテはひいきにしている哲学者が古い信仰に逆戻りしたと憂えて、ひどく腹をたてた。ゲーテは書いている。カントは「哲学者の衣服」に「よだれをこぼし」て「悪逆無道の恥ずべきしみ」をそこにつけ、「衣服のすそに接吻するように」キリスト教徒をうながしたのだ。(16)なんともいかがわしくかつ乱暴な解釈ではあるが、それは激越な調子とあいまって、啓蒙主義による原罪の否定が一人の鋭敏な同時代人にとってどれほど大切なことであったかを示している。

ゲーテが激昂する三〇年前、ゲーテにおとらず鋭敏な観察者がまったくおなじように激越な結論を、ただし敵側の陣営から、引きだした。パリ大司教、というよりもむしろ切れ者の聖職者といったほうがふさわしいクリストフ・ド・ボーモンが、ルソーの『エミール』(***Émile***)に対して教書を著しその不信心を攻撃した時、ボーモンはその不信心の最たるものがルソーによる原罪の否定であり、ルソー自身の罪がいにしえの異教の高慢の罪にほかならないことに気がついていた。エルンスト・カッシーラーは書いている。「いかなる理解も和解も」ここにはありえなかった。「十七、八世紀においては原罪のドグマこそがカトリックとプロテスタント神学の中心であり焦点であった。当時の大きな宗教運動はことごとくこのドグマをめざしこのドグマに要約されていた。フランスにおけるジャンセニスムをめぐる戦い、オランダにおけるゴマルス派とアルミニウス派とのあいだの戦い、イギリスにおけるピューリタニズムの、ドイツにおける敬虔主義の発展――これらはすべてその旗じるしのもとにあった。そして人間の本性における根源的な悪に関するこの揺るぎない確信に対して、今やルソーは危険で妥協の余地のない敵対者として姿を現わしたのである。教会はこの事態を完全に呑みこんでいた。教会ははっきりと確信をもって問題の急所をただちにおさえてみせた[17]」。そして、つけ加えるならば、その急所のおさえかたはヴォルテール直伝ともいえるような機知にあふれたものであった。『教書』(***Mandement***)の著者は一連の効果的な対句表現を使ってルソーを非難した。「誤謬のなかから一人の男が立ち現われましたが、この男は哲学の言語をあやつりはするものの本当の哲学者とはいえません。この男の精神は該博な知識を身につけてはいますが、その知識たるや彼を啓発するどころかほかの人びとの精神に闇をひろげてしまったのです。この男の性格は矛盾した意見や行動に走りがちであり、質素な暮らしぶりとけばけばしい思想とが、古来の教えへの傾倒と改革への情熱とが、浮世をすてた隠者ぶりと名声への欲求とが、共存しているのです。学問を弾劾する一方でその学問を修め、福音書のすばらしさを称える一方でその福音書の教義を攻撃し、美徳の美しさを描きだす一方でその美徳を読者の魂から消しさってしまう、そんな彼の姿をわれわれは目のあたりにしてきました。この男がみずから人類の教師をもって任じたのは人類を欺くためであり、公衆の指導者をもって任じたのはみなを迷わせるためであり、現代の賢者をもって任じたのは現代を破滅させるためなのです」。まさしくこれは、こともあろうに人間の初源の無垢を説く異教徒を失墜させんがための論難にほかならない。おもしろいことには、『教書』はルソーを非難するにあたってパウロの手紙を典拠としているのである。パウロの手紙は、自分を愛する者、高慢な者、大言壮語する者、神をあざける者、神聖をけがす者、思いあがった者、神よりも快楽を愛する者、心の腐った、信仰のけがれた者、そういった者たちがはびこる「危険な時代」に対して警告を発しているが、つまるところ、高慢の罪を筆頭とするもろもろの欠点をならべたカタログなのである。はたせるかなルソーは、と『教書』は力説する、不信仰の一派を代弁している。その一派は「人類のみならず神すらをも侮辱すると彼らが主張するある束縛から自由になれる」と思いこんでいるが、この束縛こそが――またしても――原罪のそれなのである。この一派は「自然の最初の動きはつねに正しい」とか「人間の心に初源の悪などない」などと主張しているではないか。『教書』は推断する、それも正しく推断する。この所説およびそれにもとづいて立てられた教育計画は、「キリスト教の教義とはとうてい折りあえるものではありません」。むしろそれらは「反抗」の、さらに意味深いことには「独立」の精神を、すなわち神と人間の権威のいずれにも従うことを拒む「不逞の輩」の精神をはっきりと示しだしている。『教書』は苦情を述べる。ルソーは、神が人間の心に書きしるした言葉に訴えはするものの、それらを読み違えている。神の言葉は反抗や自立をでなく服従をうながしているからだ。「ああ、親愛なる信徒のみなさん、この点どうか誤解のないように。本当の信仰《ラ・ボンヌ・フォワ》とは啓発され従順になってはじめて価値あるものになるのです」。キリスト教はいかにも理性の宗教ではあるが、その理性は人間を啓示の戸口にまでみちびき、人間の信仰のよって立つ奥義を謙虚に受けいれさせると同時に、彼の心にひそむ悪を認めさせ、「われわれの本性の無力と腐敗」、および「われわれの始祖の嘆かわしい罪」の由来を理解させてくれるものなのである。(18)

　以上の論難は、たしかに口調はヒステリックだしレトリックも月並みではあるが、少なくとも内容空疎な言葉ではない。人間の本性をめぐるこの論争においては、ほかのどんな場合よりもおそらく戦いは目に見えて熾烈である、ということをよくわきまえた言葉である。キリスト教徒たちの人間についての考えかたがさまざまだとしても——おのれの救済にかかわりあう力があるとかないとか、滅びることになるのか救われることになるのか——キリスト教の人間学で肝心なのは人間が神に依存した息子であるという点である。フィロゾフたちの人間についての考えかたがさまざまだとしても——生まれつきひかえ目だとか生来権力志向があるとか、美徳を教えこみやすいとか教えこみにくいとか——啓蒙主義の人間学で肝心なのは人間が一人立ちできる大人であるという点なのである。

(1) *Treatise of Human Nature*, XX, 273.
(2) Lettre XIII, *Lettres philosophiques*, I, 168-9.
(3) Bryson : *Man and Society*, 21 に引用。
(4) フィロゾフたちのキリスト教に対する攻撃に際しての心理学の援用については以下を参照。*The Rise of Modern Paganism*, chap. vii, とりわけ407-12。美学との関係については、290-318、教育とは、510-15、政治思想とは、522-8。
(5) *An Enquiry Concerning Human Understanding*, in *Works*, IV, 68.
(6) "Of Civil Liberty," ibid., III, 157 ; "Of Eloquence," ibid., 163. ただしヒュームがここで言おうとしているのは、「社会《シヴィル》」史の過程においては今日われわれが文化史とよぶところのものにおけるよりも人間の経験の多様性が目につかない、ということである。
(7) この問題については歴史に関する章でまた触れることにする。本書第七章Ⅳ節3を参照。
(8) 第Ⅲ節を参照。
(9) ディドロからファルコネへ（一七六七年五月一五日）。*Correspondance*, VII, 59.
(10) ディドロとドルバックの比較対照については Diderot : ibid., III, 195-6, 320 を参照。エルヴェシウスの悲観主義については ibid., 281 を参照。
(11) *Notebooks*, 219.
(12) ディドロからソフィー・ヴォランへ（一七六〇年一一月二日から六日もしくは八日）。*Correspondance*, III, 226.
(13) ヴォルテールのパスカルとの一方的「論争」については *The Rise of Modern Paganism*, 388-90 を参照。
(14) Kant : *Sämmtliche Werke*, ed. G. Hartenstein, 8 vols. (1867-8), VIII, 624 ff. を参照。John E. Smith : "The Question of Man," in Charles W. Hendel, ed. : *The Philosophy of Kant and Our Modern World* (1957), 24 に引用。

(15) "Evil," *Philosophical Dictionary*, II, 378.
(16) ゲーテからヨハン・ゴットフリートおよびカロリーネ・ヘルダーへ(一七九三年六月七日)。*Gedenkausgabe*, XIX, 213.
(17) Ernst Cassirer : *The Question of Jean-Jacques Rousseau* (1932 ; tr. Peter Gay, 1954), 74.
(18) *Mandement de Monseigneur l'Archevêque de Paris portant condamnation d'un livre qui a pour titre, Émile, ou de l'éducation, par J. J. Rousseau, citoyen de Genève*, in Rousseau : *Œuvres complètes*, 4 vols. (1835), II, 747-54 *passim* を参照。『教書』の著者が実際にはどんな人間であったかはここでは問わないが、ともかく彼はテモテへの第二の手紙第三章の第一、二、四節をふまえて書いている。

II 精神のニュートンたち

1

人間に関する世俗哲学をきずきあげる際に、フィロゾフたちは科学に対する「物語《ロマンス》」をきれいさっぱり捨てさってしまったわけではない。というよりもむしろ、実際は物語《ロマンス》にすぎないものを科学だと思いこむようなこともよくあったのである。フィロゾフたちは人間の原型を発見せんものと、未開種族についての旅行者の記録やヨーロッパの森林を徘徊する幻の生物に関する報告などに熱心に目を通したが、時としてそれらを鵜のみにしすぎるきらいがあった。当節のほかの人びとと同様——というのもこれはなにもフィロゾフに限ったことではなかったから——啓蒙主義の人びとは普遍的なものを理解するための糸口を個別的なもののなかに、典型的なものを理解するための糸口を例外的なもののなかにもとめた。[1]それは「未開人ペーター」の時代だった。この自閉症で精神の発育の遅れた人間はハノーヴァーのハーメルンの森林で四つんばいで歩いているところを見つかってイギリスに連れてゆかれ、アーバスノート博士の世話をうけるとともに研究の対象になった。[2]それはニコラス・ソンダーソンの時代であった。ソンダーソンはケンブリッジの盲目の数学教授であり、彼の知覚世界は信仰あつい良識派の哲学者トマス・リードを夢中にさせると同時に、どちらかといえば信仰うすいディドロをも夢中にさせた。[3]それはまた旅行記録などを参考にしながら比較解剖学の研究が熱心に行なわれた時代であった。この旅行記録に力をえたモンボドとルソーは、進化した霊長類、なかんずくオランウータンは人類と同族であり、発達の停止した、未成熟の、潜在的人間であるという理論をともに表明した。[4]それは思考の実験の時代であった。ディドロは、『聾唖者書簡』(*Lettre sur les sourds et muets*)で「約束上の口がきけない人間」を考案したが、この工夫によれば心理学者はそれぞれ分離した感覚の特性を明示できるはずであった。それ以前にビュフォンも周囲の世界にめざめんとする形状も能力も申しぶんない人体を提唱していた。さらに一七五四年、仲間のフィロゾフたちには迷惑千万な話だったが、コンディヤックは精神活動の構造と発展を示すために「われわれとおなじ内部の組織をもち、あらゆる種類の観念を欠いた精神によって生命をあたえられる」彫像の比喩をいくぶん目新し気にもちいた。[5]それは、最後に、きびしい自己検討の時代だった。ルソーの『告白』(*Confessions*) およびローレンス・スターンの『トリストラム・シャンディ』(*Tristram*

Shandy)と『感傷旅行』(*Sentimental Journey*)は人間の内的衝動をえぐりだす斬新な洞察を示した。

　こうした知的遊戯に科学的価値があるかどうかということは啓蒙主義内部でも問題にされた。アダム・ファーガソンは一七六七年に、折あるごとにこう嘆いている。「博物学者は推測を述べるのではなく事実を集めることが義務であると心得ているくせに、いざじぶん自身にかかわること、もっとも重要にしてもっとも容易に認識できる事柄においては、現実のかわりに仮説をもちこみ、想像と理性、詩と科学の領域を混同してしまう」[6]。と同時に、これらの推測の背後に科学的意図があるという事実は動かしようがなかったから、科学的心理学の構築にさいしてそれらは重要な役割を果たしたのである。このような遊戯のあれこれによって十八世紀の心理学者は認識論に対する自分たちの関係を定義しなおし部分的には明確化しさえした。そして、ゆきとどいた観察、よく考えられた実験、慎重な一般化といった一連の手続を採用するようになったため、現実ばなれした文学や場あたり的な浮世の知恵などとのくされ縁を絶つことができたのである。ロックは、『人間知性論』(*Essay Concerning Human Understanding*)の冒頭で、人間の科学が進むべき新しい方向をはじめてはっきりと規定した。心の「本質」とか感覚の究極原因などの探究はたしかに「好奇心をそそられると同時におもしろい」「思索」ではあるが、ロックは心の働きを、「人間の識別機能がそのかかわるべき対象にもちいられるようす」をもっぱら研究しようとした。そして識別機能の活動を考察するにあたって、ロックは「事実を記録する《ヒストリカル》という平明な方法」、ベーコンとロックの科学的方法を使おうとしたのである[7]。

　ロックの経験心理学――その学説のすべてとはいわぬまでも、少なくともその目的と方法――は啓蒙主義の心理学になった。一七四六年、ロックの『人間知性論』から半世紀のち、コンディヤックは『人間知識起源論』(*Essai sur l'origine des connaissances humaines*)の序文でこう述べた。「けっして見失ってはならない第一目標とは人間精神《エスプリ・ユマン》の研究ということである。といってもその本性を発見しようというのではなく、そのさまざまな作用を知り、それらの作用がどんな具合に結びついているか、またわれわれに可能な限りの知力をえるにはそれらの作用をどういう風にみちびかなければならないかを見きわめようというのである。〔そのためには〕諸観念の起源にさかのぼり、その形成をたどって自然が設けた限界にいたるまで追跡し、それによってわれわれの知識の広がりと限度とを定め、人間知性をまるごと刷新しなければならない」。「ただ観察によってのみ」われわれは知性の「研究を首尾よく」遂行できるのである[8]。またデイヴィッド・ヒュームとアダム・ファーガソンの二人も、前者は一七三〇年代に、後者は一七六〇年代に、ロックの徹底した慎しみぶかさをスコットランド啓蒙主義よりも高く評価した。ヒュームは「人間の本性の本源的性質」を説明するつもりなどまったくないと言明した。彼は書いている。「真の哲学者にとって原因を探求したいという激しい願望を抑制するということ以上に必要なもの」はなにもない[9]。ファーガソンもおなじ立場をとった。人間を研究する者は心理的傾向の「起源や形成の仕方」よりもその「現実」とその「結果」に関心をもつ[10]。

心の活動における経験の優位ということにのみこうまでこれみよがしに関心をよせこだわりつづける理由の一つは、いうまでもなく、それによってフィロゾフはデカルトの生得知識の観念を攻撃できるからであった。しかしそれはまた哲学的謙虚というものの一端を示すものでもあり、その謙虚とは、フィロゾフによれば、あらゆる実り豊かな探究の核心に秘められているのである。心理学においても、ほかのあらゆる場合においてそうであるように、認識しえぬものを無視したおかげで、認識しえるものを集中的に研究して有益な成果をあげることができるようになったばかりか、そうすることを無理強いされたといってもよかった。それは人間の科学をめざす数々の壮大な野心とも相容れるものであった。

この攻撃的な謙虚さと、それにこの大仰な経験主義とにうながされて、フィロゾフたちはいくぶんゆがんだ知性の歴史を書いてしまうことになった。ダランベールは、フィロゾフたちがこぞって信奉している感覚論的格言――はじめに感覚の中に存在しなかったようなものは知性のなかになに一つ存在しない――は万人の古い真理であるが、スコラ学者がそれを問題にしたのはそれが真理であったためではなく古いからだった、と主張した。ついで偉大な解放者デカルトが現われて、あらゆるスコラ派のたわごとと一緒にこの真理を廃棄してしまった。そして今やデカルトのたわごとを廃棄する時が来た。[11] このような歴史叙述――それはデカルトの生理学的心理学への貢献やその他多くの人びととの貢献を平気で無視するものである――についていえることはただ一つ、それが時代の要請に応えていたということである。すでに述べたことだが、他の革命家たちと同様フィロゾフも敵手や父祖に対してはまったく公正さを欠いていた。コンディヤックは簡潔に書きしるした。「アリストテレスにつづいてただちにロックが来る。というのもこの主題について書いた他の哲学者たちのことは勘定にいれなくていいからである」[12]。ロックが心についてそうしたように、コンディヤックは心の研究の歴史を白紙《ターブラ・ラーサ》の状態にもどし、ロックに孤独の先駆者という栄誉をあたえたのであった。

この乱暴な見解は心理学の発展についてよりもコンディヤックの知的系譜について多くを語っている。コンディヤックは筋金入りのロック主義者であり、究極の思想体系においてはロックその人以上にロック主義者だった[13]。ロックの主張するところでは、心はまずもって「白紙」であり、ただ一つの源泉、すなわち経験から観念の「膨大な貯え」をえるが、この源泉には二つの枝流がある。というのも「われわれの観察は外部の知覚できる事物についてもわれわれがみずから知覚し反省する心の内的作用についても行なわれる」[14]からで、それらは感覚と反省である。だがそれにつづいて、いかにも科学者らしいやりかたで、ロックの後継者たちはロックから学んだ心理学説を単純化し美化しようとした。エルンスト・カッシーラーは述べている。「ロックからバークリーへ、バークリーからヒュームへの経験主義心理学の発展は、感覚と反省との差異を縮め、結局はそれを完全に払拭しようとする一連の試みをあらわしている。十八世紀フランス哲学による批判もこのおなじ一点を攻撃し、ロックが反省にあたえた自立性の最後の名残りを除去しようとするものであった」[15]。心理学を扱った彼の最初の論文である『人間知識起源論』

で、コンディヤックは「知性に関する一切を単一の原理に還元する」つもりだと野心的に言明した[16]。だがこの著作は約束を果たしきれなかった。それはロックの二元的図式を温存していた。人間の生存の「最初の瞬間」、「人間の心は光、色、苦痛、快楽、運動、その他のさまざまな感覚を受容する――これらが人間の最初の思考なのである」。ついで人間は「感覚がおのれのうちに生みだすものについて反省しはじめ」、そして「知覚や想像といった心のもろもろの作用についての観念を形成する――これらが人間の第二の思考なのである」[17]。だが一七五四年に公刊された『感覚論』(*Traité des sensations*)で、コンディヤックは思いきった単純化を敢行し、時間の序列とみなしていたものを因果の序列に変えてしまった。反省は、『人間知識起源論』においては感覚につづくものだったのが、今や感覚の結果になったのである。コンディヤックは、完全な機能をそなえてはいるが生命のない影像という比喩をどこまでも厳密に適用して、おのおのの個別の感官によっても人間はすべての能力を発達させることができることを証明した。「思いだしたり、比較したり、判断したり、識別したり、想像したり、おどろいたり、抽象観念をいだいたり、数や持続の観念をいだいたり、一般的真理と個別的真理を認識したりする」ことは、ようするに「注意を向けるということのさまざまな仕方」にほかならず、また「情念をいだいたり、愛したり、憎んだり、希望したり、恐れたり、欲したりする」ということは「欲望するということのさまざまな仕方」にほかならない。ところで、注意を向けることも欲望することも「そもそものはじめにおいては感じるということにほかならない」のであるから、その結果として「感覚は魂のあらゆる能力を含有しているのである」[18]。コンディヤックは心の生活のはかりしれぬ複雑さや心のいりくんだ構造を軽視したり否認したりしたわけではなかった。そうではなくて、この複雑さや構造にわけ入り本質的に単純な要素にまでさかのぼることができる、ということを主張したのである。心の活動のすべては注意より生じる。思考とは必要から生まれたものなのだ。というのも――そしてここでもまたコンディヤックはその結論にいたるまでロックの立場を踏襲している――人間の最初にして決定的な経験とは不安にほかならないからである。ロックにとっては不安――現にない善を手に入れたり現にある悪を逃れたいという欲望――が「意志を決定」[19]し、コンディヤックにとっては不安《アンキエチュード》や苦痛《トゥルマン》が一切を決定する。コンディヤックは感謝をこめてしるしている。「ロックこそはあるものの欠落から生じる不安こそがわれわれのさまざまな決断をつかさどる原理であることに気づいた最初の人間である」。けれどもロックは徹底性という点では中途半端に終った。ロックは「不安が欲望から生まれると考えたが、まさしくその反対が真実なのである」。そこでコンディヤックはじぶんに残された務めは次のようなものであると考えた。すなわち「この不安こそはわれわれに、触れる、見る、聞く、感じる、味わう、比較する、判断する、反省する、欲求する、愛する、憎む、恐れる、希望する、望む、などのさまざまな習慣をあたえてくれる第一の原理であること、一言でいうなら、精神と肉体の習慣はそのことごとくがこの不安から生まれるものであることを証明する」ということである[20]。そしてこの証明がなされるにおよんで、デカルトの理性主義的心理学は論破され、科学的経験主義心理学が一人勝ち残ることになった。コンディヤックの結論とは次のようなものであった。「意志が観念にもとづいているのではない。観念が意志にもとづいているのだ」[21]。

（1）「ディドロが実験を行なうにあたってもちいていた方法というのは、異常を吟味することで正常の正体を見きわめ、病気の吟味をつうじて健康を知るというものだった」。Wilson : *Diderot*, 98.

（2）ジョナサン・スウィフトからトマス・ティッケルへ（一七二六年四月一六日）。*Correspondence*, ed. Harold Williams, 5 vols. (1963-5), III, 128, 128 *n.* を参照。それからアダム・ファーガソンによる的を射た意見、「未開人が一人〔……〕森でつかまりました。同類から隔離されてずっと暮らしていたわけですが、これはあくまで特殊な例でして、これをお手本になにか一般的特徴を云々することはできますまい」。*An Essay on the History of Civil Society* (1767 ; ed. Duncan Forbes, 1966), 3.

（3）この問題に対するディドロの科学的関心には下心がある。もし人間の観念がことごとく感覚に由来するのであれば、盲人の道徳経験から神は締めだされる道理だからである。

（4）これについてもまた、アダム・ファーガソンは引用に値することを述べている。「著名な作家たちのペンから生み落されたものとは反対に、われわれは次のことを認めざるをえない。人間は動物のなかでいつでも別格の優越した類として通ってきたこと。おなじ器官を有しようとも、姿形が似かよってきても、手を使用しても、この〔人間という〕卓越した芸術家とどれほど長くつきあっても、人間以外の種はじぶんたちの本性や発明に人間のそれをとりこむことはできなかったということ。どれほど野蛮な状態でも人間には動物よりすぐれた点が認められるし、どれほどひどく堕落しても動物の水準にまで落ちる者はいない、ということ。人間は、ようするに、いかなる境遇におかれても人間なのであり、他の動物から類推してみても人間の本性についてはなに一つ学べないのである」。*History of Civil Society*, p. 5-6. べつな（もっとわかりやすい）言葉でいえば人類にふさわしい研究対象は猿ではなく人間なのだ。近代の社会科学はこのような議論を母胎として発展することになる。

（5）*Traité des sensations*, in *Œuvres philosophiques*, I, 222. この比喩をめぐる論争については ibid., 222 *n* を参照。コンディヤックは名もない友人のフェラン嬢にいくつか示唆をあたえてくれたといって礼をのべているが、同僚たちは、この謝辞は場違いだといって憤慨した。

（6）*History of Civil Society*, 2.

（7）*Essay Concerning Human Understanding*, I, i, 2.

（8）In *Œuvres philosophiques*, I, 4. この見解のダランベールへの影響については *Discours préliminaire*, in *Mélanges*, I, 12 を参照。

（9）*Treatise of Human Nature*, 13.

（10）*History of Civil Society*, 25-6.

（11）*Discours préliminaire*, in *Mélanges*, I, 13-14.

（12）*Extrait raisonné du Traité des sensations*, in *Œuvres philosophiques*, I, 324. このおなじ一節はエルンスト・カッシーラーの目にもとまった。*Philosophy of the Enlightenment*, 99 *n* を参照。

（13）*The Rise of Modern Paganism*, 321 を参照。

（14）*Essay Concerning Human Understanding*, II, i, 2 およびそれにつづく数節。

（15）*Philosophy of the Enlightenment*, 100.

（16）これは『試論』初版の副題である。in *Œuvres philosophiques*, I, 1.

（17）Ibid., I, 6.

（18）*Traité des sensations*, ibid., I, 239.

（19）*Essay Concerning Human Understanding*, II, xxi（「力能」に関する有名な章である）、とりわけ三一節以下。

（20）*Extrait raisonné du Traité des sensations*, in *Œuvres philosophiques*, I, 325. Cassirer : *Philosophy of the Enlightenment*, 103 *n* を参照。

（21）カッシーラーが述べているように、これはまた啓蒙主義の一般的結論でもあった。Ibid., 103.

2

経験主義科学者としての地位をなんとしても確立しようとする十八世紀の心理学者たちは、ロックに対しておおっぴらに、おおげさなぐらい感謝の意を表明しておきながら、ロックをもう一人のさらにいっそうすばらしいモデルにつづく次席にしておく必要があると考えた。彼らはロックを近代心理学の父として認めはしたものの、ニュートンをその英雄にしたててしまった。この忘恩行為もロックを傷つけることはまずなかったであろう、というのもロック自身がニュートンの熱烈な称賛者だったからである。ビュフォンが自然のニュートンとよばれることを切望したのとおなじように、哲学者のなかには精神のニュートンとよばれることをなかば公然と切望する人びとがいた。この人びとは誇りをもってニュートンの方法にならい、ニュートンの物理学の概念のいくつかを心の世界に適用し、ゆるぎない科学的体系を築いてニュートンに匹敵するような名声をかちえようと望んでいた。一七五〇年、イタリアの心理学者F・M・ツァノッティは『観念の引力について』(*Della forza attrativa della idee*) という人目をひく題をつけた断章を公刊した。またデイヴィッド・ヒュームも『人性論』で、師匠から直接借用した言葉を故意に強調してもちい、人間の単純観念は「一種の〈引力〉」の働きで記憶のなかに統合されるが、この引力なるものは「精神界においても自然界におけるのと同様おどろくべき効果を発揮し、自然界におとらず多数かつ多様な形態をまとってあらわれることが［本書の随所で］わかるだろう」と断定した(1)。

以上の例にあっては、心理学へのニュートンの影響は明白であるとはいえそれとなく暗示されるにとどまっていた。デイヴィッド・ハートリー――十八世紀のおそらくもっとも独創的な、またところどころに途切れた時期があるにせよ、まちがいなくもっとも影響力のあった心理学者――の著作において、ニュートンの影響はあからさまなものになった。傑作『人間、その仕組み、その義務、その可能性についての観察』(*Observations on Man, His Frame, His Duty, and His Expectations*) のなかで、ハートリーは「振動」と「連合」という二つの相互に関連した心理学説を提唱した。「振動」とは「アイザック・ニュートン卿が『原理《プリンキピア》』(*Principia*) の末尾と『光学』(*Optik*) につけた『質問』とで提出している感覚と運動の働きに関するヒントから」発展したものであり、「連合」とは「ロック氏および氏の時代以降に輩出した他の創意に富む人びとがわれわれの意見や感情に対する連合《アソシエーション》の影響について述べた事柄から発展したものである(2)」。連合理論は振動理論よりも長寿をまっとうすることになるが、ハートリーの体系を支配していたのはロックではなくニュートンであった。ニュートンはハートリーを刺戟して生理学的心理学へと向かわせ、感覚の持続や神経系統の組織について確信をあたえ、ハートリーの科学的思考の様式全体の形を決定したのである。「哲学的思索に固有な方法とは」、とハートリーは言明した、しかもこの言明は『原理《プリンキピア》』や『光学』に親しむ読者をなんらおどろかすものではないし、またおどろかすつもりもなかったのだが、「はっきりと定義され、証明された特定の現象から出発して、検討中の主題に関連をもつ行為の一般法則を発見し確立すること、次にこれらの法則によってべつの現象を説明し予言すること」である。これこそ、とハートリーは結論した、「アイザック・ニュートン卿が推奨しみずから実践した分析と総合の方法である」(3)。トマス・リードがハートリーを批判した時、リードはハートリーが間違っているというばかりか、悪しきニュートン主義者であるといって批判したことは意味深い。これこそ、まぎれもないニュートンの宇宙のなかから、リードが見つけだすことのできたもっとも効果的な罵言《シンプフヴォルト》であった(4)。

師匠に対する思いやりのない弟子たちの手にかかると、ハートリーの振動理論のほうは無益であるゆえに抹殺されるのがふさわしく、連合理論こそ当然の栄誉をかちえてしかるべきなのであった。しかしハートリー自身の体系およびそれが十八世紀の思弁において占める位置よりすれば、振動理論こそが重要だったのである(5)。振動理論を手がかりにしてこそハートリー個人の野心もその知的世界もともに明らかにすることができるのだ。ハートリーの宗教上の信念や弁神論的な意図がどうあれ――それらについてはいずれ触れるつもりだが――ハートリーの振動理論は人間を自然界に確実に定位し、人間の行動に関する世俗的説明をうながした。そしてそれがために、人間の父にしてたゆまぬ導き手たる能動的神というおなじみのキリスト教の概念は、かつてないほど疎遠にして的はずれなものになってしまったのである。

ハートリーの振動理論は単純であり、またその単純さが身上でもある。感覚と観念とは、どちらも「内的感情」であるが、「脳の白い髄性物質」によって「心に伝え」られる。この物質は、「脊髄および両者から発する神経」とともに、「感覚と運動」の「直接の媒体」として働く(6)。忠実なニュートン主義者にふさわしく、ハートリーは髄性物質を、刺戟の伝達体として働くように特別な機能をそなえたきわめて微細な小粒子の集合体とみなしていた。神経は振動によって感覚に反応し、髄性粒子に振動を生みだす。「外部の対象は、それが物質である場合は、これもまた物質である神経や脳に対して、ただそれらに運動を刻印するだけで、働きかけることができる(7)。感覚と反応との関係――つまり振動――は恒常的で予測しうる。感覚が変われば、それにつれて観念も変わる。かかる理論の限界がどうであれ――心理学の進歩につれてそれらの限界は次第に明らかになった――かかる直截な生理学的心理学の目的と表現とは人間の科学に新しい展望を開いたのであった。

ハートリーの連合理論もおなじ科学的方向をめざしている。これには長い歴史があって、ロックや「ロックの時代以降に輩出した他の創意に富む人びと」をこえてアリストテレスの『記憶と想起について』(*De Memoria et Reminiscentia*)の一節にまでさかのぼれるし、また近世では、ホッブズの唯物論的心理学にさかのぼることができるのである。ロックは、奇妙にも、この原理を無頓着に考えていた。観察の鋭い人にならおなじみの真理であって、とっぴな、ときに狂った思考を説明する時ぐらいしか役にたたない、というのである。しかし、それと同時に、ロックはこの原理に「観念連合」という名前をつけ、その名前のもとにこの原理は啓蒙主義の時代を風靡したのである(8)。ジョン・ゲイは信心深いイギリス国教徒であり、その功利主義の考えはとりわけイギリス思想に広い影響をおよぼすことになったが、そのゲイとデイヴィッド・ヒュームとは、連合をまともにとりあげた人びとのなかのほんの二人であるにすぎず、ほかにもそういう人はまだいたのである。

ヒュームにとって、連合理論はヒュームみずからが提起した問題への解決策をあたえてくれるものだった。厳密にいえば数学以外なにも確実なものがないこの世界に対する人間の信頼感を、連合が説明してくれるからである。ヒュームは主張した。経験の素材になるのは感覚だが、いかなる感覚もべつな感覚の出現を保証してくれはしない。ところが人間はこの世界を秩序だった一つの形式とみなしており、しかも人間の「思考と推論」の「一般的主題」は「複合観念」なのである。ところでこの秩序と複合性とは、どちらもある意味で人工的ではあるが欠かすことのできないものであって、観念連合の産物にほかならないのである。感覚は反復される、感覚はたがいに似かよっている、感覚はいつもおなじ結果を生みだすようにみえる。以上三つの「結合原理」――連続、類似、因果――をもとにして人間はみずからの心の世界を築くのである。連合のみがもろもろの関係、様態、複合構造を、ようするにまとまった思考や合理的な表現を可能ならしめる。いつもながら慎重なヒュームは、くだんの三原理はもちろん連合の「絶対」にして「唯一」の原理ではないことを認めたが、[9]それらが心の生活の基礎をなす「一般原理」であると確信していた。

ヒュームの心理学は、その原子論、自然主義、経験への依拠、理解の広さと単純さとの混じりあい、謙虚さなどとあいまって、ハートリーの心理学とおどろくほど似かよっていた。しかしハートリーの『観察』は一七四九年、つまりヒュームの『人性論』の十年後に刊行されているが、ハートリーはだれの影響もうけずに著述に専念したのだった。彼は哲学関係の文献にくまなく目をとおしており、一七三〇年頃に「当時存命のゲイ師がわれわれの知的な快楽や苦痛をことごとく連合から演繹できると断言した」ことを知った。これをヒントにハートリーは「連合のもつ力について考え」[10]はじめ、一七三〇年代の末頃には、著作とはいわぬまでも、その思想体系はできあがっていた。

コンディヤック同様、ハートリーはロックを単純化しようとしていた。彼はこう書きしるしている。ロックの『人間知性論』はたしかに「すばらしい」けれども、反省を観念の「別個の源泉」と誤って考えた。[11]じっさいは、すべての観念は感覚に由来するのであり、単純観念はただ連合によってのみ複合観念に統合されるのである。このことをハートリーは図式化して述べている。「A、B、C、などの感覚はそのどれもが、おたがいにじゅうぶんな回数だけ結合しているうちに、a、b、c、などの対応する観念を左右する力をもちはじめ、その結果感覚Aの任意の一つは、たとえ単独で刺戟をうけた場合でも、b、c、以下残りの観念を心のなかに呼びさますことができるようになるだろう」[12]。連合とは、ハートリーにとって、偉大な、しかも唯一の構成原理なのである。連合は生体の内部に組みこまれており、人間の肉体と精神の生活に欠かすことができない。また連合と振動との結合は密接で緊密である。「当然予期しうることだが、振動《ヴァイブレーション》はみずからの結果として連合《アソシエーション》をみちびきだし、連合《アソシエーション》はみずからの原因として振動《ヴァイブレーション》をさし示す」[13]。じじつ、ハートリーは連合の法則を振動の基本法則に言いかえた。「A、B、C、などの振動はそのどれもが、おたがいにじゅうぶんな回数だけ結合しているうちに、a、b、c、などの対応する小型の振動を左右する力をもちはじめ、その結果振動Aの任意の一つは、たとえ単独で刺戟をうけた場合でも、b、c、以下残りの小型の振動を呼びさますことができるようになるだろう」[14]。

ハートリーの思想体系は整然としていて、なおかつ大胆だった。振動理論は単純観念が人間という組織体における感覚の働きを説明し、また連合理論は、振動理論と対をなすもので、単純観念が人間の全体的経験へと構成されるのを説明する。それ以上のことは要らない。ハートリーの心理学には周縁部というものがないのである。「単純観念は連合によって複合観念に組みこまれるだろう」[15]、また単純な筋肉運動もおなじようにして人間のこのうえなく複雑な身体活動の中に組みいれられる。このようにして、振動と連合の二つさえあればおよそ説明を要するものをことごとく説明することができるのである。感覚と記憶の働き、さまざまな快楽と苦痛、呼吸や心臓の鼓動のような不随意活動、想像の飛翔、このうえなく単純なものからこのうえなく哲学的なものまでをふくむ言語表現、性欲——なんといっても性をつかさどる器官は振動と観念連合には格別敏感であり、いいかえればこの「人間生活という堕落し腐敗した状態」において「若者が耳で聞き目で読む」「無数の事柄」は（それが振動であれそれ以外の運動であれ）「生殖器官に対して快感をともなう刺戟的影響をあたえずにはおかないのである」[16]——そして宗教上の真理すらをも、振動と連合は説明することができるのである。

ハートリーの企ては、形や色のおぼろげな知覚からもっとも高度な神の直覚にいたる、動物じみた欲情からこのうえなく深遠な思索にいたる無限に多様な人間の経験を、おたがいに重なりあう二つの単純な物理的原理を使って説明しようとするものであったが、当然のことながらそれは数々の反響をよぶことになった。ほどなくデュゴールド・スチュワートはハートリーの著作を非科学的、「形而上学的物語《ロマンス》」[17]——これは当時他人を批判する者が口にできるおそらくもっとも痛烈な言葉の組みあわせだった——としてきびしく斥けた。いっぽう、ハートリーのもっとも熱心かつ有力な普及者であるジョゼフ・プリーストリは、ハートリーはロック以上に心理学に貢献し、「ニュートンが自然界に関する理論に対してなした以上に心に関する理論に対してより有益な光を投げかけた」[18]と考えた。あきらかに、批判者も弟子も双方ともにまちがっていた。ニュートン主義者だからといってハートリーはニュートンになりきってしまったわけではない。だが人間を研究するに際してニュートン主義者であるということはそれ自体としては好ましいことなのであった。

（1）*Treatise of Human Nature*, 12–13.
（2）*Observations on Man, His Frame, His Duty, and His Expectations* (1749 ; 6th edn., 1834), 4.
（3）Ibid., 4-5 ; 8, 11-12も参照。
（4）*Essays on the Intellectual Powers of Man* (1785 ; ed. A. D. Woozley, 1941), 60–9.
（5）ジョージ・シドニー・ブレットをはじめとする若干の心理学史家は、一七七五年に刊行されたプリーストリによるハートリーの『観察』の摘要を、振動の理論を省略しているとして正当に批判した。

(6) *Observations on Man*, 6.
(7) Ibid., 8.
(8) この章はロックの『人間知性論』の一七〇〇年の第四版にはじめて加えられた。II, xxxiii.
(9) *Treatise of Human Nature*, 10–13, 92–3.
(10) *Observations on Man*, "Preface," a 2.
(11) Ibid., 226–7.
(12) Ibid., 41.
(13) Ibid., 4.
(14) Ibid., 43.
(15) Ibid., 46.
(16) Ibid., 151.
(17) Maria Heider : *Studien über David Hartley(1705–1757)*, (1913), 67 に引用。
(18) Élie Halévy : *The Growth of Philosophic Radicalism* (tr. Mary Morris, 2d edn., 1934), 9 に引用。

3

十八世紀生理学の比較的未発達な段階を考えあわせると、ハートリーの心理学は偉大な達成であった。しかしそれはまたいかにも啓蒙主義の時代にふさわしい文化的加工物でもあった。ニュートンの方法が伝統的な宗教信念に対して加えている逆らいがたい重圧というものを無意識のうちに示していたからである。ハートリーの意図は弁神論的なものだった。書簡においても『観察』においても、彼の信仰は判然としており人の心をうつ。ハートリーがたえず熱烈な祈りをこめてみずからの思想体系を構築したのは、とある友人に書いているように、「キリスト教の啓示は真実性と確実性の疑う余地のないしるしをとどめており(1)」、どこからみても自然哲学者の諸発見と矛盾するものではない、ということを証明するためであった。ハートリーの書物の第二部は「人類の義務および可能性についての観察」にまるごと当てられ、自然宗教と聖書との関連やキリスト教の真理を証明し、キリスト教徒としての生活の行動指針をあたえることをめざしている。

しかし、ハートリー自身がまっさきに認めているように、彼の振動理論と連合理論は、カルヴァン派をのぞくあらゆる宗派のキリスト教徒が救済にとって不可欠と考えている自由意志を否定するようにみえたし、それどころかカルヴァン派ですら容認しかねる唯物論的決定論に向うようにみえた。ハートリーは『観察』の序文で挑むように、だがこころもちしんみりとこう書いている。「体系を構築したなどといってもらっては困る。わたしはまず体系を作ってからそれに事実を合わせたのではない。そうではなくて一連の思考——説得的連合とでもいおうか——に次から次へと運ばれていったのだ。おおくの場合なにかはっきりとした目的があったわけでもないし、それがどんな結果を生みだすかあらかじめわかっていたわけですらなかったのだ」。ハートリーはこれこそが正しい科学的手続きであると確信していたが、結果をみると物騒なものができていた。とりわけ「必然《ネセスイティ》の学説が問題だった。研究をはじめてから数年間は連合の学説からそんなものがみちびきだされることなどすこしも気がつかず、あげくのはてにやっとそれをしぶしぶ認める始末だった(2)」。友人たちは納得しなかったものの、ハートリー本人としては、決定論的体系を樹立した以上、いまさら放棄することもならず、むしろその体系を魂の非物質性や啓示の真理や人間の究極の幸福などと和解させようとした。ハートリー自身はイギリス国教会の教義と唯物論とのあいだの妥協に甘んじていたようである。科学者としての良心もキリスト教徒としての楽天主義もそれでみたされていた。ところが大部分の信奉者たちはイギリス国教会の教義を捨てさって唯物論を温存したのである。ジョゼフ・プリーストリは、どうみても、一風変った唯物論者だった。彼は十八世紀のイギリスにごまんといた信仰ある科学者の一人だった。ハートリー同様楽天主義者のキリスト教徒で、唯物論者で、功利主義者で、政治上の過激論者であり、「迷信」と「キリスト教の腐敗」を批判するヴォルテール主義者だが、キリストの奇跡と復活を信じてもいた。しかし新しい心理学を信奉する他の人びとはそれほどややこしくはなかった。フランスのエルヴェシウスとイギリスのベンサムは新しい心理学の学説を神学と妥協しない自然主義的唯物論のなかに組みいれた。一八〇〇年頃ドイツの哲学者フリードリヒ・アウグスト・カールスが心理学史に関する一文を草した際、彼はハートリーの『観察』を「近代唯物論の諸原理」をうちたてたと断定したが、ハートリーの宗教についてはなにもいわなかった。(3) かくしてハートリーもまた、当時のほかの啓蒙されたキリスト教徒とおなじように、科学と神学とのあいだでいや増す緊張の犠牲になり、急進的啓蒙主義に知らず知らず手を貸すことになった。そしてその急進的啓蒙主義は神をたのむことなしに人間を理解しようとしていたのである。

（1） ハートリーからジョン・リスター師へ（一七三六年一二月二日）。Heider : *Studien über Hartley*, 44 に引用。

（2） *Observations on Man*, iv.

（3） *Geschichte der Psychologie*（フェルディナント・ハントの手で死後編集され一八〇八年に刊行された）、746. ハートリーの思想は人を不信心にみちびくために考えられたものである、ということはコールリッジが指摘している。コールリッジは若い頃はハートリーに夢中だったが、一八〇一年三月一六日、プールにあてた手紙でこう書きしるしている。「ハートリーから教わった連合学説をはじめ近代の不信心家どもの反宗教的な形而上学の一切を——なかでも必然の学説を根底からくつがえしてやりました」。I A. Richards : *Coleridge on Imagination* (2d edn., 1950), 15 に引用。

Ⅲ　理性主義への反抗

1

フィロゾフたちは心理学を理性的な学問として歓迎し利用したが、フィロゾフたちの手にかかると理性は心理学の主要な研究目的ではなくなってしまった。十七世紀の形而上学者には合理性への根強い欲求があって、その欲求が結論まで左右するようなことになってもいっこうにかまわなかった。デカルトは次のように主張しているではないか。「どれほど弱い精神といえども、正しい指導をえれば、情念に対して絶対の支配も獲得できるようになる」(1)。フィロゾフたちはこのような主張がばかげていると考えた。たとえばデイヴィッド・ヒュームはその覚え書きの一つで、近代のキリスト教徒哲学者に古代の異教徒を意図的にぶつけて、こうしるしている。「近代人はもっぱら理詰めでいくので古代人ほど上手に道徳をあつかうことができなかった。理に溺れて情に背を向けてしまった」[2]。なんとも良い加減な解釈であり、フィロゾフたちが心理学の歴史をどう読んでいたか——というよりはむしろどう読みちがえていたか——をよくあらわしている。けれども、歴史としては欠点だらけとはいえ、このヒュームの考察によって、フィロゾフたちにしてみれば後世に残すつもりなどなかったある謬見の所在に気づかされる。ヒュームは主張した。理性は意志を左右することも道徳を生みだすこともない。また理性は人間の思考や生活のよすがとなるあの観念連合を作りだすことに関与してもいない。ヒュームは巧みに問いかける。「理性が自然や習慣や交際や教育や偏見にたちまさるなどということがありうるだろうか」[3]。彼は『人性論』でこのことをもっとはっきりと述べている。「情念と理性の戦いという時、われわれは厳密にも哲学的にも語ってはいない。理性は情念の奴隷であり、またそうでありさえすればよいので、情念に仕え情念に従う以外いかなる務めを果たすことも許されない」。

これはきびしいアフォリズムであり、ヒューム自身の哲学が要請する以上の効力を発揮している。ヒューム本人は、情念によっては猛威をふるうものがあるので人間はこれを捨てなければならないし、また捨てておかまわない、と主張したおそらく最初の人間だった。そこで彼はこのアフォリズムを「いささか異常」だとして弁解しているのである[4]。しかしながらそれは極端なだけで少しも異常などではなかった。究極の神秘に挑む合理的探究の限界と情念に対する理性の無力とは、結局のところ、啓蒙主義を悩ませつづけたテーマだったのである。「情念はやたらと評判が悪い」、とディドロは最初の哲学著作の巻頭の節で書いている、「人びとは人間の苦しみをみな情念のせいにして、情念が人間のあらゆる喜びの源泉でもあることを忘れている。それは人間を構成する一要素であるから、それについてはよくも悪くも言いすぎてはならないのである。しかし、怪しからぬと思うのは、人がいつも批判的にしか情念を見ないということである。理性に敵対するものを少しでもよく言うと、理性を侮辱することになると思っているらしいのだ。けれども、魂を偉大な事柄にまで高められるのは、ただひとえに情念、それも偉大な情念だけである」[5]。ひとたびこの立場をえらびとったら最後、ディドロはそれを捨てようとするとひどくつらい思いをしなければならなくなるだろう。一七六二年、彼はソフィー・ヴォランにこう言っている。「情念のなせるわざであれば、なんであれわたしは許容します」[6]。また七年後にもディドロはべつな相手に書いている。「心情が語る言葉は精神の語る言葉にくらべてはるかに多様であり、その論理の法則を定めることなどできません」[7]。情念の処遇においても形而上学の処遇においても、啓蒙主義とは理性の時代などではなく、理性主義への反抗なのであった。

この反抗は内容と方法の両方に向けられたものであった。それは、人間にはおのれの感情を統御する力があって当然だとする極端な主張に反対するばかりか、心について論じる先行の哲学者たちの、無味乾燥で図式的で、しばしば浮世ばなれした構成や分類にも反対した。しかし、心理学におけるフィロゾフの反抗とはまた——ここが微妙なところなのだが——反理性主義に対する反抗でもあった。すなわち、キリスト教神学に唯々諾々と従い、人間には独力で人生を歩む力がないとする、あの信心深い心理学に対する反抗だったのである。フィロゾフが、ほかの場合と同様人間の研究においても、モンテーニュ、ホッブズ、スピノザ、そしてロックといった、たとえ理性を疑ったからといって非理性を称揚することのなかった近代の著作家を、じぶんたちの知的先達として選んだことはけっして偶然ではない。啓蒙主義も認めていることだが、信仰あついキリスト教徒が理性の限界と情念の境域とを探査したのは正しかった。だがキリスト教徒はそのどちらをも誤解した。それに対するにフィロゾフは心理学を二重の逃げ場所――不合理な理性主義と迷信ぶかい反理性主義からの逃げ場所とみなしたのである。

　啓蒙主義と敵対者とのあいだの争点は情念の力ではなく情念の価値であった。もっとも、新しい心理学は情念の力をかつてないほど偉大なものにしてはいたが、フィロゾフは、じぶんたちの発見からしばしば結論を引きだすまでにはいたらなかったものの、無意識、超自我の存在を、合理化と昇華というものをおずおずと、場合によっては楽しげに、予感していた。スウィフトはすでに抽象的思考の現世的で感情的な源泉に注意を喚起していたし、ディドロにいたっては、それをしごく当然のこととみなして、ダミラヴィルにこう語っている。「われわれのどれほど崇高な感情や純粋な愛情にもその下には少しばかり猥雑な気持《サスティキュル》がぶらさがっているものです[8]」。理性の背後、下方にフィロゾフは広い未発見の、知られざるおそろしい領域を垣間見た。「理性の眠りが怪物を生む」、とゴヤは『気紛れ《カプリチョス》』の一つに書きしるしている。このエッチングは腕枕をして眠っている男を描いているが、こうもりのような化け物たちが男のまわりを飛びまわっている。ゴヤはこう注釈している。「理性に捨てられてしまうと、想像はありえない怪物を生みだす。理性と結合してこそ想像はあらゆる芸術の生みの親となり、その驚異の源泉となるのだ[9]」。絵と注釈の両方で世紀一つぶんの知恵を表現しているわけである。

　こうした風潮をふまえてディドロが簡潔に述べたことは、のちにフロイトがオイディプス・コムプレックスのみごとな先取りとして認めるところとなった。「もし君のいう野蛮人の少年が放ったらかしにされ」、とディドロの代弁者がラモーの甥に向って言う、「愚かしさ――***imbécillité***――をそっくりそのまま持ちつづけ、ゆりかごの幼な子のあるかなきかの理性に三十男の激情を結びつけることにでもなったら、奴は父親の首をしめて母親と寝るだろうよ[10]」。またこの風潮をふまえてリヒテンベルクも魂の秘密を解明するために夢の研究を勧めた。「哲学的な夢の書物が書かれてもよいはずだ」。リヒテンベルクは科学的な「夢解釈」と迷信ぶかい「夢の書物」を区別し、他の人びとがこの両者を識別しえないできたことを残念がっている。「これこそが本来のありかたなのだ。わたしは夢が自己認識へとみちびいてくれることをたしかな経験で知っている」。ようするに、「われわれは目をさましていても、夢を見ていても、おなじように生き、そして感じているのだ[11]」。フィロゾフたちの手にかかると、心の世界もすっかり自然物と化してしまったが、心の本性は深さと神秘をましもしたのである。

　大部分のフィロゾフにとって、情念の分析は礼賛と化した。ディドロは情念なしでは芸術においても文明全体においてもなにごともなしえないと確信していた。ヒュームはあらゆる努力、あらゆる活動、あらゆる仕事は情念から生まれると述べた(12)。メンデルスゾーンは「理性は感情や快楽に水をさすもの（Störerin）として作用する」と主張した(13)。レッシングは、そのメンデルスゾーンに宛てた手紙で、「どれほど不快な情念でも人間には快適なのです。というのもそれぞれの情念は人間の自己認識を高めてくれますから」という逆説をもちだした(14)。ヴォルテール門下のヴォーヴナルグは、当時たびたび引用され多くの人びとに称賛をはくした一連のアフォリズムで本能を称えた。「偉大な思想は心情から生まれる」。「理性は心情の利害に関知しない」。「理性は自然よりもしばしばわれわれを誤らせる(15)」。そしてヴォルテールも、ヴォーヴナルグよりひかえ目にではあるが、ヴォーヴナルグやそのほかの人びとに先がけて、情念を「今日世界に見ることのできる秩序の主要原因(16)」とよんだ。

けれどもフィロゾフの情念礼賛には当然ゆがんだ側面があった。ヴィーラントとヴォルテール、デイヴィッド・ヒュームとジョン・アダムズはこぞって人間が非合理的な衝動に負けやすいといって嘆いている。彼らは人間が怪異を偏愛するのをおもしろがり、人間の高邁な思索が低劣な情念に訴えたためあっけなくくつがえされてしまうことを嘲笑し、人間が暴力をふるいやすいことにおそれをなしている。進歩とおなじように、情念はフィロゾフたちには価値の定まらぬ授かり物と考えられていた。ヴォルテールは情念のことを神からあたえられたにせよ危険な贈物であると言っている。ディドロも、こと感情となるとたいへんな気のいれようで、ヒステリックといってもよかったが、それでも感情を信用できぬ仲間、気まぐれな主人と考えていた。「恋する男は宇宙全体を意のままにしたがるものです」、と彼は書いたが、この願望をすばらしいと同時におそろしいとみなしていたことはあきらかである(17)。ディドロは書いている。愛は人間の気持を左右し、人間の判断を狂わせる。「愛人の女性をみにくいと言われてじっと我慢する恋人がどこにいるでしょうか(18)」。あきらかに自分の経験をふまえて、ディドロは技術者で百科全書派のヴィアレに宛てて書いている。「友よ、情念もあなたやわたしのような人間の場合は理性の言葉をよくしゃべります。でも行動するとなるとわれわれといえども他の狂人どもとなんら変るところがないのです(19)」。ルソーですら――それも彼が感情に捧げた最大の賛辞である『新エロイーズ』（*Nouvelle Héloïse*）において――情念の危険をいましめている。小説の口絵にある銘句はこう書かれている(20)。「良識に助けられて、われわれは理性の腕のなかに逃げこむ」。

（1）*Les passions de l'âme*, article 50 ; *Œuvres*, XI, 368.
（2）Mossner : *Life of David Hume*, 76 に引用。
（3）ヒュームからジョン・クレフェインへ（一七五一年二月一八日）。*Letters*, I, 149.
（4）*Treatise of Human Nature*, 415.
（5）*Pensées philosophiques*, in *Œuvres*, I, 127.
（6）（一七六二年七月三一日）。*Correspondance*, IV, 81. おなじパラグラフでディドロは強調している――ここが肝心な点である――情念こそが人間を人間たらしめるのであり、情念の欠如はまことに獣にこそふさわしい、と。「凡庸な人間〔ここでは情念を欠いた人間の意に解すべきである――P・ゲイ〕は獣のように生き、そして死ぬのです」。
（7）モー夫人（?-）へ（一七六九年一一月）。*Correspondance*, IX, 204. 本書第四章Ⅲ節2も参照。

（8）（一七六〇年一一月三日）。Ibid., III, 216. その少し先で、ディドロはこの考え——「どれほど繊細な感情でも分析してみると必ず汚れたところ《サロプリ》が見つかるものです」——をドルバックの義母エーヌ夫人のものだとしている。こうした考えかたは、当時、教養ある仲間うちではおなじみのものだったらしい（ibid., 236 を参照）。
（9）このエッチングはしばしば複製され、注釈を加えられた。とりわけ以下が適切である。Michael Levey : *Rococo to Revolution : Major Trends in Eighteenth-Century Painting* (1966), 8, 10–12, 210–14.
（10）*Le neveu de Rameau*, 95.
（11）*The Lichtenberg Reader*, tr. and ed. Franz Mautner and Henry Hatfield (1959), 70.
（12）「情念はわれわれが働く唯一の原動力である」。"Of Commerce," *Works*, III, 293.
（13）*Briefe über die Empfindungen*. Robert Sommer : *Grundzüge einer Geschichte der deutschen Psychologie und Aesthetik* (1892), 116 に引用。
（14）レッシングからメンデルスゾーンへ（一七五六年一一月一三日）。*Schriften*, XVII, 69–70 : およびレッシングからメンデルスゾーンへ（一七五七年二月二日）。ibid., 90 を参照）。
（15）"Réflexions et maximes," in *Maximes et réflexions*, ed. Lucien Meunier (1945), 43, 44.
（16）*Traité de métaphysique* (1734), ed. H. Temple Patterson (1937), 53.
（17）ディドロからソフィー・ヴォランへ（一七六二年七月一四日）。*Correspondance*, IV, 39.
（18）ディドロからファルコネへ（一七六六年六月一五日）。Ibid., VI, 220.
（19）（一七六六年、四月末か五月初旬）。Ibid., 179.
（20）F. C. Green : *Jean-Jacques Rousseau : A Critical Study of His Life and Writings* (1955), 182 を参照。

2

啓蒙主義による情念の復権は、および腰だったりいろいろとあいまいなところはあってもやはり革命的なものであり、自然存在としての人間の復権には欠かすことができなかった。なかでもキリスト教徒がながいこと大罪とみなして非難してきた二つの感情——自負と肉欲——はフィロゾフの哲学のなかで、信仰ある者には不愉快きわまりない、あらたな高い地位を獲得することになった。

『エミール』を断罪する教書をはじめとして多くの文書が明らかに示しているように、キリスト教徒は自負のなかには神秘や知的葛藤がほとんど見いだせないと主張した。一部の神学者は自負を、神が人間を活動にかりたてるために考えついた巧妙な工夫であるとして説明しようとしたが、おおむねキリスト教徒は自負をもっぱらこのうえなく罪ぶかいものとみなしていた。フィロゾフにとって、自負はそう簡単にかたずく問題ではなかった。時がたつにつれて、この言葉は必ずしも一貫しているとはいえないひとかたまりのさまざまな意味——自愛、高慢、穏当な自信、じぶんの心や仲間の承認への願望——をおびるようになり、またこの言葉に対するフィロゾフの評価も言葉の意味におとらずまちまちで定まらなかった。はっきりしていたのは次のようなことである。自負はいくつかのよこしまな姿——うぬぼれ、虚栄、権力欲——を借りてあらわれ、そのような姿でかりによいことだけをなしたとしても、それは意図や目的があってのことではない、ということである。ルソーは、両『論文』(***Discours***)で、文明にあらわな欠点のすべては自負に責任があると言いたげである。マンデヴィルはもっと手がこんでいて、「美徳とは自負のうえに追従が生みおとした政治的産物である」[1]と述べた。ヴォルテールが、意地悪く、皮肉たっぷりに、自負を「人間が社会というりっぱな建物を建てるのにもちいた主要な道具」[2]であるといって称えたとき、ヴォルテールは個人の悪徳は公共の利益をもたらすというマンデヴィルの学説をうべなっていたのである。しかしうぬぼれと慢心のなせる害を考えると、これぐらいの気休めでは物足りなくみえた。うぬぼれと慢心に負けたおかげで、哲学者はどこからみてもばかげている体系の構築にあたら一生をつぶし、政治家はおのれの政策のために一般の人間を犠牲にし、貴族はその尊大な態度で同胞である人間を傷つけ、ストア学派の人びとは情念を抑制しようという果敢ではあるがむなしい努力を試み、そして楽天家はひどい失望をたえしのんできたのである。ヴィーラントとヴォルテールの物語にはあまたの風変わりな人物が登場するが、この人物たちは志が高すぎるあまりかえって失敗してしまうのである。自己愛《アムール・プロプル》の本性をめぐるフィロゾフたちのはてしない論争は、彼らが自己を対象とするさまざまな感情に疑念をいだいていたことを示している。フィロゾフたちが体系構築や不寛容をしつこくいましめたのは哲学上、神学上の自負に対する警告だったのである。

それと同時に、フィロゾフにとってみればじぶんたち改革派の考えかたからしても、自負は恩恵をもたらす形をとる場合もあると言っておく必要があった。そこで彼らは主張した。うわべは、おちついた手堅い自信とか、おのれの値うちを知る醒めた感情のようにみえるが、自負とは実は啓蒙主義の人間にふさわしい情念なのである。ヴォルテールが人間に向って人間としての尊厳を忘れないようにもとめたとき、またカントが人間はおのれの力に「あるていど高尚な信頼」をもつべきであると説いたとき、二人が思いうかべていたのがまさしくそうした自負であった[3]。デイヴィッド・ヒュームはこの見方にふくまれている異教的意味合いを前面に押しだした。ヒュームは辛辣に書いている。「大学や説教壇のスタイルになじんだ」人びとは自負をたんなる悪徳とみなしている。しかしヒュームは自己卑下がつねに美徳であるとはかぎらないように自負が「つねに悪徳であるとはかぎらない」ということは「明らか」であると考えている[4]。さらにいっそう辛辣に、ヒュームは「迷信やいつわりの宗教の虚飾をまじえず自然で偏見にとらわれない理性によってものごとを判断する」人間は「独身、断食、贖罪、苦行、自制、自己卑下、沈黙、孤独、そのほかいろいろな偽善的美徳のすべて」をきっぱりと斥けるであろう、と述べている。これらのいわゆる美徳はじっさいは悪徳なのであって、人間を富裕にも社交的にも立派な市民にも幸福にもしてくれはしない。それどころか「知性をにぶらせ、心情を冷たくし、空想をくもらせ、気性を曲げてしまう」[5]。キリスト教と啓蒙主義の人間観がこれ以上鋭い対照を示すことはまずありえなかった。

フィロゾフたちによる官能の「救出」は、どちらかというと、自負の救出ほど確実ではなかったが、ずっと大胆だった。彼らがキャンペーンにもちいた戦略はおなじみのものである。フィロゾフたちは偏った歴史を書いて問題の所在とじぶんたちの目的とを明らかにした。フィロゾフたちの論争をつうじて、キリスト教の肉体観は堕落したストア主義としてあらわれる。ストア主義同様、それは人間の本性に対して非人間的要求をする。ストア主義とちがうのは、禁欲に報酬を約束することだが、これは虚偽で子供だましであり、自尊心のある人間を侮辱するものである。ラ・メトリは聖職者を人間の情熱的な本性の不倶戴天の敵とみなしていた。ディドロは、ラ・メトリの『反セネカ論』(*Anti-Sénèque*)が大嫌いだったが、この点は彼と意見がおなじだった。ソフィー・ヴォランに宛ててある神父――実は弟――のことに触れ、ディドロはその男の人情のなさを嘆いている。「こうしたくだらぬことはことごとく踏みにじってしまえとキリストから命じられてさえいなければ、あの男だってよい友、よい弟になっていたでしょう」。またこうも言っている。キリスト教徒が「福音の傑作とよんでいる」ものは「[人間の]本性を圧殺するいまわしい技法にほかならないのです」(6)。この種の批判はドルバックの仲間うちでは口癖のようになっていた。ダミラヴィルは『百科全書』(*Encyclopédie*)で書いている。「キリスト教本来の目的は地上に人をふやすことではない。その本当の狙いは天上に人をふやすことなのだ。キリスト教の教義は神よりさずかったものであり、したがってこれだけは認めざるをえないことなのだが、もしかりに万人がそれを信仰し、また本性の衝動がそうしたすべての独断的意見よりも不幸にして強くなかったとしたら、この聖なる宗教は目標を達成したことであろう」(7)。またドルバック本人もこう主張している。「問題を公平に検討してみれば、宗教もしくはその狂信的かつ超自然的倫理が人間に課している教えなるものは馬鹿気ていて実行不可能であることがわかるだろう。人間に情念を禁じるのは人間であることを禁じるにひとしい。想像にかられている人間にむかって欲望を抑えよと説くのは、身体の構造を変えよと説くようなものであり、彼の血にもっとゆっくり流れよと命令するようなものである」。ドルバックはそのような無慈悲な勧告の例をいくつもあげている。富の追求をやめること、名声への欲望を断つこと。だがドルバックはとっておきの、もっとも効果的な実例をエロティックな領域のために残しておく。「気質の激しい恋する男に向って彼を魅惑する対象への情熱を抑制すべきであるなどと命じるのは、幸福を断念すべきであると悟らせるようなものである」(8)。これはドルバックにとって愚の骨頂であった。だがそのことを証明する彼の態度は俗人らしいあきらめをまじえたおどけぶりと改革者らしい断固たる怒りとがあい半ばしていた。とにかくドルバックは宗教が――キリスト教のみならずすべての宗教が――なんらかの形で自己破壊を要求し、実行し、かつ強制することを確信していた。またフィロゾフが信仰ある人びとの去勢への情熱から肉体を救わなければならないということも同様に確信していた。

キリスト教の官能観に向けられたこの明快で容赦ない非難は複雑な現実を意地悪く戯画化したものであった。それはいかにももっともらしく、受けがよかった。十八世紀も末頃、プライエイパス閣下への信仰告白のなかでペンブルック伯はこう述べている。「神がそれほどすばらしいものなら、このうえない信心と敬意のしるしをもって遇されてきてしかるべきところ、キリスト教信仰がもともと邪悪なものであり神を一人占めしてしまったために、神は幾世紀にもわたってながいことなおざりにされてきたのです」(9)。これは核心をついていた。キリスト教の禁欲は少なくともいくぶんかは異教的放埒への対応としてあらわれたものだからである。ローマでは、ストア主義者がうとましげに書きしるしているように、快楽は手に入れば必ず淫蕩なものになった。自制する力は弱く、生活は安逸だった。快楽とは、暴飲暴食、浪費、血なまぐさいスポーツ、セックスのさまざまな試み、殺人、を意味した。キリスト教は自制の理想とすべてを見通す神の脅威とをもちだした。それは、エロスからアガペーまで、ほしいままの肉欲から肉断ちまで、われから神までの、あらゆるレベルにおいて快楽というものを定めなおしたのである。こうして、フロイトの言葉によれば、「宗教にすがろうとする気持が古代の神経症を抑圧したのである」(10)。ハインリッヒ・ハイネが一世紀以上も前に指摘していることだが、カトリック・キリスト教の教義は「ローマ帝国内に発展し、人間の精神的偉大さをほろぼしかねなかった、あのとほうもないおそるべき唯物主義への有効な対抗策として必要」であった。肉欲は「このローマ世界においてはなんとも慎しみがなくなっていたので、たしかにキリスト教の規律によって矯正される必要があった」。トリマルキオの晩餐〔ローマ作家ペトロニウスの『サチュリコン』に描かれた大宴会〕(11)のあとに必要とされたのは「キリスト教徒のような断食」だった。

しかしながら、肉欲をいましめる説教や、達観した恋愛否定や、修道生活や、処女崇拝にもかかわらず、キリスト教文明はただ断食に終るものではなかった。キリスト教が勝利をおさめてのち、性欲は慎しみぶかい沈黙という壁の背後になりをひそめてしまったわけではない。中世文学はしばしばみだらなまでに露骨だった。官能礼賛のことごとくが異教の宗派や一握りの階級の専売特許ではなかった。ほかの人びともまた、男の女に対する、もしくは男の少年に対する愛を謳歌した。ピューリタンですら、啓蒙主義からは人生に対する峻厳で狂信的な敵であるとしてよく非難されたものだが、こと性行動に関しては水にかえったようにピューリタンらしからぬ振舞におよんだ。とはいえ、フィロゾフたちによるキリスト教に関する叙述に修正をほどこし、実際上のおおらかさや中世文学における煽情的部分をことごとく思いおこしてみたとしても、キリスト教教義が性的欲望と性的快楽とを、少なくとも堕罪以後のものについては罪として公式には非難しているという事実に変りはない(12)。性のまじわりや性の悦びがフィロゾフの登場する前から広く一般化していたこと、あるいはまたフィロゾフの時代以前にも好色文学というものはあり、それはただ宗教によって抑圧されていたということ、そうしたことを否認することはフィロゾフたちの意図ではなかった。彼らとてチョーサーやボッカチオ、アレティーノやベンボを読んでおり、フィロゾフ特有の党派性は持っていたが理をわきまえていた。フィロゾフの意図は、むしろ、性の潔白を擁護し、性が人間の本性にとって不可欠の、立派な一部分であることを公言することにあったのである。

啓蒙主義のもっともおどろくべき論争の書の一つであるディドロの『ブーガンヴィル航海記補遺』(*Supplément au Voyage de Bougainville*) を支配しているのもほかならぬこの意図なのである。手だてはきわめて簡単である。腐敗した、迷信ぶかい、とりわけ偽善的なキリスト教文明を純粋で自由で素朴なタヒチ文明と対比させることによって、キリスト教の性道徳をタヒチの性道徳と意地悪く対比させるのだ。ディドロえがくところのタヒチ人は高貴でこそあれ未開人などではない。ディドロのえがきだす対比はこのことをいやがうえにも強調する。

タヒチの社会は、世界周航家ブーガンヴィルが記述したものをディドロがじぶんの都合にあわせて再構成しているのだが、人間の本性に則したまっとうな秩序を作りあげている。この社会の制度は情念のもっとも深い衝動にもとづいて作られ、またそれのみを活用している。土地や女性に関して私有というものがなく、しかもこの共産主義は豊潤の感覚を生みだすのだ。「われわれに役にたつ必要なものなら、われわれはすべて所有している」。「腹がへれば食べるものはじゅうぶんある。寒ければ着るものはじゅうぶんある」[13]。タヒチ人の欲望は単純である。しかしこの単純さは必要から押しつけられた美徳ではない。それは理にかなった行為の規範なのである。

いっぽうキリスト教道徳は、タヒチ人にとっては「役にたたない知識」、「いろいろな姿に形を変えた束縛」としかみえない。それらは「自由への愛——*le sentiment de la liberté*」をもっとも深い感情としているような人びとの「怒りと軽蔑をよぶだけである」[14]。タヒチ人を怒らせるのは西洋の強欲と好戦気質であるが、いちばん激しく怒らせるものがキリスト教の性に関する掟である。ディドロは、じぶんを代弁する年老いたタヒチ人のために憤りをこめた演説を起草し、啓蒙主義にふさわしいと考えられる異教的官能を雄弁に主張している。「ほんのついこのあいだまで、タヒチの若い娘はタヒチの若者の抱擁に夢中になって身をまかせていた。母親は、娘が結婚してもよい年ごろになったと認めると、娘のヴェールをぬがせ、胸もとをあらわにしてやる。娘は、その時をじりじりしながら待っていた。娘は見知らぬ男や親類の若者や兄弟の欲望をかきたて、ほれぼれした視線で自分を見つめさせるのが自慢だった。娘は怖れもしなければ恥ずかしがりもせず、われわれみなの見ている前で、罪を知らぬタヒチ人のとりまくなかで、笛の音にあわせて、踊りと踊りとのあいまに男の愛撫に身をまかせていた。娘の若々しい心と官能のひそかなささやきが、この男を自分の相手として選びだしたのだ。〔原文改行〕罪という観念と病気の危険がおまえといっしょにわれわれの間にはいりこんできた。昔あれほど甘美なものだった愛の楽しみに、今では後悔と恐怖がつきまとっている。おまえのそばで、わたしの話を聞いているその黒服を着た男は、島の若者たちに何かをしゃべった。わたしにはわからないが、娘たちにも何かをしゃべった。だが、みろ、それからというもの、若者はしりごみしはじめるし、娘は顔を赤らめるようになってしまった。なんならおまえは、心のなかまでくさりきったおまえの色事の相手を連れて、うす暗い森の奥に姿をかくすがよい。だが、善良で素朴なタヒチ人が、恥ずかしがる様子もなく、青空の下で、真っ昼間から子どもをつくることを、許してやれ」[15]。

強調するまでもないことだが、この信じられないような弁舌はキリスト教の肉欲に対する非難を逐条的に論駁している。タヒチという無辜の楽園でキリスト教道徳は蛇の役廻りを演じている。ディドロは皮肉たっぷりに堕罪を容認するが、責任を転嫁しているといえるかもしれない。つまりこの世界に罪を——自然にそむくという罪を――もちこんだ犯人は人間ではなくてキリスト教だというのである。ディドロの記述によると、ブーガンヴィルの上陸後、探検隊付き司祭はとある原住民の小屋に迎えいれられる。タヒチ人とその家族は客をもてなし、客が床につこうとすると、主《あるじ》は裸になった妻と三人の娘をともなって枕もとにあらわれ、手短かにこう述べた。「晩めしはすんだね。おまえは若くて、健康だ。ひとりで寝たって眠れまい。男には、夜、寝床のお相手がいるものだ。これはおれの女房、あっちはおれの娘。どれでも気にいったほうを選ぶがいい。だが、どうだろう。こうしてくれるとおれは嬉しいんだが、まだ子どものいない末娘にきめてもらうわけにはいくまいか」。司祭は「宗教、身分――*état*――正しい風習、慎み」を理由に断る。この拒絶にあって主《あるじ》は自然を熱っぽく弁護しはじめる。「お前が宗教という名前で呼んでいるものがいったいどんなものなんだか、おれにはちっともわからない。しかしそいつは、よくないものだとしか考えられないね。だってそうじゃないか。その宗教とかいうものは、すべてを支配する自然がおれたちみなに勧めている罪のない楽しみをおまえが味わうことを禁じているのだからね」。司祭の拒絶は、主《あるじ》がそれとなく匂わせているところによれば、もてなしの要求やはけぐちをもとめる自然の欲求にも反している。ただ一つ容認される口実は生理的なものである。「おまえの健康をそこねてまで無理じいするつもりはない。疲れているなら充分休むことだ」。主《あるじ》からこう言われた司祭は不自然な自制と自然な欲望とのあいだで葛藤する破目になる。結果はなるようにしかならない。司祭は娘と夜をすごし、最後まであらがいつづける。「でも、わたしの宗教が。でも、わたしの身分が」。そしてさらに幾晩か、司祭はほかの娘にもおなじおつとめをし、最後には「礼節から」主《あるじ》の妻と寝る。夜のしじまを破って何度もこう叫びながら。「でも、わたしの宗教が。でも、わたしの身分が」[16]。

不承不承とはいえ司祭のけなげな服従ぶりをみて主《あるじ》はそのような振舞を強要する宗教について司祭に思いきった質問をする。タヒチ人にとってキリスト教の神は道理をわきまえない悪い主人にみえる。キリスト教の神の戒めは、聖職者が性行動を全面的に禁止し、他の人間が性行動に工夫をこらすことを許さないのであるから、「自然に反し、理性にそむく」ものである。キリスト教国における道徳を律する掟は、不可能な節操を要求し、ようするに「生けるものの一般的掟に反する」。それらの掟は真の道徳とはもちろん関係がない。「どうだい、おまえは、あらゆる時代と場所を通じて共通の、善いもの、悪いものを知りたくないかね。もし知りたければ、こういうものに目をつけることだね。――物事の本性と人の行ないの本性、おまえとほかの人間との関係。おまえのふるまいがおまえ個人の利益と公共の利益とにおよぼす影響、などだ。もしおまえが、天上と地上とを問わず、この宇宙において自然の法則につけ加えたり、自然の法則から取り去ったりできるものが少しでもあると考えているなら、どうかしているよ」。キリスト教は――これこそがディドロの告発とその異教的心理学との核心である――罪と悲惨を増し、良心を堕落させ、精神を腐敗させる。「人びとはもう、何をすればよいのか、何をさけたらよいのか、わからなくなってしまう。罪のない生活をしているくせに、くよくよいろいろ悩んだり、かと思うと大罪を犯しておきながら平然と落ちつきかえったりして、自分の進路を示す北極星を見失うことになるだろう」[17]。

しかしながらディドロにとっては、このタヒチ幻想においてさえ、性的自由は性的放縦ではない。ディドロは近親相姦へのおそれや独身や一夫一婦制を嘲笑し、性的衝動は、社会の存続に必要であると同時に、自然なものであるから罪がないのだと主張する。けれどもディドロは「自然なもの」を原始的であるとか動物的であるとか、あるいはやりたい放題であるなどと考えているわけではない。自然なものとは、ディドロにとって、適切なものの謂である。ディドロは許容しうる性行動にはっきりした限度をもうけている。ディドロ描くところのタヒチ人は年ごろになる前の性交については厳格なタブーを課しており、このタブーの徹底は「家庭教育の中心問題であり、公衆道徳のいちばんのかなめなのである」[18]。重婚、邪淫、姦通、近親相姦は宗教が無気力な人類に押しつけた想像上の罪であるにすぎない。自然にはおのずからもうけた限度というものがあるので、それらの限度は自然にそむくというよりもむしろ自然から生まれ出たものであるから、正真正銘、神聖なものなのである。

ディドロは十八世紀のもっとも官能的な人びとの一人――とにかくもっとも抑圧のない人びとの一人であったから、彼の肉欲擁護はとびぬけて生彩をはなっている。ラ・メトリは情欲《ヴォリュプテ》を礼賛し、ルソーもおのれのマゾヒズムを表沙汰にしたが、他のフィロゾフはもっとひかえ目か、あるいは少なくともそれほど率直ではなかった。ヴォルテールはイギリスで知った王政復古時代の卑猥な詩を楽しんだが、それらをノートブックに書きつけて、人目に触れさせなかった。また姪にあてて熱烈なラヴレターを書いたときも、それらを極秘にし、煽情的なくだりはイタリア語にするなどして、ある意味では、じぶんの感情に距離をおいていた。けれどもここには、フィロゾフたちが性の合理的分析をめざす、ということはつまり性をそれほど目の敵にしない考えをめざす道を準備しつつあったということが、それも思わぬ角度から、示しだされているのである。デイヴィッド・ヒュームは、性的タブーや羞恥心は神があたえたものでないことはもちろん、自然のものですらなく、ただある種の社会的機能をはたすとみなされてはじめて役にたつにすぎない、と述べている。

ヒュームが看破しているように、文明は性本能を表明せずに、むしろ抑圧する。一七四三年、ヒュームはフランシス・ハチソンに反論して、社会制度は自然の性向から生まれるのではなくて自然の性向に対するおそれから生まれてくるのだ、と主張した。「あなたは美徳に関する事柄を人為や人間の因習から説明しようとなさらないので、わたしにはいちばん納得のいく理由と思えるものを見落しておいでですね。すなわち身内同士の間柄は、若いころはいくらでも機会があるので、もし欲望に対して刺戟や期待がわずかでもあたえられ、また欲望がその禁止のために吹きこまれる人為的な恐怖に早いうちから抑圧されていなければ、おたがいに身をもちくずしてしまいかねない、ということです」[19]。貞操や貞節といったキリスト教の美徳ですら人為的なものであり、それらが美徳でありうるのは社会でいろいろと使いみちがあるからにすぎない。「人間の未成年期は長くて無力なものであるから両親は協力して子供の扶養にあたる義務がある。そしてこの協力は結婚の床入りまで貞操と貞節の美徳を要求するのである。そうした有用性《ユティリティー》がなかったら、むろんのことそのような美徳などまるでかえりみられなかったにちがいない[20]」。これはスキャンダラスな、革命的ですらある学説であり、キリスト教の社会思想とはうわべだけ似かよっているにすぎない。キリスト教徒もまた、人間は古いアダム〔人間の本性に宿る根源の悪〕を制御するために社会制度の束縛をしのばなければならないと主張したが、キリスト教の思弁はこの心理学的洞察を道徳化し、神学化してしまった。ヒュームの分析は、これとは反対に、冷静で、世俗的で、相対主義的である。ヒュームは問う。なぜ近親相姦の許容範囲が、ある社会では広くべつな社会では狭いのだろう。なぜ伯父と姪、異母兄弟と姉妹がアテネでは結婚できてローマではできないのだろう。「公共の有用性がこうした多様性の原因なのだ[21]」。ヒュームの問いの仕方と答の性格からしても、罪と救済の観念は的はずれなものになり、男女の情念は自然の領域と科学の管轄のなかにとりこまれるようになるのである。

(1) "An Enquiry into the Origin of Moral Virtue," *The Fable of the Bees, or, Private Vices, Publick Benefits* (1714 ; ed. F.B. Kaye, 2 vols., 2d edn., 1957) I, 51.
(2) *Traité de métaphysique*, 53.
(3) 本章I節とII節1も参照。
(4) *Treatise of Human Naure*, 297–8.
(5) *Enquiry into the Principles of Morals*, in *Works*, IV, 246–7.
(6) (一七五九年八月一六日)。*Correspondance*, II, 218.
(7) "Population," in *D'Holbach et ses amis*, ed. René Hubert (1928), 192.
(8) *Système de la nature*, I, 357.
(9) Nina Epton : *Love and the English* (edn. 1963), 276 に引用。
(10) ジークムント・フロイトからオスカー・プフィスターへ（一九〇九年二月九日）。*Sigmund Freud, Oskar Pfister, Briefe 1909–1939*, ed. Ernst L. Freud und Heinrich Meng (1963), 12.
(11) *Die Romantische Schule*, in *Heinrich Heines sämtliche Werke*, ed. Oskar Walzell *et al.*, 10 vols. (1910–15), VII, 8–9.
(12) 聖アウグスティヌスにとって、「肉欲」はイヴの背命行為をまって存在するようになった。聖アウグスティヌスの信じるところでは、背命行為さえなければ、アダムとイヴは罪なき身であいまじわり、意志をもって生殖器官を統御したであろうから、情欲におぼれることもなかったはずであった。*The City of God*, book XIV, chaps. xviii–xxiv.
(13) *Supplément au voyage de Bougainville*, ed. Herbert Dieckmann (1955), 14. この対話形式による書評風の論文で、少なくとも対話者の片方はタヒチ人を「未開人」とみなしているが、タヒチ人が文明人であるという印象が圧倒的に強く、またそのように意図されてもいる。
(14) Ibid., 10.
(15) Ibid., 16–17.
(16) Ibid., 22–4, 49.
(17) Ibid., 26, 28, 28–9. たとえばディドロはファルコネに宛てて書いている。「邪悪になる第一歩」は「ありもしないところに邪悪を見つけることです」（一七七一年八月二一日）。*Correspondance*, XI, 128.
(18) *Supplément au voyage de Bougainville*, 33.
(19) (一七四三年一月一〇日)。*Letters*, I, 48.
(20) *Enquiry Concerning the Principles of Morals*, in *Works*, IV, 198. こうした態度を持することがヒュームにとってすらどれほど困難かということは——これにつづくページに見られる——彼の考察がよく示すところである。ヒュームはそこで近親相姦を「有害」なものとして記述しているが、それは有害であるようにみえるとか、あるいは有害であると広く一般に考えられているとかいうことではなくて、実際に有害であるということなのだ。この文化上の相対主義は、啓蒙主義のなかで開花したものだが、まだあまりにも日が浅くて実を結ぶにはいたらなかった（第七章以下も参照）。

(12) Ibid., 199.

3

フィロゾフたちが情念を思いきって再評価したのは、一つの希望であり、一つの予測であり、支配的信仰に対する批判であり、また少なくともあるていどまでは、彼ら自身の時代の微妙な事態の進展についての報告でもあった。啓蒙主義による自負の擁護が、自己の世界を意のままにするという人間の能力に対する信頼の普及と増大を反映しているということは自明である。すなわちそれは神経の回復というものに心理学的、人間学的に呼応するものであった。いっぽう啓蒙主義による肉欲の擁護もいくつかの変化を反映してはいるものの、これらの変化は少しも自明ではなかった。十八世紀において、性に関しては依然として恥ずかしそうにほのめかしたり困ったように口をつぐんでしまうことがおおく、また口でいうこととじっさいにしていることとのあいだには大きな開きがあるのだった。大部分の人びとが、それも分別ある人びとからして、いまだに尻ごみして性行動をめぐる分別ある論議には近づこうとしなかったのである。

したがってこれはなんら意外なことではないのだが、十八世紀の文化はこの微妙な主題に関しては断片的であいまいで矛盾した情報を――歴史家にあたえたように――哲学者にあたえたのである。ごく乱行が慎しみと、のぼせあがりがシニカルな態度と同居していた。女性の地位は目にみえて向上し、とりわけブルジョワのあいだでは夫婦の貞節がしだいに重きをなしてきた。ジェームズ・ボズウェルのような若いキリスト教徒の遊び人たちは――ボズウェルにいたっては街路であれ城壁であれ公園であれ女を見つければその場でものにしていた――信仰の教えを忘れて欲望をみたしてはいたものの、みな自責の念にかられていた。貴族は、チェスターフィールド卿の書簡が示すように、女のあつかいにかけてはそれまでと同様あいもかわらず徹底した功利主義者で、色は好んでもおぼれることはなく、えげつなくてみだらであり、彼らが他の事柄でみせる趣味の洗練ぶりとくらべたらまるで手のひらをかえすようだった。売春が広くおおっぴらに行なわれているかと思えば――下層階級が上流階級に納めるいま一つの貢物である――モラリストたちはまともな愛を称え、二人の思慮ぶかいおとなのあいだの成熟したまじめな愛情は分別を欠いた媚態の魅力などよりも上であると主張した[1]。内輪の勝手気ままと人前での慎しみを区別して気のきいた掟をつくる者もいた。一七五五年、メアリー・ワートリー・モンタギュー夫人はリチャードソンの『クラリッサ』(*Clarissa*)を読んで涙したものの、どうみても「ひどい駄作」としか思えない、と娘のビュート夫人に打ちあけている。夫人は書いている。クラリッサは「なんであれ考えたことは相手かまわずすべて口にするのを信条にしており、この人間という不完全な状態にあっては身体と同様心にもイチジクの葉は必要なのだということに思いおよばないのです。持っているものを全部見せるのも、考えていることを全部さらけだすのも、おなじぐらいはしたないことなのです[2]」。徹底してシニカルな人びともいた。おそらく世紀を通じてもっとも名高い官能についてのアフォリズムはシャンフォールによる「二枚の表皮のたんなる接触」という愛の定義であろう。この定義についてはディドロに先例があるし（「二本の腸のつかのまの摩擦」[3]）それ以外にもあるにちがいない。とはいえこのようなアフォリズムは、引用するにこと欠きはしないが、いざ解釈する段になるとむつかしいのである。それらは、一握りの俗物以外に、いったいだれを代弁しているのだろうか。それに、モーツアルトのドン・ジュアンが、不能になりはしまいか戦々恐々としている、強迫観念にとらえられた放蕩者であると同時に強圧的な神に逆らう勇敢で自由な人間でもあるという事実をいったいどう考えればよいのか。あるいはまた、一七四九年――ハートリーの『人間についての観察』の年――に刊行された『ファニー・ヒル』（*Fanny Hill*）や、啓蒙時代に続々とふえはじめたおなじ手の好色文学についてはどうだろうか。好色文学は、法律や慣習、それに暴君中の暴君ともいうべきよき趣味などを恥ずかしげもなく踏みにじり、禁制の対象となったものに味方する以上、あきらかに解放的な役割をはたしていた。とはいえ好色文学は文体が単調でお世辞にも文学とはいいがたく、若者の空想を破廉恥にもかきたてるだけで、ようするにおなじことのはてしもないくりかえしであり、現実味を欠いていた、ということはつまり現実世界とのかかわりを欠いていたため、啓蒙主義の味方というよりはむしろ敵であり、順応主義と無気力を助長するものであった。

当然のことながらフィロゾフたちにはこのジャングルを切りひらいて進むのが難儀と感じられていた。誠実にいたる道は半面の真理がはびこる沼地を通っているのである。そしてこのことこそが、思うに、伝記作者をながいこと悩ませてきたディドロのグルーズに対する常軌を逸した称賛を説明するのである。私はべつな場所で感傷というものを値打ちのない対象をめぐる値打ちのある感情の消費と定義したことがある。われわれはこれを下品な考え――支配的道徳が下品な考えとみなしているものという意味だが――を上品な衣裳でつつみ隠そうとする試みと定義してもよいだろう。グルーズは画面全体の物語構成にしろ一人一人の人物にしろじぶんの絵が道徳的であることをつねに売りものにしていたが、グルーズの描く若い女性はいつもなまめかしいまでに色気がある。彼は、やっと年ごろになるかならぬかの娘が上眼づかいにしなをつくり、すばらしい肢体をなかばむきだしにしている姿を、まるでしどけない《デザビエ》格好をした現場をおそうかのようにとらえている。グルーズはそうした娘の一人がかわいがっている小犬にじゃれつかれているところを描く（彼はそれに『貞節』*Fidélité* という題をつけている）。いま一人の娘はあだっぽいつま先をのぞかせて腰かけている（『無垢』*L'Innocence*）。さらにもう一人は一部分肌を露出してベッドのわきにひざまずいている（『朝の祈り』*Prière de matin*）。けれどもディドロにとって、グルーズは才気と感性をそなえた人物だった[4]。グルーズは道徳画家の筆頭であるばかりか、「お気にいりの画家」だったのである。それにもかかわらず目ざといディドロはグルーズのエロティシズムを見ぬいてこれを愉しんでいた。グルーズのもっとも有名な絵の一枚で、娘の持参金を支払う百姓を描いたものがあるが（『村の花嫁』*L' Accordée de village*）、ディドロは娘が「かわいい顔だち」をしていることに目をとめている。彼女は「とてもべっぴん」

である。娘はつつましやかで、乳房も隠れているというのに、「うけあってもいいが、乳房をもちあげるようなものなどなにもつけてはいない、それはひとりでにもちあがってしまうのだから」[5]。道徳画家の筆頭であるお気にいりの画家が狡猾なる好色画家だということが、ディドロにはわからないのである。

しかしながら、趣味においてこのような堕落が見られたということは、官能の自由な評価をめざすフィロゾフたちの努力につきまとう危険を示してはいるものの、フィロゾフたちのかかえる問題は先達のそれにくらべればまだましなほうであった。あらゆる文明は、フィロゾフたちも認めているように、情念をもてあましており、情念のもたらす有害な結果を回避して情念を有益で立派な活動にふりむけようと手を焼いてきた。未開文化、原始文化、古代文化は情念に対する恐れをしずめるために、手のこんだ儀礼やら極端に厳格な儀式やら近親相姦に対する高度に発達した禁制やらおそろしい神罰の脅威やらをとおして、情念を抑制すると同時に正当化していた。ギリシア人は、ほかの分野においても発明の才をおおいに発揮したが、官能の位置づけに関しても合理的な思弁を発明した。魂の三つの部分——理性と情念と欲望——はもともと不調和なものであるが調和させられないことはないとするプラトンの古典的分析は、ディオニュソスをアポロンと折りあわせようとする数々の試みのうちのもっとも注目すべき独創的な試みであるにすぎない。ギリシアの劇作家や哲学者は放蕩を題材にとりあげることはあっても、おおむね厳しい自制に、場合によっては禁欲に肩入れした。ディオニュソスとアポロンの熾烈な闘争において、アポロンの勝ちは動かなかった。アポロンの提示する休戦協定の条件はきびしかった。幸福にいたる二つの道——超俗か在俗——のうち、古代の思想家は超俗をえらばざるをえなかったのである。ギリシアのストア学派と袂を分ったローマのストア学派も、世界主義をかかげ公共奉仕を説きながら、活動のさなかにおける内心の超俗を称揚した。エピクロス学派の人びとですら、後世の評判とはうらはらに、苦痛の回避は快楽の追求にまさると教えた。古代人はこれよりほかになすすべがなかった。古代人の哲学とは生活上のさまざまな現実に応えるものだったのである。

しかしながら道徳観念が成長かつ普及し、中世とルネサンスを悩ました暴力もしだいに影をひそめ、気ままな衝動的行動にみあった道徳上の対応物が少しずつ作られるようになってきたので——一言でいえば快楽というものを飼いならすことができたので——フィロゾフたちは在俗の哲学、官能の自然主義をきずくにはうってつけの場所にいた。歴史の弁証法にみちびかれて啓蒙主義は一つの逆説にぶつかったが、この逆説とはあくまでみかけだけのものであり、じっさいはねがってもない機会なのであった。道徳観念の力が増すにつれて情念は安全なものになり、理性のしめつけが強くなるにつれて、官能の評判はあがったのである。西洋文化における超自我の成長こそがまさしくより大きな性的自由を可能ならしめたのである。

フィロゾフのなかでももっとも鋭敏な人びとは、いつも完全に率直でじゅうぶんに明晰であるというわけではなかったが、近代の異教徒としてこの機会をのがしはしなかった。政治や美学や一般道徳におけるのとおなじように、感覚生活においても、啓蒙主義は形式と自由を和解させ、行為の指針となる合理的規則を自然のなかに発見して許容しうる行為の幅をひろげようとした。自由のない形式は彼らに言わせれば死んだも同然であり、形式のない自由は野蛮だった。こうしてフィロゾフは、情欲に道徳上の純潔をあたえるということと、情欲そのものの内的論理に訴えて情欲を清めるということの二つの意味において、性というものを道徳化したのである。ラ・メトリは哲学の快楽を性的快楽と同一視した。彼は「研究のえもいわれぬ快さ」について語り、放蕩三昧の生活は必然的に哲学上の真実を発見することに通じることがわかったとほのめかしている(6)。ギボンも、「理性的放縦」とか「自然のくだすおだやかな命令にならつねに敬意をもって従う」人間とかについて、べつに奇をてらうでもなく、語ることができた(7)。ヴィーラントは官能性と合理性とは人間性《フマニテート》のなかで一つに結ばれていると考え、『オベロン』(*Oberon*)は「心と頭の両方で」構想したものだと誇らしげに述べている(8)。ジェームズ・ボズウェルは知性を「精力的」と形容した(9)。ウィリアム・ゴドウィンは「情念は理性と相いれないどころか、理性から切りはなすことができない」と主張した(10)。ボズウェルの考察は常套句だし、ゴドウィンのそれは多くの問題を解決するとともに回避してもいるお手軽なアフォリズムであるが、どちらの場合も快楽というものが広く名声をたかめていると同時に飼いならされつつもあるという事情が見てとれるのである。

　この二重のプロセスはまたもやディドロにおいて十全の表現をみている。「頭と心とはまったく異なった器官です」、とディドロは書くが、しかし望みがないわけではない。「両者を和解させられるような機会が少しはあってもいいのではないでしょうか」(11)。ディドロ自身はそれらを無造作に和解させた。『俳優に関する逆説』(*Paradoxe sur le comédien*)のなかで、ディドロは名優とはいつなんどきでもじぶんがなにをしているかをちゃんと知っている俳優のことだと主張している。名優は理性的な芸を完全に身につけていなければならず、自然にわきおこる感情に流されてはいけないのである。ディドロはグリムに書いている。「わたしはこう言いたい。感性は凡庸な俳優を作り、極端な感性は小粒な俳優を作る。冷静な感覚と頭脳が崇高な俳優を作るのだ、と」(12)。ディドロにとって和解のいま一つの方法は知的・道徳的活動を言いあらわすのに性的な隠喩やイメージをもちいることだった。こうしてディドロは観念に情念を、情欲に地位をあたえた。『ラモーの甥』の冒頭で、「私」はパレ・ロワイヤル界隈のおきまりの午後の散策をえがいている。もの思いにふけってぶらつくあいだ、彼はじぶんの精神を勝手に歩きまわらせ、気ままな放蕩《リベルティナージュ》にふけらせて、賢明なものであれ、ばかげたものであれ、どんな観念でも追いかけさせておく——ちょうど「だらしのない若者たちが娼婦の後をつけて」、どれか一人をえらび、べつのをすてるように。「わたしの思想とはわたしの娼婦なのだ」(13)。おなじように、ディドロは道徳的行為をさながらみちたりた性的経験のように経験することができた。ソフィー・ヴォランに語っているところによれば、「公正なことを目のあたりにすると」ディドロは血が騒ぐのだった。「すると心臓がわたしのなかで大きくなり、泳ぎまわるような気がしてくるのです。名状しがたいえもいわれぬ精妙な感覚が身体じゅうを走ります。息がつまり、身体の全表面におののきのようなものが生まれます。わけても額の上部、髪のはえぎわのあたりが感じるのです。ついで賛嘆と悦楽の表情がわたしの顔で歓喜の表情とまじりあい、目に涙があふれてきます」[14]。この色好みのストア派哲学者には価値の序列があった。ディドロは書いている。「感覚の悦びを軽蔑する者は嘘つきの偽善者か身体に欠陥のある人間です。でも善行の自覚より快い感覚を好む者は堕落した存在です」[15]。しかしながら総じてディドロは情欲と倫理を結びつけ、両方のいいところを活かしていたのである。

ディドロの私的書簡はこの実験的道徳の記録である。愛人にあててディドロは性的興奮の悦びをこのうえなく写実的な言葉で描きだしている。燃える唇、快いふるえ、充足と同時に流れだす滝のような涙[16]。だがディドロはまた愛というものを高貴な人間的経験とみなしてもいる。彼はソフィー・ヴォランに熱っぽく語っている。「四年まえ、あなたは美しく見えました。いまはもっと美しく見えます。これこそ美徳のなかでももっとも困難で稀有な節操の魔術なのです」[17]。愛は過激なものであるか、さもなければ無である。[18]「愛、友情、宗教」は「人生でもっとも激しい熱狂」にかぞえられる。この意表をついた並置は、愛を宗教とおなじグループに入れ、フィロゾフにとって非難の言葉である熱狂《アントウーズイアスム》という形容語をあてており、ディドロの不安というものを示している。あきらかにディドロにとってさえ、性的満足は自然のもうけた限度をこえない限りすべて善であるとはいっても、あらゆる善のうちで最高のものではなかった。ディドロにとって、またディドロをはじめとする啓蒙主義一般にとって、情念はようやくその価値を認められはじめていたものの、依然として厄介な問題でもあったのである。

（1） 本書第一章I節3を参照。

（2） 一〇月二〇日（一七五五年）。*Complete Letters*, ed. Robert Halsband, 3 vols. (1965-7), III, 97.

（3） ソフィー・ヴォランへ、（一七六二年八月二九日）。*Correspondance*, IV, 120. ディドロはここで愛よりも性交のことを語っているのだが、この無神経で医学的な語りくちはまちがいなくシャンフォールに先駆けるものである。ディドロからソフィー・ヴォランへの手紙（一七六二年七月三一日）も参照。そこではディドロは「数滴の液体の気もちのよい浪費」について語っている（Ibid., 84）。以上の言及二つは『ブーガンヴィル航海記補遺』のなかで一つに結びあわされている。「マルクス・アウレリウスの言葉を使って、青銅板に書きたいだけ書いてもかまいません――腸と腸との気もちのよい摩擦は罪悪である、と。だがそうなれば、人間の心は、君が刻みこんだおどし文句と心自体のおさえがたい衝動とのあいだでずたずたにひきさかれてしまうはずです」（59）。

（4） 本書第六章I節4を参照。

（5） 一七六一年のサロン。*Salons*, I, 142. ディドロが『村の花嫁』によせた批評に対する二十世紀の読者のありうべき反応を思いうかべ、それをジョン・モレリーのいかにも十九世紀らしい見方と比べてみたら参考になる。少なくとも英語圏ではながいこと権威をもちつづけたそのディドロの伝記で、モレリーは問題の絵に関するディドロの記述をながながと引用しているが、私が引用した文章にきたところでちょうど切っているのである。***Diderot and the Encyclopaedists***, 2 vols. (1878), II, 74-6 を参照。

（6） ラ・メトリがアルブレヒト・フォン・ハラーに宛てた『人間機械論』の諷刺のきいた献辞を参照。アラム・ヴァータニアンの校訂版（一九六〇年）による。143-8.

（7） Arnaldo Momigliano: "Gibbon's Contribution to Historical Method," *Historia*, II (1954), 463, now in *Studies in Historiography* (1966),

55 に引用。
(8) Sengle : *Wieland*, 372.
(9) *Life of Johnson* (この出典は未詳)。
(10) *An Enquiry Concerning Political Justice*, 2 vols. (3rd edn., 1798), I, 81. Burton Ralph Pollin : *Education and Enlightenment in the Works of William Godwin* (1962), 38 に引用。
(11) ファルコネ宛（一七六六年二月一五日）。*Correspondance*, VI, 98-9.
(12) ディドロからグリムへ（一七六九年一一月一四日）。*Correspondance*, IX, 213. 編者のジョルジュ・ロトは、この一節から『俳優に関する逆説』(*Paradoxe sur le comédien*) が生まれたのではないかと述べている (ibid., 213 *n.*) 本書、第六章I節5を参照。
(13) *Le neveu de Rameau*, 3.
(14)（一七六〇年一〇月一八日）。*Correspondance*, III, 156. この有益な一節は *The Rise of Modern Paganism*, 187-8 でいま少し長目に引用した。
(15) ディドロからナッサウ＝ザールブリュック皇女へ（一七五八年五月もしくは六月）。*Correspondance*, II, 56.
(16) 一例としてはディドロからソフィー・ヴォランへの手紙（一七六五年五月一五日）を参照。Ibid., V, 35.
(17)（一七五九年一〇月一四日?）。Ibid., II, 277.
(18) ソフィー・ヴォラン宛（一七六二年七月一四日）。Ibid., IV, 42. 当然といえば当然だが、やはり指摘しておいていいことがある。フィロゾフたちは情念が価値あるものだということについてはおしなべて異存はなかったが、情念を表現するしかるべき方法という点についてはまちまちだった。なかでもヴォルテールはディドロの感情表出が気にくわなかった。ヴォルテールはそれを「ジャン＝ジャック風の絶叫」とよび、「まったくばかげている」といってあきれている。ヴォルテールからシャルル・ジョゼフ・パンクックへ（一七六八年一〇月―一一月）。*Correspondence*, LXX, 129.

Ⅳ　想像力の来歴

1

一八〇八年ごろ、一世紀以上におよぶ啓蒙主義をかえりみて、ウィリアム・ブレイクはその一番の弱点の一つ、すなわち想像力のあつかいを攻撃した。ブレイクはいつもながらの熱っぽさで書いている。「バークの『崇高と美について』はニュートンとロックの所説をふまえている。レノルズもそのすべての『講演』においておおくの主張をこの論文に負っている。わたしはごく若いころにバークの論文を読んだ。それと同時にロックの『人間知性論』とベーコンの『学問の進歩』も読んだ。これらの著作の一つ一つについて所見を書きあらわしたが、いまそれらを読みかえしてみると、本書のレノルズに関する注解とまったくおなじであることがわかった。わたしはいま感じているとおなじ軽蔑や嫌悪を感じていたのだ。彼らは霊感と幻想をばかにしている。霊感と幻想は当時からわたしの永遠のすみか、永遠の居場所だった。現にいまでもそうであり、またいつまでもそうありつづけてほしいと思っている。そんなわたしにそれを軽んじる声がきこえてきたら軽蔑には軽蔑でむくいるのが当然というものであろう」。ブレイクはさらに語をついでこう決めつける。「熱狂こそがすべてなのだ。ベーコンの哲学はイギリスをほろぼし、芸術と科学を」[1]破壊した。

創造的想像力は十八世紀におとろえたとするブレイクの主張には本質的に三つのことがふくまれていた。宗教がすたれたこと、芸術が衰退したこと、この嘆かわしい事態の責任は新しい哲学、わけても認識論と心理学にあることである。もし事の次第をつぶさに吟味していたら、ブレイクは無頼漢、破壊者として忌み嫌っている当の相手が、もちろん証拠の解釈はまったくちがうとはいえ、ブレイクのつきつける事実を必ずしも否定はしないことにおどろいたであろう。もちろんフィロゾフたちはみんな、宗教が当節は後退したこと、この好ましい局面の展開にはじぶんたちが絵そらごとを攻撃したことも一役買っていること、に満足していた。一部のフィロゾフは、とりわけてもこれ一人というわけではないにせよヴォルテールは、啓蒙主義の時代における詩の凋落を嘆いた。しかしながらこの凋落をひきおこしたのがほかならぬじぶんたちの想像力についての哲学であるなどとはフィロゾフのだれ一人として認めるところではなかっただろう。フィロゾフたちは主張したことだろう、われわれがこの能力に対して払った敬意はまったくじゅうぶんだった、と。

それは、実際は、じゅうぶんというわけにはいかなかった。とはいえブレイクによる十把ひとからげの診断のほうも不十分なものだった。現実には、芸術と哲学、詩と心理学のあいだの関係は少しも明確ではなかったのだ。すべての散文的人間がフィロゾフではなかったし、すべてのフィロゾフが散文的ではなかった。フィロゾフたちはおしなべて虚構の領域よりも事実の領域のほうが居心地がよく、また十八世紀の信仰ある人びともフィロゾフと好みをおなじにする傾向があった。キリスト教徒にとっても異教徒にとってもこれは散文の時代であり、周知のように、じゅうぶんな教育をうけたイギリス国教会の人びとやローマ・カトリック教徒にしても、熱狂とかゴシック風奇想とかいったものに対してフィロゾフとおなじ苛だちをおぼえていた。サミュエル・ジョンソンは「想像力の激発」や「わき道にそれがちなほとばしり」、あるいはまた「感情の荒々しい発散」[2]などを軽蔑するという点では、たとえばダランベールと変わるところがなかった。それに芸術家や作家たちは、新古典主義者が十七世紀に開拓するかあらたに開発するかした鉱脈が十八世紀に入って枯渇してしまったということをうすうす感じはじめてはいたものの、この枯渇は新しい心理学の教えとはなんの関係もなかった。これらの鉱脈というのは芸術の歴史におなじみの周期の一局面であるにすぎなかったからである。また、おしまいに、フィロゾフたちを詩のひたむきな救い手と呼んだら、それは彼らを詩の不倶戴天の敵とよぶことが不当であるのとおなじように無茶な話ということになるだろうが、想像力による芸術をよみがえらせ、それを不毛や因習やありきたりの教訓などから解放しようした人びと――ディドロとヴォルテール、レッシングとヴィーラント――はほかならぬフィロゾフだったのである。一七三〇年代に、ヴォルテールは科学や散文的哲学が「感情、想像力、洗練」をおさえてのさばっていると嘆き、それがただつかの間の流行であればいいがと願った[3]。他のフィロゾフたちもヴォルテールとおなじ慨嘆と願いとをいだいていた。

当時の文化状況の特徴である複雑さは、啓蒙主義による想像力の哲学的分析の特徴でもある。フィロゾフたちは熱狂する詩人をめぐるプラトンの古びた決まり文句を好んで口にし、あらゆる天才には狂気が兆しているという古いことわざを無批判に受けいれた。またフィロゾフたちは――これは彼らがくつがえそうとしなかった伝統の一つである——想像力とは創造的芸術家が所有しうるもっとも貴重な手段であるということにけっして異議をとなえようとはしなかった。シャフツベリは、十八世紀をつうじてその著作が反響をよびつづけた人だが、芸術家は美的直観によって美を創造すると述べ、またアディソンは、詩人は「哲学者が知性を開発するのとおなじくらい想像力の育成に意をもちいるべきだ」[4]と、たぶん心もち型にはまった言いかたで力説した。ラ・メトリはもっと熱をこめてこの情念を称えた。彼は分析とエロティシズムが一つになった特徴ある一節で書いている。「魂」およびそのすべての役割は想像力の機能に帰することができる。「想像力のおかげで、その魅力的な筆致によって、理性の冷たい骸骨にも生き生きとした赤い肉がつく。これあるがために、科学は花を咲かせ、芸術は美しくなり、森は語り、こだまはため息をつき、岩は泣き、大理石は呼吸し、生命のない物体のなかですべてに生命がかようのである」。そればかりか、「想像力、すなわちこの痩せこけた才能を行使すればするほど、それはいわば肉づきがよくなり、ますます大きくなり、丈夫で頑健で巨大になり、考えるということができるようになる。たとえ最良の身体組織をもった人でも想像力の行使は必要なのである」[5]。

ラ・メトリの比喩はとりわけフィロゾフとしては珍らしくみずみずしいが、狂気の天才や想像力の行使についてのたいていの文章はほとんど紋切型の域を出なかった。そういう文章はどんなに学術的な論文のなかにも見つけられた。しかしフィロゾフたちにとってそれらはいわばもちいられるべくしてもちいられる紋切型なのであった。それらの文章は、生活や芸術において内的自由というものがはたす役割を好意的に評価する妨げにはならなかった。それどころかその役割を認めさせるような働きを示したのである。

啓蒙主義の人びとは、想像力についてのあたりさわりのない一般論を述べるあいだは見解が一致していたが、ことその厳密な本性という点になると意見が分かれた。一部の少数派だけがそれを創造的なものとみなしていた。大多数は、ロックの心理学を信奉しており、想像力をたんに構成的なものとみなした。ライプニッツのロックに対するもっとも痛烈な批判である『人間知性再論』(*Nouveaux essais sur l'entendement humain*)は一七六五年になってやっと日の目を見たため、ドイツ以外の場所で啓蒙思想に影響をあたえる機会を逸してしまったが、ライプニッツはこの書物ですべての意識は自発性をもち創造的であると主張した。知覚は受身の受容ではない。それは人が世界を捕捉し、秩序づけ、再構成し、ある意味で創造するところの行為なのだ。ドイツの心理学者たちはこの問題に関してはおおむねライプニッツの考えに従った。彼らは主張した。感情、観念、概念は、感覚をとおして外部から供給された素材をたんに整理しなおしたものなどではけっしてない。ヨハン・ニコラス・テーテンスはのべている。創造的な想像力はつねに独自の働きをする。「心理学者たちは詩的創造というものを、感覚による知覚を介して獲得されてからのち記憶された観念をたんに分析・総合したものとふつうは説明している」。しかしながら心理学者たちはまちがっている。彼らが正しいとすれば、詩とは「幻を移しかえた以外の何物」でもなくなってしまう。それにこういう説明の仕方では、ミルトンやクロプシュトックのような、イメージ表現が「知覚による観念のよせあつめ」に終らず、「想像力の造形する力」を想定しなければとうてい理解しえない詩人に対して公平を欠くことになるだろう。(6)

フランスにおいては、ライプニッツとはまず——おそらくは完全に——無関係に、ディドロが想像力を似たようなやりかたで分析し、想像力とは能動的でかたどる力をもった特殊な記憶であると結論した。ディドロは忠実なロック主義者として述べている。「想像力はなにも創りだしはしない」。しかしディドロはまた同時に通常の記憶が「忠実な写実画家」であるのに対し、想像力は「色彩画家」であると述べた。それは「模倣する、構成し、結合し、誇張し、事物を大きくも小さくもする」。画家もしくは詩人のために想像力は「内なるモデル」を作りだし、彼〔画家もしくは詩人〕はそのモデルを作品のなかで現実化する。そして作品が、今度は、鑑賞者の想像力をかきたてるのである。(7)この見解は天才と想像力という概念をたくみに結合している。天才とはようするに創造的想像力がもっとも活発に働きもっとも自由にわき出るような芸術家のことだったのである。

しかしながら大部分のフィロゾフは、ディドロが忠実にも書きしるしたように、想像力はなにも創りださないと主張した。とはいえ、想像力はあくまでも活発だった。知覚を組みあわせて複雑かつ特異な形象をつくりあげた。ケンタウロス——ちょうど眼の見えるようになった盲人がそうであったのとおなじくらい忠実に、一角獣とならんで、十八世紀の心理学者の役に立った神話上の動物——は想像力の創りだした存在だった。想像力の悦びを論じてヒュームやヴォルテールやカントに感化をおよぼすなど広く十八世紀に影響をあたえた有名な新聞で、アディソンははっきりとロックのものとわかるいくつかの留保をつけながらも想像力をほめ称えた。アディソンは書いている。「なるほどわれわれは視覚をとおしてまず入ってこなかったようなイメージは一つとして空想のなかで思いうかべることができない。だがわれわれにはひとたびイメージを受容するとそれらを引きとめ、修正し、混ぜあわせて、想像力にとってもっとも快いさまざまな画像や幻像を作りだす力があるのだ」。(8)想像力の悦びとはすばらしいものであり、無限といってもいいほど多様である。アディソンは『スペクテイター』(*Spectator*)を一号もついやしてそれらを列挙し、ときに、興がのってくると、じぶんのよりどころとしている哲学上の立場すらほとんど見失ってしまうほどである。想像力とは「生命そのもの、最高度に完成された詩」である。それどころか想像力は「天地創造にも似たなにかを内に秘めている。それは一種の実在性をあたえ、存在するもののなかではお目にかかれないいくつもの対象を読者の眼前にならべてみせる」。(9)それは「ほかならぬそれ自身の新しい世界を作りだす」。(10)とはいうものの アディソンは——彼は、ようするに、読者の情念を教育することで読者を教育しようとしているのだ——いつも結局は節度をとりもどす。想像力は、「いったん特定の観念をたくわえると」、「それらを拡大し、混ぜあわせ、変化させる」ことができる。(11)想像力は、一言でいえば、じぶんで作りだしたわけではない生まの素材を使って仕事をするのである。

デイヴィッド・ヒュームも基本的にはおなじ立場だったが、アディソンにくらべると専門的な哲学上の問題により関心が深かったので、語りくちはずっとひかえめだった。アディソンは空想を称えたが、ヒュームは想像力のなかに「恒久的で有無をいわさぬ普遍的な原理」と「可変的で無力で不規則な原理」とを区別しなければならないと感じた。前者は「われわれの思考や行動の基盤」であり、記憶、感覚、因果関係の推論、知性の基礎をなすものであって、それらがなければ「人間の本性はたちまち朽ちはてて滅びさってしまう定めにある」。後者の原理は、それとは反対に、人間にとって避けえないものでも必要なものでもないし、生きていくうえで役にたつものでもない。むしろ逆に弱い心のなかで働くのが目にとまるぐらいのものである」[12]。これらは「われわれの思考の軽薄な性質」であり、「うわついた空想」であり、「空想から生まれるくだらない連想」であって、「ほとんどの場合」、「狂気や愚劣へと」堕落してしまう。抑制のきいた想像力は生活ばかりか哲学にとっても欠かすことができないが、抑制のきかない想像力はどちらにとっても有害である。「想像力の飛翔ほど理性にとって危険なものはないし、哲学者たちに誤りを犯させてきたものもない」。けれども想像力がどちらの活動をめざすにせよ、ヒュームは、アディソンとちがって、ロックの感覚論に対するゆるぎない忠誠をつらぬいた。想像力は観念を印象に変える。それは観念を「思うままに」「移しかえ、変化させ」、それらを「結びつけたり、混ぜあわせたり、多様化したり」することができる。だが「もとの知覚」を超えることはけっしてできない[13]。フランスのフィロゾフたちも――なんといってもまずコンディヤックとヴォルテール、それからすでに見たようにディドロまでも――おなじ考えかたを踏襲した。想像力とは有益なものではあるが厄介な代物でもあり、無限に多様なので、そのため一見ものを創りだすことができるようにみえる。しかしながらそれは一見そうみえるにすぎない。想像力は――これが啓蒙主義の強固な多数意見だった――建設者であって神ではなかったのである。

（1） "Annotations to Sir Joshua Reynold's Discourses," in *The Complete Works of William Blake*, ed. Geoffrey Keynes (2d edn., 1966), 476–7, 456, 470. 念のために断っておくが（私の学生の一人が正しくも反論したように）、ブレイクの考えはきわめて特殊なものであって、理性についての十八世紀の見解に対する典型的なロマン主義の反応とみなすわけにはいかない。ブレイクはたしかに典型的なロマン主義者ではなかった。おおくの点で彼は少しもロマン主義者ではなかった。しかしニュートンとレノルズに対するブレイクの猛烈な攻撃はやはり教えられるところがある。

（2） René Wellek: ***A History of Modern Criticism, 1750–1950***, I, *The Later Eighteenth Century* (1955), 97 に引用。ジョンソンの『ラセラス』の第四四章は知性の混乱と想像の弊害をいましめる説教である。

（3） ヴォルテールからシドヴィルへ（一七三五年四月一六日）。*Correspondence*, IV, 48–9.

（4） *Spectator*, No. 417, in *The Spectator*, ed. Donald F. Bond, 5 vols. (1965), III, 563.

（5） *L'Homme machine*, 165–6.

（6） Cassirer: *Philosophy of the Enlightenment*, 128–9.

（7） 本書第六章I節4を参照。

（8） *The Spectator*, No. 411; III, 537.

（9） Ibid., No. 421; III, 578–9.

（10） Ibid., No. 419; III, 573.

(11) Ibid., No. 416 ; III, 559.
(12) *Treatise of Human Nature*, 225.
(13) Ibid., 504 *n*., 267, 123, 267, 427, 629, 85. ヒュームがこの言葉の正確な使いかたのむつかしさを認めていたことは、一一七ページから一一八ページの注における分析からもあきらかである。

2

ロマン主義者たちの観点よりすれば、この種の能力は受容的で、どこまでも受動的なものにみえた。フィロゾフたちはそのように見ようとはしなかった。フィロゾフたちは人間の本性が単一であるという考えをいだいていたいっぽうで人間の行動にとほうもない多様性を見たが、ちょうどそれとおなじように、彼らは想像力を所与の素材に依存するものと考えていたにもかかわらず、それらの素材をおどろくべき力をふるって作りかえることができるとみなしてもいた。しかしながら、フィロゾフたちが想像力の活動や作用をめぐってどれほど喜びを感じていたにせよ、ロマン主義者たちがたとえばコールリッジから辛らつにも「コンディヤックとコンドルセのおそろしく稚拙な思想」(1)と呼ばれたもののなかに端的に示されているような啓蒙主義の支配的な認識理論、その感覚論と心理学的原子論に疑いをもつようになったのは、あながち根拠のないことではなかったのである。というのもフィロゾフたちは幻想というものが宗教関係の人びとによってさまざまに利用されてきたのをいやというほど見せつけられているだけに、人間による幻想の使用ということに関しては重大な疑念をいだいていたからである。キリスト教とは、フィロゾフたちの眼には、結局のところ情念と理性双方にとっての敵であった。キリスト教は両者を同時に過大評価しかつ過小評価した。自負とか官能といった自然な情念を中傷するいっぽうで、信じやすさとか奇跡への嗜好といった見当ちがいの情念を鼓舞し、また人間の批判活動を抑圧するいっぽうで、人間の理性についてその異常な肥大を称えるといった有様である。フィロゾフたちの考えでは、人間の本性やさまざまな可能性についてこれほど多くの誤解があったからこそ、想像力ははびこりはじめ、ながいこと世界を支配してきたあのおそるべき嘘の数々をつくりだすにいたったのである。

一七五四年、ニコラ・トリュブレ師はおどろくべき予言を述べてこれらの疑念を表明した。彼は書いている。「理性が完成に向うにつれて、判断力がしだいに想像力よりも好まれるようになり、その結果、詩人はだんだん評価されなくなるだろう。最初の作家とは詩人だったそうである。さもありなん。まず詩人をおいてほかにはありえない。最後の作家はさしずめ哲学者ということになるのだろうか」(2)。トリュブレがここでじっさいに言わんとしているのは次のようなことである。詩の技法とは喜ばせたり教化したりする技法であるが、教化できるのはそれが真実であるとき、すなわちうってつけのエピグラムで、明快な寓意をこめた適切な比喩をとおして美徳のもたらすさまざまな恩恵だの人生にもまれるうちに生じてくる落ちつきたいという欲求だのをえがく場合に限られる。だが詩とは嘘の技法でもある。魅力的な嘘だが嘘であることに変わりない。しかもそれは、プラトンがずっと以前に認めているように、効力のある危険な嘘だったのである。デイヴィッド・ヒュームは述べている、詩人とは、「嘘つきの専門家」であり、「いつも作り事を真実らしく見せかけようと努力している」(3)。詩が真実か嘘偽かという問題は、それが、たとえ強い感情がこもっているにせよ抑制のきいた明晰な創造、すなわち最良の状態における想像力から生みだされたものであるか、それとも奇想天外な幻想、すなわち最悪の状態における想像力から生みだされたものであるか、にかかっていた。

ところで詩人たちがみずからの手で作りだした嘘とは、さもなければ、他の人びとの作りだした散文的な嘘に詩人たちが快い印象に残る形をあたえて広めたもっとも危険な嘘とは、神話、すなわち宗教である。詩人の想像力は政治家の政策や聖職者の迷信を言葉のあやで飾りたて、ついで聴衆の想像力をかきたてた。熱狂、すなわちあの宗教的感情は、理性や礼節で抑えられず、ほとばしり出てはひどくさげすまれているが、これは病める想像力の所産の一つだった。神学がいま一つの所産だった。なるほど詩的心性とは――理屈ではなく酩酊の論理であり、美が真とみなされ、そのことの証拠といっても論証よりもイメージやメタファーであたえられるといった論理なので――それゆえ宗教的心性以外のなにものでもなかったのである。したがって詩が哲学を汚さぬようにつとめ、作りごとを楽しみはしてもそれらを真実とみなさぬようにすることが批判的哲学者に課せられた任務になった。

一部のロマン主義者が反抗したのはほかならぬこの分離に対してであった。思うに、もしフィロゾフたちが、詩は哲学の主役で歴史よりも真実であり知恵の最高の形式であるとする、ノヴァーリスによる風変わりな主張を読むことができたとしたら、彼らは仰天すると同時にじぶんたちはまちがっていなかったと感じたことだろう。「詩人とは世界を治める影の立法者である」というシェリーの主張は災いをまねくものとしてフィロゾフたちを愕然とさせたことだろう。フィロゾフたちのなかにも立法者の役を演じたがる詩人がいなかったわけではない。しかしその連中は詩人としての能力を駆使してそれを演じはしなかった。また学問のある詩人という役割に無縁なフィロゾフもいなかった。ディドロにしてもやはり、ヴォルテールがすぐれた詩人であるのはまさしく彼が学問のある人間であるからにほかならない、とロシアのエカテリーナに語っている(4)。とはいえフィロゾフたちにとって詩人、少なくともキリスト教時代の詩人はこの世の悪をことごとく知りつくしているように思われた。ダンテとミルトンは学識ある神話の作り手か神話の売り手の格好の見本だった。そして、嘘偽や神話をあばき迷信の毒を薄めることが批判的心性の任務となって以来、詩的心性は詩そのものよりフィロゾフたちの容赦のない攻撃の的になった。フィロゾフたちは戦いのさなかにいたがために、問題をきわめて単純に、あまりにも単純に考えすぎた。詩は抑制のない空想の産物であるから神話を生みだす。散文は統制のとれた知性の産物であるから真理にみちびく、というのである。啓蒙主義の心理学に対するブレイクの非難がいかに過激で片手落ちであるかがわかっても、その非難は想像力をめぐるある種の矛盾した《アンビヴァランス》態度をついていた。啓蒙主義の心理学は人間の研究や科学の進歩に貢献するところは大であったが、その時代の芸術にはほとんど役にたたなかったということはやはり本当なのである。

(1)　Richards : *Coleridge on Imagination*, 51*n* に引用。

（2） Margaret Gilman : *The Idea of Poetry in France from Houdar de la Motte to Baudelaire* (1958), 1 に引用。一八二〇年、気のきいたエッセイの一つ、『詩の四つの時代』で、トマス・ラヴ・ピーコックはまったくおなじ考えかたをしている。

（3） *Treatise of Human Nature*, 121.

（4） ディドロの評言については *The Rise of Modern Paganism*, 197, および本書、第十章第I節2を参照。

第五章　芸術の解放——過去の束縛

I　芸術と啓蒙主義

芸術の分野で啓蒙主義特有の様式は存在しなかった。ありあまるほどの趣味、技巧、主題の数々とともに十八世紀はすぎていった。さまざまの美学的思想や理想が、伝統的な諸様式や外国の諸様式とまざり、雑種や新種を生み出しながら、変化しその活躍の舞台を変えた。「今や多様性への渇望が存在する」(1)と一七五〇年代初め、ホーガースは言った。後期バロックからロマン主義までが混じり合い、各様式はそれぞれ特色を持ちながら、しかも芸術のジャンルごと、また十年ごとに異なっていた。そういった様式はブルジョワ的感傷性の侵入、中国風あるいはゴシック風の意匠の一時的流行、さらにたび重なる新古典主義の復興を通じて、いっそう豊かなものとなり、各様式の訴えかける規範や自ら認める個性によって、様式相互に差異が生じた。そしてそういった様式のうちのどれも、啓蒙主義に固有の、あるいは特権的な様式ではなかった。

フィロゾフたちの趣味はその時代の趣味と同じく多様であった。ヴォルテールはラシーヌを賛美し、リチャードソンを嫌った。ディドロはラシーヌ、リチャードソン、ヴォルテールを同じように賛美した。レッシングはラシーヌとヴォルテールの束縛からはのがれようとしたが、ディドロからはのがれようとしなかった。レッシングとディドロは、その同時代人たちの写実的な手法で戯曲を書いたが、他方ヴォルテールは、十七世紀の新古典主義の手法で悲劇を書き続けた。ヒュームとジェファソンは型通りであるにせよ、新古典主義的な趣味を大いに説いたが、しかしジェファソンがオシアンを大詩人として迎える一方で、ヒュームは彼をぺてん師として扱った。カントは啓蒙主義のほとんどすべての人びとと同じく、ラテン古典文学もアレキサンダー・ポープも好んだが、音楽はいらだたしく、絵画は退屈だと考えた。ルソーを描いた版画だけが彼の家を飾る唯一の絵だったくらいである。新古典主義、ロココ様式、自然主義、芸術への無関心ばかりか、ルソーにみられるような芸術へのスパルタ的懐疑さえも、フィロゾフたちは自分の美学的立場としてとりえたのであり、しかもそういった立場はすべて啓蒙主義の哲学と両立しえたのである。

フィロゾフたちは好むものについて一致しなかったが、嫌いなもの——すなわちゴシック様式——については一致していた。しかしこれによっても彼らは、当時の他の教養人とはっきり分けられることはなかった。レッシングとヴィンケルマン、モンテスキューとテュルゴー、ヒュームとルソーはゴシック様式を無秩序で、気紛れで、気どっていて、細部の装飾が過剰で、硬直していて、優美さに欠け、単調で、野卑だとして嫌った。とはいっても当時のフランスでゴシックの極めてすばらしい作品に取巻かれていたディドロは「ラファエロの絵を見た後で、どうしてゴシックのつづれ織りに感心できようか」[2]ともっともな問いかけをすることができた。しかし半世紀前すでにアディソンは、その『スペクテイター』（*Spactator*）の中で「ゴシック」という名称を「没趣味な」を意味する一般的な悪口の言葉として用い、そして「壮麗な簡素さ」と「天才の力強さ」をそなえた古代の作家たちと、「外国風の見せかけをあさら」ざるをえない群小の作家たち――つまり「詩におけるゴート人」[3]――とを区別していた。十八世紀初期におけるゴシック様式に対する嫌悪は、したがって決して急進主義のしるしではない。「ゴシック」とキリスト教を同じものと見る人びとも見ない人びとも共にゴシックを嫌ったのである。どちらかというとフィロゾフたちは終始ゴシック様式を拒否することによって、結局はむしろ困ったことに反動的な立場に立たされることになった。世紀半ばには、非日常的なもののうちに美を見つけようという歴史意識が育ち、新しい心構えが生まれたのだが、こういう新時代の気運によってトマス・ウォートンとトマス・パーシは中世騎士物語を侮蔑から救い出し、イギリスのホレース・ウォルポール、フランスのジャック＝ジェルマン・スフロ、さらに少し遅れてドイツのゲーテとヘルダーは、ゴシック様式について通用していた一般的な評価をひっくりかえした。これに反してフィロゾフたちは、新しいゴシック様式の擁護者たちの見たもの、つまり軽快さ、大胆さ、創意の豊かさ、さらに異様な見かけのうらにある堂々たる秩序といったものから目をそむけていたのである。そこで皮肉なことに、フィロゾフたちはその哲学的急進主義によって、美学的保守主義へと堕ちこんだ。キリスト教の神話に身を委ねないでもキリスト教の芸術を鑑賞できるなどとは、フィロゾフたちは考えてみもしなかった。したがって、啓蒙主義がゴシック様式を毛嫌いしたということは、芸術と啓蒙主義の結び付きではなく、独断主義の、趣味に及ぼす悪しき影響を示す好例なのである。

もちろん啓蒙主義と芸術の交渉は重要であり、これを妨げるものは何もなかった。フィロゾフたちはためらわず自分たちの創作をそのもくろみのための道具として使った。ヴォルテールは『マホメット』（*Mahomet*）を、レッシングは『賢者ナータン』（*Nathan der Weise*）を書いて、狂信の恐ろしさを劇にし、寛容の感情を鼓吹しようとした。ヴィーラントとディドロは短篇や長篇の小説を書いて、異教的な官能の働きを表現するというより、むしろ思うままに説教した。そしてこれと逆に芸術家たちの方では、その作品に啓蒙思想を反映させた。ヘンデルは世俗の職人の自信にみちた精神で作曲し、どんなフィロゾフよりも宗教的熱情に縁がなかった。彼はキリスト教的主題より異教的主題を、宗教的主題より世俗的主題を好んだ。グルックは、理性と自然の名においてオペラを改革し、モーツアルトは自分の明確な宗教思想があったにせよ、フリーメーソン的な考え方を作曲にとりいれた。ホーガースはメソジスト派の宗教的熱狂に反感をいだき、ホードリィ主教の理性主義的でホイッグ党的でもあるイギリス国教会主義に好感をいだいていたのだが、その有名な一連の版画において、勤勉、中庸、人間愛といった啓蒙主義的価値をひろめた。ジャニュアリウス・ジックは『光学に対するニュートンの貢献』（*Newton's Service to Optics*）を称えて、複雑な寓意をふくんだ絵をかき、現代科学に賞賛の意を表した。さらにゴヤは『気紛れ《カプリチョス》』を描いて「有害な俗信を追放し」ようとした。彼は理性主義者で、ヴォルテールを不滅の人と呼んだ。(4) こうした芸術家たちはいずれもフィロゾフではなかったが、みな当時の啓蒙思想から多くを学んでいたのである。

この相互の交渉によって、次の明白な事実がいっそう明らかになる。つまりフィロゾフたちは、芸術が人を啓発・教化する力だとする古い伝統の中に深くはまりこんでいたのだが、他方、十八世紀の芸術家たちは、世を捨てた、あるいは無学な職人であるどころか、世の中で生活し、その多くはいやおうなく非常に進歩的な思想を自分のものとしていたということである。とはいってもそれと違った、むしろ非革命的な思想を持った芸術家たちも多くいた。一人の理神論者ヘンデルに対して一人の信心深いバッハがいた。ホーガースは人びとを向上させようとせずにいられなかったが、フラゴナールやブーシェは明らかに、同時代人たちの風紀を純化すべきだなどとは全然思わなかったのである。

それと同時に、ロココ様式が「自由」だとか、ソナタ形式が「理性的」だとかいうたとえ方が、ただ安易になされるのにくらべて、フィロゾフたちの思想と芸術家たちの作品を比較検討すれば、それは新しく生まれてきた気質を知る手掛りになる。芸術と啓蒙主義は密接に結びついており、啓蒙主義は芸術に深くかかわっていた。芸術と芸術批評と芸術理論は、十八世紀の文明やその哲学と同じく、非常な緊張のもとにあった。つまり、これらは自らに目覚めようとしていたのであり、自らのよって立つべき根拠をさがしていたのである。この世紀になってはじめて、哲学者たちは芸術哲学に関して真に系統だった研究を企てた。「美学」という言葉そのものが、バウムガルテンの著作によって啓蒙時代の用語に入ったのである。この世紀は十六・十七世紀の巨匠たちの影のもとにあったが、何を賛美するのかを問うことが必要だと考えた。キリスト教の神話は、かつて、そしてつい先頃まで、芝居や絵画や詩にとって豊かな源泉であったが、今や以前ほどは信用できず、称賛できないものとなった。相互に矛盾しあう境界線の主張や、新しいジャンルによって、詩と演劇における、さらには絵画、彫刻、建築における既成の区分がおびやかされていた。芸術的創造の心理と趣味の心理に新たな関心が生れ、それは伝統的な美の規範に衝突していた。言いかえれば、新古典主義の機構全体が攻撃にさらされていた。新古典主義によれば、芸術は系統だっていて、道徳的で、整然としていて、洗練されていて、客観的な規準を発展させたり、人びとを楽しませたり、向上させたりできるものである。新古典主義が要求したのは、ジャンルの厳密な分離、演劇における時、場所、筋立ての三単一の法則、絵画における歴史画を頂点とし静物画を底辺とする序列の遵守、さらには品格をたもった自然の模倣といったことであった。こういった理想には相変らず支持者が存在していたし、その反対者でさえ、それを論じるのに明らかに敬意を払ってそうした。しかし少なくとも新古典主義は新しい哲学の光に照らして明確にされ、定義しなおされねばならなかった。美学の分野においても、すべての思想の分野においてと同様に、時代が感じていたのは、明快である必要、身を守りたいという欲求と独立したいという欲求を調和させる必要、自由と規律を統合する必要であった。「哲学的精神は我々の時代にかくも発展し、知識のすべての分野に浸透し、そしてある意味ですべての芸術の検閲官になった(5)」と一七五六年アルガロッティは評した。芸術はそれ自身についての緊急の問題を提起し、そのすべてを批判にさらすことによって、自らもまた啓蒙思想の一員として、知的な自己批判、つまり啓蒙にむかって邁進しつつあった。

（1）William Hogarth : *The Analysis of Beauty* (1753 ; ed. Joseph Burke, 1955), 62.
（2）レッシングとヴィンケルマンについてはJusti : *Winkelmann und seine Zeitgenossen*, 3 vols (5th edn., Walther Rehm, 1956), I, 21を参照。モンテスキューについては "De la manière gothique," in *Œuvres*, III, 276-82 及び "Essai sur le goût," in ibid., I, part 3, 620を参照。テュルゴーについては *Tableau philosophique des progrès*, in *Œuvres*, I, 234 を参照。ヒュームについては "Of Simplicity and Refinement in Writing," *Works*, III, 241 を参照。ルソーについては "Lettre sur la musique française", in *Œuvres complètes*, ed. G. Petitain, 8vols. (1839), VI, 144 を参照。ディドロからファルコネへの手紙（一七六六年九月はじめ？）*Correspondance*, VI, 320-1と同人宛（一七六六年六月一五日）。Ibid., 213, 214, 219も参照。
（3）*Spectator*, No. 62 ; I, 268, No. 70 ; ibid., 297-303 も参照。
（4）ジックの絵は Michael Levey : *Rococo to Revolution : Major Trends in Eighteenth-Century Painting* (1966), 155. に翻刻された。ゴヤについては ibid., 202 を参照。
（5）Remy G Saisselin : "Neo-Classicism ; Virtue, Reason and Nature," in Henry Hawley : *Neo-Classicism : Style and Motif* (1964), 5に引用。アルガロッティはここで建築のみについて述べているが、その考察はすべての芸術にあてはまる。

II　パトロンと芸術愛好者たち

1

啓蒙主義が芸術に関する思想を展開したのは、外部と遮断されたある種の抽象的思弁の世界においてではなく、社会的な闘争と社会的な変化の中においてであった。芸術家は服従の義務をのがれようとつとめ、美学者は近代的芸術哲学をうちたてようとつとめた。この二つの努力の間の相互作用はしばしば分かりにくくて思いがけないものだが——たとえば、ヴォルテールのように保守的な劇作家が、文学者の地位向上に関して急進的な考え方をし、それと対照的にハイドンのように革新的な作曲家が、しかるべき従順さで貴族のパトロンにつかえた——しかし相互作用は確かに存在しており、無視できないものであった。

社会的理想と哲学的探究の間の関係をもっとも雄弁に証言するのはおそらく、長くディドロの友人であった彫刻家のファルコネであろう。新しい威信を手に入れる運動と古い諸理論に反対する運動を、彼ほど強く結びつけた芸術家はいなかった。ファルコネは他の誰よりも徹底して啓蒙主義の主張に力をつくしたが、しかしその気むづかしい活動ぶりはただ彼個人の神経的な苛立ちを反映しているだけではなく、それと全く同じ程度に、十八世紀の芸術家たちみなが落ちこんでいたさまざまな挫折感をもまた反映している。

ファルコネには必要以上の敵がいたが、そのほとんどはもっともな敵、つまり俗物、厚かましい愛好家や鑑定家、さらに「古美術狂」などであった。彼の著作と活動はそういったすべての敵たちの意見に対する逐一の反駁と解釈できる。ファルコネは富も名声も手に入れ、フランスやロシアの王室の寵愛を受けたが、その一方で自分の生まれが低いとか学識を苦労してものにしたとか哲学者の友人がいるとかいったことを、これ見よがしに、ユーモアのひとかけらもなくひけらかした。それはまるで誰でも、ファルコネのような者でさえ学問のある芸術家になれるのだと証明するためにそうしているかのようだった。この学問は特別な種類のものであった。彼の主張によれば、芸術家は芸術家流に学問をするのであって、いわゆる学者流に学問をするのではない——つまり芸術家は厳しい見習修業を通じて、門外漢にとってはたとえ好意的な者でさえ理解できないような秘密の知識を修得し、そういった知識を武器にして自らを金持の指図や教養人の嘲笑から守るのである。誰かが、古代ローマ人は芸術作品を評価したが芸術家を軽蔑したと思い切ってほのめかした時、ファルコネは、その男の「傲慢さと衒学ぶり」こそ「軽蔑すべき」だと指摘し、ついで古代ローマ人は文明人であり、もちろん芸術にも芸術家にも共に敬意を表したのだと答えた。

　ファルコネの非常に驚いたことには、文学者たち——明らかに彼の潜在的な味方である——の中には、自分たちの向上した地位を大いに享受して、人と分かちあおうとせず、そのかわり無学だといって容赦なく画家や彫刻家をばかにする者がいることが明らかになった。さらに金持の芸術愛好者たちは、相も変らず芸術家を地位の低い労働者として扱っているようであった。自分勝手にその運命を決め、題材を選び、手数料を出せばその作品が買い取れる労働者としてである。それに答えてファルコネは、芸術家とは金のために機械的に働くただの職人ではなく、自らの喜びと栄光のために働く文明人であると論じた。そして彼は幾つかの立派な振舞いによって、自分の立場をさらに人の納得できるものにした。ピョートル大帝の彫像についてロシアが彼と交渉したことがあった。その時示された数多くの実現可能な腹案をすべて拒否して、ファルコネはこの注文を失う危険をおかしてまでも、自分にとって不可欠な行動の自由に固執した。彼は結局その注文を受け容れたが、四〇万リーブルを目の前にして求めたのは、ただその半額だけであった[1]。

　ファルコネの考えでは、無知な愛好家や自分本位の文学者《リテラトゥール》も質《たち》が悪いが、現代の芸術と芸術家にとって最悪の敵は古美術狂であった。この点で芸術の政治学と芸術の哲学は合流する。つまりファルコネの痛烈な描写によれば、古美術狂とは金持の愛好家であり、その愚かさは傲慢さによっていっそう強まっているのだ。その上彼らは怠けものであり、古代彫刻のかけらや古代寺院の高価な絵画をイタリアから持ち帰って、そういう収集品にものをいわせ、社会的な競争相手に勝とうともくろんでいる。彼らは現代芸術を軽蔑しようとしたが、かえって彼らの崇める古美術品に対する軽蔑が生じただけだった。ファルコネに賛成してディドロは評した。「現代の芸術家たちが古代研究に反発したのは、古代研究が愛好家によって勧められたからである[2]」。これ見よがしに自分の立場を際立たせ、彼なりの新旧論争を行ないながら、ファルコネは一人の自由な人間として崇拝する権利を求めた。「膝を屈して拝む前に偶像をよく見たい」。もちろん幾つかの賞賛に価する古代彫刻はあったが、しかしたいていの古い美術品は現代の最良の作品に比べて劣っていた。「ギリシアには非常に多くの傑作があるが、愚作も非常に沢山みられる」。そこで古美術狂というのは、そういうがらくた《ソティーズ》を見のがし、古代美術の欠陥――つまりほとんどの場合多様性、壮大さ、調和、優美さ、知的性格に欠けていたり、釣合いと遠近の正確さがなかったりという欠陥である――に目をつぶって、まちがった規準を現代の芸術家におしつけ、その生産性を挫くのである。(3)

ファルコネの主張に共鳴していたフィロゾフたちでさえ、扇動的な雄弁を弄するだけで、身分的服従や過去による束縛をなくせるとは考えていなかった。それと同時に、フィロゾフたちの多くは自身が芸術家だったり、また芸術家の友人だったりして、概してファルコネの陣営にいた。芸術家はその威厳と芸術上の自由を要求したのだが、これはフィロゾフたちの理想である開かれた社会にとって一種のテスト・ケースであった。つまり、そういった開かれた社会においては低い身分に生れたということなどは問題でなく、才能がそれ自体のために報われるというのである。ヴォルテールはかつての恋人でフランス一流の悲劇女優アドリエンヌ・ルクヴルールについて激しい調子の哀悼の詩を書いたが、その意味は右にのべたようなことである。彼女は一七三〇年若くして死に、女優であるため臨終の儀式を拒否され、不浄な場所に埋葬された。彼女の死後ヴォルテールはこの詩をどうしても刊行しようとしたが、この詩や友人たちに送った手紙は高度に政治的なものである。「ロンドンでは才能あるものは誰でも偉大である」が、フランスでは軽蔑される。イギリスの女優「オールドフィールド嬢」はウェストミンスター寺院に埋葬された。アドリエンヌ・ルクヴルールの墓はイギリスだったら「才人や国王や英雄たちの間に」あったことだろうが、フランスでは彼女の「死体は下水溝に投げこまれた」(4)のである。ヴォルテールはこの対照的な事実から、できるだけ大きな結論をひきだした。すなわちイギリスは自由でフランスは奴隷の土地、イギリスは大胆でフランスは迷信の犠牲だというのである。ヴォルテールの怒りはその感情において個人的、調子においてヒステリックであるけれども、芸術、芸術家、さらに啓蒙思想の間の密接な結びつきの一例となっている。

だがこのできごとは一つの前兆というより過去の遺物であった。十八世紀の文学者と同じく、十八世紀の芸術家は自らの神経を回復したが、これは概して前例のないことであった。(5)私が「概して」というのは、芸術家の闘争が作家の闘争と同じ方向にむかい、同じ到達点をめざしていたにしても、それほど断固としてはいなかったからである。アレキサンダー・ポープやサミュエル・ジョンソンによる独立の表明には、革命的な宣言のもつラッパの響きのような明快さがあった。芸術の分野では独立の表明はもっと数多くなされたが、それほど断固としてはいなかった。しかもその上、相変らず自立より従属の方を好む芸術家たちもいた。

芸術家の社会的な解放はルネサンスにはじまり、十七世紀の芸術家がそれに多くの貢献をしたのだが、それに対して社会革命は十六世紀初頭イタリア諸都市にはじまり、十八世紀になってはじめて誰もおさえられないようなはずみを得た。ルネサンスの芸術家たちは古代の概念を復活させ、神聖な狂気とか創造過程の特権的な位置とかを主張した。彼らは各人の個性への敬意を要求したのだが、それはつまり自分たちに創造的天才があったり、経済的に困窮していたり、数々の奇行癖があったりということへの敬意を意味した。十六世紀の終りには流行芸術家の商標というわけで、生れつきメランコリックでも変人でもないのに、メランコリーや奇癖をてらう画家がいたりして、それに対する苦情さえきかれた。ミケランジェロとそのパトロン、法王ユリウス二世との間の葛藤には巨人同志の葛藤の叙事詩的な大きさがあった。十七世紀にはベルニーニがそれより少し低いレベルでミケランジェロと同じことを行ない、彼の方で高位のパトロンに愛顧を与えた。その一方サルヴァトール・ローザはたゆまず鋭い才能に磨きをかけ、十八世紀後半の芸術家を思わせるような主張をして、絵を描くのはただ自分自身の満足のためであり、しかも創造的歓喜にとらえられた時だけであると言った。十七世紀はじめから芸術家たちは地位を安定させようとした。彼らは特別な才能に注意をひこうと自分たちの作品を展示した。また自分たち自身を組織してアカデミーをつくり、中世ギルド的な制約から自らを解放したり、作品の値をあげたり、社会的地位を向上させたり、さらには「自由学科」〔一般教養としての芸術〕を実践しているという主張が認められるようにつとめた。しかし、こうした努力は突発的でどちらかといえば無駄であった。神のごときミケランジェロや彼よりただ少し劣るベルニーニは伝説的な生涯をおくったが、それは多数の平凡な芸術家たちには何の指針にもならなかった。ミケランジェロやベルニーニは余りになみはずれていて、少しも競争心をかきたてなかったのである。ルーベンスは外交官、人文主義者、企業家であり、伝説的な精力と多才さをそなえた天才であったが、同じく人の妬みなどを超えたところにいた。実際に役立つ模範というより一つの天性の才の流露のようだったのである。ローザは公然と変った運動を行ない、芸術の独立をめざしたが、明らかに風変りで孤独なアウトサイダーであって、ほとんど他に影響を与えず、直接の後継者を全く残さなかった。展覧会はほとんど存在せず、未組織であり、ふつう一人の芸術家のためというより、ある聖人の日とか一地方の歴史的な行事を祝って催された。美術商たちはたいてい群小の才能をくいものにしていた。そうできるようになればすぐ——つまりパトロンが見つかればすぐ——有望な画家や彫刻家は美術商のもとを去って、二度と帰ってこなかった。一六五〇年代までにはフランスの王立絵画・彫刻アカデミーは立派に組織され、惜しみなく基金を与えられ、王室の保護のもとにあったが、しかしそれは古い隷属状態にかえて新しい隷属状態をもたらした。つまり、パリのアカデミーは王権の名において制限的なギルドをうち破ったが、えりぬきの芸術家に対する独占権を確立し、唯一の様式——つまり宮廷で認められた様式——で学生を訓練し、こうして芸術家を絶対主義に縛りつけたのである。「威厳と自由がイタリア十六世紀芸術における闘いのモットーであったが、今やそれが威厳と奉仕ということになった」[6]、とニコラウス・ペヴスナーは書いている。アカデミーをつくるだけでは十分でなかった。必要なのは諸条件の変化や理想であり、その両方とも啓蒙の時代に、一部は様々な努力を通してだが、もたらされた。

（1）Anne Betty Weinshenker : *Falconet : His Writings and His Friend Diderot* (1966), chap. iii.

（2）一七六五年のサロン。*Salons*, II, 207.

(3) Weinshenker : *Falconet*, chap. iv.
(4) 「高名なる女優、ルクヴルール嬢の死」in *Œuvres*, IX, 370. Lettre XXIII, *Lettres philosophiques*, II, 159. ヴォルテールからティエリオへの手紙（一七三一年五月一日）。*Correspondence*, II, 174.
(5) 本書、第一章と第二章のⅠを参照。
(6) Nikolaus Pevsner : *Academies of Art, Past and Present* (1940), 109.

2

十八世紀の芸術家と思想との間の関係が極めて多様であったように、十八世紀の芸術家とその愛好者との間の関係も極めて多様であった。この関係は潜在的な顧客の財力、社会の支配的な態度、気紛れな様々の趣味、さては検閲官の能力などに依っても変った。こういった要素に等しく左右されたけれども、特に重要なのは、芸術家が仕事をする環境であった。卑俗な風俗画家や小さな店の家具職人の方が、ある意味で教会建築家や野心的な壁画家より自由であった。教会や壁画の場合、大規模な注文を見つけねばならず、しばしば何年もただ一人の顧客に隷従したのである。さらに自由は決して疑う余地のない利点ではなかった。オランダの画家たちが苦労の末、他の人びとに先がけること一世紀前に理解したことなのだが、特定のパトロンのいない芸術家は、ふつう良心のかけらもない美術商との契約に縛られ、一人の気紛れではなく多くの人間の気紛れに左右させられたのである。有名な話だが、ヤン・ステーンは宿屋の主人として生計をたてなければならなかったし、ホッベマはぶどう酒税に関する権益を手に入れて所得をえたし、さらにレンブラントが裕福だったのは、彼の画風が客である金持の市民の趣味にあっている間だけであった。レンブラントは晩年すばらしい円熟の境地に入ったのだが、望ましい注文は群小の他の画家の方にいってしまい、彼自身は破産した。どちらかといえば、たとえば芸術好きの枢機卿より市場の方が気まぐれであった。リチャード・ミード博士はロンドンにおける公衆衛生の先駆者で、十八世紀で一番気前がよく目も利くブルジョワのパトロンの中での先駆者でもあった。彼はレンブラントやプッサンやティツィアーノの絵をどれも数多く持っていたが、一七一九年ヴァトーがイギリス滞在の折には二枚の絵を注文した。しかし、彼の死後一七五四年にその収集品が売りに出されてみると、カルロ・マラッタの一枚の歴史画が一八三ポンドになったのに、二枚のヴァトーの絵はそれぞれ四二ポンドと五二ポンド一〇シリングで、アルダマン・ベックフォードの手にはいった。市場の自由な活動によって芸術家が繁栄し、趣味が純化されたなどという言い草は余りあてにならないのである。

自由はいつも危険だったが、隷従はしばしば報酬につながった。すべてのパトロンが暴君だったわけではなく、庇護の仕組みには策略を用いる余地もあった。法王や君主や宗教教団、さらに金持の愛好家はしばしば気前よく芸術家に金をはらい、いつもではないにしてもよく申し分のない自由も与えた。その上良い趣味と十分な資産にめぐまれたパトロンは、美学上の革命をおこすことができた。まったく文字通り冒険する余裕があったのである。一七六〇年以降イギリスの主要都市に建物を乱造した投機的建設業者たちは、建築史に残ろうなどという気はなく、直接的な利益を得ようとした。イギリス十八世紀の建築は、おそらく彼らにではなく、バーリントン卿がパラディオ様式（イタリアの建築家パラディオ（一五一八—八〇）の建築様式、十七世紀初頭特にイギリスに広まった）に夢中になり、それが周囲に影響を与えたという事実に負うところが大である。

したがって、庇護という形態が十八世紀にも生き残り、その公然たる擁護者がいても驚くにはあたらない。ジョヴァンニ＝バッティスタ・ティエポロは長く多産な生涯を、フランコニアの君主・司教やスペイン王をはじめとする大パトロンにつかえてすごした。そして彼らの主要な注文の一つ一つに長期にわたって従事した。ヴュルツブルクの城《レジデンツ》を飾りつけるのに三年、マドリッドのカルロス三世の宮殿にフレスコ画を描くのに八年を要した。ヘンデルはハノーヴァー家の国王たちの趣味から利益をひきだした数少ない芸術家のうちの一人だった。さらにフランツ＝ヨゼフ・ハイドンは歴代のエスターハージー公に仕え、ほとんどお気に入りの馬かなにかのように扱われたが、しかもたいていの場合幸せで多作であった。自由人で社会的名士としてロンドンを最初に訪問した時、はじめてもう一つの可能性が彼の心にうかんだ。一七九一年彼はイギリスから手紙を書いた。「自由でいるのは何て楽しいんでしょう！　私にはやさしい君主がいましたが、時にはつまらない人間たちに頼らざるをえませんでした。しばしば解放に憧れたものですが、この憧れは今ある程度は実現しています……もう囚われの身の召使ではないと思うと、どんな苦しみも和らぎます(1)」。しかし服従の習慣はうち破りにくかった。ハイドンはそうしようと思えばできたのに、ロンドンには落着かず、主人たちのもとへと帰っていった。

隷属状態と自由の間に一線を画したり、芸術上の企図にとって望ましい環境を曖昧さを残さずに定義するのは不可能である。それとちょうど同じく、パトロンと顧客を明快に区別するのは不可能である。さまざまなタイプのパトロンがいた。国王、宮廷人、司教、さらに投機師。地方貴族や旅行中のイギリス人。宗教組織は精神上の力で忠誠を求めることができたが、一私人にはひきつけるものとして金しかなかった。尊大なお偉方たちは事実上数年間一人の芸術家をひとりじめにしたが、それほど豊かでない愛好家たちは作品を少し注文し、それから友人に推せんすることで、自分が庇護している芸術家に対しわずかな影響力を持ちつづけた。単に地位や階級の問題でもなかった。十八世紀の絵画と演劇の世界ではブルジョワの芸術愛好者がいっそう指導的な役割を演じたが、そういう役割は新しいものでも他に例がないものでもなかった。十六世紀のフィレンツェや十七世紀のパリでは、金持の平民が絵画や彫刻を買い、建物を注文した。啓蒙の時代には同じ市場で同じ芸術作品に関して、聖職者や貴族がしばしば商人や医者と競争した。十八世紀にはじめて起こったことは、一般の芸術愛好者がパトロンにとってかわったり、ブルジョワの顧客が貴族の顧客にとってかわったりしたということではなかった。そうではなくて、豊かで貪欲な愛好家がかつてないほど旅行したということ、芸術家が単なる職人と区別されるべきだという主張がついに明確なものになったこと、さらに芸術家の作品を展示するさまざまな機会が——若干の私人の家が一般に公開されたり、簡単な美術館ができたり、展覧会がフランスやイギリスのアカデミーに後援されて開かれたりして——大幅にふえたということなどである。そして一般の芸術愛好者の数がふえ、芸術家の社会的著名度がますにつれ、その身分は向上した。一七五〇年、ローマではアカデミーの公式の決定として、芸術家はどんなギルドにも属さない、というのもその仕事は自由学科《アルテス・リベラレス》の一つなのだから[3]、ということになった。その数年後、アンドレア・メンモというヴェネツィアの官吏でパトロンでもあった人は自分の覚書きに記して、画家は奇人でありすべての隷従をまぬがれていなければならないとした。「もっともなことだが絵画において想像の面は自由に気高くなされねばならない。芸術の実践において天才は拘束をうけてはならない。そういう訳で芸術は自由なと形容されるのである」[4]。これは新しい調子であり、やがて支配的な調子になった。芸術家たちが生活の仕方にさまざまな好みをもつにせよ──彼らはかつてと同様啓蒙の世紀でも多種多様であったが──この世紀の諸現実によって、まだ漠然とだがかなり断固として独立の方向が示されていた。作家たちには自由のもたらす利益はほとんど自明であった。それとは非常に異なって多くの画家、彫刻家、さらに建築家などはいやおうなく近代の市場にひきずりこまれざるをえなかった。

(1) Karl Geiringer : *Haydn : A Creative Life in Music* (edn. 1963), 121.

(2) 「二つの異なったタイプのパトロンがあり、その一つは金によるものであり、もう一つは創立者が聖人であったという事実に由来する精神的権威によるものである」。Francis Haskell : *Patrons and Painters : A Study in the Relations Between Italian Art and Society in the Age of the Baroque* (1963), 65.

(3) Pevsner : *Academies of Art*, 114. この論法は余り現実的ではなかったが、十七世紀にさかのぼる。

(4) Haskell : *Patrons and Painters*, 330 (この文が引用された原資料は、完全にイタリア語の原文で ibid., Appendix I, 386-7 におさめられている)。

Ⅲ　過去の束縛

1

近代の模範は——それはフィロゾフたちによって理想化された面もあり、事実としての面もあったが——イギリスであり、この国ではじめて公開演奏会が開かれ、ただの肖像画家にナイトの爵位が授与されたのであった。イギリスは女優について進歩的な考え方をしたが、結局それによってヴォルテールはフランスのことを恥ずかしく思ったし、イギリスで単なる音楽家がもてはやされるのを見て、ハイドンには隷属状態にかわるものが何であるか理解できた。

イギリス人の芸術に対する寛大さは目新しいものではなかった。何世紀にもわたってイギリス人は、こだわりなく様式や芸術家を輸入し、借用したものに工夫をこらし、享受するものに報酬を与えてきていた。それは必要から生れた徳であった。つまり、十七世紀を通じてイギリスには、才能もあり流行にもかなった音楽家や彫刻家が十分に出現せず、需要に追いつかなかったのである。しかし、イギリス人は非常に巧みに外国の諸様式を変形したので、それらはイギリス色濃いものとして少し後には広く受けいれられ、誇らし気に展示された。レンとヴァンブルーは建築において大陸風バロック様式をイギリス風バロック様式に移しかえ、ジェイムズ・ソーンヒル卿はフランスとイタリアの技巧を用いて名誉革命を称える壮大な壁画を制作した。

　外国の芸術家のイギリス化が、こういう外国様式のイギリス化と対になっていた。ヴァン・ダイクはアントワープで生まれ、イタリアで修業し、一六三二年にイギリスに住みついて、ナイトの爵位を授与された。少し後オランダの画家、ピーター・ヴァン・デル・ファエスはイギリスに再び現れた時、ピーター・レーリ卿という新しい名前と位を持っていた。ドイツの肖像画家ゴットフリート・クニラーは能力、栄誉、策略においてレーリの例にしたがい、ガドフリ・クネラー卿となった。そして多くの他の人びと、画家だけでなく彫刻家、作曲家、建築家などもイギリスに定住し、立身出世した。

　十八世紀はじめ、絵画においてはイギリス生まれの才能が出現し、イギリス生まれの建築家を用いようという意向も増大して、こういった寛大さの性格は変わった。しかし減少することはなかった。外国人はあいかわらずイギリスにやってきて成功し、イギリス人よりイギリス人らしくなった。ゲオルグ＝フリードリッヒ・ヘンデルは移住したことを決して後悔しなかった。カレッジやウェストミンスター寺院のため、著名な科学者や詩人の胸像をつくった当時指導的な彫刻家たちがいたが、彼らはみな外国生まれであった。シーマケルとリュスブラックはアントワープ出身だった。［ケンブリッジ大学の］トリニティ・カレッジのためにニュートンの彫像をつくった有名なルビヤックはリヨン出身だった。イギリス人は外国人を歓迎し、彼らから多くを取り入れたが、外国人から学ばなかったことは、旅に出たり、イギリスにやってきた外国の芸術作品を研究して学んだ。ゲーンズバロは画家の中で一番イギリス的だが、フランスの版画家グラヴロの作品、ロイスダールの風景画、さらにヴァン・ダイクの威厳のある肖像画などに影響をうけた。レノルズは、三年間イタリアに滞在したが、それが趣味を形づくるのに決定的であった。バーリントン卿の優雅な建物は数年間イギリスの建築を支配したが、これはただ古代ローマ人とイニゴ・ジョーンズというイギリスの天才だけではなく、パラディオの涼し気な別荘建築にも負うところが大きかった。バーリントンのイギリス風パラディオ様式はイギリス的であったが、同じくらいパラディオ的でもあったのである。ホーガースは外国嫌いで悪口を言い勇ましく否定的な言葉を吐いたが、彼でさえオランダ風俗画を模範にして人物風俗画を制作し、大いに成功した。イギリスの才能は外国の影響を相変らず必要とし、そのおかげで豊かになっていた。デイヴィッド・ヒュームにはスコットランド人の超然としたところとフィロゾフの世界主義《コスモポリタニズム》がみられたが、彼はこう記した。「おそらくイギリス人は偉大な哲学者であり、イタリア人は優秀な画家で音楽家であり、古代ローマ人は偉大な雄弁家である。しかしギリシア人を除外すれば、フランス人だけが同時に哲学者、詩人、雄弁家、歴史家、画家、建築家、彫刻家、音楽家であった[1]」。

　これが公刊された一七四二年までには、ヒュームの思慮に富んだ寛大さは、後進性のしるしではなく自信のしるしになっていた。イギリスに喜んで借用する気があったり吸収する能力があったりしたのも、同じ自信のしるしだった。この世紀のはじめ、まだそういった自信は未経験であやふやなものだった。その頃イギリスの作家たちはあまり本当らしくもない主張を心ならずもならべたてて、イギリスの社会的自由と世間でいわれるイギリス芸術の優越性との関連を論じた。一七一〇年シャフツベリ卿はフランス人を認めず、「あの気取った隣の国民」、「芝居がかった大げさな精神」を容認しなかった。彼は明らかな事実にいっさいかまわず主張した。こういう精神が「不都合にも存在しうるのは、自由の精神のないところである」。それに対しイギリスではミューズたちがまだ「ゆりかごの中にいるみたいに片言を話している」のだが、名誉革命があって「さまざまな自由は今まで危いものだった」[2]のに確かなものとなった。そうしたことは当然芸術の偉大さに結びつく、というのである。その二年後『スペクテイター』がたいへん尊大に記したのは、「世界中でこの国民ほど、自分自身や友人や知り合いの絵を手に入れて喜んでいる国民はいない」ということであった。これは同じ時、よその国々でもなされていた自慢（あるいは不平）だった。しかしそれ以上に『スペクテイター』の主張によれば、「イギリスほど肖像画のすばらしいところはない」、というのも「イギリスには美しく高貴な顔があふれていて」、「イギリス国民は激励や富や寛大さ」[3]を与えうるからだと思われるというのだ。ヴォルテールのように大陸のフィロゾフで、信念からも策略の上からもイギリスをひいきにしている人びとは、こうしたイギリス人の自惚れには寛容になりがちだった。彼らにとっては自分たちの国が芸術家の境遇をよくするようしむけられればよかったのである。しかし一七四〇年代、デイヴィッド・ヒュームは再度この問題を検討したが、その当時こういう文化面での盲目的愛国主義は、主としてホーガースのような猛烈な愛国主義者のものであった。ヒュームはきっぱりと、芸術の分野では外国人の方がイギリス人よりすぐれていると言った。（これはかなり不穏当な発言だった。）その上つけ加えて論じたところでは、芸術的にすぐれたものが自由のない国によく出現するというのであった。（これはもっと不穏当だった。）近代フランスでは「あまり自由が確立していなくて、しかも芸術や科学が他のどんな国においてよりも完成に近づいた」。他方、近代ローマ［イタリア］は「暴政のもとに、それも僧侶の暴政のもとに呻きながら、彫刻、絵画、音楽、詩などの芸術を完成に導いた」し、フィレンツェで「芸術と科学の主要な進歩があったのは、メディチ家が権力を強奪し、自由が失われはじめてからだった」[4]、というぐあいに彼は書いたのである。ヒュームの率直さにはイギリス人がもはや自慢しなくてもよくなったということが示されている。イギリスは一世紀にわたる騒乱を経て、遂に政治的安定、宗教的平和、国際的安全、経済的発展を享受していた。政治的指導者層は貴族、地主、さらに少数の有力な商人のゆるやかな連合であって、その権力は土地にもとづき、地方及び中央の政府で発揮された。彼らは今や平和的な諸目的の追求に注意をむけられると考えた。すばらしい家を建て、飾り立てたのである。ロバート・ウォルポール卿は誰にもましてこの落着いた風潮に責任があったが、彼自身収集家で目のきく趣味と寛大な気質と抑えられない欲求を持っていた。彼の得たティツィアーノ、レンブラント、プッサンの絵は、ロンドンでミード博士が収集したものに張りあった。

この政治的指導者層は莫大な財産をもち、いつでもそれを家や庭や絵画や彫刻に注ぎこめたのだが、指導力を発揮して趣味を導き——企図によってより、企図がないことによって——文化的な革命をおこした。芸術に対する宮廷の影響は目立って衰えたが、それはおもに国王の無関心のせいであった。「私は絵画《がいが》と詩《じ》が嫌いだ」(I hate bainting and boetry) とまでは国王も言わなかったかもしれないが——これはジョージ一世の言葉ともジョージ二世の言葉とも言われている——ジョージ王たちの行動はそう言ったも同じであった。芸術家たち自身は宮廷を拒まなかった。一七五一年三月二〇日、ウェールズ公フレデリック・ルイが亡くなった。その時レノルズは厚かましく、身勝手にも、自分は「心底からうちひしがれた」と公言した。彼の書いたところでは、きっと「ウェールズ公は画家の偉大なパトロンになっていただろう[5]」から、というのである。さらに一七六八年にはジョージ三世が王立アカデミーにその名を貸し与え、五〇〇〇ポンドを贈った。その時、初代院長のレノルズは、そういったものを拒むほど誇り高くも愚かしくもなかった。

しかし、国王の庇護にまだどんな威光があったにせよ、これはもはや必要欠くべからざるものではなかった。他方、政治的指導者層は芸術家に不可欠であったのだが、十八世紀の標準からみて、際立って寛大で、ほとんど民主的であり、独立への道に邪魔が入らないようにした。美術館も公開画廊もない時代に、ミード博士はすばらしい絵のコレクションを画学生に開放し、訪れた芸術家を、外国人も含めて気前よくもてなした。バーリントン卿は気前のよいパトロンであり、同時に援助している芸術家の、平等主義的な仲間でもあった。彼はイタリアへの最初の旅でウィリアム・ケントに出会い、凡庸な画家であった彼をすばらしい建築家にした。ウィリアム・ケントは低い身分の出で、教育もなく、目上の人に対し怒りをさそうような生意気さを示したが、そういったことにもかかわらずバーリントンの親友となった。確かにチェスタフィールド卿はバーリントン卿を批判して、「建築の些細な技術的な部分を知りすぎて[6]」、品を落していると言った。しかし、そんなことを言うチェスターフィールドは紳士気取りの俗物だったのである。

こういう新しい雰囲気の中で、芸術家たちがやがて学んだのは、極めて高位のパトロンと気安く、しかも威厳をもってつきあうことであった。一七六〇年代、トマス・ゲーンズバロはハードウィック卿の注文の制作を拒んだ。その際彼は一種ていねいな、お追従的でさえある言い回しを用いたのだが、拒んだことに変りはなかった[7]。またキャパビリティ・ブラウンはノーサンブリアンの小村の出で、地方の地所の身分の低い庭師として出発したが、ほどなく世間が彼に礼をつくすこととなった。チャサム卿は彼について書いた。「彼は、職務上《アン・テイトル・ドフイス》の地主、ランスロット・ブラウンと名のっている」。ブラウンは「国王と私的な時間をすごし、シオンの隣人」——ノーサンブリアン公爵のことなのだが——「と親しく食事をし、さらに君主の家族みんなと食卓につく[8]」。ホーガースは戦闘的な社会批評家で、自分がしがない出身であり、しかも偉大な真価をそなえていることを決して忘れず、人にも忘れさせなかったが、彼でさえイギリスで階級闘争をはじめられるとは思わなかった。ホーガースが力強く風刺で攻撃したのは「鑑定家」たち、金持でしばしば爵位をもつ愛好家たちであって、彼らは新古典主義的な常套句を滔々と述べたて、フランスやイタリアの巨匠への敬愛を示していた。ホーガース自らが「戦争」[9]と称したものは疑う余地なく独立をめざす戦いの一部であった。しかし彼は金持や貴族のため人物風俗画を描いたり、実入りのいい祭壇飾りの注文を引き受けたりすることも軽んじなかったのである。一七四六年には『フィンチレーへの行進』(***March to Finchley***)をジョージ二世王に献呈したし、生涯の大部分、新古典主義の序列〔絵画のジャンル間の価値序列〕にいやいやながら敬意を表し、大きな歴史的主題に手をつけた。ジョシュア・レノルズは「非常に恥知らずに、むしろ生意気に」、とこのことでかなり厳しく決めつけたのだが、[10]彼はホーガースを余り重んじていなかった。急進派ホーガースでさえ、相変らず伝統的な社会や芸術の序列に敬意を払っていた。過去のさまざまな束縛は苦しみであるだけではなく、喜びでもあったようだ。

(1) "Of Civil Liverty," *Works*, III, 159.

(2) "Advice to an Author," *Characteristics*, I, 141-3.

(3) *Spectator*, No. 555 ; IV, 496. ホーガースはこれよりもう少し冷笑的で、肖像画が特にイギリスで盛んなのはイギリス人が虚栄心と自己中心主義をあわせもっているからだと考えていた。Basil Williams : *The Whig Supermacy, 1714-1760* (edn. 1952), 374.

(4) "Of Civil Liberty," *Works*, III, 158-9. 自由のための思想家でもある芸術家たちは、こういう断固とした議論に対して、芸術的栄光の時代と政治的自由の時代をあいかわらず結びつけていた。ヴィンケルマンの主張によれば、エジプトが劣悪な芸術を生んだのは、この国に自由がなく芸術家が堕落していたからであり、ギリシアが偉大な芸術を生んだのは、自由になってすぐ、しかも自由のある間だけであった。「芸術はいわば自由によって生命を与えられるのだが、自由をなくすと必然的にしおれ、凋落することになる」――それがアレキサンダー大王の死にともなって生じたことなのである。*Geschichte der Kunst des Altertums* (1764 ; edn 1934), 332.

(5) レノルズからウェストン嬢への手紙（一七五〇年）。*Letters of Sir Joshua Reynolds*, ed. Frederick W. Hilles (1929), 12. レノルズが、パトロンにお追従を言うことを恥ずかしいとも思っていなかったことは、その手紙から明らかである。一例としてナポリ駐在イギリス大使ホン＝ウィリアム・ハミルトン宛の手紙（一七六九年三月二八日）。Ibid., 20-3 を参照。

(6) Peter Quennell : *Hogarth's Progress* (1955), 44 に引用。

(7) 「臣ゲーンズバロは、ハードウィック卿に慎しんで敬意を表したてまつり、閣下の御役にたてることを常に名誉と存じあげております。しかしながら、この国の自然のあるがままの様子を尊重の上、主題をさがしましたが、ガスパルやクロードなどの極めてみすぼらしい模倣の域に達することすらかなわぬありさまでございました。……臣ゲーンズバロはハードウィック卿がその意とするところを誤解されませぬようお願い申しあげます。しかしながら、もし閣下におかれましてゲーンズバロの名を付したまずまずのものを御所望ということでございますれば、絵柄その他は言うにおよばずその主題全体も閣下御自身の御知恵によるべきものと存じあげたてまつります」。Ellis Waterhouse : *Gainsborough* (1958), 15.

(8) Dorothy Stroud : *Capability Brown* (2d edn., 1957), 43.

(9) これはホーガース自身がヘスター＝リンク・ピオッジ宛の手紙で使った言葉である。William Hogarth : *The Analysis of Beauty*, xiii への Joseph Burke : "Introduction" を参照。

(10) Joshua Reynolds : "Discourse XIV," *Discourses on Art*, ed. Robert R. Wark (1959), 254 を参照。

2

イギリス芸術において新しい人間の申し分ない見本は、ジョシュア・レノルズ——一七六九年以降はジョシュア・レノルズ卿——であった。ここで彼は特別な関心の的になる。というのは、彼は画家の中でのフィロゾフであり、ファルコネが彫刻家の中でのフィロゾフであったのと同様だからである。なるほど仕事への献身、社会的な野心、文学的な抱負、鋭い金銭感覚などは小会派の独占物ではなかった。しかし、レノルズにおいてはそうしたものが強烈な感情になり、知的な形をとった。さらに社会的意味も獲得したが、それによってたとえばヴォルテールにおけるのと同じ意味あいをおびるに至ったのである。レノルズはヴォルテールよりずっと気楽に信心家たちとつきあった。一七六四年、彼はジョンソン博士と共にクラブを創立した。その時結局はエドワード・ギボンやアダム・スミスのような現代的異教の徒をメンバーに加えた。もっともメンバーのほとんどはサミュエル・ジョンソン、パーシー主教、さらにエドマンド・バークのような堅固な信心家やジェームズ・ボズウェルのような気むづかしい信者であった。しかし、十八世紀のイギリスではよそと比べて小会派はあまりがっちりと組織されていず、より広い文化ともそれほど区別されていないで、当時の啓蒙主義的雰囲気に融けこんでいた。要するに部分的にはこのことでフランスやプロシアのフィロゾフたちはイギリスをうらやましがり、模範と仰いだのであった。だが宗教の究極的問題については、レノルズは全くはっきりとアダム・スミスやエドワード・ギボンの側についた。ボズウェルが大変遺憾に思ったことに、レノルズはキリスト教信者というよりストア派だったのである。そして他のフィロゾフたちを特徴づける論法が——断固として独立を主張し、信仰心を捨て、さらに古代人を礼賛するというものだが——レノルズをもまた特徴づけている。彼は荘重な様式を尊重し、絵画における序列を受けいれたが、この序列によれば歴史的な主題は人物像より上にあり、さらに典型としての人物像は個別的な人物像より上にあるのだった。レノルズは、自分が個別的な人物像を得意にしていること、とにかくイギリス人が何よりこのジャンルを好んでいるということを知っていた。フュッスリはイギリス人というものを熟知しており、こう指摘した。「イギリスで詩的な絵画が助長される望みはまずない。人びとにその心構えができていない。彼らには肖像画がすべてだ。その趣味も気持もすべて現実的なものにむかっている」(1)。レノルズの趣味や気持もまた、理論がどうあれ現実的なものにむかった。彼は自分の実行した「穏健な試み」を自嘲した。自分は、最も良いと考えられるものを作ったのではなく、たかだか自分の能力の手のとどく分野で最良のものを作ったにすぎないから、というのである。さらに晩年には自分の好きな巨匠、ミケランジェロの模倣に陥ったといって自分を責めた。「私は自分の能力と生きている時代の好みにいっそう合ったもう一つの道を選んでしまった」(2)。自分の才能を有効に発揮する方を選び、人に賞賛される伝統には従わないということ、これはレノルズの自己批判のつぶやきがあるにせよ、意志の強い、誇らし気でさえもある選択であった。これは十八世紀の啓蒙主義的人間の特徴で、革命的な意味あいを持っていた。

レノルズの生涯は、フィロゾフとして芸術家の理想実現をめざした、聡明で不屈の試みであり、周到に計画され完全に成功した生涯だったと理解できる。彼は一七二三年に、立派だが非常に貧しい牧師と教師の家柄に生れた。はやくから才能を発揮し向上させ、トマス・ハドソンに肖像画を習い、いちはやくイギリスで一番求められる肖像画家に出世した。一七五五年までには百人以上の人が彼の前でポーズをとっており、そして一七五九年までにはその仕事を抑えようと絵の値段をあげた。そうする余裕があったのである。つまり、すでに一年に六千ポンドの収入があった。ヴォルテールと同じく彼には金をかせぎ、享楽し、使う際立った能力があった。レノルズは買えるようになるとすぐ馬車を買ったが、それは才能によって手に入れた地位を象徴した。弟子のジェームズ・ノースコートによればレノルズの「馬車」は華やかに飾られ、人目をひくように乗りまわされた。この馬車の意図するところは、「彼の大きな成功に力強いしるしを与え、そうすることによってその成功をもっと大きくする」[3]ことだった。だが仕事は彼にとってそれ自体としての価値も持っていた。他のフィロゾフたちと同様、レノルズは仕事を礼賛し、仕事から深い満足をえた。まだ若い画家だった頃、彼は画架のそばにいると「一番幸せな人間」だと気づいた[4]。後になって彼はこの発見を気取っているかもしれないがまったく心から出た一文の忠告にした。「絵において、いやそれどころかどんな芸術においても、人にぬきんでようとする者はみな、朝起きた時からベッドにつくまで、全身全霊を傾けて唯一の目的にむかわねばならない[5]」と彼は書いたのである。しかし、彼には一種の反逆心をともなったユーモアがないわけではなかった。一七五一年、非常に重要なイタリア滞在の間のことである。レノルズは一連の『ローマに滞在するイギリスの美術通』(*English Connoisseurs in Rome*) を描いた。これによってヨーロッパ巡遊中のイギリス人愛好家——彼がホーガースと意見を同じくした種類の人間——と好きな古典作品の一つ、ラファエロの『アテネの学堂』の両方を諷刺したのである。さらに一七七六年、荘重な画風——自らの画風なのだが——をこっけいにもじって『ヘンリー八世に扮したクルー若殿』(*Mast er Creweas Henry VIII*) という肖像画を制作した。これはホルバインの有名な肖像画をまね、着飾ってポーズをとっている四才の男の子を描いたものであった[6]。こういう気楽なパロディ作品にはあまり重要性をもたせるべきではない。しかしこうした作品が強く示唆しているのは、レノルズは新古典主義者ではあったが、自由な人間でもあったということである。彼は晩年自由を善用し、美学上の著作をすることになった。

レノルズは単なる画家ではなかった。啓蒙思想の特徴である理想、ルネサンスから借りてきた理想に彼はかなっていた。つまり、すぐれて社交的であり、さらにすぐれて文学的であろうとしたのである。すぐれた作家だという評くらい彼を喜ばせるお世辞はなかった。彼は地位が確立するとすぐ、高名な政治家、俳優、さらに文学者などをさがし出し、自分の社会でわけなく輝やいたように、彼らの社会でも輝やこうとした。ジェームズ・ボズウェルがその『ジョンソン伝』(*Life of Johnson*) をレノルズに献呈したことがあった。レノルズは作家の世話好きなパトロンだったので、これもただ多くの献呈本の一冊にすぎなかった。その際ボズウェルは強調した。レノルズは、落着きがあり礼儀正しく会話が巧みで、さらに「人を寛大にもてなし、それによってあなた［レノルズ］の家は長く高位の人、教養人、学者、才人などの集まりの中心になった」のだ、と。

　おそらく「人を寛大にもてなし」てレノルズは本当の喜びをえた。しかしこれはまた社会的な戦略でもあった。つまり、自分の芸術家としての威厳を確かなものにし、あわせてすべての芸術家の威厳を確かなものにしようとしたのである。社交性という形をとること自体が自尊心の主張であり、人びとに敬意を示すよう要請することであった。衒学者として知られたくはなかった。レノルズの定義によると、衒学者というのは自分自身の職業についてしか話ができないので、仲間としか有益な交際のできない人間のことなのだ。そうではなくて社交界の人間、学識ある芸術家、哲学者として知られたかった。文学者の友人たちは欲得ぬきの友人たちではあったが、同時にまた彼の立派な社会的地位の証拠でもあった。文学的な著作は、彼自身正当にもたいへん自慢していたのだが、これはもう一つの証拠であった。幾つかうまくいかない創立の試みがあってから、一七六八年末、遂に王立アカデミーは創立された。その時レノルズが初代院長になるのは必然的であるどころか免れえないことであった。彼が院長をしているうちにアカデミーは社会的地位を守る要塞となった。独占的な形で順調に発展し、一七八〇年からはサマーセット・ハウスにしかるべき場所を割当てられ、時流にかなった展覧会を組織したり、援助しがいのある才能をさがし出したりした。さらに一七六九年から一七九〇年にかけて、アカデミーのレノルズの講演には熱心な聴衆が集まった。

　レノルズの社交性の公式な側面は彼の講演である。この講演で画学生たちに強く勧めたのは、新古典主義の諸原則を学ぶこと、刻苦勉励と油断のない観察を通じて独立への道を歩むこと、巨匠たちを尊敬しつづけること、などであった。一連の講演のうち最後のものは感傷的に「ミケランジェロ」[7]で終っている。さらにおそらく何より大事なことは彼らの天職の威厳を忘れてはならない、ということであった。彼の主張によれば、絵画は「芸術」の一つである。「その目的は美」、それも「一般的知的な」美である。「私がこの場所からはじめて諸君に語りかけて以来、私の一貫して試みたことは、ある重要な考え方を諸君の胸に強く刻みつけることでした」とレノルズは、第七番目の講演をはじめる。「諸君に理解して頂きたいのは、芸術において成功するかどうかはほぼ完全に諸君の勤勉さ次第だということです。しかし、ことにお勧めしたい勤勉さというのは手の勤勉さではなく、精神のそれです。われわれの芸術は神の賜物ではないが、機械的な仕事でもないのです。基礎はしっかりした科学です。習練は完成に必要だが、そのめざすところに達することができるのは、原則に導かれて行なわれる場合のみです」[8]。芸術家の生活の知的な面と社会的な面には関連があり、理知的な芸術と職人仕事の間には違いがある、そういったことをこれ以上明快には描けなかったであろう。

　イギリスの芸術家たちは、こういった風土においてのみ活躍できた。レノルズの影響は絵画から他の芸術に及んだ。友人のバーニ博士は音楽家であったが、はじめて対等な人間として上流社会に出入りできた一人だった。レノルズはこの社会的な勝利に注目し、バーニを「哲学者にして音楽家」[9]と呼んだ。さらにレノルズやジョンソン博士が満足気に記したように、友人のガリックは芝居が社会的に地歩を固めうると考えた。しかし、画家が一番利益を得た。一七八〇年代、ゲーンズバロは全身の肖像画に自信を持って一六〇ギニを要求し、しかもそれを当てにすることができた。またロムニは一年に三五〇〇ギニ以上を稼いでいた。さらにレノルズは彼らすべてを凌いだ。活動的な生涯の最後の一二年間には顔だけの肖像画に五〇ギニ、半身像に一〇〇ギニ、全身像に二〇〇ギニを要求したのである。一七九二年になくなった時、彼は一〇万ポンドを軽く越える財産を残した。そして壮麗な式典によりセント・ポール寺院に埋葬されたが、その棺の付添人として三人の公爵、二人の侯爵、三人の伯爵、二人の男爵が列席するというありさまであった。この葬儀はどんなフィロゾフにも、フランスのフィロゾフにさえも強い印象を与えた。おそらくヴォルテールは別だが、それ以外のフランス人で十八世紀の学芸にたずさわりながらこんなに富を貯えたり名声を博したものはいなかった。ヴォルテールも含め、こんなに華やかに葬られたフランス人はいなかった。

（1） Nikolaus Pevsner : *The Englishness of English Art* (edn. 1964), 31に引用。
（2） Reynolds : "Discourse III," *Discourses*, 52 ; "Discourse XV," ibid., 282.
（3） Sir Joshua Reynolds : *Portraits*, ed. Frederick W. Hilles (1952), 149 に引用。
（4） レノルズから父サミュエル・レノルズ尊師へ（一七四二年七月）。*Letters*, 3.
（5） レノルズからジェームズ・バリーへ（一七六九年）。当時この二人の画家は明らかにまだ良好な関係にあった。同じ手紙でレノルズがバリーに強く勧めたのは、ローマに行ってシスティナ礼拝堂を見学することであった。「ミケランジェロとラファエロの両方の作品が見られるのはそこだけですが、芸術の威厳について考えがまとめられるのもそこだけです」。――明らかに芸術の特質と社会的地位はレノルズの心の中では切り離せなかった。Ibid., 16-18.
（6） これらの絵は Pevsner : *Englishness of English Art*, 69, 70 に翻刻されている。
（7） "Discourse XV," *Discourses*, 282.
（8） "Discourse VII," ibid., 117.
（9） Roger Lonsdale : *Dr. Charles Burney: A Literary Biography* (1965), 479-80を参照。

3

フランスでは他のどこより過去の束縛は強大で、まさにその強大さによって重圧になっていた。ルイ十四世の黄金時代が巨大な存在として、その後継者の銀の時代のうえにのしかかっていた。ルイ十四世の時代を支配したさまざまな習慣、つまり宮廷の権威主義や中央集権制、パトロンが芸術家にみせる恩着せがましい態度などは変らず残っていた。さらに明らかになったのは、支配的な美学上の伝統が、さまざまの社会的態度と同じく存在しつづけているということである。芸術家たちの反応は、体制に身をゆだねたり、冷笑しながらそれをねじまげて自分たちの目的にあわせたり、あるいは陰気に反抗したりとさまざまであった。

革命的な人びとさえ認めたのだが、コルネイユやラシーヌの卓越した悲劇には、誰もはりあう望みがもてなかった。それを試みたヴォルテールが、自分の極めて熱烈な崇拝者の誰よりよく知っていたのは、彼の作品が模範より劣っているということであった。モリエールの喜劇に十八世紀の競争相手はいなかった。ルソーはその観客の影響を遺憾に思ったが、そのルソーでさえモリエールの喜劇はすばらしく、後継者たちには彼の「天才と誠実さ」(1)がないと考えた。晩年ディドロの言ったところでは、現代演劇は「いまわし」くて以前の演劇と比べられない。(2)ラ・フォンテーヌの寓話、キノーのオペラ台本、パスカルやブルダルーやボシュエの神学は別にしても、その雄弁。こうしたものが相変らず一つの文化の、手が届かず理想的で輝やかしい誇りだった。そしてこの文化の豊かさは十八世紀に対する非難ともなっていたのである。『箴言集』(*Maximes*)の著者ラ・ロシュフコー公爵がパスカルやアルノーと言った人びとと会話をし、それからコルネイユの芝居を見にいく、そういう時代はもう二度と来ないだろう」(3)とヴォルテールは書いた。ヴォルテールの性格に不信を抱き、その思想を好まない人びとにさえ、ヴォルテールは圧倒的な人気があった。このことはある意味でフランスにおける悲観的な文化状況の一徴候である。つまり教養ある人びとは少なくとも巨人が一人現存していてほしかったのである。

ロココ様式が支配した諸芸術においては——絵画において、さらにそれ程ではないが建築、彫刻、詩においてだが——古い模範はそんなに近づきがたいものではなかった。しかし、状況はより流動的で余りはっきりしてもいなかった。ヴォルテールはほとんどただ一人でフランスの詩を散文的局面から救おうとした。その彼は「芸術《ボザール》によってフランスはかくも他国にぬきん出たが、その芸術は今やひどく衰えてしまった」と認め、「数少ない天才の作品」の一例として、やむをえずサン＝ランベールの凡庸で月並みな『四季』(*Saisons*)を挙げざるをえなかった。(4)ダランベールのような他の評者たちも彼に同意した。詩の改革の必要は、改革者がいないことと同じく際立っていた。

フランス絵画の状態は、どちらかといえば詩のそれよりさらに混乱していた。絵画界は自らを評価して満足したり落胆したりしたが、いずれにしても余り理屈にあったものではなかった。十七世紀末フランス絵画アカデミーは新旧論争に自らの見解を示した。誤解された十七世紀の巨匠ルーベンスの名が、同じように誤解された巨匠プッサンの信用を落とすためにもちだされた。色彩が構図に勝つことにより、少なくとも少しの間ある種の絵画的自由が生まれ、一人の真の巨匠ヴァトーがあらわれた。しかし二流のアカデミー会員の手にかかって、新しい自由はやがて新しい正統になった。「絵画アカデミーができてから偉大な画家はあらわれませんでした」と一七三五年ヴォルテールはアベ・ドリヴェへの手紙に書いた。この評を通じてアカデミー会員に手紙を書いている、臆病で頼りないアカデミー・フランセーズ志願者の姿が見え隠れしている。しかしヴォルテールの診断は的はずれではなかった。(5)なるほどフィロゾフたちには幸せな時もあった。一七六五年にディドロが主張したところでは、この年のサロンに展示されたすばらしい絵のコレクションは、フランスだからこそ実現できたのである。また二年後にもなお彼の考えで「およそ二〇人」の才能ある画家を簡単に見つけられたのである。しかしその同じ一七六七年、彼はより広い見地からフランスの現状を眺め、楽天的な気分をなくした。彼はファルコネに沈んだ調子で言った。「ルーベンス、レンブラント、ポランブール、テニールス、ヴーヴェルマン」などの絵を見ると、彼らの芸術がもう存在しないことを嘆き、現代絵画が衰え退廃しつつあることに気づかざるをえない、と。(6)

フランスのフィロゾフたちはその官能性さえ喜んで犠牲にし、人を教化しようという思いにかられた。もちろんこういうまじめな改革者として、彼らは現代絵画の欠点を嘆き、その名人芸を楽しまなかったのである。ロココ様式は無責任で不道徳なものに思われた。それは宮廷の芸術であった。そしてフィロゾフたちのうちの何人かは精勤な宮廷人であったが、宮廷風の芸術は彼らが公言した社会的理想を傷つけた。こうして彼らはフラゴナールが好きになれなかった。もっともフラゴナールの一番大事なパトロンはアベ・ド・サン＝ノンで、ヴォルテールやルソーを敬愛する急進的知識人であり、他の何人かのパトロンは宮廷人どころか金持ちで目のきく平民《ロチュリエ》ではあったが。フィロゾフたちはヴァトーもまた評価できず、おざなりにしか言及しなかった。そのかわり彼らの軽蔑はブーシェに集中したのだが、彼らの見るところブーシェは女の取り持ち役で、ルイ十五世の麻痺した官能を満足させていたのである。「さて君、ブーシェは芸術家であることを止めてから国王の第一の画家《プルミエ・パントル・デュ・ロワ》の名をえたのです」(7)と一七六五年、ディドロはグリムにあてて書いた。この意味は明白であった。つまり、フランスでは最良の人びとが世に顧みられず、他方卑屈な人びとが名誉や注文を集めているというのである。

フィロゾフたちは、その診断によって無気力になるどころか行動にかりたてられた。ヴォルテールによる、当時の文化的可能性への悲観的な見方と同僚芸術家たちの社会的自負への関心とは強迫観念に近く、天下周知の事実と言ってもよかった。しかし、彼は暗い見通しにエネルギーをうまく与え、人生と芸術の両面でできるだけのことをして、自分の予言がまちがっていることを明らかにしようとした。(8) しかも他のフランスのフィロゾフたちは、多くの他のことにおいてと同じくこのことにおいても、ヴォルテールの例に従った。十八世紀の芸術は十八世紀の政治に似ていた。イギリス人は革命をなしとげ、それを確固としたものにしていたので、啓蒙の時代には以前より保守的になったようだった。フランス人は革命にむかいつつあって、それをはっきり見通せず、したがって彼らが認識していた以上に急進的であった。さらにドイツ人は革命を夢想だにできず、最初からはじめなければならなかった。

(1) *Lettre à M. d'Alembert sur les spectacles*, ed. M. Fuchs (1948), 60.

(2) *Est-il bon? Est-il méchant?*, ed. J. Undank (1961), 172, 18) と編者の序論65を参照。

(3) *Siècle de Louis XIV*, in *Œuvres historiques*, 1012.

(4) *Précis du siècle de Louis XV*, in ibid., 1570-1を参照。本書、第二章Ⅲ節1も参照。

(5) 一七三五年一一月三〇日。*Correspondence*, IV, 192. しかしアカデミー会員に選出されてからも、彼は同じように主張した。*Siècle de Louis XIV* in *Œuvres historiques*, 1217 に付けられた画家の目録を参照。

（6） *Salons*, I. 20 の "Introduction" とファルコネへの手紙（一七六七年五月一五日）。*Correspondance*, VII, 57 を参照。
（7） 一七六五年のサロン。*Salons*, II, 76.
（8） 本書、第六章I節1を参照。

4

過去のさまざまな束縛はドイツにとっては、イギリスやフランスにとってよりずっと強烈で、しばしばずっと嫌悪すべきものだった。というのもその束縛は内部的なものではなかったからである。ドイツの芸術家や作家は二重の隷従のもとに苦しんでいた。硬直した社会体制と外国の新古典主義という軛につながれていたのである。「数多くの洗練されたフランス語の作品がドイツや北方諸国に広まっている。そのせいでこれらの国は自国語を磨きあげることができず、いまだに隣人たちに頼ってこうした優雅な楽しみを得ざるをえない」[1]と一七四二年にデイヴィッド・ヒュームは評した。それはフリードリヒ二世がプロシアの王位について二年後のことで、レッシングは中学生であった。ヒュームの言うことは正しかったが、しかし原因と結果をとりちがえていた。ドイツ諸邦が他者依存的だったのは、フランスが侵略したからではない。ドイツ諸邦が他者依存的だったからこそ、フランスが侵略したのである。そして芸術家たちには非常に具合の悪いことに、ドイツ社会はフランスの諸様式だけでなくその権威主義をもまた模倣した。哲学者たちは不平を言い、大君主たちは嘲笑したが、けちな小君主たちは小ルイ十四世として振舞った。フランス風の城を建て、フランス式に愛人をかこい、フランスの流行をまね、フランスの画家や俳優をつれてきてその威光を借りたのである。フランス狂は十八世紀ドイツの、いわば古美術狂といったところであった。

フランスは至る所に、大きな問題にも小さな問題にも存在していた。バルタザール・ノイマンは当時最も才能あるドイツの建築家であった。彼がヴュルツブルク君主・司教の城《レジデンツ》の図面を完成した時のことである。パトロンは彼に命じて、パリに図面をもっていき、指導的なフランス人建築家二人の賛成と助言をもらうようにさせた。ドイツの君主たちが城を建てる時にはフランス流にした。つまり自分の寝室を長く連なる室の一番奥にして、起床《ルヴェ》の時寵臣のみが近づけるようにしたのである。ドイツの諸邦が芸術のアカデミーを創立した時、それにはフランス語の名前が与えられ、フランス式の規則が課され、さらに見つけられるだけのフランス人が加えられた。明らかにドイツ人であることは低劣で、やぼったく、粗野なことであった。

こういう行為は、一見そうみえるほど自由意志によるものではなかった。啓蒙時代のドイツは、地理学的に言えば三千の帝国騎士としばしばごく小さい三千の国家のことであった。この点ではイタリア以上だった。その構成単位は一般的に言って余りに小さく、貧しく、統治の仕方がまずかったので、どんな自国文化も育てられなかった。また宗教上あるいは王室に関した理由でお互いに余りに反目しあっていたので、共通の文化的領土をなしえなかった。諸都市は小さかった。繁栄していたフランクフルトでさえ、世紀なかばにゲーテが生まれた時、その人口は三千五百人にすぎなかった。しかも一般的に言って有力な一族に属していた。独立した趣味の中心を形成したり注文を出したりできる地主や金融家の数は余りに少なく、そうした意志を持った君主の数も余りに少なかった。バヴァリアのように南ドイツで比較的大きい幾つかの国家は、近接するハプスブルク家の領地からバロック文化が入ってくるのを防ぐ力もなく、事実そういう事態を招いた。さらに北方の有力な国家プロシアは、厳しく限られた天然資源により片輪も同然であった。土地は不毛で原材料は数少なく、領土は散在していて防衛しきれなかったのである。だからプロシアの国庫収入の多くは軍隊にむけられ、さらに七年戦争後は田園と都市の再建にむけられた。十八世紀のプロシアにはどんな趣味の余地もなく、国王の趣味のみがあった。

国王の趣味はフランス趣味だった。かなりな程度にフリードリヒは文化の形成者であるより、その徴候であり犠牲であった。少なくともレッシングは、一七六〇年、率直に認めた。ドイツ演劇が絶望的に困難な事態にあるとすれば、それは「たぶん単に庇護や支持を与えない高位の人びとの責任ばかりとは言えない。進歩の見込みがほとんどないか全然ないことに煩わされるのを彼らは好まないのである」[2]。だがどれだけフリードリヒのできることが限られていたにせよ、彼は自国の才能を育てるためには何もせず、抑圧するためにはあらゆることをした。もし何らかの理由でフランス人やフランスの様式が彼の支持を失えば、他の外国人や外国の様式がそれに取ってかわった。一七五〇年、ヴォルテールはおもてむきずっと滞在するため、プロシアにやってきた。その時周囲の文化的貧困について一般に広まっている決まり文句はどれも修正不要とわかった。「宮廷で一番話されないのはドイツ語である」と彼は一七五〇年八月、評した。「われわれの言語と文学はシャルルマーニュ以上の征服をした」。さらにその二カ月後には残酷な古い冗談、「ドイツ語は兵士と馬のためにある」[3]をとりあげた。事実、ポツダムでヴォルテールは自分の言ったことが放っておいてもひとりでに実現してしまうという事態に立会い、またそれに手を貸しもした。フリードリヒ二世王はひねくれた愛国者で、国を愛しながらその文化を軽蔑したのだが、ドイツ文化を雄弁に非難し、自分のそうした宣告を無効にするようなことは何もしなかった。自分の側近、アカデミー、詩に関して、フランス語の使用に執着した。彼のドイツ文化非難はもちろんフランス語でなされたのである。音楽には国王が変らない関心を示したが、これは確かに国内で小ルネサンスをむかえつつあった。来訪者たちの証言によれば、国王はフルートに熟達しており、カール・フィリップ・エマヌエル・バッハは作曲家、鍵盤楽器による国王の伴奏者として才能があり、さらに土地の室内楽団、管弦楽団、歌劇団などは能力に恵まれていた。しかし音楽は例外的であった。フリードリヒの最も有名な建築はポツダムの魅力的な宮殿《パレ》で、国王の設計によりクノーベルスドルフが建てたものである。これは主にフランスの影響の強い純粋なロココ様式で、それにふさわしい『無憂宮』(*Sans-souci*)という名前であった。クノーベルスドルフの死後、建築におけるフリードリヒの趣味は変り、フランス新古典主義からイタリア新古典主義、さらにイギリス・パラディオ様式へと移った。フリードリヒはフランス現代画家——ヴァトーとブーシェ、ランクレとシャルダンといった——の見事な収集をした。その後これもまた外国人の巨匠、ルーベンスやコレッジョの作品を集めた。また彼の宮廷画家はアントワース・ペースというフランス人で、フリードリヒ・ヴィルヘルム一世の時代にベルリンに住みついていた。こういう冷たい風土には、建築や絵画でどんなドイツ流派も育ちえなかった。

プロシアの文学と学問も同じように冷たい敵意に直面した。再び国王が一般的な傾向を代表した。彼はラシーヌを他のどんな詩人より好んだ。彼はかつてダランベールに、七年戦争に勝つより『アタリー』(*Athalie*) を書きたかったと話したことがあった。(4) これは啓蒙君主には珍しくない感情であるが、しかし同時に一プロシア人の感傷的な告白でもあった。彼はフランス人に生れたかったという気持を、決して完全にはおさえられなかったのである。驚くにはあたらないことだが、プロシアの演劇は主として程度の低い笑劇、婚礼や勝利の機会にそれを祝ってつくられる貧弱な戯曲、あるいはフランス語からの翻訳劇で成りたっていた。一七七〇年代に進取の気性に富んだ制作者たちが、レッシングと若いゲーテの作品を上演したことがあった。その時国王はそうした努力に『ドイツ文学について』(*De la littérature allemande*) というエッセイで応じた。その中で彼はドイツがみずからの古典作品を持つ日が来るだろうと予見しながらも、その日はまだ来ていないと指摘した。さらに当時のドイツ最良の作家の何人かについては故意に沈黙し、ゲーテの大胆な『鉄手のゲッツ』(*Goetz von Berlichingen*) を中傷して「つまらぬイギリス演劇の、不愉快な模倣」(5) と言った。これは時代後れのフランス流新古典主義者による執念深い宣告であった。

こうした趣味に完全に合わせて、フリードリヒはまわりをフランス人の文学者に取り巻かせた。優秀な者も凡庸な者もいたが、とにかくすべてフランス人だった。彼はその宮廷に進んでやって来る人びとの他にも多くの人びとを招いた。ディドロは「専制君主」に気を許さず、エカテリーナ二世を訪ねた帰りにも足を止めようとしなかった。さらにダランベールはフリードリヒとの文通は喜んで活発にはじめたが、しかしプロシアのアカデミーの院長になる話は断った。彼らがすべて国王の呼び掛けを受け容れていたら、プロシアは（ヴォルテールがかなり愛想のいい時に言ったように）現代のアテネでなくて、ドイツのパリになっていただろう。一七五二年、フリードリヒ二世はヴォルテールと仲たがいした。この取返しのつかない破局は、詩人にとってではなく国王にとって大きな敗北であった。ヴォルテールに対するフリードリヒの広く知られた侮辱は侮辱にしてもである。当然のことながら、滞在中のフランスの文学者《リテラトゥール》たちはフリードリヒの偏見を正そうなどとはしなかった。その一番親密な側近の中でダルジャンス侯爵というのは、機敏で多才な文学好きの使い走りだった。その彼がある著述の中で言ったことだが、フランスは長年世界で最も偉大な芸術家たちを生み出してきており、彼らはイタリアの芸術家よりずっと優秀なので、フランスはイタリアにねたまれているというのである。(6) フランス人がドイツ人よりすぐれていると主張する必要は認めなかった。それは文字通り言うまでもなかったのである。

ダルジャンス侯はさまざまなことをしたが、なかでもプロシアのアカデミーの哲学部門の長であった。何十年にもわたって、一七七〇年代までは確かにそうだったのだが、このアカデミーはフランス人に支配されていた。初代終身院長はモーペルチュイで、最初の受賞者はダランベールであり、主要な関心はフランス哲学によって提示された。これは偶然ではなかった。アカデミーは国王の創造であり、創造物だった。彼はつねにその講演、賞、さらに会員に関心を持った。「プロシア科学文学アカデミー」(Académie des sciences et des belles lettres de Prussie) はフリードリヒ・ヴィルヘルム一世治下に消滅したままになっていたが、その後一七四四年に復活、再組織された。このアカデミーの名前はそれにふさわしかった。つまり、アカデミーはプロシアの文学と学問を育成しようと計画されたが、少なくとも国王にとってまったく明らかだと思われたのは、そういう育成をするのがプロシア人ではないということであった。モーゼス・メンデルスゾーンのアカデミーへの入会申込みを国王が拒否したのは、ただ彼がユダヤ人だという理由からであった。その彼は恨みからではなく、プロシアの文化的背景についての詳しい知識から、一七六七年こう嘆いた。「フランス文学に対して不幸な好みを持っているため、ドイツ文学はより良い未来への望みをまったくなくしている」[7]。皮肉なことだが、国王は教養と数々の戦勝でドイツ詩人の想像力をとらえながら、真の崇拝者には何もせず、そのかわり欲得ずくの追従者を大事にしたのである。彼はクロプシュトックがデンマークに移住するのを認め、どちらも仕事を熱望していたのに、ヴィンケルマンとレッシングに仕事を与えようとしなかった。一七五一年、クロプシュトックはその『救世主』(*Messias*) への序に記して、「デンマーク人の王はドイツ人である『救世主』の著者に対し、詩の完成に必要な時を賜ったのである」、とした。レッシングはある雑誌でこの当てつけた言葉を引用し、さらにいっそう当てつけがましくつけ加えた。「これはわれわれの時代のすぐれた証言であり、おそらく後世に残るだろう。誰もがわれわれと同じくらいそこに諷刺をみるかどうかはわからない」[8]。しかし年月がすぎても統治のはじめと同じくらい、フリードリヒはこの種の指摘——拒まれた崇拝者による腹だちまぎれの嫌味——に材料を与え続けた。

しかし、これだけがドイツ文化について言えることのすべてではなかった。ひとりよがりのフランス人滞在者がどう考えようと、である。ドイツは他の外国の影響、オランダの風俗画、イタリアのフレスコ画、イギリスの詩といったものを経験した。その上、いくつかの小さな宮廷はフランスのものを模倣するには分別がありすぎたり貧しすぎたりして、いくつかの栄えた自由都市とともに土地の芸術を奨励した。フランクフルトの身分の高い芸術品収集家たち——銀行家、法律家、さらに有閑人など——はすばらしい個人的コレクションを収集し、古代貨幣、十七世紀銅版画、さらになかでも意味深いのだが、活躍中の土地の画家の作品などを集めた。レッシングが大学に通ったライプチッヒは、活気にあふれた町だった。進取の気性に富んだ出版者と豊かで芸術好きのブルジョワがいて、活発な(検閲官をおそれて用心深かったにせよ)知的生活が営まれていた。フランスの文学者《リテラトゥール》モヴィヨンはブルンスヴィックからドイツ全体の状況を観察していた。彼は右にのべたようなことにもかかわらず、一七四〇年、招待主たちにぶしつけに議論を挑み、創造的精神をそなえたドイツ人で一人だけ、国際的な名声に価する詩人の名を挙げてほしいと言った。「あなた方のパルナッソスで創造的な精神をそなえた人の名を一人挙げてください。つまり、一定の名声を得た作品を自分自身のうちから生み出したドイツ人詩人の名を一人挙げてください！　さあ、挙げられるものなら挙げてみて下さい」[9]。レッシングには、この挑戦に答えるのに、ドイツ国内で心当たりがないではなかった。しかし、彼の直面していた困難の数々は、彼自身知っていたように気力を挫くものであっただろう。

（1）"Of the Rise and Progress of the Arts and Sciences," *Works*, III, 196.

（2）Letter LXXXI（一七六〇年二月七日）。*Briefe, die neueste Litteratur betreffend*, in *Schriften*, VIII, 218.

（3）ヴォルテールからドニ夫人へ（一七五〇年八月二四日）。*Correspondence*, XVIII, 131. またド・ティブヴィル侯爵へ（一七五〇年一〇月二四日）。bid., 188. 私の注意がこれらの文にひきつけられたのは Adrien Fauchier-Magnan : *The Small German Courts in the Eighteenth Century* (1947 ; tr. Mervyn Savill, 1958), 30-1 による。

（4）Wilhelm Dilthey : *Das Erlebnis und die Dichtung : Lessing, Goethe, Novalis, Hölderlin* (4th edn., 1957), 103 を参照。

（5）*De la littérature allemande*, in *Œuvres de Frédéric le grand*, ed. J. D. E. Preuss, 31 vols. (1846-57), VII, 125.

（6）Weinshenker : *Falconet*, 31*n*. フリードリヒとフィロゾフたちについては本書、第九章Ⅲ節を参照。

（7）Ludwig Geiger : *Berlin : 1688-1840. Geschichte des geistigen Lebens der preussischen Hauptstadt*, 2 vols. (1892-3), I, 464 に引用。

（8）*Das neueste aus dem Reiche des Witzes*（一七五一年五月）。*Schriften*, IV, 401. 若い時、レッシングは諷刺を目的としたある散文を書いたが、それは彼の書いたどんなものより政治的である。それは「パトロンに」宛てられていて、偉大で教養あるパトロンがいなくなったことを嘆いている。現代のパトロンたち（つまりプロシアのフリードリヒ）は期待に添っていない。「たしかに国王は私を支配しているかもしれない。私以上の権力を持ってもいい。しかし自分が私よりすぐれているなどと考えてはならない」。*Schriften*, I, 149.

（9）Erich Schmidt : *Lessing : Geschichte seines Lebens und seiner Schriften*, 2 vols, (2nd. edn. 1899), I, 58-9.

5

レッシングとその同僚たちにとって、一番大きく、腹のたつ障害は外国、ことにフランスの巨匠たちに対してみせるドイツのパトロンや芸術家や批評家の盲従的態度だった。しかしこの盲従は大変有益であり、それは高邁な啓蒙《アウフクレールング》という理想を掲げた気みじかで高圧的な改革者たちの想像の及ばないところだった。小人の肩の上に立ち、無慈悲に踏みつけている巨人のようなところがあったのである。一七三〇年代に学究的な美学者のヨハン・クリストフ・ゴットシェトは次々に講演をし、雑誌論文や学問的な論文を発表した。これらは一つの万能薬、すなわちフランス新古典主義の模倣によってドイツ語とドイツ演劇を純化することを主張していた。一七五〇年代にレッシングはゴットシェトのめざしたものを受け容れたが、その手段や亜流の哲学を「学のある山師」[1]の仕事として軽蔑した。ゴットシェトの新古典主義は硬直していて想像力に欠けており、おそらく嘲笑を受けるだけのことはあった。彼はあくまでも規則やジャンルの序列を力説し、またあくまでも当時の粗野で民衆的な演劇や演説を認めようとしなかったのである。ゴットシェトは衒学者であった――この形容は複数の歴史家によって用いられている。彼は無邪気に信じていたのだが、傑作が処方箋からつくられるのは機械が設計図から組立てられるのと同じようだというのである。こういう信念によって、彼は芸術的創造の諸条件に無縁の人になっている。それと同時にゴットシェトの改革運動は地についた精力的なもので、正しい標的にねらいをつけていた。真の啓蒙主義者《アウフクレーラー》として彼はドイツ人が自らの理性を使うことを望み、純粋で柔軟な言語を発展させるよう望み、演劇をまじめにうけとるよう望んだ。彼はたえず攻撃したり攻撃されたりしながら、人びとを美学の原理に関わる論争にむけて準備した。言いかえればレッシングにむけて準備したのである。フィロゾフたちの中にはキリスト教が自分たちの思想の形成に貢献したということを否定する者がいた。それと同じようにレッシングはゴットシェトを否定した。しかし彼がいなかったら、レッシングのなすべきことは実際よりずっと難しかっただろう。

一八一一年の『ドイツ論』(*De l'Allemagne*)で、スタール夫人はドイツを詩人と思想家の国として特徴づけようとした。その七五年前にはドイツは思想家の国で、思想家は詩人を消滅させたがっていた。実際上の問題、つまり真のドイツ演劇が存在せず、ドイツの読者層が薄く、ドイツの芸術愛好者がかなり無力であることによって作家たちは理論に走った。「ドイツの批評家は具体的な文学から離れている方だが、この事実によってなぜ彼らが一般的な美学に深く没頭しているかがよく理解できる」[2]とルネ・ウェレクは評した。一七三〇年にゴットシェトは『批判的詩学』(*Kritische Dichtkunst*)を発表したが、これは詩と演劇の作家のための観念的な一連の処方箋だった。そして教訓的で凡俗な古典作品の解釈や生気のない規則の重みでよろよろしていた。この本はとりわけスイス人の戦闘的な二人の批評家、ボードマーとブライティンガーをいらだたせた。彼らは理性に対して想像力、散文的なものに対して隠喩、ボワローに対してミルトンを擁護する役をかってでた。そして一七四〇年にはその見解を挑発的に『批判的詩学』という反宣言ともいうべきものにまとめた。

この二派の対決によって生まれた論争は華々しかったが、重要なものではなかった。というのも、この敵対者同士はお互いに多くの共通点を持っていたからである。スイス人たちもゴットシェトも大言壮語やドイツ・バロック様式を排し、またともに理論が実践に及ぼす効果を極めて高く評価した。さらに彼らの論争はしばしば枝葉末節に関するもので、しばしば混乱しており、いっこうに要領をえない類のものだった。だが、ボードマーとブライティンガーは、ゴットシェトの学説が不十分でその趣味にさまざまな限界があることに注意を喚起した。そして彼のデカルト的理性主義を非難して感情と想像力を高く評価したが、それはフランスとイギリスに育った理性崇拝の文化の中においてであった。情念の擁護においてこのスイス人批評家たちは新しい勢力に敏感に反応しつつあったのだが、この新しい勢力はドイツ文学の状況を混乱させるけれども豊かにもするものだった。つまりハラーは切々と自然をうたった詩を書き、クロプシュトックは悲哀に充ち感傷的で神秘主義的な詩を書き、ゲレルトは寓話作家、小説家、詩人、さらには理性主義者であると同時に敬虔主義者であって多才な仕事をしたのである。ドイツのガレー船の奴隷たち(ヴォルテールならそう言ったかもしれないように)は鎖をがたが揺さぶっていた。ゲーテが適切に表現したところでは、「私の生まれた文学的な時代は、否定という手段によって前の時代から発展した[3]」。

レッシングはこのことをはじめから知っていた。「正しい根拠にもとづいた適切な批評は、学識の世界で欠かせない役目をもっている。哀れな三文文士を恐がらせ、ペンから遠ざけ、凡庸な作家を励まして努力させ、偉大な作家に警告して自分を甘やかさず不完全なものや急いでつくったものを何も発表しないようにと言うのである。それは国中に良い趣味を広げる」、と彼は非常に若い時書いた。さらに「批評がなければ、芸術はフランスであれほどすばらしく栄えなかったであろう[4]」とつけくわえた。真のフィロゾフとしてレッシングは恨みも気後れもせず、ドイツ文化の解放をめざして戦うつもりだった。それはフランス人の、もっと正確に言えば一人のフランス人の助けを借りてだったが、そのフランス人というのがディドロである以上、レッシングにはフランスのドイツ侵略がいいことに思えたのである。これはもっともな判断であった。要するに二人は共同で仕事にとりかかっていた。つまり過去の最良のものを救い出し、しかもそのさまざまな束縛を厄介ばらいするという仕事である。

（1）Letter LXV（一七五九年一月一日）。*Briefe, die neueste Litteratur betreffend*, in *Schriften*, VIII, 178.
（2）*A History of Modern Criticism, 1750–1950*, I, *The Later Eighteenth Century*, 144.
（3）*Dichtung und Wahrheit*, in *Gedenkausgabe*, X, 285.
（4）Schmidt : *Lessing*, I, 184.

第六章　芸術の解放――近代性の模索

I　ディドロとレッシング――伝統を重んじる二人の革命家

1

ディドロとレッシングはしばしば類似した精神として取り扱われてきた。この組合せは適切である。美学においては他の事柄における以上に、二人は同じ精神で、同じような問題に立向かい、同じような解決策を示した。親近性はたんに関心や気質がある程度一致しているという以上に深い。両者は互いに直接影響を与えあったのである。ディドロはレッシングのブルジョワ悲劇『ミス・サラ・サンプソン』(*Miss Sara Sampson*)に強い印象をうけ、それを翻訳しようと考えた。レッシングはディドロの最初の二つの戯曲〔『私生児』と『一家の父』〕と演劇論〔『私生児についての対話』と『演劇論』〕を翻訳し、ディドロの美学について考察し、しかもそれを自分のものとして表現した。さらにディドロをドイツの読者に情感あふれる表現を使って紹介したが、それは彼が有名な誇張嫌いであるだけにいっそうめだった。「アリストテレス以来、この人ほどの哲学的な精神が演劇にかかわったことはなかった」[1]と一七六〇年に彼は書いている。他のドイツ人たちもレッシングと同じ意見であった。彼らはディドロの無神論をおだやかでないと考えたが、その小説や演劇理論やブルジョワ劇は受け容れた。啓蒙主義者《アウフクレーラー》や疾風怒濤派《シュトルム・ウント・ドレンガー》はいずれも彼を魅力的で豊饒な思想家として賞賛し、その反抗的精神から勇気と思想をひき出した。レッシングはその生涯の終り近くに言った。「ディドロは自分の国の演劇よりドイツ演劇にずっと大きな影響を与えたようである」[2]。この時彼は人のことではなく自分自身のことを語っていたのである。

レッシングとディドロの間の親近性は非常に強く、たいそう教訓的である。どちらも文学界の自立と尊厳に意を用い、論争好きで好奇心旺盛であり、学識と教養あるキリスト教批判者で、さらに現代風の古代愛好者であった。「古代人のところに学びに行きましょう」、と一七五六年にレッシングはモーゼス・メンデルスゾーンに宛てて書いた。「自然を別にすれば古代人よりすぐれたどんな教師が選べるでしょう?」[3]その翌年ディドロは叫んだ。「私はフランス人たちにむかって叫んであきることがない[4]。真実！　自然！　古代人！　ソフォクレス！　フィロクテテス！」この二人の革命家は決して伝統への敬意を失わなかったのである。

ディドロほど過去のさまざまな束縛を厳しく耐え忍び、しかもその苦しみが誰の眼にも明らかな者はいなかった。彼は古代を賛美することを求めると同時に、自分自身の行動の自由も求めた。そしてただ古いというだけで古いものを愛する古美術狂と、古典作品を知らなかったり軽蔑するふりをする現代の野蛮人を相手に、変らぬ雄弁さで戦った。[5]ディドロ自身は古典作品を、ホメロスもラシーヌも本当に理解したので、盲目的に模倣したりすることはなかった。また古典作品を非常に愛したので──この点でファルコネとは違うのだが──それらの誕生を可能にしたさまざまな芸術的規範をそうやすやすと手ばなす気はなかった。

ディドロは何年もこうした二つの態度を解決できない緊張として経験し、優柔不断の報いを受けた結果、その筆致にある種の動揺、不確かさをきたした。それに対してヴォルテールは常に明晰で、古典作品と自立を同時に愛することには本来何の矛盾もないことを示した。彼が見抜いたところでは──彼の作品を賛美したディドロと比べるとよくわかるのだが──十八世紀独自の任務は新古典主義を死んだようなアカデミズムから救い出し、価値あるものは保存し無用のものは捨てさることであった。ヴォルテール本人はルイ十四世時代の落とし子で、啓蒙時代におけるルイ十四世時代の一番著名な代弁者であり、たえず規則への服従や端正さや明快さを主張した。だが彼は幅広く本を読み、言語的才能をもち、えり好みのきらいはあったにせよ、文学的にすぐれたものにはとにかく情熱的な敏感さを示した。さらにまた、彼は趣味にまかせて自分の原則を変更し現代化した。アディソンの『カトー』(*Cato*) は規則にあっていて品がよくても、冷たく活気のないことを認めないわけにはいかなかった。シェイクスピアは不規則で卑俗でいろいろな様式をまぜあわせている点で非難されるべきだが、その天才の力強さと崇高さにはすっかり参ってしまった。[6]ラシーヌの『アタリー』(*Athalie*) はヴォルテールの非常に忌み嫌った「狂信」で一杯だが、その詩句のすばらしさによって傑作と呼ばざるをえなかった。さらにヴォルテール自身の芝居では原則を曲げ、上演上の必要性に合わせた。つまり哀調とメロドラマに極めて近い筋立てを取り入れたのである。ただし、それほど伝統的な約束事を破ることになるとは思わなかった。「新しくても奇矯さに陥ることなく、しばしば崇高で、そして常に自然でなければならない」[7]と彼は書いた。しかしヴォルテールは自身の禁止命令さえ無視し、観客をびっくりさせる舞台効果に訴えた。幽霊、大砲の音、うめき声をあげる群衆、悲惨な戦闘場面のさまざまな仕掛け、エキゾチックな人物や遠い時代──中国人、イスラム教徒、中世フランス人たち──を舞台にのせたのである。彼の演劇は、十七世紀の先駆者たちに知られていない分野や彼らには不愉快な分野を開拓した。それと同じく彼の哲学的コントは彼自身軽く考えていると公言し、手紙でもほとんど言及がみられないが、控え目ながらそれなりに新機軸のものだった。自称保守派のヴォルテールが美学上の革命の口火を切り、彼より若い他の人びとがそれをいっそう押し進めることになったのである。

それに比べてディドロは長い間冒険をせず、新古典主義の仕組みに余り手をつけないで満足していた。時、場所、筋立ての三単一の法則を「難しい」が「道理にかなった」ものとして受け容れた。[8]それをはっきり擁護し、さらに最初の二つの戯曲では厳密に守ったのである。少し不安を感じながらではあるが、絵画における主題の序列〔歴史画を頂点とし静物画を底辺とする主題の間の価値序列〕も受け容れた。彼は古典主義の主張をふまえ、模倣としての芸術、教訓としての芸術という初期の理想を形成した。さらにそのブルジョワ劇という実験を正当化するにあたっては、それが現代のリロではなく古代のテレンティウスに負う所が大きいと主張した。一七六〇年代になってはじめて、つまりあいかわらず彼らしいというより、いっそう彼らしくなりながら旧来の思想を捨て近代美学の模索をはじめた。

それはあくまで模索の域にとどまり、効果なしとはしないが、とにかく断続的な奇襲といったところだった。自分でも気付いていたように、その芸術思想は決して体系的なものではない。一七六七年には彼は自分自身を訓練されていない猟犬にたとえた。目の前にあらわれるどんな獲物も追いかけるというわけである。この比喩は適確である。(9) 美学上の問題への関心は系統だってはいなかったが、常に存在していた。はやくから理論化をはじめたが、それを終えたのは遅かった。ある特定の絵に反応したかと思うと、美への一般的な問いかけに彼らしい気軽さで移った。極めて興味深い思想を私的な手紙で書きちらしたり、刊行されなかった対話の中に潜ませたりした。そしていつかは書こうと時々思った論文の方は、ついに一度も書かなかった。

だが彼の探究は結局、過去に対する自立精神の勝利ということになった。その著作全体によって彼が近代美学の父の一人であることは明らかである。というのも、彼の欠点からして――初期の他者依存、抑えられない饒舌、どうしようもない自家撞着などだが――彼が経験というものにいかに深くかかわっているかということの陰面にすぎなかったのである。ディドロの経験主義はまったく首尾一貫している。彼は原則上からも気質の点からも経験に身を任せた。この経験主義は他のフィロゾフたちと共通の哲学的なスタイルとなってあらわれたり、独自のスタイルで美学思想にあらわれたりした。彼の最良の戯曲、小説、さらに対話――ことに『この男、善人なのやら？悪人なのやら？』(*Est-il bon? Est-il méchant?*)、『運命論者ジャック』(*Jacques le fataliste*)、『ラモーの甥』(*Le neveu de Rameau*) というすべて六〇年代以降の作品を念頭においてのことだが――は意識的実験である。彼は気分や思想が変わりすく、すばしこくて落着きがなく、強い官能性を具えていた。こうした特徴は非常に強く発展させられたので、ゆとりが時々わざとらしく見えたり、自然さが努力の結果のように見えたりする。しかし、ともかくこうしたもののおかげで、彼は衒学的態度や堅苦しさを免れた。後期の著作が初期のものよりだいたいにおいてすぐれているのはそのためである。つまり、彼が見、読み、聞き、書くにつれて、経験の力で視野が広がり、趣味が深まり、思想が明確になったのである。

人生や芸術との出会いにおいて、ディドロがじっとして何もしないでいるということはまずない。「パリと王国の一番有能な職人」に相談し、「その仕事場を」訪れ、「彼らに問いかけ、その言う所を書きとり、その思想を発展させ」た。彼は『百科全書』(*Encyclopédie*) をこのようにして準備した、というか準備したと公言している。それとちょうど同じく、彼が批評家や理論家としての仕事を準備する時には、芸術家たち自身に教えを乞うたのである。(10) 彼は現代の美術批評家に対するファルコネの軽蔑に同感であった。金銭づくの雑誌評論家は臆病で軽薄であり、目録を編集するかむやみに賛辞をふりまくだけだし、傲慢で気まぐれな美術通は自分の手に入れたものを優先して強調していた。つまりこういう現代の美術批評家は「呪われた人種」[11]なのである。芸術家たちはこういう人びとの庇護を必要としていたが、また同時に自分たち自身や一般の美術愛好者のために、学識に裏付けられた批評も必要とした。一七四七年、ラ・フォン・ド・サン・ティエンヌは自分の趣味によって当時の絵画を判断する権利をあえて主張した。彼の小冊子は慎重に書かれていたのに、乱暴な中傷や画家たちのストライキをまねいた。芸術家たちのふるまいは、ギルドの組合員が無免許の部外者に権利を侵害された時のようだった。ディドロにはそうまでするつもりはなかった。彼はすべてが批評の対象であると言わなかったであろうか？[12] さいわいなことにファルコネが認めていたことであるが、芸術の最良の審判者は芸術家なのであるが、それ以外にも、数少ない、本当に数少ない経験と感受性に恵まれた人びとがいて、その美学的判断には何らかの値打ちがあったのである。そしてファルコネはディドロをそういう真の美術通《ヴレ・コネスール》[13]のうちに丁重に加えていた。ディドロは最善を尽してファルコネの高い評価に値しようとつとめた。少なくとも絵画作品を判断するにあたって、信頼できる技術的知識によるのを常とした。画家たちのアトリエに通って仕事中の彼らを観察し、自分の肖像画のためにポーズをとりながら矢継ぎ早に質問を浴びせた。さらに「おそらく彼ほど絵について上手に話す者はいない」[14]、とディドロの言ったシャルダンのような著名な画家や、あのがんこで理路整然としたファルコネとつれだってサロン〔展覧会〕を見てまわった。アトリエの用語を学び、その表現によると画家たちの「眼そのもの」を借用した。そうするうちに、こうしたことすべてによって彼は立派に独立し、完全に専門家となった。「万一私が芸術家を傷つけることがあるとしても、それはしばしば芸術家自身が研ぎ澄ましてくれた武器によってそうするのだ。私は芸術家に問いを発して自分を鍛えたのだ」[15]、とディドロは一七六五年に書いた。

ディドロは実地に学びながら人に説ききかせた。経験、つまり自分の見た絵や芝居に訴えて自分の見解を正当化することが何度もあった。もっとたくさんのものを見ておけばよかったとよく後悔した。そうしていれば適切な比較をし、剽窃を見つけだし、趣味を向上させるのに役立っていただろう。彼は自らの教育法を人にも勧めた。「大変むつかしいことですが、芸術の技巧に関する知識を確実にふやしたいのなら、一人の芸術家とギャラリーを歩き、専門用語の説明をしてもらい、カンバスの上で実地に教えてもらいなさい。そういうことがなければ混乱した概念しかもてないでしょう」[16]。彼は後年『俳優に関する逆説』(*Paradoxe sur le comédien*)のなかでこの原則を俳優たちにも拡大して適用した。自然は基礎をつくっただけだ。そしてその上に経験が建設すべきなのである。「人のさまざまな性質――容貌、声、判断力、感受性――を与えるのは自然のつとめである。しかし自然の賜物を完成できるのは偉大なモデルを研究したり、人情に通じたり、世間に揉まれたり、刻苦勉励したり、経験を重ねたり、さらには劇場に通い続けたりすることによってである」[17]。芸術家もその審判者もともに理論などは忘れ、そのかわり見、聞き、行動すること、つまり経験に身を投じなければならない。しかも経験自体がこのことをディドロに教えたのだった。

彼の最初の芸術に関する見解、最初の戯曲や『サロン』(*Salons*)では経験から――多くは書物と幾つかの偉大な実例によるものだが

――ディドロは単調な道徳的自然主義に近づいていた。つまり、ただ完全な模倣だけが人びとに本当の美的効果をもたらすというのである。「ただ真実なるものだけが人を喜ばせ、感動させる」[18]。

この考え方は古くからあって月並みで、この簡単な表現のみでは曖昧でもあった。アリストテレスの主張では芸術の仕事は模倣の仕事である。ただし、アリストテレスにとってこのことの意味するところは、理性的に選択し、偶然なものや特殊なものを除くこと、一言で言って現実にあるものを理想化し、そうありうるものやそうあるべきものとして示すということであった。しかし、ルネサンスこの方アリストテレスを解釈した数多くの人びとは、彼の言葉を直写主義の命令と理解してきていた。つまり、芸術家は自然をまねる。芸術家がすぐれていればいるほどリアリズムは完全になる。最も偉大な画家というのは、その静物画の葡萄の実を鳥がついばみにやってくるような者だというのである。だが、直写主義は決して完全には理想化に取って代らなかった。ゼウクシスの有名な話によると、彼はヘレネのたとえようもない美しさを捉えるのに、数人の愛らしい乙女から一番美しい顔の部分をそれぞれ一つずつ選んだという。これは一種の選択的で賢明な自然主義に賛成する議論であった。啓蒙主義時代の教養ある人びとは、ディドロもふくめこの逸話を好んだのである。

だが、提示されたいくつかの模倣の解釈の中から、ディドロは一番幼稚なものを取った。その当時彼がもっていた芝居の価値判断の基準は、もっとも教養のない芝居愛好家たちの無知な判断と完全に一致していたのだが、彼はそのことには思いも及ばなかった。それに思い及んでいたら彼は大いに当惑していただろう。「芝居の完成度は立居振舞の模倣の正確さ次第である。観客がたえずだまされ、実際その場にいあわせていると思うくらいでないといけない」[19]と彼は書いた。劇中のせりふまわしが再現すべきは情念の本物の調子、現実の話し方にみられるためらいや叫びや途切れ途切れの文などである。そしてディドロはこの論理を美術批評の最初のエッセイにも移して、自然そのものを喚起できる画家に最も高い評価を与えた。

ディドロは自作の劇に自らの考え方を活かし、さまざまな方法をさがして本当らしさを確かなものにしようとした。最初の戯曲『私生児』(*Fils naturel*) は一七五七年上演されないまま刊行されたが、これはだまし絵《トロンプ・ロイユ》〔実物と見まちがうほど精細な描写の絵〕流の実験であり、同時に刊行された『私生児についての対話』(*Entretiens sur le Fils naturel*) はその擁護論である。ディドロの主張によれば、『私生児』は「フィクションではなく事実」であり、「一つの事件を記憶にとどめ」、「それが生じた通りに再現し」[20]ようとする報告だった。登場人物の演技や話し方が本当らしくないという批評があるが、それはしたがって当を得ていない。主人公のドルヴァルが舞台で紅茶を飲むのがどうしていけないのか？ 彼は旅をしてまわり、喫茶の習慣をオランダ人の所で身につけたのである。「しかし舞台の上で？」この質問は見当違いである。「私の作品はサロンでこそ上演され評価されるべきである」[21]。事実、ディドロはドルヴァルを『対話』の方でも主要な代弁者にした。しかし、決してこれはピランデルロの形而上的な韜晦を先取りするような工夫ではない。ディドロはこれによって現実につきまとう曖昧さではなく、その「報告」の真実性を訴えたのである。

このジャーナリスティックな本当らしさへの関心に駆り立てられ、ディドロは劇の展開を、時は現在でしかもリアルな状況の中に大胆に設定した。さらにその上リアルな演技（朗誦をより少なく、パントマイムをより多く）を要求し、リアルな舞台装置を指示し、リアルなせりふを書いた、というよりむしろ彼の考えたせりふはリアルなものだった。[22] 経験の主人になるどころか、ディドロはこの段階では経験の召使になり、芸術と実人生を混同して芸術を損ねたのである。

ディドロの次の戯曲、一七五八年の『一家の父』(*Le père de famille*) とそれにつけた『演劇論』(*Discours sur la poésie dramatique*) はいかなる美的鑑識眼の深化もみせていない。ディドロは戯曲の筋立てをまったくあきれるほど律義に自分の人生から引出した。さらに舞台に多くの感傷的な場面をもたらした。まさに『私生児』の場合と同じく、『一家の父』もあらゆる手を尽してリアリズムをめざしている。この作品には同時代の事件や社会問題をほのめかしたところがあり、対話は自然主義的であって高尚というのではなく、舞台演出が指示しているのは、自然にもとづく装置や動きである。ディドロはその自然主義への努力はよく考えた末の計画であると強調した。彼は女優で小説家のリコボニ夫人に宛てて書いた。「あなたは私の書いたものをよく読まれなかったのだと思います。私の最初と二番目の戯曲は演劇の筋立ての一つの方式を示しています。部分部分に関して屁理屈をこねたりせずに、その方式をそっくり受け入れるか捨てるか、どちらかにすべきなのです」[23]。

ディドロが疑わなかったのは、彼の「方式」の最終的な至高の目的が倫理的なものだということである。『私生児』の登場人物の一人〔「私」〕は明らかに彼の代弁者であるが、道徳的な書物や芝居の普及に好意的な評をする。「こういった教訓はわれわれの舞台で聞くことができるが、いくら聞いても聞きすぎるということはない」[24]。何が演劇創造の目的であるか、と彼は問う。そして答える。「私が思うに、それは人びとに美徳への愛と悪徳への嫌悪を吹き込むことである」[25]。ディドロは芸術が直接的に現実を模倣するものだと単純に考えていた。この見解とみあって、彼は観客が芝居で得た教訓を直接的に実生活に活かすことを期待したのである。

これ以上保守的なものはありえなかった。芸術が教訓的な目的をもつというのは、芸術が模倣で成り立っているというのと同じくらい古い考え方である。それはホラティウスの『詩学』(*Ars poetica*) の中でよく引用される二つの節にさかのぼる。それによると、芸術は有益であって同時に快くなければならないのである。これはルネサンス以来たえず繰り返して言われてきたことだ。芸術が有益だと主張するのは、芸術家にとって有益であった。彼の存在を正当化してくれるからで、十七世紀までにはこの主張は新古典主義理論のうちにしっかりと入り込んでいた。それは実作の上では芸術家に広い自由を認めたが、おなじみの要求が前提になっていた。つまり演劇や詩、さらにできるなら絵画でも善人が報われ、悪人が罰せられること、芸術家が気高い行為を選び、不愉快な行為を避けること、などである。かつてホラティウスが言ったように、礼節からしてメデイアは息子を舞台裏で殺さなければならなかった。

十七世紀後半にボワローが強い影響力を発揮した『詩学』(*Art poétique*) で再度主張したのも芸術の道徳的な目的だった。ラ・ブリュイエールその他の人びとも同様であった。非常に不道徳な王政復古時代の劇作家でさえ、彼らの目的は腐敗した社会に鏡をむけることだとまじめに主張した。彼らの主張は皮肉だったり、冷笑だったり、自己防衛だったりしたが、しかしその示唆しているのは、古い学説が少しも力を失っていなかったということである。十八世紀になってからも新古典主義者たちが勇ましく繰り返して言った。芸術においては、美徳が人をひきつけ、悪徳が人をうんざりさせるべきであり、報いと罰が真価に照らしてそれぞれ正しく分配されるべきであり、堕落した人間や行為は示されるべきではない、と。しかし徐々に、新古典主義者にさえも明らかになってきたのは、こうした考え方が怪しげなものだということだった。そこで彼らはサミュエル・ジョンソンの言葉の「批評から自然へ」(26)を頼りにした。ジョンソンが自ら認めたのは、芸術家は〔物語の中での因果応報という〕詩的正義を犯すことになっても、現実は正確に描かなければならないということだった。ニコライは平凡な良識を働かせてこうした考えをドイツに導入した。彼によると詩人は野蛮人の間でのみ人を裁きうる。文明化された現代のヨーロッパでは詩人は違った役目をもっている。事実、舞台が道徳の学校であるという考えそのものが、経験によって「毎日のように」否定されている「気紛れ」なのである(27)。そして、この世紀の終りに、ジョシュア・レノルズ卿は学説自体とそっけなく縁を切った。「芸術の仕事は道理にかなったやり方でわれわれを楽しませることであり、われわれを学校に送りこむことではない。もしそうなら嫌々学校へ行くことになろう。さまざまな楽しみがあっていいのである」(28)。彼は十三番目の講演でまったく明確に主張した。「芸術の目的は人の心に快い効果を生じさせること」(29)だと聴衆に向って言ったのだが、教訓については一言も触れなかったのである。

　これは長年の懸命な奮闘努力の中では歓迎すべきくつろいだ考え方であり、芸術に新しい展望を開いた。しかしフィロゾフたちは、明らかに急進派と行動を共にしたがっていたが、大事な教師的役割を放棄するにはなかなか至らなかった。「規則を忘れなさい。技巧をわきにおいておきなさい。それは天才の死です」(30)と一七五八年にディドロは叫んだ。心からの叫びではあったが、ただなすべきことが多すぎた。不正を糺したり、迷信を暴露したり、趣味を向上させたりといった仕事が多すぎたため、フィロゾフたちは現代のソクラテス、現代のカトーとしての姿勢を捨てられなかったのである。彼らはそのまじめ一方の教訓主義から、相変らず古い学説が人の心に訴えると考えて、それを正当化するための新しい説明を示したりさえした。彼らの書いたもののほとんどは、歴史にせよ、フィクションにせよ、あるいは芸術批評にせよ、要するに読者を説得しつつ向上させるよう企図されていた。そして彼らに理解できなかったのは、一般的なものの考え方を変えるという冒険から、どうして芸術を除外しなければならないのか、ということであった。ディドロの説教癖で驚くべきことはその純朴さ、さまざまな教訓の瑣末さ——たとえばグルーズの絵の教訓は何と何なのか、といった具合である——さらに美学的考察の徹底した無視であった。

この極限に近い雰囲気の中ではじめて、ルソーの有名な『演劇に関するダランベールへの手紙』（*Lettre à d'Alembert sur les spectacles*）が生れえた。これはディドロの『一家の父』の年、一七五八年に書かれ、刊行された。この作品でのルソーは極めてプラトン的、ジュネーヴ人的、逆説的である。彼はおおむね次のように論じている。ホラティウスは原則において正しい。すなわち芸術は美徳を教え、悪徳を思いとどまらせるべきである。しかし、現代の腐敗堕落した社会ではこれは不可能なのだから、少なくともジュネーヴには劇場をつくるべきではない。ルソーの『ダランベールへの手紙』には確かに演劇への攻撃やダランベールへの批判以外のものも含まれている。昔の仲間に絶交を宣言したり、ヴォルテールをそれとなく攻撃したりしているのである。しかし、明らかに強調しているのは、芸術と倫理の間に密接な関係があるということである。現代演劇は本質的にフランス的である、ということはつまりパリ的である。そういう演劇をジュネーヴに導入すれば、素朴な男らしい社会を柔弱な見せもので毒することになるだろう。ルソーは『人間嫌い』（*Misanthrope*）を意味深い例として挙げる。この有名な芝居で、モリエールは美徳を嘲笑し悪徳を勇気づけている。というのも彼はアルセストを描いて、この「高潔で誠実で尊敬すべき、本当の善人」を笑うべき人物とし、その勇気と独立心に富んだ行動を観客が軽蔑せざるをえないようしむけているからである。[31] もしジュネーヴが見せ物を必要としているなら、採用すべきは民衆の祭り、よく監督の行き届いた舞踏会、さらにためになる体操演技会などである。そういう場所で若者たちが自由に出会い、年配者たちが敬われ、誠意のある結婚が奨励されるようにすべきなのである。

『ダランベールへの手紙』を読んでフィロゾフたちは、売れない劇作家が自分の失敗を棚にあげ、演劇に嫌悪の情を抱いているとつまらない冗談を言った。この作品はディドロを激怒させた。[32] 彼が激怒したのは、ルソーが社会批評を芸術批評と取り違えたからでも、モリエールを誤解したからでも、舞台上の行為と実人生の行為を混同したからでもなかった。そんなことは実を言うとディドロ自身さんざん行なっていた。[33] 論点はルソーの原則ではなく、その処方の仕方にあったのである。

はたせるかなルソーの『ダランベールへの手紙』から三年後の一七六一年後半に、ディドロは『リチャードソン頌』（*Eloge de Richardson*）でもう一度彼の原則を繰り返した。「リチャードソンはもういない。文学と人類にとって何という損失だろう！」これは意味深い組合せである。さしせまった必要で蔵書を売り払わなければならなくなっても「あなたは私の手元に残すだろう。モーセ、ホメロス、エウリピデス、ソフォクレスと同じ棚に残すだろう」とディドロは叫んだ。リチャードソンにこの高貴な一団に入る資格があるのは、彼が鋭敏な心理家として「洞穴の奥にたいまつを運んだ」からであり、雄弁な修辞家として「さまざまな情念に語らせること」ができたからである。さらにとりわけ彼がモラリストとして作家としてディドロに教えたのが、以前よりもっと自分の義務や仲間を愛し、悪人を憐れみ、不幸な人びとに新たに同情し、善良な人びとをいっそう敬い、人生を軽蔑し、美徳を愛する、というようなことだったからである。リチャードソンを読むことは文学的な経験というより、倫理的な経験だったように思われる。「モンテーニュ、シャロン、ラ・ロシュフコー、ニコルが格言にしたことをすべて、リチャードソンは実例で示した[34]」。歴史家たちは捏造する。リチャードソンは、無数の実際的な状況に読者を立会わせる。「おお、自然の画家よ、あなたは決して嘘をつかない！[35]」

（1） *Das Theater des Herrn Diderot*, in *Schriften*, VIII, 286 への "Vorrede des Übersetzers".
（2） *Das Theater des Herrn Diderot*, ibid., 288の第二版への "Vorrede des Übersetzers".
（3） レッシングからモーゼス・メンデルスゾーンへ（一七五六年一一月二八日）。Ibid., XVII, 73.
（4） *Entretiens sur le Fils naturel*, in *Œuvres esthétiques*, 120.
（5） *The Rise of Modern Paganism*, 70-1を参照。
（6） ヴォルテールのシェイクスピアに対する態度は単純ではない。彼の自慢は、自分がはじめて大陸でシェイクスピアを評価した一人であるということだった。（Lettre XVIII, *Lettres philosophiques* を参照。ここで彼はアディソンの *Cato* についても私見を述べている。）しかし晩年のヴォルテールはフランス新古典主義演劇をいっそう擁護し、シェイクスピアにはいっそう反対の態度をとるようになった。
（7） *Candide*, in *Œuvres*, XXI, 192.
（8） *Entretiens sur le Fils naturel*, in *Œuvres esthétiques*, 81.
（9） 一七六七年のサロン。*Salons*, III, 56.
（10） *Encyclopédie* の "Prospectus" in *Œuvres*, XIII, 140. 私はすでにこの文を *The Rise of Modern Paganism*, 183 で引用した。*Salons*, I, 10-11 の Jean Seznec : "Introduction" と Vernière in Diderot : *Œuvres esthétiques*, 440を参照。
（11） 一七六七年のサロン。*Salons*, III, 55.
（12） "Fait," in *Œuvres*, XV, 3. *The Rise of Modern Paganism*, 149を参照。
（13） Weinshenker : *Falconet*, 71.
（14） 一七六一年のサロン。*Salons*, I, 125.
（15） Seznec, Introduction in ibid., 11に引用。
（16） Ibid. 一七六一年にディドロの示唆したところでは、あの最も偉大な小説家、リチャードソンは「並はずれた頭」だけではなく、「法律、風習、習慣、作法、人情、生活などについての驚くべき知識」と「無尽蔵に貯えた教訓や経験や観察」を具えていたに違いなかった。*Éloge de Richardson*, in *Œuvres esthétiques*, 40.
（17） *Paradoxe sur le comédien*, ibid., 303.
（18） *Les bijoux indiscrets*, in *Œuvres romanesques*, 142.
（19） Ibid. こう考えたのはもちろんディドロ一人だけではない。単純な模倣理論の説についてはヴォルテールがなにげなく行なった言及 in *Le Siècle de Louis XIV*, in *Œuvres historiques*, 1216-17を参照。
（20） *Fils naturel* の "Introduction", in *Œuvres*, VII, 20. *Entretiens sur le Fils naturel*, in *Œuvres esthétiques*, 92.
（21） *Entretiens*, in *Œuvres esthétiques*, 86.
（22） ディドロのねらいの一つは（Vernière が ibid., 112*n* で指摘しているように）舞台から観客を一掃することであった。これは劇作家ヴォルテールも当時実現したがっていた改革であった。
（23） ディドロからリコボニ夫人へ（一七五八年一一月二七日）。*Correspondance*, II, 98.
（24） *Fils naturel*, act IV, scene 3. *Œuvres*, VII, 68. この本のコロンビア大学のコピーで、私はこの行の横に思いがけない鉛筆書きの短かい注釈を見つけた。「それでヒットラーは？」
（25） *Entretiens*, in *Œuvres esthétiques*, 152. 一年後彼は *Discours sur la poésie dramatique*, ibid., 196 でこの点を繰り返した。
（26） Hilles : *Literary Career of Joshua Reynolds*, 102*n* に引用。
（27） Letter 201, *Litteraturbriefe*, Joan Karle : "The Early Writings of Christoph Friedrich Nicolai"（未刊修士論文1967）35 に引用。

(28)　Reynolds : *Portraits*, 117.
(29)　*Discourses*, 241.
(30)　ディドロからリコボニ夫人へ（一七五八年一一月二七日）。*Correspondance*, II, 100.
(31)　*Lettre à M. d'Alembert sur les spectacles*, 48.　私はこの口論の原因——ダランベールのジュネーヴ訪問——を *The Rise of Modern Paganism*, 336-8 で取り扱った。
(32)　ソフィー・ヴォラン宛の手紙（一七五九年六月二日）でディドロはルソーを非難して、とりわけ彼が逆説に飢えた「大変な詭弁家」であるとした。*Correspondance*, II, 144-8.
(33)　実際、一七六五年頃になっても、まだディドロは芸術とは美徳を奨励すべきものだと論じていた。*Essais sur la peinture*, in *Œuvres esthétiques*, 718 を参照。
(34)　*Éloge de Richardson*, ibid., 41, 33, 32, 38, 29.　この最後の文は決まり文句だったようである。デファン夫人はヴォルテールに、リチャードソンの小説が「実例で示された道徳の論文」だと言った。(Vernière in ibid., 29n に引用)
(35)　Ibid., 40.　これもまた決まり文句であった。ヴォルテールもルソーもこれを使った。レノルズはシェイクスピアを「真に迫っていて正確な自然の画家」と呼んだ。Discourse VIII, *Discourses*, 148.

2

以上に述べたようなことはどれも新しくなかったし、むしろその多くは反動的であった。しかし、ディドロはこの当時の単純な新古典主義から一つの急進的な結論を導き出した。その結論によって彼は直接レッシングにつながったのである。「私たちの楽しみの空間が拡がってほしいと思う」(1)と一七五七年に彼は書いた。とりわけ彼が心に抱いていたのは演劇の改革であって、新古典主義悲劇が国王や貴族の生活を取り扱かったと同じ真剣さで、劇作家が一般庶民の生活を取り扱うことを可能にするような改革であった。前世紀は十八世紀に多くのなすべきことを残した。ことに演技、演出、舞踊の面で改革が必要だが、しかし一番緊急なのは「市民の家庭悲劇」(2)を創造することである、とディドロは提案する。

ディドロは自分の二つの戯曲を、この新しいジャンル、つまりまじめな様式《ジャンル・セリュー》に属する道徳的な芝居として、たやすく悲劇にも喜劇にもなるものとして示した。規則を緩和することによって現代の劇作家は伝統的な本当らしさ《ヴレサンブランス》の概念を拡げ、ブルジョワジーにも演劇が受け容れられるようになるとディドロは考えたのである。彼は主張する。さまざまなジャンルというのは要するに自然にできあがったのではなく、ただ一人の天才によってつくられたものである。その発明は模倣者たちによって繰り返され、規則で固められ、さらに習慣としてがんじがらめにされた。しかし、時は移るのであり、諸形式は時とともに移り変るべきものである。「真実にまさるものは何もない」(3)。そしてディドロの時代の真実は明らかに広く、大きく、深くて、新古典主義のジャンルでは包みきれなかった。明らかにディドロに対する最初の圧力は経験からやってきて、彼の硬直した模倣理論を柔軟にした。模倣する価値のあるものは、プッサンやラシーヌが想像した以上に多いということをディドロは学びつつあったのである。

ブルジョワ的イデオロギーが、ディドロの演劇そのものより演劇についての著作の方に多くみられるということは確かである。ディドロは実作より計画において急進的であった。最初の二つの戯曲の中心人物は権力と富を持ち、さらにおそらく貴族である。その説いたり表現したりする道徳は礼節、家族間の忠実さ、感傷性などで、貴族にも平民にもなじみやすいものであった。戯曲の登場人物の何人かの身分は曖昧である。このことはディドロの社会的理想が新しく、彼がまだ確固としていなかったことを示している。さらにディドロの時代の演劇では、貴族的な趣味や貴族の観客が相変らず幅を利かせていたことも反映している。

若いレッシングも同じく確固としていなかったが、それには別の理由もあった。ドイツのフランス的文化において彼がまず大事だと考えたのは、何をなすべきかを決める前に、まずおのれが何者なのかを知ることであった。初期の示唆的な詩の中で彼は物思いにふける。私には名誉も富もない。何も知らぬ後世に踏みつけられても構わない。問題は自覚ということだけである——

久しきにわたって私は無視され
後世の連中に踏みつけにされるだろう。
しかし、自分たちが踏みつけたのが誰なのか
後世の連中が知らなくてもいっこうにかまわぬ。
私だけが自分がなに者であるかを知っていればよいのだ。(4)

レッシングはかなり早くから自分が批評家であることを知っていた。後になって、批評家であるため、創造性を犠牲にしているということに気付いた。「私は俳優でも詩人でもない」と彼は最も勢いのよかった時、『ハンブルク演劇論』(*Hamburgische Dramaturgie*)で打明けた。彼を天才だと寛大にも考えた人びとは、彼のことをよく知らなかったというのである。彼のお得意は批評することであった。生き生きした源泉が清らかな流れとなって、それ自体から生れる力で詩人《ディヒター》の中に湧きたつ、そうした源泉が自分にはないと認めたのである。(5) しかし自分にさまざまな限界があると認めるこの能力によって、本当の力が発揮されることとなった。彼は自分に対して無情でいられるので、他の人びとに対して無情でいても良心の呵責を感じなかった。レッシングは彼自身やありがたがり屋の後世が考えたほど偉大な批評家ではなかった。判断はしばしば性急で、論争では強迫観念にとりつかれ、衒学との闘いにおいては、自ら少し衒学的であった。しかし、彼は勇敢で率直で聡明だった、しかも非常に聡明だった。レノルズと同様、レッシングははじめてその思想を編み出した人間ではなかったが、しかしそれを適切な時に考え、適切な言葉で表明した。彼が率直さをみせたのは、ドイツ文化が何よりそれを必要としている時であり、明晰であったのは、混乱しか存在しない時だった。

率直さが要求した第一のことは、フランス文化がドイツ文化よりはるかにすぐれていると認めることであった。レッシングはこう書いた。ディドロには好きなだけ自分の国の演劇を批判させよう。「少なくともフランスには一つ舞台があるのに、ドイツにはかろうじて少しの仮小屋があるだけだ」と考えるのがまともなのだ。フランスでは国王やその宮廷や著名な市民たちが劇場に群がる。他方ドイツ諸邦では、劇作家は誠実な少数のブルジョワが「びくびくしながらおしのびで仮小屋に出かけてくる」(6) ぐらいで感謝しなければな

らない。レッシングはモヴィヨンと同じ調子で叫んだ。「ドイツ演劇のミューズが自慢できるような才人たちの名を挙げてほしい！」[7] そのミューズにはどんな自慢の種もなかった。「われわれには劇場がない。俳優がいない。観客がいない」[8]。

しかし、フランスには文明があったけれども、その文明を構成する多くのものは不道徳なものだった。レッシングは一七五一年にルソーの第一『論文』(*Discours*)〔『学問芸術論』〕を評して書いた。「このような説教者がたくさんいたら、フランスはずいぶん幸せだったろうに」[9]。フランスには説教者が少なく、その結果無宗教や淫らさが支配していた。このこと一つをとってもフランスに対するドイツの憧れが非常にまちがっていて、抑圧的なものだったことがわかる。「何がわれわれの純化された演劇を支配しているだろうか？」とレッシングは問いかけた。指導的な純化運動者ゴットシェトを念頭におきながらである。「それは外国製の機知のみではないだろうか？　われわれが感心するごとに、われわれ自身の機知は皮肉られていることになるのである」[10]。ほんの二〇才の時レッシングは「創造的精神」をゴットシェトの規則に対抗させた。一七五九年には広く引用される論考〔『文学書簡』〕でもう一度乱暴に決めつけた。彼の主張によればドイツ演劇がゴットシェト氏に感謝すべき理由は何もない。「ゴットシェト氏が、一度も演劇に余計な口出しをしていなかったらよかっただろうに」。いわゆるゴットシェトの改善なるものは取るにたりないものか、そうでなければ実害のあるものだった。ゴットシェトが書きはじめた時、ドイツ演劇が「ナンセンス、誇張、卑猥さ、下衆なユーモア」で一杯だったことは認めよう。そういう状況を誰も改善できなかった。しかしゴットシェトは何をしたのか？「彼は少しフランス語がわかり、翻訳をはじめた。詩がつくれて〈ウイ、ムッシュー〉がわかる人には誰にでも、彼のように翻訳することを勧めた」。独創性のないつまらない芝居『瀕死のカトー』(*Der sterbende Cato*) をまとめて本にした。道化役を非難し即興をけなし、さらに「ただわれわれの古い演劇を改善するだけではなく、新しい演劇の創始者になろう」と考えた。しかしそれはどういう演劇だっただろうか？「フランス的演劇」だったのだ。しかもフランス的演劇《フランツェズィーレンデ》がイギリス演劇と同様、ドイツ的考え方にあっているかどうかはまったくお構いなしであった[11]。

レッシングは余り正しくなかったが、しかし彼のために言っておかねばならないことは、彼は相当に血気にはやっているが公正でもあり、自分の方でも批判を受け容れたということである。彼がゴットシェトの失敗した所で成功すべきだとするなら、たんに評論やエッセイで効果的な指摘をするだけではなく、感銘を与える詩や戯曲を書かねばならない。これは困難だということがはっきりした。レッシングの叙情詩、頌詞、風刺詩、寓話、物語はわかりやすく簡潔だった。しかし、理屈っぽい習作の域をほとんど出ていなくて、誰でも同じくらい、あるいはもっと上手につくれるようなものだった。他方、初期の戯曲は詩と同じく不自然で、文学的企図や社会的企図をあからさまにあらわしていたが、レッシングの現実改革の欲求を効果的に表現してもいた。まだ二〇才だった一七四九年に、彼は早くも啓蒙主義者《アウフクレーラー》としての考え方を自作の『ユダヤ人たち』(*Die Juden*) や『ザムエル・ヘンツィ』(*Samuel Henzi*) で示した。『ユダヤ人たち』はユダヤ人の側に立った芝居で、その意図するところは明白だった。つまり、いわゆるユダヤ人の人種的特徴に対する広くいきわたった偏見に立ち向かったのである。『ザムエル・ヘンツィ』は雄弁な作品で当時実際に起きた事件に題材を得ていた。その事件というのは、ある急進的な文学者《リテラトゥール》がベルンで煽動者の疑いをかけられ、残忍な拷問を受けた上性急に処刑されたというものだった。こうした作品は、レッシングの時代のドイツでは勇気ある試みであり、啓蒙主義的演劇として、批判的なるものが改革精神の役に立っている一例である。さらに一七五五年、レッシングは『ミス・サラ・サンプソン』で最初の本当の成功をかちえた。これはブルジョワ悲劇で、リロとリチャードソンから多くをえていた。レッシングとディドロの親近性は、他の作者からの借用物にも及んだのである。

『ミス・サラ・サンプソン』は独創性に欠け、感傷的でお涙頂戴的だが、その文化的意義ははっきりしている。この作品はどうみても力足らずの感を免れない。革命的な劇としては新古典主義の規則に従順すぎるし、ブルジョワ悲劇としては登場人物たちの社会的地位が高すぎる。さらに平穏無事なイギリスという背景は急進的な意図を危うくしているようにみえる。だがレッシングがイギリス風なタイトルやイギリス的な主題やイギリス風な名前を選んだのは、ただ臆病さからだけではなく、計画的でもあった。つまり、フランス新古典主義や、その影響をうけたドイツ新古典主義からの独立を宣言したのである。この戯曲の初演から一年後に彼は書いた。「『ロンドンの商人』(***London Merchant***)の作者である方が『瀕死のカトー』の作者であるよりずっと好ましい』。この野心は『ミス・サラ・サンプソン』でほとんど完全に実現したと評したくなるところである。レッシングがなぜ『ロンドンの商人』の方を好んだのかというと、こちらの方がより多くの涙を流させたからである。彼は書いた。『ロンドンの商人』の「ただ一度の上演で流された涙は、たとえ冷血漢の涙でも非常に多くて」、『瀕死のカトー』の「考えられる限りの上演で極めて涙もろい人びとが流したかもしれない涙も及ばないほどである」[12]。一七五六年にレッシングはモーゼス・メンデルスゾーンに打ち明けた。「私はフランス悲劇が嫌いです。第五幕もまさに終りという時になって私から涙をちょっと絞りとるからです。本当の詩人というのは悲劇全体を通して観客の共感を誘うようにしておくものです」[13]。こうした涙を誘おうというレッシングの努力は、ディドロの似たような努力と同じく、今日では笑うべきものと思われる。しかし、当時の観客は初日からずっと、芝居の間中泣き叫ぶか、そうでなければ泣くのがやりきれなくなってヒステリックな笑いの発作に突然かられたのである。いずれにしても『ミス・サラ・サンプソン』の栄光は、著者にとってさえやがて色あせた。目立たない作品といえばそれまでだが、レッシングが理性主義や新古典主義のジャンルやフランスと闘う過程における一つの里程標であることには変わりない。一七六〇年、レッシングはベルリンを離れブレスラウにむかった。長い修業時代を終えいよいよ仕事にとりかかるためである。その仕事こそ、当時の美学上の革命に対する今度こそ本当の貢献になるのである。

(1) *Entretiens sur le Fils naturel*, in *Œuvres esthétiques*, 155.
(2) Ibid., 167. たまたまサミュエル・ジョンソンもまた、「悲喜こもごもの劇」が道理にかなった演劇のジャンルであると考えていた。

（3） *Entretiens sur le Fils naturel*, in *Œuvres esthétiques*, 189–90. レノルズも、まさにこれと同じ考えだった。「叙事詩の規則はホメロスの詩から形成され、悲劇のそれはソフォクレスとエウリピデスから、喜劇のそれはメナンドロスとテレンティウスからそれぞれ形成された。新しい偉大な天才が、こうした人びとと同等の存在として出現し、しかもその能力が彼らより普遍的で、かつてない成功をおさめ、完全に異なった一般的構成プランを持っているとしよう。その時には新しい法則がつくられるか、あるいは少なくとも古い法則が公正率直に修正されるべきである」。*Portraits*, 122.

（4） この詩は一七五二年一〇月一一日付である。*Schriften*, I, 131.

（5） 「一〇一番から一〇四番」（最終番）。*Hamburgische Dramaturgie*, ibid., X, 209.

（6） 手紙 LXXXI（一七六〇年一月七日）。*Briefe, die neueste Litteratur betreffend*, ibid., VIII, 217.

（7） レッシングの *Schriften* (1754), ibid., VIII, 269, 第Ⅲ部への "Vorrede".

（8） 手紙 LXXXI *Briefe*…, ibid., VIII, 216–17.

（9） *Das neueste aus dem Reiche des Witzes*, 一七五一年四月。ibid., IV, 395.

（10） レッシングの *Schriften*, ibid., V, 269–70, 第Ⅲ部への "Vorrede".

（11） 手紙 XVII *Briefe*…, ibid., VIII, 41–2.

（12） 「ヤコブ・トムソン氏の全悲劇集」翻訳への "Vorrede", ibid., VII, 68.

（13） レッシングからメンデルスゾーンへ（一七五六年一一月一八日）。Ibid., XVIII. 80.

3

『ラオコーン』(*Laocoön*) はブレスラウ滞在中の一番名高い作品であり、今でもレッシングの最もよく知られた批評作品であって、広くゆきわたった論議に決定的な貢献をした。ルネサンス以来、絵画と詩が姉妹芸術である――詩は絵のごとし（ut pictura poesis）――というホラティウスの端的な言葉によって、詩に絵画的特質があり、絵画に詩的価値があるということが繰り返し言われ、物語を展開する絵や情景を描く詩が数多く生れた。十八世紀になると、イギリスやフランスの美学関係の著述家たちは、この学説に疑問を投げかけはじめ、さらにそれぞれの芸術の性質を明らかにするため、相互の関係を明らかにしようとした。そうした著述家たちの中にディドロがいたが、しかしこの問題についての彼の考察は、長いこといかにも彼らしくためらいがちで曖昧であった。まず一方で、ディドロは一つの芸術の用語を他の芸術にあてはめては喜んでいた。[1] リチャードソンを自然の画家、その小説を劇と呼んだし、さらに自分の芝居では絵画的効果をもとめた。すくなからぬ批評家が指摘したことだが、ディドロの『私生児』と『一家の父』を有名にした教訓的な場面は――非常に御自慢の舞台上の人物配置なのだが――グルーズの教訓的な絵にみられる、人びとの感傷的な集まりにそっくりだった。他方で、彼ははやくも一七五一年に人をじらすような思いつきの示唆を行ない、画家は唯一の瞬間しか自由にできないが、詩人と音楽家は連続した瞬間を取り扱うと言っていた。さらに一七五七年に――当時レッシングはモーゼス・メンデルスゾーンとの文通でこの問題を議論していたのだが――ディドロは、すべての芸術が自然を模倣するけれども、それぞれの芸術はその内的な法則にあわせながら自然を模倣するのだと示唆した。「各芸術は模倣するが、それはそれぞれに適したやり方によってである」。[2] そして一七六七年の

『サロン』で遂に正面攻撃をかけるに至り、〈詩は絵のごとし〉という説は果てのない災厄を引き起こしたと主張したのである。絵は詩のようではない。「詩は絵のごとくにあらず」[3]。

レッシングの『ラオコーン』は「絵画と詩の境界」を決定しようとして明快に書かれたものだが、これが公けにされてからディドロの『サロン』での主張までには一年が経過していた。レッシングの才気あふれるエッセイが、直接ディドロの影響を受けたものかどうかははっきりしない[4]。しかし、レッシングはディドロのその場限りの示唆などを必要としてはいなかった。この問題は一般に広まっていたのである。『ラオコーン』の序文で評しているように、諸芸術を分類しようという試みは、ただエピグラムによるものならギリシアにまでさかのぼる。その最初の鋭い表現はおそらく「ギリシアのヴォルテール」たる、ケーオスのシモニデスによる次のような「才気あふれる対照法」であろう。「絵画は黙せる詩であり、詩は語りかける絵画である」。レッシングはこの言葉に非常な真実をみたが、その真実は大変明白なので批評家たちはそれに含まれた「不確かで本当でない[5]」ものを無視するようになったというのである。彼はルネサンスの批評家ドルチェや同時代のジョゼフ・スペンス、ケリュス伯爵を引合いに出した。例の古い名言《ボン・モ》が十八世紀まで生き残り、批評を混乱させ、絵画も詩もだめにしていることを明らかにするためである。レッシングの厳しい指摘によれば、詩人は描写マニアの犠牲になり、画家は寓意作りの病気にかかっている。彼はこういう否定的な意見を持っているのが自分一人でないことも知っていた。ディドロより三〇年前、すでにアベ・デュボスが、画家と詩人にはそれぞれに最善を尽せる主題があると述べていた。自分はただメモをとっているにすぎない、とレッシングは主張した。彼は皮肉な調子で示唆しているが、ドイツは体系的な著作に事欠くわけではなかった。しかし彼の意図するところはさらに野心的なものであった。つまりメンデルスゾーンや彼自身の思考に明晰で説得的な形式をもたらし、さらに当時の芸術を支配していた「悪しき趣味」や「根拠のない鑑定」を「挫く」ことだったのである[6]。

レッシングの『ラオコーン』の論じるところはよく知られている。ヴィンケルマンは一七五五年のエッセイ『絵画及び彫刻におけるギリシア美術品の模倣に関する論考』(*Gedanken über die Nachahmung der griechischen Werke in der Malerei und Bildhauerkunst*)で、ギリシアの絵画と彫刻の特徴は、「気高い素朴さと静かな偉大さ」だと主張した。こうした特徴は二匹の蛇に襲われたトロイアの僧ラオコーンと二人の息子を彫った彫刻にも明らかにみられる。この名高い群像は一五〇六年ローマで発見され、以来広く感動をよんできたが、しかし、ヴィンケルマンの主張ではまちがった理由、つまり極度の恐怖と激しい苦痛との、いわゆるいきいきした描写がなされているというまちがった理由によっていたのである。『アエネイス』(*Aeneis*) でヴェルギリウスはラオコーンに悲鳴をあげさせている。彫刻家の方はギリシアの理想に完全に一致して、彼に嘆息をつかせているのである。ラオコーンはソフォクレスの描くフィロクテテスと同じような苦しみ方をしている。つまり魂を突き刺すような苦悶を味わいながら、うらやましいほどの気高さと忍耐心をみせているのである。

レッシングはヴィンケルマンのこの文章全体を引用し――これは彼の教科書なのである――ヴィンケルマンの彫像についての見解や彫刻家に対する礼賛には異議を唱えない。しかし、ヴィンケルマンの推論の仕方や一般的なギリシア文学解釈は排斥する。フィロクテテスは叫び、呪い、聖なる儀式を粉砕する。ホメロスの最も勇敢な兵士たちでも倒れながら叫ぶ。マルスは叫び声をあげる。「ヴィーナスはちょっと引掻かれても大きな悲鳴をあげる」。一言で言ってギリシア人は常に静かな偉大さをみせるどころか、さまざまな感情に声を与えるのに、われわれがもはやもっていないような自由自在さをみせたのである。失われたソフォクレスの『ラオコーン』ではこのトロイアの僧は確かにフィロクテテス同様、ストイックとはいえない様子をしていたにちがいない。「すべてのストイシズムは非演劇的である」。魂の偉大さを称えるのは実際よそよそしい。したがって、ラオコーン像が叫ぶところを見せていないのは（ヴィンケルマンの言ったように）叫ぶことがギリシア人の性格にあわないためではありえない。「確かに他の理由があって」、彫刻家は「好敵手の詩人と異なっているのである」[7]。この他の理由を捜すことがレッシングの自ら課した課題であり、それを見つけることがその解決策になる。

レッシングははじめに言う。古代人にとって「美は視覚芸術の最高の法則であった」。だからラオコーン群像をつくった彫刻家は、この僧が苦しんでいるところを柔らげて表現せざるをえなかったのである。つまり苦しみの叫び声を描写できるのは、大きく開いた口や歪んだ顔だけだが、そうした彫像は嫌悪すべきものになっていただろう。だから、ギリシア人は視覚芸術において、怒りを真剣さに、苦しみを悲しみにかえたのである。そうすることが必要なのは、古代人たちも理解していたことだが、ことに芸術作品はただ示唆のみをすべきで、見る人の想像力の方でその印象を完成せねばならないからである。つまり、大笑いをそのまま表現する男は、やがてにやけたしゃれ男になってしまうだろうし、悲鳴をあげているままに表現されたラオコーンは、やがて見るにたえられないものになってしまうだろう。そういう訳で、画家や彫刻家は唯一の瞬間を選ばざるをえない以上、一つの行為のクライマックスの瞬間は避けなければならない。書かれたものから判断すると、ギリシアの画家ティモマコスがメディアを描いたのは、子供たちを殺している最中ではなく、その少し前、母性愛と復讐欲がまだ葛藤している時においてであった。さらにティマンテスはイフィゲネイアの犠牲を描き、しかるべき悲しみを示している人びとを添えたが、しかしアガメムノンの顔にはベールをかけ、父親の悲しみに歪んでいるにちがいないのを隠した。レッシングの主張によると、このことは画家の無能力を示しているのではなく、アガメムノンの顔をはっきり描けば、絵はおぞましいものになるという画家の認識を示している。「ティマンテスは、三美神が彼の芸術に設けた限界を知っていた」。主題が主題だからといって醜悪さにおもむくことはできない。「それでは顔をヴェールでおおう以外どんな方法が残されていただろうか？　彼は直接描けないので、人が推量できるようにしたのである」[8]。

しかし、彫刻家がラオコーンに悲鳴をあげさせられないにしても、ヴェルギリウスの方は、まったく自由にラオコーンのこの上なく激しい断末魔の瞬間を示しうる。というのも詩の可能性と役割は――

ここでレッシングの解決策への取組み方は、言葉に生きる人間特有の偏りをみせているのだが――まさに本質的に絵画や彫刻の可能性や役割と異なっているからである。詩の領域は絵画の領域より広い。「詩が自由にあやつる美には、絵画では決して到達できないものがある」[9]。詩人は端正さの感覚を働かせて、ダンテのウゴリーノのような極端に嫌悪すべきものは描写すべきではないが、怒ったヴィーナスをそのまま描くことができる。画家が同じことをすれば、この女神は誰か他の者になってしまうだろう。レッシングの主張によれば、絵画が示すのは、ただ唯一の手段によって唯一の瞬間に捉えられた、目に見える行為のみである。レッシングは偉大な肖像画家がカンバス上に示唆する深い感動や隠された特徴などはまったく無視したのである。一方詩がすぐれているのは主に次の点である。「詩人がわれわれを案内するのは絵画のギャラリー全体である」[10]。

そこでレッシングの解決策はこうなる。「私の議論は以下のとおりである。絵画と詩がその模倣のため、完全に異なった手段あるいは記号を用いる、つまり一方は空間における形と色を用い、他方は時間における分節音を用いるとしよう」。そうだとすれば時間的に同時に存在する記号は、同時に存在する対象だけを表現できる。それに対し、次々に継起する記号は、連続する対象だけを表現できることになる。前者の対象は諸物体――絵画に固有の主題――であり、後者の対象は諸行為――詩に固有の主題――である。もちろん、諸物体は時間の中で存続するのだから、絵画が行為を示唆してもよい。また諸行為は行為者を必要としているのだから、詩は諸物体を示唆できる。レッシングは、規範を定めようという意図を持っていても、完全に独断的ではない。むしろ彼の主張は、それぞれの芸術にはそれぞれ別個の重力の中心があるということなのである。「絵画はその同時的構成において、一つの行為の唯一の瞬間だけを用いることができる。したがって、最も示唆的なものを選ばなければならない」。それに対して「詩はその進行的模倣において、諸物体の唯一の特性のみを用いることができる。したがって、物体の最も感覚的なイメージをよびおこすものを選ばなければならない」[11]。

少し弁解するように、レッシングはこれを「無味乾燥な一連の論理」[12]とよんでいる。ただし、無味乾燥であっても決して抽象的ではないと彼は主張する。この論理によって特定のモデル、すなわちホメロスを依りどころとして、特定の欠点、ハラーの『アルプス』(*Die Alpen*)のような同時代の詩作が攻撃される。ハラーの作品は花ざかりのアルプスの牧場の情景を喚起しようとして、順々に花の言うことを聞き、それをいきいきした隠喩で描写しているものである。レッシングの論じるところでは、ハラーの言葉による絵は当然のことながら失敗である。つまり詩人が画家の領域を侵してしまったのだから。それと対照的にレッシングが読者に勧めるのは、ホメロスの鋭さと手際のよさを称えることである。ホメロスは読者にヘレナが世界一魅力的な女性だと納得させようとして、骨を折ってその顔の美しさを描こうとしたりしない。むしろ読者にその美しさを感じさせようと、彼女を見たトロイアの長老たちの有頂天の反応を描写するのである。これこそ戦争しがいのある女性だ！　ここで再度現代の愚かしさと混乱ぶりが、古代の知性と節度に非難されているのである。

レッシングの『ラオコーン』は、こうして有名な弁証法の一例になっている。つまり誤解された古代を正しく理解し直し、そうすることによって、近代の批評と芸術を明らかにするということを主張しているのである。『ラオコーン』は古美術狂ではないにしても、明らかに古美術の好きな人間の著作である。批評家のうち古代に注意を集中した者だけが――古典作品を多く読んだが、現代芸術をほとんど見ていない批評家、と付け加えねばなるまいが――レッシングと同じように考えることができただろう。彼は「油彩技法は発明されなかった方が良かったのではないか」[13]と言った。この気を滅入らせるような考えは、狂信的な古典主義者のケリュス伯爵にさえ、決して思い浮ばなかったものだった。レッシングは『ラオコーン』の中で「伯爵は詩より絵画の方が理解できた」[14]と言った。この押し付けがましい判断は、その当人にもちょうど逆の意味であてはまる。レッシングは詩の方が絵画より理解できたのである。

彼は詩でさえ完全に理解したわけではなかった。『ラオコーン』は奇妙に圧縮された本で、レッシングにおける美的経験の機会や趣味や時代のさまざまな限界を反映していた。ラオコーンについて書いたのに、彫像の実物を一度も見たことがなかった。ギリシアを発見したヴィンケルマンは一度もギリシアに行かなかったが、それと同じくレッシングは議論全体を一つの彫像の外観の上に展開しながら、一度もイタリアには行かなかった。実際石膏の鋳型さえ一度も見たことがなく、不正確な図版に頼ったのだが、それは非古典的、ヘレニズム的な歪みをかなり抑えて表現していた。絵について書くのにあまり絵を見ていなかった。ただし『ラオコーン』で論じられた絵は消失してしまっていて、記録が残っているにすぎないものが多かったのではあるが。その上、純粋に絵画的な価値、つまり色彩、構成、表現、さらに風景や静物のような人物を描くわけではない主題に疎いことがはっきりしていた。レッシングは詩について書いたが、抒情詩についての考えをまったく持っていなかった。彼の極めて正しい判断をみると、彼が古典主義の原則をよく理解していたことがわかるが、何とも期待はずれの考えの場合には、彼が同時代の芸術の進展に完全には共鳴できなかったということがわかるのである。

それと同時に、レッシングと同時代の最も洞察力のある人びとは『ラオコーン』を近代のための大胆な一撃と見なした。ゲーテはレッシングの読者の中で一番雄弁だったにすぎない。彼は書いた。「青年でなければレッシングの『ラオコーン』がわれわれにどんな影響を与えたかわかるまい。われわれは貧しい概念の片田舎から開かれた思想の国につれていかれたのである」[15]。それは正しかった。はっきりした欠点はあったが、『ラオコーン』は啓蒙思想の特別な成果の一つである建設的な批評、つまりディルタイの言う「創造的批評」を見事に代表するものであった。ゲーテやその他の人びとが記したように、『ラオコーン』は〈詩は絵のごとし〉という学説を決定的に破産させた。詩人と彫刻家と画家に新しい展望を開き、それぞれに得意の分野を割当てたのである。

しかし、『ラオコーン』は啓蒙思想の一資料ではあるが、宗教的、政治的論争の分野とは際立って掛け離れていて無縁である。フィロゾフたちは通常そうした分野でこそ、議論の才能を発揮したのであった。『ハンブルク演劇論』はある意味で『ラオコーン』の続篇だが、これによってはじめてレッシングは手慣れた領域にもどってきた。『演劇論』は演劇についての『ラオコーン』であるが、それだけではない。『ハンブルク演劇論』は明らかな攻撃目標としてフランスと新古典主義に狙いを定めている。この二つの目標はレッシングの議論では合体して一つの恐ろしい姿をしている。ドイツ演劇はこの悪魔からのがれなければならない。

ディドロの批評と同じく、『ハンブルク演劇論』は非体系的だが極めて示唆に富んでおり、偶然の作品にしてはそれ以上のものを持っている。レッシングがこれを書いたのは、多くのフィロゾフたちがその著作をあらわすのと同じやり方であった。つまり、仕事におわれる中で、注文があると書くという具合だったのである。一七六六年は『ラオコーン』の年であるが、ハンブルクの町は「ドイツ国民劇場」をすでに創設していた。この野心的な名称は長い間育くんできた幻想をあらわしていた。さらに一七六七年にはレッシングもこの企てに参加したのだが、それは劇評家《ドラマトゥルク》として、つまり脚本家の文学上の相談役と、俳優の批評家と、雑誌編集者と、観客の教育者とを兼ねた者としてであった。この試みは失敗であった。一時レッシングは折々の作品を評論した。しかし、ドイツの俳優、いやそれ以上に女優が賞賛に飢え、批評に敏感なのに気づき、最初いらだち、ついで幻滅して評論活動から退き、一般的原則の方へおもむいた。それでよかった。一七六八年末、この劇場は破産したからである。それから彼は自分の書いたものを集め、一七六九年、二巻本で刊行した。ハンブルクの損失は啓蒙思想の収穫であった。『演劇論』でレッシングは演劇というものをあきらかにする探究を進めた。それはまことに力強く、経験の息吹に活気づけられていて、造型芸術に関する著作とは好対照であった。

『演劇論』でレッシングの直面した課題は、まさに『ラオコーン』で直面した課題だった。古典作品を新古典主義者たちの手から救い出さなければならないと感じたのである。古代への訴えかけは戦略的なものだった。フランス新古典主義演劇が芝居を冷たい機械的な見世物にしたということを証明する必要があった。コルネイユとヴォルテールというドイツで非常に影響力の強いフランスの劇作家二人を、レッシングは告発したが、それは手のつけようもないほどの逆上ぶりだった。しかしこのこと以上に必要だったのは、ドイツをもう一つの災難から救い出すことだった。「われわれは不手際にも過去のすべての経験を捨て、詩人や劇作家があらためて独力で芸術を見つけ出すことを求めようとしていた」[16]。レッシングは当時の疾風怒濤派が子供であり、野蛮人に近いと見なした。過去を消し去りたいと考えるあまり、過去に学んだりそれを変えたりすることを考えないというわけである。これは野蛮な状態であって、どんなフィロゾフでも、いかに未来が好きでも、良き古典主義者として避けるべきである。レッシングは冷笑的に書いた。「ありがたいことに、今やある世代の批評家たちの最良の批評は、すべての批評に疑いの目を向けることである。彼らは『天才よ！　天才よ！　』と叫ぶのだ」[17]。レッシング自身、一度か二度『ハンブルク演劇論』で「天才よ！　天才よ！　」と叫んだことがあった。しかし、彼は自分の創造力だけに頼る芸術家を称えても、一方で知性や熟練に敬意を表し、それを抑えた。『演劇論』が各章ごとにほのめかしているのだが、自由は形式の敵ではなく産物である。それ故、この書物における二人の英雄とはアリストテレスとシェイクスピアということになる。この規範制定者と詩人は、フランス人にもドイツ人にも重大な誤解を受けて描かれているのである。

レッシングはアリストテレスの教えとシェイクスピアの実作を解釈して、規則は大事だがあくまで芸術に対して生きた関わりをもつものでなければならず、第一、規則は芸術から発展するものだという事実の証左とした。規則は芸術の内的な法を編むべきであって、外部からの法を押しつけるべきではない。円熟期のディドロと同じくレッシングは新古典主義の規範をたいてい受け容れた。しかしレッシングの考えでは、新古典主義の劇作家たちがせっかくの規定をばかばかしいものにしてしまったのである。彼らは真理を求めて劇作家を歴史家にした。奴隷的な模倣を心がけるあまり、演出されたものでなく事実そのままを再現しようとした。品よくしようとして、現実的な人物を舞台から追い出した。道徳への情熱に燃えて、味気ない教訓じみた芝居を案出した。さらに秩序に夢中になって三単一の法則を押し付けたが、これは機械的でばかげており、どう見てもまず守れそうにないものである。レッシングはまたディドロと同じく、新古典主義をそれ自体の手から守るばかりか、その理論体系そのものを改革することを求めた。ブルジョワ悲劇は新古典主義の教義では雑種でも、すぐれた手にかかれば——つまりディドロは言わずもがな、おそらくレッシング自身の手のことなのだが——完全に満足できるジャンルになる。実際、レッシングの主張によると、この悲劇は普通の人間に関するもので、その運命を観客が哀れんで眺め、さらに道徳や一種の宗教的教訓さえ引き出せるものである。

この分析が要領を得ず、不完全でしばしば首尾一貫していないということを示すのは容易であり、批評家たちがずっと嘆いてきたことでもある。レッシングはフランス人に対して公平な態度をとらず、その演劇を非常に厳しく取り扱って、欠点を見、長所を見ようとしていない。彼は悲劇から崇高さをとりあげてしまう。また演劇はそれ自体の世界を創りだすのか、それとも現実の世界を映し取り入れ、そして改善するのかについて、はっきりした態度を示さない。レッシング自身の後期の戯曲は、魅力的な喜劇『ミンナ・フォン・バルンヘルム』(*Minna von Barnhelm*)や、広く知られたがやや俗っぽい悲劇『エミリア・ガロッティ』(*Emilia Galotti*)や寛容の教えをひろめた有名な『賢者ナータン』(*Nathan der Weise*)であった。こうした戯曲の価値は、せいぜい彼の才能の限界をはっきり示しているという点にある。しかしそうした限界はレッシング一人のものではなかった。ハンブルク劇場が失敗したことはさらに広範な不安感の兆しでもあった。レッシングは一七五〇年代に悲しげに記したことを、豊かな経験を背景にもう一度、一七六〇年代後半に記した。「はっきり言わせてほしい」。フランス人に比べてドイツ人は「相変らず本当の野蛮人であって、この上なく野蛮な先祖も及ばないほどである」。ドイツに国民劇場をもたらすというのは「お人好し」の考え、つまり善意だが少し滑稽な考えである。ドイツはまだ一つの国ではない。「政治制度についてではなく、われわれの精神的な性格についてだけ話しているのである。その性格とは、そうした劇場を持ちたがっていないことだとまで言えるかもしれない。相変らずわれわれはすべて外国産のものの悪名高い模倣者であり、ことにいくら称えても称えきれないフランスに対する卑屈な崇拝者である。ライン川の向う側からやってくるものはすべて美しく、魅力的で、楽しく、神聖なのである(18)」。こうした言葉を書いた時、レッシングは疲れていた。疲れていて腹をたてていたのである。そして、以前自分の影響力を過大評価しがちだったように、今度はそれを過小評価した。いずれにしても当時のドイツの状況では、ある程度の失敗は目に見えていた。レッシングが一七八一年以降も生きていたら慰められていただろう。結局彼がなしとげたのはゲーテが呼吸できる雰囲気を創り出すことではなかっただろうか？

(1) 本書、第六章1節2参照。さらに「おお友よ！『パメラ』(*Pamela*)、『クラリッサ』(*Clarissa*)、『グランディソン』(*Grandison*) は三つの偉大な劇である！」*Eloge de Richardson*, in *Œuvres esthétiques* 33.
(2) *Entretiens sur le Fils naturel*, in ibid., 168. *Lettre sur les sourds et muets ed. Paul Hugo Meyer* (1965), 84 も参照。
(3) 一七六七年のサロン。*Salons*, III, 108.
(4) 確かにレッシングは、注意深くディドロの『聾唖者書簡』(*Lettre sur les sourds et muets*) を読んでいた。いずれにせよ彼はその書評をし、さらにディドロの『私生児についての対話』(*Entretiens sur le Fils naturel*) を翻訳していた。
(5) Lessing : *Laocoön*, ed. Hugo Blümner (2nd edn., 1880), 146–7の"Vorrede."
(6) Ibid., 147–8.
(7) "I," ibid., 149–54.
(8) "II," ibid., 155–63.
(9) "VIII," ibid., 211.
(10) "XIII," ibid., 244.
(11) "XVI," ibid., 250–1.
(12) Ibid., 252.
(13) Nachlass の注。in ibid., 469. Wellek (*History of Modern Criticism*, I, 166) もこのくだりを指摘した。
(14) "XI," *Laocoön*, 229.
(15) *Dichtung und Wahrheit*, in *Gedenkausgabe*, X, 348. Ernst Cassirer はこの一節を *The Philosophy of the Enlightenment* の最終ページ (360) で引用している。
(16) 「一〇一番から一〇四番」。*Hamburgische Dramaturgie*, in *Schriften*, X, 215.
(17) 「九六番」。Ibid., 190.
(18) 「一〇一番から一〇四番」。Ibid., 213.

4

一七六〇年代はディドロにとってもレッシングにとってと同じく決定的だったが、それは異なった理由によっていた。逆境を通じた教育の時代だったのである。ディドロは、一七六一年の『一家の父』の失敗に目に見えて失望し、『百科全書』の編集に忍耐力の限界を越えるほど悩まされ、ダランベールが脱落しては落胆し、ルソーと疎遠になっては動揺した。自分は年を取りつつあると考えた。五〇才に近かったが、奮闘した割には見るべきものがなく、すぐ忘れられる幾つかの成功とあやふやな名声しかなかった。しかしその柔軟性は非常に役立った。一七六二年の終りには「イギリスのラブレー(1)」である「スターン氏」の『トリストラム・シャンディ』(*Tristram Shandy*) を発見し、この小説が無意識のうちに自分の中で発酵するままにしておいた。ごく内密に『ラモーの甥』(*Le neveu de Rameau*) を書きはじめた。おそらくすべてのうちで一番有益なことだったのだが、美術批評を発見した。

ディドロの友人のグリムは、一七五一年から『文学通信』(*Correspondance littéraire*) で二年ごとのサロンを批評してきていた。一七五九年、彼はディドロに頼んでこの重荷から救ってもらおうとした。これはディドロの才能にふさわしい、よい機会であることが明らかになった。『サロン』はおそらくローレンス・スターンなどより、彼の美学的解放の立役者になったのである。はやくも一七五一年、『聾唖者書簡』(*Lettre sur les sourds et muets*) でディドロはすべての美学を美しい自然《ラ・ベル・ナチュール》の模倣に帰そうというバトゥーの試みを退けていた。しかし、ディドロ自身の美学思想は幾つかの点ではバトゥーのものと同じく単純であり、他の点ではもっと混乱していた。彼は今や一つの新しい分野でその思想を試し、すべての分野でそれを再検討したのである。

最初の三つの『サロン』はまだ確かに妥協をしらない道徳的リアリズムの刻印を帯びていた。しかし一七五九年から一七六一年、さらに一七六一年から一七六三年へと移るにつれ、彼の報告は分量がふえ、輝やかしさを増し、ますます情熱的で問題性を抱えた個性の筆致を示した。一七五九年にはまだありのままの模倣を求めていた。彼は——これが最後ではないのだが——シャルダンを取上げて「自然と真実」を表現している例とした。「彼の描くビンのくびはつかみ」たくなるようだし、「桃や葡萄は食欲をそそり手を誘う[2]」。またディドロが賞賛した彫刻家ルモワーヌの胸像は、弟子のパジューによるものだったが、それも同じ理由からであった。「何とすばらしい胸像だろう！ それは生きていて、考え、熟視し、眺め、聞き、話しはじめようとしている[3]」。対照的にカルル・ヴァン・ローの『メディア』(*Medea*)がつまらない絵であるのは、芝居がかっていて偽りがあるからである。「この画家は考えも感じもしない[4]」。だがまさにこの最初の『サロン』でディドロの感受性は原則と争った。彼はブーシェを軽蔑し、堕落したへつらい屋の好色家、一言で言って不道徳だとしていたが、そのブーシェはキリスト生誕図を展示した。ディドロはそれが多くの点で不愉快なものだとみなした。色合いは悪く、その明るさは場ちがいである。しかしながら、何と感覚を満足させることだろう。「聖母マリアは非常に美しく、愛らしく、人の心を打つ」。そしてディドロは打明けて言う。「この絵を手に入れても嫌な気はしないだろう。あなたは家に来るたびそれを批判するだろうが、それでもじっくり見ることだろう[5]」。批評家ディドロは、自分自身に忠実になろうとしていたのである。

一七六一年と一七六三年の『サロン』でシャルダンが相変らずディドロの気に入ったのも、その並はずれたリアリズムのためであった。「おおシャルダン！ あなたがパレットで練るのは白や赤や黒ではない。それはものの本質そのものである。空気であり光である。それをあなたは筆の先につけてカンバスに塗りつけるのである」。シャルダンが描くのは「自然そのもの[6]」に他ならない。その画題は「目を欺く本当らしさを持って」いる。まるで良くできただまし絵《トロンプ・ロイユ》が芸術の最高の形であるかのような言い方である。ヴィヤンの絵がすばらしいのも、真に迫っていて誇張がないからだし[7]、ル・

ベルの『落日』(*le Soleil Couchant*) は雰囲気の巧みな模写が注目される。[8] さらにディドロはグルーズとブーシェを比べているが、それは相変らず道徳性を基礎にしている。ブーシェは貴重な時間を浪費し、注目すべき才能を好色さで台無しにしている。「何という色彩！ 何という多様さ！ 何と豊かな対象と創意！ 彼にはすべてがある。真実を除いて」[9]。一方ディドロはグルーズの絵を詳細に描写して賞賛しているが、グルーズがすばらしいのは道徳的だからである。『中風患者』(*le Paralytique*) は風俗《タブロー・ド・ムルス》画である。有名な『村の花嫁』(*l'Accordée de village*) は非常によくできた情景で、哀感があふれ、人が大勢いても無秩序ではなく、しかも感動的である。「彼の画題の選択は感受性と高い道徳性のしるしである」[10]。

しかしこれがすべてではない。彼の理解力が鋭さを増すにつれて、賞賛や批判はさらに微妙になる。ブーシェが好ましくないのは、ある意味でそのリアリズムが余りにあからさまだからでもある。「ものを書く時すべてを書く必要があろうか？ 絵を描く時すべてを描く必要があろうか？ どうか私の想像力にも何か補わせてほしい」[11]。これは本当の進歩であって、初期の戯曲の直写主義を超えるものである。さらに道徳家グルーズが人に訴えるのは、ある意味でエロティックだからでもある。『村の花嫁』の若い娘は品よく着衣しているが、愛らしい胸を見せている[12]――というよりむしろ見る人に感付かせている。その上、ディドロは本当らしさと道徳性以外の規準を導入しはじめている。デエーの『聖ヴィクトル』(*Saint Victor*) の絵が印象的なのは簡素であると同時に偉大だからだと考える。アメデ・ヴァン・ローの『サテュロスの二家族』(*Deux Familles de satyres*) が喜ばしいのは「詩、情熱、裸体、性格」[13]があるからなのだ。明らかに、ディドロは新しく複雑なことがらをその判断に加えつつあった。

複雑さは転向を意味しなかった。ディドロが相変らずグルーズを賞賛しブーシェを嫌っていることだけでも、その好みが続いていることを示唆している。グルーズの秘かなエロティシズムは教訓的な寓意に形を変えながらも、彼に及ぼす力を完全には失わなかった。「ここにあなたと私の画家がいる。あえて道徳を芸術に与えようとした最初の人がいる」[14]、と一七六五年ディドロは叫んだ。一七六三年の感嘆の言葉を繰り返したのである。実際には一七六一年に見たものを一七六五年には見落した。つまりグルーズの絵では豊満な若い母親が彼女を慕う子供たちに囲まれていたり、年頃の娘が死んだ小鳥を嘆き悲しんでいたりして、「魅力的」で「快い」のだが、それは主として彼女たちが豊かな肉体的魅力を感傷的なポーズであらわしているからだということを見落したのである。グルーズがディドロの感傷性の恩恵にあずかったように、ブーシェは相変らずその犠牲になった。一七六五年、彼はブーシェを率直に厳しく断じ、売春宿の主人、堕落した宮廷人であって、天賦の才の裏面たる悪徳の数々は大変なものだとした。「彼については言うべき言葉がない。趣向、色彩、構成、人物、表現、構想といったものも堕落し、一歩ずつモラルの堕落の後を追った。この芸術家が一体何をカンバスに描きだすことができるだろう？ その想像力のうちに存在しているものだ。最下層の娼婦《プロスティチュエ・デュ・プリュ・バ・ゼタージュ》たちにうつつをぬかしている男の想像力のうちに何が存在しえようか？」これは大胆で巧妙な問いである。というのもディドロの考える最下層の娼婦たちはブーシェのモデルであっただけではなく、ルイ十五世の愛人でもあったからである。「あえて言おう。彼は優美というものが何なのか本当には知らない。あえて言おう。真実というものを一度も理解しなかった。あえて言おう。繊細、礼節、純粋、素朴といったものを考えることには縁がなかった」。彼は気取っていてきざで「厳粛な芸術」を知らない。欠点はただ道徳上のものだけではない。色合いは悪いし、構成は秩序がなく煩雑である。「彼は私の知っている限り静けさの最悪の敵である」。すぐれた官能家でさえもない。「彼が筆をとるのはただ乳首とお尻を見せるためである。そうしたものを見れば楽しいが、しかしそうしたものが見せられることを私は望まない」。一言で言ってブーシェは「偽りの良き画家」である。[15]

ディドロによる善玉と悪玉の役柄の割りふりは実質的に不変であった。その一方で『サロン』は六〇年代の他の著作と同じく、メロドラマの安易な単純さを越え、真のドラマの問題を含んだ曖昧さに達した。一七六三年に美術について書くのをやめていたら、ディドロが想い出されるのは、主として元気がよくしばしば洞察力に富むが、あまり独創的ではない新古典主義者としてであっただろう。自分の新しい考えも伝統の型に押しつけた新古典主義者として、である。[16] しかしありがたいことに彼は書き続けた。

彼は自分の著作がかつてないほどすぐれたものだということを知っていた。一七六五年一一月、彼は二週間かけてこの年の長い『サロン』をへとへとになって書き終えてから、ソフィー・ヴォランに報告した。「かつてこのような著作を行なった者はいなかったし、これからもいないだろう」とグリムが驚きながら、確信しているというのである。ディドロは愛想よく打明け、自分は秘かに自惚れているので、彼に同意してしまいそうだと言った。確かにディドロは愛人に対して述べたものである。「これは私が文学の探究をはじめてからなしえた最良のものである」。彼の認めたところでは、時にさまざまな矛盾した考えに引裂かれたり、自分の厳しさに対する罪の意識に襲われたりした。しかし、彼は全体として自分のエッセイを誇りにしていたのである。[17]

誇りにしてよいだけのことはあった。一七六五年の『サロン』は、その後の一七六七年のものや、それ程ではないが一七六九年のものと同じく、彼の感受性の発展を雄弁に示している。道徳を説き続けはしたが、以前より一層の機知、識別力、統制力を持っていた。こうして一七六七年にはボードゥアンの『花嫁の床入り』(*le Coucher de la mariée*)を論じた。この絵は若い花嫁が新床に入るようせかされているところを描いたものであった。夫は膝まづいて花嫁に頼みこんでおり、一人の女中が彼女の耳もとにささやいている。何をかは想像できるだろう。花嫁は夜着を身にまとって《アン・デザビエ》泣いている。ベッドはぼんやり見えているが、巨大な天蓋が付いて、開かれている。他の女中たちは室のことで忙しくたち働き、包みを解いたりロウソクを消したりしている。絵全体はディドロがただちに認めているように、淫らな感じである。彼は書いている。「ボードゥアンさん、一体どこでこの情景が生れたのかどうぞ言ってください。確かにフランスではない。生れも育ちも良い若い女性が半裸でベッドに片膝をのせている。夫は懇願し、女中たちは彼女の手を引張っている。

こうした情景はわが国では一度も見られなかったものである」。「画家の与えた低劣で卑しく不実な顔がなくて」も、「女中たちの役割は許しがたいほど品のないものになっていただろう」。これは新婚の寝室ではない。売春宿である。「足りないのはただやり手婆さんだけである」。ディドロは自分がこちこちの信者でも宗教家でもなく、検閲の趣味も余りないと主張する。「私も知っているのだが、悪書を抑圧したり淫らな彫像を破壊したりするのは愚かであって、ちょうど誰かがおぼれると考えて川に小便するのを恐がるのに似ている」。だがボードゥアンの絵は本当らしさに欠け、瞬間の選び方がまずく、劣情を誘うといったことによって、はからずも道徳と趣味が切り離せないということを示している。「芸術家諸君、諸君の案じているのが作品の不滅なら、私が勧めるのは、品の良い主題を着実にこなすことである。人びとを堕落に向わせるすべてのものは破壊される運命にあった。しかも作品が完璧であればあるほど、それだけ確実に破壊される運命にあったのである」[18]。たいていのディドロの美術批評と同じくこれも絵の主題、絵の言いたいことに注意を集中し、純粋に美学的な考察を犠牲にしている。しかしディドロは遂に道徳を一つの問題として提出するに際して、以前より軽い手つきをしているのである。

今やディドロはずっと立派な理由を出して、シャルダンへの変らない熱狂ぶりを説明する。一七六九年に彼は書いている。「シャルダンは歴史画家ではないが、偉大な人である」。相変らず昔ながらの絵画の序列を尊重している批評家の口から出たにしては、これ以上大きな賞賛の言葉がありえただろうか？[19]　彼は相変らずシャルダンを真実にあふれた、と呼んでいるが、その真実とは——今やディドロは理解しているのだが——創造的な芸術家の真実なのである。真実の達成は、さまざまな色を塗りつける力と正確さ、形や色を配置する確かな趣味を通して行なわれる。シャルダンの真実はただ「老練な魔術師」だけが生み出せる調和である。そして注目すべきは、魔術師たちが効果をあげるためには、現実の幻影を奴隷的に写すのではなく説得的に示唆しなければならないということである。[20]

ディドロはつつましい家庭内の情景や、さらにつつましい静物の画家、シャルダンに感心しえた。このことが最初から示唆していたのは、ディドロの趣味は原則よりすぐれているかもしれないということである。一七六〇年代の中頃、彼の原則は趣味とぶつかるようになった。一七六七年の『サロン』の序論的な部分はちょっとした傑作で、自伝的な追想、美学上の理論づけ、美術愛好家への悪口を含んでいるが、そこでディドロが遂に真剣に直面したのは、芸術家はそのモデルをどこに見つけるべきかという問題だった。一つの肖像画はどんなに愛らしくても一般的な美を描きはしない。個別的なものを模写すれば、それはただ模写の模写にすぎない。「描かれた線は真実の線、美の線、理想的な線ではなく、どこか変形され、歪曲され、類型的で個別的な線になるだろう」[21]。（蛇足だがそういう訳で歴史画家は哀れな肖像画家になりかけているのである。）[22]それでは本当のモデルはどこにあるのか、と画家は問う。自然の中ではない。「このモデルは純粋に観念的であり、自然の中の個別のイメージから直接には何も借りていない」。それは困る、それは形而上学だ、と画家は反駁する。新しく見つけた明快な事実をわかってほしいとディドロは答える。それでは「のろま《グロス・ベット》のあなた、あなたの芸術には形而上学がないのか？」——それもとびきり崇高な形而上学が？画家は反駁してゼウクシスを例にとる。愛らしい婦人像をつくりたいなら、多くの裸の女性を集め、それぞれの一番美しい部分を選ぶだろうというのである。しかしディドロはこの折衷案も排斥する。「それではいかにして美は認識されるのか？」古代の例に従うことによって。ディドロは再び才気をほとばしらせ、以前の彼なら容認しただろうものも受け容れない。「それでは古代というものが存在しなかったらどうするのか？　あなたは答えない。では聞きなさい。先輩のいない古代人がどのように取り組んだか説明してみよう」。古代人は個別的なものを選んでもどこか不完全で、何かしら理想的なものから遠いことに気づいた。そこで「長い観察や途方もない経験」を経て、「鋭い感覚や趣味、本能、少数の天才にみられるある種の霊感によって」前進した。徐々にゆっくりとたゆみなく偽りの線を消し、肖像の個別性を越え、美の本当の線を見い出したのである。われわれ現代人が古代人に従えるのは、古代人の作品を見て自然の見方をあらためる、ということによるのではない。これは古代人のやり方を逆に行なうだけのことになるだろう。そうではなくて、古代人と同じように自然を見て、自然の見方をあらためることによるのである。(23)

　こうした熱のこもったまとまりのない文章で、ディドロは以前にはほのめかしただけの「理想のモデル」を定義しようとしている。グリムはこの文章をさしむけられて当惑した。ディドロに対するその形容「現代のプラトン」(24)は皮肉であり、賞賛でもある——さらには誤解でもある。ディドロはただ単にアリストテレスに対する自分の誤解をあらためようとして、プラトンに注意をむけたのではなかった。彼の理想のモデルは自然を超えていたが、その意味するところは、個別的なものはどんなに美しくても完全に理想のモデルをあらわすことはなく、さらに個別的なものを集めてただ結合させても理想のモデルを生み出すことはできないということだった。理想のモデルは芸術家の創造的で、霊感を受けた想像力の産物である。しかし、それは天上高く存在するどころか労苦と経験の成果でもある。一七六九年、ディドロはその新しい経験主義的観念論を要約して警句的に言った。「私があなたなら、むしろ哀れでちっぽけな奇人《オリジナル》でいる方が偉大な模倣者になるよりいい(25)」。これはボードゥアンにあてつけたのである。十年前にはこの文は書けなかっただろう。

(1)　ディドロからソフィー・ヴォランへ（一七六二年一〇月七日）。*Correspondance*, IV, 189.
(2)　一七五九年のサロン。*Salons*, I, 66.
(3)　Ibid., 69.
(4)　Ibid., 64.
(5)　Ibid., 68-9.
(6)　一七六三年のサロン。Ibid., 222.
(7)　一七六一年のサロン。Ibid., 118-20.
(8)　Ibid., 127.
(9)　Ibid., 112.
(10)　Ibid., 135, 144.
(11)　一七六三年のサロン。Ibid., 205.
(12)　一七六一年のサロン。Ibid., 142, 本書、第四章Ⅲ節3を参照。
(13)　Ibid., 121, 123.

（14）一七六五年のサロン。*Salons*, II, 144. 一七六三年にディドロはすでにグルーズを「私の画家」と呼んでいた。*Salons*, I, 236.
（15）一七六五年のサロン。*Salons*, II, 75-6.「娼婦たち」への彼の示唆の政治的意味あいについては Vernière in Diderot : *Œuvres esthétiques*, 453 *n* 参照。
（16）こうして彼の論じたところでは、三単一の法則は「何世紀にもわたる観察と経験」の産物なのである。これはそれ自体伝統的な主張であった。彼は自分の戯曲をまじめなジャンルのうちに注意深く位置づけた。それは新古典主義的規範による、秩序だった序列のうちに存在するのである。さらにグルーズを賞賛するのに、風俗画を描きながら事実上歴史画家だとも示唆した。*Entretiens sur le Fils naturel*, in *Œuvres esthétiques*, 82 ; Wellek : *History of Modern Criticism*, I, 53 ; Jean Seznec : "Diderot and Historical Painting," in Earl R. Wasserman, ed., ***"Aspects of the Eighteenth Century."*** (1965)141 を参照。
（17）ディドロからソフィー・ヴォランへ（一七六五年一一月一〇日）。*Correspondance*, V, 166-8.
（18）一七六七年のサロン。*Salons*, III, 197-8.
（19）一七六九年のサロン。*Salons*, IV, 82.
（20）Ibid. 参照。この表現ははやくも一七六五年にあらわれ、一七六七年に再度あらわれている。*Salons*, II, 111 そして *Salons*, III, 128.
（21）一七六七年のサロン。*Salons*, III, 57.
（22）Ibid., 67, 339.
（23）Ibid., 57-64.
（24）Ibid., 57. ディドロはためらいがちではあるが、はやくも一七五八年にすでに「内的なモデル」に言及していた。***Discours sur la poésie dramatique***, in *Œuvres esthétiques*, 286.
（25）一七六九年のサロン。*Salons*, IV, 94.

5

レッシングが『ラオコーン』と『ハンブルク演劇論』でフランス新古典主義の支配からのがれつつあった時、ディドロは物語や対話を書いていた。これらは私的な経験を虚構に移し変えたものだが、そうすることによって、親しい人びとより広い輪、つまり彼について何も知らない一般の読者に訴えることができた。ディドロは伝記を芸術にしつつあった。さらに新しい確信とより鋭い鑑識眼をもって、最初の関心である演劇にもどりつつあった。この時代の著作はしばしば一七五〇年代の『私生児についての対話』や『演劇論』への解答として読める。一番新しい『サロン』に六十年代中期の巧みで豊饒な作品にある情熱と創造性がみられないのは、（彼が強い自己否定の調子で言ったように）燃焼しつくしてしまったからではなかった。むしろ彼の関心が非常にむずかしい問題、彼自身の美学にとっても啓蒙主義全体にとっても中心的な問題に向いつつあったということである。つまり、人間の最もすばらしく危険な授かりもの——情念——の取扱いという問題である。

ディドロは周知のごとく仲間のフィロゾフたちと比べるとずっと自由にしばしば情念を賞賛した。その情念礼賛は最初の哲学的エッセイ、初期の演劇に関する著作、ソフィー・ヴォラン宛の手紙などにもみられる。[1] 彼はあえて熱狂を賞賛した。この心的状態は、ディドロを含めてすべてのフィロゾフが、狂信の一源泉として強い疑いの目で見ていたのだが、それでも彼は熱狂こそ詩、絵画、雄弁、音楽などのすばらしい作品を創造するのに欠かせない資質だと主張した。[2] そして遅くとも一七六五年には、結果をかまわず、非理性的で道徳には無縁な人間の力を賞賛しえたのである。「私の憎むのは、卑劣な魂をむき出しにしているにすぎないようなこうした汚なく矮小なことがらのみだ。しかし大犯罪は憎まない。第一にそうしたものから美しい絵やすばらしい悲劇が創られるからであり、さらに偉大で崇高な行為と大犯罪には同じ資質が、つまりエネルギーがみられるからである」(3)。

ディドロは、熱狂に対する自らの熱狂を育くんでいる性的な根源を決して隠さなかった。初期の『対話』では、オルガスムを経験しているかのように自然に夢中になっているドルヴァルを描いた。「熱狂は自然の中の対象から生れる」。詩人の精神が「その印象的でさまざまな面を見てしまうと、彼の精神は夢中になり、動揺し、悩む。想像力が燃えあがる。情念があおられる」。詩人の精神はかわるがわる「驚かされたり、動かされたり、打撃を受けたり、じらされたりする」。熱狂の時は冥想の後の詩人を訪れる。それとわかるのは、「胸もとから湧きあがり、甘く急速に体の隅々まで拡がっていく身震いがあるからである。やがて、それはもう身震いではなくなる。長く続く強い熱となって詩人を燃えあがらせ、あえがせ、焼きつくし、殺してしまう。しかし、これこそが彼の触れるすべてのものに精神、生命を吹きこむのである。この熱がさらにあがるなら、彼の前で幻影の数がふえるだろう。情念はほとんど狂気にまで至るだろう。彼が救われるには、奔流のようなさまざまの考えを注ぎ出すしかない。そうした考えは互いにひしめきあい、押しあい、追いかけあっているのだ」(4)。理性は芸術創造においてどんな役割も演じない。だからディドロの結論は首尾一貫している。「詩人、俳優、音楽家、画家、第一級の歌手、偉大な舞踊家、やさしい恋人、真に宗教的な人間、こういった熱狂的で情熱的な人びとはみな生き生きと感じるが、熟慮することはほとんどない」(5)。

この爆発的な表現はたんにディドロの初期における、人生と芸術を混同したもう一つの例にすぎない。しかし、彼は人生と芸術の両方を経験し、安易な同一視が適切でないことを学んだ。自発性や想像力には相変らず好意を持ったし、見事なほど規則に縁のない天才を賞賛しもした。しかし、彼は感情が理性に統制されねばならないことを理解するようになり、さらに職人の技術的熟練に対しあらためて敬意を抱いた。今や彼の論じるところでは、感受性だけでは十分でないのである。事実それだけでは非生産的で危険にさえなりかねない。彼は書いた。創造的な芸術家というのは、極度の感受性を具えている場合、明確にしかも苦労しながら自らを生きた実例として用い、真の努力をしてその感受性を抑え、衝動を統御しなければならない。感受性のみの一元的擁護者が感受性、努力、知性の三位一体的擁護者になっていたのである。

ディドロは自分の新しく冷静な美学理論を前にして長くためらい、明らかに不愉快さを感じた。一七六七年、お気に入りの画家の一人であるラトゥールを分析したが、その時にも毀誉褒貶相半ばして分析しづらそうだった。「ここにはまったく詩がない。絵があるだけだ。私はラトゥールが絵を描くところを見たことがある。彼は沈着にして冷静である。自分を苦しめない。苦しむことがない。あえぐこともない」(6)。ラトゥールはたんに技巧の天才、すばらしい職人なのである。

ディドロの説明できない不愉快さが何であれ、理論的収穫の方はたいへんなものである。ディドロは、芸術において霊感は熟練に統制され、感受性は判断力に統制されるべきだと認めた。そうすることによって、たんなる感情の発露や熱狂をじかに目に見える形にすることが芸術だという単純な見方を、遂に捨てたのである。さらに、当時のアカデミックな理性主義はやりきれない単調さを生み出したが、一方彼が長らく身を委ねていたあからさまな主情主義も芸術とは放縦で、混沌としていて、私的なものであるという考えを生み出した、と認めた。ディドロの見通しはこうしたものより深く遠くにまで及んでいた。理性と情念、あるいは熟練と熱狂を協力させることはどうみても容易ではなく、それが生み出すのは、果てしのない緊張や不安定な妥協や解決できない曖昧さだと見抜いたのである。

ディドロの『俳優に関する逆説』(*Paradoxe sur le comédien*)が書かれはじめた一七六九年には『ダランベールの夢』(*le Rêve de d'Alembert*)が開始され、『サロン』への関心が失われはじめた。したがって『逆説』は有益な資料である。ディドロの著作にありがちなことだが、これも自伝的である。ディドロは感受性に苦しめられている自分を描き、自分を幾つかの辛い挿話の犠牲にしたてあげている。そうした挿話では思慮深い知性が、抑えがたい自発的な感情の類にまさるのだが、そうした感情こそ彼は自分の特徴だとはっきり悔みながら考えている。こうした挿話は、完全に意図通りには効果をあげていない。ディドロはまさにその語り口によって、自分の戯画より実際の自分の方がすぐれていることを示しているのである。しかし、こうした挿話は再度ディドロの経験と哲学を結びつけている。さらに別の意味でも『逆説』は自伝的である。美術批評を磨きあげるのに役立ったのは画家たちの研究だったが、それと同様に演劇批評を磨きあげるのに役立ったのは俳優たちの研究だった。シャルダンが『サロン』で果した役割を、ガリックは『逆説』で果したのである。

しかし『逆説』を重要にしているのはその自伝的な意味より、むしろ客観的な意味である。ディドロは実に巧みな弁証法によって、経験の理論と技巧の理論を対決させ、その際『サロン』になじみ深い、さらには『サロン』から直接借用した言葉を使っている。偉大な俳優は偉大な画家と同じで、演技をするに際し心の眼に見える理想のモデル、長い実践の中で少しずつ純粋化してきたモデルを胸に抱いている。シャルダンが示したのは、偉大な風俗画が描けるのはただ年老いた人びとか、または老練に生れついた人びとのみだということだったが、同じように「長年舞台を踏んだ」俳優だけが、非常な若さを必要とする役柄を正当にこなしうるのである。

この議論は重要だが、ディドロの対話における中心的な問題への序論であるにすぎない。優秀な俳優はさまざまな感情を、人を納得させるようなやり方で描かなければならないが、自分自身は冷静でなければならない。ディドロの求めるのは、俳優が「非常によい判断力」を持ち「沈着冷静な観客」でいることである。俳優は「洞察力」を持つべきで「感受性」を持ってはならない。「すべてを模倣する技術、言い換えれば、同じことになるがあらゆる種類の性格や役柄に対する一様な適性」を持っていなければならない。感受性を持たないこと――本質的に『逆説』の議論はこの一点を巡って繰り返される変奏曲である。俳優が自分の演じている情念を感じれば、二日続けて同じ演技をすることは決してできない。初日にそうした情念を感じたとしても、型通りの繰返しが続かなければならない。すべてが「頭の中で計算され、結合され、習熟され、整理され」なければならない。「熱狂の無我夢中を和らげるのは冷静さ《サン・フロワ》」の仕事である。そういう訳で、よい俳優が悲劇を演じ終えた時はただ疲れているだけだが、観客の方は悲しくなって去っていく。そういう訳で、自分自身を演じる俳優——吝嗇家が吝嗇家を演じ、好色漢が好色漢を演じるというように——は役柄の本質に迫れず、諷刺に堕すことになる。「諷刺は偽善者の誰彼を対象とするが、演劇は偽善者の本質を対象とするものである」。そういう訳で、俳優は感受性が利益だというより負債だと考えるのである。「感受性は偉大な天才の特質とはまずいえない」。感受性は、生れながらのものにしても、修得したものにしても、要するに「諸器官の弱さに伴う一性質であり、横隔膜が動きやすかったり、想像力が活発であったり、神経が繊細であったりすることの一結果」以外の何物でもない。「それによって人は同情し、身震いし、驚き、恐れ、動揺し、泣き、気を失い、人を助け、逃げ、叫び、理性を失い、誇張し、軽蔑し、さげすみ、真善美のはっきりした考えをもてず、不正になり、気が狂うのである」。こうした資質は悪しき行為を生み出すだけである。「俳優の涙は頭から流れ落ちる。感受性の強い人の涙は心から湧きあがってくる」。よい俳優は自らの声を聞く。「その才能は、あなたがお考えのように感じることではなく、外にあらわれた感情のしるしを演じること、これに尽きる」。彼の「苦しみの叫びは耳に深く刻みこまれている」。一言で言って「偉大な詩人、偉大な俳優、またおそらく偉大な自然の模倣者一般は誰にもせよ、いかにすばらしい想像力、すぐれた判断力、鋭敏な感覚、絶対に確かな趣味を授かっていても、誰よりも感受性に欠けている。またこうした人びとは余りに多くのものごとに対して備えができていて、見ること、認識すること、さらに模倣することに余りに忙しいので、自らは強い感動を受けることがない。彼らはたえず膝に紙挟みを置き、手に鉛筆を持っている」[7]。ジョシュア・レノルズ卿はディドロと同じくガリックから演技について多くのことを学んだのだが、独特の語り口で同じことを言った。彼は「俗説」を排した。つまり、どういう芸術にせよ、芸術家は「掻き立てようとする情念に自ら囚われ」ているという俗説である。彼の言うことは確かに偉大な俳優にあてはまるものだった。「ガリックの仕事は情念を表現することであって、それを感じることではない」。明らかに「ガリックは何も偶然に委ねなかった。身振り、顔の表情、声の変化は舞台に立つ前にことごとく彼の楽屋で整えられた」[8]。イギリスとフランスの啓蒙主義はほぼ同じ時に模倣に関する単純な理論を捨てたのである。

『逆説』を書く数年前、ディドロは若い友人の女優、ジョダン嬢にかなり断定的に言った。「良識と判断力だけの俳優は冷たく、熱情と感受性だけの俳優は気狂いです」[9]。しかし、『逆説』自体はこの逆説を免れている。むしろ芸術の創造と芸術の自立において知性のはたす役割を強く主張している。これは一七六〇年代のディドロの偉大な洞察だが、俳優が従う真実というのは理想のモデルなのであり、辛抱強い実践と長い改善を経て、いわば経験から自分のものにしながら、それを手に入れるのである。その際俳優は、自然を模倣しつつあると思える時でも、実際は人為に従いつつあるということを十分承知している。人為と自然は同じものではないのである。死ぬところを見せる俳優は、昔の剣士がしたようにいくつかの規則に従って劇的に死ななければならない。「いったい人為なしに自然だけで偉大な俳優ができるだろうか？　舞台上では何事も自然とまったく同じには起こらないし、演劇作品はすべて一定の原則の体系からつくられているのだから。それに、いったい一つの役柄が二人の異なった俳優に同じやり方で演じられるものだろうか？　極めて明晰で明快で精力的な作家の作品においても、言葉は一つの思想、感情、考えにほぼ近い記号にすぎず、またそうでしかありえないのだから」(10)。この反語的な問いでディドロは完全に自然主義を克服した。

ある点までくると、演技は創造の極めて曖昧な深みに達する。俳優は熟練した職人であると同時に、その役柄になりきってしまう。ディドロやヴォルテールが大いに感嘆した偉大な女優クレロン嬢は、自分自身を超えていながら自分自身のままである。「その時彼女は二重になっている。小さなクレロンと偉大なアグリピーナと」(11)。以前ディドロがこの内的な分裂を観察したのは自らのうちにおいてであった。一七五八年、彼はリコボニ夫人に対して、自分は機知はないが非常に感受性が強く、いつでも心おきなくほほえんだり、泣いたり、感嘆したりしているが、それと同時に自分自身の外に踏み出すこともできると述べている。「私はまた私自身を遠ざけることもできる」(12)。

この超然としていられる能力によって彼には内的な距離が生じ、情念を分析し抑制しても完全に凍りつかせることがなくなった。この能力はディドロの美学がより厳密で整理されたものになるにつれ、彼の思考のさらに大事な部分を占めるようになった。一七七〇年代はじめになると、それはさらに戦略的拠点、すなわちディドロの天才についての見解さえも侵略するにいたった。

極めて保守的な新古典主義の理論家たちでも、天才の奔放な独創性に場所を与えていた。ボワローのような理性主義者でも天才のすさまじい力を認めた。さらにポープは抑えた調子だがまったく肯定的な立場から「人為のはるかに及ばない恩寵」(13)について語った。こうした作家たちやデュボスのような改革者にとって、天才とは才能というものの最高の形だった。それは独創性であり、創意を持ち実行する偉大な力である。さらにこの恵まれた天賦の才はさまざまの美的形式を見つけ出し、さまざまの美的印象をつくり出すが、それは普通の職人芸とたんに程度が違っているにすぎない。これはレノルズやヴォルテールの見解でもあった。一七七〇年代はじめ、ヴォルテールは反語的にたずねた。「基本的に天才は才能以外の何物だろうか？」(14)天才とは偉大な才能であり、知的に認識され、たゆまず磨きあげられるものである。

ディドロの考えでは、この流行の見解は味気なく理論がかちすぎていた。個性の入り込む余地がないからである。若きディドロはシャフツベリの忠実な弟子として、情念と熱狂の擁護者として、才能ある職人と尋常ならざる極めて個性的な存在、天才とを厳密に区別した。天才は自然から芸術への贈物である。他の人びとは勤勉だが天才はすばやい。人を模倣するどころか多くの模倣者をつくり出す。言葉の最良の意味で独創的なのだ。ディドロはこういう並はずれた存在への賞賛の念を決して捨てず、一七七〇年になってもずっとこうした考え方をし続けた。一七七三年、彼はエルヴェシウスの死後出版による『人間論』（*De l'Homme*）への反駁を書き、エルヴェシウスが天才について語るのは「盲人が色について語る」ようだと主張した。「天才のすさまじい衝動は彼とは相容れない」[15]。

それと同時にディドロは、後の理性や抑制の強調を先取りするかのように、非理性主義を疾風怒濤派や後のロマン派ほどに押し進めることはなかった。おそらく一七七二年に書かれた『天才について』という」断片では、天才を神秘的だがまったく説明できなくはない特質であるとした。つまり、その特質については機敏さや超然としていることが重要な要素であり、まったく内的な非理性的な力にも劣らないのである。彼は書いている。天才を具えた人びと、詩人、哲学者、画家、音楽家などにはある秘密、いわくいいがたい精神の特質があり、この特質がなければどんな偉大なものも美しいものも生み出されえない。この特質とは何であろうか？　それは想像力でも、判断力でも、機知でも、熱烈さでも、感受性でも、良き趣味でもない。ディドロはそれが一種の「頭脳と内臓の調和」から成り立っているという一般的な見解を喜んで受け容れる。しかし、彼の主張では、そういった調和の性格は誰にもはっきりわからないのだが、とにかくもう一つの特質、観察精神《エスプリ・オブセルヴァトール》を付け加えるべきなのである。この観察精神というのは、苦労せずものを見通し自己教育をする天賦の才であり、判断力の稀有な形で、いわば予言者の精神である。それは成功を保証しないが、天才の失敗は決して卑小ではない。「天才は自分が何に賭けたらよいか知っている。成否の見込みなど計算したことがないのに知っている。計算はすべて頭の中でなされてしまっているのだ」[16]。

この断片は短かく不完全で、それが定義しようとしている特質と同じく捉え所がない。しかし理性主義と非理性主義を結び付けようとしたり、天才の特質は稀有で神秘的で非理性的だが、やはり人間的で分析可能で理性と同類だと主張したりするところは、晩年のディドロの特徴である。これによってディドロの最後の著作、ストア派のセネカのための長い擁護論とさらに重要な彼の最後の戯曲『この男、善人なのやら？　悪人なのやら？』（*Est-il bon? Est-il méchant?*）が完全に理解できるものとなる。

ディドロの最良の戯曲『この男、善人なのやら？悪人なのやら？』は不当に無視されてきたが、この作品はディドロの超然とする能力と分析する能力によって書かれた。主人公アルドゥワンは自分の行動の非常に深い動機を人前で検討する。この戯曲は晩年の作品のすべての特徴を備えていて、軽妙でしかも奇妙に重厚な初老期の喜劇であり、その調子は制作の時期と完全にマッチしている。ディドロはこの作品を一七七〇年代初期に書きはじめて、数回書きあらため、彼が七〇才になる一七八三年前後に完成させた。ちょうどこの頃——一七七六年から一七七九年にかけて——レッシングは『賢者ナータン』の最終稿を書きあげた。啓蒙主義演劇の最も著名な二大代表作は一方が心理的、他方が教訓的なもので、啓蒙時代末期に属している。

『この男、善人なのやら？悪人なのやら？』は遅ればせながら『私生児』や『一家の父』に対する一種の批評になっている。この作品は初期の戯曲の失敗が、いわゆるリアリズムを標榜しながら十分リアリスティックでなかったことにある、ということを証明している。初期の戯曲で舞台にあげられたのは、カリカチュアであって性格ではなく、散文のせりふや自然主義的な舞台装置によって、たんなる現実の表面のみが示されたのである。『この男、善人なのやら？悪人なのやら？』はそれなりのやり方でリアリスティックな芝居で、性格や事件の大部分を実生活から引き出している。だが、この作品は逸話の領域を離れ、性格や心の動きのさまざまな不思議を探っている。一種の諦観のようなものがこの作品につきまとっている。『この男、善人なのやら？……』は、世間にもいやそれどころか自分自身にも、余り期待をかけていない異教的な賢人の最後の言葉と理解できるのだ。

『私生児』や『一家の父』は明快以外の何物でもなかった。『この男、善人なのやら？悪人なのやら？』は判じ物であり、韜晦に近い。ディドロは月並でない筋書きを月並な背景の中に押しこむ。この芝居は抽象画の掛かったフランスの田舎の部屋のようだ。アルドゥワンは外見上は喜劇の平凡な人物のように行動する。信じられないほど簡単に、信じられないほど短かい時間のうちに、友人やたまたま知合った他人の問題を解決する。怒りっぽい母親を説得して、娘が愛する男と結婚できるようにする。戦死した指揮官の、若く美しい未亡人に年金をもらってやる。皆の満足のいくように訴訟を片づける。しかし、常識はずれの、汚ない、邪悪でさえある手段を用いて目的を達成する。若い未亡人のことを、一度会っただけなのに自分の愛人で、彼女の息子は自分の庶子だとほのめかしたり、母親の同意を得るため娘が妊娠していると偽りの主張をしたりするのだ。すべてまるくおさまり、皆アルドゥワンを許すが、彼のおかげをこうむった人びとはしばしば腹をたてていて、感謝したりしそうにはない。

この芝居の筋書きは大して複雑なものではないが、アルドゥワン、つまりディドロは複雑さという点でまったく現代的である。彼は超人的で、悪魔的ですらあるが、メフィストフェレスではない。邪悪を望みながら善を行なうというのではなく、善を行ないたいのだが、ただしその手段は邪悪なものか、少なくとも彼独特のものなのである。アルドゥワンは自分で訳が分らなくなりひどく困惑してしまう。危害を与える自分の能力を心得ていて、他人の人生を弄ぶ楽しみを悔やむ。「この私、人は善人だと言うのか？　そんな人間じゃない。もともと薄情で性悪でひねくれ者に生れたのだ。実際涙の出るほど胸をうたれてはいる。あの母親の子供への愛情や、感じやすさや、感謝の気持に対しては。あの人が好きになるかもしれないほどだ。それなのに、あの人を惨めにしそうな計画を捨てきれない……アルドゥワン、おまえは何もかも自分の慰みものにしている。神聖なものなど何もない。おまえは本当の怪物だ……良くない、たいへん良くない……おまえは絶対にこの良くない楽しみを避け……たくらんだ悪事をあきらめるべきなのか？……いやだめだ……しかしこれが最後だ。もう二度とやるまい。これが生涯最後だ」。

この芝居は心理劇で仮借ない自己探究だが、人生を受け容れるという点では明るくもあり、厭世観によって重苦しくもある。しかし、これはまた自由の意味についての寓話でもある。アルドゥワンが世の中を嫌に、「非常に嫌に」なっているのは、主に彼が自分の主人でないからのようである。劇作家で友人は一杯いるが、貧しく無名で、一生を余りに懸命に働き、人に頼り、嫌になるような妥協をして過ごした。彼が休みなく働くのは、それなりに自分の受身性を批判しているのである。「思うに私は生れつき好きなことは何もせず、人の頼むことは何でもし、誰も、そう誰も、自分自身さえ満足させないようにできているのだ」。自分自身に失望し、しかも変らず自立を願いながら、アルドゥワンは本当にしたいことをあきらめ、本当にすべきだと思うことを拒む——あるいはするにしても変った独自のやり方でする——ことにならざるをえない。この男、善人なのやら？悪人なのやら？という問いは、表題で大胆になされたが、最後の場面でもう一度なされる。そして何も解決しない常套句で返答されるのである。

この男、善人なのやら？　悪人なのやら？
かわるがわる両方だ。
あなたや私や皆のように。(17)

ディドロはリアリズムの意味を深いものにした。とはいえ芝居の仕組みには手をつけなかった。というか手をつけなかったからこそできたのである。さらに彼はこのリアリズムと仕組みの両方とも十八世紀の圧倒的な課題に関連づけた。いかにして自由に固有の領域とその妥当な限界を見つけるかという課題にである。ディドロ美学の近代性はここにある。

（1）本書、第四章Ⅱ節3を参照

（2）"Éclectisme," in *Œuvres*, XIV 322 を参照

（3）一七六五年のサロン。*Salons*, II, 144. ジョシュア・レノルズ卿も非常に似通った表現をしている。「正真正銘の真実なのだが、同じ特質が美徳に結びつくか悪徳に結びつくかで英雄を生んだりごろつきを生んだり、さらに偉大な将軍を生んだり名うての追いはぎを生んだりする」。*Portraits*, 96.

（4）*Œuvres esthétiques*, 98. 私がディドロにおける美徳ののぞき見趣味と呼んだものの他の例については *The Rise of Modern Paganism*, 187-8 と本書、第四章Ⅳ節3を参照。

（5）*Entretiens*, in *Œuvres esthétiques*, 104.

（6）一七六七年のサロン。*Salons*, III, 168-9.

（7）*Paradoxe sur le comédien*, in *Œuvres esthétiques*, 322, 306, 307, 309, 313, 338, 310, 343, 313, 312, 310.

（8）Reynolds: *Portraits*, 51-2, 104-5.

（9）ディドロからジョダン嬢へ（一七六六年?）。*Correspondance*, VI, 168.

（10）***Paradoxe sur le comédien, in Œuvres esthétiques***, 304. ここでもレノルズは引用する価値がある。「演劇には独自の自然を模倣するやり方」がある。「もっとも良く演じられ、人の心を動かすいわゆる自然な場面は、非常に手のこんだ熟慮に基づいているものである。実生活の似たような場面とは事実まったく異なっている」。*Portraits*, 157.

（11）*Paradoxe sur le comédien*, in *Œuvres esthétiques*, 309.

（12）ディドロからリコボニ夫人へ（一七五八年一一月二七日）。*Correspondance*, II, 96-7. 傍点は筆者。

（13）「偉大な才知は時々華々しくあやまちをおかすかもしれない／そして欠点もふえようが真の批評家なら直そうとしたりしない／〔偉大な才知は〕派手な無秩序を恐れず月並な限界を越えてしまう／こうして人為のはるかに及ばない恩寵をつかむ……」*Essay on Criticism*, I, 152-5. レノルズは他の人びととならんで、第一の講演集でこの決定的な行を引用している。

(14) "Génie," *Questions sur l'Encyclopédie*, in *Œuvres*, XIX, 245. しかしながらヴォルテールがすぐ前のページで主張しているところでは、すべての偉大な才能が天才の名の要求を申し立てられるわけではない。ただ「独創的な」才能だけが「神々の賜物と思われ」てもよく、独創性こそがそう思われるべきなのである。

(15) *Réfutation de l'ouvrage intitulé de l'Homme* in *Œuvres*, II, 341.

(16) "Génie", in *Œuvres esthétiques*, 19-20.〔この断片は現在ではディドロ作ではないとされている〕

(17) *Est-il bon? Est-il méchant?* act III, scene 9, ed. Undank, 289 ; act IV, scene 9, p. 397 ; act IV, scene 18, p. 463.

II 趣味の発見

1

一七八一年、今や年をとり疲れを感じることしばしばのディドロは最後の『サロン』を編集し、最後の発見をした。それはダヴィッドの簡素な新古典主義的作品だった。これは盲目で貧しい老将軍べリサリウスがものごいをし、ある兵士がその老人を将軍と知って驚いているところを描いたものである。ディドロは興奮して書いた。「この若者は作品の取扱いに偉大な様式を見せている。感受性――心――がある。人物は表情豊かであるが気取っていない。態度は気高く自然である」(1)。ディドロは長年にわたる探索のはて遂に古代への良い趣味、偉大な趣味《グラン・グー》、つまりディドロの趣味を持った画家を発見したのである。

ディドロの発見は皮肉を伴わずにはいない。ダヴィッドの絵はより広範な情勢の一部だった。西洋文明は新古典主義的な復活の一つを経験しつつあったのである。建築家、画家、彫刻家は古代の形式を借り、古代の神話を復活させ、古代のモチーフを翻案し、パンテオンを建て、ソクラテスを描き、ペルセウスを彫った。だが古典主義の語彙を巧みに操っても、その精神を具えていなかった。多くの復活と同様に、十八世紀後半の古典主義の復活は本物のルネサンスではなかったのである。それは古典研究ノスタルジーの爆発であり、装飾への熱狂であり、芸術の外での発展、すなわち主にイタリアとギリシアでの考古学的発見への反応だった。この復活が不安定で矛盾を多く抱えていたことは「ロマン派的古典主義」という表示のしかたにうまく捉えられている。十八世紀後半のロココ的古典主義、マニエリスム的古典主義などと言っても同じくらい説得力があるだろう。ある種の説教じみた調子が、この時代の芸術の特徴となっていた。しかし、それは妙に融通のきくもので、つまりは本質的に不道徳なものだった。ダヴィッドの初期の絵は、堅固なしっかり統制された構図のうちに、古代ローマ共和国の諸徳を賛美している。しかしそれらが制作されていた時代の君主制を破壊するようなものでは決してなかった。フランス大革命の間、ダヴィッドはジャコバンの宣伝をしたが、自分の古典主義を変えることはなかったし、ナポレオンのもとでは、彼独特の様式を皇帝のために用いた(2)。古典主義の復活に晩年のディドロは反応したが、この復活は啓蒙主義において非常に本質的な役割を演じた古代への依拠のカリカチュアにすぎなかった。

伝統的な新古典主義が生き残らなかったことの責任は、その大半が古代を熟知し誠実に愛した人びとにあった。新古典主義は古典主義者によって解体されたのである。周知の通りディドロ、レノルズ、レッシング、さらに彼らの仲間はいずれも見識ある古典主義者だが、絵画における模倣や序列という考え方、演劇における諸様式の分離を信じなかった。しかしそうしたこと以上に――これが何より破壊力の大きな攻撃であったのだが――彼らは客観的な美の理論を打ち壊そうとした。

美の法則の探求は古代エジプト人、ピタゴラス派、プラトンにさかのぼる。そしてそれは十八世紀になってからも、またそれ以降も存在し続けた。数のもつ神秘は人間心理に深く根ざしていて、どんなに説得的な反論にも持ち堪えるようである。こうした法則が捉え所のないことははじめからわかりきっていたが、その発見にさまざまな障害があること自体に、つつましい探求者は、神が何でも秘密にし、自らの法を啓示したがらない、ということを見たにすぎなかった。異教徒もキリスト教徒も神がすべてを数で行なったということを信じていた。神の使った数がわかっていないにしてもである。したがって、医者や哲学者が頼ったのは数学だった。エジプト人は浅浮彫りをつくるのに人体の均整の理論に基づき、聖アウグスティヌスは神の調和を音楽的比率に見出し、中世の建築家は同じ比率を用いて大聖堂を建てた。アルベルティ、レオナルド・ダ・ヴィンチ、デューラーなどはみな均整に関するある種の音楽的・数学的理論を受け容れた。芸術家は美を創造するのではなく、発見するのだと認めたのである。

この説は反歴史的であると同時に権威主義的だった。重要なのは傑作の存在であり、その起源ではなかった。さらに美の規準というのは客観的なものである以上、誰でも――芸術家、批評家、一級の芸術愛好者などだが――ある芸術作品について同じ評価に達しうるし、そうあるべきだった。

フィロゾフたちは、なるほど科学的な一般化に情熱を燃やし無秩序を嫌いはしたが、こうした理論をそのままにしておくことはさすがにできなかった。客観的な美の法則の存在を疑うことは確かに一般に広まっていた。フィロゾフたちはただ他の人びとのはじめたことを確認し、体系化したにすぎなかった。十六世紀以来懐疑派の哲学者たちは巧みに論じて、過去について確かなことは何も知りえないとしていた。その後、後継者たちはこの歴史的懐疑論を芸術にまで拡大適用し、各人の趣味はそれぞれ良いと口々に繰り返した。これに加えて、旅行者が何世紀もの間その報告で文化的相対主義を助長していた。フィロゾフたちはそうした報告を大部分反キリスト教宣伝に役立てたが、同時にまた、西洋芸術に確固とした地位と唯一無比の価値があるということを疑わせるためにも使った。ボワローの理性主義と、真実なるもののみが美しいという有名な意見は相変らず有利な地歩を占めていたが、相対主義はさらに広い発言の機会を得た。一七六〇年代後半ピラネージが芸術家に勧めたのは、エトルリアやエジプトの芸術をギリシアやローマの芸術とともに学ぶことだったが、この教えは余り読者を驚かせなかった。美の法則に関する啓蒙主義の懐疑論はこのように広い文化的な動きに根ざしていた。それはまた啓蒙主義哲学の特徴でもあって、歴史的、心理学的説明にむかう押えられない衝動の自然な発展だった。啓蒙主義は美学においても他の分野においてと同様、理性主義にたえず反抗した。ヴォルテールは道徳的価値の単純性と客観性を信じていたが、その彼でさえ認めざるをえなかったのは、美学における客観的法則の探求が形而上的である、つまり無意味であるということだった。ヴィンケルマンは「唯一の善が存在するように、唯一の美が存在する」[3]と論じ、特定の歴史的瞬間に客観的な美が実現したのを見たと固く信じていた。その彼でさえ――さらに意味深く痛烈なのだが――大事にしていた新古典主義の学説そのものを損ねるようなことをよく秘かに行なったのである。

(1) 一七八一年のサロン。*Salons*, IV, 377.
(2) 同じようにクロード＝ニコラ・ルドゥは当時最大の建築家だったが「強い王制派的意見」を持った芸術家だった。しかしそのことによって「一七八〇年代における、彼の革命的な企画や実現した作品が視覚的な理想を具現して、文字通り革命派の芸術家や委員会に吸収されることは妨げられなかった」。Robert Rosenblum : *Transformations in Late Eighteenth Century Art* (1967), 120.
(3) Friedrich Meinecke : *Die Entstehung des Historismus*, 2 vols (1936), II, 318 (I・II通したページ数) に引用。

2

あらゆる人びとが矛盾を抱えていた。ヴィンケルマンはその化身であり、最終的には犠牲者だった。人間の尊厳と芸術家の自由を宣伝しながら、一生を通じてパトロンにへりくだり、十八世紀にしても卑屈すぎるような言葉を使った。古代ギリシアを発見し、非常に影響力の強い解釈を残しながら、一度もギリシアの土を踏まなかった。彼の見たギリシアのすべてはイタリアと自分の心の中にあったのである。フランス嫌いを公言しながら、フランスのフィロゾフたちの信奉者で、学生時代からずっと不信心家でいながら、ローマ・カトリックに改宗したのは、イタリアで自分の役に立つようなパトロンを見つけるためだった。カトリックになりはしたものの、心底からのキリスト教徒になったわけではなかった。美が客観的現象であるという古典主義理論を弁護しながら、自分自身の好みはすべての情念のうち一番主観的なもの、すなわちエロティックな衝動を通して発見した。古代芸術の先駆的な歴史家でありながら、強情な至高の審判者として芸術を裁き、この上なく非歴史的なやり方で賞賛や非難を行なった。彼の様式概念は注目すべき診断の道具だったが、同時に価値判断が滲みこんでいた。こうした緊張状態を利用して生産的な仕事に変えることができるのは天才だけである。

ヴィンケルマンは性倒錯者で哀れな人間だったが、天才であった。その生涯は模範的ではなく下劣で惨めなものだったが、ノイローゼを克服した天才のものであった。ヴィンケルマンは同性愛への一途な憧れに支配され、それを昇華できなかった。そしてこの憧れの行きついた果ては、男たちに対する性懲りもない恋慕だったが、相手より情愛が強いのでいつも裏切られ、ついにはそれが命取りになった。しかし、同性愛的傾向は彼の一生を破滅に追いやったものの、知覚力を鋭く強いものにした。男同士の友情とか男性的な美とかは彼にとって永久に手の届かないもの、よくても完全ではないものだったが、そうしたものは純粋な形で古代ギリシアに存在していた。彼は古代ギリシアに持てる限りの想像力、苦労して得たあらゆる学識、異常に発達した感受性のすべてを傾注した。金持だったとしても余りたいしたことにはならず、すばらしい芸術愛好家、より偉大なケリュスになったぐらいのことだろう。しかし彼は底知れぬほど貧乏だったため、物乞いをし身を屈して必要な教育や本や環境を手に入れた。家庭教師、村の小学校教師、教養ある貴族の家の司書といった仕事もした。これは卑屈な生涯であり、彼はそれを憎んでいたが、こうして古典作品を読んだり、ポツダムやドレスデンで古代やルネサンスの芸術作品を多く見たりする時間ができた。些細なことだが、こうして彼は彼独自の芸術史の基礎になる原則を発展させることができた。一七五五年には、イタリアにはまだ一度も行ったことがないのに、小論『ギリシア美術品の模倣に関する論考』(*Gedanken über die Nachamung der griechischen Werke*) を書いた。

もっともなことだが彼はローマとアテネに憧れた。そして長くためらった後、後悔をあらわにしながらそちらに向けて一歩を踏み出した。ローマのためには、ミサに出席する〔カトリックになる〕だけの値打ちはあった。そして遂に一七五五年、彼は三八才でローマにやってきた。結局これだけで十分であった。一七六四年にはヴィンケルマンは『古代美術史』(*Geschichte der Kunst des Altertums*) を公刊した。彼の全生涯はこのための準備であった。一七六八年、怪しげなゆきずりの男に、数枚の金貨がもとで殺された時、学問の世界では嫉妬深い運命に時至らずして倒された巨人として哀悼された。

つまり彼も近代芸術史学の創始者になれるくらいは生きていたわけである。後期ルネサンスは個性への強い意識と社会的認知を求める芸術家たちの戦いに特徴づけられ、画家の伝記や幾つかの初歩的な時代区分の図式を生み出した。十六世紀中頃、ヴァザーリによる巨匠たちの伝記は広く反響をよび、影響を与えたが、彼は芸術史をわかりやすく一つの物語にした。ギリシア、ローマ芸術で完成にむかって上昇し、続いてキリスト教の到来に伴って惨めに衰え、そしてすばらしい復活がジョットではじまり、比類なきミケランジェロで頂点に達するという物語である。十七世紀にはヴァザーリの後継者たちが、彼の伝記的方法と歴史的図式にさらに磨きをかけ、そして十八世紀になるとケリュス伯爵やヴィンケルマンの友人でドイツ人画家メングスのような古代愛好者たちが、様式の発展論的な見方をそれとなく匂わせた。こうした示唆を歴史に変えることがフィロゾフ、ヴィンケルマンに残されたのである。

ヴィンケルマンは『古代美術史』を理想、歴史、友情に対して、彼の表現によれば「芸術、歴史、とりわけわが友アントン・ラファエル・メングス氏に対して[1]」捧げたが、その際自ら次のことを公けに認めた。彼の思想を叙述と法則、歴史と哲学に分裂させる緊張が存在し、生涯を通じたライトモチーフが存在するということである。この本の歴史的な重要性は、示唆の豊かさにあって概念の統一性にはない。ヴィンケルマンの論によれば、芸術の歴史は文化の歴史であり、その中に芸術が存在しているのだ。「諸科学、いや知恵自体、さらにそうしたもの以上に芸術は時代とその諸変化に依存している[2]」と彼は書いている。したがって、芸術史に固有の主題は芸術の誕生、成長、成熟、衰微であって、それは「民族や時代や芸術家の様式」の歴史に結びついていなければならない。こうした原則は一般化してあらゆる芸術に適用することもできたが、ヴィンケルマンの第一の関心はもちろんギリシア芸術であった。自分の原則を完全に守った彼の主張では、ギリシア芸術のすばらしさは多様な歴史的、物質的、社会学的原因によって説明されなければならない。こうした原因とは、恵まれた気候、肥沃な土地、都市国家間の平和的競争、芸術家の高い社会的地位、さらに、主要な原因として政治的自由などである。環境、身分、自由。明らかにヴィンケルマンは彼なりにモンテスキューやヴォルテールを読んで収穫を得ていたのである。

生物学的な喩えが示唆しているように、芸術史家は芸術を有機的に文化の中にはめこむことに加えて、芸術史そのものにおける一種のライフ・サイクルを図示できると彼は信じている。『古代美術史』の冒頭でヴィンケルマンは書いている。「描く芸術はすべての発明と同様必要からはじまった。その後人びとは美を追求し、最後に不必要なものが生じた。これが芸術の主要三段階である」[3]。この古めかしい概念の真価が何であれ——これはヴァザーリにさかのぼるが、それ以前にはキケロがいる——これによってヴィンケルマンは彼独自の様式史への決定的な手掛りをえたのである。たとえば粗雑な職人芸や単純な自然主義は様式の未成熟を示し、取扱い方の洗練や理想化は様式の成熟を示している。こうした規準をもとにすれば、芸術作品をたんに鑑賞するのではなくて、正確な日付を与え、しかるべき場所にはめこみ、かくして理解することを学びうるのである。同時代人たちにはこうした考え方は啓示であった。ゲーテはヴィンケルマンを新しいコロンブスと呼んだ。芸術が生きものであり、発展する文化有機体の一部であることを発見したというわけである。

しかしヴィンケルマンのすぐれた喩えは、反対の方向も示している。つまり成長、成熟、衰微について語ることは、たんに芸術作品を位置づけるだけではなく、判断をくだすことなのである。おそらくヘルダーが最初に指摘したことなのだが、事実ヴィンケルマンは芸術史においても「歴史そのもの」より「美についての歴史的形而上学を生み出そうと」[4]した。こうなるしかなかったのである。彼の愛する若者たちの場合、美は極めて不十分な形でしかみられなかったが、この美こそ彼の主な研究対象であり、彼の主張によると、美は唯一永遠なものである。ヴィンケルマンは幅広い読書と熱のこもった黙想で美の本質を見抜こうとしたが、それは芸術の本質を見抜くことであった。ギリシア人は美を見つけ出し不滅なものとした。彼らも他の民族と同様、成長と衰微の避け難い変転を経験し、英雄時代の純朴さからヘレニズム時代のめめしい退廃へと進んだ。しかし栄光の時代にはフェイディアスの簡素な偉大さやアペレスの優美さを含めて、崇高な人間の美をつくりあげたのである。彼らは趣味を発見し、自分たちを模倣するしか能のない世界に遺産として残した。それに比べると、美に到達しようという他のすべての努力は、とんでもない失敗にみえるに違いない。たとえばエジプト人は芸術家を卑しい職人の地位におとしめた。彼らの彫像にはただ一つの徳、勤勉さしかみられない。顔の特徴は、眼が斜めにつき、頬骨が高く、あごが小さいといった具合で、硬い姿勢の体つきとあわせ、端的に言って醜いのである。

これは純然たる規範的、非歴史的な考え方である。レベルは高いが、ディドロの言う古代マニアである。(5) これが新古典主義にはっきり敵対したのも、ヴィンケルマンの判断によると新古典主義は自ら選んだ企図に失敗したから、つまり十二分に古代人を模倣しなかったからなのである。とりわけドイツではヴィンケルマンの古代マニアが非常に害をもたらした。ある種のすばらしい詩を生み出しもしたが、多くのねぼけたユートピア的理想や、いまだかつて存在したことがなく存在しようもない完全性への憧れも促したのである。だが結局のところ、ヴィンケルマン自身の意図にも反して、彼の思想体系は趣味の解放に力強く貢献した。ゲーテの言葉によると、われわれはただ愛するもののみを知るようになる。これに先んじて、ヴィンケルマンもその性愛の認識論のおかげて——非常に明白なので注釈者がこぞって指摘しているくらいだが——死滅して久しい文化に感情移入して、その文化とそれが生み出した偉大な芸術作品をその時代の人間の眼で見ることができた。ヴィンケルマンの歴史への感情移入《アインフユールング》は確かに非常に偏狭で、エジプトの彫像については失敗した。ちょうどすべてのフィロゾフたちの歴史への感情移入が、キリスト教徒について失敗したのと同じである。だが彼の情熱的な経験主義は偏狭であっても、さらに広い理解へのモデルの役目を果した。芸術への愛は「内なる呼び声」であると彼は書いたが、しかし判断に際しては直観だけに頼ったのではなかった。彼はディドロとよく似た主張をし、非常に苦労して情報を得、観察したものだけについて発言するよう細心の注意を払ったと言った。「私が証拠として出しているものは、すべて私自身よく見ただけでなく、熟視しえたものである」(6)。鍛えられた観察と暖かい感情がうまく混じりあって、理性主義的な新古典主義美学を脱し、本物の歴史に入っていく道を開いた。

　ヴィンケルマンは様式を強調したが、これは同じ目的地に向うもう一つの道であった。というのも様式について考えるということは、歴史について考えることになるからである。つまり様式は水平的かつ垂直的に文化の中に達し、そこで存在する。そして文化からその特徴的な型を引出すと共に、その型を逆に文化に刻みこむ。さらにそれは過去にも及んで、先祖たちを見出すのである。一つの様式は首尾一貫した型で、それ自体の生命の過程を持っている。発展し、衰え、獲得し、放棄する。発展することが明らかである以上、時代区分も必要となる。様式にはそれぞれの歴史があり、歴史があるので歴史的な考え方が必要となるのである。ヴィンケルマンは近代最初の様式の研究家であり、彼自身意識していたよりはるかに歴史家であった。

(1) *Geschichte der Kunst des Altertums*, 22.
(2) Ibid., 295.
(3) Ibid, 25. これが第一章の冒頭の言葉である。レノルズは、王立アカデミーでの講演をジョージ三世王に捧げたが、その献辞はこうはじまっている。「文明生活の通常の進歩は必要なものから便利なものへ、便利なものから装飾品へと向かうのであります」。*Discourses*, 3.
(4) Carl Justi : *Winckelmann und seine Zeitgenossen*, III. 129-30 に引用。
(5) 一七六五年のサロンを参照。*Salons*, II, 207.
(6) "Vorrede", *Geschichte der Kunst des Altertums*, 16.

3

ヴィンケルマンの傑作が出た一七六四年、ヴォルテールは美の相対主義的な見方を擁護した。「美」という平凡な項目においてだったが、それは皮相であるためかえって示唆的であった。「ヒキガエルに美とは何か、至高の美、美しいもの《ト・カロン》とは何かたずねてみなさい。彼が答えるには、それは細君のヒキガエルのこと、つまり二つの大きな丸い目が小さな頭からとび出し、口が広く平らで、腹は黄色く背中は茶色であることなのだ」。同じようにして黒人が美しいと言うのは「黒く脂ぎった皮膚、くぼんだ眼、平らな鼻」だが、この洞察はヴィンケルマンならエジプトの彫像についての考察に十分使えたであろう。他方悪魔が賛美するのは「一対の角、四つの爪、一本のしっぽ」ということになるだろう。そこでヴォルテールは冷笑しながら、哲学者たちに美とは何かとたずねることを勧める。彼らは訳のわからない言葉で答えるだろう。喜びというのは明らかに環境と文化次第である。ヴォルテールは語る。一度フランスで、ある哲学者と共に悲劇を見た。哲学者はそれがすばらしいと思った。その後二人はイギリスに行き、同じ悲劇を見た。観客はみなあくびをしていた。哲学者は言った。「おお！　美しいもの《ト・カロン》はイギリス人にとってとフランス人にとってでは同じでない」。そして彼の結論は（明らかにこれはヴォルテール自身の結論であるが）「美しいものというのはしばしばまったく相対的であり、日本で上品なものがローマで下品になったり、パリで流行しているものが北京ではそうでなかったりする」(1)。これは余り深みはないが、新古典主義者の筆になる印象的な主張であって、理性主義が大幅にその地歩を失った証拠である。

事実理性主義は半世紀以上も攻撃に晒されており、フィロゾフたちはわけても指導的な攻撃者だった。おそらく一番際立った初期の反対者はアベ・デュボスである。一七一九年の彼の『詩と絵画に関する批判的省察』（***Réflexions critiques sur la poésie et la peinture***）は先駆的な本で、広く引用され、高く評価された。この書物は想像力、創造的天才、趣味を賛美したが、知識や抑制を中傷することはなかった。彼の伝記を書いたA・ロンバールは巧みに言った。「この感情の理論家は感情家ではなかった」(2)。

デュボスは経験主義者でロックとアディソンの信奉者だったが、改心した元デカルト主義者であるだけに、その経験主義はいっそう徹底していた。彼の主張によると、芸術は美的経験を通じてのみ分析できるのであって、あらかじめ定められた規則によるのではない。この分析によれば、芸術は道徳の教師とか宗教的崇拝の助手といったものではなくなるだろう。むしろ芸術は余りにも人間的な満足なのであり、その主要な働きは人を倦怠から救ったりその不安を癒したりすることになるだろう。ここでは反主知主義が人を解放する。デュボスは芸術が人を教えなければいけないとか、その効果が理性的な理解から生じるといったことを否定する。芸術特有の独特な楽しみは、趣味の内的な働きから湧きおこってくるのである。

趣味の分析がデュボスの本当の独創性をなしている。デュボスの論じるところによれば、人には直接的な感情、目に見えない「第六感」があって、ひとりでに働く。心の働きが「すべての推論に先だつのは、目や耳の感受の働きが心の働きに先だつのと同じである」。心の動揺がひとりでにあらゆる熟慮に先だっておきるのは、眼前の対象が本当に心を打つものである時だ。(3) 人の心はそのために作られ、はっきりと組立てられた。この感覚を欠いた人間は生れつき盲目の人間と同じくらい稀である。喜びが第一なのだから、規則は二次的である。しかも喜びは非理性的である。われわれは何が好きか知っていても、どうしてかは知らない。(4)

デュボスには非常なためらいがあったが——新古典主義者としてたとえば風俗画や風景画にはどんな美も見出せなかった——、彼の主張は急進的なもので、その本はフランスやドイツの至る所で、進歩的な思想家の間に強い権威を持った。ヴォルテールとエルヴェシウス、メンデルスゾーンとレッシングはデュボスの弟子となった。それと同様、いやおそらくそれ以上に重要なことがある。デュボスの『批判的省察』によって、モンテスキューは美学の問題に関心を持ち、芸術を主観主義的、相対主義的に考えるようになったのである。(5)

ディドロの『百科全書』の中の、モンテスキューによる「趣味」の項目は、彼の死後二年たった一七五七年にあらわれた。しかしその起源は一七二〇年代にさかのぼる。当時モンテスキューはデュボスに強い関心を示していた。彼は皆と同じく忠実な古典主義者で、古代文学の熱烈な礼賛者だったが、デュボスの思想は性分に合い、刺激的でもあった。というのも、モンテスキューも文化に関する相対主義者であり、啓蒙主義における最初の、確かに最も良心的な相対主義者の一人だったからである。初期の著作で彼は諸外国における道徳的、美的規準を正しく認識する能力を見せた。その相対主義は、『ペルシア人の手紙』(*Lettres persanes*) で社会批判の基礎となっているが、それはさらに数多くの旅行によって深められ、豊かなものとなった。「趣味」は不完全で加筆されてもいないが、その中心的な議論は十分明白である。「美しいもの、善いもの、快いものの源泉」は「われわれの中」に存在し、一篇の詩や一個の彫刻に刺激されて動き出す。(6) 趣味は完全に主観的なものであり、人の経験する喜びの「尺度」である。こうした経験は完全に人の体のでき次第である。モンテスキューの議論の仕方は良きデカルト派の流儀だが、結論は非古典主義的、非デカルト派的である。「われわれの存在の仕方はまったく恣意的なものだ。今と同じようにもつくられえたし、違った風にもつくられえただろう。しかし、今と違った風につくられていたら、今と違ったものの見方をするだろう。体に器官が一つ多いか少ないかで、別の種類の雄弁や詩が存在していただろう。同じ器官でも構造が違っていれば、さらに違った詩が生れていただろう。たとえば器官の構成のしかたで、より長い注意力の集中が可能になっていたら、注意力の程度にあわせて主題を配置する規則はなくなってしまうだろう」(7)。この唯物論の相対主義的な結果は遠くにまで及ぶ。

モンテスキューは原則をたてておいてから、喜びを生じさせるさまざまな刺激物を概観する。それには内的なものも外的なものもある。魂にはそれ独自の喜びがあり、それは自己認識とは別物の、魂の存在、偉大さ、能力についての意識などである。同様にエスプリ、つまりさまざまな意味を含んだ機知や才知は好奇心と同じく、自らを働かせて楽しむ。さらに人は世界から、多くの一見矛盾した経験から、喜びを得る。人が楽しむのは多様性、秩序、対称性、対照性、意外性、感覚性、繊細さ、いわくいいがたきもの《ジュ・ヌ・セ・クワ》、さらに期待したものから期待しないものへの強まり、などである。

　こうしたことはすべて混沌としているように思われるかもしれないが、しかしモンテスキューの主張によると、趣味の働きは混沌としてなどいない。第一に刺激物は何か「適切な」ものでなければならず、ある内的な必要に答えていなければならない。多様性を切望する魂は、秩序には満足できず、秩序がありすぎると単調になり、多様性がありすぎるとめまぐるしくなる。したがって、趣味は濾し袋のように選り分けながら、経験を調整する。さらにモンテスキューの論じるところによれば、「喜びを与えるものは理性に基づいているべきである(8)」。趣味は洗練することができる。生まれつきの好みは修正できるので、気紛れは一種の教養ある主観主義に屈服する。デュボスと同様にモンテスキューは感情的になることなく、感情にしかるべき場所を与えている。「すべての芸術作品には一般的な規則があり、決して見失ってはいけない指標となっている。しかし、法則は一般的なありようにおいては常に正しいが、その適用においてはまず常に正しくないので、規則は理論上常に真理だが、仮説上間違いとなることもありうる(9)」。それ故、偉大な芸術家に必要なのは、規則を理解し、記憶し、そして破ることである。自由が生じるのは、形式を十分に知り聡明に使用することからなのである。

（1）"Beauty," *Philosophical Dictionary*, I, 111-12.
（2）*L'Abbé Du Bos, un initiateur de la pensée moderne (1670–1742)* (1913), 188.
（3）Ibid., 226-7.
（4）Ibid., 227.
（5）モンテスキューの風土と政府に関する理論にデュボスが与えた影響については、本書、第七章Ⅱ節1と第九章Ⅱ節1を参照。
（6）*Essai sur le Goût*, in *Œuvres*, I, part 3, 612.
（7）Ibid., 613-14.
（8）*Essai sur le Goût*, fragment, *Œuvres*, III, 531.
（9）Ibid.

4

デュボスの思想はまたたくまにヨーロッパ中に広まった。それがイギリスに達したのは一七四八年よりずっと以前であったが、この年トマス・ナヌージェントは『批判的省察』を翻訳した。彼はモンテスキューの『法の精神』もいずれ翻訳することになる。バークの『崇高と美の観念の起源の哲学的研究』(*Philosophical Enquiry into the Origin of our Ideas of the Sublime and Beautiful*)はデュボスに負うところ大であった。デイヴィッド・ヒュームはデュボスを熟知していて、はっきりと賛成の立場からその文章を引用した。だがデュボスは、フランスにとってほどイギリスにとっては必要でなかった。イギリスには自らの反理性主義の伝統があったからである。十八世紀以前、哲学における心理学派によって、イギリスの批評家たちの注意は、芸術の法則よりその効果の方に向けられていた。一六八八年のアルプス越えの際、ジョン・デニスは喜びと恐れの入り混った奇妙な感情に気づき、これを味わった。彼は記した。「喜ばしい恐れ、恐ろしい喜び。どこまでもうれしいのに恐ろしさで震えた」[1]。さらに一六九〇年代、偉大な戦闘的古典主義者リチャード・ベントリは「すべての美は相対的である」と論じた。人は不規則な形をした山なみを見て、不格好だと言う。この反応はまったく主観的である。「この不格好さにいくらけちをつけても、それはわれわれの想像力の中にのみ存在しており、ものそれ自体のうちに実際に存在しているのではない」[2]。

十八世紀前半になるとますます多くのイギリスの批評家が、芸術が情念から引き出すさまざまな利益を発見するようになった。アディソンは『スペクテイター』で想像力のさまざまな喜びを分析した。それに加えて趣味に関する小論文をものし、趣味とは識別を行なう「精神の能力であり、これによって一人の作家の美点を喜びと共に見抜き、欠点を嫌悪と共に見抜く」[3]ものだと定義した。たいていの新古典主義者と同様、アディソンはためらいがちだった。「あれほど多くの異なった時代や国々という試練を経てきた」、極めてすばらしい古代の作品があり、「同時代の教養ある人びとの賛同を得ている」現代の作品がある。そうした作品を読んでも感動しない時は、楽しめなかった作品ではなく、楽しめぬおのれ自身を反省する必要がある。もとより趣味とは「ある程度生れつきのものであるに違いない」[4]。だから趣味はもともと主観的なのである。しかし、それは本を読んだり、会話をしたり、批評作品の知識を得たりすることによって、磨かれ改善される。趣味ある人が確かな判断をくだせるのは、何か数学的な法則を認めるからではなく、育ちのよい人びとに認められたことを、正しく認識するからなのである。主観主義は、ここではまだおとなしく臆病である。

フランシス・ハチソンは、シャフツベリの明敏で独立心旺盛な弟子であり、デイヴィッド・ヒュームとスコットランド学派の哲学者全体に影響を与えた。そのハチソンは一七二〇年代にアディソンの試験的な考えをいっそう押し進めた。グラスゴー大学の講義や一連のエッセイで彼は内的な道徳感覚に類似した内的な美の感覚を仮定した。この美的感覚は人間の本性の一部であり、外部からの影響によって磨かれたり歪められたりするかもしれないが、生得的なものである。そして自然の美や芸術作品による刺激に、意志を交えず直接反応する。ハチソンの論じるところでは、人の芸術への反応はそれ故本質において非理性的なのである。

世紀半ばまでに、イギリス批評界ではロックがボワローに取って代わったと言ってよかった。ジョシュア・レノルズ卿が『アイドラー』(*Idler*) の中の有名なエッセイで論じたのは、趣味は「慣習またはある観念連合から」湧きおこるということだった。白鳥の方が鳩より美しいと言う人が実際に言いたいのは、「動作が壮麗で、珍しい鳥だから、白鳥を見る方が鳩を見るよりずっと楽しい」ということである。他方、その反対の選択をする人は、「その人が常に鳩に結びつけている純真無垢という観念連合からそうしている」のである。習慣、慣習、連合、すべてロック的な性質であるが、こうしたものが人の美の観念を決定する。確かに――ここに新古典主義に特有の妥協があるのだが――美の本質は客観的なものである。しかし美の知覚は内的な法則に従う。レノルズは論じた。「私は信じているのだが、われわれが美よりも醜悪さの方に慣れていたら、醜悪さはそれに付随した観念をなくし、美の観念を獲得するだろう」[5]。レノルズは、ヴォルテールに先んじて確信していた。ヨーロッパ人が皮膚の白い人びとを好み、エチオピア人が皮膚の黒い人びとを好むのは、どちらも慣習に支配されているにすぎない。エチオピア人の描く美の女神は黒く、唇が部厚く鼻が平らで髪が縮れているだろうが、誰にもこれに反対する権利などない。これは一七五九年に書かれた。ずっと後の一七八二年には、ロック流の心理学はすでに攻撃に晒されていた。しかしレノルズはそれに固執した。そして、ビーティに宛てて書いたのである[6]。「観念連合から生じる美はすべて、習慣または経験の原則に帰すことはできないでしょうか？」

レノルズのエッセイは偶然の産物であった。しかし同じ頃、一七五〇年代に、主観主義の主張はまっとうな哲学的支持を、エドマンド・バークの『崇高と美について』から受けることとなった。これは客観主義の伝統的な議論に、徹底して破壊的で説得的な分析を加えたものである。バークが示しているのは、均整の理論のためのさまざまな主張は、解決できない諸矛盾をもたらすにちがいなく、さらに、あるものが有益だとか道徳的に善いとかいうことを基礎にして、美学法則をうちたてようとするあらゆる試みは、まさに無意味だということである。彼の主張では均整、適合性、熟練などはすべて価値ある特質であるが、美学的な特質ではない。美はただ情念から生じ、知力からも意志からも独立している。「美の大部分は物体に宿る特質であり、感覚を介して物理的に人の心に働きかける」。それは「われわれの理性の創り出したものではない」[7]。確かに趣味の働きは、確かめることの可能な法則に従う。趣味の原則はすべての人間において同一で、「理性と趣味の規準はすべての人間において同一である」[8]。しかしこうした規準は心理的な、生理的でさえある規準である。バークにとっては、他の十八世紀の美学者にとってと同様、主観主義と反理性主義は無秩序や混沌を意味しなかったのである。

意味深いのはバークの『崇高と美について』の中心的なテーマが崇高だということである。崇高の概念は、新古典主義の法則の圧力に対して、安全弁の働きをした。それは古代ローマの修辞についての著作、主にロンギノスの『崇高について』（*Perihypsus*）〔現在ではロンギノス作ではないとされている〕を起源とする。これは十七世紀後半と十八世紀はじめよく知られていた作品で、演説の崇高な仕方——壮大な、高尚な、華麗な、感傷的なといった——を雄弁術の主要なスタイルの一つとして取り扱っていた。近代美学論は、この修辞学の要素を美的経験全体へと大胆に一般化した。崇高なるものは、まとまりのないさまざまな規則に取ってかわり、一つの規則となった。それは、道理に合わない好みにしかるべき理由を、主観的な感情に客観的な承認を、法則を破ることに正当な弁明を与えた。それは人びとが美しくないもの、つまり海の嵐、廃墟となった城、おそるべき地震などに感嘆できる理由を説明した。それは天才による不規則で文字通り手に負えない作品に、しかるべき場所を与えた。それは、アディソンの好みが欠点はあってもミルトンの方へ向き、欠点はないかもしれないが群小の作家の方へは向かないようにした。それは、トムソンの言う「気紛れ、熱狂、恍惚とさせる恐怖」[9]に立派な地位を与えた。それは官能性が美学的評価にまじることを認めた。ディドロは、彼に特有なあの心理的洞察と残忍な比喩的表現をまぜあわせながら、ソフィー・ヴォランに宛てて書いている。「いずれにしても、偉大な効果が生れるのは、官能的な考えと恐ろしい考えが絡みあった状態からです。たとえば美しい半裸の女たちが甘美な酒をついで差し出すのに、われわれの敵の血まみれの頭蓋骨を用いるというようなこと。そこにこそすべての崇高なるものの原型があるのです[10]」。崇高なるものは、すべての性質のうちあの一番啓蒙主義的でないもの、つまり暗さをさえ見直させた。バークは書いた。「暗い考えは明るい考えより人の心をうち[11]」、無限と永遠を暗示することとあいまって、情念をよびさますという詩本来の働きをいっそう行ないやすい。「明るい考えはしたがってつまらない考えの別名である[12]」。

『崇高と美について』におけるバークの意図は、暗さを立派な品位あるものにするだけではなく、明らかなものにすることだった。彼の記したところでは、彼も他の誰も「情念についての正確な理論、あるいはその本当の源泉についての知識」を何も持っていない。さらに美と崇高の定義も、両者の相互関係も非常に混乱している。バークは今や両者を定義し、峻別しようとした。この本は彼にとっての『ラオコーン』だったのである。彼の美学の基本的なカテゴリーは苦痛と快楽、つまり「定義不可能な単純な観念[13]」である。美の観念が生じるのは人が小さなもの、滑らかなもの、繊細なもの、色鮮やかなもの、優美なもの、少しずつ変る形や音色などに感じる快楽からである。他方、崇高の観念は人が苦痛から得る快楽である。それは恐怖によって、力、広大さ、暗さ、困難さ、荘厳さなどによって引き起こされる。バークも良く知っていることだが、明らかに苦しみしか引き起こさない種類の恐怖がある。恐怖が快楽をもたらすのはただ遠かったり、非現実的であったりして、恐怖が麻痺した時のみである。だが、すべての恐怖が崇高ではないにしても、すべての崇高の経験は恐怖から湧き起こる。「実際、恐怖はあからさまにせよ、隠れてであるにせよ、いずれにしても崇高なるものの支配的な原則である[14]」。

バークの『崇高と美について』は青年の書いた本で、精力にあふれ、軽妙で、少し無責任で、時に人を困惑させる。現代の批評家たちが見落さなかったことだが、彼の美の観念はただ自分の官能性を一般化したものにすぎない。滑らかさ、柔らかさ、繊細さ、小ささはむしろ可憐な女性の特質であり、より広い意味における美の特質ではない。バークの書き方を見ると、ディドロが性的興奮を精神的高揚に偽装している時のようである。「触れると快い物体は、すべてその抵抗が軽いために快いのである。抵抗が存在するのは、表面上の動きに対してか、または物体の部分相互の圧力に対してである。前者が軽ければ、そういう物体は滑らかだと言われ、後者が軽ければ、柔らかだと言われる。われわれが感覚から受ける主要な快楽は、こうした性質のどちらかのうちにある。さらにこの両者が結合すると、われわれの快楽は大きく増加する[15]」。そしてバークは美の観念を矮小化するのと同様に、崇高の観念を極度に単純化するのである。彼は崇高なるものと美しいものを比較するのに、主に大きさの違いに頼っているように見える。だが彼に欠点がどれだけあっても、その影響は美学者や詩人のあいだに大きく広がった。彼は時代の雰囲気を捉えたのである。ロマン主義よりずっと以前に、ロマン派の助けを借りないで、啓蒙の時代は哀感、墓地、月の光、暗闇と無限なるもの、そうしたものに対する趣味を発見し、何とか満足させた。バークは、そういう趣味にしかるべき理由を与えることにより、模倣と均整の理論に対する十八世紀の大きな反乱の一指導者となった。彼の主張によると、人間の諸情念を研究することによって、芸術上の卓越性が認識できる。自然や美学的伝統を研究することによるのではないのである。他の人びとが彼以前にこうしたことを論じているし、彼以後も論じるであろう。ただ彼ほど明快に達者に論じたものはまずいなかった。「芸術の真の規準は各人の力のうちにある[16]」とバークは言った。この言葉の意味するところは民主的であって、伝統的な美学がまぎれもなく貴族的であったのと対照的である。新古典主義の墓碑銘として読めるゆえんである。

（1）Marjorie Hope Nicolson : *Mountain Gloom and Mountain Glory : The Development of the Aesthetics of the Infinite* (1959), 277 に引用。
（2）Ibid., 262-3 に引用。
（3）*Spectator*, No. 409 ; III, 528.
（4）Ibid., 529.
（5）*The Literary Works of Sir Joshua Reynolds*, 2 vols., ed. Henry William Beechy (1892-1901), II, 132-4. 美の主観的、「恣意的」性質に関しては *Idler* のNo. 82 のためのレノルズの草稿 in *The Literary Career of Sir Joshua Reynolds*, 19-21 を参照。
（6）レノルズからビーティへ（一七八二年三月三一日）。*Letters*, 93.
（7）*A Philosophical Enquiry into the Origin of our Ideas of the Sublime and Beautiful* (1757 ; ed. J. T. Boulton, 1958), 112.
（8）"On Taste"（『崇高と美について』の一七五八年の第二版に増補）ibid., 11.
（9）Samuel H. Monk : *The Sublime : A Study of Critical Theories in XVIIIth-Century England* (edn. 1960), 90 に引用。
（10）ディドロからソフィー・ヴォランへ（一七六二年一〇月一四日）。*Correspondance*, IV, 196.
（11）*Enquiry*, 61.
（12）Ibid., 63.
（13）Ibid., 32.
（14）Ibid., 58.
（15）Ibid., 120.
（16）Ibid., 54.

5

バークの『崇高と美について』の年一七五七年に、デイヴィッド・ヒュームは重要なエッセイ「趣味の規準について」を発表した。これは、バークが浅薄なのに対して深遠で、バークが激しいのに対して穏やかな作品である。論じている範囲は狭いが、啓蒙思想の一つの道標である。一七五四年にヒュームはすでに書いていた。「多くの異なった種類の確実性が存在し、その幾つかは、論証可能なもののようには整然としていないかもしれませんが、精神にとっては同じくらい満足すべきものです[1]」。彼の趣味についてのエッセイは啓蒙主義が最良の時いつでも試みたことを試みている。経験というものの相対的だが本物の確実性を、形而上学や伝統の絶対的だが偽の確実性のかわりに用いているのである。

ヒュームは自ら「明白な」事実と呼ぶものからはじめる。こと趣味については千差万別である。誰もが自信あり気な、乱暴でさえある発言をするが、ことごとく意見が違っている。「われわれは、自分の趣味や見解から遠く隔たっているものは何でも野蛮なと呼びがちである。しかしすぐわかるように、この非難の形容詞はわれわれにもはねかえってくる(2)」。事実、不一致は人の考えているよりずっと深刻ですらある。というのは、皆が端正さのような同じ性質を賞賛しても、そうした性質を同じように定義することはないからである。こうした不一致に直面すれば「趣味の規準をさがすのは自然である。つまり多様な意見がそれによってまとまるような規則、少なくともある意見に同意し、もう一つの意見を非難できる決定をもとめることである(3)」。そんな規則は見つけられるわけがないという懐疑論者がいる。この哲学者たちは論じる。趣味は感情次第だし、「どんな感情も対象の中に実際に存在しているものをあらわすのではない」のだから、すべての感情が同じように正しくなければならない。懐疑論者は言う。「美は物自体における性質ではない。それは物を眺める精神の中に存在しているにすぎない。しかも精神はそれぞれ違った美を知覚する。一人が美を感じているのに、もう一人は醜悪さを感じているかもしれない。各個人は自分自身の感情をおとなしく認め、他人の感情を統制しようなどとは考えるべきではない(4)」。

この相対主義はヒューム自身の見解ではない。ヒュームが正当にも常に主張したのは、自分は穏やかな懐疑論者であってピュロン流の強硬な懐疑論者ではないということである。彼の主張はまさに、美の主観性が相対主義に至るべきでないのは、主観性が必ずしも恣意性を意味しないからという点にある。ヒュームは、懐疑論を明快に詳述し、良識と現実主義がそれに備わっていることを認める。それは経験への賢明な反応である。しかし彼が懐疑論を拒否しはじめるのは、それを主張した時の理由とまったく同じ理由によってである。「この公理は」——趣味はそれぞれ違っているという——「格言になっているくらいだから常識の認可を得たようである。しかし、これに反対するか、少なくともこれを変えたり抑制したりできる常識といったものも確かに存在する」。事実、芸術品や文学作品についての論争は一致点を見出して終ることがしばしばである。「オーギルビーとミルトン、またはバニヤンとアディソンの間に同じような天才や優雅さがあると言うと」、池が大洋と同じくらい広いと言ったかのように、とっぴょうしもないと思われるだろう。「オーギルビーやバニヤンの方が好きだという人がいるかもしれない。しかしそうした好みは黙殺される。こうした批評家と称する輩の意見はばかげていて滑稽だ、とだけはためらわずに明言できる。さまざまな趣味が本来平等だという原理は、そこでまったく忘れさられる(5)」。

この実例の選択は不適切だ。この選択自体、ヒュームのあからさまな議論以上に、趣味の相対性を示しているからである。つまり、今日では誰もオーギルビーをミルトンに対抗させようと思わないだろうが、多くの人はバニヤンをアディソンと同列、またはそれ以上に位置づけても、とっぴょうしもないと思われることを恐れたりしないだろう。それでもヒュームの論点は正しい。名声のゆるがない人というのがいる。巨匠についてのどんな信頼できるリストにも必ず登場する画家や詩人がいるだろう。ヒューム自身が出したそうした詩人の例、ホメロスは非の打ちどころがない。彼は書く。「二千年前にアテネやローマで好評だったホメロスが今でもパリやロンドンで賛美されている。風土、政治、宗教、言語がさまざまに変化しても、彼の栄光にかげりのみえたことはなかった」[6]。さらに付け加えてよいかもしれない。ヒュームから二世紀後もホメロスは変らず賛美され、その栄光は輝やかしい、と。

そこで一般的原理を発見できるという希望が出てくる。しかしヒュームの主張によると、そうしたものは決して形而上学的な規則や客観的な数学的法則からは生じようがないのである。芸術作品をつくるのに「幾何学的真理と正確さ」によるとすれば、それは批評の法則を破り、「まことに気の抜けた不愉快な」作品を生むことになるだろう[7]。事実、「いかなる創作の規則も先験的《アプリオリ》な推論で決められることはない」。その「基礎はすべての実際的な科学の場合と同じく経験である」。そうした規則は「一般的な観察」[8]であって、それ以上ではない。さらにヒュームの一般的な認識論が明らかにしたように、こうした観察は他の帰納によってえられた結論と同様普遍的な有効性を主張できない。

しかしヒュームの精神にとって、趣味の歴史は十分な実例を提供してくれており、人間の本性の統一性は十分な保証となっているので、少なくとも経験に基づいた一般化は可能となる。「そこで趣味におけるどんな多様性と気紛れの中にも、認否の基準となる幾つかの一般的原理が存在するように思われるのであり、注意して見ればその影響が精神のすべての働きに見られるだろう。ある特定の形や性質が、その内的組織の独特な構造から、人の気に入りそうなこともあれば、気に入りそうにないこともあるのだ」[9]。ヒュームは概して注意深い著述家であった。「認否の基準となる幾つかの一般的原理」[10]について語った時、念頭においていたのは、当然ありうる不一致に限界を設けるが、正当な多様性を破壊しないような少数の規則に他ならなかった。美学における確実性は、教養ある人びとが明らかに認めうる合意からやってきたのである。

残る問題はこうした合意のための条件を構築することであった。ヒュームが論じるところでは、まずはじめに健全な肉体と精神が、健全な美学的観察に欠かせない。それは日の光が精密な観察に欠かせないのと同じである。「各人に健全な状態と欠陥のある状態がある。そして前者だけが趣味と見解の本当の規準を与えると考えられる」[11]。第二に芸術のすぐれた審判者は「想像力の繊細さ」[12]を具えていなければならない。これは皆が主張するが、具えている者は少ない徳である。この特質の重要性は経験の中で発見されるが、この特質はまた経験を通じてのみ磨かれる。「どんな仕事についても実践を通じて得られる巧妙さや機敏さがあるが、作品を判断する際にも同様にしてそうした巧妙さや機敏さが獲得される」[13]。無知の原始主義的な崇拝は、ヒュームの死後数十年経つか経たないかのうちに、広く説かれることとなった。しかし、ヒュームの体系にはそうしたものの入る余地はなかった。それと反対に、彼の主張では、その念頭にある実践とは勤勉である。すなわち、誰もただ一度だけ見たり聞いたり読んだりしただけで、適切な比較もせずに芸術作品を本当に判断することなどできない。その構成、長所、真価を見落してしまうかもしれないからである。「経験があって物のわかった人が、どんな芸術にせよその美を判断できないなどということは、稀にしか起きないか全く起きない。また、健全な理解力がないのに正しい趣味を持っている人に出会うことも、それに劣らず稀である」[14]。第三に、芸術の審判者に必要なのは「精神がどんな偏見にも囚われないよう[15]」にすることである。というのは、偏見は判断を頑迷にし、外的な事柄で歪め、美の感覚を堕落させるからである。ヒュームは以上のような条件にかなう批評家が数少ないことを認める。しかし、彼は確信しているのだが、そうした批評家は確かに存在しており、すぐそれとわかる。そうした人びとがそのふりをするだけの人びとと区別されるのは、彼らが自分たちの文明を支配していて、学ぶつもりのある人びとを教え導く、といったことによる。ヒュームの良き批評家というのは教養ある人びと、すなわち彼自身のような人びとの集まりをなしている。

しかし、ヒュームはこういった調子のまま終えてはいない。「趣味の規準を決め、人びとのばらばらの見解をまとめ」ようとしても、二つの「多様性の源泉」はやはり残るだろう。それは「なるほど美と醜の境界をまったくわからなくさせるほどではない」が、「われわれの認否の程度の差を生み出す[16]」ことはあるだろう。その一つは「個人個人の異なった気質」であり、もう一つは「われわれの時代や国に特有な風習や意見」である。情熱的な若者ならオヴィディウスをお気に入りの作家と言いそうだが、四〇才になるとホラティウス、五〇才にはタキトゥスを読むようになるだろう。「われわれがお気に入りの作家を選ぶのは友達を選ぶのと同じで、気質や性向が似ているからである[17]」。

(1) ヒュームからジョン・スチュワートへ（一七五四年二月）。*Letters*, I, 187.
(2) "Of the Standard of Taste," *Works*, III, 266.
(3) Ibid., 268.
(4) Ibid., 268–9.
(5) Ibid., 269.
(6) Ibid., 271.
(7) Ibid., 270.
(8) Ibid., 269.
(9) Ibid., 271.
(10) Ibid. 懐疑論者ではあるがヒュームにとっては（ibid., 280 で彼が言ったように）「人間の本性に不変な趣味の一般原理」が存在することは明らかであった。
(11) Ibid., 271–2.
(12) Ibid., 272.
(13) Ibid., 275.
(14) Ibid., 278.
(15) Ibid., 276.
(16) Ibid., 280.
(17) Ibid., 281.

6

カントの『判断力批判』（*Kritik der Urteilskraft*）の視点からすれば、先駆者たちの美学的著作は見当違いで一杯のように見える。つまり社会的、道徳的、政治的、宗教的関心が芸術の重要性を弱め、その意味を不明瞭にしているのである。カントの美学にはそれ自体紛れもない限界があるが、しかしその生命力はまったくもって驚くべきものである。彼の実際的な批評は質において乏しく、洞察力において取るに足りない。芸術における趣味の範囲の狭さが、詩や音楽の美学的意味を適切に取り扱えないという事実に反映している。哲学の方法が厳密であることはしばしば決定的な長所ではあるが、これによって、美と崇高、欲のからんだ快楽とそうでない快楽が峻別され、美的経験に強引な解釈が加えられた。だがカントは、以前に提起された論点を誰よりも明確に把握し、洞察した。彼と比べればヒュームでさえ、その論理は厳密なのに、優柔不断に見える。人間の本性が一様だと信じ、美学的問題で最終的な一致があることを願うあまり、ヒュームは、趣味が主観的なものだというせっかくの説を撤回するか、少なくとも無効にしているように見える。確かに啓蒙主義の美学思想は、非常に不本意にも新古典主義の束縛をのがれることになった。すでに述べた通り、ディドロやレッシングのような革命家でも過去に大きな敬意を払っていた。十八世紀美学の政治的側面は明確に保守的、貴族的、権威主義的な調子を見せていた。「芸術作品に判断をくだしたり、自分の意見を美の規準として確立したりする資格を持つ者はほとんどいない」[1]とヒュームは論じた。ケイムズ卿は疑問の余地をなくすため、さらにはっきりさせた。十八世紀の趣味についての議論をすべて特徴づけるこうした限定は階級の問題だというのである。「食べるために肉体労働をしている者は趣味を、少なくとも芸術に役立つような趣味を完全に欠いている。こう考えると人類の大部分が除外される。そして残りの部分について言えば、その多くは堕落した趣味によって投票の資格がない」[2]。しかしこの保守主義はむしろ現実的なものであり、俗物根性的なものではなかった。十八世紀において首尾一貫した美学上の民主主義者というのは夢想家ということになろう。フィロゾフたちは夢想家ではなかった。いずれにしても、選ばれた狭い批評の世界が、フィロゾフたちの眼には動かしがたく存在しており、それ故それは機能的にいって貴族社会なのであった。勤勉や幸運によって、感受性を磨くのに必要な富や余暇を持ちうる人には誰にでも開かれた貴族社会だというしだいである。芸術批評においても他の分野においてと同じく、フィロゾフたちは、才能に対して開かれた立身出世という理想にすっかり身を入れていたのである。さらに、批評家たちによる規則の制定は、議論の成果であって、命令の結果ではなかった。それは仮の、実験的なものであって、永遠の数学的なものではなかったのである。これだけでもなかった。フィロゾフたちは、すべての美が相対的だから、すべての人が同じような力で芸術を判断できる、という懐疑論的な議論を受け容れなかったが、それでもフィロゾフたちは模倣という考え、絵画における序列や演劇における規則といった考えを批判することによって、何世紀もヨーロッパ美学を支配した長く強い伝統を容赦なく破壊しようとしたのである。十八世紀の、もう一つの名高い自由への努力、つまりアメリカ植民地の反乱と同様、芸術の解放は長く苦しい、しかし一致団結した戦いであり、歴史に残る一つのまとまりをなしていた。ジェファソンの独立宣言はサミュエル・アダムズとベンジャミン・フランクリンの予備的な業績なしには考えられない。それと同じくカントの芸術の独立宣言は——というのはカントは美学におけるジェファソンだったからだが——アディソン、バーク、メンデルスゾーンなしには考えられない。カントがいなければ芸術の解放は完全にならなかっただろうが、先駆者たちがいなければカントはその業績をあげられなかっただろう。

カントは自分が時代に何を負っているか、現代のわれわれと同じくらいはっきり自覚していた。バウムガルテンの『美学』(*Aesthetica*) を非常に注意深く研究し尽し、批判はしたが有益な書物だとみなした。天才とは「生得的な心の素質で、これを通じて自然は芸術にその規則をさずける(3)」とカントはその役割を定義した。ディドロならすばらしいと思ったであろうし、少しもおかしいとは思わなかったであろう表現である。カントは崇高という現象をおそらく他の人びとより厳密に雄弁に分析した。しかしその説明はアディソンとバークを読んでいる者には余り驚きを与えなかった。恐怖と魅惑が奇妙に混じっていること、見る者にいかなる威力も及ぼさない力、人の想像力を超えた荘厳な自然現象などがすべて崇高なるものを特徴づけるとしたのである。意味深いことだが、カントはバークが美学における生理学的学派の主要な代表であることを認めた。バークを評価するに際して、カントは自分がどこまで十八世紀思想に依存しているかを明記した。バークに対する評価に限界を設けるに際して、はっきり自分の貢献とみなせるものを主張した(4)。カントは常に自分の第一の関心は哲学的なものであって、実際的なものではないと主張した。趣味についての先験的《アプリオリ》な法則を追求したのであり、経験的な規則を追究したのではない。彼の言うには、趣味の分析を企てたのは、趣味を「教えたり磨きあげたりするためではなく(5)」、その一般的な原理を確立するためである。

それはなるほどもっともだった。カントの『判断力批判』は啓蒙主義の典型的な作品である上に、彼自身の思想の特性も示している。高度に抽象的で、普遍性においてまったく断固としており、以前の二つの『批判』に密接につながっている。これは非常に野心的な哲学的構築物の絶頂であり完成なのである。事実、この本にはそうしたものの輪郭がみえる。カントが序文で書いていることには満足の調子が明白である。「これをもって私の批判の仕事をすべて終える(6)」。これには二〇年かかった。カントは一七七一年にマルクス・ヘルツに手紙を書いて「趣味、形而上学、倫理学の理論(7)」の基礎になる原則を分析するつもりであると言った。一七九〇年に三番目の『批判』が途方もない知的悪戦苦闘の末、長びいた懐疑を克服して刊行の運びとなり、計画は完成した。

カントは、その秩序正しい、強迫観念的ともいえる思考法にふさわしく、少なからぬ苦労をして「批判の仕事」の構成上の統一性を強調している。彼が手紙や、非常に明快な序文で明らかにしたのは、各『批判』がそれぞれ哲学の別個の部門に対応しているということだった。『純粋理性批判』は形而上学に、『実践理性批判』は倫理学に、『判断力批判』は美学にという次第である。それぞれは異なった認識能力を考察している。第一のものは悟性を、第二のものは理性を、第三のものは判断力をというわけである。そしてカントは、すでに明白なものをさらに明らかにするため、三つの『批判』を機能心理学の用語に結び付けた。彼の言うには、第一の『批判』は認識の性質に、第二のものは欲望の機能に、第三のものは快楽と苦痛の感情にそれぞれ関係しているのである。これだけでも大変なものであったが、しかし十分ではなかった。カントの三つの『批判』はただ力強いシンメトリーをなして並行して存在しているだけではなく、お互いに系統的に関連しあっている。カントの理解したところでは、哲学は理論的でもあり実践的でもある。理論的な哲学は自然、つまり必然の領域を研究し、実践的な哲学は道徳、つまり自由の領域を研究する。最初の二つの『批判』はこうした領域のそれぞれに捧げられたのである。しかしこの両者をまとめ、決定論と自由、現象と実在、法則と行動、普遍的なものと特殊的なものを調和させる方法が存在するにちがいない。そこでカントの最後の『批判』はこの調和を詳しく論じる。『判断力批判』は一見まったくばらばらの二つの主題、生物学と美学を取り扱っている。この組合せは偶然でも邪道でもない。カントは生命と芸術の現象が密接に関連し、実際類似した二つの過程であるとみなしたのである。どちらもそれ自体のために存在し、どちらもある調和や意図を表現し、そのことによってただの道具や生産物よりましな何かになっている。カントの有名な表現によれば、どちらも「無目的的合目的性」を持っている。この性質こそが世界を分断する数々の二元論を和解させるのである。芸術家（というのはこれがここでわれわれの関心であるから）は縛られていると同時に自由である。天才は最高の素質を具えた芸術家であり、自らのうちで想像力と悟性、精神と趣味を結びつけている。天才は「芸術に向けられた才能であって、科学に向けられた才能ではない。科学においては、明確に理解された規則が優位を占め、科学の活動を決定しなければならない」。天才は「想像力を、すべての規則の指図を免れたものとして、だが所与の概念をあらわす時には明確な目的を持ったものとして申し立てる」。天才の想像力は自由で、悟性は忠実なのである。一言で言って天才とはその「認識能力の自由な行使という点で」「自然の賜物の中の模範的な独創性」(8)なのである。

しかし、芸術は自然に似ているが、異なってもいる。カントは最も重要な章の一つで、芸術を自然、科学、職人仕事と区別している。芸術が自然と異なっているのは、芸術は「自由を通しての作品」、「理性を行為の基礎にしている意志」の仕事でなければならない、という点にある。蜜蜂の巣が「芸術品」と呼ばれるのは、ただ類推によるにすぎないのである。芸術が科学と異なっているのは、芸術はむしろ行為を事とするわざ、実際的な能力であって、認識を事とする純理論的な能力ではないからである。さらに芸術が職人仕事と異なっているのは、芸術はむしろ「無償」であって金銭めあてではないからである。それは「遊び」、すなわち「それ自体を目的とした快い活動」である。しかし彼が強調したのは――何度も繰り返した点なのだが――「すべての自由な芸術で、やはり何か強制的なものが必要だ」ということである。精神は「芸術において自由であるべきで、それのみが作品に生命を吹込む」。しかしこうした精神も彼が「メカニズム」と呼ぶものがなければ、実体をなくし蒸発して消えてしまうだろう。「たとえば詩の場合なら言葉の正確さや豊富さ、作詩法や韻律といったものを思い起こすことを勧めないわけにいかない。というのも最近の教育者の中には、芸術をもっとも進歩させるのは、それをあらゆる束縛から解放し、労働からたんなる遊びにかえることによる、と考える者もいるからである」(9)。カントはおそらく奔放な疾風怒濤《シュトルム・ウント・ドラング》の「天才たち」のことをほのめかしたのだろうが、後世に向って話しかけてもいたのである。芸術は職人芸に道を開いてもらう独創性であり、理性に導かれた情念である。カントやその啓蒙主義にとって、芸術に対するこれ以上の賛辞はなかった。

カントは芸術や芸術家を高く評価したが、これは啓蒙主義の美学思想への彼の貢献であった。十八世紀美学の問題は息絶えつつある伝統を一掃し、理性という新しく確固とした基盤の上に規則を据えることであった。これは非常に困難な仕事であった。いかにそれが人の気力を挫く課題であるか、カントは誰よりも良く知っていた。先駆者たちと同様にだが、ただ彼らより厳密な仕方でカントが立向った一般的な決まり文句は「誰でも自分の趣味を持っている」というものだった。つまり趣味というのはまったく相対的、主観的なもので、人に直されるような筋合いのものではないというのである。彼は厳しい調子で言った。これは「趣味のない人間がみなそれによって批判されないですむと考える常套句」である。しかし彼の記したところでは、同じように一般的な「第二の常套句」もある。「たで食う虫も好き好き」である。確かに趣味に関する客観的な法則があって、普遍的な妥当性を持ってはいるが、それは明確な概念に拠っていないので、議論しても意味がないというのである[10]。この二つの常套句から、ある二律背反、美学上の判断の問題に危険な混乱を招く一対の矛盾した結論が導かれる。しかし、カントはホワイトヘッドよりずっと以前に知っていたのだが、学説の不一致は進歩の助けになるかもしれないのである[11]。趣味の二律背反は、芸術がその固有の領域とそれ自体の論理を備えているという認識を与えてくれたのである。

古典主義者たちは芸術の客観的な法則を支持し、新しい思想家たちは芸術の主観的な状態を主張した。この両者の論争に際してカントはためらわなかった。彼の書いたところでは「趣味の判断は」認識の判断ではなく、「主観的以外ではありえない」[12]。しかしカントが明らかにしたのは、このことは相対主義を意味しないし、無秩序に導くものでもないということである。むしろ美学的判断のために新しい特別な法則が必要になるのである。そして、そういった法則を言明して、カントは芸術の解放を完成させる。趣味の判断が決定されるのは「純粋な無私無欲の満足」による。カントは書いている。「誰かが私に眼の前の宮殿を美しいと思うかどうかたずねた」としよう。「私はこう答えるかもしれない。こういう口をあけて見とれるためにだけ作られたものは好きでない、と。またはあのイロコワ族の首長のように答えるかもしれない。パリで一番好きなのは飲食店だと言ったのである。そうしたことよりも私はよきルソー主義者として弁じたて、そういう余分なものに人民の汗をしぼりとる権力者の虚栄を非難することもできるだろう。最後にたやすく確信できるのは次のことである。無人島にいて二度と人の顔を見る望みもないが、心に念じるだけで例のすばらしい建物を作り出せるとしよう。そうした場合にも、私はそんなことをする手間すらとらないだろう。十分快適な小屋さえあればそれで申し分ないのだ。こうしたことをすべて人は私に許容し是認するかもしれない。――ただこれ以上は今の論題からはずれる」[13]。

このそっけない話の打切り方にカントの場合の本質がある。道徳、心理学、政治、宗教について話すことは、美学について話すことではない。「誰でも認めるべきだが、ほんの少しでも利害のからんだ美の判断はたいへん党派的なもので、純粋な趣味の判断ではないのである」[14]。これは急進的な説で、啓蒙主義の首尾一貫した現世主義にまったくふさわしい。フィロゾフたち以前の誰に美学的判断を「無私無欲の満足」と定義する勇気があっただろうか？　マックス・J・フリードレンダーは正しく評している。「今日の芸術愛好者は『無私無欲の喜び』をもってシスティナのマドンナをみることができるかもしれない」。しかし「十六世紀の信心深い人びとは、おそらくそうした喜びをもって祭壇上の飾りに目をやることはなかった」[15]。しかしカントはためらわなかった。彼は書いている。人びとは道徳的なものに満足して、これを善いと言う。しかしこの満足においては利害、すなすち生存欲が役割を演じている。同様に人びとは快いものに満足して、これを愛らしい、楽しい、愉快な、などと言う。しかしこの満足においては利害、すなわち感覚的な喜びへの欲望が役割を演じている。したかって、どちらも純粋な美学的判断ではないのである。

この区別をすることにより、カントには相対主義にしかるべき場所を与えることが可能となる。快いものの判断においては、相対主義はただ正当であるだけではなく、避け難い。というのはその判断は恣意的で個人的なものであり、一般的な法則の基礎にはなりえないからである。何か快いものを見つけた人は、たとえば「カナリア島産の辛口ワインは好ましい」と言うかもしれない。しかしそこで誰かが訂正して「それは私には好ましい」と言うべきだと気付かせるなら、そう言われた当人にはまったく異存はないだろう[16]。「これは私の気に入っている」という表現は、「これは美しい」という表現と論理的に異なっている。後者について際立っているのは、その無私無欲性である。それは普遍性の主張を意味するのである。ある人の満足がまったく無私無欲なものだと気付けば、そこではじめてその判断が「みんなにとっての満足の基盤」を含むと考えることができる。「ある判断が、それを行なった主体のどんな性向にも、他のどんな重大な利害にも基づいていない」。というよりむしろ、判断をする人間が「その満足を、まのあたりにしている対象のせいにしながら、自分はまったく自由であると感じる」。それ故彼は、「満足の理由についてまったく個人的な条件を見出」せず、したがって「それが他の誰にも仮定できるものに基づいているとみなす」べきなのである。彼は自分にしかるべき理由があって、「同様の満足を他のみんなにも想定する」[17]ということを信じなければならない。カントの示唆によれば、これはしばしば一つの困難を招く。つまり人びとはこの普遍性を理解するに際して、美が客観的な性質であるかのように言いがちなのである。しかし普遍性の主張は正しいが、客観性の主張はまちがいだ。普遍性とは実際は「主観的な普遍性」[18]なのである。カントはこうして美学上の混乱を避けながら、伝統的な法則に名誉を与えることはなかった。

カントは道徳的人間かつ経験論者として、自分の自由意志論の危険に十分気付いていた。道徳抜きの芸術というものは、決して考えなかった。芸術至上主義にはブルジョワ俗物主義への敵意が含まれているが、これは彼にはまったく縁がなかった。カントの美学的判断は、普遍性を主張し、快楽や利害を超えて精神的に高揚するといったことによって、高度に道徳的である。まことに「美しいものは道徳的に善いものの象徴である」[19]。要はただ、芸術が道徳の結果でも付属物でもないということである。つまり、芸術は従者ではなくそれ自らの主人なのである。

　まさにこの主張によって、美的経験の真実とカントの美学体系の要請は調和する。経験の示すところでは、芸術上の問題についての不一致は広くみられ、しばしば未解決のままであり、また芸術家の流行の型は移り変わる。しかしこうした多様性は、芸術に特有の論理を再度示しているのに他ならない。カントの美学は「これは美しい」という言明に、普遍的な妥当性を求める。しかしこの言明が普遍的に妥当なのは、人びとが現実に一致しているからではない。人びとは一致していないのである。それはまた人びとを強制して一致させるということでもない。人に強制して何かを好きになったり嫌いになったりさせることはできないし、いずれにせよこうしたことで強制しようというのは人の自主性を否定することである。むしろ「これは美しい」という言明は万人の意見の一致をもたらす。この言明は理性ある人びとがその意味を完全に理解しえた時はじめて一致して賛成するような、そういう言明なのである。こうして美学的判断はまじめさと責任を求める。それが批評家に負わせるのは、この上なく大きな義務、つまり普遍的な容認に値する判断をすることなのである。

　これは厳格な体系であり、決定的な一歩である。カントは芸術にそれ自身の領域と論理を割当て、当時の科学者が科学を解放しつつあったように、芸術を見当違いの事柄から解放した。こうすることによって、一世紀来の革命を論理的な結論に導いたのである。メルシエは一七七三年、『新演劇論』(*Nouvel Essai sur l'art dramatique*)で「芸術を解放せよ!」と叫んだ。カントはそれに劣らないことを行なった。それは少なくとも一つの点でおもしろく逆説的な行為であった。その抱負において、芸術の取った方向は啓蒙主義の社会・政治思想と同じであったが、芸術がその目標に近づくことができたのはただ一つの方法、つまり自らと社会・政治思想などとを切り離すことによってだったのである。

(1) "Of the Standard of Taste," *Works*, III, 278.
(2) *Elements of Criticism* (1762) : Wellek : *History of Modern Criticism*, I, 109に引用。
(3) *Kritik der Urteilskraft*, in *Werke*, V, 382.
(4) Ibid., 349–50を参照。
(5) Ibid., 238.
(6) Ibid.
(7) カントからマルクス・ヘルツへ(一七七一年六月七日)。*Werke*, IX, 97.
(8) *Kritik der Urteilskraft*, in *Werke*, V, 393.
(9) Ibid., 377–9.
(10) Ibid., 414.
(11) Alfred North Whitehead : *Science and the Modern World* (1925), 266.「学説の不一致は不幸なことではない――それは一つの好機である」。
(12) *Kritik der Urteilskraft*, in *Werke*, V, 271–2.
(13) Ibid., 273.
(14) Ibid.
(15) *Landscape, Portrait, Still Life : Their Origin and Development* (1947 ; tr. R. F. C. Hull, 1949), 12.

(16) *Kritik der Urteilskraft*, in *Werke*, V, 281.
(17) Ibid., 280.
(18) Ibid., 281.
(19) Ibid., 430.

第七章　社会の科学

I　最初の社会科学者たち

美学の分野で、フィロゾフたちは才気にあふれ創意豊かなエッセイを書いた。社会科学の分野ではもっと多くのことをした。その基礎を築き古典となる作品を書いたのである。彼らは社会学、経済学、歴史学の創始者となった。現在でもわれわれがモンテスキューの『法の精神』(*De l'esprit des lois*)、アダム・スミスの『国富論』(*Wealth of Nations*)、ギボンの『ローマ帝国衰亡史』(*Decline and Fall of the Roman Empire*) を読むと本当の喜びが得られる。さらに単なる喜び以上に、こうした作品がわれわれの世界の一部であると感じられる。こうした作品の他にも、ヴォルテールの『風俗史論』(*Essai sur les mœurs*)、ファーガソンの『文明社会史論』(*Essay on the History of Civil Society*) のような古典となった作品によって、社会科学の先史時代が終り、その歴史時代が始まる。

社会科学の先史時代は文化的相対主義の出現に始まるが、これは旅行というもののほろにがい成果であった。現実的であろうと、潤色されていようと、空想的であろうと、さらには実際に船に乗ってのことであろうと、書斎のなかだけでのことであろうと、ともかく旅行は比較の学校だった。旅行者の報告は文化人類学や政治社会学の論文の先駆けとなった。旅行によって西洋人は、自らの文化を他の諸文化にぶつけておのれの文明の位置や人間の本性を知ろうとした。社会科学の本質は、他の科学の場合と同様に客観性である。社会の研究における客観性の追究をおおいに助けたのは、一つの確信であった。それは、はじめためらいがちで臆病なものだったが時と共に自信にあふれた確信に変った。つまり、どんな文化も他の劣った文化を評価したり保護したりできる特権的な理想の規準ではないという確信にである。キリスト教文化といえどもその例外ではない。それどころかフィロゾフたちの観点からすれば、キリスト教文化こそ例外たりえぬものであった。

フィロゾフならずとも旅行文学に教えられるところがあった。ここでもまた、フィロゾフたちは一般に広まった態度に支えられていた。一七三五年にサミュエル・ジョンソンはジェローム・ロボ神父の『アビシニア旅行』(*Voyage to Abyssinia*) を翻訳し、その序文でこのイエズス会士の旅行者が、読者に「空想的でばかげたこと」を教えたりはせず、可能性の領域にとどまったとして賞賛した。「ここではホッテントットが宗教や政治や人間の言葉をまったく持っていなかったり、中国人が非の打ちどころのない程礼儀正しく、あらゆる学問に極めてすぐれているということはない」[1]。モンテスキューやヴォルテールもサミュエル・ジョンソンのようにいつも現実的であってくれと望みたくなるところである。フィロゾフたちはキリスト教の権威を失墜させようとして東洋の哲学者やタヒチの野蛮人を称揚し、その主義からしてものごとをすぐ信じた。しかしながら、こうした誤ちを別にすれば——この誤ちはフィロゾフたちの社会科学の発見に混乱をもたらしたが、台無しにすることはなかった——フィロゾフたちは豊富な旅行文学を賢明に利用した。外国人に対する感傷的な見方や論争的な狙いが度を越さないようにしたのである。キリストを知らなくても、立派に組織されている文化が存在することがわかって、多くの人びとは強い衝撃をうけた。これはフィロゾフたちには好機だったが、それもただ点数をかせぐ好機だったわけではない。啓蒙主義の社会科学者にとって、旅行報告は価値ある情報源であり、「人間の本性の多様な実例が学べる博物館」(2)であり、さらにそれと同時に一般的な理論の基礎でもあった。モンテスキューは外国の諸文明についての探究を短かいエッセイの形で出版した『断想』(*Pensées*) の中に記し、さらに傑作『法の精神』の中に織り込んだが、これは新しい相対主義の有力なひな型となった。他の社会科学者たちは、当時もその後も彼の教えを吸収しその方法を模倣した。モンテスキューがメモや短評で明らかにしているところによれば、文化的相対主義というのはある意味で結合していたものを分離することである。彼は書いている。中国の演劇は西洋の感受性を傷つけるかもしれないが、理性を傷つけるものではない。現代演劇でいくつかの技巧を用いるのは慣例に反するかもしれないが、自然に反してはいない(3)。モンテスキューや他のフィロゾフにとって、世界はかつてないほど大きく、興味深く、変化に富んだものとなった。旅行者たちは、信仰、慣習、制度、人間の防御的行動の可能領域が非常に広いことを明らかにした。モンテスキューはこれを見てあまり古典的とはいいかねる批評をした。「真実なるものがもっともらしくみえるとは限らない(4)」。この説は急進的で衝撃的でさえあったが、本当に道理にかなった、人間と社会の科学を確立するには欠かせないものだった。コンディヤックによれば、こうした科学によってはじめて政治家や改革者は物語《ロマン》を書くことをやめて、現実を理解し支配できるようになるのである(5)。

進歩への渇望がフィロゾフたちの意識から離れることは決してなかった。事実や理論があるのはさまざまな価値のためであった。おそらくフィロゾフたちは世界をそれ自体興味深いと考えていた。彼らは諸制度を比較したり宗教の歴史を探究したりしたが、こうしたものには純然たる好奇心が充ちているようにみえる。新しいものを喜び、その世界が着実に広がるのをこの上ない楽しみとしたのである。しかし私的な喜びや学問にありがちな現実離れに満足することはできなかった。この改革への参加という点で、彼らは今日の多くの社会科学者とは異なっていた。

もう一つの点でも彼らは二十世紀の社会学者や経済学者と異なっていた。十八世紀の社会科学は他の知的分野と同じくその領域を決め、方法を磨き、専門化への道を歩みはじめたところであった。しかし啓蒙時代の終りになっても、知識人たちの間の分業はさほど進んではいなかった。おそらくフィロゾフたちを位置づけるのに、彼らが専門家ではなく古典の教養と哲学的能力を具えた文筆家であったという事実ほど適切なものはない。彼らの作品が多彩であるということは普遍性への願望を示している。モンテスキューは歴史家、政治学者、社会批評家、政治理論家、社会学者であった。アダム・

スミスは修辞学研究者、道徳哲学者、経済学者であった。ヴォルテールは劇作家、科学啓蒙家、宗教・政治批評家、歴史家であった。そしてこうした社会科学者の他の分野での経験は社会学、経済学、歴史学の著作においてもその方法を規定した。彼らのもっとも技術的な仕事といえども極めて教養に富んでいたが、最終的にはやはり実用主義的なものであった。フィロゾフたちは以前には考えられないほど相対主義的であった。しかし彼らの仕事の状況や哲学的な信念のゆえに、その相対主義が絶対的な原理になることはなかった。彼らにとって絶対的なものは自由、寛容、理性、人間愛であった。

従ってフィロゾフたちの社会科学にたいする考え方は複雑で、内的な緊張を秘めていた。自然科学で直面したジレンマが社会科学でも彼らにつきまとった。知識それ自体は一つの価値である。彼らはこのことを確信していた。無知は確かにいつも悪である。しかし知識はいつも一つの価値ではあっても、つねにうまく用いられるとは限らない。彼らはこのことも確信していた。確かに科学的真理は、物理学であれ、経済学であれ、ただそれ以外の何ものでもなかった。願望は真理ではなかった。いやそれどころか願望によってしばしば真理の追究は曖昧なものとなった。不幸なことに、真理は邪悪な手によって邪悪な目的のために用いられることがあった。ギボンの分析はその一例であるが、それによるとローマの政治家は信じやすい民衆を操作し権力を維持しようと、自分では信じていない迷信を教え広めたのである。もう一つの例はベンサムによる「災いをもたらす利害」の分析である。これは、なぜ政治家は真実を知っていてもそれを政治に適用できないのかということを説明している。[6] フィロゾフたちは進歩の理論を構築しなかったが、このことは知識の集積が生活に及ぼす効果を彼らが独善的に考えていなかったということを意味している。知識と進歩は自動的に一致するのでも、必然的に一致するのでもなかった。そうした一致は、社会科学はいかにあるべきかというフィロゾフたちの考え方の中にゆきわたった一つの要求にすぎなかった。彼らから見れば、学問にありがちな現実離れと漸進的な進歩とは手をたずさえて進むべきであった。理性を社会に適用するとは、知識と繁栄、知識と自由、知識と幸福がわかちがたく結びついているべきだということであった。フィロゾフたちは現代実証主義の先駆けであった。しかし、フィロゾフたちの実証主義はヘルベルト・マルクーゼが正しく指摘したように[7]「戦闘的で革命的」であった。それは、原則上も実際上も批判的であった。

(1) "Preface" to Father Jerome Lobo: *Voyage to Abyssinia*——James L. Clifford: ***Young Sam Johnson*** (1955), 147 に引用。

(2) Sir James Macintosh: *The Law of Nature and of Nations*(1798) (J. W. Burrow: ***Evolution and Society——A Study in Victorian Social History*** (1966), 12 に引用。ジェームズ卿はここで歴史学を想定しているが、十八世紀の社会科学者にとって歴史学にあてはまることは、他のすべての社会科学の分野にもあてはまった。

(3) こうした種類の相対主義の例については Charles Jacques Beyer: "Montesquieu et le relativisme esthétique," *VS*, XXIV (1963), 171-82 特に 178-9 を参照。

(4) *Pensées* in *Œuvres*, II, 158.

(5) *Traité des systèmes*, in *Œuvres*, I, 208-9.

(6) *The Rise of Modern Paganism*, 154-9 を参照。

(7) ***Reason and Revolution: Hegel and the Rise of Social Theory*** (1941), 341.

II　社会学――事実、自由、人間愛

1

十九世紀には、社会学はその名称が確立されるとともに保守的で懐古的な学問になっていったが、社会学の生まれた啓蒙の時代には、それは、自由と人間愛を前進させる学問であった。サン゠シモンは書いた。「十八世紀の哲学は批判的で革命的だった。十九世紀の哲学は創造的で建設的なものになるだろう(1)」。社会学は十八世紀に考案されたり改良されたりした他の知的分野と同様、自信過剰の一時的な高ぶりに苦しみ、その医者をもってしても抑えられなかった。道徳哲学者たちは事実の表明から一般的法則に性急に向ったり、できるだけ網を広げようと事実を簡単に信じこんだりした。これと同じほど簡単にキリスト教徒が神を信じこんでいる場合には、彼らも軽蔑の怠をもってむくいたであろうが。さらに数学者をまねて軽率にも量的な方法を質的な経験に押しつけることもあった。しかし彼らの罪は軽く致命的ではなかった。新しい科学の方法や限界を模索する科学者たちの過失であった。明快さを欠き控え目なところもなかったが、十八世紀の社会学のめざすところは十分に明らかであった。それは、確かな情報や合理的な理論を推量や形而上学にとって代え、新しく得た知識を人間のために用いることだった。

モンテスキューは啓蒙主義で最初の、そして最大の社会学者である。彼は右に述べた科学的改良主義をおそらく他の誰より強く体現している。『法の精神』の序文で強調したように、彼はまさに科学者であった。「私がさまざまな原則を引出したのは私の偏見からではなく、事物の本性からであった」。さらに再度読者に保証して、自分はただの報告者にすぎないと言った。「私は、何にせよ、ある国で確立しているものを批判するために書くことはない」。それと同時に同じところで、自分にとって事実は価値の役に立つべきものだということを明らかにした。「人びとが偏見をあらためるお役に立てれば、私はこの上なく幸せであるといわなければならない」。まことに「人びとに知識の光をもたらすのはつまらないことではない(2)」。少なくとも彼の意図するところは明快で純粋である。

しかし、彼が行なったこととはここでもまた意図したこととは別のことだった。『法の精神』は欠点のある仕事である。その独創性を賞賛し異教的哲学に共鳴した同時代の人びとでさえ、賞賛を加減して留保をつけた。これは世紀で一番冗漫な傑作である。短かい章の幾つかはただ一つの文章からなるだけだが、そうした章と交互に長い議論があらわれ、さらに後半の巻ではとりわけ当時の話題がめまぐるしくあらわれては消える。この作品に、ある種の首尾一貫性をもたらしているのは作者の情熱である。その情熱とは、一見偶然的な規則の背後に法則を見つけ、個別的事実からなる断片的なモザイクの中に一般的な主題を見つけようとする情熱である。しかし秩序は脱線や主題の急転換や突然の誇張などの背後に隠れてしまっている。大雑把に言って『法の精神』の最初の三分の一は――おそらく一番重要であるが――政治の本質や諸形態、さらに臣民の諸権利を取り扱い、次に環境が政治に及ぼす影響を分析し、そして、とりわけ経済学、フランスの政治、法理論を含む雑録でもって終るのである。

ヴォルテールはこの本を「道標もなく、いかなる秩序もみられない迷路」と呼び、その長所が個々の着想、「真実で大胆で力強い事柄」にあると考えた。それも不思議ではなかった。その上ヴォルテールが嘆いたのも無理はないのだが、モンテスキューは物語や旅行者の報告から得た事実を無批判に採用し、しかもその引用はしばしば不正確であった。「彼はほとんどいつも自分の想像と記憶を取り違えている(3)」。最後に、モンテスキューはおそらく無意識にではあるが、イデオロギーを彼の科学にもちこんだ。政治的自由の定義や、イギリス憲制の分析や、強い権力を備えた貴族制の弁護などによって、彼は十八世紀のフランス国家を分断していた大きな闘争に加わった。時間や階級を超越して中立的な観察者になることはなかったのである。彼はさまざまな偏見から解放されたと言ったが、実行を伴わなかった(4)。

フランスの政治における彼の役割がいかに曖昧であり、いかにその展望に限界があり学識に欠陥があったとしても、モンテスキューは十八世紀でもっとも影響力のある著述家であった。私がこう断言するのは、考えられる反対を十分考慮し、それにしかるべき敬意を払った上である。ホレース・ウォルポールが『法の精神』を読んだのは一七五〇年一月、この書物が一般にゆきわたるようになってすぐであったが、彼はためらうことなく「今までに書かれた最良の本である――少なくとも私はかつて読んだすべての本をあわせても、この本から学んだことの半分も学ばなかった(5)」と言った。フランスでモンテスキューの名声が傷つけられていると知ると、ウォルポールは、フランスの知識人《リテラティ》にはっきり軽蔑を示し、最初の反応を繰り返した。「一体どの本に、この本の半分の機知や情趣や繊細さや人間愛が見られるだろうか?(6)」世界はウォルポールに賛同した。スコットランド啓蒙主義の人びとは『法の精神』を細心の注意を払って研究し、大きな成果を得た。ウィーンではひそかに読まれた。イタリアの諸国家ではもっと大っぴらに読まれ、ジェノヴェージ、ベッカリーア、フィランジェリその他の啓蒙主義者《イルミニスティ》たちが自分たちは「不滅のモンテスキュー(7)」の弟子だと告白した。ドイツでは、レッシングやゲッチンゲンの歴史学派が、モンテスキューの文化的相対主義に敬服し、模倣した。一方、政治思想家たちはイギリス憲制についてのモンテスキューの見解を吸収した。アメリカの指導的な革命家や建国の父たちは「あの偉人(8)」――ハミルトンの形容――の著作をおそらく他の誰のものより多く利用した。ロシアのエカテリーナは結局はモンテスキューのものわかりのよい寛大な思想にあまり影響されなかったが、それでもモンテスキューの忠実な信奉者だと公言して、彼の威光を借りることの有難味を知っていたことは示唆的である。フランス人も結局は彼への敬意を拒めなかった――フランス人は何でも遅れて発見するが、とにかく最後には発見するとヴォルテールは書かなかったであろうか? ディドロの『百科全書』はモンテスキューをそのもっとも著名な寄稿者の一人に挙げ、彼の思想を広めるのに多大の貢献をした。さらにルソーの『社会契約論』はモンテスキューの政治社会学ぬきには考えられない。

同時代の読者たちの反応から判断すると、モンテスキューの作品で直接に人をひきつけたのは、その多くがウォルポールの挙げている最後の特質――その人間愛――にあった。一例をあげると『法の精神』の奴隷貿易反対論は「栄誉」(9)になるものとしてウォルポールを感心させた。ヴォルテールも同じ議論に同じ栄誉を見出した。彼は書いた。「異端審問や黒人奴隷に関する章はカロのものよりずっと良い。モンテスキューは終始専制主義と戦い、金融家が憎むべきものであり、宮廷人が軽蔑すべきものであり、修道士がばかげたものであるとみなしている」(10)。この書物はフィロゾフたちにとって、理性と品位を備えた卓説であった。

しかしながら、『法の精神』の本当の独創性や変らぬ重要性は、この本が理性と品位の間にうちたてた特別な関係にある。モンテスキューの論じていることは、かなり単純でその題材は古い。複雑で新しいのは、他の人びとがすでに知っているものを結びつける彼のやり方であった。彼の体系は余り明快ではない。知的手順——演繹と帰納——に依りながら、モンテスキューはそうした手順を明らかにしなかったし、調和させもしなかったからである。一方では、第一原理から社会学的法則を演繹すると公言しながら、他方で、その法則は個々の経験を知的全体に寄せ集めたものである——モンテスキューの社会学では、理性主義と経験主義が大いなる争いを演ずることは一度もなかった。フランツ・ノイマンによれば「デカルトやマルブランシュの方がロックよりずっと強くモンテスキューの学問の方法を決定した」(11)のである。しかしロックの重要性は無視できない。モンテスキューが体系をつくる際に準拠した二つの原理——人間の本性の一様さと環境や文化によって生じた多様さ——はそれぞれ妥当性を持っている。しかしこれらは時に緊張状態に陥ることもある。

この緊張状態がどうであれ、私が述べたように、彼の議論は十分明らかであった。モンテスキューによれば、幾つかの自然法則は、「人間存在の仕組み」(12)に由来するものだから、すべての人間にあてはまる。しかしそうした法則は、異なった状況では異なったあらわれ方をする。風土、土壌、国の大きさといった自然的な原因や慣習、宗教といったモンテスキューの言う「精神的な」原因によって左右され、個々の形をとる。社会科学の任務は、普遍的な法則もその個々の状況にあわせた応用例も見つけることである。モンテスキューの社会科学の論理は文化的相対主義の論理である。彼の信じるところでは、「普遍的に応用できる解決策というものはない。ただ、さまざまなタイプの解決策があるだけである」(13)。

ある国に固有な法の形が「法の精神」(14)である。モンテスキューの書物はそうした精神をあらゆる多様さにおいて発見し、定義しようとする試みである。彼はかなり月並みに、政体を支配のタイプによって分類することからはじめている——分類の仕方は異なるが、これはプラトンやアリストテレスにもさかのぼる古い企てである。彼が認めているのは本質的に三つの政体、つまり共和制、君主制、専制である。この分類は当時いくらか異論をひき起こした。しかしこれは本当の問題、こうした政体のそれぞれに作用する「原理」への序曲であるにすぎない(15)。政治社会学の歴史はこの点からはじまる。モンテスキューによれば共和制の原理は「徳」である。二種類の共和制があるので、二種類の徳があることになる。民主共和制は一般の人びとの精神に支えられ、貴族共和制は名門支配層の節度や自制心に支えられる。君主制についていえば、これはモンテスキューが

「名誉」と呼ぶもの――昇進や肩書きへの願望を伴った、強い地位の意識――に活気づけられている。最後に専制は恐怖によって動かされる。どんな国においてもこうした要素がそれぞれ混じりあっているということをモンテスキューは完全に理解しているのである。問題は何が優勢かということである。一つの原理がそれにあわない国を力づくで侵略すると、まずい結果は避けがたい。正しい原理は腐敗して崩壊し、革命が続くことになるだろう。

これは実りおおい図式である。これによって、モンテスキューは諸形態を越えて本質を洞察できるようになる。さらに諸制度の背後で、さまざまな力がそれらに首尾一貫性を与えたり、存続させたり、つまづかせるのも発見できるようになる。またこの図式によってそれぞれの国にあった制度を見つけることができるようになる。君主制は共和制とはまったく異なった学校や家族組織を必要としている。最後に、この図式によって社会変化の原動力にまともに取り組むことができるようになる。モンテスキューはヴォルテールを愉快がらせた例の一文だけからなる章の一つでこう書いている。「それぞれの政府の腐敗は、ほとんどいつもその原理の腐敗からはじまる」(16)。『法の精神』は政治社会学について広い見方をする。法や教育の社会学に場所を与え、歴史の社会学的な見方を示唆している。

ここまでのところはモンテスキューは政体の多様さを既知のものとして扱ってきた。今や、もっとも有名で論争的な幾章かで彼は、この多様さを可能にし、実際不可避なものとした自然的な原因に目を向ける。大きさ、地理的位置、気候などである。政体の諸原理から人間の生理学に移るのは一見唐突なようであるが、しかしこの二つの部分は密接に関連している。一方は典型的なカテゴリー――すなわち多様な政体――を示し、他方はその起源を説明する。モンテスキューはここでは公然と旅行者たちの著作に依っている。その一人シャルダンはすでに『ペルシア人の手紙』(*Lettres persanes*)で利用ずみである。そうした旅行者が今また登場して、事実や理論を彼に提示してくれるのである。

気候についての有名な章は、至る所にあらわれるアベ・デュボスに負う所が多いが、これは生理学の概念を人間行動の理論へと一般化している。「冷たい空気は肉体の外側の筋肉繊維の末端を収縮させ、これによってその活動は盛んになり、末端から心臓への血液の還流が容易になる」。他方「暖かい空気は筋肉繊維の末端を弛緩させ、和らげ、かくして力と活動性を弱めるのである」。従って、血液がのびのびと流れる寒い気候のもとでは、人びとは勇敢で寛大で率直であり、痛みをそれほど感じない。「モスクワの住人に感じさせるには、生きたまま皮をはがなければならない」。反対に暑い気候のもとでは、人びとは臆病で、快楽に敏感で、多情である。「北方の気候のもとでは、性愛はほとんど感じられない。穏やかな気候のもとでは、愛はおおくの付属物を伴ない、一見愛と思われるが、まだそうではない多くのものによって、快いものとなる。もっと暑い気候のもとでは、愛はそれ自体のために愛されている。それだけが幸福の原因であり、生命である」。こういう生理学的な違いは、きわめて意外なところにその跡を残している。「私はイギリスとイタリアでオペラを見た。同じ作品で、同じ歌手であった。しかし、同じ音楽のもたらした効果は、二つの国民の間で非常に異なっていた。一方は非常に冷静で、他方は非常に熱狂した。想像もできないほどであった[17]」。この結果の及ぶ範囲は広い。異なった気候は異なった要求を生み、異なった要求は異なった生活様式を生み、異なった生活様式は異なった法律を生む[18]。奴隷制、一夫多妻制、議会政治といった制度は、気候に対応して生じる。さらに、そのうちの一夫多妻制や一夫一婦制といったものは、現実に即して「気候に委ね[19]られるべきものである」。これは相対主義者の語り口である。イギリス人の自由への愛をモンテスキューは非常に賞賛したが、これもその根源は環境にあった。不快な寒い気候が生んだ願望の結果だというのである。

モンテスキューは環境を広い意味に考える。支配的な気質をつくり出すものは支配的な気候だけではなく、一国の地理的な輪郭——広い平野や高い山があり、土壌が比較的肥えていること、領土の大きさなど——である。賢明な統治者はこうした自然的な原因をすべて理解し、それにあわせて法律をつくろうとする。人は完全に気候に支配されているわけではない。自然的原因とともに、やはり精神的な原因にも支配されている。しかし英知は抑制することにある。環境は限界を設け、聡明な政治家はそれを越えてはならない。われわれが自然を支配するのは、自然に従うことによってである、というベーコンの教えは、モンテスキューの社会学において新しい活力を得ている。

モンテスキューの生理学は今日では骨董的な関心しか呼ばない。当時においてさえ、何人かの懐疑的な人びとがいた。ヒュームは『法の精神』の初版が出た一七四八年に、エッセイ「国民的性格について」を発表した。その中で彼が「完全な疑問」を表明したのは「自然的原因」が人間に何らかの影響を与えるということに対してであった。ヒュームは「人びとが気質や天才の何がしかを空気や食料や気候に負っている[20]」とは考えなかったのである。ヴォルテールも、モンテスキューの理論の少なくとも一部をはっきり否定した。「気候が宗教に及ぼす影響という彼の主張は、シャルダンから取られた考え方である。しかしそれにも拘らず正しくない[21]」。だが一七六七年に、アダム・ファーガソンが絶望してしまいそうだったのは、なすべき社会学上の仕事が残っていないからであった。「高等法院長モンテスキューの書いたもののことを考えると、なぜいまさら人間のことを扱うべきなのか途方にくれてしまう[22]」。ヒュームが同年に熟考のすえ評したところでは『法の精神』は「人気こそなくなった」が、やはり「大変な長所」を備えた書物である。「ただその機知は辛辣でどぎつく、洗練は偽りで、証拠は性急でぞんざいであったが[23]」。その時問題となり今でも問題なのは、彼の生理学——その偽りの洗練や性急な証拠——ではなく、モンテスキューの企図や方法や目的がどのようなものであるかということである。

その目的は理解しようという意志から直接来ている。それは不合理に見えるものに理由を与え、一見して混沌としたものに秩序を見出し、多様性に統一性を見出し、しかも多様性を否定しないといった意志であった。レモン・アロンは、モンテスキューの目的は「歴史を理解可能なものにすることであった」と言った。モンテスキューはこの目的を不完全にせよ達成した。一切を不可解な運命のせいにしないで、諸原因を追究しそれらを小さく扱いやすいグルーブに分けたのである。実証主義的な社会学への道はこうして開かれた。[24]

繰り返すに値することだが、モンテスキューは、一般的な法則を明らかにするだけで価値判断は他人に委ねて満足する、ということは決してなかった。そうするには余りにも古典主義者であり、ヒューマニストであり、フィロゾフであった。事実にも価値にもかかわることによって、逆説や矛盾に巻きこまれることがあることを彼は認めた。モンテスキューが自らと闘っている姿は感動的である。奴隷制について、長々と、しかもまったく冷静に語り、少なくとも西洋では奴隷制は無用で非経済的だと論じる。それから少し感情的に、「この章を書かせたのが頭脳なのか心情なのか、私にはわからない」[25]と付け加える。因果論と規範論を区別しつづけることは、彼にとってもむつかしかったのである。

専制の分析は、彼の両面感情《アンビヴァレンス》と意図とをよくあらわしている。一方でモンテスキューは、専制を政体の一つとして挙げ、他の政体の場合と同じくその原理を指摘している。他方では、専制を他の形態と区別している。君主制、貴族制、民主制は正当な形態であるが、専制は常に悪い。「極悪非道の」政体なのである。その「栄誉は生命を軽蔑することにある」。専制も平穏をめざすかもしれないが、しかしその平穏は恐怖にすぎない。「それは平和ではない。敵に占領されようとしている町の沈黙である」。専制は宗教を恐怖の制度に組みいれる——「恐怖につけ加えられた恐怖」。さらに臣民を非政治的にし、人びとを動物のように扱う。気まぐれで不明確な法のもとで、彼らを腐敗や警察の残忍さに従わせるのである。モンテスキューが社会学者として妥当と考えたのは、専制という現象を分析して、それが広大な国や暑い気候のもとで生じやすいと認めることであった。しかしモラリストとしては、この体制にどんな価値も見出さなかった。専制の原理は恐怖であり、政策は暴虐であり、結果は非人間性であったからである。彼は諸国民の精神を冷静に分析している最中に、突如情熱的にぶちまける。「私はここでいろいろ言ったが、いずれにしても悪徳と美徳の間には無限の距離があって縮まることはない。神のおゆるしを！」[26]専制の分析は専制に対する警告を意味していたのである。

私が示唆したように、好奇心と品位のこの混和こそ、フィロゾフの中の、彼に批判的な人びとにも感銘を与えたものである。ヴォルテールは言った。『法の精神』には「すばらしいものがあふれて」いる。それは「常に人びとにとって貴重である」。というのもモンテスキューは至るところで「人びとに自分たちが自由だと思い出させ、人類に世界の大部分で失われている権利を示し、迷信と闘い、良俗を鼓吹している」[27]からである。アダム・ファーガソンは、実に要領よく、モンテスキューが学問と倫理の調和を立派に追求したと述べた。モンテスキューは「深遠な政治家でおだやかなモラリスト」[28]だったと書いたのである。

(1)　"Introduction", Henri de Saint-Simon: *Social Organization, The Science of Man and Other Writings*, ed. Felix Markham (1952), xxi に引用。
(2)　"Préface", *De l'esprit des lois*, in *Œuvres*, I, part, lx–lxi.
(3)　"A, B, C," in *Philosophical Dictionary*, II, 500, 502.
(4)　本書、第九章II節を参照。

(5) ウォルポールからホレース・マンへ(一七五〇年一月一〇日)。*The Letters of Horace Walpole*, ed. Mrs. Paget Toynbee, 16 Vols (1903-5) Ⅱ, 419.
(6) ウォルポールからホレース・マンへ(一七五〇年二月二五日)。Ibid., 433.
(7) これはベッカリーアの命名である。*Dei delitti e delle pene* (1764; ed. Franco Venturi, 1965), 10 を参照。
(8) *The Federalist*, No. 9 (ed. Jacob E Cooke, 1961), 52.
(9) ウォルポールからホレース・マンへ(一七五〇年二月二五日)。*Letters*, Ⅱ, 433.
(10) "A, B, C," in *Philosophical Dictionary*, Ⅱ, 500. とりわけ『法の精神』第一一篇にみられるモンテスキューの人道主義について、さらに詳細な議論は、本書、第八章Ⅱ節2とⅢ節2を参照。
(11) "Introduction", Montesquieu : *The Spirit of the Laws*(ed. 1949), XXXIV.
(12) *De l'esprit des lois*, livre I, chap. ii, *Œuvres*, I, part I, 5.
(13) Franz Neumann : "Introduction", *The Spirit of the Laws*, xxxii.
(14) *De l'esprit des lois*, livre I, chap. iii, *Œuvres*, I, part I, 9 を参照。
(15) 多くの注釈者が記したように、モンテスキューの分類は古典的なモデルと異なっている。モンテスキューは貴族制と民主制を共和制の下にまとめた。一方プラトンやアリストテレスはそれらを切離したのである。さらに彼は専制を独立した形態として挙げたが、古代の理論家たちはそれが良き政体の腐敗したものであるとした。しかしモンテスキューの分類で新しいのは諸形態を支える原理を導入したことである。
(16) *De l'esprit des lois*, livre VIII, chap. I, *Œuvres*, I, part 1, 149.
(17) Ibid., livre XIV, chap. ii, *Œuvres*, I, part 1, 305-9.
(18) Ibid., livre XIV, chap. x, *Œuvres*, I, part 1, 315-17.
(19) Ibid., livre XVI, chap. xi, *Œuvres*, I, part 1, 360.
(20) "Of National Characters", *Works*, Ⅲ, 246.
(21) "A, B, C," in *Philosophical Dictionary*, Ⅱ, 502.
(22) *History of Civil Society*, 65.
(23) ヒュームからヒュー・ブレアへ(一七六七年四月一日)。*Letters*, Ⅱ, 133.
(24) Raymond Aron : *Main Currents in Sociological Thought*, I, *Montesquieu, Comte, Marx, Tocqueville*... (1960; tr. Richard Howard and Helen Weaver, 1965), 14-16 を参照。
(25) *De l'esprit des lois*, livre XV, chap. viii, *Œuvres*, I, part 1, 334.
(26) Ibid., livre Ⅲ, chaps. ix, viii; livre V, chap. xiv; livre XIX, chap. xi, *Œuvres*, I, part 1, 34-6, 78-84, 418.
(27) "A, B, C," in *Philosophical Dictionary*, Ⅱ, 508-9.
(28) *History of Civil Society*, 65.

2

もう一人のフランスのフィロゾフ――ディドロ――と同様に、モンテスキューは国内より国外で強い影響力をもった。私が指摘した領域――アメリカからロシア、ファーガソンのスコットランドからフィランジェリのナポリまで――の中でも、特にスコットランドは第一の地位を占めるべきである。ヒュームはモンテスキューの「抽象的な習俗理論」に批判的であり、その批判を手加減するにしてもわざとらしかったが、それでもモンテスキューは「学識も才能も具えた著述家[1]」だと考えた。ファーガソンはモンテスキューの作品を現代の古典として扱った。モンテスキューについて講義し、学生に勧め、批判せずに引用し、ことわりなしにその文章の言い換えをした。実際、ことわるまでもなかったのであろう。『法の精神』は学問上の議論の通貨になっていたからである。

スコットランドがモンテスキューを受けいれたのにはそれなりの理由がある。モンテスキューが哲学と科学を独特に混ぜあわせているのが、十八世紀はじめから非宗教的な社会学的研究の独自な伝統を発展させてきていたスコットランドの啓蒙主義によくあったのである。フランシス・ハチソンは道徳哲学者で社会の研究者であり、多くの弟子を持っていた。それは才気あふれる知識人たち――デイヴィッド・ヒューム、ジョン・ミラー、アダム・ファーガソン、ケイムズ卿、モンボド卿、ウィリアム・ロバートソン――であって、次の世代ではアダム・スミスやデュゴールド・スチュワートが続いた。こうした人びとはみな、ある程度まで道徳哲学者だったが、探究自体に促されるようにして社会の科学的研究に向った。このスコットランド人たちが提起した問題が社会学の古典的な問題になったのである。文明の起源、社会に占める人間の位置、言語の発達、階級間の関係、人口の増減、そうしたものと文明化や繁栄との相互作用、政治の諸形態などである。その探究によっては、彼らの行なうことは平凡なものにも、変ったものにもなった。モンボド卿はこの一派でおそらく一番学識があり、確かに一番変っていた。彼は生物の連鎖の中での猿の位置に、時に滑稽ではあるが、一貫した関心を示した。しかしモンボドも真剣だった。猿を研究して人間を理解しようとしたのである。スコットランド学派の研究の実際性や傾向がどれだけ多様であろうと、その意図は一致して、一つのものを追究していた。道徳哲学を健全な、つまり科学的な基礎の上におこうとしたのである。世紀半ばまでには、彼らは道徳と科学を等価にみなせるようになった。ヒュームは「道徳哲学、つまり人間の本性に関する科学(2)」と言った。科学にたとえることが常に彼らの心にあった。ジョン・ミラーは友であり師であるアダム・スミスに感謝して書いた。「偉大なモンテスキューが道を示しました。彼は哲学のこの分野におけるベーコン卿でした。スミス博士はニュートンです(3)」。ミラーがこれを書いた一七八〇年代には、この比較の仕方は月並であり、適切かどうかも疑わしい。しかし社会の科学によせるスコットランド学派の熱意ははっきり示されている。

この熱意を哲学的空想から現実的可能性に転換する重要な人物は、またしてもデイヴィッド・ヒュームであった。彼は独特の懐疑的態度で警告した。「芸術や科学の歴史をたどるほど細心の注意を払って行なわねばならぬことはない。一度も存在したことのない原因を示したりしてはならない(4)」。彼がすすんで主張したのは「政治が一般的な真理を受け容れる(5)」ということであった。幾つかの普遍的な原理を、学者は歴史や観察から引き出すことができる。しかし、そうした真理は暫定的であり、原理は数少なく、不確かである。というのも、社会科学の対象は統制がむつかしい、生物科学の素材の場合よりむつかしいからである。「慎重な人は、たとえ自分の原理を確信していても、ある出来事について予言したり、事のはるか先の結果を予見したりはけっしてしないという事実、この事実が、すべての科学に対する強い反感を生み出している。医者は二週間先や一カ月先の患者の容態について、はっきりとしたことを言うことはない。まして、政治家が数年後の政治状勢を予側することはさらさらないであろう(6)」。

ヒュームの用心深い否定は、同時に野心的な主張でもあった。「道徳哲学には、実際、自然哲学にはない固有の不利な点がある。さまざまな実験を重ねようとしても、計画に従って意図的に行なうことができないし、さらに生じうる個々の困難を解決する十分な方法に基づくこともできないからである」とヒュームは最初の著作に書いた。われわれが社会に関する科学でさまざまな実験を「拾い集める」ことができるとしたら、それはただ「人間生活を注意深く観察することによってである。日常生活の仕事や喜びを通じて人びとの集団行動にあらわれるものをとらえることによってである」。この無力さは社会科学に固有のものであるが、社会科学と自然科学における認識の問題は原則としてまったく同じである。ヒュームの認識論の中心的な議論によると、結局人が絶対的な確実性に達しうるのは彼の言う「観念の関係」や定義や数学などのように演繹による場合のみであって、帰納を用いるすべての探究や事実の問題においては、人は高い蓋然性で満足しなければならない。従って、物理学と社会学の違いは対象が厄介かどうかという程度の差にすぎない。

「この最終的な原理を説明できないということが人間科学の欠点と見なされるべきなら」とヒュームは書いている、「あえて言うが、それはわれわれが従事するすべての科学、すべての技芸に共通の欠点である。哲学者の諸流派で練磨されたものでも、つましい職人の仕事場で使われるものでもそうである。誰も経験を超えていくことはできないし、経験という権威に基づかない原理を確立することもできない」。自然科学の保証できる確実性はわれわれが考えるより小さいし、社会科学の保証できる確実性は大きい。ヒュームの懐疑的態度は、実は自信を持つための方法である。彼の結論はこうである。「この種の実験を手際よく収集し比較するとき、われわれははじめてそれらにもとづいて人間が了解しうる範囲における他のいかなる学とくらべても、確実性において遜色なく有用性においてはるかにすぐれた一つの学を樹立できる望みがある」(7)。

ヒュームの社会科学の傾向は、こうして啓蒙主義の批判的な傾向を表現している。人は現実的な計画のために甘い夢の仮面をはぎ、現実のために虚構の仮面をはがなければならない。彼はロックの政治思想に対して、敬意を失なわぬなかにも辛辣な批評をしている。この批評が示すように、ヒュームには善意の虚構さえ犠牲にする用意がある。すなわち原始の社会契約という観念は、有益な結果をもたらすかもしれないが、不幸にして根拠がないというのである。「理性や歴史や経験によって明らかなことであるが、すべての政治的社会には、それほど厳密でも秩序立ってもいない起源があった」(8)。ヒュームは道徳哲学だけでなく、政治哲学も社会学にしようとしているのである。

つけ加えるまでもないことだが、ヒュームは懐疑的な態度や実証主義的な傾向にもかかわらず、啓蒙主義の人間として、決して単なる中立的な観察者ではなかった。ヒュームはたしかに、社会改革に熱中するような人間ではなかった。(レッシングの言い方によれば)真理と改良のどちらかを選べるとなると、真理を選んでいたであろう。だが彼は自分が文明化や世界主義や品位を好み、迷信や熱狂や野蛮を嫌い、さらに自分の哲学が前者を助け後者を挫くよう願う、ということを隠さなかった。「科学に対して情熱を注ぐこと」とヒュームは人間にむかって自然に言わせている、「ただし、その科学は人間的で、行為や社会に直接関係づけられているように。……哲学者であること、ただし、どんなに哲学を学んでも、なお一人の人間であること」[9]。これは気取った意見である。しかしヒューム自身は気取った人間ではないのだから、文字通りに受け取るべきであろう。

非常に興味深いのは、ヒュームがポープの相対主義的な対句——「政治形態についてはばかな連中に議論させておこう／何にせよ一番よく治められているのが最良なのだ」——にはっきり反論していることである。彼は抗議する。「こうした意見には我慢できない」。それどころかポープはまちがっている[10]。世の中のことは「個々の人間のその時の気分や性格」以上のものに左右されるのである。ポープには理論的な識別力もみられない。絶対君主制は、立憲体制に比べてはるかに個人の気紛れにさらされている。最後に——これは明示的というより暗示的なのだが——ポープの極端な相対主義は、すぐれた政体の建設を可能とする政治的法律の理解を妨げている。「いずれにしても」形態が何であれ、「寛大な政体が好ましいのであり、君主にも臣下にももっとも安全である」[11]。科学は形而上学ではなく、まさに科学であるという事実によって価値を創造し、守るのである。

(1) *Enquiry Concerning the Principles of Morals*, in *Works*, IV, 190, 191*n*.
(2) これはヒュームの *Enquiry Concerning Human Understanding*, in ibid., IV, 3（傍点は筆者）の冒頭の言葉である。
(3) *An Historical View of the English Government from the Settlement of the Saxons in Britain to the Revolution in* 1688, 4 vols. (1787; 4th ed., 1818), II, 429-30. この言及は私のかつての学生 David Weissbrodt のおかげである。
(4) "Of the Rise and Progress of the Arts and Sciences," *Works*, III, 176.
(5) "That Politics May be Reduced to a Science," ibid., III, 101.
(6) "Whether the British Government Inclines More to Absolute Monarchy, or to a Republic," ibid., III, 122.
(7) "Introduction," *Treatise of Human Nature*, xxii-xxiii. 本書、第三章を参照。
(8) "Of the Original Contract," *Works*, III, 450.
(9) *An Enquiry Concerning Human Understanding*, ibid., IV, 6.
(10) "That Politics May be Reduced to a Science," ibid., III, 98*n*., 98. ヴィーラントも政治的対話篇で同じ対句に異議を唱えている。*Gespräche unter vier Augen*, in *Werke*, XLII, 166. これは *The Federalist*, No. 68 (ed. Jacob Cooke), 461 に引用されている。さらに本書、第九章III節3を参照。
(11) "That Politics May be Reduced to a Science," *Works*, III 105.

3

ヒュームの友人アダム・ファーガソンは、元牧師で信仰をなくしたキリスト教徒であり、エディンバラの道徳哲学と空気力学の教授であった。彼は一七六七年に、最初の著書『文明社会史論』（***An Essay on the History of Civil Society***）を公刊した。これはやがて、彼の一番重要な著書であることが明らかとなった。ヒュームはいまだにはっきりしない何らかの理由で、この『試論』を好まなかった。おそらくこの作品の重苦しく冗長な手法によって、自分がやっと抜け出したスコットランドの田舎じみた流儀の嫌な思い出がよみがえったのであろう。しかしその理由が何であれ、彼がこの作品を認めなかったからといって、ファーガソンとヒュームの親近性は否定すべきではない。この『試論』が具体化し、場合によっては改善している社会学的思考法は、ヒュームがその数々のエッセイで明確に示したものであった。ヒュームと同様に、ファーガソンは虚構の敵であった。さらにヒュームと同様に道徳的な理由から社会の科学的研究を企てた。われわれは真理を知るべきである。これが要するにファーガソンの動機であり、計画である。真理によって、われわれは文明とその衰退の伝統的な繰返しを断ち切ることができる、というのである。しかし真理はとらえにくい。ファーガソンは『試論』で、軽率な推測、安易な一般化、単なる机上の学問に対して力をこめて警告している。この警告は繰り返されて多少執拗にさえ思われるが、的はずれではなかった。ほんの五年ほど前にアダム・スミスは、学生たちに「政治学や道徳学または倫理学といった実践的な学問が、最近あまりにも思弁的に取り扱われすぎている[1]」と語った。ファーガソンによれば、人間の起源が曖昧なため、現代の研究者たちは例のどうしようもない知的悪癖——体系づくり——にふけっているのである。「自分の気に入った体系をうちたてるという願望、というか自然の秘密を見抜いて存在の源泉そのものに至るという甘い期待から、この問題に関し多くの不毛な議論やでたらめな推量が生れたのである」。ファーガソンは嘆く。結局、他の科学者たちならそうした怪し気な方法によったりしない。「他のすべての例では……たとえば博物学者は事実を収集することを心がけ、推測を提出すべきだとは考えていない」。しかし社会の研究者がその研究をする時には、「極めて重要でもっとも容易にわかる事柄でも現実の代りに仮定を置き、想像力と理性、詩と科学の領域を混同する」ようである。彼は人間のいくつかの特徴を選びだし、一般的経験から抽象し、自然状態とか高貴な野蛮人とかいう根拠のない虚構を発明するのである。「動物的感性という仮定状態から、理性の獲得、言語の使用、社会習慣へという人類の進歩は、想像力によってそれなりに描かれてきた。さらにその各過程は、歴史の素材に空想的なものを認めたり、原始状態におけるわれわれのモデルとして、姿形がもっともわれわれに似た動物を受け入れさせるような、そんな大胆な発明によって特徴づけられている」。この皮肉は痛烈で、狙いははっきりしている。しかし、ファーガソンは読者に一瞬のためらいも許さない。脚注でルソーの『不平等起源論』に言及している。ファーガソンによれば、ルソーのやり方は科学的でない。社会の研究者は、論点を「正確な観察」にとどめるべきである。人間の本性の発見は、文化のつくり出したものをはぎとって、裸の原始人に至ることによってはなされない。「技芸自体が本来人間のものである[2]」。だから『文明社会史論』の冒頭は暗示的であっても驚くべきことではなくて、人間の本性の現実的な評価——起源ではなく「その現実」や「その結果[3]」——に達しようという試みである。二年後に公刊された講義録でもファーガソンは同じ警告をし、同じやり方によった。道徳哲学が基づかなければならないのは科学的な基盤であり、経験的な人間博物学である。その証拠は地理学、心理学、さらに言語、文化、住民の歴史学にみられる。そして事実から価値、科学から道徳へと徐々に高まっていくのである。ファーガソンは独立心旺盛な弟子であった。モンテスキューとヒュームの社会学的思想から自分の原理を導いたが、確かめうる事実を追究する手つきは彼らより厳密で洗練されていた。

　ファーガソンの経験主義の犠牲になったのは、まず自然状態であり、ついで立法者が人の群れを社会にするという考えである。彼はモンテスキューを引用して「人は社会に生まれ、そこに留まる」と書く。疑う余地はない。「人類は常に群れて、一団となってさまよったり、定住したり、和解したり、争ったりしてきた」。こうして、人間の研究と社会の研究はまったく相互に依存しあっている。そこで最初に目につくのは――ここでファーガソンはヒュームに帰るのだが――人間の本性の統一性と多様性である。「どんな条件のもとであろうと、われわれのやっていることは、自由に選択したり、さまざまな意見を述べたり、われわれを動かす多様な要求を示すということである。しかし、享受したり耐えたりする時の感受性や冷静さは、どんな状況でもほとんど同じである。カスピ海または大西洋に近い国ぐにを所有することは、異なった条件で、しかし同じような満足感と共になされる」。人間が自然状態から社会状態に移ることによって根本的に変ったという主張は、人間の歴史の完全な誤解である。「自然状態はどこに存在するか?」という質問に対しては、答えはこうであるべきだ。「ここである。われわれの話しているのがイギリスであろうと、喜望峰であろうと、マゼラン海峡であろうと、それは問題でない」。空間における旅では一様性が見られる。時間における旅でも同じことである。「人間の発明の最新の成果も、世界の創成期に人類の極めて未開の状態でなされた幾つかの工夫の続きにすぎない[4]」。

　この同一性は人間の幾つかの「普遍的性質」、「本能的傾向」の表現であり、「快楽や苦痛の知覚に先だつ」ものである。こうした傾向の中で一番顕著なものは自己保存本能である。これは無意識の自己防衛や性行為や社会的特性にあらわれる。人間の理性もさまざまな要素を含んでいる。神――ファーガソンの哲学で奇妙におぼろげな存在――が人間に与えた理性によって、認識したり判断したりできるようになる。しかし、自己保存の要請や理性という能力によって、人間が本質的に計算づくで利己的な動物になるのではない。ファーガソンの判断では、快楽主義の心理学というのはせいぜい浅薄であり、一般的に言って経験に反する。人間は理性と同時に習慣の生き物であり、順応の犠牲であると同時に野心のえじきでもある。さらに何よりも活動的な存在であって、その力を発揮している時一番幸せである。ファーガソンが書いていることは、ディドロの書きそうなことである。「人間は休息のためにつくられているのではない。その好ましく立派な性質というのはすべて活動的な力である。賞賛されるべきものはすべて努力である。その過失や罪が活動的な存在の行為であるならば、美徳や幸福も精神の用い方次第である」。レッシングが書きそうな言葉で彼は書いている。幸福は「なにせよ目標の追求から生じるのであって、その達成からではない[5]」。人間はなによりも努力する動物である。

　ファーガソンは、人間の本性が同一であることを主張する一方で、制度や理想の多様性も強調している。ここ――この多様性を説明すること――にこそ社会科学に固有の仕事がある。これは困難な課題である。というのは、社会科学者が考慮すべき「形態の多様性はほとんど無限だ」からである。結局、モンテスキューが認めたように、「政治形態は多様で、さまざまな国の広さ、生活方法、性格、風習に適合すべきである」。かなり逆説的なことに、まさに人間の本性の傾向――つまりその統一性の原理――から人間の経験の多様性が生じてくる。自分を何かに結びつけようとすることは、他のものと切り離すことを意味する。「高潔さや無私の感情が、国を守る軍人を鼓舞する。そして人類に一番好ましい傾向が、人びとへのあからさまな敵意の原理になるのである」。これは逆説をもてあそんでいるのではない。人間の経験に弁証法的な性格があるというのは、ファーガソンにとって圧倒的な事実である。文明とは自然なものである。個々のすべての文明がそうである。しかし――これはフロイトの『文化への不満』(*Das unbehagen in der Kultur*)の言い方のようであるが――すべての文明はその代償を求める。すべては協力と闘争、進歩と衰退の混合である。すべての闘争を無差別に非難することは、人間の本性の半分を理解しないことである。「仲間と一度も争ったことのない者は、人類の感情の半分を知らない(6)」。さらに、文化における闘争の肯定的な役割を誤解する、それも目も当てられないほど誤解することになるのである。

ファーガソンによる闘争の性質と機能の分析はよく知られているし、知られるに値する。というのもその冷静な公平さは印象的で冷ややかだからである。彼によれば、人間は積極的に敵意を享受するものである。「人類は、その境遇に不和や意見の違いの原因を見るだけではない。心の中にも悪意の種があって、相互に敵対する機会があれば喜んですぐ応じるようである」。友情が意味を持つのは対立状態があるからである。実際、外部の人びとに対する敵意が大きければ大きいほど、仲間同士の絆はかたくなる。単なる私欲や理性的な計算が攻撃をひきおこすのではない。他と同様にここでも、快楽主義の心理学は役に立たない。攻撃は自然で、きわめて人間的なものである。それは人を鼓舞する。この言葉はファーガソンにとっては大きな賛辞である。「威圧したり威嚇したりすること、道理で説得できない時、毅然として敵対すること、こうしたことは強い精神を活気づけ、大きな勝利の喜びをもたらす行為である」。ファーガソンは啓蒙主義の平和的な世論の中で少数派である。しかし、その英雄の力の賛美は古典的な考え方の記憶や個人的な偏見以上のものであり、少なくとも彼自身が満足したことには、彼の観察や人類学的理解に基づいているのである。結局、人間の「スポーツはしばしば戦争の象徴だ(7)」というのは本当ではないだろうか？

闘争は――ファーガソンは何度もこの点に帰るのだが――ただたんに自然で喜びを与えるだけのものではない。有益であるばかりか必要なものでもある。「国家間の競争や戦争の遂行がなければ、文明社会自体まず目的や形態を見出せなかったであろう」。ファーガソンの心理学に照らしてこの結論は避けがたい。「大多数の人びとに団結意識を与えるためには、対立する人びとへの敵意を認めざるをえない」。国家も個人と同様に敵を必要とする。「スパルタが力を発揮するには、アテネが必要であった。火打石で火をつくには、はがねが必要であるのと同じである(8)」。

ファーガソンの人間の科学はここで終らない。分析の後、拱手して、暴君や堕落した政治家の勝手なふるまいをながめるだけでは十分でない。当時の他の社会科学者とまったく同様に、ファーガソンも客観性と中立性を同一視しない。われわれは「行為者であろうが、観察者であろうが」、常に「人間行動の差異を感じる」。そして「感嘆や哀れみに動かされたり、憤りや怒りに我を忘れたり」するのである。こうした感情は「熟慮や理性の力と一緒になって徳性の基礎」をなす。(9)

ファーガソンは、この政治・社会意識にめざめた学者の感覚で、彼にとっての有徳の人について述べ、栄えている文明に対する脅威を描く。好運なことに、個人的な幸福と公共の繁栄は調和する。慈善は受け取る側だけでなく、与える側にも喜びをもたらす。公共の精神の力強い実行は、個人的な満足とともに、国民的な福祉の源泉である。活動は賞賛されるべきである。同様に、闘争には価値があるかもしれない」となると非難に値する。しかし「過度にわたるかもしれない」となると非難に値する。が、そのすべてに立派な起源や有益な結果があるわけではない。「実際、個人間の争いは、しばしば不幸な嫌悪すべき情念、恨み、憎しみ、激怒などのなせるわざである」。(10)嫌悪すべき争いに対して一種の道徳的な等価物を生み出せるのは、そうした争いを立派な競争に高めることによってであるはずだ。(11)社会の研究者が活動や闘争についてなすべきこの種の区別は、社会的な経験の他の形態についてもなされるべきである。それはすべて、道徳的な判断と健全な公共の政策のためである。

この政策は一つの恐ろしい困難、つまり進歩の弁証法というものに直面しているとファーガソンは信じていた。文明は未開より好ましい——ファーガソンはこのことを疑わなかった。着想は古典的で、十八世紀には常套句であった奢侈反対のお題目は、彼にはけじめがなく、くそまじめで、全体として反動的だという印象を与えた。彼がかなり正しく示唆したところでは、ある人にとっての奢侈は、もう一人にとっての必要であった。素朴な文化では堕落のもとになるものが、進んだ文化では喜ばしく必要なものにさえなるかもしれない。奢侈は、高度な文明国の他のすべての面と同様、二面性を備えた贈り物と見なされるべきである。「あか抜けした時代が誇りにする洗練の数々には、危険がなくはない。そうした洗練は、不幸への扉を開いている。その扉は洗練の数々が閉ざしたかっての扉と同じくらい不幸にとっては広く近づきやすい」。ある治癒は新しい病気を、ある分野での進歩はもう一つの分野での後退をもたらすだろう。城塞と城壁をつくった町は、守りは固いが、同時に市民の勇猛な力をそこなう。訓練された軍隊を備えた国は、外部からの攻撃に対して安全であるかもしれないが、同時に国内での軍事的独裁に道を与える。能率的な行政は、個人の安全や公務の誠実さをもたらすだろうが、公共心を殺して、臣民を「その自由にふさわしからぬ」ものとしてしまう。再び、富の追求は高度な洗練を生んで、生活は快適になり、優雅さが発達し、さまざまな芸術が栄えるかもしれないが、市民は利己的な富の追求にふけり、共同体精神がまったく破壊され、偽りの価値が導入されもする。「完全性という観念は、内面的人格から外面的風采の方へと移されてしまう」。(12)そして、実際多く生じるのは道徳的な混乱で、これは衰退の印であり、原因でもある。

ファーガソンの精神にとって、進歩の逆説の一番顕著な例は、おそらく分業であろう。一方で分業は社会の前進に欠かせない。野蛮人や未開人はあらゆる仕事をする。労働に疲れて、境遇を改善できず、なすべきことが多すぎて、たった一つの仕事でもすぐれた技術を得られない。製造業者や商人や芸術家や消費者が気づいているように、「作業の特定部分に注意を集中できればできるほど、製品はより完璧になり、その量は増加する」。公務における分業は行政を能率的にするが、政治からの疎外をもたらしもする。それと同じく、産業や商業や芸術の分野における分業は、熟練や繁栄と——疎外も——もたらす。人間は（ファーガソンを賛美したカール・マルクスが言いそうなことであるが）共同体、労働、さらに自分自身から疎外されている。人間は断片化され、機械になりさがっているのである。共同体は分裂し、身分の低い工員と誇り高い芸術家に分かれる。富の一般的な増加は不平等に分配され、エリートが得をし、大衆が犠牲になる。「あらゆる商業国家で平等な権利の要求にもかかわらず、少数の人びとが出世し、大多数は抑圧されることになる」[13]。こうして、分業によって少数の人びとにはうぬぼれや利己心が生まれ、大部分の人びとにはねたみや奴隷根性が生まれる。いいことでありながら、呪わしいことでもあり、大きな可能性を生みながら、非常な危険も生む。ファーガソンにとって、経済問題は社会問題であり、それ以上に政治問題である。

ファーガソンの分業に関するくだりは、十八世紀の社会学の二次的な業績である。確かに当時にしても取るに足らず不完全である。彼の友人アダム・スミスは、この問題について一七五〇年代以来講義していた。彼はほんの数年後、これについてなしうることを『国富論』で示すことになる。その上、ファーガソンの記述はためらいがちである。彼は分析から革命的な意味を引出そうとはしなかった。だが、それなりに立派でもある。批判的なエネルギーではつらつとしていて、それによって法的権利や憲法の形式的な分析を超え、社会的、経済的諸現実に向かおうとしている。さらにかなりの勇気をもって、近代文明への甘い満足を捨て、不満足な点を探究する。彼は、一貫した急進的な改革者になろうとはしなかったが、行動を志向した。「知識の拡大は力の拡大である」[14]、と彼は書いた。力で肝心なことはそれを行使することである。国家は個人と同じではない。社会生活を個人生活になぞらえることは無責任である。「われわれはもはや国のために働きたくなくなると、われわれ自身の弱さや愚かさの言い訳に、人事における運命を仮定してもち出す」。ところが実際には、諸制度の生命は一定でなく、「運命」という言葉は、自己満足的な予言にすぎないのである。衰退は止められないと言うだけで何もしなければ、実際に衰退がおこるだろう。しかし「真の不屈の精神や誠実さや能力を具えた人びと」は自分達の力の限界だけでなくその可能性も理解するものである。「彼らは生きる運命にある。他方、彼らのつくった国家も存続し繁栄する運命にある」[15]。このようにファーガソンは最後には分析を処方に転換する。この転換は啓蒙主義における社会学的な考え方の特徴であった。

（1） Adam Smith: *Lectures on Rhetoric and Belles Lettres*, ed, John M. Lothian (1963), 37.

（2） *History of Civil Society*, 1-5, 5 *n*, 3, 6.

(3) Ibid., 26. 本書、第四章I節を参照。
(4) Ibid., 7-9.
(5) Ibid., 10-11, 210, 49.
(6) Ibid., 64, 62, 24.
(7) Ibid., 20-4.
(8) Ibid., 25, 59.
(9) Ibid., 33.
(10) Ibid., 24.
(11) Ibid., xix の Forbes: "Introduction".
(12) Ibid., 231-3, 221, 252.
(13) Ibid., 180-6.
(14) David Kettler: *The Social and Political Thought of Adam Ferguson* (1965), 132を参照。
(15) *History of Civil Society*, 279-80.

Ⅲ　政治経済学——権力から富へ

1

啓蒙の時代には、社会学という学問は主として客観性と広範な比較研究の成果の法則化をめざしていた。物事の量的な把握は、現在と同様当時も、多くの人びとにとってまさに科学の象徴だったが、それ以上に十八世紀の社会学者の中では輝かしいファンタジーであった。ベッカリーアは確率論を応用して、有罪を宣告された犯罪者に適切な罰を見つけることを提唱した。[1] さらにコンドルセは、彼が「社会数学」[2] と呼ぶものを発展させて、信頼できる投票制度を追求した。彼は最後の書物で、たった一句の中に技術と科学を混同して書いているが、これは意味深い。「社会技術は真の科学であって他の科学と同じく実験、推論、計算に基づいている」。[3] コンドルセは他の人びとが信じていたことを明確にした。情報が正確であればあるほど、改革は効果的だというのである。

しかし、社会学者は量がとらえどころのないものだと考えた。それに対して政治経済学者たちは、自信をもって数字を取り扱い、数表を分析した。十八世紀は政治算術の時代であった。経済学者たちは新しい方法と想像力をもって教区の記録や死亡目録、航海や通商の報告を利用し、「数による正確な情報への要求」[4] に答えようとした。しかし、経済問題における厳密さの追求は十七世紀に始まる。ウィリアム・ペティ卿は有能で多才な統計学者であった。彼は一六七〇年代にこうした調査に政治算術という名称をつけ、理論的根拠を与えた。ペティ卿はベーコンと医学への関心を巧みに結びつけてこう書いた。「フランシス・ベーコン卿は『学問の進歩』(*Advancement of Learning*) で自然体と政治体、健康維持の技術と権力保持の技術など多くの事柄の正しい比較をした。解剖学はこの両者の最良の基礎になる。政治にたずさわっても、その対象や構造や釣合いを知らなければ、老女ややぶ医者の手腕と同様に怪し気なものとなる」。[5] ペティの弟子が皆ベーコン主義者ではなかった。初期の政治算術家の何人かは、ロジャー・ノースのように、デカルトの名において明快ではっきりした観念を弁護した。彼らは十七世紀の終りになってはじめて、ニュートンの名において用心深い経験主義を発展、または少なくとも主張するようになった。政治経済学は、おそらく人間と社会の科学の中で最初に科学の名に値し、いちはやく先駆者たちを捨て去った。一七七六年までに、アダム・スミスは一世紀にわたる業績をあっさりと見捨てることができた。「私は政治算術を余り信用しない」(6)と彼は『国富論』で述べた。スミスは、そしてスミスとともに経済の科学は政治算術を超えて動き出していたのである。

他の学問に対する経済学の優位はなんら不思議ではなかった。税徴収とか、貨幣価値とか、通商と権力の関係といった問題は、非常に実際的な問題で、何世紀にもわたって政治家の腕のふるいどころであった。十七世紀は理性と数学の時代であった。それに、理性と数学をさしせまった公けの問題に応用することほど自然なことはなかった。「重商主義」は十七世紀に発展、体系化された経済理論であるが、幾分皮相で、まちがっていて、応用範囲が限られていた。しかし少なくともその意図と手続きは科学的精神に近づいていた。

重商主義とはさまざまな経済思想の集積であり、多様な状況における政治家の要求を充たせるほど柔軟なものだった。重商主義の最も広く実践された技術は、意味深長に「通商の好ましい均衡」と呼ばれるようになったもの、すなわち輸出の奨励と輸入関税、金《きん》の蓄積、熟練労働者移民の制限、製品の質や工員の能力の監督、人口増加の促進、国内船舶業の保護などのための技術だった。こうした技術は、権力を保証し拡大するためのものだったとはいえ、繁栄への関心を除外してはいなかった。トマス・マンは、一六二〇年代の終りにはやくも有名なパンフレット『外国貿易によるイギリスの財宝』(*England's Treasure by Foreign Trade*)を書いた。が、彼はそこで健全な商業政策は国王だけでなく商人にも利益をもたらすということをすでに論じていた。一六六二年には、統計家ジョン・グラウントが「統治の術、真の政策とは、いかにして臣民を平和と豊かさのうちに保つかということにある」と主張していた。さらにその少し後、ジョサイア・チャイルド卿は魅力的で巧みな循環論法を使って、「外国貿易は富を生み、富は力を生み、力はわれわれの貿易と宗教を守る」(7)と一六八一年に書いた。重商主義者はさらに、経済力は商人の繁栄と同様に、貧しい人びとの福祉に依存することを示唆した。フランシス・ブルスターは一七〇二年に『新貿易論』(*New Essays on Trade*)で「一国の労働力の完全な活用こそ、王国に金《きん》をもたらす一番確かな道であり手段である」(8)と書いた。重商主義の思想家にとって、富は権力の一部であり、同時にそれに達する手段でもあり、しかもそれ自体価値があったのである。

しかし権力が優先する。権力と富、さらに権力と福祉が一致するかぎり、明らかに厳しい選択の必要はなかった。しかし、それらが相容れなくなると、福祉と富が後退することも明らかであった。重商主義の著述家たちの論法がどうあれ、その感情がどんなに人間的であれ——彼らの人間性はかなり冷ややかで功利主義を秘めていたのだが——彼らの見解は常に、経済的諸単位がお互いに相容れないということであった。重商主義政策というのは、手段を変えた戦争状態の継続であった。ジョサイア・チャイルド卿が率直に言ったように、「すべての交易は一種の戦争状態」(9)なのである。

国造りを激しく競いあう時代にはまずそうである他はなかった。経済学者も政治家もおなじように権力と富を静的な量と考えた。多くの資源があるが、その総量は一定だというのである。そこで極めて論理的に、一国の利益は他国の損失になり、繁栄は誰か他人の不幸という犠牲によってのみ達成されるということになる。アダム・スミスは重商主義を厳しく批判して、「こうした格言から諸国が学んだのは、自分たちの利益はすべての隣国を貧しくすることによって得られるということであった。各国はすべての貿易相手国の繁栄をねたまし気な目つきで見るようになった」と決めつけた。そこで「国家間でも個人間でも本来団結と友愛の絆たるべき商業は、不和と憎しみの尽きない源泉となった」。アダム・スミスは侮蔑的に言う。重商主義体制は「独占の精神」から生じたものであり、「卑しい商人の狡猾な術」に由来する「政治的格言」である。

アダム・スミスは、自由放任《レッセ・フェール》主義擁護の論争と非常に深く関わっていたので、重商主義の歴史的位置を認識できなかった。この学説は完全に邪悪でも愚かでもなく、時代の産物であった。フィロゾフたちの人格の尊重への情熱と経済学への鋭い意識が、重商主義打倒に一役買った。しかし、啓蒙主義の人間性もその社会科学も単独で仕事をしたわけではなかった。それらは、比較的平和な時代において拡大する貿易や、高まりつつある生産性に呼応していた。こうした商業上、産業上の発展から動的な世界経済という観念が生じ、あらる人びとの繁栄がすなわちすべての人びとの繁栄につながるということになったのである。経済思想でも、他の分野と同様に、啓蒙主義の考え方は深く同時代の現実に根ざしていた。

(1) 投獄については *Dei delitti e delle pene*, chap. xxix を参照。

(2) Gilles-Gaston Granger: *La Mathématique sociale du Marquis de Condorcet* (1965), 2 に引用。

(3) *Esquisse*, 225.

(4) T. S. Ashton: *An Economic History of England: The Eighteenth Century* (1965), I.

(5) Paul F. Lazarsfeld: "Notes on the History of Quantification in Sociology-Trends, Sources and Problems", in Harry Woolf, ed.: *Quantification: A History of the Meaning of Measurement in the Natural and Social Sciences* (1961), 155 に引用。

(6) *An Inquiry into the Nature and Causes of the Wealth of Nations* (1776; ed, Edwin Cannan, ed, 1937), 501.

(7) Jacob Viner: "Power versus Plenty as Objectives of Foreign Policy in the Seventeenth and Eighteenth Centuries," *World Politics*, I, 1 (October. 1948), 12, 15 に両者とも引用。

(8) Charles Wilson: *England's Apprenticeship, 1603–1763* (1965), 234 に引用。

(9) William Letwin: *The Origins of Scientific Economics: English Economic Thought 1660–1776* (1963), 44 に引用。

2

十七世紀の重商主義から、啓蒙主義のより精緻な経済学への変化は、ゆっくり落着いた足取りで、しかも広い範囲にわたって生じた。イタリアのガリアーニ神父とピエトロ・ヴェリ、フランスの重農主義派、ウィーンの官房学派〔十七－十八世紀にドイツを中心に発展した重商主義の一種〕、スコットランドのデイヴィッド・ヒュームとアダム・スミスなどが挙げられる。彼らは理論と方法の問題で互いに異なっていたけれども――彼らの中には厳しい保護主義者もいた――皆、経済学をより人間的であるとともにより科学的にするのに貢献した。古いスローガンが新しい意味を持った。重商主義者も、アダム・スミスによる政治経済学の定義、すなわち「政治家または統治者の学問の一部門」を認めたことだろう。だが重商主義者の場合には、アダム・スミスのように次のごとく言うところまではいかなかっただろう。つまり、この学問には「二つの明確な目的がある。第一は、民衆に豊かな収益や生活の糧を供給する、もっと正確に言えば、民衆が自らそうしたものを供給できるようにするということ。第二は、国家や社会に十分な収益を与えて、公共の事業を行なわせること。この学問は民衆と君主の双方を豊かにしようとするものである」。アダム・スミスの主張は、重商主義者たちの優先順位の感覚を逆なでしたであろう。啓蒙主義の経済学者たちにとって、富は権力に優先し、その権力も、つまり公共の事業も以前ほど戦闘的ではなかった。アダム・スミスがこの優先順位の逆転を正確に認識したのは、「すべての生産の唯一の結果と目的」は「消費」であると言い、「生産者の利益が見込めるのは、それが消費者の利益を促進する場合だけであるべきだ」と主張した時だった。この考え方はまったく「自明」であるのに、「重商主義」においては常に無視されてきた。そこでは「消費者の利益はほとんど常に生産者の利益の犠牲になった」[1]のである。アダム・スミスは、こうした犠牲はまったく不道徳で非科学的であると考えた。

本来明快な十八世紀の経済思想がかなり曖昧となったのは、その一番よく知られた経済学派、すなわち重農主義者たちの不確かな名声のためであった。重農主義の創始者ケネーとその信奉者たちは、何人かの恐るべき敵を当時の進歩的な思想家たちの中に持っていた。しかし、彼らのもっとも恐るべき敵は、おそらく彼ら自身の著述のスタイルと自信過剰であった。ケネーは力強い人間で、権威を求める弟子たちには理想的な父親代わりであった。彼は著名な宮廷医で経済問題に関心を向けたのは六〇代になってからであった。しかし、いったん関心を向けはじめるとすぐ、まわりに熱狂的で従順な弟子たち——ミラボー兄、ピエール＝サミュエル・デュポン、メルシエ・ド・ラ・リヴィエールその他——の一団を集めた。彼らはケネーの言葉に深く感銘を受け、彼を先生、父、「ヨーロッパの孔子」、さらにはずばり「現代のソクラテス」[2]とまで呼んだ。その光景は嘲笑の種をもとめる嘲笑家たちに豊富な材料を提供した。ヴォルテールは彼らのいわゆるユートピア的理想を嘲笑した——「彼らは暇をもてあましているので暖炉のそばから国家を統治する」[3]。他方、彼らを一セクトとして片付ける人びともいた[4]。ケネーの名高い『経済表』(*Tableau économique*)は一七五八—九年にはじめて流布したが、事態を救わなかった。ミラボーはもっとも献身的で雄弁な弟子であったが、彼でさえ図表を理解できなかった。三列の数字が交叉する線で結び付けられていて、簡単な注釈もあったが謎を深めるばかりだった。ミラボーは個人的に説明を受けたが、少なくとも最初は「ジグザグの迷路に入り込ん」[5]でしまった。重農主義にまったく関係していない他の人びとはわざわざ理解するまでもない、笑ってすませよう、と考えた。アダム・スミスにとっては『経済表』という作品は、空論家で「きわめて非現実的な医者」の作品であって、厳格な食餌療法を必要としない国のためにわざわざそれを処方しているようなものである[6]。他の批判家たちは、それほどやさしくも我慢づよくもなくて、この『表』をまったくのナンセンスとして片付けた。さらに悪いことには、ミラボーのような何人かの指導的な重農主義者の書き方はまずかった。他のものがうまく書きすぎた、と言ってもいいだろう。彼らは気取った文章や華々しいスローガンへの場違いな好みに身を委ねたのである。まじめな批評家や機知に富んだ風刺家は、重農主義が科学の仮面をつけた神秘主義であるという点で意見が一致していた。

こういう彼らをあながち非難することはできないとしても、彼らはまちがっていた。どちらかといえば確かに、重農主義は神秘主義の仮面をつけた科学であった。訳のわからない図表、不可解な説明、挑発的な専門用語のために彼らは経済を一つの体系として明快に――経済学にはきわめて重要なことであるのに――理解できなかった。ケネーは、経済とは「出費、労働、収益、消費の一般的体系」だと言った。こうした体系には考察への道が開けている。「実際すべてのことは相互にからみあっている」とケネーは論じている、「さまざまな動きが必然的に関連しあっているというこの事実によって、ものごとが理解され、判別され、調査されることが可能になる」(7)。理性の得たものは非常に大きかった。ロナルド・L・ミークはこの学派についての権威ある考察の中で、次のように書いている。「重農主義者は経済思想史上はじめて、経済分野での政策立案者の『決定範囲』にいくつかの限界があり、経済の理論的モデルがそうした限界を明らかにするのに必要だとはっきり理解した。事実、彼らによれば、われわれを社会に縛りつけている必然的なものを理解しない限りわれわれは自由ではない。われわれの社会のように複雑な社会でこれら必然的なものを理解できるのはただ単純化、選択、一般化といった方法を分析に用いる時のみである」(8)。重農主義者は、事実から遠いどころか余りに近すぎた。彼らに何かが欠如していたとすれば、それは直接的な観察から、商業や産業の発展に欠かせないさまざまな可能性へと飛躍する科学的想像力であった。重農主義者による悪名高い農業の強調は何にもまして彼らの理論の欠陥を暴露する結果となったが、フランスの現実への彼らの埋没ぶりを明らかにしているにすぎない――一例を挙げればアダム・スミスは軽妙な比喩を用いて、これはかつて「一方に曲げられすぎた」小枝を今「同じくらい反対側に曲げて」まっすぐにしようとしているのだと言った(9)。旧体制下のフランスでは農業問題は支配的問題であり、重農主義者たちは決して自分たちの世界から目をそらさなかったのである。

重農主義者たちの関心は狭かったが、彼らは中心的関心が同じでない人びとにとっても示唆するところの多い、一連の明快な思想を発展させた。その理論の中心はすでに述べたように、経済というものは法則に従っている以上理解可能な一つの体系だという考え方であった。デュポンはこの上なく強い調子で主張した。「秩序や自然的、物理的法則を認識することが経済学の基礎になるべきである」。偏見が科学に道を譲るのはただこの「偉大な、基本的な真理」が認められ、受け入れられた場合のみである(10)。こうした法則は個人やその意識的計画を超えて秘かに進行する。この学派の指導者たちによれば、「巧みに組織された社会の魔術とは、各人が自分のために働いているると思っているのに、他の人びとのために働くことになってしまうということに他ならない」。この経済的秩序は、より大きく高い秩序の一部である。「この魔術は経済的調和の諸原則」のうちにあらわれるが、それは父のような至高存在が人類に授けたものである(11)。価格、価値、利益——これらすべては自然で調和的で合理的なこの図式の一部である。

　ここで結局啓蒙主義特有のやり方で、経済分析の人間的目的があらわれる。社会が自然法則に近づけば近づくほど、その繁栄は高度になり、(重農主義者の言葉を使えば)正味の生産高は大きくなるというのである。その正味の生産高を増やすことが社会の第一の仕事であり、いかにしてそうするかを社会に示すことが経済学者の第一の仕事であった。重農主義者の名高いスローガン「なすがままに《レッセ・フェール》、なるがままに《レッセ・アレ》」は経済を保護——長命で時代後れの税金、法規、独占権の数々こそが個人の独創性や社会の発展を阻害したのである——から解放せよという政治家への要求であった。「なすがままに」によって農業価格は本来の水準を見出し、個人は結局他の誰よりも熟知している自己の利益を追求できるようになる。重農主義者の考えでは、古い体系がそんなに長く存続したのは、それが権力の利益に奉仕したからであり、人びとが簡単に習慣の犠牲になったからである。新しい経済学は一度認められると地歩を築くであろう。実際、そのことに何の不思議もない。デュポンは書いた。「経済学とは、統治というものの自然秩序を、社会に応用したものに他ならない(12)」。従って、経済学はたんなる富についての学問以上のものであった。社会正義の学問だったのである。

　重農主義者は、当時のフランスで、もっとも際立った不合理であるとともにもっとも不公平なことは、農業にかけられた負担だと考えた。彼らは社会に基本的に三つの階級を見た。まず生産階級、すなわち農業労働者と企業家、次に非生産階級、すなわち農業以外の労働者と企業家、商人、専門技術者、最後に地主階級、すなわち土地所有者でさまざまな方法、ことに地代で土地から収益を得る僧侶、貴族、平民である。農業労働者と企業家のみを生産階級と見なすといっても、重農主義者たちは他の人びとを社会のなまけ者と非難するつもりはなかった。アダム・スミスが重農主義学説を正確に理解したように「非生産階級も有用だというだけではなく、きわめて有用である(13)」。重農主義者たちの議論はこみいっていた。農業という経済部門だけが剰余を生み、それによって正味の生産高をあげることができると見なしたのである。重農主義者が地代のみに課税することを求めたのは明らかにこの分析と密接に関連している。それによって関税が一掃され、企業家たちは自由に土地を利用して正味の生産高をふやすであろう。さらにもっとも支払能力のある財源、つまり土地所有者たちからのもっとも合理的な国家への収入が保証されるだろうというのである。

　重農主義学説はうまくいかなかった。支持者たるべきフィロゾフたちは反対者となった。ヴォルテールは容赦せず『四〇エキュの男』(*L'Homme anx quarante écus*)でそれを風刺した。ヒュームはこの学説を擁護する人びとを救いがたい空論家だと考えた。彼は『商業辞典』(*Dictionnaire de commerce*)を書こうとしていたアベ・モルレに宛てて書いた。「あなたの作品で彼らを非難し、粉砕し、たたきつぶし、ちりと灰にしてしまうよう望みます。実際彼らはソルボンヌの勢威の失墜〔ソルボンヌ(=パリ大学神学部)は、ジャンセニストの教授が追放されたあと、昔の権威を失った〕以来現存するもっとも怪物的でごう慢な連中です[14]」。さらに悪いことに、穏やかな論客であったアダム・スミスは、まことに慇懃無礼に重農主義者に疑問を投げかけた。彼は書いた。重農主義はおそらく「不完全なところもあるが、経済学についてかつて発表されたものの中で一番真理に近いもの」である。しかし「世界のどこにも害を及ぼさなかったし、これからもたぶん及ぼさない学説[15]」だとつけ加えねばならないと考えた。どういう知的創造物がかかる称賛に対抗して生き残りうるだろうか?

重農主義者に対する最も手厳しい攻撃の一つはおそらくガリアーニによる一七六九年の『小麦取引に関する対話』(*Dialogues sur le commerce des blés*)だった。ディドロはそれに筆を入れ、刊行するのを手伝った。特にこの書は一時期この学派の賛美者であったディドロの考え方を変えた。ガリアーニをディドロは親しみを込めて「小さなナポリ人[16]」と呼んだが、その機知や快活さや学識によってパリのフィロゾフたちの間で大変な寵児になっていたのである。彼は重農主義者の一番痛い所、つまり独断主義を攻撃した。重農主義者が、経済とは相互に作用しあう諸部分からなる体系だと理解したとすれば、ガリアーニは彼ら以上にその体系の複雑さを理解した。彼は、農業や自由貿易それ自体に高い価値を認めることには反対しなかった。しかし良きプラグマティストとして、各グループや政策の要求が現実の中で具体化されるよう迫ったのである。経済条件によって政府の統制が必要な時もあれば、穀物の流通を市場に委ねてよい時もあった。ガリアーニの陣営に加わってからディドロは書いた。「経済学者はきわめて驚くべき大胆さで一般的諸原理」を提出する。「しかし、そのどれ一つとして実践において無数の例外的事実に出会わないものはない[17]」。こうした反論はガリアーニ自身一度重農主義に共鳴したことがあるだけに、いっそう人を承服させた。さらに一七六八年のフランスにおける飢饉に近い状態と社会不安の結果による変化もこうむっていた。ガリアーニの実際性の要求には実際的な原因があったのである。

しかし、最終的に重農主義者を打ち負かしたのはその学説の欠陥ではなく、フランス大革命に先立ちその原因ともなった大きな経済危機であった。旧体制の諸問題は重農主義者が認識していたよりずっと深刻だったが、それでも彼らはそれなりに認識していた。彼らは同情に値する。失敗は不可避だが不面目ではない。テュルゴーが辞職させられた一七七六年以後、誰も旧体制を救えなかった。重農主義者に関して大事なのはその否定的側面ではなく肯定的側面である。彼らはもったいぶった態度や韜晦趣味やがんこな偏狭さにもかかわらず、道徳科学がいかにあるべきかを把握していた。つまり道徳科学は世俗的で――というのも彼らにとって至高存在は社会的に著名な地主同様フランスでは不在であり主として理想的なもののたとえにすぎなかったから――合理的で少なくとも意図において科学的であり、人びとの福祉をめざすべきだというのである。加えて、アダム・スミスの精神形成と、少なくともその洞察力の強化に手を貸したことは、彼らの功績の中でも無視できないものである。

(1) *Wealth of Nations*, 460–1, 397, 625.
(2) Thomas P. Neill: "Quesnay and Physiocracy," *JHI*, IX, 2

(April 1948), 154*n*.

（3）*L'Homme aux quarante écus*, in *Œuvres*, XXI, 308.

（4）ロナルド・L・ミークによれば「重農主義者の登場を待って、経済思想史上はじめてその現象に共鳴があれば『学派』、なければ『セクト』といわれるおもしろい社会学的現象があらわれてくる」。“Introduction”, *The Economics of Physiocracy* (1962), 27.

（5）これはケネーがミラボーに率直に話したことである。ibid, 115を参照。

（6）*Wealth of Nations*, 638.

（7）ディドロの *Encyclopédie* における “Corn” の項目。In Meek : *Economics of Physiocracy*, 82. さらに *Dialogue on the Work of Artisans*, ibid, 204.

（8）Ibid, 370.

（9）*Wealth of Nations*, 628.

（10）Neill : “Quesnay and Physiocracy,” 165 に引用。

（11）Quesnay and Mirabeau : “Rural Philosophy,” in Meek : *Economics of Physiocracy*, 70.

（12）Neill : “Quesnay and Physiocracy,” 164 に引用。こうした考え方の政治理論への影響の重大性については、本書、第九章Ⅲ節3を参照。

（13）*Wealth of Nations*, 633.

（14）ヒュームからモルレへ（一七六九年六月一〇日）。*Letters*, Ⅱ, 205.

（15）*Wealth of Nations*, 642, 627.

（16）ディドロからグリムへ（一七六九年一月九日）。*Correspondance*, IX, 22.

（17）Arthur M. Wilson : “The Development and Scope of Diderot's Political Thought,” VS, XXVII, (1963), 1885. 重農主義についての初期の表現については、ディドロからダミラヴィルへの手紙、一七六七年六月または七月、*Correspondance*, VII, 75–80 を参照。さらにファルコネ宛の魅力にみちた反重農主義への移行期の声明（一七六八年五月）ibid., VIII, 27–46 を参照。この後者でのディドロの論によれば、ほとんどの重農主義者は熱狂的な宣伝者で狂信者であるかもしれないが、少なくともメルシエ・ド・ラ・リヴィエールはたぶんこの告発から除くべきである。

3

重農主義がその絶頂にあった一七六四年と一七六六年の間に、アダム・スミスはフランスを訪れ、その指導的擁護者たちに会った。彼らに対する準備はできていた。彼はすでにこの人びとと考え方の多くを同じくし、一七七六年の『国富論』が示すように、さらに多くの考え方を受け入れようとしていた。しかしアダム・スミスは彼らの弟子ではなかったし、その必要もなかった。四半世紀も前に『国富論』の主要概念、つまり自然秩序の存在と経済的自由の有益な効果を展開していたからである。彼ははやくも一七四九年の講演でこう言っていた。「計画をたてる者は人事における自然の働きの筋道を乱す。自然がその企図を実現するには、ただ自然をそっとして、その目的追求にむけて正しい働きができるようにするだけでよい」。彼はこの立場から政治的結論さえ引き出した。「国家を低劣で野蛮な状態から最高に富裕なものにするのに必要なのは、ただ平和、厳しくない税金、寛容な司法行政である。その他のことはすべて物事の自然の成行きによって運ばれる。この自然の成行きに逆らって、物事を別の方向に押しやったり、社会の発展をある点で止めようとしたりする政府はすべて不自然であり、自己維持のため弾圧的で専制的にならざるをえない[1]」。アダム・スミスがこうした見解を表明した時、ケネーは経済学についてまだ一行も書いてはいなかった。

しかし他の人びとはイングランドでもスコットランドでもすでに

そうしたものを書いていて、経済科学という観念も経済的自由という観念も周知のものになりつつあった。「貿易は」と、一七四二年にデイヴィッド・ヒュームは評した、「前世紀まで一度も国家の問題だと評価されたことはなかった[2]」。しかし彼がこう書いた時には、すでに貿易は政治家にとって、さらに政治家のためというより自分たち相互のために著作をした理論家にとって重要な事柄になっていた。ジョゼフ・マシーは経済問題に関する書物の驚くべき収集を行なった——このこと自体この学問分野の発展を明らかにしている——が、その彼が一七四〇年に指摘したのは、「商業を一つの学問と考える」著述家や「歴史の一分野として扱う」著述家がいるが、いずれも「初歩的な」事柄について「軽いエッセイを書いただけ」だということであった。さらに第三の部類の著述家はもっとも数が多いのだが、歴史と政策を無差別に混ぜあわせ、どちらにも利益をもたらさなかった。まじめな研究まではあと一歩であった[3]。アダム・スミスは一七七六年にマシーの誘いに応じることになるであろう。

アダム・スミスは友人、特にデイヴィッド・ヒュームとの会話やその著作を通して長いしっかりとした準備を行なっていた。ヒュームは社会科学のすべての問題を提出する場合と同様、聡明な素人として経済問題を提出した。彼の形式ばらない問題の出し方と推論の明快さは、この世紀の教養ある人たちの示したかったこと、つまり著述家であれば誰でもどんな問題にも巧みに取り組めるものだということを示しているように思われた。しかし、それはまちがった印象だった。ヒュームのような経済学のエッセイを書くには人は彼の知性を必要とするが、そうした知性は稀なものだったからである。

ヒュームが一七五二年に経済学についての七つのエッセイを発表した時、それらにふさわしい名前さえなかった。彼はそれを「政治論集」と呼び、それらと人口統計や政治理論についてのエッセイを一緒にしたのである。それらのエッセイは短かく、徹底的というよりは示唆的であったが、どうみても体系的でなかった。しかし、十八世紀経済思想の中心をなす論点を一つずつ取り上げていて、その世界は近代的で——古典経済学の世界であるが——、その調子は重商主義者に同調的な哲学に敵対している。ヒュームは自らの全思想を自在に駆使して、経済理論の基礎は心理学だとする。「われわれの情念こそ労働の原動力であ[4]」り、経済学徒は政治家と同様にそうした情念を認識せねばならない。人間の心の「自然な傾向」は消費、最大限の収入の増加、つまり彼の言う奢侈へと向っている。最良の制度とはこの傾向に従うものである。スパルタは模範ではなく警告となる。文明化と繁栄はあいたずさえて、計りしれない利益となる。それらは生活を価値あるものにするから、政治家の任務はその奨励と保護にある。幸運にも富と権力はたいてい同盟関係にある。「国家の偉大さと臣民の幸福は、幾つかの点でどんなに別個に見えようとも、商業については一般に切り離せないものである。個人が交易と富の所有に際し公的権力からより大きな安全を得るのと同様に、公的権力は個人の富や幅広い商業の増大に比例して強大になる」。ヒュームが明確にしたように、君主は自らの利害を考えるべきであって臣民の幸福を考えるべきでないという古い格言は、今や実行不可能である。「古い政策は乱暴で物事のより自然で当然な成行きに反していた」。近代の学説は自然に向けて努力するのである。[5]

今や「物事のもっとも自然な成行き」に応じて、「産業と技芸と交易が君主の権力と臣民の幸福を増進する」[6]。広く普及した高い生活水準に基づいて、活発な経済が、政治を含むあらゆる分野に有益な影響をおよぼす。「法、秩序、治安、規律。これらが完成されるには、人間理性が訓練を通じて磨かれること、少なくとも商業や産業という通俗の技芸へのその応用を通じて磨かれることが必要である」[7]。ヒュームが通俗の技芸だけでなく、一般大衆にも思いやりのある言葉を使っているのは意味深い。啓蒙主義の経済学者たちは、貧しい人びとも全体的な福祉の分け前にあずかることを望んだのである。ヒュームによれば、「市民間の不均衡が大きすぎると、いかなる国家も弱くなる。できれば各人がその労働の成果を享受し、生活必需品はすべて、便利なものは多く所有すべきである。こうした平等が人間性に最適であり、豊かな人びとの幸福を減らさずに貧しい人びとのそれを増進させることは疑いない」[8]。確かに、こうした博愛心は少なくとも部分的には功利主義的である。ヒュームの主張では、この政策によって「国力が増大し、特別な租税がさらに進んで払われるようになる。富が少数の人びとだけに独占されているところでは、彼らが大部分を貢いで公けの必要を充たさねばならないが、富が多数の人びとに拡散すれば、負担は誰の肩にも軽く感じられ、税金によって生活の仕方に顕著な差がつくことはない」。しかも、極端な不平等は豊かな人びとによる貧しい人びとの抑圧をひきおこすだけだが、これは少なくとも経済的でないし、「あらゆる勤勉意欲をくじく」[9]。一方、全体の繁栄によって、農民は「豊かになって独立」し、商人は「資産の分け前にあずか」り、こうして中産階級――事実「社会の自由のもっとも堅くすぐれた基礎」[10]で公共の秩序にきわめて役立つ「あの中間的地位の人びと」――の数と力が増大するであろう。フィロゾフたちはつねに好んで人間愛への衝動を経済的、政治的弁明の衣につつんで表現したのである。

ヒュームが認めたように、この良き社会という見解はあらゆる根強い偏見に衝突した。まず奢侈への恐れがあった。ヒュームによればこれにはまったく根拠がなかった。「技芸」が「尚武の精神」――祖国と自由への強い愛――に関し役立つものを破壊することはない。技芸は「精神も肉体も」弱めはしない。「反対に技芸に分ちがたく付随した勤勉さがこの両者に新しい力を与える」[11]。交易や産業は世界市場でもっとも栄え、そのどちらも平和的な国際交流から活力を引き出すのである。「外国貿易は輸入品によって新しい製造業に材料を供給し、輸出品によって国内で消費しきれない特定商品に必要な労働を生む。一言で言えば、広く輸出入を行なう王国では、国産商品のみで事足りている王国より、産業、それも優雅で高級な品物の産業が栄えるに違いない」。自由貿易では誰もが利益を得る。「各個人はこうした商品が感覚や欲望を充たすのだから利益を得る。社会も利益を得る。より豊富な労働力が以上のようにして社会の要請に応じ蓄積されるのである」[12]。

こうしたことを言うのは、文明を恐れる者が多かったからである。外国人への恐れもまた近視眼的であった。好ましい貿易の均衡や貨幣の蓄積にむけての重商主義者の努力は、彼らが隣国を嫉妬しているからこそである。ヒューム自身保護主義的観念から完全には解放されていなかった。非常に柔軟で懐疑的だったので、どんな理論も信じ通すことができなかったのだ。しかし彼の思想の方向は、概して「物事の自然の成行き」の認識に向っている。その主張によれば、貨幣は「交易の車輪ではない。その動きをより円滑容易にする油である」。事実、ある国をそれ自体として考察すると、「貨幣の多寡は重要でない」。結局それは一尺度、一標識、「労働と商品の表示法」で、「そうしたものを見積り評価する方法として」役立つにすぎないのである。なるほど一定方向への貨幣の流れによって混乱が生じるかもしれないし、ヒュームの意見もインフレ的気分とデフレ的気分との間で揺れている。しかし彼の主張は変らない。重商主義の特徴である貨幣への執着は、理論上ばかげており実際上も有害だというのである。貨幣とは「おおむね擬制的価値」である。結局「すべての真の力と富」は「労働の蓄積」、「人間と商品」にある。[13][14]

貨幣価値がおおむね擬制であるように、好ましい貿易の均衡もまったくの擬制である。「商業の本質に無知な」国のみが一定の輸出を禁じたり、貨幣の国外流出を妨げたり、あらゆる外国製品に関税をかけたりする。ヒュームは詩的な敬虔さにとらえられ、「造物主は多様な土壌、気候、気風を与えて」国々が財貨を交換するようになされたと書いている。幾つかのしかるべき輸入税というのがあるかもしれない。ある国内産業は奨励されるべきで、植民地は保護を受けるに値する。しかしこれらは例外であって、個々の政策に基づき、一定の社会的、政治的結果によって正当化されるものである。一般的規則は十分明快である。各国はもっとも良く生産できるものによって世界に貢献すべきだ。フランスに対するイギリスの嫉妬と憎しみは、「商業に数えきれない障壁と障害を生じさせ」たが、その取引は賢明でなかった。「われわれはフランスにおける毛織物の市場を失った。ぶどう酒取引をスペインやポルトガルに移したが、劣悪な酒をもっと高く買うことになった」。結局輸入は輸出をもたらす。「イギリス人はたいてい、フランスのぶどう酒がイギリスで非常に安く大量に売られ、ビールや国産酒に取って代われば、この国は破滅すると考えるだろう。しかし偏見をなくしさえすれば、これ以上罪がなく、そして恐らくこれ以上有益なことがないと証明することは簡単だろう。フランスで新しいぶどう畑が耕作され、イギリスにぶどう酒が供給されるごとに、フランスは小麦や大麦といったイギリスの畑の生産物を受け容れざるをえないだろう」。ヒュームが「貿易の嫉妬」と呼ぶものはこうしてばかげていると同時に非人間的である。彼は堂々とした熱弁をふるって結論する。「だからあえて認めるのだが、人間としてだけでなくイギリス臣民として私はドイツ、スペイン、イタリア、さらにフランスの商業が栄えることを祈る。少なくとも私の確信していることは、イギリスやこうした国々の君主や大臣が互いにこうした寛大で博愛的な意見を取り入れれば、この国々はさらに繁栄するだろうということである」。[15][16]

こうした見解で注目すべきは寛大さや博愛心だけでなく、鋭さ、良識、礼儀を喜ぶこと、経済学と心理学を結びつけようという明敏な努力である。さらに多分この学問の未来にもっとも重要なことは、たんなる言葉を超えた現実的処置、見かけの背後に隠された現実へ至る試みである。アダム・スミスはヒュームを「現代のもっとも輝やかしい哲学者で歴史家」として迎え、その傑作のこうした特[17]

質を称えたのである。

(1) "Introduction," *Wealth of Nations*, xliii.
(2) "Of Civil Liberty," *Works*, Ⅲ, 157.
(3) Letwin : *Origins of Scientific Economics*, 219 に引用。
(4) "Of Commerce," *Works*, Ⅲ, 293.
(5) Ibid., 295, 288–9, 291.
(6) Ibid., 292–3.
(7) "Of Refinement in the Arts," *Works*, Ⅲ, 303.
(8) "Of Commerce", ibid., 296–7.
(9) Ibid., 297.
(10) "Of Refinement in the Arts", ibid., 306.
(11) Ibid., 304.
(12) "Of Commerce," ibid., 295.
(13) "Of Money," ibid., 309, 312.
(14) "Of Interest," ibid., 321, 315, 319.
(15) "Of the Balance of Trade," ibid., 343, 336.
(16) "Of the Jealousy of Trade," ibid., 348. 本書、第一章Ⅲ節3を参照。
(17) *Wealth of Nations*, 742.

4

ヒュームはこの賛辞を読んだとき最後の病床にあったが、これに返書をしたためようと起きあがってこう言った。「ああ、すべてこれでよし!」。そして『国富論』の公刊について一七七六年四月一日、アダム・スミス宛にこう書いた。「親愛なるスミス氏。あなたのお仕事を大変うれしく思います。それを熟読して、非常に不安な状態から抜け出せました。あなた自身、あなたの友人、さらに一般読者がこの作品によせる期待が大変大きかったので、私はその出版がうまくいくかどうが大変心配しました。しかし今や本当にほっとしております」。彼は些細な幾つかの点に疑問を表明したが、全体としてきわめて満足した。この書物には「深さと堅実さと鋭さがあります」と彼は書いた。これは非常な注意力を要求するため、ただちに人気を得そうにはない書物だが、「珍しい事実にあふれているので結局は一般の注意をひきつけるでしょう」[1]。

ヒュームの賞賛は正しく、一方心配はそれほどでもなかった。アダム・スミスの『諸国民の富の性質と原因に関する論考』(***An Inquiry into the Nature and Causes of the Wealth of Nations***)はたちまち評判になった。これは一七七六年三月に出版され、第二版が二年もしないうちに必要となり、第五版はアダム・スミス生存中最後のものだが、一七八九年に必要となった。その一年後にスミスが死んだ時、彼の名声と影響力はまったく揺るぎなかった。スコットランドを越えてドイツ諸邦やアメリカで、彼の名において経済学者は論文を書き、政治家は政策をたてた。

こういう力の理由をさがすのは困難ではない。分析の書であるとともに予言の書でもある『国富論』は、まさに時宜を得てあらわれた。初期産業社会に関し人びとが聞きたいこと、知る必要のあることをそれは語っていた。さらにアダム・スミス自身えんえんと連なる脚注で率直に認めたように、先行者も非常に価値ある業績をあげていた。しかしそれがすべてではない。『国富論』はそれ自体大変すぐれている。それは理性と明晰の勝利、体系化された人間愛の勝利である。

かなり奇妙なことだが、まさにその偉大さが、アダム・スミスの哲学への共感的理解を妨げた。アダム・スミスは一冊の書物だけの人ではなかったし、たんなる経済学者でもなかった。彼の業績は、知識人の間の分業がいかに不完全なままだったかということをその時代の何よりも明確に示している。彼は道徳哲学者でハチソンの異色の弟子であり、ストア派やグロティウス、プーフェンドルフといった近代自然法学者の研究家、シャフツベリやモンテスキューの注意深い読者であった。『国富論』はアダム・スミスのもっとも重要な著書であり、彼は他の何に対してよりずっと長く懸命にこの作品と取り組んだ。しかし、「あるものを他のものと、取り引し、やりとりし、交換するという性向」[2]を発揮する交易動物という人間像はアダム・スミスの社会学に深く根ざしている。さらにその社会学は人間の本性、目的、可能性についての一般的見解に根ざしているのである。『国富論』は経済科学への注目すべき貢献としてその名声に十分値するが、その全体的な意図はそれよりさらに広く、フィロゾフたちの道徳科学への関心と全く軌を一にしていた。その意図とは富の性質を示すことであったが、さらに経済体制内部の個人の可能性、豊かさと人間の性格の関係を示すことでもあったのである。

こうした関心は司法、治安、歳入、軍事に関する講演や、グラスゴーの道徳哲学教授になった一七五九年刊行の最初の著書『道徳感情論』(*The Theory of Moral Sentiments*)にすでにみられた。この論文は哲学的倫理の本質と心理の賢明な概観であって、人が何をよしとすべきであり、何を実際によしとしているかを明らかにしようとしている。これは折衷的な作品で、古典的学説を評価すると同時に、それに批判的でもある。善意が価値であり、感情が原動力だと主張しようとしているが、道徳的行為の暗い影や合理的原理を行動にうつす難しさにも目配りを怠っていない。「非のうちどころのない分別や、厳格な公正さや、しかるべき善意の規則によって行動する人は、完璧に徳が高いと言えるかもしれない。しかしそうした規則を熟知しているだけでは、そのように行動できないものである。自らのさまざまな情念が彼を誤らせ、まじめで冷静な時ならすすんで賛成する規則を破るようにさせたり、そそのかしたりしがちなのである」[3]。従って、道徳的行為を保証するもの、その十分ではないにしても、必要な条件とは自制心である。これはよく発達した良心、人の心の中の「公平な観察者」に統御されるものである。この観察者が公平さと客観性によって過度の自惚れや臆病をおさえ、自惚れにせよ、自己卑下にせよ、そうした自己偽瞞を見抜けるようにする。アダム・スミスは中庸を尊ぶ近代のストア派であった。

彼はいささか宇宙的最善観を信奉しているところもあって、意図によらないさまざまの結果を信じた。「神」の「善意と知恵」は「宇宙という広大な仕組みを考案し導い」た。それは人がそれぞれの好みや強い情念に従ってもなお社会秩序に益するようなやり方であった。人は自らの幸福を考えながら、他人の幸福を促進することになる。これが有名な「見えざる手」であり、人は意図することも気づくこともなく「社会の利益を進める」というのである[4]。神の創りえた唯一可能な世界で、すべては最善なのである。

アダム・スミスは『国富論』でこうした哲学的関心を保持しているが、以前よりもずっと精妙にであり、規則をまったく変えてしまう厳しい真実や例外的事実を尊重することを忘れなかった。しかも、社会的な現実を鮮やかに把握していた。ディドロと同様に、アダム・スミスは一七六〇年代に多くを学んだ。彼はディドロと同様に、その基本的哲学を捨てずに複雑にした。

『国富論』が経済学の作品以上のものであると言っても、これが含んでいる経済学を低く評価することにはならない。アダム・スミス自身、その正式な題名で経済学の重要性を明確に主張した。諸国民の富の性質と原因の探究を意図したのである。彼が序論で略述し、本文で忠実に実行している計画によってはっきりするのは、彼の経済学がより大きな社会科学や社会理論の一部ではあっても、ここで舞台の中心を占めているのはやはり経済学だという印象である。この書物は「労働生産力」——その改善の要因や分配の性質——についての研究ではじまる。それから、生産に従う労働者の数を調整する資本蓄積に向う。この最初の二篇にはアダム・スミスの経済学者としての名声を確固たるものにした理論的原則が含まれている。それは分業の分析、労働価値説、資本蓄積の論述などである。さらに第三篇は都市の興隆と農業の衰退を招いた国の政策を分析する。第四篇は理論的、歴史的概観の後、有名な重商主義攻撃と、同様に有名な重農主義の検討を開始し、そして第五篇は国の経済政策の実際的問題、つまり国の有益な財源と必要経費で終る。『国富論』はフランス庭園のように明快である。それはきわめてフランス的であって、モンテスキューの『法の精神』は、それに比べたらいわばロマンチックな荒地のようなものである。この明快さは、美的喜び以上のものをもたらす。経済関係、経済発展、経済政策は実際多種多様でも、やはり理にかなった研究や完全な統制が可能だという印象を与えるのである。

アダム・スミスは主題の複雑さを加減するどころか、それを得意としているようである。第一篇冒頭の有名な分業の分析は、経済が社会的枠組みの中で演ずる作用を鮮やかに示している。さらにそれとは別のもの、ヒュームやヴィーラントや他のフィロゾフたちが重視した補償の法則も示している。[5] 分業は進歩の源泉でありまた苦しみの源泉でもある。アダム・スミスによれば、第一に分業は「労働の生産力と労働があらゆる方面にふりむけられ適用される際の技倆、熟練、判断力の大部分の改善」のもっとも重要な原因である。その理由は明白だ。一人の職工だと一日で一つのピンが作れるか作れないかだった。しかし、各人が細かく分担して、最初の人が針金を打延ばし、二人目がまっすぐにし、三人目が切り、四人目が針頭をつけ、五人目が先をとがらせ、他の人びとがそれを仕上げて紙に刺すなら、一〇人からなる小工場は比較的装備が悪くても、一日に一二ポンドのピン——およそ四八〇〇〇個のピン——を作りえるのである。[6] ピン作りについて言えることは何にもあてはまる。分業によって必要となる専門化は、生産性を大きく向上させる。器用さが進歩し、時間が節約され、新しい機械や道具の導入で発明の才が促進されるのである。進んだ文明の豊かさはすべて分業のおかげである。分業においては私欲のために働くことが社会の利益になる。人びとの着る上着や、操縦する船を見よ！　すべて多くの手が力をあわせてできた生産物である。さらにこれは都市と農村の交易を含むあらゆるタイプの分業にあてはまる。こうした交易では「両者の収益は互恵的であり、この場合の分業は他の場合同様、細分化された多様な仕事をする異なったすべての人びとに利益をもたらす」。だが暗い面もある。アダム・スミスはファーガソンと同様、いやそれ以上に悲観的な調子で冷酷な事実を前にこう認める。「分業の進展に伴ない、労働によって生活している大部分の人びと、つまり民衆の主要部分の仕事は、しばしば一つか二つの数少ない、極端な単純作業に限られてしまう」。こうしたことはすべて、悲惨な心理的結果をもたらす。人間の知力は結局、日々の仕事によって形成される。それ故、精神を用いたり創造性を発揮したりする必要のない人間は、「そうした努力の習慣」を失うことになり、たいていは「これ以上ないというほど愚鈍で無知になる」。アダム・スミスの非人間化の考察は、産業社会の細分化や疎外についての現代のいかなる考察にも劣らず明快で明敏である。「精神の麻痺によって、理性的な会話を楽しむことも耐えることもできず、寛大な、気高い、または優しい感情を抱くこともできなくなる。その結果、自国への立派な強い関心」は言うに及ばず、「私生活の普通の義務の多くに関しても正しい判断を下せなくなる」。政治への関心はまったくなくなり、愛国心は堕落し、肉体さえ衰弱する。「このようにして、固有の職業での熟練のために知的、社会的、軍事的能力が犠牲になるようである」。アダム・スミスは逆説好きの形而上学者ではなかった。非常にはっきり見たものを報告したのである。「すべての進歩した文明社会で、政府が何らかの防止策をとらなければ、これが働く貧しい人びと、つまり民衆の主要部分の必然的におちこむ状態である」(7)。

政府が何らかの防止策をとらなければ、というこの留保は重大である。大雑把に言って、政府の統制経済と自由競争経済の二者択一においては、アダム・スミスは前者よりはるかに後者を好んだ。豊かさの第一の源泉として分業を強調したのがその証拠である。分業は個人主義の原因であり結果である。アダム・スミスは全体として政府の統制経済を不快としたが、政治的、社会的、経済的に思い通りにいかない少数の特別な利害に限って有益だとしたのである。見えざる手はやはりアダム・スミスの知的武器庫の一部である。自己中心主義の意図しない結果を彼は相変らず高く評価しているのである。スミスはよく引用される文章でこう書いている。「各人ができる限り資本を国内産業の維持に用い、生産物が高い価値を持つようその産業を方向づけるために、彼はできるだけ社会の年収増に努めていることになる。普通彼は実際」――ここに初期の著書のなごりがある――「社会の利益を増進するつもりもないし、いかにしてそうしつつあるかも知らない。外国産業より国内産業の維持を好むのは、ただ自らの安全を考えてのことにすぎない。生産物が高い価値を持つようその産業を方向づけるのは、ただ自らの利益を考えてのことにすぎない。このことでも他の多くのことにおいてと同様、見えざる手に導かれて、人間は意図しない目的を進めている。意図しない目的というのも、社会にとって必ずしも最悪ではない。自己の利益の追求は、しばしば意図してそうする場合より有効に、社会の利益を増進する。社会の利益のためだと言って商売する人びとが、実際に利益をもたらしたということは余り聞かない」(8)。この文章は運の悪いことに有名になりすぎた。その用心深い形容――「社会にとって必ずしも最悪ではない……しばしば社会の」利益を「増進する」——は新しい認識の糸口になっている。今やアダム・スミスの見るところでは、見えざる手の働きは『道徳感情論』当時ほど顕著でなく、その結果は不確実であり、一七五〇年代より多くの見える手による援助や修正を必要としていた。

アダム・スミスが今や認識しているのは、永続的でしばしば有害な争いをひきおこす私欲の勝手な活動は、資産を増やさず犠牲を生むということであった。事実、幾つかの強力なグループの利益は、社会の利益と直接ぶつかった。商人や産業家はいかなる意味でもアダム・スミスにとって英雄ではない。彼はこの上ない軽蔑をこめて、「人類の支配者でなく、そうあるべきでもない商人や製造業者たちの、卑しい強欲さや独占精神」を語っている。彼にはそうした邪悪さに対する公的統制を受け入れる用意があるが、それを矯正できないにしても、「彼ら以外の人びとの平穏を乱さないようにするのは非常に容易」であろう。商人や製造業者は競争を憎み恐れる。「あさましい独占精神」で輸入税を要求したり、近隣の競争相手の会社創立を妨げたり、低利益で国内販売すべきところを、高利益で輸出したりするようになる。賃金の規模設定でも、製造業者と労働者は避けがたくしばしば解決できない衝突をする。アダム・スミスは、雇主より力が弱くずっと絶望的な労働者の側に立つ。「労働者の団結はしばしば聞くが、雇主の団結はめったに聞かないと言われてきた。しかしこのことで雇主はめったに団結しないと考える人は、世の中にもこの問題にもうとい。雇主はいつでもどこでも、暗黙のしかし確固として不変の団結をして、現在の水準以上に労賃を上げないようにしている。この団結を破ることは、隣人や同輩に囲まれた一雇主にとって、非常に不人気な行為であり一種の不面目である。実際、この団結についてほとんど聞かれないのは、それが普通のいわば自然な物事の成行きであり、誰の耳にも入らないからである」。雇主は時々さらに悪いことをする。団結して賃金を相場以下に切り下げるのである。労働者の方でも団結して雇主に対抗するなら、この団結は防衛的であるにすぎず、アダム・スミスの強い主張によれば、完全に正当なものである。実際、彼は雇主の「極度の沈黙と秘密主義」を滑稽と軽蔑をまぜて描き、十九世紀ロシアのナロードニキならそのまま採用できそうな言葉で書いている。「同業者は歓楽や気晴しのためでもめったに会わないが、会えばその会話は、社会に対する謀略や価格釣り上げのもくろみになって終る。不当に価格を釣り上げたり、賃金を下げたりするのは邪悪な行為であるばかりか軽率でもある。というのも経済発展をとげた社会の特徴は「豊かさが普遍的で人民の最下層にまで及んでいること」だからである。結局、「大部分の人びと」——つまり「さまざまな召使、労働者、職人——の境遇を改善するものは、決して全体に対して不都合とはみなされ」えない。「構成員の大部分が貧しく悲惨な社会は栄えず幸せでない」。アダム・スミスは自らの立場に経済的理由とともに人間的理由を示す。「その上、公正とはまさに人間全体に衣食住を提供する人びとが自らの労働生産物の分け前にあずかり、十分衣食住を得ることである」。だが経済的理由も決してスミスの心を離れない。高い賃金で元がとれるのは、それによって労働者子弟の生活や生産性の向上が可能になるからである。「従って、十分な労働報酬は富の増加の結果であり、人口増加の原因である。それを嘆くことは最大多数の繁栄の必然的因果関係を嘆くことである」。不幸なことに、製造業者や商人はこうした明白な真理を必ずしも認めない。経済問題では一つの見えざる手、つまり秘密の団結と謀略があって、慈愛深い摂理による見えざる手の、悪しき戯画のようにみえる。政治制度はある意味でこうした私的取決めの公的表現である。アダム・スミスはほとんど冷笑的に結論する。「政府が財産保全のために制度化されている限り、それは現実には貧しい人びとに対して豊かな人びと、何も持たない人びとに対して何か財産のある人びとを守る制度である(9)」。

しかし摂理による経済秩序が不完全だからこそ、理想の政府には別の役割がある。もちろんアダム・スミスの意図は政府を経済から切り離すことであって、それに含めることではなかった。さらに議論の主調は残存する重商主義的規範に反対している。それは単に議論の問題でもなかった。基本的価値、つまり啓蒙主義的価値は経済的自由という論点、特に人間が自らの運命を決め、賢明な政府の、被保護者でなく独立した存在として扱われる権利という論点に含まれていた。彼は書いた。「国王や大臣が節倹令や外国の奢侈品輸入禁止で、私人の経済を監視し出費を抑えてやろうというのは極めて不穏当で僭越である」。カントも同じことが言えたであろう。高位の人びと自身「常に例外なく社会の非常な浪費家」ではないだろうか？「人類の支配者たちの暴力や不正は昔ながらの悪であり(10)」、おそらくあらためようがないというのは本当ではないだろうか？　しかしそれと同時に、アダム・スミスは政府を完全に無力なものと考えたのではなかった。十九世紀自由主義者の夜警国家は彼の理想ではなかったのである。国家の第一の任務は外敵に対して国を守り、国内の治安と公正を維持することであった。こうした役割には何らかの政府の干渉が必要である。軍事的防衛と経済的自由の間で価値の衝突が起きた時には後者が譲るべきであろう。さらに強者を前にした弱者は保護されるべきである。国家は何らかの措置を講じて、無知な消費者を不正な生産者から、無防備な労働者を強大な雇主から、奴隷をその主人から守るべきである。国の防衛と同様に、当り前の人間愛のためにも自由放任主義《レッセ・フェール》は克服されねばならないのだ。最後に国家は公共事業、つまりある種の交通輸送や教育に着手すべきである。これらは不可欠なのだが、私企業が行なうには高価すぎたり厄介すぎたりする。体系構築家でないアダム・スミスが厳密でなかったのは、建前としてうなづける。政府の活動についての彼の勧告は形式にとらわれず率直であるが、このことは一つの欠点であるかもしれない。しかしそれは一つの方策であって、啓蒙主義が柔軟性を欲し形而上学に不信を抱いたということに直接由来する。

『国富論』は、確かにその知的スタイル全体において啓蒙主義の基本的典拠である。世界理解に宗教をからませず、事実に専念し、科学的普遍性の追究に信をおき、知識を有益な行為に変えようとし、人間愛と有用性がしばしば一致すると楽天的に考えているが、諸利害の衝突や、収支計算より高い価値のための干渉の必要性を忘れてもいない。アダム・スミスは結局、累進所得税擁護論さえいくらか正しいとみなした。しかし少なくとも一人の弟子ジェレミー・ベンサムは長い熟考の後、政府の干渉に対するアダム・スミスのある種の感傷的な嫌悪を非難した。ベンサムによれば、スミスが「本来的自由の侵害」と言ったのは、政府が余儀なく取るであろう行動を、未然に防止するためであった。もっともベンサム自身は、事実上この政府の行動を非難するつもりはなかったのだが。ベンサムは概して個人が自らの利害を一番よく知っているにせよ、平等主義的理由から国が公衆衛生、教育、交通輸送にかかわるべきだと主張した(11)。しかしアダム・スミスはベンサムが考えたほどベンサムの見解からかけ離れてはいなかった。政治経済学が変るのは十九世紀古典経済学者に至ってからである。彼らは労働者階級が常に必然的に悲惨だという安易なペシミズムを持つことになるが、アダム・スミスにとって経済学はまだ陰気な学問ではなかったのである。

（1） *Letters*, II, 311. ヒューム書簡集のこの直前の手紙では、ギボンに『ローマ帝国衰亡史』第一巻の礼を言っている。ヒューム最後の春のことであったが、何という春だったことか！
（2） *Wealth of Nations*, 13.
（3） *The Theory of Moral Sentiments* (1759 ; ed. 1966), 349.
（4） Ibid., 264-6.
（5） 本書、第二章III節1を参照。
（6） *Wealth of Nations*, 3-5.
（7） Ibid., 356, 734-5.
（8） Ibid., 423.
（9） Ibid., 460, 428, 68-9, 128, 11, 78-81, 674.
（10） Ibid., 329, 460.
（11） T. W. Hutchison: "Bentham as an Economist," *The Economic Journal*, LXII, 262 (June 1956), 299.

IV　歴史学——科学、芸術、プロパガンダ

1

社会学と政治経済学は十八世紀においては新しい分野の学問であったから、フィロゾフたちはその創設にあたってあらゆる危険をおかすとともに、創設者としてのあらゆる栄光をかちえた。歴史学の場合は異なっていた。フィロゾフたちは博覧強記の教養人として、歴史学がギリシア人とともにはじまる古いジャンルだということをよく知っていた。必要なことは創造ではなくて変革であり、フィロゾフたちはそれを実行したのである。彼らが作成した過去の地図は、今日では不完全だったり歪んでいたりするが、読解可能で便利であり、多くの点で現代にも通用する地図である。

フィロゾフたちは地図の作成にあたって孤立してはいなかった。当時の主要な歴史家が概して指導的なフィロゾフだったとはいえ、歴史への情熱はまったく一般的なものであった。一七七〇年にデイヴィッド・ヒュームは自信たっぷりに言った。「現在は歴史の時代であり、わが国民は、歴史好きの国民であると信ずる」(1)。スコットランド人以外の人はこの主張の後半部分に疑問を抱いたかもしれないが、スコットランド人も、そうでない人びとも、皆前半部分については同感だったであろう。十八世紀は事実歴史に非常な関心を示した時代であった。歴史は特殊なわざであり学問であり娯楽であった。アディソンが高く評価したのは、多彩な物語の展開とともに読者を「心地良いサスペンス」にひきずりこむ歴史家の「非常に快い手腕」である(2)。半世紀後にギボンは、「歴史がもっとも人気ある著作であるのは、最高の理解力にも最低の理解力にも適応できるから

である」と書いた。彼自身の歴史は明らかに、すべてではないが、たいていの読者の理解力にかなっていて、初版の時から幅広い熱心な読者を獲得した。第一巻について、ギボンは「私の書物はすべてのテーブル、ほとんどの化粧台におかれていた。歴史家は、時代の嗜好や流行によって栄誉をさずけられたのであり、大衆の声がばちあたりな批評家のわめき声にかき乱されることもなかった」(3)と回想している。ヒュームも同じような言葉で書いた。歴史は「あらゆる理解力に適している」(4)。ボズウェルのような非常に個性的な歴史愛好家は熱心に史料を集めたので、その伝記は内容豊かで正確になった。忠実に再現された過去は、価値ある感情と思想を生みだすという意見が次第に強くなった。ヴァンブルーはロマン派的ノスタルジアが生まれるずっと以前の一七〇九年に、ウッドストックの古い領主館の保存を主張した。彼によれば、人が古い建物を尊重するのは、「それが非常にいきいきとした喜ばしい思いを誘うからである……そこに住んでいた人びとや、そこで行なわれた注目すべき事柄や、建築に至った特別な理由についての」(5)。その後、特にヴィンケルマンの学識と想像力に富んだギリシア芸術史の再構成の後には、歴史的正確さへの関心はわずらわしいほどになった。十八世紀の後半、フランクフルトにあるゴシック様式の聖母マリア寺院《リーブフラウエンキルヒエ》がロココ様式の祭壇を備えたとき、この時代混淆は少なくとも一人の土地の市民を不愉快にした。彼はこの美しい教会は調和不可能な二つの様式で再建されたために失敗作となったと嘆いたのだ(6)。歴史意識が哲学者も一般の人びとも同じように活気づけていたようだ。

歴史家の威信は歴史への関心に見合っていた。なるほど、サミュエル・ジョンソンは「偉大な才能」が「歴史家に必要で」ないのは、歴史の著作では「人間精神のもっとも偉大な力がすべて沈黙している」(7)からだと考えた。しかしこの厳しい評価は当時だけのものではないし、ジョンソンだけのものですらなかった。チェスターフィールド卿はヴォルテールの『ルイ十四世の世紀』(*Siècle de Louis XIV*)を、刊行後一年の一七五二年までに四回読み、迎合的な手紙で著者を賛美した。当時の極めて著名な哲学者や詩人が歴史を書いたが、そのことで天職に背いたり威厳を傷つけたりしていないと確信していた。モンテスキューはアカデミー・フランセーズ当選後も歴史研究を続けた。彼や啓蒙主義時代一般にとって、ツキジデスやタキトゥスは尊敬するに足る人びとであった。ウィリアム・ロバートソンはうれしいことにガリックやロシアのエカテリーナ二世といった著名で多彩な読者を得た。彼は、一七五九年から一七七七年の間に、スコットランドやカルル五世（一五〇〇—五六年）〔スペイン王・ドイツ皇帝〕やアメリカに関して、非常に学識豊かで広く読まれた歴史書を発表した。生涯を通じて歴史に関心を抱き、驚くほど多産だったが、そのことでスコットランド長老教会での高い地位があやうくなったり、エジンバラ大学学長への栄えある昇進が遅れるということはなかった。ロバートソンの友人デイヴィッド・ヒュームは生涯哲学者だったが、歴史に関心を向けた時も、哲学者であることをやめなかった。哲学的、神学的研究に没頭している一七四七年に、はやくも「歴史的研究課題」に強い関心を示し、「円熟期に何らかの歴史を編むという」年来の「意図」(8)を打明けた。『イギリス史』（*History of England*）の刊行は一七五四年に、スチュアート朝終末からはじまり、一七六二年、初期大英帝国で終ったが、この厖大な企画を遂行する間もヒュームは哲学をおろそかにはしなかった。歴史は哲学の諸問題の一つだったが、ヒュームにとっての難しい問題にはならなかった、と言えよう。同様にヴォルテールも進んで歴史家となった。『ルイ十四世の世紀』（一七五一年）や『風俗史論』（*Essai sur les mœurs*）（一七五六年）執筆の動機の一つは競争相手に勝ち、名声を得ることだったようだが、しかしそうだとしてもこの動機は何をするにも彼の動機の一つだったことになる。当時ヴォルテールはまず詩人、劇作家として有名になり、後には人道主義者、論争家として名をなしたが、歴史について考え、書くことがこうした面の形成に役立った。ヴォルテールは詩や戯曲のためにかなり歴史研究に熱中した。『アンリヤッド』（*Henriade*）によって、叙事詩人としての不朽の名声を得ようと大胆に試み、成功しなかったが、この作品のために彼は十六世紀フランス史に入っていった。一方、一七三一年刊行の最初の歴史作品『カルル十二世史』（*Histoire de Charles XII*）〔カルル十二世（一六九七—一七一八年）は、スウェーデン国王〕は、散文による悲劇として読める。逆に、その後の重要な歴史作品の論争的文章からは、彼が啓蒙主義の宣伝家として自らに課した義務を忘れないまじめな歴史家であることがうかがえる。最後にギボンは歴史を書くことが使命に他ならないと感じていた。その使命を神聖な、と呼ぶのは不適切だろうが、抗しがたいものであった。ギボンは「時代の嗜好や流行」から栄誉をさずかるといって、彼の努力をやや軽蔑的に語っているかもしれないが、彼の作品や他の歴史家たちの最良の作品は、気まぐれな嗜好や移りゆく流行を超えて生き残った。要するに傑作だったのだ。歴史の作品もあらゆる人間の業績同様、歴史の一部であり、そうしたものとして判断されねばならない。結果としてどのような欠点があったにせよ、ヴォルテールの『ルイ十四世の世紀』、ヒュームの『イギリス史』、ロバートソンの『アメリカ史』（*History of America*）、ギボンの『ローマ帝国衰亡史』は当時のこの分野での記念碑的業績であった。これらはヒュームのいった歴史の時代という主張を証明しないまでも、少なくとも擁護するものである。

（1）デイヴィッド・ヒュームからウィリアム・ストローアンへ（一七七〇年八月）。*Letters*, II, 230.
（2）*Spectator*, No. 420; III, 574.
（3）*Autobiography*, 175.
（4）*My Own Life*, in *Works*, III, 4.
（5）Pevsner: *The Englishness of English Art*, 50 に引用。
（6）Voelcker: *Die Stadt Goethes*, 296 を参照。
（7）ボズウェルの記録。*Boswell's London Journal*, 1762–1763 (1950), 293.
（8）ヒュームからヘンリー・ホームへ（一七四七年）。*Letters*, I, 99. さらにヒュームから同一人へ（一七四七年）。Ibid., 109.

2

フィロゾフたちがその業績や時代に対してどういう主張をしたにせよ、彼らの主張は後継者たちに賞賛されなかった。十九世紀の歴史学者（さらに歴史学者に限らないのだが）は、フィロゾフの書いた歴史的著作に対してきわめて厳しい評価をくだした。ランケとその他の人びとは歴史的時代はそれぞれに異なっていてそれぞれに価値があり、ランケの有名な表現を使うとすべての時代が「神に直ちに接している」のだが、彼らはこの思いやりのある説をヴォルテールやヒュームやギボンには適用しなかった。フィロゾフたちはまずい歴史を書いたというよりただの文学を書いたのであり、歴史などまったく書かなかったのだ。啓蒙主義は人間の本性が同一だという説をたてて学識を中傷し、歴史的経験の豊饒さに背を向け、過去を裁きはしてもその中に入ることはなかったのではないか？

　フィロゾフたちの書いた歴史的著作に対する十九世紀の批判は、キリスト教に対するフィロゾフたちの態度と同様、党派的で時代的制約を受けたものであった。その批判はフィロゾフたちの業績に冷淡で特にその欠点を見逃さなかったが、しかしフィロゾフたちのキリスト教に対する態度に価値があったのと同様に、この批判にも価値がない訳ではなかった。フィロゾフたちは十七世紀からの遺産を、才気あふれて意志強固だが完全には信頼できかねる相続人として扱い、遺産のあるものは守り、あるものは改良し、残りは喰い潰した。

　啓蒙主義が前世紀に見出した歴史著述のスタイルは、軽信とリアリズム、卑小さと忍耐、粘り強い報告と厚かましい不公平との奇妙な混淆であった。ルネサンスの時代には、人文主義者は退屈で迷信深い中世の年代記作者を嫌って、好んで古代をモデルとし、神学への従属や、奇跡への依存や、年代区分の神話的図式や、黙示録的予言などから歴史の著作を解放しはじめた。だが人文主義の歴史家たちは解放の道具そのものにとらわれた。そのままにしておけば一番良かったのに古代作家から銘句を引いてきて、格調高くもっともらしいがまったく空想的な話で著書をうめ、素材を引き伸ばして冗漫な物語にし、歴史の教訓的役割をうんざりするほど強調したのである。その上、歴史的著作から完全に宗教を払拭しなかった。一六八一年に、ボシュエは有名な『世界史論』(*Discours sur l'histoire universelle*)を発表したが、これは過去を宗教的事件によってさまざまな時代に分け、人間の歴史の流れを神慮の実現として描いていた。ボシュエの『世界史論』の筆致は近代的だったが、その知的世界は中世的であり、ボシュエのスタイルとその世界は十八世紀になってもフランスのシャルル・ロランやアメリカのジョナサン・エドワーズの歴史・神学的著作に生き続けた。[1]

　十七・八世紀の歴史家たちには、あまり融通がきかず信仰に凝り固まったところがあったため、極端な懐疑派という種族、やっかいな質問で独断論者にかみつく絶対的懐疑論者も絶えることがなかった。十七世紀中頃ラ・モット・ル・ヴァイエは『歴史の不確実性について』(*Du peu de certitude qu'il y a dans l'Histoire*)という意味深い表題のエッセイで、絶対的懐疑論の立場を強く表明した。一方有名なイエズス会士の学者ジャン・アルドゥワンはその数十年後に絶対的懐疑論を偏執《パラノイア》にまで高め、トレント以前の教会公会議報告はにせものでほとんどすべての古典作品は中世修道僧のでっちあげだという人騒がせな主張をした。

　絶対的懐疑論者は学識を破壊的目的に使おうとする学者、つまり博識家《エリュディ》であった。しかし敬虔な歴史家の中にも学者、この職業の栄誉を担う偉大な学者がいた。フィロゾフたちは彼らの業績を知悉して自由に利用した。怠惰な哲学者＝歴史家という伝統的イメージ、たとえばヒュームが机に足をのせて『イギリス史』を書いたり、ヴォルテールがわずかな文献から例の意地悪な警句の材料を仕込んでいるイメージはフィロゾフたちの歴史的著作や書簡のようには後世に残らなかった。事実それらの著作や書簡は書物の注文や情報や批判で一杯であった。ヒュームによれば、彼のイギリス史はすべて「限りない努力と研鑽のなせるわざ」であり、惜しみない労働でもあったと付け加えた。「なぜなら」結局、「私はこれ以上すぐれたことも喜ばしいこともできないからである」[2]。彼は十七世紀イギリスの中世研究家のものをすべてせっせと読み、書物についてたえず書き、一七五九年の開館とともに大英博物館の蔵書にあたって、古文書を(体系的にではないが)研究した。ヴォルテールはキリスト教の学者が編纂したものや辞典類を真剣に研究した。そうしたものを罵ったりひどく嘲ったりもしたが、賢明にこだわりなく自分の作品で利用した。彼の読書は歴史を書くのに大いに役立っている。彼はボランディスト〔Bolland (1596–1665) の後をついで文献収集をした主としてイエズス会士よりなる人びと〕による史料、中世年代記作者の年代記、最近の歴史家の著作、さらに現代史についてはなまの報告や未刊の回顧録を読んだ。何を読むにもそうであるように、すばやくしばしば軽率な読み方をしたし、その仕事ぶりはヒュームと違って徹底したものではなかったが、少なくとも完成した作品からうかがえるよりずっと粘り強く広範囲にわたっていた。ロバートソンや他の崇拝者が非常に失望したように、確かにヴォルテールは典拠を示さなかった[3]。しかし彼はそうしたものを数多く巧みに利用した。

ヒュームとヴォルテールは歴史家として熱心に仕事をしたが、ロバートソンとギボンはそれ以上に熱心に研究した。ロバートソンは『アメリカ史』の長い序文で、「語ることには何ごとにせよ確証をあげるよう努め」たと言い、歴史家としての信条をこうつけ加えた。「歴史的著述の性質について考えれば考えるほど、徹底した正確さということを確信するようになった。同時代の事件を記録する歴史家が信頼されるかどうかは、彼の情報手段と正確さに対する世間の評判による。かけ離れた時代の交渉を説明する者は、その主張に確かな証拠を提出しなければ同意を要求することができない。この確かな証拠がなければ、おもしろい話を書いていても、本当の歴史を書いたとは言えないのだ」。ロバートソンは序文の大半を費して『アメリカ史』をおもしろいお話でなく——誰も彼がおもしろくしたといって非難はしないだろうが——本当の歴史にしようとしたということを記した。彼はスペイン駐在のイギリス大使の好意で古文書に近づき、大使館付き牧師の助力で、貴重な十六世紀スペインの稿本やその他の価値ある稿本を手に入れた。ウィーンやペテルブルグの帝室図書館に自らあたったり、友人にあたらせたりし、ポルトガルの官吏や植民地総督にアメリカ・インディアンに関する詳細な質問状を送ったり——マサチューセッツのハチソン総督は彼自身実力ある歴史家だったが、そうした顔の広い、得難い援助者の一人だった——専門的な図書館から本を借りたりした。どんな学者にもあるようにロバートソンにも不満があった。アメリカに関する「八七三の大きな包み」で有名なスペイン古文書局の門は閉ざされていて、ロバートソンは接近を試みたがむだだった。彼は書いている。「歴史家固有の勤勉さをいささか持っているので、こうした宝の山に接近できるかもしれないと予想すると極めて強い好奇心がかきたてられた」。しかし悲し気につけ加える。「ただし私が味わったのは、その予想だけだったが」[4]と。大事なことは彼が接近を試みたということである。

ロバートソンが信条を記し、歴史家としての気持を吐露した時、彼は「ある著者、勤勉と学識と洞察力の故に、今日の著名な歴史家中、高位に値する」[5]著者の意見によって確信を深めた。この著者とはギボンであり、ギボンの学識はその名に恥じない有名なものだった。彼は他のフィロゾフたちと違って学識を嘆かず、フィロゾフが学者を攻撃するのを遺憾とした。書物、ことに学問的書物を、他の人びとが女性や成功を愛するように愛した。ギリシア・ローマの古典をすべて読破して古代国家の人口について長いエッセイを準備したヒュームのように、古典作品に夢中になって、ギボンは繰り返し古代作家の作品を読んだのである。さらに十七世紀の博識家《エリュディ》や同時代人の著作にも熱中した。書かれた言葉への彼の欲求は尽きることがない。彼自身のすばらしい蔵書は碑文アカデミーの論文集の収集からはじまった。何年もたって彼は思い出した。「二〇ポンドで二〇巻の論文集を得た喜びは忘れられない。同じ額を他のことに使っても、こんなに長続きする穏やかな楽しみの宝庫を得るのは容易でなかっただろう」[6]。しかもこれはほんのはじまりだった。『ローマ帝国衰亡史』への脚注からは、彼がボーソーブルのマニ教史、マビヨンの見事な外交研究その他、特にティユモンの内容豊かで信頼できる初期教会史に依拠していることが明らかだ。六世紀のところまでくるとギボンの傑作の質は落ちるが、それは、中世文明に対する抗しがたい彼の偏見の反映ではなく、そこで中断しているティユモンの作品のせいである。ギボンは彼らしい無作法な謝辞の中で「ここで私はこの比類なき導き手と永久に別れねばならない。彼の学識、勤勉、正確さ、緻密さはその頑迷さを償って余りある」[7]と記している。ギボンはこのリストに博識家《エリュディ》と彼自身の理想を要約したのである。

だがここで忘れてならないのは、これが他のフィロゾフたちの余り気づかない理想だったということである。フィロゾフたちが書き始めた頃直面した歴史書のたぐいは彼らにとって非常に有益であった。宗教的な歴史書は避けるべき恰好の見本であった。懐疑論的歴史書は極端でもやはり有用であった――ただしギボンは絶対的懐疑論を「有益かつ危険」[8]としてはいるが――なぜなら結局先行する歴史家たちが誤ちを犯してきたのはむしろ信仰の側であって、不信仰の側ではなかったからである。さらに学問的探究は隠された事実を明らかにすることができた。しかしフィロゾフたちは戦いのただ中にいたので先駆者の仕事を正しく評価することができなかった。彼らは博識家《エリュディ》を学者ばかとして鷹揚に援助した。博識家《エリュディ》はたいてい自分ではわからずにいい仕事をしても、後続のもっと賢明な歴史家に成果を奪われ、侮辱されるくらいが関の山だというのである。「歴史は例の博識を衒らう人間たちが何と言おうと、哲学者によって書かれなければならない」[9]とグリムは断言した。おそらく博識の衒らいを回避することには具体的意味があったであろう。フィロゾフによって書かれた歴史の大部分はすぐれた文学作品だったのである。しかし学者を博識を衒らう人間として退けることは流行の主張というよりは展望の欠如であった。博識家《エリュディ》たちは史料調査や綿密な探索の貴重な伝統を確立していて、それは支えなければ挫けるものであるのに、フィロゾフたちは支えなかった。ギボンは啓蒙主義時代にはやった博識を衒らう人間に対するからかいに決して加わらなかったが、その彼でさえ学問の成果を消費するだけで生産することはなかった。確かに歴史を装おった中世の史料や古代伝説に懐疑的になることは健全だったであろう。ヴォルテールは彼らしい文章で論じた。「中世の暗い迷路にわけいるには古文書の助けが必要だが、それがほとんどない。少数の古い修道院が保存している古文書類には贈与証書が含まれているが、その権威は大変疑わしい(10)」。こうした方法上の話はすべて非常に適切であった。ヴォルテールが巧みに言及した「贈与証書」は、修道院による有名な文書偽造を想い起こさせるし、古文書の必要性の鋭い主張とともに、キリスト教史料編纂の弱点をついたのである。ヴォルテールやその仲間の歴史家たちが繰り返し述べたように、歴史家は、狂信的修道僧であろうと奴隷のローマ人であろうと世界を作り話や文書偽造であふれさせてきた。しかしここ数十年まさに「博識を衒らう人間」が作り話の信用を失墜させ、文書偽造の仮面をはいできていた。ヴォルテールはキリスト教を軽蔑したが、そのことによって、彼とその仲間たちは、キリスト教の年代記作者・記録家・歴史批評家が昔も今も習慣とか、職業というほとんど第二の天性から嘘をつき続けているというまちがった仮定にとらわれていた。「哲学者が常に歴史家であるとは限らないが」、と若いギボンは巧みに言った、「少なくとも歴史家が哲学者であることは望ましいだろう(11)」。この見解はギボン自身の希望を述べたものであり、信仰と歴史学が相容れないという結論を意味している。後に彼は「我らの哲学的歴史家(12)」という立派な称号を、もっとも明確に反キリスト教的な歴史家、デイヴィッド・ヒュームに授けた。ヴォルテールも同じ立場をとった。幾つかの有名な文章で歴史がフィロゾフとして書かれることを求め、彼自身フィロゾフとして書き、キリスト教徒は本質的能力に欠けていて、すぐれた歴史が書けないと論じた。彼によれば「ブランヴィリエ伯爵がイエズス会士は正確な歴史が書けないと言っているのはまったく正しい(13)」。教養あるイエズス会士にも書けないのなら、「狂信的」ジャンセニスム派や、他の同じく「狂信的」な宗派はどうであろうか？

学識自体は中心的論点ではなかった。フィロゾフの中には「単なる」学識に苛立ち、細かい、虫酸の走るような細部と呼ぶものに我慢できない者もいただろう。高級な、新しい歴史家の道を選び、「六世紀前の些細なできごと(14)」が「ある月の二五日に生じたのか二六日に生じたのか」と「綿密な吟味」に頭を悩ますことはできないと宣言する者もいただろう。事実を穿鑿する専門家に向けられたこの通俗的非難は、長く文学者の専売特許であった。しかし彼らはしばしばこうした不機嫌な宣言をするよりも立派なことをした。その野心は歴史学を科学(15)、つまり歴史の科学《ラ・シャンス・ド・リストワール》にすることに他ならなかったのである。歴史学は人間の科学、つまり自然科学ほど精密でないかもしれないが、それでもやはり科学的な人間の科学の一つになるべきであった。テュルゴーは、歴史学の確実性が論理学や物理学ほど大きくなることはありえないことを認めながらも、それを「自然科学(16)」につけ加えることを主張した。

フィロゾフたちの考えでは、歴史学が科学になりえたのは、今やそれが哲学に、つまり方法に委ねられて真実の追究のみを行なうようになったからであった。もちろん歴史学が純粋な真実の追究であるという主張は、古くからある陳腐な文句で、たえず繰り返される割には余り信用されていなかった。フィロゾフたちは本気で、大いなる自信を持ってそれを繰り返したのである。「疑いもなく」とディドロは書いた、「追悼文を書くにも歴史を書くにも真実でなければならない」(17)。ヴォルテールもまったく同意した。「どんな些細なことにも真実が必要である」。一七五〇年にプロシアからジャクバイト〔スチュアート家支持派〕の作家リチャード・ロルトに宛てた手紙でヴォルテールは繰り返した。「私はまたまた好きな獲物である真実を外国で追いかけねばなりません。ポルビオス〔古代ギリシアの歴史家〕のように旅をしてさまざまな戦争の舞台を見物します。友人にも敵にもたずねます。……歴史は諷刺であっても賛辞であってもいけません」(18)。ヴォルテールの英語の綴りは覚束ないが、言いたいことははっきりしていた。

　公平無私な科学という理想、すなわち賞賛することも非難することもなく史料を研究する歴史家というのはフィロゾフたちにとってユートピア的願望ではなく一つの現実であった。ヴォルテールに言わせれば、たとえばデイヴィッド・ヒュームはそのことを実現したのである。ヒュームの『イギリス史』は「おそらくかつてあらゆる言葉で書かれたもののうち最良のもの」であった。その長所は不偏不党性であった。「『イギリス史』を書いたヒューム氏は議会派でも王党派でもなく、国教会派でも長老教会派でもない。ただ公正なのである」。党派的情熱が長い間イギリスからすぐれた歴史家を奪ってきたのだが、それがここにはみられない。この「新しい歴史家は、その対象を超越した精神を具えている。医者が伝染病について語るように、弱点や失敗や残虐行為の数々について語るのである」(19)。医学にたとえるのはフィロゾフたちの好むところであり、これによってヴォルテールがその賛辞をまじめに受け取ってほしいと考えたことが明らかである。デイヴィッド・ヒューム自身は、スチュアート朝初期についての巻が一般に不人気だと苦々しく認めることによって、はからずも自作の科学性を主張した。「思うに私だけが歴史家として、現在の権力、利害、権威、一般的偏見の叫びを無視した」。しかし「非難や不満や嫌悪の叫びをいっせいに浴びせられたのである。イングランド人、スコットランド人、アイルランド人、ホイッグ党員とトーリー党員、聖職者と分離独立派、自由思想家と信心家、愛国の士と宮廷人、こうした人びとがこぞって怒りを示した。こともあろうにチャールズ一世とストラフォード伯爵の運命に寛大な涙を流そうとした人間に対してである」(20)。これはすべて望ましいことであった。十六世紀以来、自分の側の不人気は歴史的客観性のしるしとみなされていたからである。

　フィロゾフたちは、学者が学者であるが故にではなくて、彼らがキリスト教徒だったが故に彼らと対立したのであった。しかし、理由がどうあれ、これは歴史学を科学にするという希望をあやうくする判決だった。フィロゾフたちはまじめな歴史家であって、自ら認めていたキリスト教批判という目的よりもはるかにすぐれた目的のために博識家《エリュディ》のものを読んだのだった。しかしまさにまじめな職人だったが故に博識の衒いと呼んでいたものを軽蔑し、そのために、心の広い自己批判を通じて自らの偏りを発見しあらためるということができなくなったのである。

（1）　*The Rise of Modern Paganism*, 75-8 を参照。

（2） ヒュームからアンドルー・ミラーへ（一七六〇年三月二二日）。*Letters*, I, 321. この手紙（322–4）にはヒュームがミラーに入手を依頼した興味深い本のリストが含まれている。
（3） Momigliano: "Gibbon's Contribution to Historical Method," 46–7を参照。
（4） "Preface," *The History of America*, in *The Works of William Robertson*, 12 vols. (1820), Ⅷ, i–xvii *passim*.
（5） Ibid., XIV. ロバートソンによれば使用したスペインの本のリストの発表をギボンは示唆し、それを彼は受け容れたのである。
（6） *Autobiography*, 121; *The Rise of Modern Paganism*, 369を参照。
（7） *The Decline and Fall of the Roman Empire*, V, 132*n*; *The Rise of Modern Paganism*, 370 を参照。
（8） Momigliano: "Gibbon's Contribution to Historical Method," 44.
（9） Carl Becker: *The Heavenly City of the Eighteenth-Century Philosophers* (1932), 91 に引用。
（10） J. H. Brumfitt: *Voltaire Historian* (1958), 133 に引用。
（11） *Essai sur l'étude de la littérature*, in *Miscellaneous Works*, IV, 66.
（12） *Decline and Fall of the Roman Empire*, VII, 215. この概念が啓蒙主義時代ありふれたものだったことはヒュームがたまたま書いた小エッセイ「歴史研究について」(*Works*, IV, 388–91) によって明らかである。その中で彼は歴史の哲学的重要性を非常に強調している。
（13） *Essai sur les mœurs*, Ⅱ, 540.
（14） ヴォルテールからサックス・ゴータ公爵夫人へ（一七五三年九月二七日）。*Correspondence*, XXIII, 203; Brumfitt: *Voltaire Historian*, 134 を参照。
（15） *Remarques pour servir de supplément à 'L'Essai sur les mœurs*,' in *Essai sur les mœurs*, Ⅱ, 900. 留意すべき重要なことはヴォルテールがこの科学を教条的に考えてはいなかったということである。過去についての絶対的懐疑に大変共鳴したので、こちこちの独断論者にはなれなかったのである。
（16） *Tableau philosophique des progrès*, in *Œuvres*, I, 310–11.
（17） ディドロからデピネー夫人へ（一七七一年九月）。*Correspondance*, XI, 183.
（18） *Le siècle de Louis XIV*, in *Œuvres historiques*, 878 *n*. ヴォルテールからリチャード・ロルトへ（一七五〇年八月一日）。*Correspondence*, XVIII, 108.
（19） Mossner: *Life of David Hume*, 318 に引用。
（20） *My Own Life*, in *Works*, Ⅲ, 4–5.

3

学識に対するフィロゾフたちの態度について私の述べたことは、やや違った意味で人間性は同一であるという彼らの信念にもあてはまる。その信念自体はすぐれた歴史を書く妨げにならなかった。そうした信念に反宗教的偏向が結びついた時、困難な事態が生れたのだから。第一に、同一性の仮定によって歴史的記述の信憑性が保証された。デイヴィッド・ヒュームは巧みに問いかけて「人類共通の経験によって歴史家の正しさを信じないなら、歴史学はどうなるだろうか?」[1]と言った。歴史学は、過去がある意味で現在と同様である場合のみ、社会学として利用できるし歴史学として理解される。フィロゾフたちの歴史理解はその先行者より広く深かったが――偉大なマビヨンでさえ、結局自分の歴史理解のうちに閉じ込もっていたくらいだから――、確かに同一性という観念によってフィロゾフたちの展望はやや平板になり、彼らは主として政治的な点数稼ぎのために中世や中国文明との比較を行なった。フィロゾフたちの歴史的比較は、常にどこか不公平な比較になってしまうのである。だがすでに述べたように、同一性の主張は決して多様さの可能性を排除しない。古い歴史を研究したからといって人間性についての「新しい違った」知見を得ることはないとヒュームは考えていたが、それでも「人類史上の変革」はその「大変化」の故に彼を驚かせ「喜びと波乱に満ちた光景[2]」を提供したのである。同一で普遍的なのは基本的情念のみであって、慣習、宗教、制度、社会組織の形態、生活様式などは、ほとんど無限の想像もつかない多様性を許したのである。同時代の歴史家たちに同意してヴォルテールは言った。人間生活の本質的原理は同一不変だが、習俗《ムルス》や文化は「さまざまな成果」を生む。すべての人が「時代によってつくられ、その習俗《ムルス》をこえる人はほとんどいない」のだが、時代や習俗《ムルス》はお互いに大きく異なっている。風土やそれ以上に政治形態によってそうした相違が維持されるのである[3]。サン＝テヴルモンは近代のエピキュリアンでフィロゾフの先駆けだが、十七世紀後半、独特の洗練された言い方をした。「われわれがアナクレオンやサッフォーのように恋愛をするならこれほど滑稽なことはないだろう。テレンティウスのようならこれほど俗物的なものはなく、ルキアノスのようならこれほど無作法なものはないだろう。各時代にはそれぞれの性格がある[4]」。啓蒙主義にとって、過去は一色ではなかったのである。

　フィロゾフたちには歴史的個別性を評価する力があり、これが過去の相対主義的見方、あえて判断停止を行ない他の時代を内側から見るという考え方に反映し、かつその考え方を生んだ。デイヴィッド・ヒュームは一七五一年に、自分たちの仲間うちだけで容認されていたまだかなり初歩的な相対主義的観念を愉快な対話に仕立てあげた。彼は忘恩、残酷、近親相姦、同性愛、自殺、殺人などを称える国民を描く。これは古代ギリシア人のことだということが明らかになる。さらに彼はフランス人も同じく巧みに取り扱って、フランス人は親にそむく息子のバスティーユ投獄ということなら子供の虐待であっても歓迎し、名誉の決闘ということなら殺人であっても歓迎するというのである。賛美されるべきアテネ人は、知性と教養を具えていても現代フランス人には嫌われるだろう。現代フランス人は同じく知性と教養を具えていても古代ギリシア人には嫌われていたであろう。基本的道徳原理が余り変っていないのは本当だが、その表現と実際の応用は大きく異なっている。従ってなすべきことは、ある国民が自らに適合した内的規準を用いることだ。「イギリスの慣習法で、ギリシア人やローマ人を裁こうというのか？　彼に自らの規範に従って自己の弁護をさせ、その上で宣告しなさい」。実際、「どれほど潔白なやり方や道理にかなったやり方も、当人が関知していない規準にのっとって、潔白であるとか道理にかなっているとかいわれていたのであれば、それらはきっと醜悪な、あるいはばかげたものとみなされてしまうだろう[5]」。歴史主義の芽がこの見解にみられる。啓蒙主義の歴史家たちは、ランケや彼に続く人びとが考えたほど、ランケと異なっていたわけではない。

　ヒュームの歴史主義的見解は、孤立したものでも取るに足らないものでもなかった。モンテスキューは『法の精神』の序文に「私が古代を呼び起すことによって取り入れようとしたのはその精神である。実際には異なる状況を同じだと見なしたり、同じに見える状況の相違を見過ごしたりしないようにしたのである。[6]」と書いた。彼はこの原則を本文に忠実に適用して読者に警告した。「法とその成立の事情を切り離してはならない[7]」。「古い世紀に現代の考えをそっくり適用するのは非常に多くの錯誤のもとである[8]」。若いギボンは最初の著書で、哲学的精神は自然の賜物だが、歴史主義的態度は習練によって磨きあげることができると論じた。「文学を研究し、次々にギリシア人やローマ人、ゼノンやエピクロスの弟子になる習慣を身につけることは、哲学的精神を発展させ鍛えるのにきわめて有益である」。概してフィロゾフたちはこうした相対主義の実践を主張したのであり、それが余り行なわれないのを遺憾とした。広く尊敬された歴史家で歴史学の方法論に対して強い関心を抱いていたニコラ・ラングレ・デュ・フレノワは、一七五八年に、たいていの同時代人が過去を、「描こうとする時代の精神に沿ってではなく、自分自身の尺度に従って書いている。何ごとも現在の習慣や性質に従わせようとしているのである[9]」と嘆いた。ラングレの業績を知っていたヴォルテールも同じことを言った。彼はイスラム文化についてこう書いた。「ここでは習俗、慣習、事実はわれわれが知っているものすべてとまったく異なっているから、そうしたものによって世界がいかに多様であるか、万事をわれわれの慣習から判断する癖をいかに慎しまねばならないかが明らかになる[10]」。フィロゾフたちは歴史的客観性への道を知っていた。それを知っていて地図をつくり、他の人びとにも自らにも強く勧めたのである。

だがフィロゾフたちは相対主義の理想を擁護しながら、たいていそれをおろそかにした。自ら実行するとなると、実際容易ではなかった。啓蒙主義歴史学の批評家がよく引用するモンテスキューの言葉によれば、「ヴォルテールは決してすぐれた歴史を書けないだろう。彼は取りあげている主題のためでなく、自分の教団の名誉のために書く修道僧のようだ。ヴォルテールは自分の修道院のために書いているのだ[11]」。確かにこの批評は言いすぎだ。ヴォルテールといえども利害に捉われずに歴史を書くことがあったし、キリスト教的中世を救い難い暗黒だけの時代と考えたわけでもなかった。他のフィロゾフの歴史家たちはヴォルテール以上に超然としていた。ロバートソンは非常に正当な中世文化の概説を書いた。ギボンは「暗い中世にも注目に値しなくもない、幾つかの場面がみられる[12]」ことを認めた。フィロゾフたちにみられる組織的になった宗教の時代への敵意は、過去への強い関心と肖像画の与える喜びによって救われていた。しかしその上で、ヴォルテールについてのモンテスキューの指摘には説得力がある。優越感からする鷹揚な理解ある態度、まれにみせる客観性への努力、手をかえ品をかえての巧みな中世非難、せいぜいこれがキリスト教的過去を前にして啓蒙主義のなしえたことだった。相対主義は論争の激情にとってかわられたのである。

この政治的な文脈の中で、フィロゾフたちは人間性が常に不変だという仮定に助けられて、かなり危険を伴う過去の判断を行なおうとした。歴史家が道徳の検閲官であり建設者であるという考えそのものは、古典古代の遺産であった。つまり、歴史学はつねに倫理学や政治学につき従って、教訓を垂れ、忠誠心を高め、読者の品性の向上に資するよう求められたのである。ヴォルテールやギボンの時代にもこうした考え方はまだ相当生きていた。ジェイムズ・ボズウエルは一七六三年の日記に書いた。「私はヒュームの『歴史』を読むことに一日を費したが、それによって視野は広がり立派な考えに充たされてうれしくなった。驚くべきことに、私はこれまで歴史研究をおろそかにしてきたが、これは確かに、あらゆる研究の中でもっともおもしろくためになるものである(13)」。これはフィロゾフたちの意見でもあった。彼らもまた古典主義者として、急進主義者として、時代の子として、他の皆と同じように楽しませ教えようとしたのである。フィロゾフたちは各自銘々のやり方で仕事をし、その歴史はそれぞれ学識とプロパガンダの独自な混交をみせていた。ギボンのプロパガンダはヴォルテールと異なり、ヴォルテールの『風俗史論』のそれは同じく彼の『パリ高等法院史』(*Histoire du parlement de Paris*)と異なっている。その上フィロゾフたちはこのプロパガンダを何ら悪いことと考えなかった。キリスト教に対する自分たちの扱い方は単なる復讐でも自らの党派のためでも理解力の欠如でもなく、まったく真実あふれる報告だと確信していた。キリスト教攻撃を怠ることは歴史的な共感を示すことではなく、不愉快な事実を隠蔽することを意味した。中世が全体として不正で愚かな時代であったとしても、それはフィロゾフたちの責任だったろうか? 啓蒙主義の歴史家たちが「恥ずべきもの《アンファーム》の粉砕」が必要だと考えたのは、恥ずべきもの《アンファーム》が多くの取り組むべき仕事を与えてくれたからであり、同時に歴史が示すように、悪徳の暴露が美徳を推進し、不合理の明確化が合理的なものに役立つからである。ヴォルテールは親友ダミラヴィルに言った。必要なことは、「われわれが何事においてもいかに欺かれてきたかを人びとに明らかにし、古いと思われているもののいかに多くが新しく、立派だとされてきたもののいかに多くがばかげているかを示す(14)」ことであった。少なくとも歴史家の任務の一つはプロパガンダであるが、それは真実のためのプロパガンダでなければならず、真実である場合のみ有効なプロパガンダになるであろう。従って、フィロゾフたちはその説教者的態度を弁解する理由は何もないと考えた。ディドロはヴォルテールに宛てて書いた。「他の歴史家たちは事実を知らせるために事実を語ります。あなたはわれわれの心の奥深くに虚偽、無知、偽善、迷信、狂信、暴政に対する強い憤りをかきたてるためにそうするのです。そうした憤りは事実の記憶が消えても残ります(15)」。ディドロが漠然と感じていたように、これは幾つかの難問題を生じた。彼はレナルの攻撃的で急進的な『両インド史』(*Histoire philosophique et politique des établissements et du commerce des européens dans les deux Indes*)を、人類が手にしたすばらしい武器だと称えた。「レナルは二度と得がたい歴史家である。彼の攻撃的筆致に興が乗ってくる時代ほど、歴史としては最悪の時代だった。もし歴史書が出現し始めた当初から、政治的・宗教的暴君をとらえてひきずり回していたとしても、もちろん彼らが善良な君主になったとは考えられない。だが暴君たちは、あまねくひとに嫌われるようになってはいただろうし、不幸な臣民たちは、現実にそうであったほど彼らに辛抱したりすることもなかっただろう」。しかしそこで疑問が生じた。このような戦闘的歴史もやはり歴史といえるであろうか?「よろしい、彼の著書から『歴史』という言葉を抹消して口をつぐみなさい。私が好きな書物は国王や宮廷人の気に入らない書物であり、ブルータスのような人間を生む書物である。名前は何とでも好きなようにつけなさい[16]」とディドロはつけ加えた。

歴史主義者たちはディドロの疑問の方を学説にまで拡大し、彼が非常に強力に、しかし苦心して歴史学に与えた役割を否定するであろう。だがゆきすぎた歴史を書かるせものは、フィロゾフたちの道徳的判断への介入ではなく——それは結局真実の名のもとになされたのだが——、彼らの判断の種類であった。彼らの歴史の価値を制限し、歴史的性格そのものをあやうくしたのは、そうしたものを書かざるをえなかった彼らの歴史的立場であった。フィロゾフを批判する人びとが忘れたことは、フィロゾフの歴史家たちは他にどうすることもできなかったということである。戦いの後で戦いを超えることは容易である。

（1） *Enquiry Concerning Human Understanding*, in *Works* IV, 73. ここには一見したところ循還論法がある。歴史家は同一性を仮定してそれを歴史の中に見出し、逆にそうして見出された同一性が仮定の正しさを保証するというのである。しかしこれは一見したところそうであるにすぎない。ヒュームにとって経験は根本的なもので、時空を超えた人間性の同一性に極めて確実な証拠をもたらすものである。

（2） 私はすでにこれらの引用を用いた。本書、第四章I節参照。

（3） *Essai sur les mœurs*, I, 774; II, 416.

（4） Vyverberg: *Historical Pessimism*, 31 に引用。

（5） *A Dialogue*, in *Works*, IV, 289-305; 294 から引用。

（6） "Préface", *De l'esprit des lois*, in *Œuvres*, I, part I, ix. ある『断想』でモンテスキューは記している。「ホメロスの絶妙さを判断するのに必要なのは、ギリシア軍の陣営に身を置くことであって、フランス軍の中にではない。」*Œuvres*, II, 42.

（7） *De l'esprit des lois*, livre XXIX, chap. xiv(章の見出し), *Œuvres*, I, part I, 281,

（8） Ibid, livre XXX, chap xiv, *Œuvres*, I, part I, 315.

（9） *Plan de l'histoire générale et particulière de la monarchie française*; I, ix-x; Lester A. Segal: "Nicolas Lenglet Du Fresnoy(1674-1755): A Study of Historical Criticism and Methodology in Early Eighteenth Century France"(Columbia University Ph. D. dissertation, 1968), 39-40 に引用。

（10） *Essai sur les mœurs*, I, 259-60.

（11） *Pensées*, in *Œuvres*, II, 419.

（12） *Decline and Fall of the Roman Empire*, VII, 210: *The Rise of Modern Paganism*, 209 を参照。

（13） *Boswell's London Journal*（一七六三年二月二〇日）, 197.

（14） J. H. Brumfitt: "History and Propaganda in Voltaire," *VS*, XXIV (1963), 272 に引用。

（15） ディドロからヴォルテールへ（一七六〇年一一月二八日）。*Correspondance*, III, 275; *The Rise of Modern Paganism*, 188 を参照。

（16） Hans Wolpe: *Raynal et sa machine de guerre: 'L'Histoire des deux Indes' et ses perfectionnements* (1957), 43-4.

4

フィロゾフたちが歴史学という職業に決定的に貢献できたのは、まさに彼らが反宗教的であることによってであった。彼らの立場の欠点には強味があったといえるかもしれない。ヴォルテールその他による歴史の傑作が、過去の遺物として色あせてしまったとしても、それらが今なおすばらしく、とにかく歴史的に重要な過去の遺物であるのは、彼らがキリスト教的歴史著述の前提そのものを激しく攻撃したからである。フィロゾフたちが歴史学に変革をもたらしたのはその学問内容を世俗化することによってであった。

フィロゾフたちが、キリスト教徒はすぐれた歴史が書けないとたえずほのめかしたのは、おそらくまちがっていた。キリスト教の「迷信」といえども熱心な調査や真実のこもった報告をすることはあった。宗教改革がキリスト教の過去をめぐる争いをひきおこした時、異端の虚偽を暴こうとする努力は、さらに研究を進める刺激になった。ヴォルテールよりずっと以前に、信心深い修道僧たちは、真実がすぐれたプロパガンダであることを理解していたし、プロテスタントとカトリックのそれぞれの教会の過去をめぐる論争は、古代語によるていねいな文書資料の刊行や同じくらい入念な学問的業績を生みだした。教会内部の紛争もそれなりの活用法があった。マビヨンは、サン・ドニのベネディクト会所蔵のメロヴィング朝関係文書が偽造文書だというイエズス会の非難に刺激されて、自分の宗団の所蔵する文書の名誉を救い、そのついでに今や古典的になった歴史資料研究法を築いたのである。

それと同時に、フィロゾフたちの主張にも正当で重要な点があった。神が世界で積極的な役割を演じているかぎり、歴史家は歴史的事件を独立した批判的考察に委ねることができなかったのである。もしある国王が、祈ったが故に栄え、別の国王が、罪を犯したが故に滅びたとするなら、あるいはもし（神慮ははかりしれないので）信仰厚い国王が神の意志故に滅ぼされたとするなら、もし地形や軍隊の志気や将官の才能とは関係なく、神の干渉次第で戦いの勝敗が決まるなら、もし帝国の興亡が神の意志によるなら、要するにもし歴史の歩みが神秘的な神慮の成就であるとするなら、その時歴史家の問いかけは神学の問題に向けられるべきであり、歴史家は地理学や心理学や歴史の歩みについての知識ではなく、聖書とその注釈者の知識を身につけなければならないことになる。歴史が美徳と悪徳、理性と不条理、哲学と迷信の争いに満ちているというフィロゾフたちの見解は、今では素朴すぎるように思えるが、歴史は科学的探究や批判に道を開く純然たる人間的闘争になった。キリスト教徒の見た歴史を支配する闘いは、超自然的なものに起源を持ち、それに導かれて進行した。歴史がどこで演じられようと――人の心の中にせよ戦場にせよ――それはまさに歴史の始まり、つまり蛇によるイヴの誘惑の再演のようなものだった。神とその子供たちに対する悪魔の闘いに端を発し、無数の形をとった活動だったのである。キリスト教の歴史家たちにとって、歴史はただ彼ら独自のキリスト教解釈を正当化するものではなく、宗教の至高の真理の一部であり、証明であった。歴史的事件は一方では世界救済の超越的宗教的瞬間、すなわち楽園追放、キリスト顕現、キリスト再臨などの前兆や再現であり、他方では、どんな方向をとろうと、神の力の証拠であった。もし異端者がヨーロッパにあふれるとすれば、それは信者に対する神の怒りのしるしであり、もし異端者が退いていけば、それは神の慈悲のしるしだったのである。フィロゾフたちがいかに罪深く歴史上の事件を教訓で一杯の過去に変えようと、このいかがわしい企てにおいてはキリスト教の歴史家たちは、フィロゾフたちに先んじ、ともかく彼らを打負かしていた。

確かにキリスト教の歴史家たちは、神が一時的に人間の姿をして直接に行為するのではなく、人間という道具を使って間接的に行為すると考えるようになっていた。しかし、彼らの歴史では、歴史を創ったもっとも重要な人物といえども、単なるあやつり人形にすぎないということは避けられなかった。人形たちは望むことも気づくこともなく、神慮を成就したのである。ボシュエは、歴史における神の行為を間接的なものとして描こうとしたけれども、キリスト教の歴史家中もっとも影響力があり雄弁で、フィロゾフにとって一番挑発的なこの歴史家は、きわめて信頼できる世俗的歴史書より聖書に権威を認め、モーセは最初の歴史家であり、天地創造や、ノアの洪水や、（コンスタンティヌス大帝の統治のように）宗教的意味を持つ世界史的事件を、過去の決定的事件とみなした。ボシュエ一人がそうだったのではないし、当時において、彼はもはや典型的存在でさえなかった。しかし、キリスト教の歴史家の中でもっともフィロゾフ的な歴史家でさえ、歴史的因果関係について発せられた質問に対して、ボシュエのように宗教的な、すなわち不完全で不正確で不適当かつしばしば見当違いの解答をせざるをえなかった。

　フィロゾフたちはこれらをすべて変えたわけで、彼らの行為は歴史学史上の決定的要素である。彼らは明らかに軽信というさなぎから抜け出たのだが、それでも依然として軽々しく信じることもあった。フィロゾフたちは歴史的諸力の集合より、むしろ世界史的個性とか政治家の合理的計画に重きをおき、大事件を些細な原因のせいにしがちであった。ダランベールは、ルネサンスの由来を、コンスタンティノープル陥落の後、イタリアに逃れたギリシア人学者たちに求めたし、[1]ヴォルテールは大きな結果を生む小さなできごとに劇作家の喜びを味わった。一六五一年の混乱のさなか、コンデ公のもとへの使者の到着が遅れたためフランスは内戦に突入するが、この使者はヴォルテールその他の啓蒙主義歴史学に特徴的な人物である。

　しかし、フィロゾフたちはこうした実用主義的歴史観を体系化することはなかった。彼らに体系はなかった。ローマ帝国衰亡についてギボンの挙げた原因のリストは、その著書のあちこちに散らばり、断片的発言や短かい批評にみられるのだが、驚くほど多岐にわたっている。彼の見解では、長い平和の時期に無気力や柔弱さや衰弱が人びとの心に兆し、帝国領土の広大さや真の自由の欠如が諸制度を硬直化させた。経済発展は、いかなる利害でも結ばれていない、ローマなど守ろうと思わない人びとを生みだした。そして、こうした条件がすべて相乗的に重なって、ゲルマン蛮族の侵入とキリスト教の普及という二つの決定的な没落の原因を抑えられなくしたのである。

　ギボンの挙げた原因のリストも、他のフィロゾフの歴史家たちの他の事件についてのリストも不完全で矛盾を抱えていた。フィロゾフたちには歴史的変化について、すぐれた説明ができなかった。いかに諸原因が相互に作用しあい、重要度によって整理できるかを示せなかったのである。その社会理論はきわめて幼稚で、歴史を純然たる戦いと見なす考え方が根強かったので、真に説得的な発展理論を見出せなかった。彼らの作品には不確実なところが目につく。一六八八年の名誉革命に対するヴォルテールの態度は示唆的だ。彼の解釈ではこの事件はジェームズ二世とウィリアム三世の性格によるところが大であった。そこでこれを好例として「事件の原因を人間行動のうちに見たがる」[2]人びとに示したのである。だが、名誉革命という事件自体はヴォルテール独特のこの歴史的原因論を証明したにもかかわらず、彼は他の事件を説明する場合に、この理論に頼ることはできないと確認している。事実、至る所で彼は、歴史的変化は巨大な非個人的諸力の相互作用から生じるというもっと視野の広い見解を支持した。『哲学書簡』(*Lettres philosophiques*)ではイギリスの卓越性は繁栄、自由、商業価値の支配がうまく重なったことに由来するとしている。他の場所では歴史の原動力は宗教の変化や政治形態に求められるべきだと論じている。他の啓蒙主義の歴史家たちも同様の原因を示した。モンテスキューは『法の精神』で、「人びとは幾つかの要因に支配されている」と主張する。彼は「気候、宗教、法律、統治原理、過去の例、習慣、流行」などを挙げ、さらにこうした原因の一、二が一般的文化状況次第で、ある社会の歴史の中で支配的になると付け加えた[3]。フィロゾフたちは、歴史が傑出した個人のドラマ以上のものだと感じていた。だが彼らの社会学は思いつきに傾きがちであった。その直観を形の整った議論にするすべを知らなかった。フィロゾフたちは歴史上の大問題を前にしばしば戯れているかのようであって、ある事件を描き、自信ありげにもっともらしい原因を挙げて、次に進んでいく。

このように気取って分析を回避する、というよりむしろ分析に代えるに文学的優雅さをもってするのは苛立たしいが、そのことで彼らの業績の偉大さを見くびってはならない。フィロゾフたちは世俗的決定論を、キリスト教の歴史家たちの（神の活動を明確に示す理性主義的解釈にせよ、神が神秘に包まれて事件を操る神秘主義的解釈にせよ）神学的決定論に代えて提示した。彼らの分析にどれほどおかしな点があるにせよ、彼らは歴史上の事件と変化についての包括的因果関係の理解を可能にした。ルターやクロムウェルの性格描写やその巧みな舞台設定、ウィリアム三世とルイ十四世の広範囲にわたる比較などは心理学的にみても信じがたい点がある。歴史上の重要な瞬間、たとえばローマ帝国の没落、ルイ十四世の隆盛、スペインの新世界征服の説明は、しばしばある種の理性主義、問題を複雑な関係全体において見ることを無意識であれ拒むという困った態度に禍いされている。しかし、歴史という舞台から神を追放したことは、やはり歴史科学にとって大収穫であった。歴史学はラングレ・デュ・フレノワが世俗の《エリュディション・プロファヌ》事に関する博識と呼んだものになった[4]。立入り禁止の領域もいかなる特権的主題も、批判を免れるいかなる人物もいなくなった。歴史家たちは今や自由に恐れることなく、モンテスキューの言う「精神的、自然的一般原因」[5]と取り組むことができた。神のいなくなった空隙を世俗的知性が埋めることを要求されたのだ。

この世俗化の効果は歴史学のあらゆる分野で著しかったが、フィロゾフたちの、宗教と政治の歴史的解釈において、特にめざましかった。宗教の真実性の証明から誤謬性の証明への移行は、些細な収穫にみえるかもしれないが、世俗的態度によって、まったく新しい一連の問いが可能に、というより実際必要になったのである。フィロゾフたちは、キリスト教信者に対し喜んで、宗教が事実歴史の強力な原動力だと認めたが、その力を再定義するのに、信者があきれるほど自由で、まったく破壊的な方法を主張した。フィロゾフたちによる、宗教的衝動の心理的原因や歴史的影響の分析は、モンテスキューの『ローマ人の宗教政策に関する論究』(*Dissertation sur la politique des Romains dans la religion*）ではじめられ、ヒュームの刺激的題名の『宗教の自然史』（*Natural History of Religion*）で続行され、ギボンの『ローマ帝国衰亡史』中の、異教政府とキリスト教に関する、才気と激しさにあふれた章で頂点に達した。この醒めた歴史家たちにとって二つの偉大で聖なる主題たる宗教と政治は、実際的には一つの主題となった。宗教がある種の政治であり、政治はたいていの文化で一種の宗教であることをフィロゾフの歴史家たちは示した。聖職者は「僧服の下に無神論」を隠し、皇帝は民衆の迷信を冷笑しながら利用し、教父は権力のため互いに人を許さず迫害しあい、偽りの奇跡は巧妙に報ぜられてたやすく信じられ、皇帝や司教の下劣な動機は寛大さや信仰心を装おう。こうしたことすべてがギボンの作品では、適確な形容詞で描写され、入念に選ばれた細部によって劇的に表現され、苦心の学識を通じて真実味を与えられる。ギボンの作品はたんに一人の人間の才能のほとばしり以上のものとなっている。それは集団の成果、啓蒙主義の世俗的世界理解の勝利である。ギボンはうやうやしく、自分の歴史が「二次的原因」、現世の宗教の盛衰に仕えるたんなる「人間的原因」に限られることを宣告した。おそらく、キリスト教の聖なる真実性は疑うべくもなかったのである。『自叙伝』でギボンは嘲笑と憤りをこめて、「啓蒙の光と自由の時代であれば、何の反感ももたれずにキリスト教の進歩と確立の人間的原因の探究が認められることを確信している」(6)とのべた。こうした否定的言辞は誰を欺くためでもなかった。ギボンは、歴史には人間的原因しか存在しないことを知っていて、読者がそのことに気付くよう期待したのである。

フィロゾフが歴史の原因を世俗化したことによって、歴史の領域は拡大した。かつて信仰に限定されていた世界は、彼らによってキリスト教の歴史家の場合より広く、古く、変化に富んだものになった。ただし、聖書中のユダヤ人に対する、啓蒙主義の敵意がすべてこの領域拡大に根ざしていたのではなかった。ヴォルテールはボシュエがヘブライの物語の宗教的言伝えを世界の歴史と誤解していると主張した。「彼のいわゆる『世界史』は四つか五つの民族、なかでも小さなユダヤ民族の歴史に他ならないが、それらはいずれも世界の他の民族からは無視されるか、当然のように軽蔑されていたのである」(7)。ヴォルテールは彼自身の世界史の試みである『風俗史論』の序文で繰り返した。ボシュエが「書いた唯一の目的は世界のすべてがユダヤ民族のためになされたということを示唆するためのようだ。神がアジアに対する支配権をバビロニア人に与えたのは、ユダヤ人を罰するためであり、神がクセルクセスの統治をもたらしたのは、ユダヤ人への復讐のためであり、神がローマ人をつかわしたのは、再度ユダヤ人を懲らしめるためだったというのである」。彼は冷たく付け加えた。「そうかもしれない。しかし、クセルクセスやローマ人の偉大さには別の原因もあったのである」(8)。真の世界史は違ったやり方ではじめねばならない。西洋がまだ野蛮な原始状態にあった時、文明化していた東洋の民族からはじめねばならないのだ。ヴォルテールは序文の計画を本論で実行した。『風俗史論』は中国についての章ではじまり、インドからペルシアに移るが、これは歴史を実例による哲学教育として示した刺激的な実例である。

ヴォルテールはその歴史書中もっとも野心的な作品で、東洋文化にこのようにはっきりと重要な位置を与えながら、同時にいつものように幾つかの目的を心に抱いていた。中国、インドの宗教をことさら賛美し、それらの宗教においては進んだ考え方によって唯一神が純粋な道徳原理を備え、迷信的崇拝を求めないとしたが、これは明らかにキリスト教文化とその偶像崇拝、怪しげな物語、迫害の数々を批判していた。ヴォルテールはこれまたあてつけがましくアジア諸文明の偉大な時代に言及し、聖書の古代史記述に疑問を投げかけた。キリスト教の歴史家たちはまだ頑固にそうしたものに固執していたからである。ヴォルテールはことさらにボシュエを舞台中央に据えて、その最良の業績さえしのぐという野心を満足させつつあった。しかし、ヴォルテールの論争的意図や個人的要求が何であれ、彼は世界史のためのプロパガンダも行ないつつあった。つまり、世界のあらゆる文明を、少なくとも部分的にはそれ自体としてそれぞれの場所で、偏見や狭量に促われず把握するという歴史観のプロパガンダである。正当な普遍性はキリスト教の歴史家の偽りの普遍性、つまり世界史を装おったあの偏狭な近視眼的考え方を暴くことによってのみ可能だと、フィロゾフたちは確信していた。

不幸にもフィロゾフたちは、キリスト教の歴史家たちの偏狭さを追い払おうとして、自らの偏狭さを周知の理由から再びもちこんだ。彼らの相対主義は、無私無欲ではなく絶対的なもののためだった。少なくともこの意味で啓蒙主義がキリスト教のイデオロギーを混乱させただけだというよく知られた非難は正しい。キリスト教徒が非キリスト教民族を利用してキリスト教を擁護したように、フィロゾフたちは非キリスト教民族を利用してキリスト教に反対したのだ。

それでもやはりフィロゾフたちのあまり普遍的とはいいかねる世界史は、実際上も可能性から言っても、信仰厚い先人たちの歴史より重要な前進である。ヴォルテールの東洋についての文章には欠点があるかもしれないが、彼は歴史の中心を、キリスト教的ヨーロッパ的世界からもぎとった。不均衡をただそうとして彼自身新しい不均衡を持ち込みはしたものの、彼より博識だが彼ほど戦闘的でない歴史家による、最終的な均衡の確実な回復への道を示した。ヴォルテールの仲間の歴史家たちも、彼と同様に広い世界を対象に歴史的世界をつくりあげた。ロバートソンはインド、スペイン領アメリカ、中世ヨーロッパを取り扱かったが、それは出身地スコットランドの場合とほとんど同じくらい客観的であった。ギボンはローマ帝国に専念したが、ローマの国境を越えた遠い世界にも気を配った。それは視野の喜ばしい拡大であり偉大な解放の行為であった。

フィロゾフたちは歴史研究の領域を拡大するだけでは満足せず、前例のない大胆さで文化そのもののうちに深く突き進み、前例のない収穫を得た。現代的な意味での文化史は啓蒙主義の発見である。フィロゾフたちは瑣末を嫌い、貴族的理想を排斥し、世俗化に固執したが、それらのすべてが文化史発見に一役買った。浅薄な逸話や、英雄的個人の崇拝的記述や、信仰の厚い層におおわれていたことが、今や探究と分析にさらされ、新しい歴史研究の合理的存在、すなわち文化に含められた。十七世紀の科学者たちが世界を統一し、天上と地上の秩序を粉砕して、形而下の万象を唯一の体系に組入れたように、十八世紀の歴史家たちは、全歴史的現象に接近して、それらを同一体系の同一レヴェルに位置づけることによって、変革を遂行した。よくあることだが、彼らの意図はその成果よりまさっていた。ギボンにおいて、またヒュームではなおさら、文化は孤立した諸部門に分けられてしまい、政治的、経済的、文化的、宗教的諸力という文化現象の相互作用は十分把握されてはいなかった。しかし彼らの行なったことは、少なくとも後世の歴史家にとって一つの糸口となった。時間や客観性の征服と同じく、彼らの文化の征服についての成果は、その主張と後世へ残した可能性に比べれば意味深くも革命的でもなかったが、にも拘わらずそれはやはり相当意味深く革命的であったと私は主張したい。

今日言うところの文化史そのものではないにしても、文化史の全綱領は確かにフィロゾフたちの発言に見られる。啓蒙主義の歴史家中もっとも綱領好きのヴォルテールは、「二つの海を結ぶ運河の水門、プッサンの絵、すぐれた悲劇、これらは、宮廷年代記や従軍記録全部をあわせたよりも何千倍も貴重である」(9)と書いた。彼によればこうした歴史だけが哲学的という名にふさわしいのであった。「人びとはある戦いが何日に起こったかを注意深く記録する」、と彼が一七四四年に指摘したことはかなりあたっている。「そして、人びとがそうするのは正しい。人びとは条約を写し、華麗な戴冠式や、枢機卿の着任式や、大使の就任式さえ、スイス人傭兵とか従僕とかも忘れずに描く。すべてを記録するのはいいことである、いつでも必要とあれば参照できるから。私は今ではこうした部厚い書物を辞書とみなしている。しかし、私は、三千、四千の戦いの記事や、数百の条文を読んだ後も、自分が以前と比べ基本的にはちっとも賢くなっていないことがわかる。こうしたものからは私は事実だけを学ぶのである」。彼はさらに続ける。チムールのバジャゼに対する勝利の報告を読んでも、タタール人やトルコ人を理解することはできなかった。レス枢機卿の回想録を読んでわかったのは、皇太后がお供に一字一句何と言ったのかということだが、これは余り有益とは言えなかった。これらはすべて「取るに足りない細密画」であり、一、二世代生き続けては永久に死に絶える。しかも、こうしたもののためにもっと重要な知識が無視されたのである。「私の知りたいのは戦闘前の国力がどの位で、戦争が国力を増したのか減らしたのかといったことである。スペインは新世界の征服前には、今日ほど豊かだっただろうか？」なぜアムステルダムの人口は二百年間で二万から二四万にふえたのか？　いかにして技芸や産業が一国に定着し、国から国へと移るのか？　歴史家たちはこうした問いかけをなすべくして、そうしなかった。「フランスの年代記を読んだが無駄だった。歴史家たちはこうしたことには何ら触れていない」。ヴォルテールはテレンティウスの有名な古いきまり文句を使って、革新的主張をした。「こうした歴史家たちは誰も『私は人間である。人間に関することは何事も私に無縁でない』という言葉を自分のモットーにしなかった。だが思うにこうした有益な知識を、事件の連続の中に巧みに織り込むべきである」(10)。彼はその計画を『ルイ十四世の世紀』の冒頭で簡潔にくりかえした。「われわれが書きたいのはルイ十四世の生涯だけではない。もっと大きな目的を掲げた。後世のために、一人物の行動ではなく、文明がかつてないほど進歩した世紀の、人びとの精神を描こうとしたのである」(11)。本文はこの大胆な冒頭の計画を実現しようとしている。宮廷の逸話を四つの短かい章にまとめ、ルイ十四世統治下の政治的、軍事的事件の記述をヨーロッパの概観ではじめ、均衡をとるように本文のこの長い部分を国王治世の最後の一、二年間のもう一つのヨーロッパの概観で終えている。さらに逸話を片付けてから国内問題、科学、芸術、文学に移り、論争的な部分、すなわち宗教論争やイエズス会士の中国進出についての数章で締め括っている。「しかし、もし神が中国のキリスト教化を望まれたのなら、十字架の普及だけで満足されたであろうか？　中国人の心の中にも十字架をもたらされたのではないだろうか？」[12] 実に驚くべきことだが、これが表向きフランスの一国王の治世に献げられた書物の最後の文章である。これはヴォルテールのような啓蒙時代の専門的歴史家にとって、政治的関心、いや政治的強迫観念が表皮のすぐ下にたぎっていたことを思い出させる。

啓蒙主義の歴史学を特徴づけ、急進的成果を可能にし、さまざまな困難を課したものがこの政治という要素である。十八世紀の他の社会科学では、フィロゾフたちが事実の説明を規範にしようとしても、難かしい理論的問題を生じることはなかった。社会学や政治経済学は、要するにわれわれが「政策の科学」と呼んだものであり、その目的は事実を価値に転化することであった。フィロゾフたちにとって歴史学も同じく政策の科学ではあったが、彼らがかなり漠然と理解したように、何か違うものでもあった。それは、政策を強調しすぎればこの科学自体があやうくなるような学問であった。

だが繰り返して言えば、彼らは自分たちの状況から逃れられなかった。ギボンは生涯の終り近くに「フランスの無秩序」に恐れをなし、バークの反革命的哲学を公然と賛美した。さらにギボンらしいことだが、自分にも責任のあったことで、他の人びとを非難しようとした。「私は時々死者の対話を書くことを考えた。この対話の主題は、ルキアノスとエラスムスとヴォルテールとが、盲目的で狂信的な大衆の侮蔑の前に古い迷信の誤りをすっかり暴露してしまった場合に生じうる危険について、意見が一致するというものである」[13]。ギボンはなるほど一度も大衆に話しかけたことがなかったのであるが、『ローマ帝国衰亡史』の有名な初期キリスト教についての数章は十八世紀の抑え切れない大論争の一部をなしていた。ギボンでさえ避けることができなかったものは——とすれば一体他の誰が避けえただろうか——当時の現実であり、言い換えれば、万事が政治に通底するというルソーの洞察の威力であった。

（1）　R・G・コリンウッドは *The Idea of History* [1946]. 80. において、この特に単純な部分から、啓蒙主義には起源とか過程といった歴史概念が欠けていると断じた。これは少なくとも一理ある。「しばしば極めて些細な原因（手段）が大変革の原理となる」（Condillac: *Traité des systèmes*, in *Œuvres*, 208. を参照）。しかし私が *The Rise of Modern Paganism*, 277 *n* で示したように、ギボンもヴォルテールもダランベールよりずっと複雑なルネサンスの起源の解釈をしていた。

（2）　*Siècle de Louis XIV*, in *Œuvres historiques*, 768.

（3）　*De l'esprit des lois*, liv. XIX, chap. iv, *Œuvres*, I, part 1, 412.

（4）　Lester A. Segal: "Lenglet Du Fresnoy," 89.

（5）　*Considérations sur les Romains*, in *Œuvres*, I, part 3, 482.

（6）　*Decline and Fall of the Roman Empire*, II, 2, 32, 175.

（7）　Brumfitt: *Voltaire Historian*, 32 に引用。

（8） *Essai*, I, 196.

（9） Brumfitt : *Voltaire Historian*, 46.

（10） *Nouvelles considérations sur l'histoire*, in *Œuvres historiques*, 46–8.

（11） *Œuvres historiques*, 616.

（12） Ibid., 1109. 『ルイ十四世の世紀』の原文にはもちろん有名な人名録がついている。それはフランス王家やヨーロッパの君主のリスト、さらに「著名な」作家や芸術家の短かい伝記を含んでいる。

（13） ***Autobiography***, 203.

解説

中川久定

一 十八世紀ヨーロッパ思想史の視座の諸類型
——『自由の科学』の位置づけのために——

ある一連の歴史過程　以下に翻訳を提供するピーター・ゲイ（Peter Gay）の『自由の科学』（*The Science of Freedom*）を、十八世紀ヨーロッパを対象としたさまざまな思想史（intellectual histories）の総体のなかに位置づけるために、まずこの世紀の半ば、パリの町で実際に起こった、ある一連の歴史過程——といっても、恐らくどの歴史の本にも記載されていない、まったくささやかな一連の出来事——の話から始めよう。

詳しくいうと一七四九年初頭のことである。物理学者・動物学者として当時すでに確固たる名声を獲得していた——ただし、日本の今日の私たちには、恐らく列氏寒暖計の発明者としてしかなじみのない——ルネ・アントワヌ・フェルショー・ド・レオミュールが、数人の知人を自宅に招待して、ひとつの公開実験を行なおうとしている、という噂がパリの知識人たちの間に流れた。実験の主役は、シモノーという人の娘で、先頃プロイセン人の眼科医ヒルマーの手で白内障の手術をうけたのだが、今度レオミュール邸で両眼の包帯を外してもらい、生まれて初めて外界を見る、というのである。そしてレオミュールはこの機会を利用して、モリヌー問題を一挙に解決しようと意気込んでいる、という。

モリヌー問題。これは十七世紀アイルランドの哲学者ウィリアム・モリヌーが、その著書『新しい光学』（一六九二年）のなかで初めて提出し、翌年三月、友人ロックに改めて書き送り、それ以来ヨーロッパ各地の哲学者たちの間で、激しい論議を巻き起こすことになった次のような問題である。

今ここに、成人に達した生まれつきの盲人がいるものと仮定してください。この盲人に、同一の金属でできた、ほぼ同じ大きさの立方体と球体とを、触覚だけで区別できるように前もってよく教えておき、彼が両物体のそれぞれに手で触わった時、どちらが立方体でどちらが球体であるかを、はっきりいえるようにしておくものとします。次に立方体と球体とを、一つのテーブルの上に置いておき、この盲人が視覚を使えるようになったと仮定してください。その場合彼は、二つの物体に手では触わらないで、ただ目で見ただけで、どちらが球体でどちらが立方体であるか、はっきりと区別し、それをいうことができるでしょうか[1](ロック『人間悟性論』のなかに引用されたモリヌーの手紙の一節)。

モリヌー問題の核心は、私たちの意識のうちに物的世界像を産出する機能は、果たしてなになのか、感覚器官だけで十分なのか、それとも他の精神能力の協力を必要とするのか、という認識論の中心問題なのであるが、その当時この問題に強い関心を寄せている一人のフィロゾフ(この言葉の詳しい意味については、あとで触れる)が、やはりこのパリに住んでいた。三八歳のディドロである。彼は、シモノーの娘の包帯取りの話を聞きつけるや、このまたとない機会にぜひ立ち会わせてほしい、とレオミュールに頼み込む。だがディドロの申し込みは、この高名な科学者から、すげなく断わられてしまう。「要するに」——とディドロはこの事件を機縁に執筆し、同年の六月に刊行した『盲人書簡』の冒頭で書いている——「レオミュールは、取るに足りない誰かさんの目の前でしか、盲人のベールを取りたくなかったのです[2]」と。(ただしフィロゾフの娘が執筆した記録によれば、父ディドロはこの公開の包帯取りと称されるものに、立ち会うことは立ち会ったのであるが、シモノー嬢の言葉から判断して、最初の包帯取りはすでにそれ以前に終わっており、したがってディドロと会う前に彼女が物を見てしまっていることは明らかだった、という[3]。)

「取るに足りない誰かさん」とは、同じくディドロの娘の記録によれば、陸軍担当国務卿(陸軍大臣)兼出版監督庁長官ダルジャンソン伯爵の愛人デュプレ・ド・サン＝モール夫人のことだった、という[4]。

結局ディドロは、この『盲人書簡』と、そのほか数冊の危険な書物の筆者であるという理由で、約百日間、パリ郊外にあるヴァンセンヌの城塞監獄に収容されてしまう。

さて、ここで、十八世紀ヨーロッパを対象としたさまざまな思想史を思い起こしてみよう。カッシーラー、アザール、ギュスドルフ、フーコー、そしてゲイの著作である(そのほか、ラヴジョイの著書も加えよう)。これらは、それぞれどのような視座に立って、先の一連の歴史過程(シモノーの娘の白内障の手術、レオミュール邸での公開実験の噂、ディドロの見学の希望、レオミュールによる拒否、ディドロの『盲人書簡』の執筆・刊行、ディドロの入獄。あるいはディドロの娘によって伝えられた、この過程の変形）を扱っているのであろうか。この取り扱い方を通して、前記七人の思想史を相互に位置づけてみよう。

カッシーラーの視座　啓蒙主義の哲学に関する二十世紀最初の思想史的綜合である（ただしゲイ自身は留保的な評価しか与えていない）エルンスト・カッシーラー『啓蒙主義の哲学』(Ernst Cassirer, *Die Philosophie der Aufklärung*, 1932) からまず見ていこう。カッシーラーの狙いは、ヨーロッパ十八世紀の「諸理念の純粋な歴史」の叙述であり、したがって彼は、この時代の思想の内面的「規定原理」をその「特徴的な深部」において把握するという視座に立つ(5)。先に述べた一連の歴史過程に即していえば、彼の関心を引くのは、モリヌーに端を発し、ロック（『人間悟性論』第二版、一六九四年）、バークリー（『視覚についての新理論』一七〇九年、『人間認識原理論』一七一〇年）、ヴォルテール（『ニュートン哲学の原理』一七四一年）、コンディヤック（『人間認識起源論』一七四六年）を通って、ディドロの『盲人書簡』のなかへと流入し、ついでディドロからカントへと向かって流出していく問題――時代に共通する一つの「基礎的な思想原理」にかかわる問題――だけである。すなわち、一連の歴史過程中の個々の出来事は、時代に共通する一つの「基礎的な思想原理」という篩にかけられてすべて脱落する。あるいはむしろ、ディドロの『盲人書簡』を貫流する理念のなかへと完全に吸収されてしまう。そして『盲人書簡』を経過したモリヌー問題の純粋理念は、最後に問題の重点を、単なる感覚の領域から判断の領域へと移し、判断を自己意識の客観的統一性の表現として解釈するという形でカントのうちに結晶する(6)。

アザールの視座　しかしまた思想史家は、純粋理念の「深部」にではなくて、逆に目に見える表層に浮かびあがり、そこに交錯する思想の諸潮流に向かって視座を定めることもできよう。たとえば、ポール・アザール『モンテスキューからレッシングにいたる十八世紀のヨーロッパ思想』(Paul Hazard, *La pensée européenne au XVIIIe siècle de Montesquieu à Lessing*, 1946, 3 vol.) のなかで試みられているように。当然彼は、これらの思想の流れを「余りにも単純すぎる数行の叙述」に還元することは断念する。なぜなら彼が目的とするのは、すべての潮流を「冷厳な生成」の相のもとに置いて、失敗と成功、反対と賛成とが複雑にからみあう具体的曲折のなかで描き出すことにあるのだから(7)。

先の一連の歴史過程に戻ろう。アザールはこれらの出来事をどのように扱うであろうか。彼の目は、まずこの過程の前史にそそがれる。――ディドロをモリヌー問題へと誘い込み、コンディヤックをも同じ問題へと導いたバークリー。彼の『ハイラスとフィロナスとの対話』と『サイリス――タール水の効力、およびそれと関連して派生する諸問題に関する一連の哲学的反省と探求』。モリヌーの問題提起。シモノーの娘に先行する開眼手術の諸例と、これらに基づいたモリヌー問題への解答。

そしてこの思想史的流れの具体的脈絡のなかで先の過程のすべてが叙述される。――シモノーの娘の白内障の手術、レオミュール邸での公開実験の噂、ディドロが立ち会った「いんちき」包帯取り（アザールは、ディドロの娘の証言に依拠している）。『盲人書簡』

におけるディドロのバークリー反駁。

そのあとさらにアザールは、モリヌー問題に一旦集約された認識起源論が、再び複雑に拡散していく諸経路を辿る。――コンディヤック、ヒューム、デカルト派（唯心論的デカルト派と唯物論的デカルト派）、ラ・メトリ、ライプニッツ派、スピノザ派。そして自然（経験論）対理性（合理論）の葛藤に導びかれたこれらの流れは、最後にカントに収斂していく。(8)

ただし、この具体性には富むが、実はかなり表層的なアザールの叙述は、またそのゆえに、「文化の展開が示す曲線の、むしろ機械的な筋書き」でしかなく、決して「この時代の真の綜合」たりえていないという厳しい批判を、ディークマンとゲイから受けることになったのであるが。(9)

ギュスドルフの視座　もちろん思想史家は、カッシーラーとアザールとの狭間を歩むこともできる。いわばそれは、思想が「生成」する複雑な諸相（アザール）(10)にあらゆる注意を払いつつ、同時にそれらを「啓蒙主義哲学を内側から形成した造形力」（カッシーラー）(11)の糸に厳密に沿いながら記述するという立場である。たとえばジョルジュ・ギュスドルフ（Georges Gusdorf）の膨大な著作シリーズ『人文科学と西欧思想』（*Les sciences humaines et la pensée occidentale*）中の三巻のように。すなわち、第四巻『啓蒙の世紀における思想の諸原理』（*Les principes de la pensée au siècle des lumières*, 1971）、第五巻『啓蒙の世紀における神、自然、人間』（*Dieu, la nature, L'homme au siècle des lumières*, 1972）、および第六巻『啓蒙の世紀における人文科学の出現』（*L'avènement des sciences humaines au siècle des lumières*, 1973）である。

ギュスドルフは十八世紀＝哲学の砂漠という、ファゲからメルロー＝ポンチにいたる通説に力強く反対する。彼によれば、この世紀の到来と共に「哲学はもはや哲学のうちには存在しなくなって、いたる所に遍在する」状況が生まれたという。そして先の一連の歴史過程に関していえば、そのすべてがこの啓蒙の時代の遍在する哲学的空気のなかに解消されてしまう。この模糊たる空気の彼方に屹立しているのは、ここでもまたあのカントの体系である。(12)

フーコーの視座　ギュスドルフを水平線に置いてみることにしよう。私たちは、水平線の上に、いわばより具体的な思想史としてアザールを、水平線の下に、いわばより抽象的な思想史としてカッシーラーを、それぞれもつことになった。しかしまた私たちは、一方でカッシーラーを、さらに下に向かって超えることもできよう。「下に向かって超える。」――それは、ホワイトヘッドの言葉を借りれば、次のことを意味する（『科学と近代世界』一九二五年、第三章）(13)。

> われわれが或る時代の哲学を批判するさい、その哲学の解説者たちが公然と擁護しなければならないと感じている知的立場に、主として注意を向けるようなことをしてはならない。その時代に属する種々さまざまの学説の遵奉者たちが無意識に想定している根本前提がいくつかあるであろう。そのような前提はきわめて分かりきったものと思われるので、人びとは、自分たちがほかの考え方を思いつかないために、前提しているものが実は何であるかを知らない。これらの前提の下に哲学体系の限られた若干のタイ

ブが成立し、その一群の体系はその時代の哲学を形成するものである。

この視座に立って思想史を――あるいはむしろメタ思想史を――編成したのが、たとえばミシェル・フーコー『言葉と物』(Michel Foucault, *Les mots et les choses—Une archéologie des sciences humaines*, 1966) である。「種々さまざまの学説の遵奉者たちが無意識に想定している根本的前提」。――それはフーコーによれば、歴史の各時代における言葉と物との間の問われざる関係である。

十六世紀末にいたるまで、言葉は物を相似によって模写していた。そして物それ自体(たとえば大地)もまた、別の物(たとえば大空)を模写していた。言葉はこのような相似の連鎖を介して、同時にすべての物(フーコーはこれらを「世界という散文」と呼ぶ)とつながっていた。人は相似から相似へと長い反復の鎖を辿ったあげく、ついに相似の網の目のなかに閉じ込められたまま、新しいものをなに一つ発見できないことに気づかされる。このエピステーメ(知の視座)を解体し、言葉と物との分離を遂行したのが、古典主義時代(フーコーは、このなかに十七世紀と啓蒙時代とを含ませている)であった。物と切り離された言葉は、ここで新たに認識と結合し、空間における秩序の確立の働きそのものとなる。他方、言葉によって秩序化された自然は、今やすべて目に見える形と化し、言葉によって分類可能な実在の集合体となる。――やがて十八世紀末、このエピステーメに新たな亀裂が入り、言葉と物との新しい関係(言葉はその時、対象の隠された構造の発見を目指すことになる)が築かれるにいたるまで。[14]

アザール、ギュスドルフ、カッシーラー三者の思想史は、いずれも精神史的世界の具体的な知の秩序の変化の記述を第一義的な目的としている。だがフーコーだけは違う。彼の視座が向けられているのは、前記の変化のさらに底にあるエピステーメの構成規則の水準――その時代の人々によっては決して思惟されなかった知の視座の水準――に現われる変革なのである。このメタ思想史『言葉と物』においては、したがって、通常の思想史の敍述要素たりうる先の一連の歴史過程は、古典主義時代の知の視座を規制している原則一般のなかに沈澱してしまい、この基層の構成規則の記述のなかに解消されてしまう。

ゲイの視座　だがまた思想史家は、他方でアザールを、さらに上に向かって超えることもできよう。その時初めてフーコー、カッシーラー、ギュスドルフ、アザールのなかでは住むべき場所を与えられていなかった具体的人間たちが姿を現わす。――生きている存在として生命の安全を求め、家族や友人の絆によって広い社会に所属することを望み、他者と愛し愛される関係をもちたいと願い、私的・公的な活動を通して他者からの尊敬と、自尊心の満足とをえたいと思う人間。そしてさらに、これらの基本的欲求の満足を超えて、自己の内的可能性を実現し、かつ自己の存在の意味を生物的な死のあとまでも持続させたいと欲する生身の人間、すなわち、私たちと等身大の存在である。

このような欲求につき動かされて生活する人間の群れを通して十八世紀ヨーロッパの思想の流れを跡づけようとする時、ピーター・

ゲイ『自由の科学』が生まれる。すなわち読者諸氏が手にされている本書である。

先の一連の歴史過程のことを、ここでもう一度思い起こしてみよう。もし私たちが、自分たちと等身大の人間の尺度で二世紀前のこの歴史過程の一つ一つを眺める時、私たちの意識には、次のような問いが湧き起こってこないだろうか（そして本書は、こうしたすべての問いに解答を与えている）。

白内障の手術。――当時の医学と治療技術の水準は、果たしてどの程度のものだったろうか。医者はどのような勉強をしたのか。手術に携わる外科医の地位はどのようなものだったのだろうか（本書、第一章Ⅱ「啓蒙――医学と治療」1）。

医師ヒルマーのおかげで目が見えるようになったシモノーの娘。――当時の患者は、医者に対して一体どのような形で感謝の気持ちを表現したのだろうか（本書、第一章Ⅲ「時代の精神」3）。

包帯取りに招待されたデュプレ・ド・サン＝モール夫人（ダルジャンソン伯爵の愛人）。――当時の男性と女性との関係（婚姻と、それ以外の交友関係）は、どのようなものだったのか。そして特に社会における女性の地位は（前掲箇所）。

ディドロの著作『盲人書簡』。――なぜディドロは、特に盲人を主題にして本を書いたのだろうか（本書、第四章Ⅱ「精神のニュートンたち」1）。

ディドロの入獄。――当時どれ程の数の人々が、危険思想を出版物に発表したという理由で投獄されたのか。ディドロの獄中生活はどのようなものだったろうか。釈放後のディドロと陸軍担当国務卿兼出版監督庁長官ダルジャンソン伯爵との関係は（本書、第二章Ⅰ「文芸共和国」3）。入獄中死の危険に怯えたディドロは、この体験を通してどのように死の問題を考えただろうか（本書、第二章Ⅱ「過去から未来へ――大転換」1）。

ゲイはかつて、ブルックハルトに関して次のように書いたことがある（『歴史の文体』一九七四年、終章）[15]。「ブルックハルトの会話調の語気の鋭い書きっ振りをたどって行けば、結局は、かれは、ルネサンスの偉人と自己とを無意識に同一視していることがわかる。しかし、この感情移入的な視点のお蔭で、はじめて、ルネサンスの巨大な生命力やその歴史的な独自性を包摂することができた」と。同じことは、ゲイ自身の場合にも妥当する。ブルックハルトのルネサンス人と同じく、ゲイの十八世紀人もまた、自由への熱烈な欲望をもって現代のアメリカ社会に生きる個人ゲイの自己同一化的視点を通して、認知・把握され、叙述されていく。ただし、ブルックハルトにおいては異化的同一化（自己の他者への同一化）を通してであるのに反して、ゲイにおいては、同化的同一化（他者の自己への同一化）を通してであるが。

ゲイのこの共感的スタイル――しかも同時に「事実を解釈する歴史家とは別箇に客観的な事実が存在する」[16]という信念に貫かれた共感的スタイル――は、歴史家としての彼の第一作『民主的社会主義のディレンマ――エドゥアルト・ベルンシュタインのマルクスへの挑戦』（一九五二年）のうちに、すでにはっきりと現われている。たとえば、次のような箇所に。「真理に対する彼［ベルンシュタイン］の情熱は殆んど固定観念に近い程のものであり、彼がかつて安定感を覚えていた理論を放棄したのも、幸福感に浸らせてくれた友人たちを棄て、生命をかけた党に背を向けたのもこの真理への情熱のためであった。彼は神経質で批判にはすぐ傷ついたが、真理が要請していると信じる時には、敵対するグループを前に臆せず語りかけ、敵を作ることをも厭わなかった」(前掲書、第十二章)[17]。このスタイルこそ、歴史家ゲイの諸著作を通して一貫して変わらない特質なのである。ただし、対象に対するこの共感の流出は、のちにはより抑制されたものに変化するけれども。

　こうして私たちは、ゲイの視座によって初めて、生身の人間であるフィロゾフが、自己を取り囲む環境をよりよきものに変えんがために、自らのうちから生みだした思想を武器として戦っていった記録としての歴史に出会うことになる。

その他（ラヴジョイの視座）　これまで見てきた思想史（メタ思想史、思想の社会史をも包含する広義の思想史）は、いずれもヨーロッパの十八世紀全体を対象としたものであった。これに反して、広義の思想史(「哲学、文学、芸術、宗教、政治」など、すべての歴史領域を覆うもの[18]) を通時的に貫通する一つ、あるいは複数の単位観念(Idea(s))——それらの組合わせが、思想家それぞれの多かれ少なかれ独創的な体系を形成する——だけに着目して、観念の歴史を編成することも可能であろう[19]。ただしもちろん、この扱い方のもとでは、「ある一人の哲学者またはある一つの時代の思想の一部分〔前記単位観念と直接関係する一部分〕しか」対象となしえず、したがって「部分」と「全体」とを決して取り違えてはならないのであるが[20]。この種の思想史のもっとも興味深い一例が、アーサー・O・ラヴジョイ『存在の大いなる連鎖——一つの観念の歴史』(Arthur O. Lovejoy, *The Great Chain of an Being: A Study of the History of an Idea*, 1936) である。

　ラヴジョイが、ここでプラトンからシェリングにいたるヨーロッパの思想の流れのなかで追求する観念は、プラトン（特に『国家』と『ティマイオス』）のうちに淵源をもつ、三者一組みの観念、すなわち「存在の連鎖」の観念と、これを支える「充満」と「連続」の二原理である[21]。

　プラトンによれば、絶対者＝善のイデアは、私たちが生きて死ぬこの現実の世界を超越した絶対的自己充足である。アリストテレス的にこれを解釈するならば、「自足している者は、他人の奉仕、他人の愛情、または社会生活を必要としない。何故なら一人で生きていけるから。このことは神の場合特に明らかである。神は何も必要としない故に、明らかに神は友人を必要とすることは有り得ないし望みもしないであろう」(『エウデモス倫理学[22]』)。しかし、この自己充足している完全さというプラトンの観念は、すぐさま大胆な論理的転換によって——自己を超越する豊饒さという観念に転釈され(「すべての善はそれ自身をまき散らす」)、しかも当初の意味をそのまま維持しつつ——私たちのこの現実的世界の時間的生成の原理に逆転する[23]。ただし、このプラトンに始まり、アリストテレスを経由した観念が、統一的な枠組みとして明確に組織されるのは、プロティノス（『エネアデス』）によってなのであるが[24]。

　このようにしてこの逆転した原理は、やがてヨーロッパの哲学観念群中に提起された、次の二つの問いに対する、さまざまな解答の基礎的公理を提供したのである。——この二つの問いの第一は、「なぜ永遠なるイデア界、さらには唯一最高のイデアのほかに、生成の世界があるのか」というものであり、第二は、「感覚に映じ時間のある世界を構成する存在の種類の数をいかなる原理が決定するのか」というものである。[25]

さて、プラトン自身が、これらの問いに対して『ティマイオス』のなかに用意しておいた解答は次の通りであった。——第一の問いへの答えは、「彼〔宇宙制作者（デミウルゴス）〕は善であり、善であるものにあっては他の何者に対しても羨望の念が起こらない。羨望がないので彼は万物ができるだけ自分に似ることを望ん」で、生成の世界を造った、[26]というのである。第二の問いへの答えは、「最も善き魂」、すなわち宇宙制作者が、存在の種類の数を可能な種類すべてになるように決定した、というのである。「全体が真実に完全に〔可能な種類すべてに〕なる」ために、宇宙制作者は、すでに創造されている神々に、死すべき存在を彼らに似せて産み出す仕事を委託する。かくて、「宇宙は死すべき生けるもの、不死の生けるものとにより完全に充たされ」、それによって「英知的なるもののイメージであり——最も偉大で、美しく、最も完全で——いわば感知し得る神」となった、のである。[27]

こうしてプラトンによって、ついでより明示的な形でアリストテレスとプロティノスによって、宇宙には、もろもろの存在が完全に「充満」しており、それらは隙間なく「連続」していて、全体としての「存在の大いなる連鎖」を形成するという観念がヨーロッパの思想史の内部にはっきりと確立される。[28]

「存在の大いなる連鎖」の問題を当面の私たちの関心、十八世紀ヨーロッパだけに限定してみよう。ラヴジョイは、この世紀における「大いなる連鎖」の観念の歴史を、アディソン、キング、ボリングブルック、ポープ、ハラー、トムソン、エイケンサイド、ビュフォン、ボネ、ゴールドスミス、ディドロ、カント、ラムバート、ヘルダー、シラー等々のうちに追求していく。[29]

では、先の一連の歴史過程に関しては、どうか。遺憾ながらラヴジョイは、この歴史過程と直接かかわりのあることには、一言も言及していない。だが『盲人書簡』の主要登場人物、盲目の数学者ソンダスンが口にする臨終の言葉は、実は作者ディドロによる「存在の大いなる連鎖」の新しい解釈にほかならない。

死にゆくソンダスン（＝ディドロ）は、宇宙の整然たる秩序を論拠としてその創造主たる英知的存在＝神を立証しようとする牧師ホームズに反論していう。——宇宙の生成の発端の時、物質の運動は完全な存在も、不完全な存在も区別なく生み出した。ただ物質の不完全な組み合わせ（「怪物」＝内部に障害をもった存在）はその内的矛盾のゆえにすべて消滅してしまい、矛盾を含まぬ存在だけが適者として生存し続けることが可能になったのだ。ただし生成は現在においてすら時折「怪物的存在」を出現させる。「ホームズさん、よく私をご覧ください。私には目が二つともありません。私たち、あなたと私は、神様に対して一体なにをしたというのでしょう。一方はこの器官をもち、他方はそれを取りあげられているというのは。[30]」

こうして、ソンダスン（＝ディドロ）の口を通して、最初から完全で不動であったプラトン的「存在の連鎖」は、時間の巨大な歩みのなかでしか展開しない「生成」の運動に変換されてしまう。——しかもこの生成は、もはや「連続」し、「充満」した「大いなる存在の連鎖」を遡行して、完全な善のイデアの世界へと向かう歩みではない。宇宙の全体は今や「さまざまな変動にさらされた一つの複合体」であり、これらの変動はそのすべてが「破壊へ向かう絶えざる傾向」を示している。それは「次々と姿を現わしては、相手を押しのけ、やがて消えていく多数の存在のめまぐるしい継続、束の間の均衡、一瞬の秩序」でしかない。[31]

こうしてラヴジョイの視座を通して、私たちは先の一連の歴史過程のなかにプラトンに始まる巨大な観念の流れの一つの終末の様相を読みとることが可能になる。[32] もっとも、最初に触れたように、ラヴジョイの思想史への接近法が私たちにかいま見させてくれるのは、あくまで十八世紀ヨーロッパの思想と、十八世紀フィロゾフの思想の一部分——ただし極めて重要な一部分——にすぎないのではあるが。

(1) 引用は、次のコストの仏訳版による。John Lock, *Essai philosophique concernant l'entendement humain, traduit de l'anglois par M. Coste*, Amsterdam et Leipzig, J. Schreuder et Pierre Mortier le jeune, 1755, pp.99-100.

(2) Denis Diderot, ≪Lettre sur les aveugles≫. Denis Diderot, *Œuvres complètes*, Hermann, 1978, t.Ⅳ, p.17.

(3) Madame de Vandeul, *Mémoires pour servir à l'histoire de la vie et des ouvrages de M. Diderot*. Denis Diderot, *Œuvres complètes*, Hermann, 1975, t.Ⅰ, p.21.

(4) *Ibid*.

(5) Gay, *The Party of Humanity*, p.114, カッシーラー(中野好之訳)『啓蒙主義の哲学』紀伊国屋書店、一九六二年、i-xページ。

(6) 前掲書、一三一—一四六ページ。

(7) Paul Hazard, *La pensée européenne au XVIIIe siècle de Montesquieu à Lessing*, Boivin, 1946, t.Ⅰ, pp.Ⅰ-Ⅴ.

(8) *Ibid*., t.Ⅱ, pp.14-48.

(9) Peter Gay, *The Enlightenment*, Alfred A. Knopf, 1975, t.Ⅰ, p.428. ハーバート・ディークマンの批判も前掲書による。

(10) Hazard, *op.cit*., t.Ⅰ, p.Ⅲ.

(11) カッシーラー、前掲書、iiiページ。

(12) Georges Gusdorf, *Les sciences humaines et la pensée occidentale*. Vol.Ⅳ: *Les principes de la pensée au siècle des lumières*, Payot, 1971, pp.213-219.

(13) アルフレッド・ノース・ホワイトヘッド(上田泰治、村上至孝訳)『科学と近代世界』松籟社、一九八一年、六四ページ。

(14) Michel Foucault, *Les mots et les choses—Une archéologie des sciences humaines*, Gallimard, 1966, pp.32-225. ミシェル・フーコー(渡辺一民、佐々木明訳)『言葉と物——人文科学の考古学』新潮社、一九七四年、四二—二三二ページ。フーコーによれば、十八世紀末のエピステーメのこの亀裂によって、古典主義時代の言語(一般文法、富の分析、博物学)は、新しい知の形式(言語学、経済学、生物学)に変貌する。

(15) ピーター・ゲイ(鈴木利章訳)『歴史の文体』ミネルヴァ書房、一九七七年、二七〇ページ。

(16) 前掲書、二六七ページ。

(17) ピーター・ゲイ(長尾克子訳)『ベルンシュタイン——民主的社会主義のディレンマ』木鐸社、一九八〇年、二二七ページ。

(18) アーサー・O・ラヴジョイ(内藤健二訳)『存在の大いなる連鎖』晶文全書、一九七五年、二二ページ。

(19) 前掲書、一三ページ。ラヴジョイによれば、さまざまな哲学体系を構成する単位観念の総数は、限られており、本質的に新しい観念の出現は、皆無ではないにせよ、通常考えられているよりもずっと稀なのである。したがって、個々の哲学体系の独創性は、体系の構成要素たる単位観念のうちにではなくて、それらの組み合わせのうちにのみ存在する、という。前掲書、一三ページ。

(20) 前掲書、二八ページ。

(21) 前掲書、三〇―六九ページ。

(22) 前掲書、四七ページ(『エウデモス倫理学』七章一二四四b―一二四五b)。

(23) 前掲書、五二―五三ページ。

(24) 前掲書、六四ページ。

(25) 前掲書、五〇ページ。

(26) 前掲書、五一ページ(『ティマイオス』二九―三〇)。

(27) 前掲書、五四ページ(『ティマイオス』三〇c、三九e、四一e、五一a、九二c)

(28) 前掲書、五七―六九ページ。

(29) 前掲書、一九一―三〇四ページ。

(30) Denis Diderot, ≪Lettre sur les aveugles≫. Denis Diderot, *Œuvres complètes*, Hermann, 1978, t. Ⅳ, p. 51.

(31) *Ibid.*, p. 52.

(32) ただしディドロの全著作を通して見れば、「存在の大いなる連鎖」の観念は晩年にいたるまで残存している。ラヴジョイは、ディドロにおける充満と連続の原理の一例として彼の『自然の解釈について』断想一二をあげている。前掲書、二八五、二九六ページ。ただし、本文でも触れたように、ラヴジョイが「存在の大いなる連鎖の観念」の終末を確認するのは、ディドロ(『盲人書簡』)においてではなく、シェリング(『人間的自由の本質について』一八〇九年)においてである。――「十九世紀の初頭の十年になると、伝統的神学と形而上学の以上の仮説〔因果関係において先行するもの(神)は結果(世界)より少ないものを含むことはできず、より高い形の存在(神)はより低い形の存在(世界)からは出てこないという公理的な仮説〕は逆転され始めた。神自身が時間化された――被造界全体が徐々にそして苦しみながら可能性の梯子を登って行く過程と、実際同一視された。または、もしその神という名が梯子の頂点につけられるべきだとすれば、神はその過程のまだ実現化されない最終項であると考えられた。このようにして流出説と創造説に代って、根本的または絶対的な進化論とでも呼んだら一番良いもの――ベルグソンの『創造的進化』(*L'Évolution créatrice*)は、殆んどその再構成に過ぎないような典型的にローマン主義的進化論――が座を占めた。単に有機物の形態と機能の歴史においてだけではなく普遍的に、より低いものがより高級なものに先行する。抽象的な実現されない可能性を別とすれば原因に含まれている以上のものが結果に含まれている。」前掲書、三一三ページ。しかし、ディドロ『盲人書簡』における世界の生成の歩みは、その最終項に神を措定しておらず、すべては物質の運動のみに委ねられているのであるから、したがってそこでは、プラトン的「存在の大いなる連鎖」の観念はシェリングにおけるよりさらに根本的な形で破砕されているといえるであろう。

二 「神経の回復」におけるフィロゾフの役割

「神経の回復」 ゲイは、『自由の科学』を、「神経の回復」と題する章によって始めている。この「神経の回復」という言葉は、ギルバート・マレーが、その著書『ギリシア宗教発展の五段階』(一九二五年)のなかで、キリスト教出現時のローマ帝国初期の人々の無気力状態に与えた総称「神経の衰弱」と対比するために、ゲイが作り出した言葉である(マレーによれば、古代ヨーロッパ世界の「神経の衰弱」とは、「ペシミズムの台頭、自信・現世に対する希望・正常な人間の努力に対する信頼感などの喪失。忍耐強い探求への絶望……」をいう)(1)。

「神経の回復」、それは、十八世紀ヨーロッパ各地に現われた「神秘主義の衰退、生への希望の増大、努力に対する信頼の回復、探求と批判への積極的参加、社会的改革への関心、世俗主義の増大、あえて危険に立ち向かおうとする意志の増大」を意味している。

衰弱していた神経のこの回復過程は、ヨーロッパ世界のなかでどのような形で進行していったのだろうか。それを説明するためにここで、ディドロの対話体の作品『ダランベールの夢』のなかで、人間の神経の構造・機能のたとえとして使われたあの有名な蜘蛛の巣の隠喩を借りてみようと思う。まずテクストを引用しよう。(2) 語り合っているのは、レスピナス嬢と医師ボルドゥーである。

レスピナス嬢　蜘蛛が一匹巣の真ん中にいると思ってください。巣の糸を一本揺すぶってみてください。すばしっこい蜘蛛はすぐ駆け寄ってくるでしょう。さてそこでですよ、この虫が体内から繰り出し、またその気分になればたぐり戻す糸が虫自身の体の、感覚のある一部分をなしているとしたら。……

ボルドゥー　分かりました。あなたは、ご自分の体のどこか、頭の片隅に、たとえば脳膜と呼ばれる片隅に、長い糸の全体にわたって引き起こされた感覚が、ことごとく伝わってくる二箇、ないし数箇の点を想像していらっしゃるんでしょう。

レスピナス嬢　そうなんですの。

ボルドゥー　人間の頭、足、手、その他すべての部分、すべての内臓、すべての器官、鼻、目、耳、心臓、肺、腸、筋肉、骨、神経、膜は、正確にいえば、形成され、生長し、広がり、目に見えない無数の糸を繰り出す一つの〔蜘蛛の巣のような〕網の、まだ未完成な発育形態にすぎません。

レスピナス嬢　それこそ私のいう蜘蛛の巣だわ。そして、この糸全部が出ていく起点が蜘蛛なんだわ。

ボルドゥー　まさにその通り。

レスピナス嬢　糸はどこで、蜘蛛のいる場所はどこでしょう。

ボルドゥー　糸はどこにでもありますよ。あなたの体の表面で、糸のつながっていない点は一つもありません。そして蜘蛛は、さっき申しあげたあなたの頭のなかの一部、つまり脳膜に巣くっています……。

レスピナス嬢　でも、原子が蜘蛛の巣の糸を一本揺すぶると、途端に蜘蛛はびくっとし、不安になり、逃げ出すか、駆け寄ってくるかします。蜘蛛は、真ん中に陣取っていて、自分で織りあげた広大な住みかのどこでなにが起ころうと、即座に情報を手に入れるんですわ。

ディドロの対話者たちは、さらに続ける。――この蜘蛛の巣の糸(人間の神経)は、巨大な宇宙空間のあらゆる場所、あらゆる点と連接している。ただもし遠隔点の情報が蜘蛛(人間の脳膜)にまで直接伝わらないとすれば、それはただ対象からの距離が遠すぎて、印象が微弱すぎるせいなのだ。(3)

さてこの隠喩を、「神経の回復」の説明のために借用しよう。――敏感な蜘蛛、それは十八世紀ヨーロッパ社会と呼ばれる蜘蛛の巣に住みついているフィロゾフだ。蜘蛛は、遠い糸のかなたから伝わってくるごくかすかな異変——十八世紀社会全体のごくかすかな「経済的、文化的な変化」——を素早く感知する。さっと身構えた昆虫は、一瞬の間もおかずこの異変の元兇に躍りかかろうとする。昆虫のこの機敏な身構え、それが、フィロゾフたちの新しい社会変化に即応するための「具体的な計画、つまり進歩、科学、芸術、社会、政治にたいする見解」（本書、序）だ。こうして昆虫の身構えに触発された新しい振動は、今度は逆に糸の末端に向かって波及していく。蜘蛛の意識の覚醒と、それに伴う蜘蛛の巣の網状組織全体の活性化、これが啓蒙の世紀の「神経の回復」にほかならない。

十八世紀初頭までのフィロゾフ　もちろん、フィロゾフと称される人たちの意識が、この世紀の初頭から覚醒していたわけではない。当時、彼らの大部分は大学の教師だったが、ヨーロッパの八十の大学は、ソルボンヌ大学が十四世紀に決めた学制をそのまま維持することに汲々としており、あらゆる分野の革新に——そして特に哲学の領域の革新に——激しい敵意を示していた。(4) フィロゾフとは、要するに社会の変化にまったく心を閉ざした集団の名称であった。

一七二〇年頃、フィロゾフたちはフランス社会のなかで、一般にどのようにみなされていただろうか。アラマン系スイス人（ドイツから移住してきたゲルマン系スイス人）ベア・ド・ミュラルトによって、ほぼこの頃にフランス語で書かれた一種の英仏ガイドブック『フランス人、イギリス人、および旅行に関する書簡』（ジュネーヴ、一七二二年、パリ、一七三六年）は、当時のフィロゾフについて、否定的、軽蔑的なニュアンスを込めて語っている。ミュラルトによれば、フィロゾフとは、むっつりと黙り込んで、ひとり孤独のなかに閉じ込もっている非社交的な人間を指すのである。(5)

このようなイメージは、ひとり外国人ミュラルトだけのものではなかった。たとえば、一七二〇年の初めに、パリのルイ大王高等中学校で上演された戯曲『当節はやりのフィロゾフ』に登場する主人公ナルシス（この象徴的な名前！）は、まさにこのイメージにぴったりであった。雑誌『メルキュール・ド・フランス』の同年六月号の書評は、特にこの戯曲を取りあげ、「当節はやりのフィロゾフ」とその追随者たちの反社会的利己主義を激しく非難している。(6)

啓蒙の時代のフィロゾフ　だがほぼ三十年後、状況は完全に一変する。十八世紀フランス史に関する貴重な証言であるエドモン＝ジャン＝フランソワ・バルビエ『摂政時代とルイ十五世の治世の年代記（一七一八—一七六五年）』全八巻の一九世紀の刊行者（パリ、一八八五年）は、テクストの一つの注のなかで次のように指摘している。「一七四九年は、十八世紀文学史上特筆すべき年である。反宗教的文書が出版され、その数が増大し始めたのは、この年からである。……この時以来、懐疑と信仰との間に戦端が開かれる。この時点まで小歌作家や詩人のことしか語っていなかったバルビエは、今やフィロゾフについて語り出す。真の十八世紀が始まるのは、この時点からである」と。(7)（先の一連の歴史過程が起こったのもまたこの年であったことを、ここでもう一度思い起こそう。）

当然、フィロゾフという語の定義もまた変化する。ディドロ、ダランベール編『百科全書』第十二巻（一七六五年）に収録された筆者不明の項目《フィロゾフ》は、「観想にふけりすぎて、というよりむしろ正しい観想にふけらなかった」ために同胞を忌み嫌い、したがって同胞からも爪弾きされていた「人付き合いの悪い」従来の反社会的フィロゾフと対比しつつ、「市民社会だけがその人のいわば地上唯一の神」となった新時代のフィロゾフを、次のように改めて規定し直している。(9)

> 理性がフィロゾフに対して占める位置は、恩寵がキリスト教徒に対して占める位置に等しい。恩寵がキリスト教徒の行動を決定し、理性がフィロゾフのそれを決定する。……
>
> フィロゾフは、数え切れない個々の観察に基づいて自己の原理を作りあげる。一般大衆は、原理を生みだした観察には目もくれようとはせず、ただ出来合いの原理を受け入れるだけだ。
>
> 判断、および精神の適確さと称するものは……判別力のうちにある。この的確さには、さらに柔軟性と明晰さが加わる。フィロゾフは、他人の反論の重味が感じられない程、自分の体系に固執したりはしない。……
>
> 人間は、海原の底とか、森の奥だけに住むべき怪物ではない。……人間の欲求と安楽の必要とが、彼を社会のなかで生活するようにうながす。だから理性は、人間に対して社交的性質を知り、学び、そして身につけるように努力することを要求する。……
>
> したがって、フィロゾフは、なに事にであれ理性に基づいて行動し、反省と的確の精神に、よき生き方と社交的性質を結びつける紳士である。

フィロゾフは今や「他人に気に入られたいと思い、自らもまた他人に有用でありたいと思う紳士」となる。この紳士は、先の引用文からも明らかなように、一方では伝統的宗教と、そして他方では体系的形而上学と対峙して自己の立場を主張する。フィロゾフはこうして、天上の宗教と形而上学の高みから地上の世俗的生のただなかに降り立つのである。そしてゲイがフィロゾフに対して強い関心を寄せるのもまたこの点においてである。彼は「私が共感を覚えるのは十八世紀の世俗的な精神に対してである」という（本書、序）。

十八世紀の中葉を境として、フィロゾフはもはや体系的哲学者である必要はない。精神の的確さ・柔軟性・明晰さ、および――そしてこれが特に重要な点であるが――この精神を武器とした世俗的生の実践的改革への意欲だけが、新時代のフィロゾフたるための必要にして十分な条件をなす。ここから、ホワイトヘッドのあの有名な言葉――「フィロゾフは哲学者ではなかった(10)（Les philosophes were not philosophers.）（『科学と近代世界』第四章）――が生まれる。なにひとつ体系的な哲学書を残さなかったディドロが、言葉のもっとも優れた意味でフィロゾフと呼ばれているのもまた、そのゆえである。

ただし、十八世紀の半ば過ぎになっても、フィロゾフに反対する人たちは、以前からフィロゾフに貼られていた利己的・反社会的人間というレッテルを依然として利用し続ける。その代表的な例が、シャルル・パリッソの三幕喜劇『フィロゾフ連』（一七六〇年）である。そこでは、まったく利己的な利害心からシダリーズとその娘ロザリーの家庭に群がり寄るフィロゾフたちの姿が描き出される。(11) へつらうつもりでヴォルテールにこの戯曲を送ったパリッソは、かえって逆に彼から「ダランベール、デュクロ、ディドロ、エルヴェシウス、ジョクール、その他の人びとを残らず、すりの手口を教える悪漢として描き出した」その汚いやり口を、返書のなかで激しく非難されている（ヴォルテールからパリッソへの手紙、一七六〇年六月四日付け）[12]。もっとも、この芝居のなかにドルティディウスの名で登場させられたディドロの方も、のちに対話体の作品『ラモーの甥』のなかで、パリッソに対して――しかも今度は彼の実名をあげて――手ひどく復讐し返すのであるが。

十八世紀後半に入ってからの反フィロゾフの代表例を、もう一つあげてみよう。ヴォルテールの『哲学辞典』を反駁して『反・哲学辞典』（一七六七年）を匿名で出版したベネディクト会の神父ルイ＝マイユール・ショードンがそれだ。彼はこの辞書（項目《フィロゾフ》）のなかで、次のように書いている。「今日、フィロゾフの名前を獲得しようと思えば、一体なにが必要だろう。ディアゴラス〔前五世紀のギリシア詩人で、無神論者として知られていた〕の不信心とディオゲネスの厚顔さだ。自分で賢者だと思い込み、そう公言すれば、誰でもたやすく人に信じさせることができる。ただし肝心なことは、これまで皆が良いと思ってきた事柄を悪いことだと考え、昔からの真理を弾劾して、これを新しい――あるいは新しく復活させた昔ながらの――逆説で置きかえるようにする、という点だ。……こんな具合にやりさえすれば、その男は、女とばかの前では、またたく間に某々や某々のごとき名声を手に入れることができる。うけあってもいい」[13]と。（ショードン神父は、このほかにもデ・サブロンという変名で、ヴォルテールによって批判された人びとの擁護という形で、フィロゾフ・ヴォルテールを狙った攻撃文書『偉人たちのために復讐する』を発表している。ディドロは今度もまたこの本の書評のなかで、反フィロゾフ・ショードンに対して――そして同時に、きわめて巧妙にも、あつい敬意のヴェールのかげから、嫉妬深いヴォルテールに対してもまた、チクリと――批判を加えることを忘れていないのであるが[14]。）

フィロゾフの「家族」　フィロゾフたちの反宗教的、反形而上学的戦いは、本書のなかで二つの「啓蒙」、すなわち啓蒙思想としての《Enlightenment》と啓蒙時代としての《Enlightenment》との間の、思想とそれを取り囲む環境との間の半ば敵対的、半ば友好的な複雑な関係を通して語られている。この戦いは、しかしながら、たとえばフランス一国だけで、あるいはイギリス一国だけで閉鎖的・自己完結的に戦われたものではなかった。

ヨーロッパ世界の全体は巨大な蜘蛛の巣であり、その巣にはいたる所にフィロゾフという名の蜘蛛が住みついていた。蜘蛛たちは、相互のあらゆる相違点にもかかわらず、その本質的特徴である「知的スタイル」によって強く結びついていた。そのスタイルとは、彼らの「批判」の精神であり、活動である。だから「ヒュームとジェファソンを、ダランベールとカントを、モンテスキューとベッカリーアを、レッシングとエルヴェシウスを――そうなのだ――彼らとルソーさえをも結びつけているのは、この批判的心性なのである」[15]（ゲイ『批判の橋』第一章、対話者「ヴォルテール」の言葉）。

そしてゲイは、各国に散在するこれらのフィロゾフたちを「家族」(family)という美しい言葉で総称している[16]。この「家族」はしかも、ゲイの意識においては、さらに時代をも超えている。だからたとえば二十世紀のフロイトは、その知的スタイルと、その世俗的・非宗教的人間観のゆえに、このフィロゾフたちの「家族」のなかに加えられているのである（ゲイ、前掲書、第二章、「ヴォルテール」の発言）[17]。

フィロゾフの擁護（『批判の橋』）　ゲイは、『自由の科学』の序のなかで、ほぼ次のように断わっている。――私は本書のなかで、啓蒙主義に関する評価を慎重に避けた。それは啓蒙主義の時代が過ぎ去った過去になってしまったからではない。むしろ逆である。啓蒙主義の「人間的な目的」（この言葉を、「世俗的・非宗教的な目的」という意味に読もう）と「批判的方法」とを切実に必要としている時代がもしあるとすれば、それは私たちの時代だからだ。したがって、評価の前に、まず啓蒙主義とは一体なんであったのかを、読者の前に示さねばならない、と。

ただし、――とゲイは続ける――歴史家としてではなく、政治的人間としての私は、十八世紀とフィロゾフに対する私自身の共感をどこかに表明すべきであると考えて『批判の橋』（*The Bridge of Criticism*）を書いた。願わくば、読者諸氏が啓蒙主義擁護のためのこの論争的対話篇を、『自由の科学』の「政治的エピローグ」として受け取られんことを、と。

『批判の橋』は、三人の対話者、すなわちヴォルテール（フィロゾフの代表者＝ゲイの代弁者）、ルキアノス（古代の異教的英知の代表者）、エラスムス（純化されたキリスト教的知恵の代表者）によって交わされる「死者の対話」である。この著作は、いうまでもなく古代のルキアノス（『死者の対話』）に始まり、近代ヨーロッパ世界では、フェヌロン（『死者の対話』）、フォントネル（『死者の対話』）、ヴォルテール（哲学的対話諸篇）等を経て、ごく最近ではクランストン（『政治的対話篇』一九六七年）[18]にまでいたる「死者の対話」の系譜に属しており、ゲイ自身は、上記三人の人物による「死者の対話」という発想はギボン（『自伝』）からえた、と断わっている[19]。

対話全体を通して、ヴォルテールとエラスムスとが互いに対峙する立場を取り、ルキアノスは二人の間にいる（ルキアノスの立場はその世俗性・非宗教性のゆえにヴォルテールのそれに近いが、ただヴォルテール程には理性に信頼を寄せていない）。

一方でエラスムスはこう主張する。――啓蒙時代には、二十世紀的物の見方を特徴づける四つの要素（歴史主義、非宗教的ペシミズム、創造的想像力、実存主義）が欠落している。これが十八世紀の欠陥であって、啓蒙の世紀が現代に影響を与ええなかった、その実質的無力性を立証している、と[20]。

ヴォルテール（＝ゲイ）は、これに対して激しく反論を加える。――二十世紀の歴史主義は「力の政治への嫌悪感の卑しむべき弁護論」であり、ペシミズムは「当節はやりの迷信」であり、現代的想像力は「小児と狂人の芸術」であり、実存主義は「混乱と絶望の子ども」にすぎぬ[21]。啓蒙の世紀のフィロゾフたちは、二十世紀をこのような病いから回復させるためのメッセージを今なおこの時代の人間に送り続けている。もし彼らが現代に生まれていたなら、彼らは自然主義者、リアリスト、プラグマティスト、恐らく自立的マルクス主義者、そして確実に論理実証主義者になったことだろう[22]。封建領主や僧侶に対する十八世紀の戦いも、独裁者や搾取者に対する二十世紀の戦いも、自由を目指す同じ戦いなのであり、ただ戦いの細目が異なるにすぎないのだ、と。[23]

そしてヴォルテール（＝ゲイ）は、神の存在に一切を賭けたパスカルに抗して、人間の条件の改善の実践的可能性にすべてを賭ける、といい切っている。[24] 断固としてフィロゾフを擁護するゲイの対話篇『批判の橋』は、三人の次の象徴的な発言で終っている。[25]

ヴォルテール　君（ルキアノス）の時代は批判の時代だった。われわれの時代もそうだ。批判こそ信仰の泥沼の上をわれわれが君たちに渡しかけた橋だった。私が、この会話でやろうとしたのは、われわれの世紀から二十世紀に向かって、もうひとつの橋桁を築き、それががっちりと持ちこたえると証明することだった。橋が持つことは確実だ。

エラスムス　不信仰の橋だな。人々を地獄に導びくだけのことだ。ただし橋が持ったとしての話だが。

ルキアノス　私には、あえて希望を抱く勇気が起こらない。エラスムス、君に恐れる必要がないのと反対に。とにかくわれわれは、橋が持つかのように行動せねばならない。——それはよく分かっている。だが、これまで理性によって築かれた橋が、いつまでも持ったことがあっただろうか。

（1）ギルバァト・マレー著（藤田健治訳）『ギリシア宗教発展の五段階』岩波文庫、一九七四年、一七〇ページ。ただし私たちは、藤田氏の訳文には従わなかった。《failure of nerve》は、藤田氏訳によれば「神経の欠陥」であるが、私たちは「神経の衰弱」と訳した。

（2）Denis Diderot, 《Rêve de d'Alembert》. Denis Diderot, *Œuvres philosophiques*, éd. par Paul Vernière, Classique Garnier, 1956, pp.314-315.

（3）*Ibid*., pp.315-316.

（4）Georges Gusdorf, *op. cit*., p.216.

（5）Charles Dedeyan, *L'Angleterre dans la pensée de Diderot*, Centre de Documentation Universitaire, 1957, p.10.

（6）Herbert Dieckmann, 《Le Philosophe: Texts and Interpretation》, *Washington University Studies*, New Series, Language and Literature, No.18, St. Louis, 1948, p.71.

（7）Edmond-Jean-François Barbier, *Chronique de la Régence et du règne de Louis XV (1718-1765)*, 8 vols., Paris, 1885, t.Ⅳ, p.378, note. ただしこの情報は次の本による。Arthur M. Wilson, *Diderot*, Oxford University Press, 1972, p.94.

（8）この項目の筆者が確定しがたいことを立証したのは、ディークマンである。Herbert Dieckmann, *op. cit*., pp.1-25.

（9）Article《Philosophe》. *Encyclopédie*, éd. par Denis Diderot et Jean Le Rond d'Alembert, 1765, t.Ⅻ, pp.509-511.

（10）前掲書、七八ページ。ただし、私たちは上田、村上両氏の訳には従わなかった。

（11）Charles Palissot, 《Les philosophes》. Charles Palissot, *Œuvres*, Clément Plomteux, 1777, t.Ⅱ, pp.152-265.

（12）Voltaire, *Œuvres complètes*, Garnier Frères, 1880, t.XI, p.409.

（13）引用は、一七七五年版による。［Abbé Chaudon,］*Anti-Dictionnaire philosophique*, Avignon, Antoine Aubanel et Neveu, Balthazar Niel, Oncle, 1775, t.Ⅱ, pp.177-178.

（14）Denis Diderot, 《*Les Grands hommes vengés* par M. des Sablons》. Denis Diderot, *Œuvres complètes*, Le Club Français du Livre, 1971, t.Ⅷ, pp.265-269.

（15）Peter Gay, *The Bridge of Criticism*, Harper Torchbooks,

1970, p. 17.
(16) *Ibid.*, p. 17, p. 53.
(17) *Ibid.*, p. 41, pp. 90-91. 本書、一三八ページ参照。
(18) モーリス・クランストン(山下重一・中野好之・岡田常忠訳)、みすず書房、一九七三年。
(19) Peter Gay, *op. cit.*, p. 1, p. 156.
(20) 特に *Ibid.*, p. 25.
(21) 特に *Ibid.*, p. 26.
(22) *Ibid.*, p. 142.
(23) *Ibid.*, p. 148.
(24) *Ibid.*, p. 149.
(25) *Ibid.*, pp. 150-151.

三 ピーター・ゲイ、および『自由の科学』の本訳書

ゲイの生涯と著作 ピーター・ゲイ (Peter Gay) は、現在アメリカ合衆国のイェール大学でヨーロッパ比較思想史 (Comparative European Intellectual History) を担当している教授である。一九二三年、ドイツのベルリンで、ユダヤ人の家庭に生まれる。一九三九年、ナチスの迫害が始まると、両親と共にキューバに、ついで一九四一年、アメリカに渡る。一九四六年デンヴァー大学を卒業し、同年アメリカ市民権を獲得する。ついでコロンビア大学院に進学し、一九四七年に修士号を、五二年に博士号を取得し、一九四七年から同大学で初めは政治学を、五五年からは歴史学を教え、六二年に同大学教授になる。六九年にイェール大学教授に転出し、今日に至っている。

彼の著作としては次のものがある。

主要著書としては——

1. *The Dilemma of Democratic Socialism: Eduard Bernstein's Challenge to Marx*, 1952. (長尾克子訳『ベルンシュタイン——民主的社会主義のディレンマ』木鐸社、一九八〇年〔著者の博士論文〕)
2. *Voltaire's Politics: The Poet as Realist*, 1959.
3. *The Party of Humanity: Essays in the French Enlightenment*, 1964.
4. *The Enlightenment: An Interpretation*. Vol. I, *The Rise of Modern Paganism*, 1966.
5. *A Loss of Mastery: Puritan Historians in Colonial America*, 1966.
6. *Weimar Culture: The Outsider as Insider*, 1968. (到津十三男『ワイマール文化』みすず書房、一九七〇年)
7. *The Enlightenment: An Interpretation*. Vol. II, *The Science of Freedom*, 1969. (本書)
8. *The Bridge of Criticism: Dialogue on the Enlightenment*, 1970.
9. *The Crystalline State*, 1972.
10. *Modern Europe*, 1973. (R. K. Webb と共著)
11. *Style in History*, 1974. (鈴木利章訳『歴史の文体』ミネルヴァ書房、一九七七年)
12. *Art and Act: On Causes in History: Manet, Gropius,*

Mondrian, 1976.（川西進・岡田岑雄訳『芸術を生みだすもの——歴史における原因について：マネ、グロピウス、モンドリアン』ミネルヴァ書房、一九八〇年）

13. ***Freud, Jews and Other Germans: Masters and Victims in Modern Culture***, 1978.

解説付きの翻訳としては——

1. Ernst Cassirer's *The Question of Jean-Jacques Rousseau*, 1954.
2. Voltaire's *Philosophical Dictionary*, 1962.
3. Voltaire's *Candide*, 1963.

選文集としては——

1. *John Lock on Education*, 1964.
2. *Deism: An Anthology*, 1968.

日本におけるゲイの紹介　本書『自由の科学』（『啓蒙——その一つの解釈』第二巻）については、まだ日本で紹介されたことはないが、この本への導入部に当たる著書『近代的異教の台頭』（『啓蒙——その一つの解釈』第一巻）に関しては、山口昌男氏が、ゲイの前記『ワイマール文化』（到津訳）を書評する形で、アビ・ワールブルクによってハンブルクに創設されたワールブルク文庫（のちには研究所）の精神的意味について語った論文「二十世紀後半の知的起源」（『中央公論』一九七〇年六月号）のなかで、すでに生き生きと魅惑的に言及している。

山口氏はこの論文のなかで、ゲイはアメリカ歴史学のなかでは、カール・ベッカーに連なるのではないかと思わせると書き、さらにこう続けている。「ベッカーについてはゲイは、その『十八世紀の天上都市』という啓蒙主義研究の批判論文を書くことによって、むしろ批判的継承者であることを示しているが、歴史家としての感受性ではまさにその系譜に連なると言えよう」と。[1]

だが果たしてそういえるのだろうか。ゲイは山口氏が触れた前掲批判論文（初出一九五七年）のなかで、ベッカーの著書『啓蒙の哲学者たちの天上の都市』（一九三二年）に対して激しい——というよりむしろ完膚なきまでの——反論を加えている。用語の意味論的差異をまったく顧慮せず、ヨーロッパ十三世紀（トマス・アクイナス）と十八世紀（フィロゾフ）とが共に「理性」と「信仰」に依拠した時代であったと立論することによって、「啓蒙の時代をその中世的過去に同化させようとする魅力的で、今なお影響力のあるベッカーのこの試み」は、ゲイによれば「ただひとつ、正しいという美点さえ除けば、他のあらゆる美点」を備えている、というのである。[2]

しかし、ベッカーとゲイの歴史家的感受性の類似点という点ではどうか。——前掲『天上の都市』からも明らかなように、そしてベッカー自らも明言しているように、彼は「歴史的事実は、外なるあそこに、つまり過去の世界にあるのではなくて、内なるここに、つまり歴史家の心のなかに存在している」のであって、解釈者たる歴史家から独立した「客観的に存在する歴史的事実という堅い芯を信ずるのは、前後顛倒の誤謬」であると確信している。[3]これに反してゲイは、今日の歴史家の間で、この立場がどれ程権威をもっていようとも、自分は、この「前後顛倒の誤謬」の方を擁護する、と主張しているのである。[4]それでももちろん、ゲイがベッカーの批判的後継者であると、ある点ではいいうるかもしれない。ただし、ヴォルテールがボシュエの批判的継承者であると、最大限の歴史的アイロニーを込めて主張しうるのと同じ意味合いにおいてなら[5]。

他方、フランコ・ヴェントゥーリは、『啓蒙のユートピアと改革――一九六九年トレヴェリアン講義』(加藤喜代志・水田洋訳、みすず書房、一九八一年)の序論のなかで、やはり、『近代的異教の台頭』を取りあげ、この書に否定的評価を与えている。――彼によれば、この書はあらゆる重要性をもっている。「この著作がどんなに重要であるかは、ほとんど言う必要はない。それは一八世紀について、最近十数年間に、論じられ考えられてきたすべてのことを綜合しようとする、過去のどれにもまさる重大な試みである」。ただそれにもかかわらずヴェントゥーリは、十八世紀ヨーロッパ思想を古代世界という歴史的始源にまで遡行して追求しようとするこの書の方法は認め難いという。なぜなら――と彼は断定する――歴史家の使命は、思想をその積極的な創造活動の瞬間において、それが「発芽し成育する土壌」のなかでこそ、検討されねばならないからである、と[6]。

ヴェントゥーリが、ケンブリッジ大学でこのトレヴェリアン講義を行なった一九六九年には、『近代的異教の台頭』の続篇たる本書『自由の科学』は、まだ刊行されてはいなかった。ヴェントゥーリの批判は、前著にのみ妥当する。だが、本書が刊行された今日では、ヴェントゥーリは、完全に逆転した評価を本書に対しては与えねばならないだろう。なぜなら、本書においてこそ、十八世紀の歴史そのもののなかで、思想の機能を検討すべきであるとする啓蒙主義の歴史家ヴェントゥーリの次のような理想は、ほぼそのまま実現されているからである。「啓蒙の社会史におけるもっとも有効な研究とは、依然として思想と事実とを、正確にはっきり限定された諸領域のなかで密接に関連させ、一定の科学・技術の諸発見の普及過程を研究し、そして諸発見が農村と都市において、また自国または他国の貴族層と職人層とのあいだで、いかに作用するかを考察する研究なのである」と[7]。

また、アメリカ・イギリスで流布している啓蒙思想をめぐる普遍的な誤解を一掃するために執筆された、きわめて論争的なゲイの論文「人間性の党派」(一九七一年)に関しては、前川貞次郎氏が「十八世紀ヨーロッパ思想」(『岩波講座世界歴史』一九七〇年、第一七巻)の第三章「現代の啓蒙思想像」のなかで、その紹介と要約を試みている[8]。

前川氏は、まずゲイの論文の後半、すなわち十八世紀のフィロゾフのうちに、全体主義的民主主義の起源を見出そうとするタルモン(『全体主義的民主制の起源』一九五二年)、および啓蒙主義のうちに近代ニヒリズムの出発点を措定しようとするクロッカー(『危機の時代――十八世紀フランス思想における人間と世界』一九五九年)の両者に対するゲイの批判を紹介する[9]。

ついで前川氏は、ゲイの論文の前半を次の三点にしぼって要約する。――第一、啓蒙思想家は、通説のごときかたくなな理性主義者ではなく、逆に理性主義への反抗者であった。第二、進歩の理論が、十八世紀の支配的理念であったとする常識は、事実に反する神話にすぎない。(ロック、モンテスキュー、ヒューム、ディドロ、ルソー、ヴォルテール、彼らの誰ひとりとして、この種の進歩史観の持ち主ではなかった。進歩の理論を信じていたのは、わずかにカント、テュルゴ、コンドルセの三人だけである。）第三、十八世紀のフィロゾフには歴史意識が欠如していたという通念は誤っており、むしろキリスト教的世界の枠を越えた全世界的歴史像を初めて構想し、王朝中心的政治史の領域を超えて、人間の生活・文化活動の全分野を歴史の対象に最初に据えたひとたちこそ、彼らフィロゾフだったのだ、と。[10]

前川氏は、このあと『近代的異教の台頭』の前書きと序章に依拠して、ゲイの啓蒙思想解釈の特色（多様な考えをもつフィロゾフたちの間の「家族」としての統一性と彼らの近代的異教主義）について概説している。

なおそのほか、丸山真男氏が萩原延寿氏との対談（「『クリオの愛でし人〔E・ハーバート・ノーマン〕』のこと」、『思想』一九七七年、四月号）のなかで、ゲイの『歴史の文体』に触れ、次のように述べている。[11]――「『歴史におけるスタイル』（*Style in History*）のなかで」取り上げられているのは、ギボン、マコーレー、ランケ、ブルックハルト……。ギボン、マコーレーという人たちを特徴づけるのは何といっても歴史叙述のスタイルでしょう。スタイルという面を無視して彼らの著述は語れない……。歴史は一体サイエンスなのかという問題をピーター・ゲイが扱っているんです。ほんとうに、芸術とすれすれで、しかも芸術じゃなくてやっぱり学問だ、歴史学だという、そういう歴史のつかまえ方……。スタイル自身が実は思想なんだということ。たんに内容を表現する修辞じゃないということ……」。この丸山氏の発言に、さらに注釈を加える必要はないであろう。

本書の構成と翻訳の分担　すでに先程から触れてきたように、本書『自由の科学』は、本来二巻からなる大著『啓蒙――その一つの解釈』（*The Enlightenment: An Interpretation*）の第二巻に相当する。第一巻は『近代的異教の台頭』（*The Rise of Modern Paganism*）と題され、全体の第一部、テーゼ（「古代への呼びかけ」）と第二部、アンチ・テーゼ（「キリスト教との緊張」）を含む。続く第二巻、すなわち本書は、第三部、綜合（「近代性の追求」）を収録する。

テーゼとアンチ・テーゼの綜合を叙述する本書『自由の科学』では、まず十八世紀ヨーロッパにはっきり認められるようになってきた神経の回復の一般的徴候、およびその回復を促進するための計画が、全体的に辿られる（第一章、第二章）。続いて、啓蒙（啓蒙思想と啓蒙時代）の社会史の全体が、フィロゾフが新たに抱懐し、実践の場に移そうとした諸観念と、それらを生みだした新しい土壌とが詳細に検討される。――自然観（第三章）、人間観（第四章）、芸術の新しい土壌（第五章）、芸術観（第六章）、社会・歴史観（第七章）、社会制度観（第八章）、政治観（第九章）、教育観（第十章）、この世紀の末、ついに新大陸に到来したアメリカ革命の意味（終章）。そして最後に参考文献の解説的エッセイによって締めくくられている。

著者ゲイは、本書に関して次のように述べている。「私は、フィロゾフたちの方法と目標を暗示することを意図して、この巻を『自由の科学』と題したのであるから、この巻はしたがってフィロゾフたちの哲学の社会史としてこれだけを独立に読むこともできよう」

と。(12)私たちは、ゲイのこの言葉にそって、『啓蒙——その一つの解釈』の第二巻『自由の科学』だけを翻訳し、「フィロゾフたちの哲学の社会史」という意味を汲んで、「ヨーロッパ啓蒙思想の社会史」という副題を添えて読者諸氏に提供する。本書の『啓蒙——その一つの解釈』第三部としての表題「近代性の追求」、および第一部、第二部、第三部全体の結末部分の表題「終局」は、第一部、第二部の表題と関連させてのみ十全な意味をもちうるものなのであるから、本書からは省くことにした。その点諸氏の了解を乞いたい。『自由の科学』の原著は、それだけですでに浩瀚なものであるから、訳本は二巻（第一巻は七章まで、第二巻は第八章以下）に分けて刊行する。

第一巻の訳者分担箇所は、それぞれ次の通りである。——第一章（中川久定、中川洋子）、第二章（永見文雄）、第三章、第四章（鷲見洋一）、第五章、第六章、第七章（玉井通和）。全体の訳文を、東京に住む鷲見、永見、玉井の三人が、全員で検討、改訂し、最後に中川（久定）が目を通し、さらに若干の改訂を加えた。

なお用語について一言すれば、本訳書において私たちは《philosophe(s)》という名詞には、「フィロゾフ（たち）」という用語を当てることにした。それは「『フィロゾフ〔フランス語 philosophe〕』を『哲学者〔英語 philosopher〕』と訳すことは正しい判断を示しているとは思うが、この二つの言葉の意味の違いは大きく、別の独立した訳語を必要としている」とするゲイの指示(13)に従いたいと思ったからである。そのほか、「合理論」という訳語が定着している rationalism は、rational; irrationalism, irrational などの語との関連を訳文のコンテクストにおいて維持する必要上、すべて理性主義と訳した（したがって empiricism は「経験論」とせずに「経験主義」とした）。読者諸氏の了解をえたいと思う。

最後になったが、ピーター・ゲイの諸著作に対する理解と深い共感に立って、本書『自由の科学』の翻訳を発案・企画し、翻訳から校正にいたるあらゆる段階にわたって私たちに適切な意見、協力を与えられたミネルヴァ書房の後藤郁夫氏に対して、ここで私たち訳者一同の心からの感謝の気持ちを表明したい。

(1) 山口昌男「二十世紀後半の知的起源」、『本の神話学』中公文庫、一九七七年、三九—四〇ページ。

(2) Peter Gay, "Carl Becker's Heavenly City", *The Party of Humanity*, The Norton Library, pp. 188-210. 特に p.210.

(3) ゲイ（鈴木訳）『歴史の文体』、二六七ページ。

(4) 前掲書、二六七ページ。

(5) Peter Gay, *The Bridge of Criticism*, p.32. ゲイは「ヴォルテール」の発言を通して、この「偉大だが大いなる狂人」ボシュエを激しく非難している。本書、三〇二、三一五ページ参照。

(6) フランコ・ヴェントゥーリ（加藤喜代志・水田洋訳）『啓蒙のユートピアと改革』、みすず書房、一九八一年、六—九ページ。

(7) 前掲書、一二三—一二四ページ。

(8) 『岩波講座世界歴史』一九七〇年、第一七巻、一四五—一四九ページ。

(9) Peter Gay, "The Parly of Humenity", *The Party of Humanity*, The Norton Library, pp. 278—286. ただし、ゲイ論文の紹介であることは、必らずしも明示的ではない。

(10) Peter Gay, *Ibid.*, pp. 268—274. 前川氏は、三点しかあげていないが、ゲイはこのあとさらに次の二点の批判的反論を加えている。——第四、フィロゾフは、啓蒙専制君主に頼って彼らの理想社会を実現しようとしたという通説への反論。第五、啓蒙主義は、サロンにおける軽薄なウィット、無責任なユートピア夢想にすぎなかったという通説への反駁。

(11) 『思想』一九七七年、四月号(ハーバート・ノーマン死後二十年特集)、九九ページ。

(12) 本書、序。

(13) 本書、viページ。

≪訳者紹介≫

中《なか》川《がわ》久《ひさ》定《やす》

1931年　生まれ
1954年　京都大学文学部卒
現　在　京都大学文学部教授

鷲《す》見《み》洋《よう》一《いち》

1941年　生まれ
1964年　慶応義塾大学文学部卒
現　在　慶応義塾大学文学部助教授

中《なか》川《がわ》洋《よう》子《こ》

1933年　生まれ
1955年　津田塾大学英文学科卒

永《なが》見《み》文《ふみ》雄《お》

1947年　生まれ
1972年　東京大学教養学部卒
現　在　中央大学文学部助教授

玉《たま》井《い》通《みち》和《かず》

1946年　生まれ
1970年　東京大学文学部卒
現　在　日本大学法学部講師

自由の科学 I

1982年6月20日　初版第1刷発行
1987年1月20日　初版第2刷発行
＜検印省略＞

定価はカバーに
表示しています

訳　者　中川久定他
発行者　杉田信夫
印刷者　饗内三郎

発行所　株式会社　ミネルヴァ書房
607 京都市山科区日ノ岡堤谷町1
電話代表 京都 075 (581) 5191番
振替口座 (京都) 2-8076番

法文社・酒本製本

ISBN4-623-01423-1
Printed in Japan

《訳者紹介》

中川久定（なかがわ・ひさやす）

1931年　生まれ
1954年　京都大学文学部卒業
名古屋大学助教授，京都大学文学部助教授・教授，京都国立博物館長，国際高等研究所副所長を歴任
現　在　京都大学名誉教授，日本学士院会員
主　著　『甦るルソー――深層の読解』（岩波現代選書，1983年）
『ディドロ，18世紀のヨーロッパと日本』（編著，岩波書店，1991年）
『啓蒙の世紀の光のもとで――ディドロと『百科全書』』（岩波書店，1994年）
『転倒の島――18世紀フランス文学史の諸断面』（岩波書店，2002年）
さらに，仏文単行本４冊

鷲見洋一（すみ・よういち）

1941年　生まれ
1964年　慶應義塾大学文学部卒業
慶應義塾大学助教授・教授，中部大学人文学部教授を経て，
現　在　慶應義塾大学名誉教授
主　著　『翻訳仏文法（上・下）』（バベルプレス，1985・87年／ちくま学芸文庫，2003年）
『「百科全書」と世界図絵』（岩波書店，2009年）
訳　書　アラン・コルバン，J.-J.クルティーヌ，ジョルジュ・ヴィガレロ『身体の歴史１』（共監訳，藤原書店，2010年）

中川洋子（なかがわ・ようこ）

1933年　生まれ
1955年　津田塾大学英文学科卒業

永見文雄（ながみ・ふみお）

1947年　生まれ
1972年　東京大学教養学部卒業
東京大学文学部助手，中央大学文学部助教授を経て，
現　在　中央大学文学部教授，元パリ国際大学都市日本館館長
主　著　『ジャン=ジャック・ルソー　自己充足の哲学』（勁草書房，2012年）
『ルソーと近代――ルソーの回帰・ルソーへの回帰』（共編著，風行社，2014年）
訳　書　J.-J. ルソー「ポーランド統治論」『ルソー・コレクション　政治』（白水社，2012年）

玉井通和（たまい・みちかず）

1946年　生まれ
1970年　東京大学文学部卒業
日本大学法学部助教授を経て，
現　在　日本大学法学部教授
主　著　『ある危険な関係――アニエスとデルマンシュ』（駿河台出版社，2011年）

ミネルヴァ・アーカイブズ
自由の科学 I
——ヨーロッパ啓蒙思想の社会史——

2014年 8 月20日　初版第 1 刷発行　〈検印省略〉

定価はカバーに
表示しています

訳　者　中川久定/鷲見洋一
中川洋子/永見文雄
玉井通和

発行者　杉　田　啓　三

印刷者　和　田　和　二

発行所　株式会社　ミネルヴァ書房

607-8494　京都市山科区日ノ岡堤谷町 1
電話代表　(075)581-5191
振替口座　01020-0-8076

　平河工業社

ISBN 978-4-623-07136-4

Printed in Japan